Der

Große Kurfürst.

MELCHIOR
Historischer Verlag

Das seltene und gesuchte Werk

Der große Kurfürst

erscheint im Rahmen ausgewählter Literatur
als exklusive Reprint-Ausgabe in der
Historischen Bibliothek des Melchior Verlages.

Die Historische Bibliothek enthält wichtige
sowie interessante Bücher zur Geschichte
und lässt anhand dieser eindrucksvollen Zeitzeugen
bedeutende Ereignisse, Begebenheiten und Personen
aus längst vergangener Zeit wieder lebendig erscheinen.

Nachdruck der Originalausgabe von 1880
nach einem Exemplar aus Privatbesitz.

M
Reprint
© Melchior Verlag
Wolfenbüttel
2013
ISBN: 978-3-944289-08-3
www.melchior-verlag.de

Der

Große Kurfürst

und

seine Zeit.

Von

Georg Hiltl.

Mit authentischen Bildnissen und Beilagen und 155 erläuternden Abbildungen im Text.

Bielefeld und Leipzig.
Verlag von Velhagen & Klasing.
1880.

Vorbemerkung.

Der Verfasser vorliegenden Werkes sollte das Erscheinen dieser seiner Lieblingsarbeit nicht erleben. Er schied am 16. November 1878 zu Berlin aus einem überaus thätigen Leben, dessen Mußestunden vorzugsweise der Beschäftigung mit den Einzelheiten brandenburgisch-preußischer Geschichte gewidmet waren.

Die Verlagshandlung hat demzufolge zunächst um nachsichtige Beurtheilung zu bitten, wenn trotz aller Sorgfalt und Vergleichung es nicht immer gelungen sein sollte, bei seltenen Eigennamen die oft schwer lesbare Handschrift des Verfassers richtig zu entziffern, wenn überhaupt die letzte Revision desselben hier und da vermißt wird.

Dagegen ist es der Verlagshandlung eine Freude und eine Ehrenpflicht gewesen, das Werk ohne Rücksicht auf Mühe und Kosten mit allem auszustatten, was an charakteristischen bildlichen Belegen, Veranschaulichungen und Erläuterungen aus der Zeit Friedrich Wilhelms aufzutreiben war. Sie wünschte damit einen Zoll der Dankbarkeit an den großen Hohenzoller abzutragen, zu dessen ältestem Besitz das Ravensberger Land und seine Hauptstadt, der Verlagsort, gehören.

Es sei vergönnt, über die bildlichen Darstellungen einige orientirende Worte zu sagen.

Abbildungen im Text.

Dieselben sind mit Ausnahme einiger Medaillen und sachlichen Abbildungen gezeichnet von H. Knackfuß auf Grund sorgfältigen Studiums der gleichzeitigen Quellen. Bildnisse und Stiche, Kostüme, Waffen und die zahlreichen theils in den königlichen Schlössern theils im Hohenzollernmuseum erhaltenen Reliquien und Denkmäler aus der Zeit des Großen Kurfürsten sind die Unterlagen der künstlerischen Reproduktionen, welche niemals den soliden Boden historischer Nachweisbarkeit verlassen oder den Charakter der Zeit verleugnen.

Das Alphabet Initialen an den Kapitelanfängen ist aus gleichzeitigen Druckwerken.

Die Bildnisse außerhalb des Textes

sind aus einer großen Zahl seltener meist gleichzeitiger Stiche in der Sammlung der Verlagshandlung als die werthvollsten und charakteristischesten ausgewählt worden. Neben den holländischen Bildnissen des Großen Kurfürsten ist besonders bezeichnend für die Zeit das deutsche Schabkunstblatt aus den letzten Lebensjahren.

Die Beigaben außerhalb des Textes,

theils handschriftlicher theils bibliographischer Art, werden als werthvolle und interessante Dokumente ihrer Zeit für Zierden des Buches gelten können.

Der Einband des Werkes ist aus Motiven der Zeit des Großen Kurfürsten zusammengesetzt. Den Deckel füllen abwechselnd preußische und brandenburgische Adler, ersterer schwarz auf rothem, letzterer roth auf schwarzem Grunde, wie sie vielfach auf Medaillons, Schlitten 2c. jener Zeit vorkommen. Der Mittelschild zeigt das Kurszepter auf blauem Grunde, gekrönt von dem Kurhute und umgeben von Palmen, wie es auf den Gobelins des Kurfürsten im Hohenzollernmuseum und auf vielen Medaillen der Zeit zu sehen ist. Die brandenburgischen Adler des Rückens mit dem Kurszepter auf der Brust und dem Kurhute über dem Kopfe sind Münzen des Großen Kurfürsten entnommen. Das unterste Feld des Rückens zeigt das vereinfachte Wappen des altbrandenburgischen Verlagsortes in der Grafschaft Ravensberg.

Bielefeld und Leipzig im Oktober 1879.

Die Verlagshandlung.

Inhaltsübersicht.

			Seite
Vorbemerkung	. . . .		V
Inhaltsverzeichniß	. . . .		VII
I.	Kapitel.	Einleitung. Die böhmische Königswahl und die Schlacht am weißen Berge	1
II.	„	Zustände des Reichs und Brandenburgs zur Zeit der Geburt Friedrich Wilhelms	13
III.	„	Erste Kindheit des Kurprinzen. Kriegszüge durch die Mark . . .	31
IV.	„	Friedrich Wilhelms weitere Jugendjahre	53
V.	„	George Wilhelms letzte Regierungsjahre und Tod	77
VI.	„	Regierungsantritt Friedrich Wilhelms	89
VII.	„	Die letzten Jahre des dreißigjährigen Krieges	114
VIII.	„	Vermählung des Kurfürsten. Friedensschluß	130
IX.	„	Die ersten Jahre des Friedens	142
X.	„	Innere Verwaltung	151
XI.	„	Bündniß mit Karl Gustav von Schweden	176
XII.	„	Die Schlacht von Warschau. 28.—30. Juli 1656	191
XIII.	„	Der Wehlauer Vertrag und der Friede von Oliva	204
XIV.	„	Huldigung in Preußen. Unterdrückung der Stände	214
XV.	„	Unternehmungen gegen Ludwig XIV.	237
XVI.	„	Bündniß mit dem Kaiser gegen Frankreich	257
XVII.	„	Einfall der Schweden in Brandenburg	271
XVIII.	„	Marsch gegen die Schweden. Einnahme von Rathenow	286
XIX.	„	Die Schlacht bei Fehrbellin. 18. Juni 1675	307
XX.	„	Verfolgung der Schweden. Erste Unternehmungen gegen dieselben in Pommern	332
XXI.	„	Gänzliche Vertreibung der Schweden aus Pommern und Preußen 1677—1678	348
XXII.	„	Der Friede von St. Germain und seine Folgen	371
XXIII.	„	Familienverhältnisse des Großen Kurfürsten	397

		Seite
XXIV. Kapitel. Letzte Unternehmungen des Großen Kurfürsten. Das brandenburgische Heer		417
XXV. „ Des Kurfürsten Thätigkeit im Frieden, Persönlichkeit und Tod		429
Erstes Bildniß des Großen Kurfürsten von Hanneman aus dem Jahre 1659 zwischen		212 u. 213
Zweites Bildniß des Großen Kurfürsten von J. Gole	„ 396	„ 397
Holländisches Bildniß Luise Henriettens von Hondthorst	„ 400	„ 401
Drittes Bildniß des Großen Kurfürsten von Block	„ 428	„ 429
Erste Beigabe: Brief an Ludwig XIV. aus dem Jahre 1657	„ 160	„ 161
Zweite Beigabe: Brief vom Abend der Schlacht bei Fehrbellin	„ 320	„ 321
Dritte Beigabe: Erster Druck des Liedes „Jesus meine Zuversicht"	„ 402	„ 403
Vierte Beigabe: Gebet des Großen Kurfürsten	„ 448	„ 449

Kurfürst Friedrichs V. von der Pfalz Abschied von Heidelberg.

I. Kapitel.

Einleitung. Die böhmische Königswahl und die Schlacht am weißen Berge.

„Wir haben uns in diesem hohen Werke nicht präcipitirt, sondern auch mit unsern Herren und Freunden aus den Sachen treulich communiciret und endlich so viel bei uns befunden, daß, in Erwägung aller Umstände, wir bei dem ganzen Hauptwerk Gottes wunderbarliche Vorsehung und starke Hand spüren müssen: darum wir auch seinem göttlichen Willen und Beruf keineswegs widerstreben können noch sollen, so viel weniger, da wir in unserm Verstande ein anderes nicht befinden, als daß die Stände der Krone zu Böhmen und der incorporireten Länder zu der vorgenommenen Veränderung mit der Regierung viel hohe, gegründete, befugte und genugsame Ursachen gehabt, und also die Sache an sich selbsten rechtmäßig, christlich und löblich ist." —

Diese Worte enthielt das Ausschreiben, welches Kurfürst Friedrich V. von der Pfalz erließ, als er die Krone von Böhmen annahm, jene Krone, welche für ihn zu einer wahrhaften Dornenkrone werden sollte, von welcher aus die Blitze schossen, die das gesammte Deutschland in einen dreißigjährigen Brand setzten.

Nachdem die Böhmen in der Ständeversammlung zu Prag den Kaiser Ferdinand II. seines Rechtes auf den böhmischen Königsthron für verlustig er=

klärt, „dieweil er sich vor des Kaisers (Mathias) Tode in die Sachen des Regiments gemischt, Krieg nach Böhmen gebracht und mit Spanien ein Bündniß gegen ihre Freiheit geschlossen habe", suchten sie nach einem Fürsten. Die Krone wurde nicht geradezu ausgeboten, es waren vielmehr mehrere Kandidaten für den gewaltsam erledigten Thron vorhanden. Es standen sich angesichts der Wahl des Königs, der Ferdinand ersetzen sollte, zwei Parteien schroff gegenüber, die katholische, welche den Herzog von Savoyen oder den Baierherzog, die protestantische, welche den Kurfürsten von Sachsen oder den Pfalzgrafen Friedrich V. zum König von Böhmen gewählt haben wollte.

Die verhängnißvolle Wahl fiel schließlich auf Friedrich von der Pfalz. Die Gründe dafür waren des Pfalzgrafen verwandtschaftliche Beziehungen. Er war der Schwiegersohn Jakob I., Königs von England. Seit den Tagen der Elisabeth galt England als ein Hort der Glaubensfreiheit, was Wunder, daß die Agitatoren für den Pfalzgrafen geltend machten, der König Jakob werde seinen Schwiegersohn unterstützen und damit dem bedrohten böhmischen Lande Hülfe bringen.

Friedrich lebte in dem festen Glauben an jene Hülfe. Er hatte die am Eingange dieses Kapitels angeführten Worte nicht als Phrasen gebraucht. Seinem phantastischen Sinne schwebte die königliche Würde als eine ihm durch höhere Mächte bestimmte vor. Er hielt sich für verpflichtet, einem göttlichen Rufe zu folgen.

Auf diese unerschütterliche Ueberzeugung gründete sich auch sein beharrlicher Widerstand gegen die vielen Abmahnungen, welche ihm von verschiedenen Seiten zu Theil wurden. Vergebens warnte Maximilian von Baiern vor Annahme der Krone, vergebens richteten die zu Frankfurt versammelten geistlichen Kurfürsten, die kursächsischen und brandenburgischen Gesandten eindringliche Schreiben an Friedrich, und umsonst flossen die Thränen seiner Mutter, der verwitweten Kurfürstin Luise Juliane, welche versuchte, ihn vom „böhmischen Handel" abzubringen. Mit einem klaren, einfachen Verstande begabt, sagte sie ihm voraus, daß der anfangs politische Krieg sich bald genug in einen Religionskrieg verwandeln werde.

Es scheint, als habe die Ermahnung der Mutter am gewichtigsten auf Friedrich gewirkt, denn trotz der dringenden Anfragen der böhmischen Stände entschloß er sich nicht sofort zur Annahme der Krone, was man zu Prag am liebsten gesehen hätte. Der Pfalzgraf berieth mit seinen Getreuen über die gefährliche Sache; wie überall, so waren auch hier die Meinungen getheilt, aber die Partei am pfälzischen Hofe, welche für Annahme wirkte, erhielt ein gewaltiges Uebergewicht dadurch, daß Elisabeth, die schöne, muthige aber leider ebenfalls phantastische Gemahlin des Pfalzgrafen, die englische Königstochter, mit allem Eifer für die Besitzergreifung des böhmischen Thrones arbeitete.

„Wenn Sie sich nicht getrauen, ein Ihnen dargebotenes Königreich anzunehmen, hätten Sie sich nicht die Tochter eines Königs zur Frau nehmen sollen!" Mit diesem stolzen Worte wies sie die letzten Zweifel, welche Friedrich an der Möglichkeit des Gelingens haben mochte, ab und da noch obendrein Graf

Ernst von Mansfeld, die Seele aller Verhandlungen des pfälzischen Hofes, mit großer Wärme für die Annahme der Krone sprach, willigte der Pfalzgraf darein, um so mehr, als er ja im Herzen nichts sehnlicher wünschte, als keinen Widerspruch gegen seinen Lieblingsplan zu hören.

Schwiegersohn des Königs von England, Neffe des Prinzen Moritz von Oranien, Schwager des Kurfürsten George Wilhelm von Brandenburg: das konnte immerhin einigen Muth geben, und als die Stunde der Entscheidung näher rückte, da kam noch die Kunde von dem Einbruche des gefürchteten Siebenbürgenfürsten Bethlen Gabor in Ungarn, den die ungarischen Protestanten in ähnlicher Handlungsweise wie die Böhmen gegen Kaiser Ferdinand zu Hülfe gerufen hatten. Bethlen hatte nichts eiligeres zu thun gehabt, als diesem Rufe Folge zu leisten. Er focht nicht allein für die ungarischen Protestanten, er focht auch für sich selbst, denn er hatte bereits aus Wien die Nachricht erhalten, daß man ihn aus seinem Reiche verdrängen wolle.

Seine unleugbar großen Erfolge hatten nicht wenig dazu beigetragen, den Muth und die Hoffnungen Friedrichs zu heben. Dieser sowohl als seine Freunde und die böhmischen Stände rechneten obenein auf den Beistand der 1608 von den calvinischen und lutherischen Ständen geschlossenen Union. Die Verhältnisse Oesterreichs waren durch die Angriffe Bethlens erschüttert, der König von England mußte, so kalkulirte man, Hülfe senden, Friedrich selbst hielt eigenthümlicherweise seine Sache für eine gerechte, — also nahm er die Krone an, nachdem die Wahl entschieden zu seinen Gunsten ausgefallen war.

Er verließ unter den Thränen seiner Mutter und vieler seiner Unterthanen das schöne Heidelberg und kam über Amberg und Eger nach Prag, wo ihm ein glänzender Empfang zu Theil ward. Fünf Tage später wurde er mit seiner

Empfang Friedrichs und der Kurfürstin vor Prag.

Gemahlin in pomphafter Weise gekrönt (4. November 1619).

Es kam nun darauf an, sich auf dem erlangten Throne zu befestigen. Wäre der Pfalzgraf der Mann der That gewesen — eine Möglichkeit des Gelingens war nicht ausgeschlossen.

Die zu Nürnberg versammelten unirten Fürsten gaben sogar einige ermuthigende Zusicherungen. Allein Friedrich zögerte, selbständig zu handeln. Er hegte den Plan, die Angelegenheiten Böhmens eng mit der Sache der deutschen Protestanten zu verflechten. Das Projekt war nicht ohne Geist und zeugte von richtigem Verständniß der Lage, allein es bedurfte zur Ausführung einer starken, leitenden Hand. Friedrich besaß diese Stärke nicht.

Die Unionsstände verhandelten; sie wendeten sich an Herzog Maximilian von Baiern, sie beschwerten sich, sie machten Vorstellungen anstatt zu handeln. Maximilian berief die Liga zusammen. Diese trat anders auf. Sie betrachtete die ganze Beschwerdeführung der Unionisten als eine Kriegserklärung und beschloß, ihre Rüstungen fortzusetzen, den Papst und die Spanier zu Hülfe zu rufen, die nicht unirten protestantischen Stände aber zur Neutralität zu bewegen.

Die Liga handelte herzhaft und entschlossen. Maximilian trat in genaue Verbindung mit dem Kaiser und erhielt das Direktorium der Kriegsverfassung und des Defensionswesens der Katholischen. Die Verbindung mit dem Kaiser sicherte dem Baiernherzoge große Vortheile und Macht zu, allein er selbst wurde auch durch des Kaisers Vertrauen angefeuert, für die katholische Sache mit allem Eifer zu fechten.

Man hatte ihm insgeheim die pfälzische Kurwürde versprochen, wenn Friedrich unterliegen sollte.

So waren denn die Aussichten total kriegerische geworden. Der Kaiser war eifrig bemüht, seine inneren Angelegenheiten zu ordnen. Die österreichischen Stände hatten ihm noch immer nicht gehuldigt. Er zwang sie durch Gewaltmaßregeln und ließ aus Polen einige tausend Kosaken vor Wien rücken.

Das half schnell. Die niederösterreichischen Stände huldigten. Mit Bethlen Gabor kam ein Waffenstillstand zum Abschluß, das machte dem Kaiser plötzlich so viel Muth, daß er die Wahl Friedrichs zum König von Böhmen kassirte, was dieser durch eine Gegenerklärung beantwortete. Ganz vortrefflich stand des Kaisers Sache allerdings noch nicht. Er war seinen Feinden nicht vollständig gewachsen. Um ganz schlagfertig ihnen gegenüber treten zu können, bedurfte er der spanischen Hülfe.

Die undeutsche Haltung des Kaisers zeigte sich jetzt in grellstem Lichte. Es war in der ganzen Nation, mochte sie auch durch religiöse und politische Interessen noch so sehr gespalten sein, ein fast instinktiver Widerwille gegen die Allianzen mit Spanien vorhanden.

Jedermann hatte die Gräuelthaten, welche das Regiment Albas innerhalb der Grenzen eines stammverwandten Nachbarlandes, in Holland, verübte, noch frisch im Gedächtnisse. Es lebten all jene Schrecknisse wieder auf, denn der bei weitem größte Theil der Zeitgenossen hatte ja die Ereignisse in den Niederlanden sich entwickeln sehen und war ihnen mit banger Erwartung gefolgt, und noch zur Stunde standen Spanier und Niederländer sich gegenüber. Allein der Kaiser brauchte die Hülfe Philipps III.

Dieser sollte von den Niederlanden aus einen Angriff auf die Unterpfalz beginnen, um den Kurfürsten Friedrich und die Streitkräfte der Union dahin zu ziehen. Mit spanischen Waffen wollte der Kaiser die deutschen Völker bekämpfen. Zwar fanden seine Bitten am spanischen Hofe nicht sofort geneigtes Ohr. Philipp suchte den Anträgen dadurch auszuweichen, daß er eine große Geldsumme an den Kaiser sendete. Er kannte die innere Schwäche seines Reiches und blieb lange genug taub gegen die Bitten des Kaisers, obwohl es jetzt auf Wiedereroberung eines Stückes der österreichischen Erblande ankam, in welchen sich Spanien noch vor zwei Jahren die künftige Succession vorbehalten hatte.

Endlich gelang es dem kaiserlichen Gesandten Grafen Khevenhiller den König Philipp zu der von Ferdinand gewünschten Diversion in die Pfalz zu bewegen. Auch die Unterstützung des Papstes blieb nicht aus.

Die Zehnten von allen geistlichen Gütern in Spanien, Italien, Sizilien und Flandern, 20,000 Zechinen aus dem päpstlichen Privatschatze wurden bewilligt um die protestantische Sache in Deutschland niederzuwerfen, denn der Krieg gegen Friedrich war eben nur leerer Vorwand, es handelte sich um den Sieg der katholischen Liga und damit um den Triumph des Papstthums.

Leider gewann Ferdinand in Deutschland selbst noch eine große und unerwartete Hülfe durch den lutherischen Kurfürsten von Sachsen Johann Georg I. Dieser hatte aus verletzter Eitelkeit sowohl als aus Haß gegen den Calvinisten dem Pfalzgrafen den Untergang geschworen.

Johann Georg, der ebenfalls auf der Liste der böhmischen Thronkandidaten gestanden hatte, sah sich von Friedrich verdrängt, der ihm als Calvinist und Haupt der Union, eine Stelle, welche Johann Georg selbst einzunehmen gewünscht hatte, verhaßt war. Diesen Gegner hob die Wahl der böhmischen Stände auf den Thron und machte ihn dadurch zum Lehnsherrn von Kursachsen.

Johann Georg wurde bald genug auf Seite des Kaisers gezogen. Als das Jahr 1619 sich zu Ende neigte, war der Kurfürst von Sachsen so weit für das Interesse Ferdinands gewonnen, daß er auf den 30. Januar 1620 einen Kreistag zu Leipzig ausschrieb, woselbst die obersächsischen Stände angesichts der Gefahren, welche von Böhmen her drohten, gemahnt wurden, „zum Vortheile kaiserlicher Majestät sich in Kriegsverfassung zu setzen."

In dem Schriftstücke waren die Bestrebungen des neuen Königs von Böhmen als hochgefährliche hingestellt. Die Verbindung mit Bethlen Gabor und durch diesen mit den Türken genügte, um die Stände in Furcht zu setzen. „Die ungarischen Unwesen" sollten den Türken Thür und Thore öffnen, und „so sei es vonnöthen, daß man die Gefahr von dem geliebten Vaterlande zu wenden trachte."

Johann Georg erreichte mindestens zum größten Theile seinen Zweck. Die Kreisstände waren der Ansicht, daß man dem Kaiser gehorchen müsse, daß aber in den böhmischen Sachen Neutralität beobachtet werden solle, zu deren Wahrung ein Korps von 3000 Mann zu Fuß und 1000 Reitern zu werben beschlossen wurde, über welches der Kurfürst den Oberbefehl führen sollte (1620, den 5. Februar).

Im März veranstaltete der Kurfürst von Mainz den Konvent zu Mühlhausen. Hier wurde das Verhalten Friedrichs von der Pfalz in aller Form gemißbilligt. Man trat dem Kaiser offen bei und der Kurfürst von Sachsen schloß sich den Versammelten an. Um die Stände des ober- und niedersächsischen Kreises in ihre Verbindung zu ziehen, hatten die Mitglieder des Konventes die Versicherung gegeben, „daß sie aus ihren Rechten und Besitzen nicht gedrängt werden sollten, falls sie dem Kaiser die gebührende Assistenz leisten würden."

Man konnte immerhin dergleichen versprechen, denn was nachher geschah, wenn nur einmal die böhmischen Händel beseitigt waren, das lag in der Hand des Kaisers, sobald er als Sieger in Deutschland gebieten konnte. Alle übrigen unirten Fürsten und Stände erhielten Anschreiben des Konventes, in welchen ihnen die große Gefahr vorgestellt ward, welche durch Auflehnung gegen den Kaiser heraufbeschworen werde. (21. März 1620.)

1620

Es hatte in den besagten Schreiben auch nicht an Drohungen wider die Unirten gefehlt, aber trotzdem gestalteten sich die Dinge nicht so, wie die Liguisten gehofft hatten. Wenn sie mit ihren Rüstungen fortfuhren, so blieben die Unirten ebenfalls nicht zurück. Wie die Verhältnisse für den Augenblick lagen, waren sie wohl geeignet, die Hoffnungen Friedrichs und seiner Anhänger zu beleben. In Lothringen, Elsaß, Westfalen, selbst in den Niederlanden wurden Werbeplätze für die Union eröffnet.

Von England aus kamen 4000 Mann, welche für Holland bestimmt waren. Sie lösten 3000 Holländer ab, die nunmehr in die Pfalz rücken sollten. Der Markgraf von Baden brachte 10,000 Mann Fußtruppen und 1000 Reiter auf. Herzog Ernst der Jüngere von Weimar so wie verschiedene Mitglieder der schwäbischen und rheinischen Ritterschaft führten ansehnliche Truppenzüge nach Böhmen.

Auf kaiserlicher Seite erhielt man dagegen 20,000 Mann spanischer Hülfstruppen und 3000 Reiter. Der Baiernherzog hatte in seinem Lande 15,000 Mann zu Fuß und 3000 Reiter geworben. Die kriegerischen Ereignisse schienen dicht vor der Thür zu stehen, da die Union ihre Hauptmacht unter Markgraf Joachim Ernst von Anspach bei Ulm sammelte und der Herzog von Baiern mit 26,500 Mann Fußvolk nebst 5500 Reitern liguistischer Truppen ihm entgegenzog und zwischen Lauingen und Günzburg lagerte. Dahin wendeten sich die Blicke Aller, welche sich Deutsche nannten. Man erwartete große Begebenheiten, aber ganz plötzlich fand durch französische Vermittelung ein Vergleich zu Ulm statt, infolge dessen beide Gegner die Feindseligkeiten uneröffnet ließen.

Diese französische Vermittelung — sie hatte stets etwas unheimliches für Deutschland — war durch die Bemühungen des Grafen Fürstenberg am Hofe Ludwigs XIII. zu Stande gebracht worden. Der Kaiser hatte diesem die Gefahr vorgestellt, in welcher die katholische Religion schwebe. Anfangs wollte man zu Paris von keiner Betheiligung an den Händeln des Kaisers wissen, aber Fürstenberg, der inzwischen mit dem päpstlichen Nuntius Bentivoglio in Verbindung getreten war, brachte es dahin, daß französische Gesandte nach Ulm gingen und dort nach viertägigen Verhandlungen zwischen Maximilian von Baiern und Joachim Ernst von Anspach, also zwischen Liga und Union, einen Vergleich bewirkten.

Dieser Vergleich war eigentlich ein Lossagebrief der Union von der Sache Friedrichs von der Pfalz. Denn es hieß in demselben, daß Keiner, der zur Union oder Liga gehöre, dem Anderen eine Kränkung in Religionssachen zufügen, sondern die Erledigung der schwebenden Fragen für künftige Zeiten aufsparen solle. Es solle kein Theil dem anderen den Durchzug seiner Kriegsvölker verweigern, dafern er auf gebührende, reichskonstitutionsmäßige Weise darum ansuchen und Kaution machen würde. Doch sollte sich dieser Vergleich nur auf diejenigen Länder erstrecken, welche den in der Liga und in der Union begriffenen Ständen gehörten, also auch auf Kurpfalz und derselben im Reich gelegenen Erbländer. Böhmen aber und dessen inkorporirte Länder seien davon ausgeschlossen.

Damit war also dem Kurfürsten von der Pfalz jede Hülfe der Union abgeschnitten und dieselbe beschränkte sich nur auf Vertheidigung der pfälzischen Lande. Wie wenig aber dort die Hülfe der Union nützte, das zeigte sich bald genug, als der Angriff der Spanier erfolgte und damit zugleich die perfide Haltung des kaiserlichen Kabinets offenbar ward.

Aber der Ulmer Vergleich hatte noch weit schlimmere Dinge im Gefolge. Er zeigte einmal dem Kaiser die offenbare Schwäche der Union, sobald ihr Gelegenheit zum Handeln geboten ward. Zehn Jahre lang hatte sie gewissermaßen den Arm erhoben gehalten, um einen entscheidenden Streich zu führen, nun als der Moment gekommen war, trat sie zaghaft vom Kampfplatze zurück, beladen mit dem schwersten und vernichtendsten Fluche, dem der Lächerlichkeit.

Sie hatte nicht einmal den Versuch gemacht, das Glück der Waffen in einem kleinen Gefechte entscheiden zu lassen und sah dem Untergange eines ihrer Häupter mit Gleichgültigkeit entgegen, ja es hatte den Anschein, als sei Friedrich von der Pfalz, der Böhmenkönig, eine Art von Versöhnungsopfer geworden, welches der Union für die Zukunft Ruhe und Sicherheit verschaffen sollte.

Für die spätere Geschichte unseres Vaterlandes, namentlich aber für die Geschichte des Eingreifens der Hohenzollern in die deutschen Verhältnisse ist jenes Handeln der Union von großer Wichtigkeit gewesen. Es hob die Anmaßungen des Hauses Oesterreich zu einer gefährlichen Höhe und belehrte andererseits die kraftvollen Mitglieder des Hauses Hohenzollern darüber, daß mit einem schwächlichen Zurückweichen niemals dem Kaiser gegenüber etwas gewonnen werden könne.

Die Böhmen waren über diese unerwartete Wendung aufs höchste empört. Man sprach dem Markgrafen von Anspach nicht nur jede Begabung zum Heerführer ab, sondern beschuldigte ihn auch öffentlich, er habe sich mit spanischem Gelde bestechen lassen. Es scheint jedoch diese Nachrede eine vollkommen ungerechte zu sein, viel mehr als alles andere trug das entschiedene Auftreten des Herzogs von Baiern gegenüber den zagenden Führern der Union zum Gelingen des Ganzen bei, auch machte Spinola von den Niederlanden aus eine Bewegung gegen die pfälzischen Grenzen, wodurch die Unionstruppen zwischen zwei Feuer gerathen konnten. Es hätte in der That eines muthigen und intelligenten Führers bedurft, um in solcher Lage mit Erfolg operiren zu können. Einen solchen besaß die Union trotz jahrelanger Kriegsbereitschaft nicht.

Andererseits betrieb Maximilian den Vergleich, da er gern das widerspänstige Oberösterreich angreifen wollte. Er konnte dies nach dem Wortlaut des Vergleiches sehr wohl thun und drang auch mit solcher Schnelligkeit vorwärts, daß er bereits an den Grenzen Oesterreichs stand, noch ehe man von seiner Annäherung Bestimmtes wußte.

Der Schrecken der Oberösterreicher war groß, nicht minder der im übrigen Deutschland. Alle diejenigen, welche einigermaßen klar blickten, mußten sich sagen, daß nun eine schwere und verhängnißvolle Zeit angebrochen sei. Man wußte nur zu gut, was von den kaiserlichen Versprechungen zu halten war und wie man zu Wien den Begriff der Toleranz auffaßte und definirte.

Maximilian behandelte die Oberösterreicher von vornherein als Rebellen. Er verweigerte jeden Aufschub und verlangte Unterwerfung der Aufständischen innerhalb fünf Tagen Zeit. Der Oberst Haslong rückte mit 5000 Mann in das Land ob der Enns. Ihm folgte Tilly, dessen Name in der Folge zu schrecklicher Berühmtheit kommen sollte, endlich kam Maximilian selbst mit dem Gros der Armee.

Die Versuche zum Widerstande waren nur klägliche. Da alle Hülfe von Böhmen und Ungarn ausblieb, sendeten die Oberösterreicher Abgesandte an den Herzog um ihre Unterwerfung anzuzeigen, verlangten aber Bestätigung ihrer vom Kaiser Maximilian II. erhaltenen Privilegien. Der Herzog ging darauf gar nicht ein, verwies sie mit ihren Forderungen an den Kaiser und unterwarf schnell ganz Oberösterreich.

Nicht minder energisch drang er in Niederösterreich vor, wo er sofort alle dort von den Böhmen besetzten Plätze an sich riß und seine Verbindung mit dem kaiserlichen Heere unter Bouquoi bewerkstelligte. Dies geschah bei Neu=Pela. Bouquoi wollte zunächst auf Mähren rücken, aber Maximilian bestand darauf, daß man Prag, den Sitz des Königs, des Krieges Ausgangspunkt, angreifen müsse.

Dieser Plan, der richtigste, wurde befolgt. Trotz der Drohungen Bethlen Gabors rückte man vorwärts. Der Kurfürst von Sachsen hielt zu den Liguisten und warf sich mit 15,000 Mann auf die Lausitz, eroberte Bautzen und zerstreute die Truppen des Markgrafen Johann von Brandenburg=Jägerndorf. Bald war die ganze Lausitz unterworfen.

Von den Niederlanden her war Spinola mit 24,000 Mann aufgebrochen, in die Unterpfalz gedrungen und hatte durch die Besetzung aller festen Plätze gezeigt, wie wenig der Ulmer Vertrag ihn kümmerte.

Noch immer stand die zum Schutze der Pfalz bestimmte Armee der Union bei Oppenheim und sah mit den Waffen in der Hand dem Treiben Spinolas zu.

Maximilian von Baiern brach nunmehr nach Böhmen auf. Es war das einzige Land, um welches der Kaiser augenblicklich noch zu streiten hatte, da seine Sachen im übrigen äußerst günstig standen.

Bevor Max seinen Marsch antrat, erließ er an den Kurfürsten Friedrich von der Pfalz, den Böhmenkönig, noch ein ermahnendes Schreiben. Er forderte ihn auf, den Thron zu räumen und ihn demjenigen zurückzugeben, der die gerechten Ansprüche darauf habe.

Die Lage des Kurfürsten und Königs war keine sehr günstige. Verlassen von der Union, von Bethlen Gabor nicht unterstützt, der einen Waffenstillstand mit dem Kaiser geschlossen hatte, jedes Zuzuges von der Lausitz und Oberösterreich her beraubt, blieb dem Kurfürsten nur seine böhmische Armee, da auch sein Schwiegervater, Jakob von England, schwankend geworden war, ihn nicht als König von Böhmen anerkannte, und die ganze Hülfe nur auf einen geringen Geldbeitrag beschränkte. Von anderer Seite her konnte Friedrich auf keine Unterstützung rechnen, denn Dänemark und Sachsen waren von seiten des Kaisers bewogen worden, den böhmischen Händeln fern zu bleiben und Holland mußte auf Wiederausbruch des Krieges mit Spanien gefaßt sein.

Endlich waren auch die Böhmen nicht sämmtlich dem neuen Könige geneigt. Mit dem Schwinden der guten Aussichten schwanden auch die Freunde. Steuern und das nahende Kriegsungemach hatten das Volk unmuthig gemacht. Es verwünschte die fortwährenden Durchmärsche von Truppen, die Schädigung seiner Felder und Häuser.

Eine andere Sache kam hinzu, um die Lage Friedrichs zu verschlimmern. Er hatte den Fürsten Christian von Anhalt zum Oberfeldherrn und den Grafen von Hohenlohe zum zweiten Kommandirenden ernannt.

Darüber ward der alte Graf Thurn zornig. Er war ein geborener Böhme und galt als tüchtiger Führer, die Bevorzugung der Ausländer verdroß ihn. Ebenso fühlte Mansfeld sich beleidigt. Er wollte als älterer General nicht unter dem Fürsten von Anhalt dienen.

Die Stände führten Klagen über schlechte Mannszucht, die bei den Truppen Mansfelds herrsche, dieser warf ihnen wieder ihren Geiz vor. Friedrich selbst hatte bei seiner Ankunft in Prag zu reformiren begonnen. Statt seine politische und militärische Stellung zu festigen, machte er sich an eine förmliche Demolirung des inneren Theiles der Schloßkirche zu Prag und ließ Bilder, Kreuze, Gemälde, Altäre ꝛc. hinauswerfen, da sein Hofprediger Scultetus bewiesen hatte, daß Bilderverehrung eine Abgötterei sei. Es hieß sogar, Friedrich habe gedroht, das große Kruzifix auf der Moldaubrücke durch seine Soldaten fortnehmen zu lassen. So sehr die Parteien, Lutheraner und Katholiken, getrennt sein mochten, darin stimmten sie doch alle überein, daß eine solche Sucht nach Reformen ihre höchstbedenkliche Seite habe; — der König wurde mit Argwohn betrachtet.

Unter solchen Umständen ist man fast geneigt an ein Verhängniß zu glauben, welches über Friedrich schwebte und schweben sollte, bis der vernichtende Schlag ihn traf, wenn man bedenkt, daß der Kurfürst=König den Brief Maximilians von Baiern in hochfahrendem Tone und total abschläglich beantwortete. Der Herzog rückte nun ohne weiteres mit Bouquoi vereint in Böhmen ein. Er wollte der Sache vor Beginn des Winters ein Ende machen. Die Kriegsscenen begannen. Maximilian nahm Budna ein. Bouquoi stürmte Prachatitz und ließ, als Vorspiel dessen, was noch kommen solle, die Bewohner und die Besatzung zum größten Theile niederhauen. Bei Piseck stießen beide Heere zusammen. Auch hier wurde gewüthet wie in des ärgsten Feindes Land, obwohl man in kaiserlichem Eigenthume war. Ohne die angebotene Kapitulation abzuwarten, stiegen die Kaiserlichen über die Mauern und schlugen 450 Mann Soldaten todt, worauf sie die Bürger ebenfalls ermordeten, sobald sich ihnen dazu Gelegenheit bot.

Bei dem Vormarsche der Kaiserlichen auf Pilsen zog Christian von Anhalt sich auf Rokyczan zurück, wohin auch Friedrich kam, um den Truppen Muth einzuflößen. Schon der ganze Zustand des Heeres ließ den unglücklichen Ausgang vorhersehen. Nicht nur war Mangel an allem Nothwendigen, sondern auch jegliche Disziplin fehlte.

Friedrich sowohl als der Fürst von Anhalt sahen die Unmöglichkeit ein, mit solchen Truppen Erfolge zu erringen und der Pfalzgraf ließ den Baiernherzog um eine Unterredung bitten. Allein Maximilian befand sich zu sehr im Vortheil, als daß er dem Gegner goldne Brücken bauen mochte. Er erklärte, nur wenn Friedrich dem Königreiche Böhmen und den inkorporirten Ländern entsagt habe, könne von Unterhandlungen die Rede sein.

Hierzu wollte Friedrich sich nicht verstehen. Die Waffen mußten also entscheiden. Nachdem Max an Pilsen, welches Mansfeld besetzt hielt, vorübergezogen war, setzte er sich bei Rakonitz. Hier kam es zu einem hitzigen Gefechte, in welchem Bouquoi verwundet ward. (27. Oktober 1620.) Am 5. November brach Max wieder auf, um geraden Weges nach Prag zu rücken. Die Böhmen mußten also ebenfalls dahin ziehen. Da Bouquoi noch hinter dem Herzoge zurück war, rieth der Fürst von Anhalt, den Herzog von Baiern anzugreifen. Dieser Angriff würde von günstigem Erfolge begleitet gewesen sein, allein die Stimme Hohenlohes hatte mehr Gewicht. Man griff nicht an, sondern verschanzte sich auf dem weißen Berge bei Prag. Hier hielten die böhmischen Truppen sich für so sicher, daß viele in die Stadt gingen, ihre Freunde zu besuchen. Die Nachlässigkeit im Lager war beispiellos, jeder that, was ihm beliebte und da man den Soldaten schon seit Monaten keine Löhnung ausgezahlt hatte, mußten ihnen viele grobe Excesse nachgesehen werden. Im ganzen waren 21,000 Mann beisammen.

Unterdessen war Bouquoi längst herangekommen und noch ehe die Böhmen mit den Schanzen fertig waren, rückte die kaiserlich-baierische Arme in Schlachtordnung gegen sie heran (8. November 1620).

Der Herzog gab sogleich das Zeichen zum Angriff und das Treffen begann mit aller Heftigkeit; anfangs war der Erfolg für die Kaiserlichen sehr zweifelhaft, denn der Prinz von Anhalt, ein Sohn Christians, drang mit der Reiterei gegen den rechten kaiserlichen Flügel so ungestüm vor, daß dieser zum Weichen gebracht wurde. Aber Tilly hatte mit den Reitern des Obersten Kratz im zweiten Treffen gehalten. Er ließ diese jetzt vorrücken und warf die Anhaltischen zurück. Eine genügende Unterstützung derselben durch die anderen Truppen fand nicht statt. Der Prinz fiel schwerverwundet den Feinden in die Hände.

Zwar versuchte der Fürst von Anhalt die verwirrten Truppen zu sammeln, allein es war vergebens. Namentlich feig zeigten sich die ungarischen Reiter. Sie ergriffen ohne einen Streich gethan zu haben die Flucht und setzten über

Verwundung des Prinzen von Anhalt.

die Moldau, wobei viele im Wasser umkamen. Das böhmische Fußvolk, welches sich von den Reitern verlassen sah, gerieth in Unordnung und ergriff ebenfalls die Flucht. Nur die mährischen Truppen standen fest und schlugen sich mit großer Hartnäckigkeit. Auf sie warf sich nun die ganze Macht der Kaiserlichen. Sie wurden größtentheils niedergehauen. Mit ihrer Einschließung war der Tag entschieden. In kaum einer Stunde hatten die Baiern und Kaiserlichen einen vollständigen Sieg erfochten, den sie mit kaum 500 Mann an Todten und Verwundeten erkauften. Böhmischerseits fielen 4—5000 Mann, 1000 Mann ertranken in der Moldau. 10 Kanonen und 100 Fahnen wurden von den Kaiserlichen erbeutet.

Friedrich hatte mit dem englischen Gesandten bei Tafel gesessen, als ihm die Kunde vom Anrücken des Feindes gebracht wurde. Er warf sich sofort auf ein Pferd, um durch das Strahower Thor zur Armee zu kommen, fand das Thor aber geschlossen. Er stieg angsterfüllt auf den Wall. Das Unheil hatte sich aber so schnell vollzogen, daß Friedrich gerade in dem Momente auf der Wallkante erschien, wo seine Völker schon im Erliegen begriffen waren. Er sah das furchtbare Schauspiel der Flucht mit an und befahl, das Thor zu öffnen um die Fliehenden aufzunehmen, dann eilte er ins Schloß zurück.

Graf Thurn und Hohenlohe hatten ihm den Rath gegeben, einen Waffenstillstand von 24 Stunden beim Herzoge zu verlangen. Dieser bewilligte aber nur 8 Stunden, wenn Friedrich sich dem Kaiser unterwerfen wolle. Der Pfalzgraf entschloß sich daher Prag zu verlassen. Zwar baten die Prager ihn zu bleiben, man wollte die Stadt vertheidigen, ein Heer werben, welches im Verein mit den Trümmern der Armee sich wohl hinter den Mauern halten werde, da Mansfeld obenein von Pilsen her den Feind bedrohe, aber Friedrich war vollkommen betäubt. Er hatte überdies den Argwohn, die Prager wollten ihn dem Kaiser ausliefern, um damit dessen Gnade zu erlangen. Er verließ am folgenden Morgen mit seiner Gemahlin, seinen Kindern, in Begleitung der Fürsten von

Friedrich beobachtet die Flucht seiner Truppen.

Anhalt, des Herzogs Ernst von Weimar, der Grafen Thurn und Hohenlohe Prag und nahm den Weg nach Breslau.

Dieser Abzug glich einer eiligen und schmählichen Flucht. Friedrich war in solcher Bestürzung, daß er die Reichskrone, der Fürst von Anhalt die geheimsten Papiere zurückließ. Er langte unter schwerem Unwetter zu Breslau an, wo seines Bleibens nicht war, da die schlesischen Stände mit Sachsens Kurfürsten unterhandelten.

Werber.

II. Kapitel.

Zustände des Reichs und Brandenburgs zur Zeit der Geburt Friedrich Wilhelms.

ls das Jahr 1620 zu Ende war, hatte auch der erste Akt des furchtbaren Trauerspiels sein Ende erreicht. Leider spielte es weiter. Die Waffen der Liga, also des Kaisers, hatten siegreich die Sache des „Winterkönigs", wie man spottweise den Kurfürsten Friedrich nannte, niedergeschlagen. Die Union mußte als aufgelöst betrachtet werden und auch in den Erb=
landen wurden die ständischen Heere bewältigt.

1620

Ferdinand stand für den Augenblick mächtiger als je in Deutschland. Eine weise Mäßigung würde ihm und dem ganzen großen Reiche unsägliche Schwierig=
keiten und maßloses Unheil erspart haben. Duldung und Milde hätten dem Sieger mehr gewonnen, als all die glücklichen Treffen ihm zuwenden konnten, welche er nunmehr zu gewinnen hoffte.

Aber Versöhnung und Duldung waren nicht dem Charakter des Habs=
burgers eigen, der vielmehr als der strenge und unerbittliche Richter auftreten wollte. Das Blutgericht, welches er über Böhmen verhängte, ließ sich nur mit dem vergleichen, das einst Alba in den Niederlanden einsetzte. Siebenundzwanzig Köpfe von Verurtheilten fielen an einem Tage. Die Vermögen der Gerichteten zog der Kaiser ein. Die protestantischen Prediger wies man aus Böhmen, der Vernichtungskrieg gegen alles, was nicht dem kaiserlichen, also dem katholischen Interesse huldigte, war mit einem Schlage eröffnet. Bekehrungen durch Waffen=
gewalt wurden bereits versucht. Gleich nach dem böhmischen Kriege rief der Kaiser die Jesuiten zurück, setzte sie in ihre Besitzungen und Rechte ein, über=
wies ihnen in der Folge die Lehrstühle der Prager Universität und scheute kein

Mittel, das protestantische Bekenntniß überall zu verdrängen. Mit den Ländern und dem Kurhute des gestürzten und flüchtigen Pfalzgrafen belohnte er Baiern für die geleistete Hülfe und vernichtete dadurch eines der angesehensten Häuser des deutschen Reiches, indem er zugleich eine neue katholische Stimme für das Kurkollegium schuf, wodurch die Evangelischen in die Minderheit kamen.

Der Kaiser verfuhr hierbei ganz absolut. Er kümmerte sich als Sieger nicht mehr um die Ansichten der deutschen Fürsten, sondern schaltete und waltete im Reiche, als sei kein Anderer mehr vorhanden, der seine Stimme erheben dürfe. Allmählich wurden in den Ländern Stimmen genug laut, welche über solche Gewaltthaten Klage führten. Kursachsen ward offen als ein Beutestück bezeichnet, welches der Kaiser bereits im Garne haben sollte und die thörichte Hülfe, die Johann Georg dem Kaiser geleistet, verdammte man ungescheut.

Aber die Macht Ferdinands war zu groß, seine schnellen Erfolge hatten die Meisten eingeschüchtert und vor seiner Rache zitterten Fürsten und Völker, denn die blutigen Auftritte in Böhmen hatten gezeigt, daß der Kaiser keines Hauptes schone. Neben dem Grafen Schlick mußte der Prediger Jessenius bluten.

Woher sollte der Widerstand kommen, der diesem Treiben eines Despoten Halt gebot? — Der Widerstand machte sich aber dennoch geltend. Mansfeld stand auf. Mit seinem Auftreten beginnt der zweite Akt des Trauerspiels. Die kleinen, aber desto blutigeren Feld- und Streifzüge werden allgemein. Mansfeld erscheint als Vertheidiger der Sache Friedrichs von der Pfalz. Ihm schließen sich der Markgraf von Baden-Durlach und Prinz Christian von Braunschweig an. Letzterer ist der exaltirte Paladin der Gattin Friedrichs von der Pfalz, für die er in heftiger Leidenschaft entbrannte, als er die schöne Königstochter flüchtig, unglücklich kennen lernte. Er trägt einen ihrer Handschuhe an seinem Helme und nimmt die Devise an: „Gottesfreund — der Pfaffen Feind."

Diese gefährlichen Feinde des Kaisers suchen den Krieg in die Pfalz zu spielen. Hier tritt ihnen Tilly, der Feldherr in dem Jesuitenkäppchen, entgegen, der Kampf beginnt, wie ein solcher Kampf nur eben beginnen kann, mit hin- und hermarschiren, und bei diesen Märschen leidet das Land furchtbar. Würzburg, Bamberg, Speyer, Worms, das schöne Elsaß, Mainz werden vernichtet. Es sind katholische Stifter und Mansfeld setzt eine Ehre darein, sie zu zerstören. Aber dem bewährten Kriegsmanne Tilly sind diese Abenteurer nicht gewachsen. Sie werden bei Wimpffen geschlagen, dann als Christian zu Mansfeld stößt, schlägt Tilly diesen bei Höchst.

Wieder war ein Moment gekommen, welchen der Kaiser in geschickter Weise ausnutzen konnte, wenn er Mäßigung geübt hätte. Aber er hielt sich von der Vorsehung berufen, „die Ausrottung der rebellischen Factionen, welche durch die calvinische Ketzerei am meisten genährt würden", herbeizuführen und wollte auf dem betretenen Wege weiter fortfahren.

Ueber die eigentlichen Zustände des Reiches scheint der Kaiser sich in vollkommener Täuschung befunden zu haben. Seine schnellen Erfolge und die Siege der liguistischen Waffen hatten ihn verblendet. Während er scheinbar Meister

Tilly.

wurde, geriethen die Länder, welche er beherrschte, in den schrecklichen Verfall, der ihren Wohlstand auf Jahrhunderte hinaus zerrüttete. Selbst die Mittel für Beschaffung des Kriegsvolkes und der nothwendigen Armirungen waren schon bei Ausbruch der böhmischen Unruhen nicht genügend vorhanden. Wir haben gesehen, wie der Kaiser von Spanien, vom Papste und selbst von Baiern Geldbeiträge annahm.

Man borgte überall. Wie der Kaiser Anleihen machte, so geschah es auch von Seiten des Kurfürsten von Sachsen, von Böhmen und von Schlesien. Anleihen wurden mit Nürnberg und Augsburg abgeschlossen. Der Großherzog von Florenz schoß 100,000 Kronen vor. Als hervorragende Geldmänner, welche Vorschüsse machten, fungiren die Italiener Beniccieni und Sieni zu Florenz. Sie erhielten den Titel: „Faktoren Ihrer kurfürstlich sächsischen Durchlaucht." Unterhändler für solche waren unter anderen Bernhard von Pölnitz und Georg von Werthern. Unter den Geldleihern finden sich sogar kleine bürgerliche Leute, z. B. ein Doctor Hagius mit 70,000 Gulden, ein Herr Adrian Stommen mit 30,000 Gulden, welche ohne Zweifel ganz enorme Zinsen berechneten. Leipzig wurde um Geld angesprochen, ebenso forderten die Böhmen von Sachsen 400,000 Gulden.

Böhmen wurde vorzugsweise mit Zwangsanleihen bedacht. Dies fand namentlich statt, als der Sold für die Truppen ausblieb und das Murren der Soldaten sehr bedenklich wurde. Waren in solcher schreckenerregenden Art die Finanzzustände beschaffen, so hatte der Krieg bei seinem Ausbruche nicht minder furchtbare Wirkungen auf die persönliche Sicherheit des Bürgers und Land= manns, auf den Wohlstand, auf die Moral der Bevölkerung ausgeübt und diese verderblichen Einflüsse steigerten sich im Verlaufe noch fortwährend.

Die Hauptursache dafür ist zunächst in dem Herbeischaffen von Kriegsvolk, in dem „Werben" der Söldner zu suchen. Gleich Wetterwolken ballten sich alle schädlichen und nichtswürdigen Elemente der Gesellschaft zusammen, sobald nur die Werbetrommel gerührt ward. Nicht aus Deutschland allein, aus Polen, Holland, Ungarn, Spanien ꝛc. eilte alles, was den Namen Gesindel verdiente, in die deutschen Lande. Aller Auswurf fand sich beim Werbezelte und endlich mußten die ruinirten Bauern die nutzlos gewordene Pflugschar mit dem Schwerte vertauschen.

Da es gewöhnlich schon in den ersten Wochen an Geld mangelte, wurde das System der Selbsternährung gleich anfangs beliebt. Die Werber und Hauptleute, welche auf Rechnung der Fürsten Soldaten beschafften, steckten gewöhnlich das baare Geld in den Sack. Die Methode, welche sie dabei befolgten, war einfach. Wenn ihnen aufgegeben ward, eine gewisse Zahl von Söldnern zu werben, so erschienen diese Mannschaften vollzählig nur auf dem Papiere. Auf den Werbeplätzen fand sich oft kaum die Hälfte ein, dem Kriegsfürsten aber, für welchen der Werber die Mannschaften aufbrachte, wurde die volle Zahl angerechnet, und da der Werber pro Kopf ein bestimmtes Handgeld erhielt, fiel die volle Summe in seine Tasche. Um nun endlich die Lücken zu füllen, wurde alles Gesindel, gediente und ungediente Leute in die Reihen der Heere gesteckt. Von einer Neigung für den Kriegsherrn, von Gesinnung und Disziplin konnte bei dieser entarteten Menschenklasse selbstverständlich nicht die Rede sein. Sie waren gekauftes Fleisch und je öfter sie ihre Fahnen gewechselt, je häufiger sie dem Landesherrn treubrüchig geworden waren, desto gesuchtere Waare bildeten sie für den Werber. Man nannte dergleichen Auswurf, der von Heimat, Vaterland, Glauben und Eid kaum Begriffe hatte, „versuchtes Volk," und für sie zahlte der Werber das meiste Handgeld, da sie den Dienst am Besten verstanden. Vor der Rauf- und Beutelust, Faulheit und Zügellosigkeit dieser Horden fielen alle Schranken.

Der Adel des Reiches trug zum großen Theil noch einen Kern jener unbändigen Kampflust des Mittelalters in sich. Er ließ den Bürgerlichen Stellungen im Staatsdienste, den gelehrten „Federfuchsern" die Schulbank, um für sich eine Aussicht im Felddienste zu erwerben. Mancher Adelige trat selbst als gemeiner Reiter oder Korporal ein. Jüngere Söhne oder sonstige Unbegüterte aus adeligen Geschlechtern, sogar solche von fürstlicher Abkunft, bildeten damals einen ganzen Kriegerstamm.

Diese Bestandtheile der Armeen, sie waren auf liguistischer und unirter Seite gleich abscheulich, überschwemmten nun die Länder, als der Krieg einmal ausgebrochen war. Vor ihren entsetzlichen Gewaltthaten zitterte alles, selbst die Schlösser der Fürsten boten nicht genügenden Schutz, und angstvoll drängten sich Bürger und Bauer in die Schlupfwinkel, wenn die Trompete das Anrücken kaiserlicher, unirter, böhmischer oder mansfeldischer Schaaren verkündete. Von Freund oder Feind sprach niemand unter diesen rohen Haufen, das Eigenthum dessen, der nicht im Soldatenrock steckte, war vogelfrei bis ein anderer Haufen herankam, die Beutemacher abzustrafen und sich dafür mit der Habe der Befreiten bezahlt zu machen.

Uebrigens hatten die Soldaten in den Augen der Fürsten und Kriegsherren ebenso geringen Werth, als in denen der Bürger. Man sah in ihnen nur Futter für Pulver und nothwendige Mordmaschinen. Als die Mansfeldischen Söldner im Jahre 1620 zu Prag ihren rückständigen dreimonatlichen Sold forderten und sehr heftig revoltirten, „öffnete der Graf (Mansfeld) die Thüre und ist mit einem breiten Schweizerdegen unter sie getreten, auch alsbald ihrer Zwei

niedergehauen, etliche schwer verwundet, darauf sie sich in der Gassen zusammen= rottiret, der Herr Graf aber mit dreien seiner Hauptleute sich unter sie zu Roß gemachet, ihrer etliche niedergeschossen, viel verwundet und sind in allem 11 geblieben und 26 geschädigt worden."

Schlimm und gefährlich waren alle Arten der Söldner, am gefürchtetsten aber die aus Ungarn und Siebenbürgen kommenden, unter denen sich Türken und „Tataren" befanden. Vor Wien ließ der Kaiser die Kosaken streifen, welche später von den Landleuten eingefangen und für zwölf Gulden der Mann verkauft wurden, um todtgeschlagen zu werden.

Die schlesischen Hülfsvölker raubten das Vieh von der Wiese. Die sämmt= lichen Truppen Ferdinands waren auf Raub dressirt und die fremden Hülfs= völker thaten es allen zuvor. „Die spanischen Soldaten, so auff dem Wege nach Regensburg in Baiern ligen, sollen im Gebrauch haben, die Reisenden und durchlauffenden Bothen zu durchsuchen und denjenigen, bei dem sie kein Kruzifix (oder Geld?) finden, als Ketzer an den nächsten Baum zu henken oder niederzuschießen." Das ganze Deutschland war in einer schrecklichen Gährung. Der Hohe stahl das Große — der Niedere das Kleine. Von Achtung vor Gesetz und Recht war nicht die Rede, man verlachte die Anordnungen eines Richters, einer Behörde. Das waren die Zustände bei Beginn des Krieges, sie wuchsen in ihrer Furchtbarkeit während seines Verlaufes und es spricht wahrlich genugsam für die unserem Vaterlande innewohnende Kraft, daß es überhaupt noch im Stande war, sich von den beispiellos gewaltigen Schlägen zu erholen, die fast ein Menschenalter lang auf seine Glieder niederfielen.

Von dem Ausbruch des Krieges an ging das Werk der Zerstörung und der Vernichtung alles Wohlstandes vor sich; was Ferdinand nach dem Schlusse des Krieges eigentlich sein nennen wollte, das ließ sich schwer erklären, denn jedermann konnte sich sagen, daß der Sieger nur auf Trümmern seine Fahne pflanzen werde. Handel und Wandel stockte, die Aecker lagen wüst, die Schulen wurden geschlossen, sobald der Feind nahe kam; das Gewerbe beschränkte sich auf Lieferung des Nothwendigsten, und alles, was zur Behaglichkeit des Lebens gehörte, ward als nutzloser Plunder verbannt, vernichtet sogar, um dem plündernden Soldaten oder Marodeur nicht als willkommene Beute zu dienen.

* * *

Wenn wir anfangs der zwei Jahre 1619 und 1620 besonders gedacht haben, so geschah dies, weil jene den Ausgangspunkt der großen Kämpfe bilden, dann aber auch, weil sie für unser preußisches Vaterland und dessen Entwickelung Wendepunkte bedeuten.

Zwar vollzog sich diese Wendung nicht sofort zum Guten, es waren vielmehr schwere Zeiten, die ihren Beginn mit dem Jahre 1619 nahmen, denn in diesem Jahre erhielt George Wilhelm den Kurhut von Brandenburg, ein Fürst, welcher der gefahrvollen und schweren Zeit nicht gewachsen war, sein Land also durch die Schwäche seines Wesens und durch die geringe Theilnahme, die ihm seine Kraftlosigkeit erwarb, nur um so tiefer in das Unglück stürzte, ein Mann, welcher für seine Zaghaftigkeit schwer büßen mußte, so schwer, daß die Nachwelt selbst das Unverdiente an Mißgeschick, das ihn traf, nicht verziehen hat, sondern in oft ungerechter Weise alles, was Bedauerliches über Brandenburg hereinbrach, auf Rechnung der fehlerhaften Führung des unglücklichen Kurfürsten schrieb.

Mit dem Beginn der Leidenszeit für Deutschland beginnt auch die Epoche der schweren und herben Prüfungen Brandenburgs. Aber inmitten dieser 1620 schlimmen Zeiten wird 1620 der Mann geboren, der bestimmt war, den Grund zur Größe des preußischen Landes zu legen, der einst der erste deutsche Fürst sein sollte, welcher muthvoll und selbständig deutsches Recht verfocht und für das große, gemeinsame Vaterland zu wirken bestrebt war, seinem Hause gleichsam den Weg vorbereitend, zu dessen Endpunkte es in unseren Tagen nach schweren Kämpfen gelangt ist.

Am 4. November 1619 ward Friedrich von der Pfalz zu Prag als König von Böhmen gekrönt, acht Tage später trat George Wilhelm von Brandenburg seine Regierung des brandenburgischen Landes an. Sein Vater Johann Sigismund legte an genanntem Tage sein Kurszepter feierlich in die Hände des Sohnes. Krankheit, Gram, Sorge und Ueberdruß hatten den Kurfürsten dazu bewogen. Von einem unglücklichen Manne ging die Herrschaft auf einen anderen über, der ebenfalls nicht glücklich durch ihren Besitz werden sollte. George Wilhelm sah die neue Würde als eine Last an, sie drückte ihn, ihr Besitz hob ihn nicht.

Am 28. Dezember 1619, also etwa sechs Wochen später, starb Johann Sigismund im Hause seines Kammerdieners Freitag in der Poststraße zu Berlin. Aus dem Schlosse hatte ihn die Erscheinung der weißen Frau vertrieben, welche seinen wirren Ideen nach ihn verfolgte. Der Tod eines Zwergnarren, Bertram, schien ihm eine schlimme Vorbedeutung und die Raben und Dohlen, welche an die Fenster des Schlosses pickten, sollten Boten aus einer finsteren Region sein, entsendet, den Kurfürsten zu erinnern, daß seine letzte Stunde bald schlagen werde.

Die fast zu gleicher Zeit erfolgende Besitznahme der beiden Throne, des böhmischen und des brandenburgischen, war für beide Herrscher um so bedeutsamer, als sie zum Unglücke für George Wilhelm mit einander eng verwandt waren. Die Gattin des brandenburgischen Kurfürsten, Elisabeth Charlotte, war die Tochter Friedrichs IV. von der Pfalz, also eine Schwester des unglücklichen Pfalzgrafen, der, wie wir wissen, unter dem Spottnamen „der Winterkönig" aus Böhmen getrieben ward, um als ein Flüchtling, als der geächtete Feind des Kaisers, von Land zu Land zu irren.

Schon diese Verwandtschaft allein würde unter den obwaltenden Umständen genügt haben, dem kleinlich denkenden Kaiser Veranlassung zu Unfreundlichkeit und Verdacht gegen George Wilhelm zu geben. Allein zum Unheile des Kurfürsten und seines Landes waren noch verschiedene andere Verbindungen geschlossen worden, welche im Verlaufe des furchtbaren Krieges für Brandenburg verhängnißvoll werden sollten. Wir setzen sie, den Ereignissen ein wenig vorgreifend, hierher.

Die Kurfürstin Mutter, eine sehr selbständig handelnde Dame, hatte nach Johann Sigismunds Tode die Vermählung ihrer Tochter Marie Eleonore mit dem Schwedenkönige Gustav Adolf zu Stande gebracht. Wir sagen zu Stande gebracht, denn wenn der König auch in der That, durch die Reize der schönen Kurprinzessin gefesselt, in die Heirath gern willigte, so war doch von Seiten vieler Wohlmeinenden energisch gegen diese Verbindung protestirt worden. Sie hätte, wenn George Wilhelm einen festeren Charakter besaß, in der Folge zwar für ihn höchst vortheilhaft werden können, allein wie die Verhältnisse lagen, war es ein politischer Fehler, daß man von Seiten Brandenburgs den König von Polen, den Lehnsherrn George Wilhelms, vor den Kopf stieß, indem man seinem Sohne Wladislaus, der sich um Marie Eleonore bewarb, eine ablehnende Antwort gab und die Prinzessin dem Schwedenkönige vermählte, der mit Polen im Kriege lag.

Eine zweite für Brandenburg sehr gefahrbringende Heirath war die des siebenbürgischen Fürsten Bethlen Gabor mit der jüngeren Schwester George Wilhelms, der Prinzessin Katharina. Es ist nicht ohne die Mitwirkung Gustav Adolfs geschehen, daß diese Heirath zu Stande kam, sie lag mit in dem Gewebe der weitgreifenden Pläne des Schwedenkönigs; aber für George Wilhelm war sie ein neuer Quell des Ungemachs, denn er vermählte wider sein den Polen gegebenes Versprechen seine Schwester an einen Feind jenes Landes. Von einer richtigen und nützlichen Politik findet sich also keine Spur in den Handlungen des Berliner Hofes.

In der kurfürstlichen Familie herrschte eine sehr weitklaffende Spaltung. George Wilhelm hatte dieselbe durch seinen Uebertritt zur reformirten Kirche herbeigeführt. Während seine thatkräftige Mutter das lutherische Bekenntniß heilig und hoch hielt, war der Sohn ein eifriger Reformirter. Diesen Glaubenszwist hatte die Kurfürstin Mutter so weit getrieben, daß sie eine große und weitgreifende Intrigue anzettelte, um das preußische Herzogthum und die Cleveschen Lande von dem Brandenburgischen Besitze zu trennen. Der jüngere Bruder des Kurfürsten sollte der Herrscher dieser losgerissenen Länder werden.

* * *

1620 Kehren wir nun zu den Ereignissen der Jahre 1619 und 1620 zurück. Wir haben in dem Vorhergehenden geschildert, in welcher Lage sich das deutsche Reich befand, nachdem Kaiser Ferdinand die ihn bedrohenden Wetter in Böhmen zerstreut und die Theilnehmer an dem Widerstande gegen kaiserliche Majestät blutig gestraft hatte.

Der flüchtige Winterkönig fand am Hofe zu Berlin Aufnahme, nachdem er zuvor schon mit seinem ganzen Gefolge in der Festung Küstrin eine Zeit lang auf Kosten George Wilhelms und seines Landes Schutz gesucht und gefunden hatte. Das Mißfallen des Kaisers machte sich bald genug in sehr scharfer Weise bemerkbar. Er sah nicht ein oder wollte nicht einsehen, daß der brandenburgische Kurfürst gewissermaßen gezwungen war, dem unglücklichen Schwager eine vorübergehende Hülfe zu leisten, daß diese Hülfe nur mit Widerstreben, nach längerem Zögern geleistet wurde.

Die unbequemen Gäste wurde George Wilhelm erst nach vielem Bitten los. Der Kaiser hatte einen sehr hochfahrenden Ton angeschlagen, als er den Kurfürsten aufforderte, seinen Schwager aus Berlin zu weisen. Bis dahin hatte George Wilhelm, zum großen Theil dem Rathe Schwarzenbergs folgend, auf den wir bald zurückkommen werden, die Absichten des Kaisers nicht genügend durchschaut. Er wollte nicht an die Vergewaltigung glauben, welche Ferdinand vorbereitete. Es schien ihm nicht möglich, daß der Kaiser es auf Unterdrückung des Protestantismus abgesehen habe.

Die ersten Anzeichen, daß man Schlimmes gegen ihn im Schilde führe, erhielt der Kurfürst durch die Forderung, welche Sachsen stellte. Johann George hatte auf dem erwähnten Kreistage trotz der Abwesenheit von Brandenburg, Weimar, Pommern und Anhalt eine Defensionssteuer für die Sache des Kaisers festgesetzt.

Auf Brandenburg kamen dabei 109,680 Gulden. Sachsen trat nun mit dieser Geldforderung heran und erklärte sich entschlossen, in die Mark zu fallen, wenn die Zahlung verweigert werden sollte.

Eine noch gefährlichere Haltung nahm der Kaiser an. Er machte in dem Augenblicke hoher Bedrängniß der brandenburgischen Lande Ansprüche auf die Lehen in Schlesien und in der Lausitz unter dem Vorwande „nicht erfolgter Mitwirkung". Es hieß, der Kaiser habe bereits die Regimenter bezeichnet, welche diese Exekution ausführen sollten.

Schon vor diesen drohenden Maßregeln hatte man in Brandenburg die Nothwendigkeit einer Landesvertheidigung erwogen. Sie konnte nur sehr kläglich ausfallen.

Unter Johann George und Johann Sigismund war bereits der Lieblingsgedanke, welchen die Mitglieder des Hauses Hohenzollern stets in Bezug auf die Vertheidigung ihres Reiches hegten, und der in der Folge durch sie so glänzend verwirklicht worden ist, zur Ausführung gekommen. Das brandenburgische Land konnte sich vor allen anderen rühmen, das Einzige zu sein, welches seine Heere aus Landeskindern zusammensetzte, und die Soldaten wurden in den Landesmarken ausgemustert. Daß es dem Volke nicht an hochkriegerischem Sinne gebrach, das bewiesen die in den fremden Heeren kämpfenden brandenburgischen Männer und die vielen tapferen Offiziere, welche an der Spitze fremder Schaaren standen. Ebenso waren es die Brandenburger, welche sich in der Folge den fremden Söldnern bewaffnet gegenüberstellten, als diese in ihr Land fielen.

George Wilhelm verstand einerseits nicht, diese Kräfte des Landes zu nutzen, andererseits benutzten die Stände die Schwäche des Kurfürsten, um sich von lästigen Pflichten freizumachen, indem sie oft genug in den gefährlichsten Momenten die Mittel zur Ausrüstung verweigerten. Furcht vor der kaiserlichen Majestät that das Ihrige hinzu. George Wilhelm vermochte nicht, sich zu selbständigem Handeln aufzuschwingen. Als Markgraf Johann von Jägerndorf den Krieg auf eigene Hand fortsetzte, als Tausende von Brandenburgern ihm zuströmten, ließ George Wilhelm ihn ohne jede Hülfe. Er sah es ruhig mit an, daß der Kaiser wider alles Recht, der eigenen Wahlkapitulation zum Hohne, das brandenburgische Hausfideikommiß Jägerndorf einzog und als ein Lehen seines böhmischen Erbreiches erklärte.

Schon zu jener Zeit war Brandenburg der Staat, welcher, mit richtiger Benutzung seiner Kräfte und durch energischen Willen geleitet, das Schicksal Deutschlands entschieden, ihm mindestens eine ganz andere Wendung bereitet hätte. Denn es bedurfte nur des entschiedenen Willens George Wilhelms, um jenen elenden Vertrag des unistischen Führers, Ernst Georgs von Anspach, zu verhindern und dadurch die Unterstützung des Kaisers durch die Armee der Ligue unmöglich zu machen. Wenn der Kurfürst sich direkt gegen den Kaiser erklärte, so mußte hierbei die Wehrkraft Brandenburgs sehr gewichtig in die Schale der Entscheidung fallen, dann schlug der böhmische Krieg eine ganz andere Richtung ein und das dreißig Jahre lange Elend wurde dem deutschen Reiche erspart.

Bei solcher Schwäche des regierenden Herrn hatten die widerspenstigen Stände leichtes Spiel. Indessen bewog die herannahende Gefahr sie doch dazu, für Werbung und Landesvertheidigung einige Schritte zu thun. Am 31. Januar 1620 erschien ein kurfürstliches Edikt, welches befahl, daß jeder sich „mit gutem Roßzeug, tauglichen Rüstungen und Gesinde, sowie andere Nothdurft, auf so hoch er immer aufkommen könne, zur Defension des Vaterlandes gefaßt halte."

Auf dem Landtage zu Berlin hatten die Stände Gelder zur Durchführung dieser Defension bewilligt. Es wurden geworben ein Regiment zu Fuß von 1000 Mann (600 Musketiere, 400 Pikeniere). An Reiterei: drei Kompagnien zu 100 Mann. Kracht, Rintorf, Köfritz, Rochow, Haack 2c. sind Namen, welche unter den Führern dieser kleinen Armee erscheinen. Einzelne Werbungen fanden durch Hauptleute statt und der Hauptmann Konrad von Burgsdorf stand einem besonderen Regimente vor, welches die Stände zum Theil besoldeten.

Der Zustand der also geworbenen Truppen, ihre ganze Haltung war in der That geeignet, sie viel mehr zu einer Plage des Landes, als zu Vertheidigern desselben zu machen. Das Edikt des Kurfürsten vom 5. Mai 1620 sagt unter anderem: „Als befehlen wir unserem Kriegsvolk hiermit ernstlich, daß sie über 10 stark und dazu nicht ohne ihrer Hauptleute Kundschaft, nicht herum laufen, auch daran ersättigt sein sollen, wenn ihnen auf einen Trupp von 10 stark in jedem Dorfe 3 Reichsgroschen oder 36 Pfenige gegen Vorzeigen ihrer Kundschaften gegeben werden." Weiter heißt es: „Sie sollen nicht Hühner oder sonst etwas entfernen."

Die Truppen wurden also darauf hingewiesen, sich theilweis durch Bettelei selbst zu erhalten. Man nannte diese Leute „Gardendes Volk". Zu welchen Ausschreitungen und Exzessen diese privilegirte Bettelei führte, ist leicht zu ermessen. Die schlecht und gar nicht besoldeten Truppen, welche nur eine Horde bewaffneter Bettler bildeten, suchten von der ihnen gewordenen Erlaubniß des „Gardens" den umfassendsten Gebrauch zu machen. Da sie bald zu einer

Gardendes Volk.

Plage für den Bürger und Landmann wurden, wies man sie von den Thüren und verweigerte ihnen die mit großer Frechheit geforderten Almosen. Zwar konnten die Bettler in Waffen sich darauf berufen, daß der Kurfürst sie gewissermaßen an das Land verwiesen hatte, allein bei der täglich zunehmenden Verwirrung aller Verhältnisse kehrte sich niemand an dergleichen überlästige Edikte.

Die gardenden Soldaten fühlten sich daher veranlaßt, mit Gewalt zu nehmen, was man ihnen freiwillig nicht geben mochte. Mit Pike, Degen und Feuerrohr bewaffnet drangen sie oft truppweise in Häuser und Gehöfte, die

Bettelgroschen zu erpressen. Ihnen gesellte sich das obdach= und mittellose Gesindel bei, welches nicht einmal das Privilegium zum Garden vorweisen konnte. Es begann in der That ein Krieg der besitzlosen Söldner gegen die besitzenden Klassen. Noch ehe die äußeren Feinde Brandenburgs das Land angriffen oder überschwemmten, wurde es durch die zügellosen Haufen, welche im Innern der Marken hausten, schwer geschädigt. Die Klagen wegen Erpressungen mehrten sich fast täglich. Kein Dorf war vor dem gardenden Gesindel geschützt.

Wie weit diese schrecklichen Zustände sich ausdehnten, geht daraus hervor, daß bald von Seiten der kurfürstlichen Regierung ein Edikt gegen die Gardenden oder vielmehr gegen die mit ihnen ziehenden Bettler und Diebe, Geschmeiß aller Art, erschien. Es hieß darin, daß man allen nicht zum Garden Berechtigten und nicht in des Kurfürsten Diensten stehenden Knechten mit allen Mitteln entgegentreten solle und daß im Nothfalle durch die Sturmglocke die benachbarten Dörfer zur Abwehr von Erpressungen aufzubieten seien.

War dieses Edikt schon an sich selbst ein gefährlicher Erlaubnißschein für Selbsthülfe, so hatte es noch die schlimme Folge, daß namentlich die Bauern ihrerseits jene Erlaubniß zur Nothwehr sehr weit ausdehnten, denn in dem Edikt war wörtlich gesagt: „Würden auch einer oder mehrere Soldaten auf dem Platze bleiben, haben sie es Niemandem, als ihnen selbst zu danken." Nunmehr griffen die Behelligten ohne weiteres zu den Waffen und die Soldaten gebrauchten wiederum Repressalien. Es entspann sich, wie gesagt, ein vollständiger Krieg zwischen Landvolk und Soldaten, der in blutigster Weise geführt ward.

Dem eigentlichen Kriege sahen die brandenburgischen Truppen ganz thatenlos zu. Als später Mansfeld mit seinen wüsten Horden in die Mark fiel, ließ der Kurfürst zwar den Bann gegen sie aufbieten, aber der mit der Führung desselben beauftragte Oberst von Kracht unternahm sehr wenig gegen die Räuber.

In solcher Weise gingen die Dinge im Inneren des Landes ihren schlimmen Gang. Schon brauste das Kriegswetter gegen die Mark von allen Seiten heran. Mit der Zunahme des kriegerischen Treibens sank der Wohlstand immer mehr. Die Münzen wurden erbärmlich verschlechtert. Eine Menge von Fälschern, die Kipper und Wipper genannt, trieb ihr Wesen ganz ungescheut. Außerdem befand sich das Handwerk des Geldschlagens in den Händen von zunftmäßig geordneten Arbeitern, welche sich durch nichts von den übrigen Geldfälschern unterschieden, denn ihre Aufgabe war nur, durch Verschlechterung des Metalles Vortheile zu erzielen.

Die wachsende Geldnoth brachte es dahin, daß selbst die Fürsten in Deutschland sich den Betrügern in die Hände gaben. Sie ließen die Münzfälschungen ohne weiteres geschehen und sanktionirten dieselben sogar. Freilich war es die beste Art, sich die Mahner vom Halse zu schaffen, wenn man in der Noth schlechtes Geld schlagen ließ. So wurden z. B. in Braunschweig erbärmliche Münzen gefertigt. Viele Leute, welche Gold und Silber besaßen, ließen dasselbe in den Münzstätten umprägen; die Bestechung vermochte viel und bewirkte, daß die Vorräthe an edlem Metall zu schlechten Münzen umgeprägt zurückkamen.

Das Geld sank dadurch gewaltig im Preise. Es sank bis auf den zehnten Theil seines Nennwerthes.

In unmittelbarem Zusammenhange stand hiermit die furchtbare Theuerung aller Lebensmittel.

Schon 1621 gab man für einen Scheffel Roggen zwanzig, für einen Scheffel Gerste dreißig Thaler. Die Gehalte der Beamten, der Geistlichen 2c. mußten um ein Bedeutendes erhöht werden, damit die Angestellten nur ihr Dasein fristen konnten. Alles dies half indessen wenig oder nichts, denn das Sinken des Geldes ließ nicht nach. Das Schlimmste war jedoch, daß die kurfürstlichen Kassen das eigene, vom Landesherrn gezahlte Geld zurückwiesen, und so geschah es fast in allen deutschen Ländern.

Kurfürstliches Gelage zu George Wilhelms Zeit.

Die Verwirrung und Zügellosigkeit griff in allen Kreisen um sich. Der kurbrandenburgische Hof zeichnete sich nicht durch Ordnung aus. Es mochte fast wie Hohn aussehen, daß trotz der unglücklichen Zeitverhältnisse am Hofe George Wilhelms eine Ueppigkeit herrschte, welche mit der Noth des Landes in grellem Widerspruche stand. Die Tafeln waren stets trefflich bestellt. Es fehlte nie an auserlesenen Weinen und Leckerbissen. Der Kurfürst selbst war ein erprobter Zecher. Dieser gefährlichen Leidenschaft huldigte auch seine Umgebung. Es fanden sich Personen bei Hofe ein, welche durch ihre Schlemmerei allein eine gewisse Stellung behaupteten. Die tollsten Wetten wurden eingegangen, wenn es sich um Trinken handelte, und es ist erwiesen, daß ein fester Zecher sich nicht selten ein Schlößchen oder ein Gut gewinnen konnte, wenn er die Humpen einige Male bis auf die Nagelprobe zu leeren verstand. Burgsdorf, von dem noch später die Rede sein wird, trank an der Tafel achtzehn Maß Wein. Die Fresser wurden nicht minder angestaunt und in ihre Magen wanderte massenweise das Fleisch von Geflügel, Kälbern und Fischen, welche das Land in die kurfürstliche Küche lieferte, denn weder die Güter des Kurfürsten, noch dessen Weiher, Gärten und Wälder konnten ausreichende Zuschüsse für die Schwelgereien liefern.

War der Wein für einige Zeit beiseite geschoben, so ging es an das Vergnügen der Jagd. Der Kurfürst war ein eifriger Waidmann. Er fühlte sich nur glücklich, wenn er, frei von den Sorgen, welche ihm die Zustände denn doch bereiteten, in dem Dunkel seiner Wälder nach Beute spähen konnte. Er vergaß bei der Verfolgung eines Wildes alles. Seine häufigen Reisen nach Preußen hatten ihren Grund meist in der daselbst vorhandenen Gelegenheit zu reichlichem Jagdvergnügen. Nur mit Widerstreben ließ er sich von dieser Beschäftigung

Kurfürstliche Jagd.

abhalten oder gar zurückrufen und mit ihm jagten seine Günstlinge durch die Forsten, dem Herrn wohl hundertmal betheuernd, daß ein solches Leben besser sei, als hinter den Rathstischen zu sitzen.

Diese Lebensweise des Herrschers mußte nothwendigerweise auch diejenigen zu gleichem Treiben anspornen, welche dem Hofe am nächsten standen. Der Adel Brandenburgs eiferte mit wenigen Ausnahmen dem Gebieter nach. Eine höhere, geistige Bildung war noch nicht in die Herrensitze der Mark gedrungen. Der märkische Landedelmann, gemeinhin der Junker genannt, lebte auf seinem Territorium wie ehedem im Mittelalter gelebt worden war. Wenn er auch nicht wie zu jener Zeit der Herr über alles war, was zu seinem Kreise gehörte, wenn dem Landesherrn auch die höheren Entscheidungen vorbehalten blieben, so suchte der märkische Edelmann doch seine Hoheit, seine Ueberlegenheit dem Bauer und Kleinbürger bei jeder Veranlassung begreiflich zu machen.

Oft genug geschah dies mit Anwendung roher Gewalt. Freilich konnten feinere Gesittung und geistige Beschäftigung kaum an einigen Stellen sich einbürgern. Denn der Landedelmann hatte, abgesehen von seinem Hange zu materiellem Lebensgenusse, thatsächlich viel mit dem Kultiviren des Bodens zu schaffen, der ihm die Mittel zu seiner Existenz liefern mußte. Die magere Erdscholle, auf welcher sein oft weniger als einfaches Haus, sein höchst unwohnliches Schloß standen, bedurfte sorgsamer Pflege. Er vermochte nicht, wie seine Standesgenossen im Süden oder im mittleren Deutschland, eine gesegnete Ernte leicht und ohne sonderliche Mühe einzufahren. Der Fichtenwald, dessen Boden der sprichwörtlich gewordene märkische Sand bedeckte, lieferte ebenfalls nur geringen Ertrag, wie der mühsam bebaute Acker. Mißernten und Unwetter brachten den Junker oft um einen beträchtlichen Theil der Einkünfte und meist im Kampfe mit dem starren Boden und dem Eigensinn der Elemente mußte eine gewisse Roheit der Grundzug seines Charakters werden. War er dann nach Mühen und Sorgen zu einiger Ruhe gelangt, so genoß er diese in der Weise, in welcher er erzogen war und wie er seine Standesgenossen leben sah: er entschädigte sich durch die keineswegs sorgfältig ausgewählte Tafel oder durch die Jagd. Beiden Genüssen wurde in Gemeinschaft mit Freunden gefröhnt, welche nicht im mindesten anders geartet waren, als der Wirth, bei dem sie schmausten, zechten oder das Wild hetzten.

Mittel, um sich in der Einsamkeit der Landsitze selbst zu bilden, waren nicht vorhanden. Sogar von Zeitungen war nicht die Rede und Bücher zu erhalten war ebenso schwer, wenn dem Junker nicht verhältnißmäßig große Kosten für Anschaffung derselben erwachsen sollten. Auch fühlte er nicht das geringste Bedürfniß nach Lektüre.

In roher Arbeit, träger Ruhe und Schlemmerei floß sein Leben dahin, höchstens unterbrochen durch einen Streit mit seinen Grenznachbarn, den Bauern oder dem Pfarrer, Streite, die nicht selten bis zur Gewaltthätigkeit ausarteten. Wie konnten sich Leute von solchem Gesichtskreise für die Noth des Vaterlandes begeistern? Sie waren vollkommen befriedigt, wenn der Sturm, welcher über die Marken brauste, nur sie nicht in ihrem Baue störte und ihre Gewohnheiten über den Haufen warf.

Mit der trüben Zeit kontrastirte das Leben, welches der Adel und die Bürger der größeren Städte führten, in schärfster Weise. Es hatte den Anschein, als wolle ein Jeder noch schnell mit vollen Zügen genießen, bevor die Fluth des Unheils über ihn hereinbreche. Bei allen Gelegenheiten, wo es sich um Entfaltung eines besonderen Aufwandes handelte, bei Kindtaufen, Hochzeiten, selbst bei den sogenannten Leichenschmäusen wurde in übertriebener prahlerischer Art gewirthschaftet. Dabei entwickelte sich ein großer Kleiderluxus, der für die bürgerlichen Theilnehmer des Festes oft genug geradezu verderblich wurde, denn nicht selten waren die kostbaren Gewänder auf Borg entnommen und der Adel verthat häufig bei einem Feste die Erträge seiner Aecker in Wein, Speisen und den üblichen, zur Ceremonie gehörenden Beiwerken, wohin namentlich die Geschenke an die geladenen Gäste zu rechnen sind.

Die Leichenfeierlichkeiten waren nicht minder prachtvoll, oftmals wurde Geld mit schweren Zinsen aufgenommen, nur um die Reste eines Vorfahren pomphaft beisetzen zu können. Es lassen sich dergleichen Leichenfeste nachweisen, die erst Jahre nach dem Ableben des Beizusetzenden stattfanden, weil die Familie kein Geld zur Ausrüstung der Feierlichkeit in ihrer Kasse gehabt hatte. Was den Kleider= und Schmuckpomp betrifft, so kam derselbe nicht einmal dem Lande zu statten. Brandenburg produzirte nichts, die Gewerbe lagen vollständig darnieder und nur eine Anzahl von Webern und Tuchmachern fristete ihr Dasein. Letztere stellten eine Art von derbem Tuche her, welches hin und wieder auf den Messen Abnehmer fand. Einiges Geld warf die Bierbrauerei ab, allein ein großer Theil, der sogenannte „Bierzinse", wurde von dem Kurfürsten in Beschlag genommen. Um also mit Luxusgegenständen, mit Kleidern, Tuch, Schmuck 2c. sich zu versehen, mußte man sich an die größeren und gewerbthätigen Städte Deutschlands, nach Nürnberg, Augsburg, Hamburg, Lübeck wenden. Dahin floß das Geld aus den Marken, denn innerhalb derselben fand sich niemand, der es gewagt hätte irgend eine Spekulation zu unternehmen oder ein Lager von solchen Dingen zu unterhalten, welche für schweres Geld aus der Fremde geholt wurden.

Höhere Interessen blieben der Bevölkerung fremd. Die Theologen ergingen sich in Dogmenzänkereien und verknöcherten Spitzfindigkeiten, das Reich der Phantasie und des Gemüthes lag verödet, Dichtung und Wissenschaft waren vernachlässigt, tiefere Gemüther verloren sich in das wirre Treiben der Zauberei, der Hexenprozesse, in das dunkle Gebiet der Geister= und Himmelserscheinungen, und legten ein abergläubisches Gewicht auf Kometen oder Schwanzsterne oder feurige Kugeln, seltsame Mißgeburten 2c.

Wir sehen also einen Zustand vor uns, wenn wir die Mark im Jahre 1619—20 betrachten, wie er trüber und hoffnungsloser kaum gedacht werden kann, und dennoch sagten sich die Einsichtsvollen, wie es gerade diese so schmählich vernachlässigte Mark sei, deren Kraft, auf den richtigen Punkt hingewendet, für Deutschland das höchste leisten könne. Man sah grollend auf das Treiben des Hofes und besonders auf die Parthei, welche Brandenburg mit allen Fäden an den Kaiser knüpfen wollte.

Das Haupt dieser zwar kleinen aber mächtigen Partei war der Minister George Wilhelms, der vielbesprochene Graf Adam von Schwarzenberg. Da wir in der Folge noch häufig dieser Persönlichkeit zu gedenken haben, sei hier ein Umriß der Thätigkeit Schwarzenbergs gegeben. Der Graf war dem Kurfürsten seit dessen Regierungsantritt eine vertraute Persönlichkeit geworden. Es war natürlich, daß die Mark einen Staatsdiener argwöhnisch beobachtete, der bei einem protestantischen Herrscher, in einem protestantischen Lande dienend, noch immer der katholischen Religion angehörte, der längere Zeit in kaiserlichen Diensten gestanden hatte und dessen Familienbeziehungen ihn an das Haus Oesterreich knüpfen mußten.

Zwar hatte der Graf, als die Pfalz=Neuburger und Brandenburger ihn seiner großen Gewandtheit wegen und um sich seiner Dienste zu versichern, mit

Gütern belehnten, den Lehnsherren gegen den Befehl des Kaisers gehuldigt, war deswegen im Jahre 1609 in die Reichsacht erklärt worden, er hatte sogar die Neutralität der Stadt Düren gegen kaiserliche Anmaßung zu wahren gewußt, aber all diese dem brandenburgischen und protestantischen Interesse vortheilhaften Handlungen vermochten die Menge nicht für den Grafen einzunehmen. Warum blieb er katholisch? Weshalb erfolgte der Vollzug der kaiserlichen Acht nicht und hatte eine Sequestrirung der Güter Schwarzenbergs im Gefolge? Man schloß daraus, daß der Graf ein doppeltes Ziel spiele, und daß all sein Handeln wider des Kaisers Willen nur Schein sei.

Es kam hinzu, daß man dem Grafen die größte Anerkennung in Bezug auf seine Gewandtheit und Thätigkeit zollen mußte. Niemand konnte in Abrede stellen, daß er stets Auswege fand, daß er in den schwierigsten Lagen Rath und Hülfe zu schaffen wußte und daß ihm die einfachsten Mittel genügten, um oftmals die schwersten, schwebenden Fragen zu lösen oder sie bei Seite zu schaffen.

Ein solcher Mann mußte dem jungen Kurfürsten George Wilhelm, der, das kann nicht gleugnet werden, in drohender Zeit, unter den schwierigsten Verhältnissen die Regierung antrat, bald unentbehrlich werden.

Zwar fanden sich am Rathstische des Berliner Kabinets ausgezeichnete Männer, wie Knesebeck, Bellin, Winterfeld, Götze, Pruckmann, aber das, was in jener Zeit doch immerhin wichtig und erforderlich war, die Geschmeidigkeit des Geschäftsmannes, fehlte ihnen. Schwarzenberg beging nun offenbar bald genug den Fehler, sich in diesem Hin= und Herwinden wohl zu fühlen. Was anfangs nur bittere Nothwendigkeit gewesen war, das ward bei ihm bald genug Regel. Er hatte das Unglück, der allmächtige Minister eines schwachen Fürsten zu sein, ein Minister, dem meist alles durchzusetzen gelang und dem sein Herr nur dann Widerstand entgegensetzte, wenn es sich einmal um energische Maßregeln handelte.

Diese Schwäche des Kurfürsten mußte einem Manne von Schwarzenbergs Geiste sehr bald klar vorliegen. Er sah ein, daß George Wilhelm nicht der Fürst war, wie ihn die heraufziehende Zeit erforderte und mit dieser Gewißheit wurde es dem Grafen auch gewissermaßen zur Aufgabe, das Land von gänzlichem Verderben zu retten. Hier fehlte Schwarzenberg, indem er diese Rettung einzig und allein durch festen Anschluß an den Kaiser für möglich hielt.

Vielleicht kam in der That ein religiöses Moment dabei in Betracht, als er gegen Gustav Adolfs Pläne auftrat; vielleicht aber hielt er diesen auch wirklich für einen Usurpator, der nicht allein um der Religion willen seine Waffen nach Deutschland trug. Schwarzenberg sagte sich, daß Großes mit der geringen Kraft George Wilhelms nicht zu leisten sei, also hielt er es für besser, Brandenburg in des Kaisers Schutz zu stellen, als es in die Hände der Einzelfürsten zu geben, und im Gegensatze zu der Meinung Vieler, welche das Anwachsen der kaiserlichen Macht mit Besorgniß verfolgten, vertraute Schwarzenberg ohne Argwohn der Loyalität des Kaisers. Diese Politik erweckte und beförderte das Mißtrauen gegen ihn.

Außerdem traten noch andere Dinge hinzu, welche des Grafen Gebahren

dem kaiserlichen Hofe gegenüber bei den Mißtrauischen in sehr bösem Lichte
erscheinen ließen. Der Graf hatte, wie seine geschäftliche Stellung dies leicht
mit sich brachte, Güter erworben. Sie waren ihm theils als Gnadengeschenke,
theils als Pfandobjekte zugefallen. Er gehörte allerdings zu den Persönlichkeiten, welche, um einen modernen
Ausdruck zu gebrauchen, es verstehen Geld zu machen. Man zweifelte kaum
noch daran, daß der Graf mit dem Gedanken umgehe, seine Besitzthümer bis
zu solchem Umfange auszudehnen, daß es ihm leicht werden würde, nach dem
Vorgange so vieler Anderer vom Kaiser die deutsche Fürstenwürde zu erlangen,
und hatte er diese, so war es nicht allzukühn von ihm gedacht, als katholischer
Fürst, als Schützling des Kaisers die brandenburgische Kurwürde zu erlangen,
wenn der schwache George Wilhelm einmal am Boden lag.

Daß Schwarzenberg letzteres nicht plante, ist wohl zweifellos, allein man
war sehr bald geneigt, ihm solche Absichten zuzuschreiben. Es entstand eine
allgemeine Erregung gegen den Minister. Sie erreichte ihren Höhepunkt und
wandelte sich in Haß, als Schwarzenberg wider die Bestrebungen des Ge=
feiertsten jener Zeit, gegen Gustav Adolf in unkluger Weise auftrat. Man
wußte, daß des Grafen Interesse, daß alte Beziehungen ihn an Oesterreich
knüpften, daß er seines Vaters Ansehen am kaiserlichen Hofe aufrecht erhalten
wollte. Niemand zweifelte daran, daß Schwarzenberg es sich zum besonderen
Ruhme anrechnen werde, den Kurfürsten ganz in die kaiserlichen Bahnen zu
lenken; stand er doch dann als ein treuer Anhänger des deutschen Reichsober=
hauptes da und wenn dieses Sieger blieb, war es der Graf, welcher Branden=
burg die Gnade des Kaisers erhalten hatte.

Mit solchen Absichten und Plänen und bei dem Festhalten an seinem
Religionsbekenntnisse mußte Graf Schwarzenberg in Konflikte mit den Personen
gerathen, welche den geheimen Rath des Kurfürsten bildeten. Diese Spaltungen
mußten ferner um so nachtheiliger für das Land werden, da Schwarzenberg
Präsident des Rathes und entschiedener Günstling des regierenden Herrn war.
Während die Mitglieder des Rathes entschieden der Ansicht huldigten, daß der
bisher eingeschlagene Weg nicht zum Heile Brandenburgs, sondern zu dessen
Verderben führe, blieb Schwarzenberg fest dabei, der Kurfürst dürfe von der
einmal betretenen Bahn nicht abweichen. Unter diesem Zwiespalte mußte noth=
wendigerweise das Land geschädigt werden und ernstliche Kämpfe zwischen dem
Grafen und den Mitgliedern des Rathes standen bevor.

Während so innere und äußere Gefahren Brandenburgs Existenz bedrohten,
traf die Kunde von der verlornen Schlacht am weißen Berge wie ein Donner=
schlag die Anhänger des Protestantismus. Wir wissen bereits, in welcher Art
der Kaiser seine Siege nützte. Das Fortbestehen der Herrschaft George Wilhelms
hing an schwachen Fäden. Schon wurden Prophezeiungen laut, nach denen ein
neuer Herrscherstamm in die brandenburgische Erde gepflanzt werden solle, es
hieß, daß George Wilhelm und sein Haus gerade so lange noch geduldet werden
würden, bis der geeignete Mann gefunden sei, der mit Genehmigung des Kaisers
den Kurhut von Brandenburg auf seine Stirne drücken werde.

Aber im Rathe der Vorsehung war es anders beschlossen und während im Reich die drohenden Wetter des großen Krieges heraufzogen, sich die folgenschweren europäischen Koalitionen vorbereiteten, ward für Brandenburg selbst der Retter aus Noth, Schmach und Trübsal geboren.

Am 5. Februar 1620 war es geschehen, daß die Stände des obersächsischen Kreises unter Führung des zweideutigen Johann Georg den Beschluß faßten, dem Kaiser zu gehorchen und in der böhmischen Sache neutral zu bleiben.

Am Tage darauf, am 6. Februar 1620, es ist also nach neuem Stile der 16. Februar gewesen, ward dem Kurfürsten von Brandenburg ein Prinz geboren, welcher den Namen Friedrich Wilhelm erhielt, dem einst die staunende Mitwelt den Beinamen des Großen Kurfürsten ertheilte. —

Das junge Herrlein.

Bürgerkrawall in Berlin zur Zeit der Geburt des Kurprinzen.

III. Kapitel.

Erste Kindheit des Kurprinzen. Kriegszüge durch die Mark.

Georg Wilhelm war nicht anwesend in seines Reiches Hauptstadt, als der Kurprinz das Licht der Welt erblickte. Er weilte damals in Preußen. Die Entbindung der Kurfürstin fand Nachmittags um 4 Uhr statt.

Die Wirrnisse, welche damals bereits in Brandenburg herrschten, sind die Veranlassung geworden, daß von den näheren Umständen dessen, was sich im Schoße der kurfürstlichen Familie während des Erscheinens des bedeutungsvollen Kindes begab, nur wenig Kunde erhalten worden ist.

Streitet man sich doch sogar um die eigentliche Stätte seiner Geburt. Wir finden indessen die meisten Angaben darin übereinstimmend, daß Friedrich Wilhelm im Schlosse zu Cöln an der Spree geboren wurde.

Seine Geburt machte nur geringes Aufsehen. Die allgemeine Theilnahme an diesem für die kurfürstliche Familie so freudigem Ereignisse war nicht besonders groß. Man beschäftigte sich bereits zu sehr mit anderen Dingen. Die ersten Wochen vergingen ohne jede Beweise der Theilnahme, welche sonst ein Volk dem Herrscherhause darzubringen pflegt, wenn der einstige Regent das Licht der Welt erblickt.

Es mochte für die Prophezeienden und an Vorbedeutungen Glaubenden wohl ein denkwürdiger Zufall sein, daß kurz nach der Geburt des Kurprinzen kriegerischer Lärm von Schüssen und Trommeln bis zur Wiege des Neugebornen drang, denn in Berlin war es besonders unruhig und stürmisch zu jener Zeit. Nicht allein, daß die Berliner fortwährend alles Mögliche in Zusammenrottungen und Spektakelmachen leisteten, sie traten sogar mit Waffen in den Händen auf, um sich wider das Anrücken feindlicher Schaaren zu vertheidigen.

Diese feindlichen Schaaren waren eine Abtheilung von etwa 1500 Mann englischer Hülfstruppen, welche in London geworben und von Jakob I. dessen Schwiegersohne, dem „Winterkönige", dem unglücklichen Friedrich von der Pfalz zugesendet wurden. Das Erscheinen dieser Insulaner hatte bereits zu den größten Unordnungen Veranlassung gegeben. Man trat diesen Hülfstruppen sofort bei ihrem Zuge durch Niederdeutschland in schärfster Weise entgegen. Da sie in der That aus dem schlimmsten Gesindel bestanden, sich durch Diebstahl und Gewaltthat auszeichneten, auch viele Kranke unter ihnen sich befanden, die sehr leicht die gefürchtete Pest einschleppen konnten, so hatten die Bewohner der Gegenden, durch welche sie zogen, genügenden Grund, sich wider die Eindringlinge zu stellen.

Schon in Mecklenburg wurden die bewaffneten Bauern durch den Herzog aufgeboten. Der Führer der Schaar aus England, Oberst Andreas Grey, ein übrigens verständiger Mann, sah sich genöthigt, seinen Marsch an dem linken Elbufer fortzusetzen und gelangte so bei Lenzen an die Grenze der Mark. Die Märker hatten erfahren, was es mit solchen Durchmärschen auf sich hatte, denn kurz zuvor war ein Regiment des Herzogs Wilhelm von Weimar erschienen, dessen Thaten vielmehr Räubereien glichen, als daß sie den Charakter einer disziplinirten Truppe gezeigt hätten.

Man hatte seitens des kurfürstlichen Rathes alles gethan, um Unheil zu verhüten und den Anrückenden sogar Lebensmittel zugeschickt. Anfangs ging auch die Sache nach Wunsch, die Engländer führten sich im ganzen gut auf. Allein diese Ruhe war von kurzer Dauer. Besonders gefährlich erschienen den Märkern die vielen Kranken, dann klagten sie über das allzu große „Fressen und Saufen" der Fremden, endlich arteten die zwischen den Engländern und Schotten stattfindenden Reibungen in offenen Streit aus. Es kam zu Gefechten, bei welchen einmal 27 der Fremdlinge auf dem Platze blieben.

Man mußte die Bauern aufbieten, in Ruppin und im Havellande saß sogar die Ritterschaft auf. Nachdem die Tumulte sich gestillt hatten, rückten die Engländer gegen Berlin vor, wobei der Oberst Grey sogar „einige Kerle, so in die Eisen geschlagen waren" mit sich führte.

Nun wuchs die Erregung in Berlin bis aufs höchste. Die Engländer rückten von Spandau an, wo sie übernachtet hatten, um in Tempelhof und den nächstliegenden Dörfern Quartier zu machen. Vergebens bedeutete man den Berlinern, daß die Fremden außerhalb der Stadt bleiben und sich ruhig verhalten würden. Die Berliner waren entschlossen, den Uebelberufenen mit den Waffen in der Hand entgegen zu treten. Die Lärmtrommeln erschallten, Alles rannte durcheinander. Bald erschien ein Haufen von Bürgern, Gesellen und Jungen mit Hellebarden und Luntengewehren bewaffnet, das Toben und Schreien nahm überhand. Der Rath saß Tag und Nacht beisammen, aber es gelang nicht, die Tumultuanten zu beruhigen.

Man wollte kämpfen, obwohl niemand zu sagen wußte, um welchen Kampf es sich handelte, denn die gefürchteten Engländer hatten bis zur Stunde keine Veranlassung gegeben, welche solche Rüstungen rechtfertigen konnte. Bald artete der Tumult aus. Man probirte die Feuergewehre in den Straßen Berlins, trommelte und spielte während der Nachtwachen auf Dudelsäcken, führte eine Wagenburg auf und ließ Wachtfeuer anzünden.

Die kurfürstliche Familie gerieth in große Angst. Im Schlosse herrschte Rathlosigkeit, da auch die Thore, bis auf das Gertraudtsche, gesperrt wurden. Die Kurfürstin ließ anfragen, was dies alles zu bedeuten habe. Die Antwort der Bürger lautete, der Feind sei da. Im Verlaufe der Nacht wuchs der Lärm mit „Schießen und Platzen" dergestalt, daß der kleine Kurprinz in seiner Wiege „ziemlich erschreckt ward". Die Berliner knallten ihre Rohre ab und ließen das „Spiel rühren". Alle Bitten waren vergebens, bis Pruckmann den Bürgermeister kommen ließ und ihm die Beschwerden der Kurfürstin vorstellte, daß man „das junge Herrlein" in der Wiege arg störe. Diese Vorstellungen nützten denn doch. Nachdem die kampflustigen berliner Gewaffneten noch ein Rollfeuer vor dem Rathhause abgeblitzt hatten, zogen sie heim.

Die Engländer, welche auf der später sogenannten Schlächterwiese vorm halleschen Thore gelagert hatten, wußten gar nicht einmal, zu welchen Aufregungen ihre Anwesenheit geführt hatte. Sie rückten am folgenden Tage über Köpnick ab. Nur wenige von ihnen erreichten den Bestimmungsort. Die Meisten unterlagen der in ihren Reihen herrschenden Seuche.

„Er wird dereinst viel mit Gewehr und Waffen zu thun haben", sagten die Propheten, wenn sie des kleinen Kurprinzen gedachten und darin haben sie sich freilich nicht geirrt.

Es ist bereits im Vorhergehenden gesagt, daß es oftmals den angesehensten Familien des Landes an Geld fehlte, um ein Fest mit dem üblichen und begehrten Prunke begehen zu können. Solcher Geldmangel herrschte auch am kurfürstlichen Hofe. Man konnte die Taufe des Kurprinzen nicht solenn genug ausrichten. Deshalb wurde die feierliche Handlung von einem Tage zum anderen verschoben, außerdem wollte man des Kurfürsten Ankunft abwarten, der noch immer abwesend war und endlich beriethen die Familienglieder sorgfältig, wer mit der Ehre eines Taufzeugen zu bedenken sei. Also kam es, daß der Kurprinz bis zum 30. Juli „ungetauft liegen blieb".

Am Tauftage war der Vater noch nicht anwesend. Die Handlung wurde vollzogen unter dem Beisein des ganzen Hofes. Als Zeugen fungirten dabei des Kurprinzen Großmutter, die Prinzessin Anna, die Wittwe des Kurfürsten Johann Sigismund, die Prinzessin Marie Eleonore, welche später Gattin Gustav Adolfs ward, die Prinzessin Katharina, nachmals Gattin Bethlen Gabors von Siebenbürgen.

Die Vertreter des brandenburgischen Adels hatten sich zahlreich eingefunden, auch die Städte sendeten Abgeordnete, aber das Pathengeld und sonstige Ge=

schenke blieben aus. Man konnte nicht dergleichen Ausgaben machen und begnügte sich, dem neuen Mitgliede des Hauses „die schuldige Treue" zu geloben. Der Kurprinz erhielt die Namen Friedrich Wilhelm.

Wie gesagt besitzen wir nur dürftige Nachrichten über die Jahre der Kindheit Friedrich Wilhelms. Die erste und wichtigste Erziehung genoß Friedrich Wilhelm durch seine Mutter. Die Kurfürstin war trotz mancher Schwächen eine Frau von außergewöhnlicher Bedeutung. Besonders fest und unerschütterlich waren ihre religiösen Grundsätze. Im evangelischen Glauben erzogen, war sie stets eifrig bemüht, dem jungen Sohne diesen Glauben theuer und werth zu machen und es ist ihrer Sorgfalt zu danken, daß Friedrich Wilhelm so fest in Glaubenssachen ward, daß er einst ein sicherer Hort evangelischer Bekenner genannt werden konnte.

Der Aufwand am kurfürstlichen Hofe, dessen wir schon erwähnt haben, war ein für die schlimmen Zeiten fast unerschwinglicher geworden und es kann nicht geleugnet werden, daß die Kurfürstin Elisabeth Charlotte aus angeborener Prachtliebe jene Ausschreitungen unterstützte.

Wenn schon die Hofsitte es mit sich brachte, daß alle Hof- und Staatsbeamte am Tische des Kurfürsten gespeist wurden, so stieg die Zahl der Gäste zu gewissen Zeiten bis zu einer solchen Höhe, daß die Hofkasse bedenklich darunter litt. So waren in den Tagen der Versammlung der Landstände die Vertreter der einzelnen Kreise sämmtlich Tischgäste am kurfürstlichen Hofe und man tafelte täglich an hundert Tischen.

Ueber diesen Aufwand murrte Schwarzenberg sehr laut und wohl nicht mit Unrecht, da auch während der Abwesenheit des Kurfürsten der Tafelluxus nicht eingeschränkt wurde. Der Graf hatte schon seit dem Ausbruche des Krieges darauf gedrungen, daß die Kurfürstin Berlin verlasse und nach Küstrin übersiedele. Es mag dieses Drängen zum Theil seinen Grund darin gehabt haben, daß Schwarzenberg die Kurfürstin überhaupt entfernt wissen wollte, weil sie seiner Politik entgegen stand, jedenfalls nahm er aber die herrschende Verschwendung als Vorwand. Allein die auf Seiten Elisabeth Charlottes stehenden Räthe widersetzten sich dem Abzuge der Kurfürstin eifrig und sie blieb. Bei den Verhandlungen hierüber fielen oft sehr heftige Reden, welche der kluge junge Prinz mit anhörte. Es ist erklärlich, daß er bald genug den Grafen Schwarzenberg als einen Feind seiner Familie betrachten lernte.

Verständig genug, um zu erkennen, daß die mütterliche Erziehung nicht allein ausreichend sei, hatte die Kurfürstin, welche bei dem unstäten Wesen des Kurfürsten, ihres Gatten, auf keine feste Betheiligung desselben an der Ausbildung des Sohnes rechnen konnte, diesen in seinem fünften Jahre der Obhut von Männern anvertraut. Sie war in der Wahl derselben sehr glücklich gewesen. Ehrliche und gebildete Männer hatte sie gefunden. Zunächst war es der ehemalige kurbrandenburgische Rath Johann von der Borck, welcher die Erziehung des Kurprinzen fortsetzte. Er blieb bis zum Jahre 1625 und wurde, als er seine Stellung bei Friedrich Wilhelm aufgab, vom Kurfürsten zum Landdrosten der Graffschaft Ravensberg ernannt.

Nach ihm trat Johann Friedrich Rumelian von Kalkhun, genannt Leuchtmar, als Erzieher des Kurprinzen ein. Er war noch eine Zeit lang mit Borck gemeinsam thätig und hatte den Geheimen Sekretär Jakob Müller als Informator hinzugezogen. Kalkhun galt mit Recht für einen ebenso streng sittlichen als hochgelehrten und dabei doch in seiner Art freisinnigen Mann. Er sowohl als Müller waren eifrige Bekenner des reformirten Bekenntnisses. Eine dritte Persönlichkeit, der Pole Johann Willniovius, muß noch erwähnt werden, obwol derselbe erst später (1629) als „Präceptor" des Kurprinzen erschien. Er war besonders deshalb angenommen worden, weil der Prinz sich mit der polnischen

Der Kurprinz im Unterricht.

Sprache vertraut machen sollte, um als Vasall der Krone Polen der Landessprache mächtig zu sein.

Während der Kurprinz seine Ausbildung fortsetzte, waren am Hofe die Zwistigkeiten in fortwährendem Gange. Schwarzenberg suchte die Entfernung der Kurfürstin durchzusetzen, allein ihr Einfluß scheint dennoch, wenigstens in diesem Stücke, den seinigen überwogen zu haben. Sie verließ Berlin nicht. Als Hauptgrund für die Wichtigkeit ihres Bleibens in der Residenz wurde angegeben, daß die Anwesenheit des Hofes der Kurfürstin Berlin allein vor den Gefahren schützen könne, welche die feindlichen Truppen der Stadt bereiten möchten, wenn sie die Kurfürstin nicht innerhalb derselben wüßten.

Sicherlich waren die Eindrücke, welche der junge Prinz empfing, keine freundlichen, so weit sie das Leben in seiner Familie betrafen. Es mußte nothwendigerweise zwischen der Mutter und ihren Anhängern einerseits und dem Vater und der Partei Schwarzenberg andererseits zu unerquicklichen Auftritten kommen.

Hierzu gesellte sich die wachsende Noth des Landes, die Unsicherheit aller bestehenden Verhältnisse.

In Deutschland war der Kaiser thatsächlich der Gebietende, der Alleinentscheidende. Er hatte nach dem glücklichen Kampfe Tillys bei Stadtloo gegen Christian von Braunschweig, dem Ausgange der Mansfeld'schen Unternehmungen, freie Hand und seine Zuversichtlichkeit schien das Glück mit stetem Erfolge krönen zu wollen. Die Gewaltthaten des Kaisers mußten die Protestanten besorgt machen. Die Ligue war in voller Kraft, Tilly stand auf protestantischem Gebiete, alle protestantischen Fürsten waren uneinig oder entwaffnet und diese schwache Kraft stand dem siegreichen Kaiser gegenüber, der gelobt hatte, „er werde der heiligen Jungfrau zu Loretto Verehrung mit Gefahr seiner Krone und seines Lebens durchsetzen".

Diese furchtbaren Drohungen und die von Monat zu Monat wachsende

Gewalt des Kaisers bewogen endlich die Protestanten zu Gegenmaßregeln. Sie durften nicht länger unthätig dem Geschicke entgegengehen, das man ihnen bereiten wollte. Selbst in Sachsen, das durch seine Haltung am meisten zu der traurigen Wendung beigetragen hatte, regte sich die Besorgniß und trieb den Landgrafen Moritz nach Berlin, um dort eine Verständigung mit Brandenburg anzubahnen. Die Stände des niedersächsischen Kreises, an dessen Grenzen der furchtbare Tilly stand, hatten zunächst eine Rückberufung desselben vom Kaiser verlangt. Sie waren, wie vorauszusehen, abschläglich beschieden worden. Es blieb ihnen kein Mittel, als eine Hülfe zu suchen, welche sie vor den Gewaltthaten des Kaisers schützte.

Landgraf Moritz von Sachsen hatte in Berlin darauf hingearbeitet, daß ein Protest gegen die Verleihung der pfälzischen Kurwürde an Baiern erlassen werde, welche der Kaiser bereits verfügt hatte. Die niedersächsischen Stände wandten sich an den König von Dänemark, den kriegerischen Christian IV. Dieser zögerte, da er vorgab, die Wohlfahrt seines eigenen Landes könne durch seine Betheiligung an den deutschen Händeln gefährdet werden. Indessen betrieb man von Seite der Protestanten die Verhandlungen eifriger.

Die Verhältnisse schienen sich insofern günstiger zu gestalten, als der Kaiser nach all seinen Siegen doch nicht vollkommen unangetastet bleiben sollte. England bemühte sich, Frankreich zum offenen Kriege wider Spanien und Oesterreich zu treiben. Jakob von England vermählte seinen Prinzen mit der Schwester des Königs von Frankreich — er hoffte also um so sicherer auf französischen Beistand. Es sollte das Veltlin hergestellt, eine Restitution der Pfalz vorgenommen, Savoyen, Venedig und die Schweiz zum Bündniß herangezogen werden. Bei all diesen Verhandlungen zeigte sich Mansfeld wieder besonders thätig. Er war nach Holland gegangen, erschien am französischen Hofe, ging dann nach England, wo er günstige Aufnahme fand und dem Könige die Wiedereroberung der Pfalz versprach, wenn man ihm die nöthige Unterstützung an Truppen, Geschütze und monatlich 20,000 Pfund geben wolle. Jakob versprach zwar alles, hielt aber nur wenig. Mansfeld ruhte nicht. Er kehrte wieder nach England zurück und erhielt 12,000 Pfund, mit der Bemerkung, daß der Rest ihm gezahlt werden solle, wenn Frankreich seinen Beitritt zur Allianz schriftlich erklärt haben werde. Der unermüdliche Agitator reiste wieder nach Holland. Mit dem erhaltenen Gelde warb er hier, in Hamburg und Bremen Truppen und segelte dann nach England zurück, wo es ihm endlich gelang, von Jakob das Versprochene zu erhalten. Von Dover wollte er nach Calais mit seinen Truppen segeln, um von Frankreich aus in das Elsaß zu fallen, aber als er die Rhede von Calais erreicht hatte, erfuhr er, daß von dem Pariser Kabinet noch kein Befehl angelangt sei, der ihm den Durchmarsch durch Frankreich gestatte. Eine Landung auf Seeland wurde ebenfalls durch die noch nicht eingetroffene Erlaubniß vereitelt. Krankheit und Unordnung rissen unter den Truppen ein, die Hälfte starb. Mansfeld wagte nicht mit dem Reste in die Pfalz zu bringen und noch ehe er einen bestimmten Plan fassen konnte, starb ¹⁶²⁵ der König Jakob am 6. April 1625.

Während dessen war man in Deutschland nicht unthätig geblieben. Das Vorgehen der sächsischen Stände hatte seine Wirkung auf die Fürsten nicht verfehlt. Dem Landgrafen Moritz wurde in Berlin nicht nur die freundlichste Aufnahme zu Theil, sondern George Wilhelm beauftragte ihn, nach Dänemark zu gehen und den König zum Anschlusse zu bewegen. Es war einer jener Momente, in dem sich bei George Wilhelm das Verlangen regte, seinen Namen in allen Ehren auf die Nachwelt zu bringen. Er fühlte die Nähe der Gefahr, welche sein Haus, das Evangelium und ganz Deutschland bedrohte. Die Demüthigung und Vernichtung des ihm so eng verbundenen pfälzischen Hauses ging ihm sehr zu Herzen.

Die Regierungen Frankreichs und Englands, die nicht minder eifrigen Bestrebungen der Generalstaaten verhießen einen guten Ausgang der Sache. Wenn man Brandenburg und Sachsen, die Fürsten und Vertreter des ober- und niedersächsischen Kreises verband, wenn Dänemark seine Hülfe lieh, dann war dem Kaiser ein Halt geboten, den er nicht allzuleicht überwältigen konnte. Es kam noch die Thätigkeit Mansfelds hinzu, der trotz seines neuen Miß= geschickes nicht vom Schauplatze abgetreten war, auch Christian von Braun= schweig trat wieder auf — die Koalition war fertig, sie durfte nur zur That übergehen.

Dieser Gang der Dinge erregte am kurfürstlichen Hofe zu Berlin große Freude. Als die Haupttriebfeder der ganzen Bewegung erschien nun Bellin. Mit ihm arbeiteten Knesebeck und Winterfeld. Schon auf dem berüchtigten Regensburger Konvente, wo der Kaiser dem Herzoge von Baiern die Pfalz, das dem unglücklichen Friedrich entrissene Land übergab, hatte Winterfeld muthig genug gegen diesen Gewaltstreich protestirt und in die Versammlung die Worte gerufen: „Geschieht dieses, so ist ein deutscher Reichsfürst übler daran, als ein Edelmann in Polen."

Das Hauptziel der wackeren Männer war, Brandenburg als ein selb= ständiges Land zu erhalten. Ihnen standen vor allen Anderen die Damen des kurfürstlichen Hofes zur Seite. Die Kurfürstin mußte naturgemäß den Sturz ihres väterlichen Hauses, die Schmach des Bruders schwer empfinden. Sie blickte mit thränenden Augen auf die herrlichen Tage zurück, welche sie dereinst in dem schönen Heidelberg verlebt, wo der Hof des pfälzischen Kurfürsten ein glänzender genannt werden konnte. Sie sah auf ihre Mutter, die verwittwete Kurfürstin von der Pfalz, Louise Juliane, welche das Land verlassen mußte, in dem sie einst als Fürstin gelebt und gewirkt hatte, nachdem Liguisten und spanische Truppen die gesegneten Fluren überzogen. Louise Juliane war die Tochter des großen Oraniers, der einst die Freiheitskämpfe der Niederländer geleitet hatte. Sie war in ihrer Jugend Zeugin all der großen Ereignisse gewesen, von denen noch jetzt die Geschichte ruhmvoll erzählte und man durfte sagen, daß die Kurfürstin ihrem Vater an Geist und Seelenstärke gleich geworden. Von ihr lernte ihr Enkel, der junge Kurprinz von Brandenburg, so Manches. Er lauschte ihren Erzählungen von den großen Thaten kühner Freiheitskämpfer und ihre Schilderungen begeisterten ihn. Sie wußte die Forderungen der

Religion mit den Ansprüchen, welche ein Volk zu machen berechtigt war, trefflich zu verbinden und bemühte sich, dem Kurprinzen diese Verbindung wichtig und bedeutsam für seine Zukunft, als eine Aufgabe des Herrschers hinzustellen.

Gegen ihren Einfluß auf den jungen Prinzen hatte Schwarzenberg namentlich stark gearbeitet. Die von ihm beabsichtigte Entfernung der „Frauen, welche gefährlich sind", hing mit der gefürchteten Einwirkung auf Friedrich Wilhelm zusammen.

Die also verbündeten Männer und Frauen waren von der Ueberzeugung durchdrungen, daß man vor der Gewalt des Kaisers keinen Schritt weiter zurückweichen dürfe, wolle man nicht durch eigene Schuld untergehen. George Wilhelm war zwar ebenfalls davon überzeugt, auch davon, daß durch Nachgeben seine Lage dereinst nur noch schlimmer werden könne. Dennoch zagte er und zauderte, wenn jene ihn zum Entschlusse trieben. Er erklärte, daß sie die Gefahren gar zu schwer und groß ansähen, und daß der Kaiser doch seine von Gott ihm gegebene Obrigkeit sei.

Schlechte Unterstützung fanden die muthigen Pläne der antikaiserlichen Partei des brandenburger Hofes durch das Land selbst. Von einer Erhebung für die Sache des Evangeliums, von einem richtigen Erfassen der Lage fand sich keine Spur unter der Masse. Die Werbungen, welche nach dem Beschluß des obersächsischen Kreistages erfolgen sollten, lieferten nur sehr kläglichen Resultate. Selbst die Ritterschaft erklärte, daß sie vor den heißblütigen Entwürfen der Herren Räthe warnen müsse und daß sie nur zur äußersten Noth, zur nöthigen Rettung des Vaterlandes aufsitzen werde. Im Herzogthum Preußen etwa mit Werbungsplänen hervorzutreten, durfte man gar nicht wagen.

Solchen Zuständen gegenüber mußte Schwarzenberg freilich Recht behalten, wenn er den Kurfürsten warnte und geltend machte, daß mit so schlechten Kräften an einen Erfolg nicht zu denken, daß es besser sei, sich der Gnade kaiserlicher Majestät anzuvertrauen. Gegen die renitenten Stände energisch aufzutreten war dem schwachen Kurfürsten nicht möglich; die Hülfe mächtiger Bundesgenossen wider den Kaiser zu suchen, dazu war er zu zaghaft; es wäre besser, meinten die kaiserlich Gesinnten, wenn der Kurfürst der Sache fern bliebe.

Allein die Gegenpartei erklärte, daß der Moment gekommen sei, wo die Freiheit des Fürsten, ja die Existenz seines Hauses gerettet werden könne, nur müsse der Kurfürst in den Kampf eintreten, der sich wider den Kaiser vorbereitete, und er könne gewiß darauf rechnen, daß im Augenblicke der Gefahr die Zögernden und Gleichgültigen zu ihm stehen würden.

Das Zögern und Hinhalten Christians von Dänemark bewog die bedrängten Unionisten sich an Schweden zu wenden. Schon im Jahre 1614 war Gustav Adolf auf die schlimme Lage der Protestanten aufmerksam gemacht. Er ließ damals merken, daß er nicht abgeneigt sei, der Union beizutreten. Indessen schien den Unionisten der Beitritt des Königs bedenklich, man ersuchte ihn nur, sich **nöthigen Falls** der Sache anzunehmen.

Jetzt nun, wo sich England geneigt zeigte, wo Frankreich eine gewisse Neigung einzugreifen erblicken ließ, jetzt begann man wieder an Schweden zu denken und George Wilhelm wurde durch die an seinem Hofe befindliche Partei der Koalition bewogen, eine Gesandtschaft nach Schweden zu senden. Bellin erhielt von Gustav Adolf einen Kriegsplan, den er in London und Paris vorlegen sollte, der Kurfürst wollte einen Tag anberaumen, auf welchen die deutschen Fürsten zusammenkommen sollten, um über Rettung der gemeinsamen Sache zu verhandeln. Man befand sich also zu dieser Zeit in Verbindung mit England, Frankreich und den Niederlanden, mit Schweden und Dänemark; letzteres hatte noch keine bestimmten Erklärungen abgegeben.

Diese ganzen Verhandlungen konnten von Berlin aus um so freier betrieben werden, als Schwarzenberg am Rheine verweilte. Er erfuhr zwar durch seine Kreaturen bald genug von den Plänen und sendete sehr dringende Warnungen nach Berlin, allein vergebens. Die Sachen waren zu weit gediehen, die Kurfürstin Wittwe kam mit großem Gefolge aus Schweden zurück und Gustav Adolf war bereits so entschieden in die Verhandlung getreten, daß er im Vereine mit dem Kurfürsten George Wilhelm dem König Jakob ein Bündniß antrug. Es sollten dazu Dänemark, die Generalstaaten und die deutschen Fürsten eingeladen werden. Gustav Adolf erbot sich den dritten Theil der Kriegskosten zu tragen. Er bedingte sich die Oberleitung des Krieges aus und verlangte ferner, daß seine Bundesgenossen ihn gegen etwaige Angriffe des Königs von Dänemark, dessen Eifersucht er fürchtete, sicher stellen sollten.

George Wilhelm schien jetzt ganz gewonnen. Bellin wirkte in Paris, Rusdorf, von Kurpfalz gesendet, in London. Die Konflikte zwischen Schweden und Dänemark sollten geschlichtet, ein Kongreß im Haag sollte abgehalten werden.

Wäre alles in der von den Unternehmern beabsichtigten Weise vor sich gegangen — die Ereignisse hätten sicherlich eine günstigere Wendung genommen. Aber die Eifersucht Dänemarks war es, welche die Waffe der Koalition wirkungslos machte. König Christian erhob zuerst seine Bedenken gegen den Kriegsplan. Nach diesem mußten Bremen und Wismar in schwedische Hände gegeben werden. „Der Teufel soll das dem Schweden verbieten", hatte Christian gerufen. Er hatte außerdem noch allerlei Vorschläge, wegen des Aufmarsches der Schweden, wegen der Beihülfe Bethlen Gabors.

Indessen betrieb er seine Rüstungen eifriger als vorher. Er konnte den Gedanken nicht ertragen daß Schweden ihm in der kriegerischen That zuvorkomme. Er trat dem englischen Hofe mit Anerbietungen nahe, welche jenem besser als die schwedischen erschienen und Jakob I. bewilligte dem Dänen die geforderte Unterstützung. Doch konnte man hoffen, daß die Pläne Gustav Adolfs dennoch angenommen werden würden, als der Tod Jakobs die letzte Aussicht auf schwedische Allianz zerstörte, denn Karl I. erklärte sich ganz für Christian, der sein Oheim war. Er bewilligte ihm 45,000 Pfund und überließ ihm die Oberleitung des Krieges. Man wollte zwar Schweden nicht beleidigen und schlug vor, Gustav Adolf solle mit Bethlen Gabor vereint in Schlesien einfallen, Mansfeld solle ein eignes Korps erhalten, aber diese Rolle schien Gustav Adolf nicht bedeutend genug. Er trat von dem Bündnisse zurück, das England, Dänemark und die Generalstaaten nun im Haag schlossen.

Christian glaubte mit größter Gewißheit auf den Beistand der niedersächsischen Kreisstände zählen zu dürfen. Diese hielten es bei dem herrschenden Mißtrauen gegen den Kaiser für gerathen, in Waffen zu bleiben. Christian unterstützte diese bewaffnete Haltung. Da er als Herzog von Holstein zu den Ständen gehörte, stellte er diesen auf dem Konvente zu Seegeberg vor, wie gefahrvoll die Lage sei und rieth ihnen, an Stelle des bereits alten, kaiserlich gesinnten Herzogs Christian von Lüneburg einen anderen Feld- und Kriegsobersten zu wählen.

Es lag ziemlich auf der Hand, daß die Kreisstände denjenigen wählten, der bereits für ihre Sache in Waffen stand. Christian ging aus der Wahl als Kriegsoberster hervor. Die Rüstungen wurden trotz Tillys Warnungen eifriger als sonst betrieben. Der Kaiser mahnte durch eigenhändiges Schreiben den dänischen König von seinen Unternehmungen ab — alles umsonst. Christian wollte einmal den Krieg beginnen und ließ mit aller Macht werben.

Mansfeld und Christian von Braunschweig zogen sich mit ihren Truppen nach Westfalen um zum Könige zu stoßen. Zwar drängte der Herzog von Anhalt sie bis Münster und Osnabrück zurück, aber Christian von Dänemark, von Eifersucht getrieben, daß ihnen die Schweden dennoch wieder zuvorkommen möchten, war schon im Mai ins Feld gerückt und hatte die Feindseligkeiten gegen Tilly begonnen, der ihn bis Hameln zurückdrängte.

Der Kaiser, welcher bisher den Krieg fast nur durch liguistische Truppen geführt hatte und in dieser Hinsicht thatsächlich von dem Herzoge Maximilian von Baiern abhing, sah die Nothwendigkeit ein, mit einer ansehnlichen Macht im Reiche aufzutreten. Er durchschaute sehr wohl, daß er unter den bisherigen Verhältnissen von Baiern abhängig bleiben werde. Allein zur Werbung und Ausrüstung eines solchen Reichsheeres fehlte es in Wien an Mitteln.

In dieser dringenden Verlegenheit erschien der Mann auf der Bühne der Weltereignisse, dessen Name mit allen in nächster Zeit sich entwickelnden Begebenheiten auf das Engste verknüpft bleiben sollte, der von seinen Freunden bis zum Himmel gehoben, von seinen Feinden in den Abgrund verstoßen wurde und dessen Gestalt Wahrheit und Dichtung zu einer der hervorragendsten in der Geschichte Deutschlands gemacht habe: Albrecht von Waldstein oder Wallenstein.

Der gewaltige Mann war aus edlem böhmischen Geschlechte entsprossen. Er war 1583 von lutherischen Eltern geboren und später zum katholischen Glauben übergetreten. Sein feuriger Geist hatte ihn von früher Jugendzeit an in aller Herren Länder geführt. Mit den gewonnenen Erfahrungen, mit großen Kenntnissen ausgerüstet, trat er in die Dienste des Hauses Oesterreich. Die Kraft, welche er in sich fühlte, seine wunderbare Macht, welche er auf alle ausübte, die ihm nahe traten, ließen in ihm die feste Ueberzeugung entstehen, daß nichts für ihn unerreichbar sei. Der mystische Zug, welcher durch seinen Charakter ging, da er an Einwirkung übernatürlicher Kräfte und Erscheinungen glaubte, umgab ihn mit jener Glorie des Geheimnißvollen, vor welcher die meisten seiner Zeitgenossen sich in abergläubischer Furcht beugten. Das Glück hatte ihn mit gewaltigen pekuniären Mitteln versehen. Reiche Heirathen setzten

ihn in den Stand einen fürstlichen Haushalt zu führen, und verschwenderisch
warf er Geld unter seine Günstlinge, unter die Werber, welche bald genug für
ihn thätig sein sollten. Er hatte, während Tilly den Oberbefehl über das Heer
der Liguisten führte, auf seinen Gütern verweilt. Still und in sich gekehrt
beobachtete er den Lauf der Ereignisse und rechnete aus den Sternen heraus,

Wallenstein.

wie und wann er in das Getriebe der Begebenheiten einzugreifen habe.

Der erwartete Augenblick war nahe. Des Kaisers Geldverlegenheit nützte
der gewandte Mann. Ihm war der treuen Dienste wegen, die er dem Kaiser
schon bei Wien, Prag und gegen Bethlen Gabor geleistet hatte, der Fürsten=
titel zuerkannt worden und zur Entschädigung für seine verwüsteten Güter
verlieh ihm Ferdinand die Herrschaft Friedland.

So hoch und ansehnlich gestellt, erschien er zu Wien und erbot sich, dem
Kaiser fast auf eigene Kosten ein Heer zu stellen. Anfangs hielten die kaiser=
lichen Räthe den Vorschlag für Ruhmredigkeit. Sie begriffen nicht, wie er
50,000 Mann aufbringen wollte, da nicht 20,000 Mann zu beschaffen gewesen
waren. Aber Wallenstein entgegnete kurz: Mit 20,000 Mann könne man die
Länder nicht in Kontribution setzen, mit 50,000 Mann werde ihm solches leicht
gelingen. Da man nichts wagte wenn der Vorschlag angenommen ward, ging
der Kaiser darauf ein. Binnen kurzer Frist hatte Wallenstein 22,000 Mann
beisammen. Die noch fehlenden wollte er in Franken und Schwaben anwerben.
Der Kaiser lohnte diese ersten, überraschenden Erfolge Wallensteins mit dem
Herzogshute von Friedland, ein Lohn, den Graf Harrach beantragt hatte, welcher
in hoher kaiserlicher Gunst stand und der Schwiegervater Wallensteins war.
Wallenstein brach mit seinem Heere aus Franken nach Niedersachsen auf. Der
Krieg loderte in gewaltigeren Flammen als jemals vorher empor.

In Brandenburg war man erschrocken den Handlungen des Königs von

Dänemark gefolgt. Sein rasches Vorgehen hatte die Räthe dennoch bedenklich gemacht. Es wurde bereits gekämpft, ehe noch die Koalition zum Abschluß gekommen war, und George Wilhelm sah sich allerdings für den Augenblick wenigstens ohne jede Hülfe, wenn der Feind sein Land anfallen mochte. Schwarzenberg benutzte die Lage sehr geschickt. Er stellte vor, daß Brandenburg sich an einem dänischen Kriege nicht betheiligen dürfe, und so sehr die Räthe auch gegen den Grafen eingenommen waren, konnten sie sich doch nicht verhehlen, daß bei dem Mangel eines endgültigen Bündnisses die Marken sich neutral erklären müßten und eine vollständige Abschließung Brandenburgs gegen beide kriegführende Parteien das Vortheilhafteste sei. Dagegen wollte man mit Schweden stets eine starke Fühlung behalten.

Die Feindseligkeiten hatten bereits zwischen Weser und Elbe begonnen. Der Markgraf Wilhelm, Administrator von Magdeburg, zeigte sich sehr thätig und es war leicht anzunehmen, daß der Kampf von dem Erzstifte aus sich gegen das Brandenburgische ziehen werde. Jetzt galt es, zu rüsten, aber man hatte keine Mittel, um wohlgeordnet und gewaffnet auftreten und der ausgesprochenen Neutralität Achtung verschaffen zu können. Wohl trieben die Räthe dazu, daß man im Haag um endliche Feststellung der Konföderation nachsuchen solle. Die zu diesem Zwecke abgefaßte Resolution wagte der inzwischen wieder sehr ängstlich gewordene Kurfürst nicht zu unterzeichnen.

Des Kaisers Forderungen wurden nach solchen Beweisen der Schwäche nur drohender. Brandenburg hatte bisher die Uebertragung der Kur von Pfalz auf Baiern noch nicht anerkannt. Man glaubte zu Wien dem Schwachen keine Nachsicht schuldig zu sein, vielmehr hielt man es für angemessen, ihm desto mehr abzutrotzen. Es zeigte sich jetzt schon, wie man im kaiserlichen Rath die Neutralität des Kurfürsten auffaßte. Baiern erhob ungescheut alte Ansprüche an Pommern, der katholisch gewordene Markgraf Johann Georg forderte die Neumark auf Grund einer Testamentsklausel von 1596. In seinem Hauptquartiere zu Bamberg hatte Wallenstein ganz ohne jeden Rückhalt geäußert, „wie er kaiserlichen Befehl habe, noch vor Ablauf des Jahres in der Altmark Posto zu fassen und wie er bald genug hoffe, Kurfürst von Brandenburg zu sein."

Zu Dresden sprach man davon, daß die dänischen Völker nur noch durch die Mark Zuzug erhalten könnten und wenn der Kurfürst nicht die Pässe besetze, so müßten es andere thun. George Wilhelm schickte nach Braunschweig Bevollmächtigte, um mit Sachsen eine Vermittlung zu versuchen, wie ihm das vom Kaiser gerathen und von ihm begehrt ward. Die Verhandlungen führten zu keinem Resultate, aber diese Willfährigkeit dem Kaiser gegenüber trug George Wilhelm bösen Lohn, denn überall sprach man davon, daß Brandenburg seine Politik schmählich gewechselt habe.

Des Kurfürsten Verlegenheit stieg aufs höchste. Es mußte ihm klar werden, daß er keine Schonung zu hoffen hatte, denn man nahm ihm das Erzbisthum Magdeburg ab, welches seit hundert Jahren bei seinem Hause gewesen war. Der Sohn des Kurfürsten Johann Georg von Sachsen erhielt es nach erfolgter Wahl.

Dieser empfindliche Schlag war aber nur ein Vorbote des Unheils, welches nun hereinbrechen sollte. Die kriegerischen Ereignisse waren mit Beginn des Jahres 1626 viel bedeutender geworden, als sie bisher sich gezeigt hatten. Man hatte für Brandenburg eine scheinbare Neutralität bewilligt, unter der Bedingung, daß George Wilhelm die Päße seines Landes besetzt halte. Aber die Mittel, Besatztruppen zu schaffen, fehlten, und man berief auf den 26. Februar die Stände nach Berlin. Der Kurfürst zog sich nach Preußen zurück, wo er nach vielen ärgerlichen Scenen im Jagdvergnügen Erholung suchte. Von Holland und London her waren allerlei neue Projekte zur Ausführung der beabsichtigten Koalition gekommen. Götze reiste nach Dänemark, Winterfeld nach Stockholm und mit Bethlen Gabor wurden Verhandlungen geführt, aber während dessen hatte Christian von Dänemark schon den Krieg in vollen Gang gebracht und die Stände Brandenburgs waren noch lange nicht bis zur Verhandlung wegen Werbungen zum Schutze der Päße gekommen.

Nunmehr brach das Unwetter los. Christian IV. vertheidigte das rechte Ufer der Weser gegen Tilly. Dieser sollte sich mit Wallenstein vereinigen. Wallenstein aber, theils aus Abneigung gegen Tilly, mehr aber noch seinem Grundsatze getreu, daß die Armee sich selbst erhalten müsse, wollte seine Truppen in Länder führen, welche noch nicht erschöpft und mit allem Proviant versehen waren. Er rückte ins Halberstädtische und Magdeburgische, um sich bei Dessau des Elbüberganges zu bemächtigen.

Christian erließ nun an seinen General Fuchs und an Mansfeld Befehle, Wallenstein sofort zu folgen und ihn zu beschäftigen. Beide Heerführer rückten von Lübeck und Lauenburg aus nach Mecklenburg. Schon im Februar brach Mansfeld aus Mecklenburg auf und setzte bei Bautzen über die Elbe. Der Einfall in Altmark und Priegnitz erfolgte sofort. Trotz der Zusicherungen Christians an George Wilhelm, daß strenge Neutralität beobachtet werden solle, rückten die wilden Schaaren Mansfelds in die Marken. Fuchs folgte ihm bald. Als Grund des Einbruches gab man an, daß die Päße nicht besetzt seien, und daß also die Hauptbedingung für Neutralität nicht erfüllt worden sei. Dies war richtig, man dankte es der Renitenz der brandenburgischen Stände.

Mansfeld besetzte Havelberg und Altbrandenburg in der Mittelmark, Fuchs Tangermünde und Stendal in der Altmark. Von nun an gingen die Verwüstungen, die Unthaten, Erpressungen und Schändlichkeiten, welche die Mark erlitt, ihren Gang.

Mansfeld besonders hielt sich an gar keine Verträge gebunden. Er handelte wie in Feindesland. Die Dörfer wurden geplündert, die Kirchen bestohlen und namentlich litt das weibliche Geschlecht schwer unter der Rohheit mansfeldischer Kriegsknechte. Neben diesen Gräuelthaten, welche der wilde Parteigänger geschehen ließ, wurde das Land noch ausgesogen und zwar in einer scheinbar gesetzlichen, durch die Verhältnisse bedingten Weise.

Binnen wenigen Wochen mußte die Kurmark 233 Wispel Roggen, 800 Wispel Gerste und Hafer, 5040 Tonnen Bier, 5000 Ochsen, 300 Hammel aufbringen.

Fuchsſche Soldaten.

Noch ärger als die Mansfeldiſchen zeigten ſich die Fuchsſchen Soldaten. Sie ſchlugen gewöhnlich nach Empfang von Speiſe und Trank ihre Wirthe und zerbrachen das Geſchirr, von welchem ſie gegeſſen. Sie nahmen mit ſich was ihnen unter die Finger kam und nicht ſelten loderten noch die Hütten, in denen dieſe Horden ſoeben Obdach gefunden, bei dem Abzuge der Banditen in Flammen auf.

Der Kurfürſt ſah mit Entſetzen dieſe Gräuel der Verwüſtung, als er im 1626 Beginn des März 1626 nach Berlin zurückkehrte, allein er war vor der Hand ganz machtlos. Seine Neutralität hatte keinen Nutzen für ſein Land gebracht und erſt am 12. April traten die Stände zuſammen und zwar vor der Hand der Ausſchuß. Er bewilligte endlich Geld zur Werbung von 3000 Mann, be= merkte dabei aber, daß „der Kaiſer als höchſtes Haupt in Reſpekt zu halten, der Kurfürſt von Sachſen als Kreisoberſter an der Hand zu behalten ſei, des= gleichen der ganze oberſächſiſche Kreis." Was war alſo mit dieſer erbärmlichen Hülfe zu machen? Was konnte George Wilhelm den fortwährenden Durch= märſchen und den Schädigern ſeines Landes entgegenſetzen?

Während der Verhandlungen des brandenburgiſchen Ständeausſchuſſes war Mansfeld gegen die Deſſauer Brücke gezogen. Wallenſtein hatte bereits im November des Jahres 1625 ſich der Brücke bemächtigt und ringsum ſtarke Ver= ſchanzungen angelegt, da er den vereinten Heeren Chriſtians von Dänemark, Mansfelds und des Herzogs von Braunſchweig die Spitze bieten ſollte. Hierbei geriethen die niederſächſiſchen Kreisſtände arg in Verlegenheit. Neues Schwanken überall! Man verſuchte eine Vermittelung bei dem Kaiſer, zu welcher die Kur= fürſten von Sachſen und Brandenburg ſich herbeilaſſen ſollten, allein dieſe Ver= mittelung ſcheiterte an den übertriebenen Forderungen der Stände.

Die oben genannten Armeen waren mit Beginn des Frühjahrs ſchon im Felde. Mansfeld rückte vor und verſchanzte ſich ebenfalls in der Nähe der Deſſauer Brücke. Seiner Soldaten Zug durch die Mark war eine Fortſetzung der erlitttnen Unbill, welche die Märker ſchon bisher erduldet hatten. Man war

bereits so weit gekommen, daß Selbsthülfe geboten schien. Den abziehenden
Mansfeldern, deren Unthaten die Bauern zur Wuth entflammten, stellten sich
bewaffnete Haufen in den Weg. Unter Führung des Herrn von Putlitz griffen
sie die Truppen an. Es kam zu blutigen Gefechten, aber schließlich litten die

Selbsthülfe märkischer Bauern.

Bürger und Bauern doch am meisten unter der Verwüstung ihrer Felder
und Aecker.

Mansfeld, der mit seinem Korps sich den Wallensteinschen Truppen gegen=
übersah, versuchte sofort eine Ueberrumpelung der Schanzen an der Dessauer
Brücke. Er griff sie aus seinen Verschanzungen kommend an, wurde jedoch mit
Verlust zurückgeschlagen. Diese vergeblichen Versuche erneuerte er einige Male
bis endlich am 25. April Wallenstein ihm in den Rücken kam und dem kühnen
Führer ein mörderisches Treffen lieferte, wobei 3000 Mansfeldische todt auf dem
Platze blieben, 7 Kanonen und 2 Mörser in die Hände Wallensteins fielen.

Mansfeld vermochte nur mit genauer Noth aus den ihn umstrickenden
Truppennetzen zu entkommen. Er zog sich zurück und hier war es wieder die
Mark Brandenburg, welche unter diesem Rückzuge schwer leiden mußte. Mans=
feld hatte zunächst die Absicht, in Brandenburg seine Truppen zu stärken. Was
darunter zu verstehen war, das wußten die Märker leider nur zu gut. Die
Bedrückung des Landes wurde noch furchtbarer als vorher. Es gingen voll=
ständige Höllenkolonnen durch die Gegenden, sie raubten, sengten und brannten.

Wie elend die vom Ausschuß bewilligte Hülfe war, das zeigte sich jetzt.
Abgesehen davon, daß die wenigen Söldner meist in den Festungen gehalten
wurden, reichten sie nicht einmal zum Schutz für diese aus. Ein Aufgebot des
Kurfürsten, welches Oberst Kracht kommandiren sollte, that im wahren Sinne

des Wortes nichts, sein Erscheinen erbitterte die Feinde nur destomehr und das Elend der Bewohner vermehrte sich mit jedem Tage. Ein Glück für die Mark konnte es noch genannt werden, daß der König von Dänemark den zweiten Peiniger Brandenburgs, den General Fuchs, abrief und ihm befahl ins Braunschweigische zu rücken.

Mansfeld hatte nach seiner Niederlage eine Verstärkung von 5000 Mann dänischer Truppen erhalten, welche der Herzog Johann Ernst von Weimar befehligte. Er wandte sich plötzlich nach Schlesien, um von da nach Ungarn zu Bethlen Gabor zu gelangen, mit dem vereint er den Krieg in das Herz Oesterreichs tragen wollte.

Man hoffte nun in Brandenburg Ruhe zu erhalten, allein sie war von sehr kurzer Dauer, denn Wallenstein folgte dem abziehenden Mansfeld auf dem Fuße. Er hatte eine wohlgerüstete Armee von 30,000 Mann hinter sich. Wie wenig man bereits den Kurfürsten von Brandenburg respektirte, das bewies jetzt wiederum Wallensteins Verfahren.

„Ich werde die brandenburgischen Lande nicht berühren, seien sie auch nur mit seidenem Faden umzogen", so hatte Wallenstein dem Kurfürsten versprochen. Allein sobald die Jagd auf Mansfeld begann, war von Halten der friedlichen Zusage keine Rede mehr.

George Wilhelm befand sich nun in wahrhaft verzweifelter Lage. Sein Land lag jedem Gewaltstreich offen, seine Vertheidigungsmittel waren gleich Null, die Verbündeten waren ihm abhold, weil er gegen alle Zusage neutral geblieben war. Zu dem Allem kam noch die schlimme Kunde, daß Frankreich mit Spanien Frieden geschlossen habe. Das war ein neuer, ungeheurer Schlag für die Verbündeten. Sie waren jetzt genöthigt, sich bis zum Letzten zu vertheidigen, wollten sie nicht ohne Schwertstreich unterliegen. Sie forderten daher ihre Bundesglieder zur That auf. George Wilhelm sollte handeln, aber zu derselben Zeit erhielt er drohende Zuschriften aus Warschau, und von Wien her kamen Briefe, welche des Kaisers höchste Ungnade, die ganzen Folgen seines Zornes für Brandenburg verhießen.

Noch war Mansfeld zum Theil Herr der Marken, anderseits war Wallenstein zum Einfall bereit, der von Kursachsen aus geschehe sollte. Die Stimmung im Lande war eine höchst gereizte. Was that der Kurfürst? Er hielt freilich die Behauptung aufrecht, daß er die Neutralität nicht gebrochen habe, wie man kaiserlicherseits vorgab. Mansfeld sei plötzlich in sein Land gefallen. Es half nichts. Das Aeußerste war zu fürchten und Schwarzenberg rieth dem Kurfürsten, seine Person in Sicherheit zu bringen. George Wilhelm zog sich in die Waldschlösser zurück, welche in der Ucker- und Neumark liegen, dahin folgte ihm Schwarzenberg.

Nun hieß es wieder, der Kurfürst tritt zum Kaiser über, er wird katholisch gemacht und es währt sicher nicht lange, so ist er gegen die Union in Waffen. Letzteres konnte als Spott gedeutet werden, aber Mansfeld beeilte infolge dieses Gerüchtes seinen beabsichtigten Zug nach Ungarn nur desto mehr. Er wollte über Krossen nach Schlesien ziehen. Dieser bevorstehende Zug erregte die größte

Furcht bei allen Bewohnern der Gegenden, durch welche er kommen mußte. Aber an Widerstand war nicht zu denken. Die Aufgebotenen erschienen nicht einmal und den Durchbruch Mansfelds, der immerhin 26,000 Mann bei sich hatte, hindern zu wollen, mußte überhaupt als Wahnsinn erscheinen, wenn man die erbärmlichen Mittel betrachtete, welche dem Kurfürsten zu Gebote standen.

„Man soll jedoch so thun, als ob man den Durchmarsch und Ausbruch der Mansfelder hindern wolle; dadurch werde seine kurfürstliche Durchlaucht beim Kaiser und den eignen Unterthanen besser entschuldigt sein", so lautete es in einem Schreiben Schwarzenbergs an den Kanzler Pruckmann. Zu gleicher Zeit ging Dohna als kaiserlicher Botschafter von Wien nach Berlin. Es unterliegt also wohl keinem Zweifel, daß Schwarzenberg hier wenigstens in kaiserlichem Interesse wirkte, wenn er auch zugleich zum Besten Brandenburgs arbeiten wollte.

In diesen Tagen langte eine neue erregende Kunde an: Gustav Adolf war vor Pillau erschienen. Er besetzte, nachdem seine Truppen ausgeschifft waren, die Festung ohne Schwertstreich. Er forderte das Land auf sich zu erheben und rückte mit seinem Heere gegen die Weichsel vor.

Man vermochte in Wien noch nicht die ganze Bedeutung dieses Vorganges zu erfassen und er beschäftigte die weisen Herren vorläufig noch wenig. Am Hofe zu Berlin erregte er aber die größte Bestürzung.

Schwarzenberg betrieb den Anschluß an den Kaiser eifrig. Die Räthe, namentlich Pruckmann, arbeiteten dagegen. Der Kanzler erklärte es für einen Schimpf wenn der Kurfürst sich zum Kaiser schlage. Dies wirkte doch einigermaßen. Auf des Kanzlers Rath sollten „etliche zwanzig vom Adel" versammelt werden. Diesen solle der Kurfürst sein Vorhaben eröffnen. Sie würden dann alles mitzutragen haben, wenn sie beistimmten und die ganze Verantwortlichkeit würde nicht auf die Räthe fallen.

Dieser Vorschlag fand des Kurfürsten Zustimmung, und Schwarzenberg schrieb, daß „der Kurfürst darauf zusage, wiewohl Se. Gnaden sich in dem Gedanken viel besser befinden würden, wenn sie sich zum Kaiser schlagen, der einmal die von Gott eingesetzte Obrigkeit sei."

Aber mit all diesem Hinneigen zum Kaiser vermochte man den Gang der Ereignisse, welche aufs Neue über Brandenburg kamen, nicht aufzuhalten. Mansfeld hatte sich bereits in Bewegung gesetzt. Er traf in den ersten Tagen des Juli zu Frankfurt ein. Mehr als 5000 Wagen zogen über die Oderbrücke. Sie waren alle, wie ein Bericht sagt, beladen mit geraubtem Gute und wurden von Pferden gezogen, die man aus dem Lande gestohlen hatte.

Nunmehr brach Wallenstein auf. Er mußte dem Mansfelder durch die Mark folgen, bot aber dem Kurfürsten an, den Proviant für seine Truppen zu bezahlen. Dieses Anerbieten lehnte der Kurfürst auf den Rath Schwarzenbergs ab. Dagegen wurden Vorbereitungen der umfassendsten Art getroffen, um die Wallensteinsche Armee mit allem wohl zu versorgen, „denn", hatte Schwarzenberg gesagt, „es sind kaiserliche Truppen und sie werden die Mark nur berühren." Allerdings wollte Wallenstein nur durch die südlichen Aemter der Mark ziehen.

Zug der Mansfeldschen Bagage über die Oderbrücke zu Frankfurt a. d. O.

Jene Vorbereitungen geschahen aber so überaus zuvorkommend, daß sie den Unwillen des Landes und der antikaiserlichen Partei bei Hofe erregten, weil der Kurfürst sogar die Zimmer in den Schlössern für Wallensteins Offiziere neu herrichten ließ, für Himmelbetten 2c. sorgte.

Man nahm die Feinde der Union und des Protestantismus auf als wären die besten Freunde im Anmarsche.

Wallenstein rückte heran. Seine Bewegungen waren nicht allzuschnell. Dies mochte wohl der Grund sein, daß er Mansfeld nicht an dem Zuge nach Ungarn hindern konnte, vielleicht auch hat es in der Absicht des Friedländers schon damals gelegen, dem kaiserlichen Hofe einige Verlegenheiten zu bereiten. Indessen wirkte der Nachmarsch Wallensteins doch insofern mächtig genug, als Bethlen Gabor, zu welchem Mansfeld stoßen wollte, plötzlich mit dem Kaiser Frieden schloß. Mansfeld sah sich von Deutschland abgeschnitten. Er mußte seine Truppen entlassen, sein Kriegsgeräth verkaufen. Er selbst versammelte ein kleines Häuflein um sich, mit dem er durch Bosnien und Italien nach Deutschland zurückkehren wollte, um später in England aufs neue zu werben.

Mansfelds Tod zu Wrakowitz.

Aber seine vielbewegte Laufbahn sollte geschlossen sein. In dem Dorfe Wrakowitz bei Zara befiel ihn ein heftiges Fieber. Er fühlte die Nähe des Todes, ließ sich vollständig ankleiden und erwartete, auf seinen Degen gestützt, sein Ende. Zwei seiner Offiziere hielten ihn bis er den letzten Athem verhaucht hatte. Seine Grabstätte befindet sich zu Spalatro. Der merkwürdige, kühne und thatkräftige Mann war nur 46 Jahre alt geworden. Wenige Tage später starb auch Herzog Ernst von Weimar zu St. Martin.

Die Wallensteinschen Truppen hatten bei ihrem Durchmarsche zwar viel Geld gekostet und die fieberhafte Erregung der Einwohner erhöht, allein sie waren im ganzen doch glimpflich verfahren. Der Kurfürst versammelte die Räthe und die Stände um zu entscheiden, was bei dem Herannahen eines neuen Wetters zu thun sei.

Dieses neue Wetter entlud sich mit einem furchtbaren Schlage. Nachdem Tilly sich der haltbaren Plätze längs der Werra und Fulda bemächtigt hatte, griff er Münden und Göttingen an. Beide Orte fielen in seine Hand. König Christian von Dänemark mußte nun den Entscheidungskampf wagen. Er eilte Tilly entgegen. Anfangs drang Christian schnell vorwärts und stand bald dem Feinde gegenüber, sah jedoch sogleich, daß der kaiserliche Feldherr ihm weit überlegen war und ging deshalb ins Braunschweigische und Hannöversche zurück.

Tilly brach zu seiner Verfolgung auf und zwang den König, sich ihm bei Lutter am Barenberge zu stellen. Am 27. August 1626 kam es hier zu einem 1626 blutigen Treffen. Der König und seine Truppen fochten mit großer Tapferkeit. Anfangs war der Sieg ihnen scheinbar gewiß. Christian führte trotz des mörderischen Feuers der Feinde seine Leute dreimal in das Gefecht, er selbst befand

Flucht Christians von Dänemark nach der Schlacht von Lutter am Barenberge.

sich an den gefährlichsten Stellen, aber ein energischer Vorstoß Tillys brachte die dänischen Truppen in Unordnung. Es erfolgte eine allgemeine Auflösung und dieser eine totale Flucht.

Die dänische Armee ward an allen Punkten geworfen. Sie verlor ihre gesammte Artillerie, 60 Kanonen, ebenso viel Fahnen, alles Gepäck, 5000 Todte und gegen 3000 Gefangene. Unter diesen befand sich auch der hessische Prinz Philipp, ein Sohn des Landgrafen Moritz, und des Königs General Fuchs. Der König selbst hatte einen Theil seiner Kavallerie zusammengebracht und floh mit derselben nach Wolfenbüttel, von da nach Bremen und Holstein.

Diese Niederlage war für die Sache der Union der furchtbarste Schlag, den sie erhalten konnte, denn nicht allein wirkte derselbe lähmend auf die deutschen Vertheidiger des Protestantismus, er machte auch England bestürzt und das Parlament war entschieden gegen jede Unterstützung des dänischen Königs. Nur die in Holland stehenden 6000 Mann überließ Karl I. an Christian, und Frankreich gab die Erlaubniß zur Werbung von 4000 Mann — die Geldunterstützungen waren spärlich.

Christian wollte sich nun defensiv verhalten. Er wollte zunächst Tilly verhindern, über die Elbe zu gehen. Die Verfolgung von Seiten Tillys war eine schwache. Der König Christian sammelte seine Truppen, verstärkte sie durch neue Werbungen und begann nun die Streifzüge durch das lüneburgische Gebiet, wobei er bis in die Altmark drang.

Es lag in George Wilhelms Hand, das Vorgehen der dänischen Armee zu begünstigen. Sie konnte die Havel und Spree, den „neuen Graben" — den späteren Mühlroser Kanal — in der Fronte haben. Ihre Flanken deckten Elbe und Oder. Andererseits waren die Schwedischen diesseits der Weichsel. Gustav Adolf vermochte sich auf ein bei Dirschau befindliches verschanztes Lager zu stützen, eine Verbindung mit der Oder herzustellen und, durch den Netzebruch sich unangreifbar machend, Schlesien zu bedrohen.

Die brandenburgischen Räthe drängten den Kurfürsten, in einem Schreiben dem Kaiser vorzustellen, „wie man in Berlin wohl wisse, daß zu Wien beschlossen sei, die kaiserliche Acht über Brandenburg zu verhängen, wie der Kurfürst stets zum Kaiser gehalten und deswegen schweres Unheil über sein Land gebracht habe. Man möge ihn nicht zur Desperation treiben."

Den Gerüchten von der bevorstehenden Aechtung trat Graf Dohna am Berliner Hofe entschieden ableugnend entgegen. Er versicherte, daß der Kaiser nur gnädig gestimmt sei, der Kurfürst möge keine leichtfertigen Schritte thun — Schwarzenberg redete zu Gunsten dieser Versicherungen — der Kurfürst sandte das Schreiben nicht ab. Die Räthe hofften auf eine günstige Wendung und Schwarzenberg fürchtete dieselbe. Im Innern des Landes mehrte sich der Zwiespalt. Das Gezänk zwischen lutherischen und calvinischen Geistlichen wurde immer heftiger, diesen Zwiespalt nützte Schwarzenberg um katholischen Einfluß geltend zu machen, des Kurfürsten offenbare Energielosigkeit trieb bereits märkische Edelleute, Dienst im kaiserlichen Heere zu nehmen, und Hans Georg von Arnim-Boitzenburg hatte schon eine Stelle als Oberster und Kriegsrath im Heere des gefürchteten Wallenstein erhalten.

Dem Kurfürsten rieth Schwarzenberg, nach Preußen zu gehen, um dem König von Polen zu beweisen, daß er ein Gegner Gustav Adolfs sei. George Wilhelm ging dahin. Er nahm an 5000 Mann mit sich und bat den Kaiser, er möge seine Marken schützen. Der Markgraf Sigismund ward zum Statt=

halter ernannt, Schwarzenberg blieb ihm zur Seite. Dieser hatte somit zwei
Dinge erreicht: einmal warf der Kurfürst sich ganz in die Arme des Kaisers,
dann aber blieb er selbst den Geschäften fern — der Graf konnte nach seinem
Gutdünken arbeiten.

Schwarzenberg gelang es ferner, den Kurfürsten zu überzeugen, daß alle
seine Verlegenheiten ihm nur durch das Handeln seiner Räthe bereitet worden
seien. Es wurde sogar eine Art von Hochverrathsprozeß eingeleitet. Winter=
feld wurde verhaftet. Götze, Pruckmann und den Kanzler Löben verwickelte
man in diese Anklage, Knesebeck sah sich bedroht und gegen den inzwischen ver=
storbenen Bellin wurde nachträglich ein Verfahren begonnen.

Diesem Treiben setzten die Damen am kurfürstlichen Hofe den heftigsten
Widerstand entgegen und dies ist der Zeitpunkt, in welchem der Markgraf Sigis=
mund die Entfernung der Frauen verlangte. Wir sind damit bei dem Momente
angelangt, der über das nächste Schicksal desjenigen entschied, der berufen war,
sein Land dereinst zu retten und zu heben — bei dem Geschicke des Kurprinzen
Friedrich Wilhelm. Wie schon angedeutet fanden die Frauen stets Gelegenheit
und Vorwände, sich dem Begehren nach ihrer Entfernung aus Berlin zu wider=
setzen. So auch dieses Mal.

Indessen wollte Schwarzenberg doch nicht das Feld räumen ohne mindestens
einen Theil seiner Pläne durchgesetzt zu haben. Es lag ihm viel an der Ent=
fernung der kurfürstlichen Frauen, ebenso viel aber an der Entfernung des Kur=
prinzen von dem mütterlichen Einflusse. Hierzu bot sich ihm erwünschte Ge=
legenheit dar. Es zeigte sich nämlich binnen Kurzem, wie wenig dem Kurfürsten
George Wilhelm seine Nachgiebigkeit von Nutzen war. Die Truppen Tillys
besetzten Brandenburg, Rathenow, Havelberg und schrieben Kontributionen aus.
Sie forderten monatlich 8079 Thaler baaren Geldes, 1654 Ochsen, 158 Wispel
Roggen und 3185 Tonnen Bier. Dem Einmarsch Tillyscher Truppen folgte
der neue Sturm, denn Wallenstein, der den Verweser des Erzstiftes Magdeburg,
Christian Wilhelm, aus Schlesien und Mähren vertrieben hatte, verfolgte diesen,
brachte ihm bei Friedeberg in der Neumark eine Niederlage bei und überzog die
ganze Mark.

Seine Kontributionen, welche er in einem dem Kaiser befreundeten
Lande aufbrachte, wären in einem feindlichen Gebiete schon hart genug ge=
wesen. Er schickte darauf Tilly gegen die holländische Grenze, um dort die
Bewegungen der Gegner zu beobachten, im Grunde jedoch war diese Ent=
fernung des alten Generals nur geschehen, weil Wallenstein die Erfolge des
Alten für sich allein ausbeuten wollte. Hierauf ging er über die Elbe, ver=
folgte die Dänen und überschwemmte dabei mit seinen Schaaren das mecklen=
burgische Land.

Die Herzöge von Mecklenburg erklärte der Kaiser für Anhänger des Königs
von Dänemark und deshalb in die Reichsacht. Sie wurden aus ihren Staaten
vertrieben. George Wilhelm ward ein Tausch angetragen. Er sollte Preußen
abtreten, dafür aber Mecklenburg erhalten. Doch hatte der Kurfürst hier
wenigstens den Muth, dieses Anerbieten abzuweisen. Christian Wilhelm hatte

man seines Erzstiftes verlustig erklärt — wir wissen bereits, daß August von Sachsen gewählt wurde.

Wallenstein lag nun mit seinen Truppen in Mecklenburg, Pommern und Brandenburg. Letzteres wurde am härtesten mitgenommen. Im November 1627 rückte Wallenstein in die Mittelmark, Pappenheim besetzte die Alt=, Montecuculi die Neumark.

1627

Die Aussichten, welche sich den Brandenburgern boten, waren die schrecklichsten. Zwar hatte die Fama Ungeheuerliches von Wallensteins enormen Reichthümern und von den Zuschüssen berichtet, die ihm seine Anhänger leisteten, allein Jeder, der unbefangen urtheilte, mußte sich sagen, daß eine Armee von mehr als 50,000 Mann nicht aus dem Seckel eines Mannes erhalten werden könne. Der Plan Wallensteins, daß die Armee sich durch sich selber ernähren müsse, ein Plan, der den kaiserlichen Räthen einst ungläubiges Lächeln entlockte, wurde jetzt zur schrecklichen Thatsache. Mehr als 100,000 Mann lebten auf Kosten der gedrückten Länder. Der Aufwand, welchen Wallenstein und seine Hauptleute machten, die Summen, welche er seinen Begünstigten als Belohnung hinwarf, erreichten bisher niegeahnte Höhen. Ihm selbst folgten auf seinen Zügen 50 sechsspännige Wagen, die seine Bagage, Tischzeug 2c. führten. In ebenso vielen vierspännigen Fuhrwerken folgte ihm sein Hofstaat und sechs Karossen waren mit seinen Schreibern, Sterndeutern und Kavalieren gefüllt.

Der Kurfürst richtete, von Schwarzenberg unterstützt, ein Schreiben an den Kaiser: „Mancher Kreis", so klagte er, „muß monatlich über 2000 Gulden zahlen. Berlin allein 10,000 Gulden. Die Felder sind unbebaut, da man den Bauern Pferde und Spannvieh genommen. Viele hundert Häuser sind verlassen, da die Bürger wegen Armuth und Bedrückung entflohen." Auf diese Beschwerden folgten im besten Falle Tröstungen, aber der schrecklichen Unbill ward nicht gesteuert. Die empörendsten Vorgänge blieben ungestraft und es hatte den Anschein, als sei der Kaiser damit einverstanden, daß Brandenburg ruinirt werde.

Begegnung im Walde von Letzlingen mit streifenden Scharen.

IV. Kapitel.

Friedrich Wilhelms weitere Jugendjahre.

a Wallenstein und seine Generale auf niemanden Rücksicht nahmen, hielt Schwarzenberg es mit seinem Plane sehr wohl vereinbar, auf Entfernung des Kurprinzen zu drängen. Er stellte dem Kurfürsten vor, wie es hochgefährlich sei, den einstigen Thronerben so nahe dem gefürchteten Feinde zu lassen. Seine Bemühungen hatten den gewünschten Erfolg. Der Aufenthalt des Kurprinzen in Berlin wurde als gefahrvoll für dessen Person erklärt. Zunächst bestimmte der Vater das Jagdschloß Letzlingen als den Zufluchtsort des jungen Sohnes.

Letzlingen, in dem dichten Walde der Altmark gelegen, schien dem Kurfürsten eine sichere Stätte für den Prinzen. Hier, in dem festen Schlosse, das im Jahre 1555 erbaut worden, sollte der junge Fürst seine Ruhe vor den wilden Horden finden. Es ist für die Entwicklung des Kurprinzen von höchst wichtigen und erfreulichen Folgen gewesen, daß ihm das stille Schloß, der schöne, ruhig und majestätisch sich ausbreitende Wald zum Wohnsitze und Tummelplatz angewiesen ward. Hier erstarkte sein ohnehin schon kraftvoller Körper unter den fortwährenden Bewegungen, welche die Jagd und weite Ritte in die Umgegend erforderten, noch mehr. Die tiefe Stille, welche ihn umgab, das Fernbleiben von dem Treiben einer durch Unglück und eigene Schwäche entarteten Umgebung führten den Prinzen stets auf sich selbst zurück und veranlaßten ihn, schon frühzeitig sich mit Entwürfen zu beschäftigen, deren Ausarbeitung zwar vorläufig nur seinem noch kindlichen Verstande vorbehalten blieb, die aber jene Festigkeit und vor allem Selbständigkeit in ihm erzeugten, welche den großen Fürsten aus ihm gemacht haben. —

Da Letzlingen gegen das braunschweigische Gebiet zu gelegen ist, so konnte es nicht ausbleiben, daß Streifscharen oft in die Nähe des Schlosses gelangten. Die Ruhe, welche um Schloß Letzlingen sich breitete, ward oftmals durch den Klang der Trommel oder durch das Signal der Trompeten gestört. Einige dreiste Reitertrupps versuchten auch wohl in das Dickicht des mächtigen Waldes zu bringen und auf einem seiner Jagd- oder Vergnügungsritte gerieth der Kurprinz in die unmittelbare Nähe der streifenden Scharen.

Die Sicherheit des Prinzen schien seinen sorgsamen Lehrern und Wächtern gefährdet. Es wurden — wie dies ausgemacht und anbefohlen war — Berichte darüber an den Kurfürsten gesendet. Eine Aenderung des Aufenthaltes schien dringend geboten. Zwar machte die Mutter einen neuen Versuch, den Sohn wieder nach Berlin zu ziehen, allein Schwarzenberg wußte diesen Plan zu vereiteln. Ihm schien es gerathen, den Prinzen nach einem vollkommen sicheren Orte zu schaffen — er schlug die Festung Küstrin vor, und damit nicht irgend ein Verdacht gegen seine Absichten aufsteige, drang der Graf zugleich auf die Entfernung der Schwester des Kurprinzen von Berlin.

Man ließ also beide Kinder nach Küstrin übersiedeln. Friedrich Wilhelm und seine Schwester Hedwig Sophie bezogen dasselbe Gebäude, in welchem noch vor wenig Jahren der unglückliche Verwandte ihres Hauses, der Winterkönig Friedrich von der Pfalz mit seiner Gemahlin und seinem Hofstaate Wohnung genommen und in unsinniger Weise gehaust hatte.

Für die persönliche Sicherheit des Kurprinzen war zu Küstrin hinlänglich gesorgt. Die Festung enthielt eine Besatzung, welche unter dem Kommando des bewährten Obersten von Burgsdorf stand — ein Name, der in der Folge noch oft dem künftigen Kurfürsten Friedrich Wilhelm genannt werden sollte. Es hat den Anschein, als habe der Kurprinz hier zuerst Gelegenheit gefunden, sich mit militärischen Dingen zu beschäftigen. Er fand großen Gefallen an den freilich nur unbedeutenden Uebungen der Besatzungsmannschaften, aber einen ebenso regen Eifer entwickelten er und seine Schwester in den Unterrichtsstunden, die nun Kalkhun, Müller und Wilmdow leiteten. Auch hier in Küstrin trug die verhältnißmäßig noch immer große Abgeschiedenheit wesentlich dazu bei, die fürstlichen Kinder mit den Anfängen der Wissenschaften zu befreunden.

Die Stunden des Lernens waren ihnen nicht minder angenehm als die der Spiele und Ausflüge. Unter denjenigen Dingen, welche man den Kurprinzen als nothwendig für seine künftige Stellung lehrte, befanden sich auch die Uebungen im Zeichnen. Friedrich Wilhelm hat durch diese Beschäftigung sicherlich jenen Geschmack an der edlen Kunst der Malerei gewonnen, dem wir so treffliche Erwerbungen von Gemälden verdanken; auch trug man Sorge,

Der Kurprinz bei den Soldatenübungen in Küstrin.

daß die Handschrift des Kurprinzen ausgebildet wurde, welche in der That eine sichere und kräftige geworden ist, wie die auf unsere Zeit gekommenen Schriftstücke beweisen.

Der Unterricht ward in allen Zweigen mit großer Pünktlichkeit und genauer Innehaltung des Pensums betrieben. Als ein Zeichen der Zeit, die inmitten des Lärmes, der Ausschweifungen und der Gräuel, welche Kriegsvolk und loses Gesindel über das Land brachten, so oft wie möglich zu Gott sich flüchtete, als ein solches Zeichen mag es gelten, daß auf besondere Anordnung des Kurfürsten drei Prediger aus dem nahe gelegenen Frankfurt an der Oder jeden Sonntag nach Küstrin kommen und — jeder abwechselnd — vor dem Kurprinzen eine Predigt halten mußten.

Wenn Küstrin auch als Festung und mit der vertragsmäßigen Besatzung versehen, von den kriegerischen Scharen nicht ernstlich behelligt ward, so konnte es doch nicht fehlen, daß die Märsche und Ansammlungen der Truppen, welche fortwährend stattfanden, das Gebiet der Stadt berührten. Der Kurprinz ward zwar von der Berührung mit diesen Horden möglichst fern gehalten, allein ganz war solche nicht zu vermeiden.

Der Kurprinz hatte sich schon frühzeitig als ein Anhänger des Waidwerkes gezeigt. Die Lust daran war ihm wohl angeboren, da sein Vater als ein leidenschaftlicher Jäger diesem fürstlichen Zeitvertreibe eifrig, oft sogar mit Hintansetzung seiner landesherrlichen Berufsgeschäfte, oblag.

Für die körperliche Ausbildung des Kurprinzen ist die Jagd, wie wir schon erwähnten, von unberechenbar günstigem Einfluß gewesen. War in dem Letzlinger Forste das Jagdvergnügen nur in kleinem Umfange ausgeübt worden, so nahm es während des Küstriner Aufenthaltes größere Dimensionen an. Die in der Umgegend ansässigen Guts= und Grundbesitzer veranstalteten Hirsch= und Saujagden und man lud in respektvoller Weise den Kurprinzen dazu ein, der bald genug die Jägerei mit Leidenschaft betrieb und in zartem Alter bereits verstand „einen Eber kunstfertig auflaufen zu lassen".

Bei diesen Jagdausflügen scheint der Prinz zuerst mit den Offizieren der nahe umher liegenden kaiserlichen Regimenter in Berührung gekommen zu sein. Er wurde gebührendermaßen geehrt. Es konnte den Erziehern des Prinzen nur angenehm sein, daß bald genug die Offiziere in Küstrin erschienen, um dem künftigen Kurfürsten von Brandenburg ihre Aufwartung zu machen. Der Verkehr wurde allmählich lebhafter. Hier hörte der Kurprinz nun von den Weltereignissen, die ohne Unterbrechung schnell auf einander folgten. Er erfuhr von den schreck= lichen und großen Vorgängen, welche den furchtbarsten aller Kriege begleiteten. Nicht selten traten die Schrecken bis vor die Thore Küstrins und die Gerüchte von unmenschlichen Thaten, von der Zerstörungslust der kriegerischen Horden, drangen, häufig noch vielfach vergrößert und ausgeschmückt, bis in die Gemächer der kurfürstlichen Kinder.

Andrerseits ward der Kurprinz mächtig erregt durch die Erzählungen, welche seine Gäste — wenn man sie so nennen kann —, die kaiserlichen Offiziere, bei ihren Besuchen in Küstrin während der einfachen Tafel oder beim Glase Wein oder Bier zum Besten gaben.

Der Kurprinz im Kreise der Wallensteinschen Offiziere.

Die meisten dieser Männer waren schon seit geraumer Zeit unter Waffen. Sie hatten in Italien, Ungarn, Spanien, Holland 2c. gefochten. Sie wußten von seltsamen und schrecklichen, von großartigen und fremdartigen Dingen zu erzählen. Sie hatten Abenteuer bestanden, welche in ihren Schilderungen aufregend genug waren und gar mächtig auf das empfängliche Gemüth des Kurprinzen wirkten. Fast alle hatten die Kämpfe gegen Mansfeld, den Braun= schweiger, gegen die Dänen mitgemacht und sie wußten viel von dem Dienste des Soldaten zu melden.

Dies alles war für den Kurprinzen eine hochwillkommene geistige Kost. Er sog begierig alle die Berichte ein und betrachtete mit einer Art von stiller Bewunderung diese Leute, welche in so und so vielen Gefechten gestritten, den verschiedensten Herren gedient und Gefahren aller Art mit Muth und Verwegenheit bestanden hatten. Die kaiserlichen Offiziere fanden großen Gefallen an dem geistvollen, schönen Knaben, der unverwandten Blicks ihnen zuhörte und nicht selten die schärfsten Fragen that.

Die Zuneigung für den Kurprinzen bewährte sich in allerlei kleinen Aufmerksamkeiten, die ihm von Seiten der Kaiserlichen dargebracht wurden. Der General Graf Schaffgotsch machte ihm unter anderm ein sehr schönes, kleines Pferd zum Präsent. Es war ein mäusegrauer, zierlicher und zugleich starker

Geschenk des Pferdes.

Renner, auf welchem der Prinz zur nächsten Jagd erschien. Einige Zeit verbrachte er wieder auf dem Schlosse zu Letzlingen. Es zog ihn immer und immer wieder dahin, aber die Unsicherheit nahm zu. Kaiserliche und dänische Truppen tummelten sich in der Nähe des Schlosses. Küstrin blieb der beste und gefahrloseste Aufenthalt. Der Kurprinz kehrte bald wieder hinter die Schanzen und Mauern der alten Festung zurück.

Unterdessen gingen die Kriegsereignisse ihren unaufhaltsamen, schrecklichen Gang. Sie zogen sich auch, und zwar in sehr schlimmer Weise, durch die Küstriner Gegend. Die kaiserlichen Heere saugten sie vollkommen aus. In dem für die kleine Hofhaltung der kurfürstlichen Kinder ausgeworfenen Etat waren diese bezüglich ihrer Verpflegung auf die verschiedenen Aemter und kleineren Städte angewiesen worden. Von dorther bezogen sie auch ihre Tafelbedürfnisse.

Es währte nun nicht lange, so waren jene Bezugsquellen versiegt, denn weder Aemter noch Städte vermochten mehr Naturallieferungen aufzubringen. —
Außerdem zeigten die Städte sich nicht geneigt, die Befehle des Kurfürsten sehr gewissenhaft zu erfüllen. So kam es denn, daß der Kurprinz und seine Schwester an ihrem einfachen Tische in der That Mangel litten. Die Erfahrung, daß auch die Mächtigen und Großen entbehren müssen, wurde von den beiden Geschwistern ihrem ganzen Umfange nach gemacht.

Die Lieferungen wurden immer spärlicher. Zuletzt blieb der Kurprinz nur auf die kleine Stadt Landsberg angewiesen, welche trotz der unglücklichen Zeitverhältnisse dem Sohne und der Tochter ihres Landesherrn die zugesagten Lieferungen pünktlich leistete. Der Kurprinz faßte daher für die Stadt eine ganz besondere Zuneigung. Diese bethätigte er dadurch, daß er ein Bittgesuch an Wallenstein richtete. Landsberg war nämlich mit einer Besatzung von 200 brandenburgischen Soldaten belegt, die allein schon die Bürger durch ihre Forderungen beschwerten. In der Folge wollte Wallenstein noch 500 Kaiserliche in die Stadt legen. Der Kurprinz entschloß sich, den mächtigen Feldherrn um Schonung der Stadt zu bitten, die bei so starker Besatzung ihrem Untergange entgegen gehen mußte. Das Bittgesuch des jungen Prinzen verfehlte seine Wirkung nicht. Wallenstein hatte nicht selten Anwandlungen von Großmuth. Des jungen Prinzen Fürbitte mochte ihn rühren — vielleicht auch schmeichelte sie ihm, genug Landsberg blieb von der kaiserlichen Besatzung frei.

Die Kriegsfurie ließ in ihrem Wüthen nicht nach. Vielmehr stürmte sie immer heftiger durch die deutschen Lande. Auch Küstrin ward bedroht. Daß die Gefahr nicht überschätzt ward, geht aus einem Befehle hervor, den der Markgraf Sigismund von Seiten des Kurfürsten erhielt. Danach sollte man bei wachsender Gefahr die kurfürstlichen Kinder, das Archiv und die besten Sachen zunächst nach Stettin, dann nach Preußen schaffen.

Anderen Nachrichten zufolge sollen sich in der Stadt selbst einzelne Fälle von Pest gezeigt haben, allein man war zu jener Zeit bereits so furchtsam und auf das Schlimmste gefaßt geworden, daß auch Krankheiten gewöhnlicher Art als die entsetzlichsten galten.

Der Kurprinz und seine Schwester blieben zwar unter sorgsamster Bewachung, allein es schien doch ein längeres Verweilen in Küstrin nicht rathsam. Es kam hinzu, daß in der Umgebung des Kurprinzen die Gegner des Grafen Schwarzenberg sehr stark vertreten waren. Diese ermangelten nicht, dem jungen Herrn von den Bestrebungen und Plänen des verhaßten Ministers das Nachtheiligste zu berichten. Friedrich Wilhelms entschiedene Abneigung gegen Schwarzenberg, dessen Treiben er später noch genauer kennen lernte, mag hier in hohem Grade genährt worden sein.

Ein seltsames, nie vollständig aufgeklärtes Ereigniß trug zur Vermehrung des Widerwillens und einer gewissen Furcht vor dem Grafen bei. — Der Kurprinz hatte sich eines Abends schon frühzeitig zur Ruhe begeben, als der Kammerdiener Daniel, ein Franzose von Geburt, noch in dem Schlafgemach aufräumte. Bei dieser Verrichtung kam Daniel auch zu dem Bette des Kurprinzen und bemerkte zu seinem Schrecken, daß unter der Bettlade ein Mensch verborgen sei. Schlimmes ahnend, rief Daniel dem Kurprinzen zu, er möge schnell sein Bett verlassen. Der Prinz folgte der Weisung und sprang von seinem Lager ins Zimmer. Daniel näherte sich jetzt dem Bette und zog einen jungen, etwa zwanzigjährigen Mann unter der Lade hervor, der zum Schrecken aller inzwischen Herbeigekommenen mit einem blanken Degen bewaffnet war. Man führte den Ertappten zwar in das Gefängniß, aber eine Untersuchung scheint nicht stattgefunden zu haben, es fehlen wenigstens die Berichte darüber und es gewinnt den Anschein, als habe man die ganze Sache todtschweigen wollen. Gewiß ist — und wir werden es an der gehörigen Stelle noch genauer erwähnen — daß Friedrich Wilhelm in späteren Jahren noch an Mordversuche gegen seine Person von Seiten des Grafen Schwarzenberg glaubte.

Sei es nun in der That die Besorgniß vor Nachstellungen, sei es die Furcht vor ansteckenden Krankheiten gewesen, welche die Umgebung der kurfürstlichen Kinder bewogen haben mag, diese aus Küstrin zu entfernen — es fehlen genauere Berichte darüber; was den Abzug des Kurprinzen aus Küstrin eigentlich veranlaßte, ist nicht festgestellt, wie denn überhaupt die Nachrichten aus seinem Jugendleben nur sehr dürftige sind.

Es scheint, daß er zur Zeit des Jahres 1631 verschiedene Male in Berlin war, denn Gustav Adolf von Schweden hat den Kurprinzen persönlich kennen gelernt, und der liebenswürdige, schöne Knabe machte auf den König einen höchst wohlthuenden Eindruck.*) Er schien Gustav Adolf ein vielversprechender Kopf zu sein. Der König war damals in Berlin, um den Durchmarsch durch die Marken zu erzwingen, da er Magdeburg retten wollte.

Eine der furchtbarsten und in ihren Folgen verderblichsten Episoden des unheilvollen Krieges war der Fall Magdeburgs. Es schlugen die Nachrichten von dem Falle der Stadt die Hoffnungen der Protestanten nieder — selbst Gustav Adolf ward eine Zeit lang schwankend. Der Kurprinz vernahm die schreckliche Kunde und sie hat einen unauslöschlichen Eindruck bei ihm hinterlassen. Von nun an gingen die Ereignisse mit rasender Schnelligkeit, bis zu Lützen in mörderischer Schlacht der große König fiel. Mit seinem Falle war die Hauptstütze evangelischer Freiheit gefallen, der belebende und verkörperte Gedanke war entflohen. Zwar blieben auf dem Kriegsschauplatze die Evangelischen Meister, aber bald genug zeigten sich die Folgen dieses schweren Verlustes in dem Lockerwerden der militärischen Einrichtungen.

Der Kurprinz sollte den großen König, den er so hoch verehrt hatte, der ihm von der Gattin des Gefallenen, der trefflichen Marie Eleonore, des Kurprinzen Tante, so genau geschildert worden war nach seinen Thaten und Entwürfen, nur als Leiche wiedersehen. Friedrich Wilhelm finden wir im Jahre 1631 in Stettin. Er war in diesem Jahre an den Hof des alten Herzogs von Pommern gekommen. Bogislaus war der letzte der Pommernherzöge, ein wackerer alter Herr, von dessen Treuherzigkeit und echt fürstlichem Wesen Friedrich

---

*) Es ist auch nicht unmöglich, daß Gustav Adolf den Kurprinzen zuerst in Küstrin sah.

Wilhelm in späteren Jahren noch viel erzählte. Von Stettin aus machte der Kurprinz oftmals Ausflüge nach Wolgast, wo eben die Tante, Marie Eleonore von Schweden, ihre Residenz genommen hatte. Als der blutige Tag von Lützen vorüber, die Kunde vom Falle des großen Königs alle Lande durchflogen hatte, da trafen der Kurfürst und die Kurfürstin — die Eltern Friedrich Wilhelms — zu Stettin ein. Sie reisten in der Folge mit dem Sohne nach Wolgast, um die Leiche Gustav Adolfs in Empfang zu nehmen.

Der Kurprinz sah hier den Leichnam des Retters protestantischer Freiheit. Er weinte an dem kostbaren Sarge, den die schwedischen Ehrenwachen trauernd umstanden, und folgte der Leichenprozession hinter seinem Vater und den Herzögen von Mecklenburg bis zum Trauerschiffe, welches die königliche Leiche nach Schweden überführte. Es war im Anfang des Jahres 1633, Marie Eleonore hatte den Leichnam ihres Gatten von Weißenfels abgeholt. Eine Nacht hatte der Todte noch in der Festung Spandau gestanden, in derselben Festung, deren Besitz einst seine Herrschaft an der Havel und seine feste Stellung in Brandenburg sicherte.

Der Kurprinz war verhältnißmäßig kurze Zeit in Stettin geblieben. Da er von Wolgast aus mit seinem Vater nach der Residenz Bogislaus' zurückkehrte, wurde entschieden, daß der Kurprinz für längere Zeit am Stettiner Hofe verweilen solle. Einmal, weil Stettin ziemlich sicheren Aufenthalt bot, dann aber, weil die Erbfolgeverträge das pommersche Land dereinst an Brandenburg fallen ließen. Freilich — wenn alles gut und für die Hohenzollern vortheilhaft ging, wozu in damaliger Zeit nicht viel Aussicht vorhanden war.

Es war des Kurfürsten Wille, daß Friedrich Wilhelm in Stettin sein Studium fortsetze. Zu diesem Zwecke gab man ihm den Informator Müller nach Stettin mit und die Zeit, welche der Kurprinz in Stettin verbrachte, ist von hoher Wichtigkeit für seine Ausbildung gewesen. Mit dem sich stets mehr entwickelnden Geiste vermochte er in einem verhältnißmäßig zarten Alter schon Studien zu betreiben, die zu jener Zeit als außergewöhnlich schwierige galten. Die Kenntniß fremder Sprachen eignete er sich mit Leichtigkeit an. Es scheint, daß man ihm verschiedene dieser Sprachen in einer etwas regellosen Weise beizubringen suchte, denn in den aus der Zeit des Stettiner Aufenthaltes stammenden Schriftstücken findet sich eine ziemlich bunte Musterkarte von Fremdwörtern inmitten der deutschen Ausdrucksweise, die jedoch von großer Klarheit zeugt. Uebrigens war es ja Gebrauch, so viel Fremdwörter als möglich anzuwenden. Deutsche Schriftsteller und Diplomaten haben sich von jeher darin ausgezeichnet.

Die Dauer des Aufenthaltes in Stettin währte etwa zwei Jahre. Der Krieg wüthete ungehindert und vollkommen Meister Deutschlands geworden — weiter. Auch Stettin blieb nicht länger mehr der Ort, an welchem der künftige Kurfürst von Brandenburg sicher verweilen konnte. Friedrich Wilhelm hatte sich nicht nur seiner am Hofe des Herzogs befindlichen Umgebung, sondern auch dem pommerschen Volke durch seine persönliche Liebenswürdigkeit werth gemacht. Es war eine glückliche Zeit, die des Aufenthaltes in Stettin, welche dem Kurprinzen bis in sein spätestes Alter noch im Gedächtniß blieb.

Kurprinz.   Kurfürst.   Kurfürstin.

Kurprinz Friedrich Wilhelm an der Leiche Gustav Adolfs zu Wolgast.
Porträts nach gleichzeitigen Bildnissen.

Die Annäherung des Feindes scheuchte ihn aus der Ruhe. Er hatte nicht nur die Wissenschaften eifrig betrieben — seinem hellen Blicke war es bereits gelungen, in das Dunkel zu bringen, welches sich um sein Vaterland lagerte. Er mußte sich sagen, daß die Noth und die Gefahr aufs höchste gestiegen seien und daß die Aussichten für ihn sehr schlimme waren. Es mag daher des Kurprinzen innigster Wunsch gewesen sein, in der Nähe des kurfürstlichen Hofes verweilen zu dürfen. Die kriegerischen Verhältnisse verhalfen ihm dazu. Der kaiserliche General Illo näherte sich Stettin.

Wie immer in jener unheilvollen Zeit, bezeichneten Verwüstungen aller Art den Weg, welchen er genommen. Ihm folgte fast auf dem Fuße General Götze — die pommerschen Lande sollten für die kurze Ruhe, welche sie genossen, arg mitgenommen werden. Ein Befehl des Vaters rief den Kurprinzen nach Berlin (1634).

1634

Hier angekommen, erwarteten Friedrich Wilhelm keine erfreulichen Zustände. Sein Verstand war bedeutend genug entwickelt, um schnell die Lage der Dinge erfassen zu können. Er übersah sogleich, welche Parteispaltungen am Hofe und in seiner Familie herrschten. Der Kurfürst sah in den Stunden der ruhigen Ueberlegung die Gefahr für den Sohn herannahen. Auf Friedrich Wilhelm stand die ganze Hoffnung des kurbrandenburgischen Hauses. Er war der einzige Erbe. Wenn man ihn beseitigte, wenn eine freche Hand das Entsetzlichste wagte — dann war die letzte Hoffnung, das Land Brandenburg dem Hohenzollernhause dereinst zu erhalten, dahin. Der kostbare Schatz mußte gewahrt werden und George Wilhelm sann ängstlich darauf, den Sohn in eine sichere Obhut zu geben, die er selbst ihm nicht zu verleihen vermochte. Es war in jenen Zeiten üblich, junge, mit Geist oder Mitteln ausgestattete Fürstensöhne und Kavaliere aus bedeutenden Familien auf Reisen, in die Welt zu senden. Sie sollten an fremden Höfen und in fremden Landen die gesellschaftliche Bildung erwerben, die ihnen am eigenen Herde nicht zu Theil werden konnte. Diese Reisen nannte man „die Kavaliertouren". Zu einer solchen schien die Zeit für den Kurprinzen gekommen. Wohin aber ihn jetzt senden? Es gab kaum ein Land, welches nicht unter dem Druck, unter der Wuth des Krieges litt und seufzte. Gefahren blieben fast überall zu fürchten.

Einzig und allein waren es die Niederlande, die sich, obwol noch im Kampfe mit auswärtigen Feinden stehend, dennoch einer seltenen Bedeutung und voller Ordnung ihrer inneren Zustände erfreuten. Von den Niederlanden aus waren die trefflichsten Neuerungen in Bezug auf Handel und Wissenschaft, Kunst und Landwirthschaft gekommen. Große Erscheinungen, kraftvolle Männer hatten sich von dorther entfaltet und waren von dem gesammten Europa als bewundernswerth anerkannt worden. Die Universitäten der Niederlande galten als musterhaft. Der Kurfürst George Wilhelm zögerte nicht, jene Lande als den besten Aufenthalt für seinen Sohn auszuwählen, da obenein die reformirte Kirche, zu welcher sich auch der kurbrandenburgische Hof bekannte, die herrschende in Holland war.

Mit dieser Wahl war Graf Schwarzenberg durchaus nicht einverstanden.

Ihm schien es für seine Plane sehr gefährlich, wenn der künftige Erbe des kurbrandenburgischen Thrones und Landes seinen Aufenthalt in einem Reiche nahm, welches von Grund aus antikaiserlich war. Die dort herrschenden Prinzipien mußten auf den Ideengang eines klugen und feurigen Jünglings, wie es der Kurprinz war, um so mehr wirken, als er sicherlich bald genug einsehen lernte, welch' herrliche Früchte sie in ihrer Anwendung dem Lande getragen hatten.

Der Graf hatte andererseits wol Ursache, die Entfernung des Kurprinzen vom väterlichen Hofe für nothwendig zu halten. Der Einfluß der Frauen, die stets zu Schwarzenbergs Gegnern gehörten, mußte diesem höchst gefährlich erscheinen.

Schwarzenberg that, was er vermochte, um einen passenden (d. h. ihm passend erscheinenden) Aufenthalt für den Kurprinzen ausfindig zu machen.

Um so eifriger bemühten sich seine Gegner, die Reise des Kurprinzen nach Holland durchzusetzen. Der Graf schützte zunächst den Geldmangel vor, der sich in den Kassen des Kurfürsten in bedenklicher Weise geltend mache.

Es war dies allerdings keine leere Redensart. Geldmittel waren nur spärlich vorhanden, aber mit dem Einwerfen dieses Hindernisses hatte Graf Schwarzenberg kein Glück. Vielleicht war es gerade sein unbesonnener Eifer, die Reise nach Holland zu hintertreiben, welcher die Damen des Hofes um so mehr antrieb, dem Kurprinzen jene Mittel zu verschaffen,

Die Kurfürstin hatte für alle Fälle einen nicht unbedeutenden geheimen Fonds zusammengebracht — man kann diesen wol für jene Zeit bedeutend nennen, denn die Fürstin vermochte die Einwände Schwarzenbergs dadurch zu beseitigen, daß sie zur Reise nach Holland und für die ersten nothwendigen Ausgaben daselbst die Summe von 3000 Thalern hergab.

Damit war Schwarzenbergs Einwurf beseitigt. Daß er nunmehr den Plan gehegt habe, den Kurprinzen nach dem Haag zu schaffen, um ihn daselbst in ein sittenloses Leben, in Ausschweifungen aller Art zu verwickeln, damit er desto schneller körperlich und geistig zu Grunde gehe, erscheint wol als eine der übertriebenen Anschuldigungen, mit welchen der nicht ohne allen Grund verhaßte Minister von Mit= und Nachwelt überhäuft wurde. Der Verdacht mag daher entstanden sein, daß Schwarzenberg, als er es nicht mehr vermochte, die holländische Reise zu hindern, nunmehr als ein Beförderer derselben auftrat und mit einem gewissen Pompe verkündete: „wie der Kurprinz eine Reise nach Holland zu mehrerer Bildung antreten werde". Man wollte vielleicht aus diesem plötzlichen Umschlage der Ansichten des Ministers auf einen neuen geheimen Plan desselben schließen.

Die von der Mutter zunächst geleisteten Zahlungen ermöglichten also die Abreise des Sohnes, der denn, von Leuchtmar (Kalkhun) und Müller begleitet, nach Holland abreiste. Das Gefolge, welches er mit sich nahm, war, den immerhin beschränkten Mitteln gemäß, nur klein. Mit Beginn des Frühjahrs 1635 langte der Kurprinz zu Leyden an. Diese Universität erfreute sich eines besonderen Rufes, und zwar mit Recht. Seit dem Jahre 1575 gestiftet, hatte die Freigebigkeit der Oranier dem Sitze der Wissenschaft durch reichlich bewilligte

Mittel die besten Lehrer zugeführt. Das Studium der Alten, der Rechtswissenschaft und der Geschichte konnte zu Leyden mit dem größten Erfolge für den fleißigen Jünger betrieben werden.

Der Kurprinz hatte es namentlich seinem Aufenthalte in Stettin, wo er mit Eifer Latein studirte, zu danken, daß er zu Leyden mit großem Nutzen arbeiten konnte. Aber neben allem Eifer für wissenschaftliche Zwecke hegte der Kurprinz doch den glühenden Wunsch, einem Kampfplatze nahe sein zu dürfen. Zur Zeit seines Aufenthaltes zu Leyden dauerte der Krieg noch an, den die Niederländer mit den Spaniern führten.

Namen wie die des Statthalters Friedrich Heinrich von Oranien und des Prinzen Moritz von Nassau glänzten bereits unter denen der handelnden Persönlichkeiten auf dem Kriegstheater. Die Kämpfe der Niederländer gegen Spanien waren bisher glücklich gewesen. Die Republik war in der Achtung der europäischen Mächte gestiegen, aber in demselben Maße hatte sich auch das Uebergewicht vermehrt, welches die Statthalter gewonnen, und bis zu ihrer erblichen Würde war es nicht mehr weit.

Friedrich Heinrich hatte Mastricht erobert, die religiöse Duldung, welche er dem katholischen Limburg gewährte, erwarb den Generalstaaten viele Freunde. Die spanische Partei wurde geringer an Zahl und einer Verschwörung wäre es gelungen, die Verbindung Belgiens mit Holland zu bewerkstelligen, hätte nicht eine Intrigue die bereits sehr weit gediehenen Anstalten an Philipp IV. verrathen.

Nicht lange darauf schloß Ludwig XIII. ein Bündniß mit Holland, aber die Erfolge, welche die vereinten Heere errangen, waren nicht besonders wichtig. Das französische Heer schmolz durch Krankheit bedeutend zusammen, die Hülfe desselben war nur gering anzuschlagen, und die Spanier bemeisterten sich des Forts Schenkenschanz. Es war ihnen damit der Weg in das Herz Hollands geöffnet.

Ihrem Vordringen Halt zu gebieten, machte Friedrich Heinrich die größten Anstrengungen. Er hatte sein Hauptquartier in Arnheim, wohin auch Moritz von Nassau kam.

Nach Arnheim erhielt der Kurprinz bald Einladungen des Statthalters, und es waren diese Einladungen um so lockender, da Schenkenschanz, nur in geringer Entfernung von Arnheim liegend, ihm Gelegenheit bot, den Krieg kennen zu lernen. Der Kurprinz schrieb seinem Vater, daß er gesonnen sei Leyden zu verlassen, unterließ jedoch die Abreise, da der Kurfürst ihm entgegnete, wie es zu Berlin gern gesehen würde, wenn er in Leyden bleibe, um seinen Studien noch weiter obzuliegen.

Der Kurprinz mußte sich fügen, aber er erhielt einen freilich schlimmen Bundesgenossen, die Pest, welche in Leyden auftrat. Eine Anzahl von Sterbefällen, welche die entschiedenen Merkmale jener gräßlichen Krankheit zeigten, veranlaßten die Freunde und Leiter des Prinzen diesen von Leyden hinweg und nach dem von ihm ersehnten Arnheim zu führen.

Friedrich Wilhelm ward hier mit Freuden und Ehren aufgenommen.

Kraftvolle Naturen fühlen sich sofort zu einander hingezogen. Die holländischen Prinzen fanden außerordentlich viel Geschmack an dem liebenswerthen, treuherzigen und schönen Kurprinzen, der obenein einen gewaltigen Eifer für alles, was den Krieg und dessen Führung betraf, an den Tag legte.

Der Kurprinz unternahm Ausflüge bald in das Lager von Schenkenschanz, bald erschien er zu Nymwegen, woselbst die militärischen Uebungen der holländischen Truppen stattfanden, welche zur Armee abgingen. Seinen Wohnsitz hatte der Kurprinz in Arnheim aufgeschlagen, wohin ihm auch von Berlin aus eine neue Vermehrung seines Hofhaltes in der Person des Kammerjunkers Werner von der Schulenburg gesendet ward. In der Folge schloß der Kurprinz mit diesem talentvollen jungen Manne ein sehr inniges Freundschaftsbündniß.

Die Kriegskunst beschäftigte den Prinzen während seines Aufenthaltes in Arnheim jedoch nicht ausschließlich. Wenn er schon Gelegenheit hatte, in dem Statthalter Friedrich Heinrich einen Mann kennen zu lernen, der in der Staats- und Kriegskunst zugleich Meister war, so vermochte er auch den Verhandlungen näher zu treten, welche die zu Arnheim tagende Versammlung der Generalstaaten beschäftigte. Der Kurprinz sah und lernte nach allen Richtungen hin. Die bedeutendsten Männer Hollands und der Nachbarländer fanden sich in Arnheim zusammen und er blieb nicht im Hintergrunde, sondern man zog ihn — muthmaßlich nicht ohne Absicht — bei jeder Gelegenheit in die Reihe jener hervorragenden Persönlichkeiten. Allerdings ging dies nicht ohne einigen besonderen Aufwand ab. Die geringen Mittel des Kurprinzen erlaubten keine allzugroßen Ausgaben, Kurfürst George Wilhelm hatte für den Aufenthalt in Arnheim 1000 Thaler zum Beschaffen einer Kutsche ausgeworfen, da Friedrich Wilhelm aber mit Anstand auftreten wollte und, ohne Verschwender zu sein, es auch mußte, so bedurfte er zu den Auf- und Anfahrten auch der vier üblichen Pferde vor seinem Wagen. Diesen Extraausgaben gesellten sich solche für die Tafel bei. Der Kurprinz versuchte zwar, sich möglichst einzurichten, aber die Anforderungen steigerten sich und der Sohn mußte dem Vater jene bekannten Bittschreiben senden, die bei Hohen und Niedrigen die Väter von ihren studirenden Söhnen jederzeit empfingen und noch heutigen Tages empfangen.

Wie gewöhnlich litten die kurfürstlichen Kassen an einer großen Leere. Aber die Räthe zögerten nicht, die Stände um eine besondere Dotation „zu denen Studiis des Kurprinzen" anzugehen, und diese Forderung ward mit einer fast unerwarteten Loyalität bewilligt, denn die Stände gaben für den Kurprinzen 7000 Thaler her. Es liegen Beweise vor, daß der Kurprinz sich zunächst an Schwarzenberg gewendet hat, um Zuschüsse zu erlangen, und man hat diese von Friedrich Wilhelm verlangte Vermittelung dahin deuten wollen, daß der Widerwille des Kurprinzen gegen Schwarzenberg keineswegs so groß gewesen sei, allein es zeugt vielmehr von der scharfen und gewandten Beurtheilung und dem schlauen Verfahren des noch jungen Prinzen, daß er den zur Zeit mächtigen Mann nicht umging, und Schwarzenberg mag sich durch diesen Beweis des Zutrauens geschmeichelt genug gefühlt haben, um den Räthen nicht entgegenzuarbeiten.

Einmal wieder bei Kasse, trat der Kurprinz zwar nicht prunkvoll, aber seines Standes würdig auf. Die Freunde, welche er sich erworben hatte, erschienen jetzt häufiger bei ihm. Einer trug dem anderen zu, wie überaus liebenswürdig und anregend der junge Kurprinz sei. Die Besuche mehrten sich, aber ebenso die Einladungen. Es gab damals in und bei Arnheim schon gewisse gesellschaftliche Kreise, als deren Mittelpunkt Friedrich Wilhelm gelten konnte.

Da Arnheim nicht weit entfernt von brandenburgischem Gebiete lag, so stellten sich nicht selten einige von des Kurprinzen künftigen Unterthanen zum Besuche ein. Es waren Mitglieder der Stände zu Cleve, ein Land, welches Friedrich Wilhelm einst sein nennen sollte. Die Unterhaltungen über Sitten und Einrichtungen, Forderungen und Bedürfnisse jener Länder gaben dem Kurprinzen ein genaues Bild von der Lage und den Verhältnissen der Jülich-Cleveschen Herzogthümer. Sein leutseliges und einfaches Wesen entzückte die Clever und der Kurprinz machte für sich selbst die beste Propaganda.

Eine Schule der Diplomatie konnte der Aufenthalt in Arnheim ebenfalls genannt werden, denn der Kurprinz lernte thatsächlich in jenem Punkte sehr viel. Da die Friedensverhandlungen zwischen Spanien und den Niederlanden auch während der Feindseligkeiten fortgesetzt wurden, mußten die Abgeordneten der Generalstaaten fast in ununterbrochenem Verkehr mit Friedrich Heinrich, dem Statthalter bleiben und der Kurprinz war Zeuge der schwierigen Arbeiten, welche dies noch lange nicht vollendete Friedenswerk fördern sollten. Es konnte nicht fehlen, daß er hier die verschiedenen geschlungenen Wege der Diplomatie kennen lernte, daß sich die unterhandelnden Personen häufig nicht von der vortheilhaftesten Seite einführten, und das Abwägen von Recht oder Unrecht, von Geradheit oder Schlauheit wurde dem Kurprinzen bei solchen Verbindungen mit den handelnden Persönlichkeiten binnen Kurzem leicht. Sein ohnehin sehr scharfer Verstand vermochte bald genug die politischen Situationen zu erfassen und Lösungen zu erdenken.

Es unterliegt keinem Zweifel, daß durch den Aufenthalt zu Arnheim der Kurprinz den Grund zu jener bewundernswerthen diplomatischen Fertigkeit legte, welche ihn später so sehr auszeichnete und den großen Kriegsmann zugleich zu einem der schlagfertigsten Politiker seines Jahrhunderts machte. Freilich hat diese doppelte Begabung ihm auch eine Menge von absprechenden und vorschnellen Beurtheilungen seiner Handlungsweise eingetragen. —

In den Momenten der Ruhe nach militärischen und politischen Beobachtungen unternahm der Kurprinz kleine Ausflüge in die Umgegend. Zu diesen gehörten namentlich die Besuche, welche er seiner Tante Elisabeth Stuart machte. Diese Besuche wären fast verhängnißvoll für die Zukunft Friedrich Wilhelms geworden. Elisabeth Stuart, die Wittwe des ehemaligen Kurfürsten Friedrich von der Pfalz, des Winterkönigs, lebte als eine Ausgewiesene in Holland. Sie hatte daselbst das Gut Doorenwaard und den Herrensitz zu Rehne inne. Auch in Nymwegen war sie ansässig.

An diese Tante war der Kurprinz durch die dringenden Empfehlungen seiner Mutter gewiesen worden. Elisabeth Stuart war eine Dame von nicht gewöhnlicher geistiger Begabung. Außerdem war sie durch die harte Schule des Unglücks gegangen. Sie sollte auf die Bitten der Kurfürstin von Branden= burg dem Kurprinzen jederzeit mit Rath und That zur Seite stehen und ihre Zustimmung wurde häufig von Friedrich Wilhelm gefordert — sei es bei der Wahl eines Wohnortes oder in Angelegenheiten seiner Kasse. Es scheint auch, daß Leuchtmar von Kalkhun den Rath und die Entscheidung der Kurfürstin= Tante vielfach in Anspruch genommen habe.

Die Besuche des Kurprinzen zu Doorenwaard, Rehne und Nymwegen fanden sehr häufig statt. Es konnte den aufmerksamen Blicken seiner Begleiter nicht entgehen, daß den jungen Prinzen nicht nur persönliche Hochachtung oder die Nothwendigkeit zu der Kurfürstin=Tante führten. Es stellte sich bald heraus, daß zwischen dem jungen Kurprinzen und der Tochter Elisabeths, der schönen Ludovike Hollandine, ein Liebesverhältniß sich gestaltet hatte. Die Kurfürstin= Tante mag dasselbe nicht gerade eingefädelt haben, allein sie sah diese Jugendneigung des Prinzen zu seiner Base, die nur zwei Jahre jünger als er war, sicherlich nicht ungern. Die kurpfälzische Familie gehörte zu den landlosen. Sie hatte aus dem Schiffbruch nach der Prager Schlacht nur einen Theil des glänzenden Vermögens gerettet. Zwar war derselbe ausreichend, um die immerhin anständige Haushaltung der Kurfürstin zu bestreiten, allein dem Hause fehlte der fürstliche Glanz, der nur von einem Throne ausstrahlt und — Elisabeth besaß vier Töchter. Es war daher verzeihlich, daß die Mutter der aufkeimenden Liebe kein Hinderniß entgegenstellte, wie hätte sie auch, abgesehen von den Hoffnungen auf die Zukunft des Kurprinzen, dem schönen und geistvollen Jüng= linge entgegen sein können? So verzeihlich diese mütterlichen Sorgen und Pläne für die Verbindung der Tochter mit dem Hause Brandenburg waren, ebenso verzeihlich und begreiflich war die gegenseitige Neigung der jungen Leute zu einander. Friedrich Wilhelm, so sittlich rein er auch war, vermochte sich doch dem Zauber nicht zu entziehen, den die reizvolle Prinzessin Ludovike auf ihn ausübte. Trotz seiner ihm angeborenen Klugheit und der bereits erworbenen Menschenkenntniß empfand er die Gewalt der Liebe. Das häufige und unge= zwungene Beisammensein, der heitere und gewählte Familienkreis, die romantische Umgebung der Herrensitze zu Doorenwaard und Rehne — dies alles trug dazu bei, die anfänglich nur verwandtschaftliche Zuneigung des Kurprinzen für Ludovike Hollandine in entschiedene Leidenschaft umzuwandeln und von dieser beherrscht mag der Kurprinz manches in dem Charakter und dem Wesen der Prinzessin liegende, mindestens wunderliche, übersehen haben, was ihn sonst eher von ihr fern gehalten haben würde. Genug — diese Herzensangelegenheit war auf dem von der Kurfürstin Elisabeth gewünschten Wege, und es ist fast zweifellos, daß auch die Kurfürstin von Brandenburg, des Kurprinzen Mutter, einer Ver= bindung mit dem Hause Pfalz nicht abgeneigt war.

Der Kurprinz vernachlässigte jedoch bei dieser zarten Sache seine Ausbil= dung keineswegs. Für ihn hatte einmal der Aufenthalt in Holland praktischen

Werth. Wir finden ihn vor Breda im Lager des Prinzen Friedrich Heinrich, der die Festung den Spaniern abzunehmen trachtet. Wir sehen den Statthalter zur Seite des einstigen brandenburgischen Herrschers im Laufgraben stehen und dem jungen Vetter die einzelnen wichtigen Dinge erklären, aus denen sich die

Der Kurprinz mit Friedrich Heinrich im Laufgraben vor Breda.

riesige Maschine des Belagerungswerkes zusammensetzt. Bald wird eine Kanonade beobachtet, bald ein Ausfallsgefecht und was dem Kurprinzen von ebenso hohem Werthe ist — er lernt im Lager vor Breda, wie einst zu Arnheim, Männer kennen, deren Name schon fast eine Armee aufwog. Zunächst war es Turenne, der französische Heerführer, der als eine der größten Berühmtheiten auf dem Gebiete der Schlachten und des Krieges galt. Der Kurprinz ahnte nicht, daß er dem gefeierten Manne dereinst als gleicher und von ihm hochgeachteter Feind gegenüberstehen werde.

Das ganze Wesen des Kurprinzen machte auf alle, welche sich ihm nahten, den angenehmsten Eindruck. Ebenso wurden seine bereits in der Theorie weit vorgeschrittenen Kenntnisse bewundert. Man sagte sich, daß es nur einer Gelegenheit bedürfe, um aus dem geistvollen Theoretiker einen hochbedeutenden Praktiker zu machen. —

Da sich die Verhältnisse des Kurprinzen durch all diese Verbindungen und sein Hervortreten bedeutend anders gestaltet hatten, wurde es fast unmöglich den Haag zu vermeiden. Der Haag war um jene Zeit schon ein Sammelplatz aller Lebemänner. Sie kamen aus Frankreich, Deutschland, England und Italien dorthin. Eine Menge von Genüssen jeder Art hatte im Haag ihren Zusammenfluß und die Erzeugnisse der fernsten Länder, von denen die Reisenden und Schiffer fabelhaft berichteten, wurden hier aufgespeichert. Alles was man im Haag fand und sah, trug den Stempel des Neuen, des Unbekannten und übte somit auf den Beschauer einen gewaltigen Reiz.

Mit diesen Genüssen vereinte sich noch eine so ungebundene Freiheit des Wortes und der Feder, wie sie in keinem andern Lande Europas zu finden war.

In diesem prächtigen, genußreichen und behaglichen Orte durfte man auch ohne Furcht vor Gericht oder Verfolgung seine innersten Gedanken offenbaren, die heikligsten Sachen wurden frei besprochen und im Druck erläutert, auch das was an andern Orten für unmoralisch gelten mochte, ward in den Gesellschaften der jungen und alten Libertiner als pikant und geistvoll, als zum höheren Tone gehörend erklärt.

Dieses Treiben steigerte sich in der Folge und nur Paris und Venedig liefen dem Haag den Rang ab.

In eine jener Gesellschaften führten übereifrige Freunde auch den Kurprinzen. Es war eine Verbindung von Kavalieren aus aller Herren Länder, die sich zu schwelgerischen Gelagen vereinigt hatte. Daß zu den mannigfachen verderblichen Genüssen, welche der Haag seinen Besuchern darbot, auch die Gesellschaft schöner und verderbter Frauen gehörte, bedarf keiner besonderen Erwähnung. Der junge Kurprinz gerieth eigentlich urplötzlich in diesen Taumel. Alles, was er bisher gesehen, wozu man ihn geleitet, was ihm bisher geboten worden, war so ganz verschieden von den Scenen, welche sich hier seinem Auge darboten. Es kam ihm dies alles vor, als sei er aus dunklem Raume in eine, mit blendendem Lichtglanze erfüllte Halle getreten, und die, welche auf ihn als eins der künftigen Mitglieder ihrer Orgien rechneten, versäumten nichts, um ihn zu fesseln. Diese Fesselung sollte systematisch betrieben werden und der Kurprinz — war eben ein kraftvoller, feuriger Jüngling. Allein die Künste scheiterten an des Kurprinzen Charakterfestigkeit. Das was er sah, was ihm in schamloser Freigebigkeit geboten wurde, machte ihn ängstlich, statt ihn zu reizen. Es heißt, er habe von seiner Mutter einst bei dem Abgange nach Küstrin ein goldenes, mit edlen Steinen besetztes Kreuz zum Geschenk erhalten, welches er als eine Art von Talisman bei sich getragen haben soll. Während eines der rauschenden und lüsternen Feste soll dieses Kreuz dem Kurprinzen in die Hand gekommen sein, als er das reichgestickte Wamms öffnete. Es seien ihm, so lautet der Bericht, der nach den eigenen Aussagen des Kurprinzen melden will, dabei die warnenden Reden der Mutter eingefallen und von diesem Momente an habe er sich aufgerafft, sich den Verführungen entwunden und sei trotz aller Bemühungen der Kavaliere, ihn zu halten, mit den Worten „hier ist mein Platz nicht — ich muß Abschied nehmen" aus dem vom Gifthauche der Wollust verpesteten Saale entflohen.

Diese ganze Erzählung mag mit dem Gewande der Romantik angethan worden sein, — hat sie doch zu verschiedenen Zeiten als Vorwurf für Bilder und Gedichte gedient, allein es bleibt sicher, daß Friedrich Wilhelm den Haag verließ, weil er sich in der Gesellschaft jener Kavaliere und ihres Umganges nicht behaglich fühlte und weil er klug genug war, sich selbst nicht zuviel zu trauen, sondern jeder Möglichkeit der Verführung aus dem Wege ging.

Er eilte wieder nach Breda. Hier befand er sich in seinem Elemente. Hier waren Krieg und Diplomatie seine Beschäftigungen; sie standen ihm höher als das üppige Leben im kerzenhellen Saale, diese einfachen Zelte mit ihren Brettertischen und Schemeln und die Strohschütte schien ihm ein ehrenhafteres

Lager als der weiche Pfühl der schwelgerischen Orgien, deren das Leben im Haag so viele darbot.

Friedrich Heinrich hatte bereits von den Bestrebungen der Kavaliere gehört, welche alle auf Verlockung des Kurprinzen ausgingen. Als er den jungen Kurprinzen wieder vor sich im Zelte von Breda erblickte, legte er seine Hände auf dessen Schultern und sagte: „Vetter, Ihr habt eine größere That gethan, als wenn ich Breda nehme."

Rückkehr des Kurprinzen aus dem Haag.

Die Ereignisse, von denen Friedrich Wilhelm nun Zeuge sein sollte, belohnten ihn gleichsam für seine Selbstbesiegung. Er hatte das Glück, einem wirklichen Treffen beiwohnen zu können, denn der General Piccolomini griff den Prinzen Friedrich Heinrich an, indem er zum Entsatze Bredas heranrückte. Aber der Oranier warf ihn nach heftigem Kampfe zurück. Die Belagerung ward ungestört fortgesetzt und am 7. Oktober 1637 brachte der Statthalter die Festung Breda zu Falle. Von den Wällen der eroberten Stadt wehte die Fahne der Generalstaaten. Friedrich Wilhelm hatte aufs neue seine Kenntniß bereichert, er war aufs neue in Verbindung mit ausgezeichneten Männern getreten und wie er auf die Landmacht Hollands seine Blicke geworfen, wie er sich genaue Kenntniß von ihrer Zusammensetzung erworben hatte, so wurde ihm jetzt eine umfassende Belehrung über das Seewesen zu Theil, denn gleich nach dem Falle Bredas erschien an dem soldatischen Hofe des Statthalters der Seeheld Martin Harpertoon Tromp, ein Mann von großen unsterblichen Verdiensten, der Schrecken seiner Feinde. Er hatte schon seit seinem achten Jahre zur See gedient, in den Treffen auf dem Mittelländischen Meere gefochten und war während des Krieges zwischen Schweden und Polen mit einer holländischen Flotte vor Danzig gewesen.

Die diplomatische Aktion, welcher der Kurprinz mit großem Interesse folgte, brachte ihn in Berührung mit dem französischen Grafen d'Estrades, der als ein gewiegter und feiner Staatsmann galt und seine Studien in der Schule des großen und furchtbaren Kardinals Richelieu vollendet hatte.

Daß alle diese Dinge den Prinzen mit jedem Tage reifer in seinen An=

schauungen machten, ist leicht erklärlich und es ist fast ebenso gewiß, daß er seine Ansichten nicht verhehlt haben wird. Wahrscheinlich hat er solche in Briefen an den Berliner Hof ausgesprochen.

Unmöglich aber konnten diese Ergüsse, diese Früchte der Erfahrungen am Hofe des Statthalters und im Feldlager den Beifall Schwarzenbergs finden. Die Politik des Grafen lenkte nun einmal entschieden nach Wien hinüber; wie konnte ihm damit gedient sein, daß der Erbe des brandenburgischen Kurscepters sich in einer Umgebung und in einem Lande befand, das entschieden feindlich gegen das Haus Habsburg gestimmt, wo alles schon seit Jahren in dem Widerstande gegen den Kaiser einig war und das den Sammelplatz aller feindlichen und grollenden Elemente Europas, die wider Spanien und Oesterreich arbeiteten, bildete.

Es kam noch hinzu, daß Schwarzenberg vollständig von dem zarten Verhältnisse unterrichtet war, welches zwischen Friedrich Wilhelm und der pfälzischen Prinzessin Ludovike Hollandine stattfand. Es war dem Grafen nicht unbekannt, daß von Seiten der Kurfürstin-Mutter eine Heirath mit der Prinzessin protegirt werde. Der Graf brachte es dahin, daß schon 1636 dem Kurprinzen der väterliche Befehl zur Heimkehr nach Berlin gesendet wurde.

Es hieß damals, die Pest, welche in Holland sich zeigte, veranlasse jenen Befehl. Schwarzenberg war bei Absendung des Befehles in Regensburg. Als er heimkehrte, betrieb er die Anstalten zur Rückberufung des Kurprinzen um so eifriger. Er fand noch andere Gründe, dem Kurfürsten die Heimberufung des Sohnes dringend anzuempfehlen.

Von dem Benehmen des Kurprinzen waren, wie wir wissen, die Cleveschen Stände sehr entzückt. Sie baten 1636 den Kurfürsten, er möge ihnen den Kurprinzen zum Statthalter geben. George Wilhelm hatte zwar diese Bitte abgelehnt, die Stände dabei aber in sehr gnädigen Worten angeredet. Zur Zeit der Heimkehr des Grafen von Regensburg, als bereits die ersten Befehle an den Kurprinzen nach Holland abgegangen waren, erschien ein zweites Gesuch der Cleveschen Stände, welche den Kurprinzen als ihren Statthalter verlangten, „da die Rettung des Landes von einem im Lande residirenden neutralen Haupte abhänge".

Dieses Mal wurde die abschlägliche Antwort des Kurfürsten in sehr ungnädigen Ausdrücken ertheilt. „Gleich als ob ihr unsrer Regierung müde und überdrüssig worden", schrieb der Kurfürst, dem ohne Zweifel Graf Schwarzenberg die Antwort unterbreitet hatte.

Graf Schwarzenberg zögerte sicher keinen Augenblick, dieses Verfahren der Stände als ein wichtiges Mittel für seine Zwecke, die Rückberufung des Kurprinzen aus Holland, zu nützen. Er stellte dem Kurfürsten vor, wie sich zu der Gefahr der Heirath mit Ludovike Hollandine auch die Gefahr eines allzugroßen Einflusses des Sohnes auf die Cleveschen Stände geselle. Das Mißtrauen des bereits an trübe Erfahrungen aller Art gewöhnten Kurfürsten war hier doppelt schnell rege gemacht.

Außerdem spielte aber im Geheimen eine seltsame Art von Intrigue, die sich freilich nicht ganz klar darlegen läßt, deren verdeckte Fäden aber einigermaßen zu verfolgen sind. Schwarzenberg scheint die Absicht gehabt zu haben, den Kur=

prinzen mit einer Tochter des Kaisers Ferdinand zu vermählen. Er hatte schon von Regensburg aus dem Kurfürsten geschrieben, daß man ihn von Wien her unterrichtet habe, wie „allerlei Praktiken gemacht würden, den Kurprinzen aus dem Pfälzer Hause heirathen zu lassen, ihn in die Cleveschen Lande zu bringen und damit so zu sagen unter der Herren Staaten und Oraniens Tutel zu bringen." Der Kaiser sei damit nicht zufrieden und er werde es gerne sehen, wenn der Kurprinz an den kaiserlichen Hof komme und „werde gern einen Theil der Kosten tragen". Es wurde hinzugesetzt, „wie die Kurfürstin=Mutter eifrig gegen solchen Vorschlag sei, wie sie die Clevesche Heirath begünstige, die man des Kaisers wegen nie zugeben dürfe, wie viele auch mit in dies Horn blasen möchten".

Vorher schon hatte man — beim Tode Ferdinands II. — am Berliner Hofe davon geredet, „ob es gerathen sei zur Condolenz auch das noch unverheirathete kaiserliche Fräulein anzusprechen". Um so dringender wurden nun die Aufforderungen des Kurfürsten, der Sohn möge zurückkehren. Die Antworten des Kurprinzen waren anfangs ausweichend. Er schützte vor, daß er in Holland sehr viel lernen könne, daß die Rückreise Schwierigkeiten habe. Er könne die Seereise nicht vertragen, die Kaper bei Dünkirchen könnten sein holländisches Geleit durchbrechen, die Landreise sei wegen der Feinde ebenso gefährlich 2c.

Es wurde bedenklich, dieses Zögern. Der Kurfürst sendete also im Dezember 1637 den Kammerjunker von Marwitz nach Holland, der die genauesten Instruktionen hatte und dem Kurprinzen den Befehl zur Rückkehr bringen, ihm aber zugleich die Versicherung geben solle, daß es dem Kurfürsten fern sei, den Prinzen in eine unangenehme Heirath stecken oder ihn an Orte schicken zu wollen, die ihm widrig waren. Der Kurfürst verlange nur, daß der Sohn ohne sein Wissen und Willen sich in keine Heirath, welche es auch sei, „implicire und anjetzt alle solche Sachen einstelle und mit freier Hand zurückkomme"; im widrigen Falle, wenn dergleichen vorgegangen wäre, würde er es nie ratifiziren noch gutheißen.

Marwitz erschien mit dieser Instruktion in Holland beim Kurprinzen. Er theilte sie dem Kurprinzen mit, der sofort dem Vater schrieb, daß er „nimmermehr im Heirathen etwas wider den Willen seines Vaters vornehmen werde."

Der Kurfürst wurde — ob von Schwarzenberg selbst oder von anderen mit diesem verbündeten Personen bleibe dahin gestellt — wegen der Cleveschen Statthalterschaft sehr beunruhigt Eine neue Petition der Stände und die persönliche Verwendung des Oraniers, des Prinzen Aufenthalt in Holland zu verlängern, gossen noch Oel ins Feuer. Ebenso nachtheilig mag die Bitte des Kurprinzen, ihm die Statthalterschaft anzuvertrauen, gewirkt haben. Die Gründe des Sohnes gegen dessen Abreise aus Holland verwarf der Kurfürst und drang darauf, Friedrich Wilhelm möge zurückkommen, da er (der Kurfürst) sonderliche Ursachen habe, den noch längeren Aufenthalt des Sohnes in Holland weder für sicher, nützlich, noch reputirlich zu halten. Ein anderer Gesandter, der Kammerjunker von Schlieben, war ebenfalls nach Holland geschickt worden. Marwitz überbrachte den entschiedenen Befehl zur Abreise.

Schlieben kehrte in Begleitung des Kammerjunkers von Schulenburg nach

Berlin zurück und dieser überbrachte die Bitten und Entschuldigungen des Kurprinzen, fand jedoch kein Gehör. Ein später zu Berlin anlangendes Schreiben brachte dann die Entscheidung des Prinzen der erklärte, „daß er seinem Vater gern gehorchen und weder im Heirathen noch sonst wider Gott und den Kurfürsten handeln werde. Er wolle sich sobald als möglich auf den Weg machen und mit Marwitz die weiteren Verabredungen treffen." Marwitz meldete, „der Prinz habe ihm erklärt, wie es ihm sehr leid sei, daß sein Ausbleiben zu allerlei Argwohn Veranlassung gegeben habe und wie ihn der Gedanke, der Kurfürst könne ihn bei seiner Ankunft übel behandeln, sehr ängstige."

Mit Marwitz kehrte Friedrich Wilhelm, über die Watten fahrend, nach Deutschland zurück und kam im Mai zu Hamburg an. Er meldete von hier aus seine Ankunft in Berlin. In Werben angekommen, fanden die Reisenden militärische Bedeckung, welche sie bis Spandau geleitete.

Hier waren der Kurfürst und die Kurfürstin bereits anwesend. Es war einmal ganz natürlich, daß die Eltern den langentbehrten Sohn mit großer Zärtlichkeit empfingen, dann aber hatte dieser Empfang mit um so größeren

Rückkehr zu den Eltern.

Feierlichkeiten stattgefunden, als man jedem Gerüchte über ernstliche Zerwürfnisse in der kurfürstlichen Familie vorbeugen wollte. Die Eltern nahmen den Sohn nicht nur herzlich auf, sondern es wurden zur Feier seiner Wiederkehr einige solenne Feste veranstaltet.

So endete der Aufenthalt des Kurprinzen in Holland, der für ihn von ebenso großem Nutzen war, als der dadurch beendete Liebesroman mit der schönen Ludovike Hollandine. Sie hat durch ihre Lebensweise, die sie bald genug zu führen begann, einen wesentlichen Beitrag zur chronique scandaleuse jener Zeit gegeben. Unter dem Vorwande, daß ein tiefer religiöser Drang sie zur Annahme der katholischen Religion treibe, ging sie nach Antwerpen, wo sie den evangelischen Glauben abschwor. Die ganze Sache war jedoch nur deshalb geschehen, um ein Liebesabenteuer geschickt durchführen zu können. Ihre Aufführung gab der Gesellschaft mannigfache Gelegenheit zu herbem Tadel und sie nahm unter den galanten Damen eine große Stellung ein. Sie ward bei herannahendem Alter fromm und starb als Aebtissin in Maubuisson im Geruche der Heiligkeit, wozu namentlich die Leichenrede des Bischofs von Alet, Mfgr. Maboul, viel beigetragen haben soll.

Wenn Schwarzenberg also diese Heirath hintertrieb, so hatte er dem Kurprinzen in der That einen großen Dienst geleistet, obwohl der Graf die Trennung von Ludovike und von Holland aus ganz anderen Gründen beschleunigte. Es hieß im Volke dennoch, der Graf habe zwischen Vater und Sohn Mißtrauen gesäet und sei ein Feind des Kurprinzen. Die nachtheiligen Gerüchte hierüber erhielten noch besondere Nahrung. Wir haben der Feste erwähnt, welche zur Feier der Heimkehr des Kurprinzen gegeben wurden. Graf Schwarzenberg glaubte bei diesen Ovationen nicht hintanstehen zu dürfen und veranstaltete ebenfalls ein glänzendes Gastmahl, dem der gesammte kurfürstliche Hof und also auch der Kurprinz beiwohnten. Daß es bei diesem Feste, dem Brauche der Zeit gemäß, sehr hoch herging und in Essen und Trinken alles Mögliche geleistet wurde, bezeugen Berichte von Theilnehmern jener Gelage. Es ist ausdrücklich erwähnt, daß der Kurprinz sich besonders mäßig gehalten.

Unglücklicherweise für den Grafen Schwarzenberg befiel den Kurprinzen sofort am folgenden Tage ein Fieber. Zwar bemeisterte er sich dergestalt, daß er an dem der Festlichkeit folgenden Bußtage noch die Kirche besuchen konnte. Er mußte aber gleich nach der Predigt das Bett aufsuchen. Es stellten sich nun zwar die Masern ein und anfangs besorgten die Aerzte nichts Ernstliches. In der Folge verschlimmerte sich jedoch der Zustand des Kranken und es stellten sich (6. Juli) Ohnmachten ein, welche die Heilkünstler bedenklich machten.

Das Gerücht, der Graf habe dem Prinzen Gift beigebracht, verbreitete sich mit Blitzesschnelle. Wir haben schon oben der Beschuldigungen gedacht, welche bezüglich der Mordversuche auf den Kurprinzen auf Schwarzenberg gehäuft wurden, und daß der Kurprinz später als regierender Fürst den Grafen nicht ganz von jenem Verdachte befreit hat. Bei der ungeheuren Wichtigkeit, welche das Leben des Thronerben für Brandenburg haben mußte, war es natürlich, daß die Gerüchte von dem beabsichtigten Attentate den Grafen nur desto verhaßter und gefürchteter machten. Indessen erholte der Kurprinz sich bald wieder und konnte am 27. Juli schon mit seinem Vater einen Ausflug nach Spandau machen, ja kurz darauf traten beide die Reise nach Preußen an, aber bereits auf dem Wege nach Königsberg befiel den Prinzen ein neues heftiges Fieber. Es hieß nun, diese Anfälle seien eine Folge der Vergiftung. Der Kurprinz genas bald wieder, aber er blieb merklich verstimmt und mißmuthig.

Daran war wohl weniger die von dem kraftvollen Jünglinge bald überwundene Krankheit und das angeblich von Schwarzenberg beigebrachte Gift Schuld, als vielmehr die Eindrücke, welche Friedrich Wilhelm während seiner Anwesenheit in Preußen empfing. Gewöhnt, alles scharf und genau zu beobachten, hatte der Prinz bald erkannt, daß namentlich die kurfürstliche Gewalt den Ständen gegenüber eine nur sehr untergeordnete sei. Die Stände waren in Preußen die ausübende Macht, mit denen George Wilhelm sich gut abfinden mußte, wollte er etwas erreichen. Die späteren Gewaltmaßregeln, welche Friedrich Wilhelm als Kurfürst in Anwendung brachte, haben sicherlich bei jenem Besuche dem Kurprinzen schon als einziges Mittel vorgeschwebt, seine fürstliche Autorität behaupten zu können. Obwohl der Adel des Landes ihm jede nur erdenkliche Aufmerksamkeit erwies, blieb der Kurprinz doch ernst und schien wider seine sonstige Gewohnheit zurückhaltend. Man schrieb dies freilich zum großen Theil auf Rechnung der Krankheit. — Außerdem konnte der Anblick des von Schweden und Polen verwüsteten Landes den einstigen Erben dieser Gebiete nicht heiter stimmen. Endlich hatte der Kurprinz seine Blicke weiter schweifen lassen und dabei ringsum in Deutschland nur Krieg, Zerwürfnisse, Haß, Zerstörung und Verwüstung, namenloses Elend überall wahrgenommen und von allen schlimm behandelten Ländern war die Mark, das Land, welches er einst besitzen sollte, das am schmählichsten bedrückte. Der entsetzliche Krieg schien nicht enden zu wollen. — Welch ein Kontrast zu dem blühenden, reichen Holland, das der Kurprinz soeben verlassen hatte! Ein Land, welches Künste, Wissenschaften, Handel und Gewerbe in gleich hohem Grade pflegte, und wo inmitten rühmlicher Kriegsereignisse die Maschine der Staatsverwaltung ruhig, ungestört ihr Räderwerk in Bewegung setzte.

Plünderung.

V. Kapitel.

George Wilhelms letzte Regierungsjahre und Tod.

chon vor der Abreise des Kurprinzen und während seiner Abwesenheit aus Deutschland hatte der Kriegssturm eine Fülle gewaltiger Ereignisse aufgewirbelt, zusammengeblasen und wieder in alle Winde zerstreut. Da war der mächtige Wallenstein gefallen — gefallen von Mördershand, ein schrecklicher Beweis für den Undank der Großen. Er folgte dem großen Gegner Gustav Adolf schnell genug nach; beide waren mit weithin sichtbaren Fahnen zu vergleichen, auf welche die Blicke ihrer Parteien gerichtet schienen.

Der Krieg nahm nun den Charakter gegenseitigen Mordens, Plünderns und Vernichtens an. Von der Sache der Religion war längst keine Rede mehr, die Benennungen Katholik und Protestant waren bereits thatsächlich verschwunden, denn Katholiken fochten gegen ihre Glaubensbrüder ebenso leicht und für jeden Sold, als dies Protestanten gegen Protestanten vermochten.

Wallenstein hätte nach des Königs von Schweden Fall den Krieg beenden können, er konnte den Krieg zu Gunsten des Kaisers lenken, denn der Führung der Angelegenheiten durch Axel Oxenstierna, den geistvollen Minister des gefallenen Gustav Adolf, wollten die deutschen Fürsten nicht zustimmen. Die Stände selbst waren uneinig trotz des Heilbronner Bundes.

Aber Wallenstein hatte weitergehende Pläne. Er hielt Blutgerichte zu Prag über seine Offiziere, er stand da als ein zweiter Gewalthaber neben, ja vor dem Kaiser, seine Soldaten bildeten eine besondere Nation im deutschen Lande. Ihm entgegen standen ein Gustav Horn, der Heldenherzog Bernhard von Weimar. Wallenstein, mit neugeworbenem, furchtbar verstärktem Heere, griff diese Feinde des Kaisers nicht an. Er wandte sich nach Schlesien und um den Schein zu retten, trieb er den alten Grafen Thurn vor sich her und nahm ihn gefangen um — den Erzfeind des Hauses Oesterreich frei zu lassen. Zu Wien stieg die Besorgniß; den gewaltigen Friedländer offen anzugreifen, das wagte man nicht. Der Feldherr und Fürst mußte durch Mörderhand in dem dunklen Gemache zu Eger verbluten.

1634

Ein Fürstensohn nahm zunächst die Führung der kaiserlichen Heere in seine Hand. Der römische König Ferdinand, des Kaisers Sohn, kämpfte mit Glück gegen die Schwedischen. Er traf sie hart bei Nördlingen und der Prager Friede war die Folge des Sieges. Er hatte zunächst den Abfall Sachsens von dem schwedischen Bündniß zur Folge. Zwar zürnten die deutschen Fürsten auf Johann George, aber bald genug verglichen sich viele von ihnen ebenfalls mit dem Kaiser. Unter diesen stand Brandenburg obenan. Es schien, als sei das Ende des Krieges in Folge allgemeiner Erschöpfung vor der Thür. Das Land hatte freilich genug gelitten. Dieses schöne, deutsche Land! wohin waren seine fleißigen Bürger, seine redlich arbeitenden und schaffenden Bauern gekommen? wo waren die kunstvollen Handwerker, die Männer des Wortes und der Feder, die den Glauben und die Freiheit zu vertheidigen gewußt, wo die wagenden und den Reichthum, die Behäbigkeit in das Land tragenden Kaufherren jener Städte, die einst den stolzen Namen der Hansa führten, hingekommen?

1634

Alles wüst, vernichtet, verdorben. Alles zerstampft was die Felder hervorgebracht, was die fleißige Hand dem Boden anvertraut hatte. Die Städte verwüstet und öde, Schutthaufen und Brandstätten ringsum, so arm, so ausgesogen und elend die meisten der Lande, daß selbst der Feind nicht mehr durchzuziehen wagte, weil der Hunger ihm gefährlicher schien, als die Waffen der Gegner.

Statt der friedlichen Beschäftigung nur Waffenübung und Marschmusik es mußte ein Ende nehmen dieses grauenhafte Leid. — Kaiser Ferdinand II. starb, er, welcher den scheußlichen Brand stets wieder genährt hatte. Da griff es hinüber aus Frankreich, die Hyäne im rothen Gewande des Kardinals, Richelieu, den die Kinder seines Landes den „rothen Teufel", die „rothe Eminenz" nannten, eine Anspielung auf die Farbe seines Kleides sowol, als auf das Blut, welches er vergossen. Richelieu hielt den Moment für gekommen, wo er die Hülfe Frankreichs gegen theuren Preis den fast unterliegenden Protestanten anbieten konnte.

16. Febr. 1637

Bernhard von Weimar nahm diese Hülfe an. Französisches Geld verschaffte ihm neue Kriegsscharen, den kaiserlichen Heeren ward er ein furchtbarer Feind. Seine Soldaten zertraten die Gefilde des Rheinlandes, während Baner mit den Schweden aus Pommern gegen die Sachsen zog.

Unterdessen rafft der Tod auch den zweiten Ferdinand hin. Sein Sohn

Bernhard von Weimar. (Porträt.)

folgt als der Dritte dieses Namens. Im Jahre seiner Thronbesteigung schlägt 1637
Bernhard von Weimar das liguistische Heer bei Rheinfelden, unter seinen Ge=
fangenen ist der tapfere, wilde Johann von Werth. Breisach wird erobert,
Bernhards Stern beginnt immer heller zu leuchten, da ereilte den streitbaren
Mann der Tod — Gift! heißt es, französisches Gift hat ihn niedergeworfen.
Breisach ist für Frankreich erobert.

Gefangennahme Johann von Werths. (Porträt.)

Deutschland war ein Tummelplatz fremder Völker, auf welchem Jeder nach Belieben nahm, zerstörte, verkaufte und schändete, was und wie es ihm beliebte. Alle Sprachen Europas hörte man an den Werbezelten, die wilden Horden hatten sich mit den Deutschen verbrüdert, ihr langer Aufenthalt in dem Lande war den Deutschen zur Gewohnheit geworden, ihre Schändlichkeiten und Rohheiten, ihre Diebstähle und Gewaltthaten wurden nicht mehr verabscheut oder mit Grauen und angstvollem Staunen betrachtet, die Landeskinder hatten schon längst in der furchtbaren Schule sich herangebildet. Sie mußten selbst Hand anlegen um Verbrechen und Schändlichkeiten auszuführen, wollten sie nicht ihrem eigenen Untergange entgegen gehen.

Sie waren die Henker und Peiniger ihrer eigenen Landsleute und Nachbarn und sahen, wenn sie nicht veranlaßt wurden, Dienste als Henkersknechte zu thun, die Peinigungen ruhig mit an. Es war die Zeit der Feuerfolterungen, des Eingrabens in die Erde, der schwedischen Tränke, der lebendigen Schindung und anderer haarsträubender Schandthaten, welche Menschen an Menschen verübten, und alles aus Eigennutz, um von dem Gefolterten noch das letzte Stück Geld, einige Kleider oder vergrabenes Geschmeide zu erpressen.

Die welche einst als Vertheidiger deutscher Freiheit und des reinen Glaubens herbeigezogen waren, die Schweden, sie trieben es womöglich noch ärger als die Kaiserlichen. Mit viehischer Rohheit hausten die Scharen Baners, sie überboten die Truppen der Gallas und Piccolomini, die in Schlesien gleich Mörderbanden hausten, ganze Striche entvölkerten und bei deren Nahen die Bewohner der Städte und Dörfer sich in Sümpfe und Wälder flüchteten.

Neben diesen Würgern schritt unsichtbar, aber darum nicht minder sicher und erfolgreich ein anderer Menschenvertilger einher: die Pest. Es war die Seuche, welche durch Hunger und Obdachlosigkeit, durch Verwesung und Moder erzeugt wird. Lagen doch in Dörfern und Städten oft genug zahlreich die Leichen auf den Gassen. Es gab Städte, in denen nur 30—40 Menschen vorhanden waren, und die kleine Stadt Priebus konnte nur noch 7 Männer und 30 Wittwen aufweisen.

Der Hunger wüthete so furchtbar, daß thatsächlich Menschenfleisch gefressen ward und in einigen Theilen Schlesiens machten bewaffnete Bauern, die von allen Existenzmitteln entblößt, wilden Thieren gleich geworden waren, Jagd auf die in den Wäldern versteckten Flüchtigen, die sich vor den Scharen Piccolominis verborgen hatten. Die Entdeckten wurden niedergemetzelt und gefressen. Von einem Schützen Melchior, aus Braunau gebürtig, geht die Sage, daß er an 500 Menschen erschossen habe, deren Leichen er mit seinen Genossen als entsetzliches Wildpret verzehrte.

Da es ähnlich überall in Deutschland herging, so fiel die Mark, ein vollständig wehrloses Land, den Verwüstungen um desto sicherer anheim.

George Wilhelm war nach dem Prager Frieden, wie gesagt in Folge des Abfalls von Sachsen, ebenfalls der kaiserlichen Sache beigetreten. Aber die Einmischung Frankreichs fachte den Krieg von neuem an. Sein Eingreifen nöthigte den Kaiser seine Macht zu theilen.

In Deutschland war es Sachsen, welches die Feindseligkeiten damit wieder begann, daß es einen Angriff auf das Erzbisthum Magdeburg, welches dem sächsischen Prinzen zugetheilt war, unternahm. Baner, welcher zur Vertheidigung des Magdeburgischen nicht stark genug war, zog sich nach Mecklenburg, wohin der Feind eine Bewegung machte. Hier schlug er die Sachsen und machte Anstalt, nachdem er sich durch die bisher in Preußen befindlich gewesenen Reserven und die Artillerie verstärkt hatte, in Sachsen einzufallen.

Der Marsch dahin sollte durch die Mark Brandenburg gehen.

Indessen hatte sich der Kurfürst von Sachsen nach der Einnahme von Magdeburg (1636) mit den kaiserlichen Völkern vereinigt und diese Schaaren verbreiteten sich nun über die unglückliche Mark. Alle die bereits früher erlebten Schrecknisse und Bedrängungen wiederholten sich aufs neue. Sachsen, Kaiserliche, Schweden verwüsteten und plünderten nach Belieben. Zu allem Kriegsunheil kam auch hier wieder die schreckliche Seuche; durch Tod, Flucht und Auswanderung ward das Land entvölkert.

Die Seuche wüthete namentlich in der Altmark. Gewissenhaften Berichten zufolge starben oft an einem Tage 30—40 Menschen. Heftige Treffen fielen in der Nähe der Städte vor, so das am 24. September 1636 bei Wittstock in der Priegnitz; hier griff Baner unvermuthet die kaiserlich-sächsische Armee an. Zwar hielten die Sachsen und Kaiserlichen ihre Stellungen, aber der Kurfürst mußte

Schwedische Reiter überfallen die Bagage in der Schlacht bei Wittstock.

doch die Flucht nehmen. 150 Fahnen, 23 Kanonen, alle Bagage, die Kanzlei und das kurfürstliche Silberzeug fielen in Baners Hand.

Da hierauf die Kaiserlichen und Sachsen sich nicht halten konnten, warf sie ein zweiter Angriff Baners zurück. Sie wurden dann durch Thüringen und Hessen bis Westfalen getrieben. In Sachsen nahm Baner seine Winterquartiere.

Da der Kurfürst George Wilhelm sich der kaiserlichen Partei angeschlossen hatte, konnte sein Land um so weniger auf Schonung rechnen. Selbst der Abmarsch der Schweden nach Sachsen minderte das Elend insofern nicht, als diese auf ihren langsamen Zügen nur desto unmenschlicher hausten. Ueberall sah man Feinde.

Der Oberst Jens Habersleff rückte am 25. Oktober vor Berlin. Er verlangte von der Ritterschaft und den mittelmärkischen Ständen 30,000 Thaler. Der Kurfürst hatte unterdessen sich geradezu gegen Schweden erklärt; die Politik Schwarzenbergs hatte ihn ganz in das kaiserliche Lager getrieben. Er ward also auch persönlich bedroht und flüchtete nach Peitz. Berlin war ohne seinen Herrn in der Statthalterschaft des Markgrafen Sigismund, der den Feind durch die rührendsten Vorstellungen in seinen Forderungen herabzustimmen suchte.

Die Ritterschaft konnte nur 8000 Thaler, die Bürger nur 5000 in baarem Gelde aufbringen. Den Rest zahlte man in Obligationen, die am 9. November des Jahres fällig wurden, aus. Damit diese Summe aufgetrieben werden könne, sicherte Habersleff der Mittelmark Schonung von aller Einquartierung bis zum Verfalltage zu. Er hatte sich jedoch kaum entfernt, als der Generalfeldmarschall Wrangel vor Berlin rückte. Ihm folgte die ganze pommersche Armee. Wrangel forderte Uebergabe von Spandau, freien Marsch durch Küstrin und eine ganz enorme Kontribution. Man legte sich wieder aufs Bitten und Wrangel ließ sich endlich bewegen, gegen Lieferung von 15,000 Ellen Tuch, 3000 Paar Schuhen und Strümpfen, 10 Munitionswagen und 1000 Thaler baar abzuziehen. Er hatte aber mindestens für 1000 Thaler an Naturallieferungen, Bier ꝛc. bezogen. Alle diese Bedürfnisse wurden nach Köpnick geschafft, wo das Hauptquartier der Schweden war.

Nun erschien am 9. November Habersleff wieder vor Berlin, um seine fälligen Obligationen zu versilbern. Es halfen keine Vorstellungen, keine Beweise von der Unmöglichkeit, nach Wrangels Erpressungen zahlen zu können. Die Einwohner mußten alles, was sie an Geld und Kostbarkeiten besaßen, hergeben, um die geforderte Summe bis auf den letzten Pfennig zu berichtigen.

Der Kurfürst, der immer noch in Peitz weilte, konnte nur mit Protesten gegen die schwedische Willkür auftreten. Die Forderung Wrangels, ihm die Festungen zu übergeben, beantwortete er dahin, daß die Kaiserlichen Herren seiner festen Plätze seien und daß er sich der Willkür der Schweden überliefern müsse.

Wrangel hatte jedoch keine Lust, die Zeit durch Belagerungen zu verschwenden. Er nahm Winterquartiere in der Neumark. Die Kaiserlichen räumten bei seiner Annäherung Landsberg a. d. Warthe.

Nachdem die Schweden von Berlin abgezogen waren, erschien der Graf Schwarzenberg wieder. Es kam zu heftigen Scenen zwischen ihm und dem Berliner Magistrat, der vom Grafen beschuldigt ward, den Schweden allen nutzlosen Vorschub geleistet zu haben, und der Bürgermeister wurde sogar nach Spandau abgeführt.

1637 Der Tod Kaiser Ferdinands II. schien wieder eine Hoffnung auf Frieden zu bringen, denn sein Nachfolger zeigte sich weniger erbittert und hartnäckig. Allein wie war es möglich, die fremden Scharen schnell zu entlassen? einen Krieg zu beenden, der nicht mehr im Interesse der Religion oder irgend welcher politischen Ursache wegen, sondern nur aus Eigennutz und Beutesucht geführt wurde? — Ferdinand III. begann seine Regierung unter günstigen Verhält=

nissen. Was die Mark betrifft, so bebte sie aufs neue vor feindlichem Einfalle und den damit verbundenen Schrecknissen. Baner war von der kaiserlich=sächsischen Armee umringt. Er mußte die Belagerung von Leipzig aufgeben und nach Pommern ziehen, vereinigte sich aber nach meisterhaftem Marsche bei Neustadt=Eberswalde mit Wrangel.

Nun war die furchtbarste Invasion der Schweden vor der Thür. Der Kurfürst hatte sich durch Schwarzenberg dergestalt auf kaiserliche Seite ziehen lassen, daß er sogar den Titel „kaiserlicher Generalissimus" führte. Allerdings schien diese Ernennung fast wie eine Ironie, wenn man den siechen, kranken Kurfürsten betrachtete, der seit Jahren schon schwer an einem offenen Beinschaden litt, aber mit jener Ernennung war George Wilhelm vollkommen abhängig vom Kaiser gemacht und jede Annäherung an Schweden für ihn unmöglich geworden.

Indessen blieb die Mark von den Schweden verschont, weil diese sich Pommern zum Besitze erkoren hatten. Hier war der schon erwähnte alte Herzog Bogislaus ohne Erben gestorben. Vertragsmäßig mußte Pommern jetzt an Brandenburg fallen. Allein die Schweden hielten es besetzt und erklärten ganz offen, daß sie Pommern ihrem Lande einverleiben wollten, da der Kurfürst George Wilhelm ihre Partei verlassen habe.

Der Kurfürst ließ nun die Festung Stettin auffordern, ihm zu huldigen. Aber der schwedische Kommandant befahl, den mit der Aufforderung betrauten Trompeter an den Galgen zu henken und den brandenburgischen Befehl ihm an den Schädel zu nageln. Nur die Herzogin Wittwe vermochte durch vieles Bitten den Unglücklichen zu retten.

Der Kurfürst wurde durch Schwarzenberg noch erbitterter gegen die Schweden gemacht. Diese Aufreizung veranlaßte einen neuen Befehl des Kurfürsten, der auch seinem Nachfolger ungeheuere Schwierigkeiten bereitete, wie er bei seinem Erscheinen die Entrüstung aller Brandenburger hervorrief: George Wilhelm befahl all' seinen Truppen, deren Offizieren und den Kommandanten der Festungen, dem Kaiser den Eid der Treue und des Gehorsams zu leisten. Damit war das letzte Band zerrissen, welches den Kurfürsten noch mit der schwedischen Partei, mit den Evangelischen verknüpft hatte. Schwarzen=berg, der auch Generalgouverneur aller Landesfestungen war, leistete zuerst den Eid und nur der Kommandant von Küstrin, Konrad von Burgsdorf, war der Einzige, der trotz aller Befehle, ja Drohungen den Eid verweigerte: „da er nur einem, dem Kurfürsten, Treue gelobt habe."

Der Kurfürst hatte nun keine Ursache mehr, aus seinem entschiedenen Ueber=tritt zur kaiserlichen Partei das geringste Hehl zu machen. Der Kaiser dankte ihm diese Bundesgenossenschaft zunächst durch die Belehnung mit Pommern. George Wilhelm warb nunmehr für den Kaiser und hatte sich verpflichtet, sein Heer auf 25,000 Mann zu bringen. Er nahm mit seinen Truppen an den Unternehmungen des Kaisers thätigen Antheil. Diese Werbungen waren mit un=geheuren Kosten geschehen, welche das verarmte Land aufbringen mußte, und wenn auch die ersten Zusammenstöße der vereinigten kaiserlichen Truppen mit den schwedischen glücklich für die ersteren waren, so sollte doch bald genug ein gewaltiger Rückschlag folgen.

1637 George Wilhelm hatte 1637 zu Prag mit dem Kaiser wegen der neu geworbenen Truppen einen Vergleich getroffen, den man das „Prager Abkommen" nennt. Damit hörte Brandenburg auf, eine selbständige Macht zu sein, und seine Truppen führten den kaiserlichen Adler in ihren Fahnen. Diese Truppen waren 1638 es, welche beim Erscheinen Baners im Beginn des Jahres 1638 sich besonders untreu zeigten. Sie liefen haufenweis zu den Schweden über, wo sie doch „satt zu essen hatten".

Der kaiserliche General Gallas konnte nicht das Feld behaupten. Baner drängte vorwärts und trieb ihn in die Altmark. Die Tage schrecklichen Elendes begannen nun aufs neue — sie wurden noch schlimmer, der Jammer und die Noth stiegen auf den Höhepunkt. Gallas wüthete in der Altmark, als er sich dahin zurückzog, nach ihm kamen die verfolgenden Schweden, welche es noch ärger trieben. Alle Martern und Scheußlichkeiten, welche wir vorher schon anführten, wurden nun gegen die unglücklichen Brandenburger angewendet. Namentlich waren es die „schwedischen Tränke", welche die ruchlose Soldateska stets in Bereitschaft hatte.

Die brandenburgischen Truppen lösten sich vollständig in regellose Scharen auf. „Wie Schaum auf dem Wasser zergehen die Regimenter," so klagt selbst Schwarzenberg, und binnen vier Wochen hatte der Generallieutenant der brandenburgisch-kaiserlichen Truppen nicht mehr voll 2000 Mann bei sich. Diese entlaufenen Soldaten vermehrten das Elend des Landes. Sie trieben schrecklichen

Kontributionen in der Mark.

Unfug, raubten was noch zu finden war; sie wurden binnen kurzem gefürchteter und schamloser, als die Feinde, und selbst die Offiziere hatten ihre Taschen mit geraubtem Gute gefüllt. Die Berichte der Stände nennen Namen wie: Flaus, Woldow, Goldacker rc. unter Beifügung der von ihnen verübten schrecklichen Thaten.

1639 Obwol 1639 die von den Schweden gedrängten Kaiserlichen die Mark verließen, trat für das Land doch keine Erleichterung ein. Baner machte zwar einen Umweg nach Niedersachsen, lediglich deshalb, weil das ganze Land zwischen Elbe und Oder dergestalt verwüstet war, daß es nicht mehr Mittel zum Unterhalte einer großen Armee hergeben konnte. Allein verschiedene einzelne Streifkorps der Schweden hausten beim Durchmarsche desto ärger.

Berlin, das schon 1636 so schwer gelitten hatte, mußte 1639 noch für einige schwedische Regimenter 24,900 Thaler aufbringen. Diese Kontribution wurde um so drückender für die Stadt, als die Seuchen furchtbar daselbst gehaust hatten. In einem Stadtviertel zählte man vierzig Wittwen, die, von aller Hülfe verlassen, mit ihren Kindern im grauenhaftesten Elende schmachteten. Es waren nicht Mannschaften genug vorhanden, um die Stadt zu bewachen, und als der Hof in die wüste Residenz wieder einzog, mußten aus der Rüstkammer in der breiten Straße die alten Kappen hervorgesucht werden, an denen sich echt silberne Beschläge befanden. Diese trennte man ab und verkaufte sie, um nur die dringendsten Anforderungen zu befriedigen.

Von 1638 bis zum August 1640 hat Berlin die Summe von 69,740 Thaler 20 Groschen gezahlt, für jene Zeit ein gewaltiges Geldopfer.

Der Kurfürst war nach Preußen gegangen, wie es hieß, um eine Diversion gegen die Schweden in Liefland zu machen. Er hatte etwa 2000 Mann mit sich genommen. Auch der Kurprinz folgte ihm dahin.

Die gewaltigsten Ereignisse, welche seit der Abreise des kurfürstlichen Hofes in Deutschland und den angrenzenden Ländern im raschen Wechsel einander folgten, berührten George Wilhelm nicht mehr unmittelbar. Es schien der Moment gekommen, in welchem er, ohne weiter Hand an das Steuer zu legen, sein Staatsschiff in den Wogen treiben ließ. Der Kurprinz freilich hörte mit Schrecken und von Sorge um seines Reiches Zukunft gequält die Nachrichten über die Vorgänge in der Mark, die Kunde von den Begebenheiten in Europa.

Er erfuhr, wie der Kaiser hinter des Kurfürsten Rücken mit den Schweden wegen der Abtretung Pommerns und Rügens verhandelte, ein Vorschlag der Schweden und Baners, über den selbst Schwarzenberg erschrak. Was halfen aber die Gegenvorstellungen Brandenburgs? Jetzt, wo die schwedische Macht wieder im Steigen begriffen war, wo ein neuer furchtbarer Schlag das Ansehen Habsburgs getroffen hatte, denn im Sommer 1639 vernichtete Tromp in den Dünen, in dem Seegebiete Karls I. von England, die spanische Flotte, eine große Armada, welche zu Corunna ausgerüstet war.

Mit diesem Siege war Spaniens Herrschaft zur See niedergeworfen, das gehoffte Bündniß mit England gesprengt. Die französische Partei hatte bereits den Hof von Turin für sich gewonnen, sie fachte Unruhen in Catalonien an und Portugal begann sich zu rühren.

Die Opposition in England, welche Karl I. mittels eines spanischen Bündnisses ganz niederzuschlagen hoffte, erhob ihr Haupt kühner als je zuvor und der König von England berief, vor ihrer Gewalt weichend, das Parlament, dessen Ausspruch ihn später auf das Schaffot senden sollte. Die Lage des österreichischen Kaiserhauses war bedenklich, sie war eine gefahrvolle.

Ein Kurfürstentag war zusammenberufen worden, um über Baners Forderungen zu berathen. Er tagte zu Nürnberg und rieth dem Kaiser an, einen Reichstag nach Regensburg zu rufen. Ferdinand schrieb denselben für Ende Juli aus. Man hoffte in Wien, dadurch die Stimmung für das Reich zu erhöhen, man wies auf die kriegerischen Verhältnisse Europas hin und daß auch die Türken mit neuem Anfalle drohten.

Es war ein Hülferuf des deutschen Kaisers, der die Fürsten bat, für die Sache des Vaterlandes zu kämpfen.

Die Sachen wären für Brandenburg günstig zu lenken gewesen, hätte ehrliche und kraftvolle Politik ihnen den Weg gewiesen. Aber Schwarzenberg war zu solchem Handeln nicht der Mann und der Kurfürst war siech an Körper und Geist. Zu Regensburg tagte man ohne die persönliche Anwesenheit der Fürsten, nur Gesandte waren erschienen, obwol der Kaiser in Person zugegen blieb.

Ein wahres Chaos herrschte. Die Verhandlungen wurden fruchtlos geführt und während dessen rückten die feindlichen Heere vorwärts. Das französisch-weimarische, die Truppen der Landgräfin von Hessen, die Braunschweiger vereinten sich an der Saale mit dem Heere Baners. Die französisch-schwedische Macht drang bis zur Donau vor. Von Regensburg aus konnten die Mitglieder des Reichstages die Streifscharen Baners und Guébriants sehen, deren Geschütze ihre Kugeln bis in die Vorstädte von Regensburg warfen.

Nur das Aufgehen des Donaueises hinderte die Feinde daran, in die alte Stadt zu bringen. Sie gingen in die Pfalz zurück und Brand, Mord und Plünderung bezeichneten ihren Weg.

All diesen Ereignissen sah der brandenburgische Hof aus der Ferne zu. Es war ein heruntergekommener Hof, der zu Königsberg verweilte und den Schwarzenberg nach seinem Belieben lenkte. Selbst in dieser schweren Zeit hielt seine Politik — sagen wir lieber Intrigue — den Kurfürsten umgarnt. Der Graf spielte jetzt auch kleines Spiel. Er war bemüht, in der Familie eine Spannung zu erhalten. Er entfernte die Kurfürstin von dem Gatten und säete Mißtrauen zwischen Vater und Sohn. Dieses Mißtrauen schlug bald genug in eine vollständige Erbitterung des Kurfürsten gegen den Prinzen um. Friedrich Wilhelm hat in der Folge selbst Zeugniß dafür gegeben, daß die Zerwürfnisse zwischen ihm und seinem Vater künstlich hervorgerufen worden seien.*) Daneben sorgte der Graf für eine spätere, mögliche Verbindung seiner Person mit dem neuen Landesherrn. Es konnte bei ihm kein Zweifel mehr darüber obwalten, daß die Tage des Kurfürsten gezählt waren.

Aus diesen Gründen trat Schwarzenberg dem Kurprinzen auch äußerst freundlich entgegen. Während er den kränkelnden Kurfürsten geschickt von den Einflüssen seiner Familie fern zu halten wußte und seinen Argwohn nährte, suchte er dem Kurprinzen bei jeder Gelegenheit Beweise einer übergroßen Ergebenheit darzubringen.

Es waren aufs neue von Seiten der cleveschen Stände Bitten um die

---

*) Instruktion des Kurfürsten für den Gesandten nach Schweden d. d. 28. Dezbr. 1641.

Uebertragung der Statthalterschaft auf Friedrich Wilhelm eingelaufen. Der Kur=
prinz brannte vor Verlangen, diese Stellung antreten zu können. Einmal zog
ihn die Liebe zum Lande, die Nähe der Generalstaaten dahin, dann aber sehnte
er sich — und wer konnte ihm dies verargen? — aus der Umgebung des
traurigen Hofes fort, der zu Königsberg ein nicht beneidenswerthes Leben führte,
aus der fortwährenden Reibung zwischen den Personen, denen er mit Herz und
Sinn so nahe stand.

Graf Schwarzenberg suchte ihn hinzuhalten. Kleine Aufmerksamkeiten wurden
dem Kurprinzen erwiesen, seine persönlichen Wünsche erfüllte der Graf und
versicherte ihm stets, daß er alles daransetzen wolle, um die Frage wegen
der cleveschen Statthalterschaft im Sinne der Stände und des Kurprinzen zu
erledigen.

Diesem that des Landes Bedrängniß unendlich leid. Für die Marken konnte
er nicht nach seinem Wollen handeln, aber in Cleve war sicher sein Erscheinen
von großer Wichtigkeit. Die Einwohner litten, wie alle deutschen Länder, schwer.
Sie wurden von den Generalstaaten und von den Truppen der Landgräfin von
Hessen besetzt gehalten, was gleichbedeutend mit Aussaugung war. Endlich kam
hinzu, daß Holland mit Exekution wegen der sogenannten Hofiserschen Schuld
drohte, die es den Clevern auf 1,126,955 Gulden berechnete.

Thatsächlich besaß der Kurfürst übrigens Cleve gar nicht mehr, er führte
nur den Titel — dasselbe war mit Pommern der Fall, und die grausam zer=
fleischte Mark vermochte dem Landesherrn beim besten Willen nichts mehr zu
bieten.

Preußen war von dem Sturme des Krieges seit 1635 im Ganzen sehr
verschont geblieben. Graf Schwarzenberg aber hatte den Haß der preußischen
Stände auf sich und seinen Herrn geladen, da er in sehr intriguanter Weise mit
dem Polenkönig heimlich dahin übereingekommen war, denselben Eingangszoll,
den der König für Danzig und Elbing bestimmen wollte, auch für Memel und
Pillau zu fordern. Den aus diesen Zöllen stammenden Ertrag wollte der
König mit dem Kurfürsten theilen.

Es ist zweifellos, daß der Kurfürst an diesen Abmachungen keinen Theil
hatte, aber sie waren nun einmal in seinem Namen durch Schwarzenberg ge=
schehen. Die Erbitterung der preußischen Stände war ebenso groß als gerecht.

Der Streit flammte also auch in Preußen auf. Der Kurfürst wurde von
Warschau aus beauftragt, einen preußischen Landtag einzuberufen. Aber die
spärlich besuchte Versammlung war für den Kurfürsten und dessen Forderungen
nicht gestimmt. George Wilhelm hob sie daher auf. Es waren schon die be=
dauerlichsten Scenen vorgefallen — die Aussicht auf Lösung der schwebenden
Fragen schwand total.

Schwarzenberg wußte die meisten Offiziere auf seine Seite zu bringen, so
Kracht in Berlin, Rochow in Spandau, Goldacker in Peitz — Burgsdorf allein
blieb unerschütterlich. Der Graf war bemüht, seine eigenen Verhältnisse, seinen
Güterbesitz sorgfältig zu ordnen, inmitten des Wirrsals. Wie die Dinge kommen
mochten, der Graf wollte sich sichern.

— 88 —

Um diese Zeit tauchte ein neuer Feldzugsplan gegen die Schweden auf. Man wollte ein Heer in Schlesien und Polen werben, der Kaiser sollte mit einem zweiten durch das Voigtland die Saale hinab ins Braunschweigische dem weichenden Gegner folgen. Die in Schlesien geworbenen Truppen sollten, durch brandenburgische und kursächsische Völker verstärkt, eben dahin dringen. Der Kampfplatz sollte Braunschweig sein. — Der Mann, welcher diesen Plan ausgesonnen hatte, war der märkische, aus schwedischer Gefangenschaft entlassene Edelmann von Arnim. — Man rechnete mit Sicherheit auf ein Gelingen des Planes und unterhandelte mit den auswärtigen Mächten.

Graf Schwarzenberg stimmte diesen Entwürfen vollkommen bei. Die Schweden rüsteten sich zu neuen, im folgenden Jahre zu erwartenden Schlägen. Schwarzenberg betrieb daher die von Arnim geforderten Rüstungen so eifrig als nur möglich. Es handelte sich zunächst um Geld aus den Marken und der Graf war der Ansicht, daß Arnims Name und Person die märkischen Stände gefügig machen werde.

Vor der Hand hatte man aber in Preußen mit den Ständen zu thun. Es galt, hier den Hader zu beenden. Dazu war wenig Aussicht vorhanden. Schwarzenberg mußte die Rüstungen für Arnim fördern. Er berief daher die märkischen Stände zuerst nach Berlin auf den 29. November, „wegen Kontinuirung des Krieges mit ihnen zu berathen." Die Einberufung war im Namen des Kurfürsten, wie immer, erlassen. Eine neue Erpressung — eine nutzlose — stand bevor. Aber eine höhere Macht griff in die Geschicke des brandenburgischen Landes. Am 1. Dezember 1640 beschloß Kurfürst George Wilhelm zu Königsberg sein leidenvolles, tiefbewegtes Leben durch einen sanften Tod.

Kurhut und Scepter von Brandenburg.

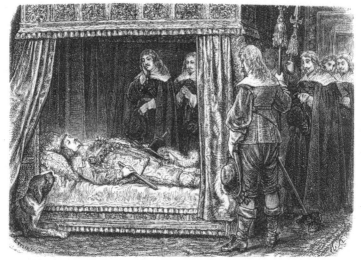

George Wilhelm auf dem Paradebett (Porträt).

VI. Kapitel.

Regierungsantritt Friedrich Wilhelms.

er Kurprinz Friedrich Wilhelm trat eine traurige und gefähr= 1. Dzbr. liche Erbschaft an. Wie es in seinen eignen Landen aussah, 1640 haben wir in dem Vorhergehenden geschildert; aber so kritisch die Lage des Landes auch sein mochte, das, was der junge Kurfürst in seiner nächsten Umgebung sah, war für den Augen= blick noch weit drohender. Friedrich Wilhelm konnte nur mit äußerster Vorsicht an die Personen herantreten, welche während der Regierungszeit seines Vaters mächtig und einflußreich gewesen waren.

Es lag in der Natur der äußerst gespannten und schlimmen Verhältnisse Brandenburgs, daß die gesammte diplomatische Welt und die eignen Unterthanen, die Aufpasser und geheimen Anhänger des kaiserlichen Hofes jede Regung und Handlung des neuen Kurfürsten beobachteten. Ja, selbst seine Worte mußte er zu wählen wissen.

Es war zu erwarten, daß ein kühner Schritt, den Friedrich Wilhelm unter= nahm, ihm die Unzulänglichkeit der vorhandenen Mittel nur um so entmuthigender für seine Pläne vor Augen führen werde. Wenn ein solcher Versuch, sich frei zu machen, mißlang, so war der Kurfürst verloren. Man würde die genügenden Vorwände, ihn auf immer matt zu setzen, sehr bald gefunden haben. Auch täuschte sich Friedrich Wilhelm über die Schwäche der ihm zu Gebote stehenden

Kräfte nicht. Sein Land war im Innern durch und durch zerrüttet, es konnte also nach außen hin auf keine Weise ein Gewicht in die Wagschale der Entscheidung werfen.

Ohne Freunde und zuverläſſige Diener, dagegen umgeben von Personen, welche am liebſten in der bisherigen zügel= und auſſichtsloſen Weiſe fortgewirth= ſchaftet hätten, mußte der junge Kurfürſt ſeine Regierung antreten.

Um das allgemeine Unheil voll zu machen, ruhte der Krieg in Deutſchland nicht. Zwar zeigten ſich immer mehr die Vorboten einer totalen Erſchöpfung, welche den Frieden bringen mußte, allein wann dieſer Moment der gegenſeitigen Ermattung eintreten werde, das ließ ſich nicht vorausſagen und Friedrich Wilhelm hatte genugſam Gelegenheit gehabt, zu erfahren, wie lange in Deutſchland Verhandlungen ſich hinſchleppten und wie fruchtlos ſie endigten. —

Daß der Kaiſer, daß Polen und ſonſtige Mächte ihm keinen Vorſchub leiſten würden, verhehlte er ſich ebenſo wenig. Der zwanzigjährige Kurfürſt ſah ſich alſo auf ſeine eigne, ungeſchwächte Kraft angewieſen, er war allein — allein ſtand er der ungeheuren Aufgabe gegenüber, ein tief geſunkenes Land, ein demoraliſirtes Volk zu heben und ihm einen achtunggebietenden Platz unter den Völkern Deutſchlands anzuweiſen.

Die Worte, welche der evangeliſche Biſchof dem jungen Kurfürſten am offnen Sarge des Vaters zurief: „Möge der Herr Dein Licht im Finſtern aufgehen laſſen und Dein Dunkles werde wie der Mittag, daß durch Dich gebauet werde, was lange wüſt gelegen, daß Du einen Grund legeſt, der für und für bleibe", dieſe Worte enthielten das, was Friedrich Wilhelm erhoffte, was ihm als Plan für die Zukunft vor der Seele ſchwebte und was ihm dereinſt ſo glänzend gelingen ſollte.

Mit feurigem Geiſte begabt, voll der muthigſten Entſchlüſſe und kühnſten Entwürfe, wurde er dennoch gezwungen, ſeinem ſehnſüchtigen Verlangen, das Werk der Beſſerung beginnen zu können, Zügel anzulegen. Die Umſtände, die Menſchen nöthigten ihn eine Verſtellungskunſt zu üben, welche ſeinem Charakter eigentlich fern lag, und jene Kunſt hat er, ein gewandter und geiſtvoller Führer im Rathe wie im Felde, bis in ſein ſpäteſtes Alter mit Erfolg für ſein Land angewendet; hatte ſie doch ſeit ſeinem Regierungsantritte ihm weſentlichen Nutzen gebracht.

Die Anſichten, welche der Kurfürſt während ſeines Aufenthaltes in Holland von dem Eifer der Mächte, der Religion zu dienen mit ihrem Schwerte, von der Treue der Bundesgenoſſen ꝛc. gewonnen hatte, beſtimmten ihn, keinen Verſicherungen zu trauen. Es war ihm klar geworden, daß von kaiſerlichen Zuſagen ebenſowenig zu halten ſei, als von der gerühmten Aufopferung der Schweden für die Sache des Proteſtantismus.

Friedrich Wilhelm verſprach und verſicherte daher — nichts. Er blieb verſchloſſen, theilte niemandem Pläne oder Abſichten mit, hatte ſcheinbar keinen Vertrauten und gab ſich das Anſehen, als wolle er auf dem von ſeinem Vater eingeſchlagenen Wege fortwandeln.

Es war für den Kurfürſten von höchſter Wichtigkeit, zunächſt als unum=

schränkter, von niemandem beeinflußter Herrscher der Marken zu gelten. Was er hier sah, war höchst entmuthigend. Die ganze Landschaft glich einer Wüstenei. Die Felder lagen brach, die Städte waren nur noch Obdachstätten, sie hatten fast alle Bedeutung verloren. Berlin konnte nachweisen, daß es (ohne Köln an der Spree) auf Anweisungen des Grafen Schwarzenberg von der Zeit des Prager Friedensschlusses bis zum Jahre 1641 die Summe von 153,217 Thaler gezahlt hatte, ohne die Lieferungen an Holz, Licht, Naturalien ꝛc. zu rechnen.

Mit der schrecklichen Verwüstung des Landes ging die moralische Entsittlichung der Bevölkerung Hand in Hand. Genau so wie im übrigen Deutschland war in den Marken jeder Sinn für emsige Gewerbsthätigkeit, Häuslichkeit und geregeltes Leben verloren gegangen und neben krassem Elende machte sich ein fast frevelhafter Luxus in Kleidern und Gelagen geltend; als die furchtbaren Prüfungen diesen Unfug nicht zu stillen vermochten, glich die schwelgende Masse jenen unheimlichen Gestalten, welche die mittelalterliche Kunst in den sogenannten Todtentänzen darstellt. — In der Reihe großer Städte ward Berlin nicht mehr genannt.

Aber der junge Kurfürst hatte sich einmal vorgesetzt, die Dinge zum bessern kehren zu wollen und er griff sein Werk mit aller Energie seiner erwachenden Kräfte an.

Für ihn war es längst offenbar, daß in der Person Schwarzenbergs die ganze schlimme, wenn auch nicht absolut verrätherische, so doch hemmende Gewalt ruhe. Ihn zu beseitigen, mußte die erste Aufgabe sein. Aber die Ausführung war um so schwerer. Plötzlich den Grafen stürzen, hieß sofort mit dem Kaiser brechen, dessen Gewalt nicht zu leugnen war. Hatte dieser doch seine Gewalt über Brandenburg seit dem Prager Frieden vollkommen erhalten und Schwarzenberg redlich dafür gesorgt, daß alles so gut wie kaiserlich war, denn wir wissen, daß selbst die Truppen dem Kaiser geschworen hatten, daß der Doppeladler des Habsburgers in den Spitzen brandenburgischer Fahnen prangte.

Außerdem vermochte der Kurfürst nicht, mit Hülfe seiner andern Gebiete irgend etwas zur Besserung des Schadens der Mark zu unternehmen, denn alle litten unter dem Drucke des Krieges.

Cleve und die Grafschaft Mark befanden sich im Besitze der Holländer, denen die spanische Gewalt einen willkommenen Vorwand gab, sich in den Gebieten des Kurfürsten festzusetzen, um diese scheinbar zu schützen.

Pommern war vollständig in Händen der Schweden. Der Kurfürst von Brandenburg konnte nur den Titel und die Stimme auf dem Reichstage führen.

In der Neumark und der Herrschaft Crossen sah man nur Verwüstungen und der schwedische General Stahlhantsch lag in der Niederlausitz.

Preußen war das einzige Land, welches dem Kurfürsten noch einige Mittel geboten hätte, seine etwaigen Absichten durchzuführen. Allein er vermochte als Lehnsmann der Krone Polen die Regierung über Preußen nicht eher anzutreten, als bis der polnische König ihm dazu Erlaubniß gegeben hatte.

Unter solchen Umständen mußte Friedrich Wilhelm mit dem Kaiser Frieden suchen und dennoch war es geboten zu zeigen, daß ein anderes Regiment in

Brandenburg geführt werden solle, als unter George Wilhelm beliebt worden war. Der Kurfürst ging mit großer Klugheit zu Werke.

Sein Vater hatte sich allerdings verpflichtet, dem Kaiser zur Vertreibung der Schweden behülflich zu sein. Friedrich Wilhelm hätte vielleicht die lästigen Nachbarn und Mitbesitzer seiner Lande durch kaiserlichen Beistand verjagen können, aber sein Scharfblick erkannte sehr wohl, daß mit der Vertreibung der Schweden der Kaiser die Alleinherrschaft in Deutschland erlangte. Dieses Resultat war für Brandenburg nicht minder gefährlich. Der Kurfürst mußte daher einen Mittelweg suchen.

Der Besitz der Mark war ihm unentbehrlich, wollte er wieder zu Ansehen und Kraft gelangen. Er that also keinen Schritt, welcher zu offnem Bruch mit dem Kaiser führen konnte, sondern schickte vielmehr am 10. December den Kammerjunker von der Schulenburg an den Grafen Schwarzenberg mit einem Handschreiben, in welchem er den Grafen bat, „dieser möge sich auch ferner den Mühen des Statthalteramtes unterziehen, auch ihm (dem Kurfürsten) seinen Rath einsenden, was auf dem Regensburger Reichstage zu thun sei".

Es scheint, daß man schon damals gegen Schwarzenberg andere und bedeutsamere Pläne gehegt habe, denn Schulenburg hatte auch die Weisung erhalten, zu forschen, ob der Graf nicht gesonnen sei, nach Königsberg zu reisen. Wahrscheinlich würde man, wäre Schwarzenberg dahin gekommen, eine Prozedur gegen ihn eröffnet haben. Schulenburg war jedoch klug genug, dem Grafen diesen Vorschlag nicht zu machen, weil er dessen Mißtrauen fürchtete. Die Verstellung gelang glücklich. Schwarzenberg wiegte sich in vollkommene Sicherheit. Er sah sich bereits wieder auf der Höhe, als unentbehrlicher Rathgeber des neuen Kurfürsten.

Am Wiener Hofe und zu Regensburg war man ebenfalls durch diesen Schritt des jungen Kurfürsten sehr beruhigt. Es hatte den Anschein, als werde der Nachfolger George Wilhelms in die Fußstapfen seines Vaters treten.

Diese Annahme, welche auch Schwarzenberg theilte, veranlaßte denselben in den Marken wieder als Befehlshaber an Stelle des Kurfürsten aufzutreten. Es war in dem Schreiben des Kurfürsten betont worden, „der Graf, der als Gouverneur aller Festungen fungire, möge diese mit dem jetzigen Volke und Kommandanten auch ferner besetzt halten, auch könne er dem Feinde hie und da Abbruch thun". Nichts konnte dem Grafen gelegener sein, der auf solche Weise seine Pläne, den Schweden entgegenzutreten, den Kurfürsten ganz mit ihnen zu entzweien, wesentlich gefördert sah. Während er die geforderten Rathschläge nach Königsberg sandte — er hatte dem Kurfürsten zur vollständigen Unterwerfung unter den kaiserlichen Willen gerathen —, ließ er die ihm ergebenen Obersten in der Mark zusammenkommen und unternahm einen Streifzug gegen die Schweden. Der kurfürstliche Rittmeister v. Strauß überfiel plötzlich den schwedischen General Stahlhantsch, der in der Lausitz stand, mit zwei Kompagnien Reiter. Ebenso wurde gegen die Truppen des Axel Lilie, der im Mecklenburgischen lag, vorgegangen.

Der neue Konflikt war da. Die Mark, welche ohne diese Angriffe ihrer Truppen ganz in Ruhe gelassen worden wäre, sah nun mit einem Schlage das Kriegsfeuer wieder auflodern. Lilie rückte gegen die Havel vor, Stahlhantsch brach), den Rittmeister Strauß verfolgend, in die Mark ein und da letzterer sich nach Peitz flüchtete ging Stahlhantsch in den Teltowschen und havelländischen Kreis, nahm Zeesen, welches der Hauptmann Centmeyer vertheidigte, mit Sturm und verwüstete die Stadt in entsetzlicher Weise. Hierauf richtete er seinen Marsch gegen Berlin. Graf Schwarzenberg zog in der Eile so viel Truppen zusammen, als ihm möglich war. Er belastete die ohnehin ausgemergelte Stadt mit gewaltiger Einquartierung, legte ihr eine Defensionssteuer auf und brachte den Bürgern dadurch ungeheueren Schaden.

Damit war es noch nicht genug. Als Stahlhantsch sich wirklich mit 6 Regimentern vor Berlin zeigte, wurden am 18. Januar 1641 auf Befehl Schwarzenbergs die sämmtlichen Vorstädte Kölns in Brand gesetzt. Der ganze Werder

1641

Verbrennung der Vorstädte Berlins am 18. Januar 1641.

wurde in Asche gelegt, eine große Menge guter Häuser, viele Meiereien, auch das kurfürstliche Vorwerk wurden in Trümmer gelegt.

Indessen führten die Schweden den Ueberfall gar nicht aus. Zwar machte Stahlhantsch im Mai noch einige Streifzüge gegen Berlin und der Oberst Debitz forderte wieder ein Mal Kontribution, aber von der durch Schwarzenberg angekündigten Vernichtung der Stadt war keine Rede. Die Zerstörung der unglücklichen Vorstädte war also nutzlos geschehen.*)

Schwarzenberg wollte aber in seinem Eifer noch weiter gehen. Da Stahlhantsch sich zurückzog, ließ der Graf ihn durch herbeigerufenes sächsisches Kriegs=

---

*) Nach Berichten des Magistrates betrug der Brandschaden 38,089 Thlr. 17 Gr. 108 Häuser lagen in Asche; auch das Spital zu St. Gertraud.

volk verfolgen. Oberst Goldacker mußte mit seinem **Reiter**regiment gegen Mecklenburg streifen. Es hing nur noch am seidenen Faden, daß die Mark wieder der Schauplatz eines blutigen Gemetzels ward.

In dieser Noth vereinten sich die noch versammelten Stände zu einer Petition an den Kurfürsten. Sie flehten ihn an, "das Kriegsvolk zu vermindern, einen Frieden mit Schweden zu contrahiren und vor allen Dingen seine getreuen Lande nicht ferner einer Verwaltung durch Fremde zu unterwerfen, sondern selbst die Regierung zu übernehmen, oder wenn er solches nicht vermöge, treue Leute regieren zu lassen."

Mit Ueberreichung dieser Petition war Samuel von Winterfeld beauftragt worden.

So sehr der Kurfürst das Unglück seines Landes bedauerte, war ihm die dadurch geschaffene Gelegenheit dennoch willkommen. Er sah hierin das beste und einfachste Mittel, den Frieden mit Schweden herbeizuführen, ohne dadurch dem Kaiser zu nahe zu treten. Denn wer konnte es dem neuen jungen Landesherrn verargen, wenn er alles aufbot, seinen schwer geprüften, zerrütteten Marken Ruhe um jeden Preis zu schaffen? — Den Ständen erklärte er, "daß sein Bestreben nur dahin gehe, die Kriegsflamme zu löschen, den Marken Frieden zu bringen."

Schwarzenberg erhielt daher zu seinem nicht geringen Erstaunen Befehl, jede Feindseligkeit gegen die Schweden einzustellen und sorglich zu vermeiden. —

Aber er sollte noch weit schwerer wiegende Befehle kennen lernen. Der Kurfürst forderte ihn auf, erstens die zu ihm gesendeten Kommissarien in die Festungen zu führen, um daselbst die Truppen in aller Form auf den neuen Kurfürsten zu vereidigen, da sie bisher nur durch Handschlag verpflichtet worden seien; zweitens sei es kurfürstlicher Wille, daß die Soldaten nur das Sommertraktament erhalten sollten, bis auf weitere Einigung mit den Ständen, denn es seien ohnehin die Kompagnien unter dem in Rechnung gestellten Bestande. Noch mehr! Der Graf erfuhr zu seinem Schrecken, daß der Kurfürst die zu Regensburg anwesenden Räthe angewiesen habe, wegen Pommerns nicht weiter zu verhandeln — und Schwarzenberg hatte doch diesen Rath gegeben, hatte dem Kurfürsten empfohlen, wegen Pommern dem Willen des Kaisers Genüge zu leisten. Er erfuhr, daß Brunn, Leuchtmar und Götze zum Kurfürsten nach Königsberg berufen seien, daß der Kurfürst hinter des Grafen Rücken mit Burgsdorf in Küstrin und mit Trotha in Peitz verhandelte.

Ein Gewitter war im Anzuge. Es begann sich zu entladen.

Zunächst wurden die Blitzstrahlen in den Marken verspürt. Die meisten der Obersten weigerten dem Kurfürsten den Eid, da sie kaiserliche Vereidigte seien. Rochow gab die Erklärung ab, er müsse erst vom Kaiser entlassen und seines Eides entbunden sein. Die Soldaten der Regimenter Ludicke und Goldacker revoltirten ganz energisch. Sie wollten sich nicht mit dem Sommertraktament begnügen und zogen mit ihren Offizieren in den Teltow, wo sie wie Räuber verfuhren. Das in Berlin gelegene Regiment von Kracht rückte in Rotten vor das Haus des Zahlmeisters in der Spandauerstraße und ging erst nach Auszahlung einer Geldrate heim.

Die Petition der märkischen Stände.

Der Einzige, welcher sich sogleich für den Kurfürsten erklärte, war Burgs=
dorf in Küstrin. Er war es auch, der dem Kurfürsten die strengsten Mittel
gegen die renitenten Obersten empfahl.

Im ganzen genommen bedeuteten die Befehle Friedrich Wilhelms ins gute
Deutsch übersetzt: „Ich will Herr in meinem Lande sein. Ich will kein Regi=
ment neben dem meinigen bestehen lassen." Das fühlte man am kaiserlichen
Hofe sehr wohl heraus und obgleich der Kurfürst die Versicherung gab, daß er
stets treu zum Kaiser halten werde, bat er doch in sehr bestimmten Ausdrücken,
man möge ohne ihn in Sachen Pommerns nichts beschließen. Er hoffe, daß der
Kaiser ohne ihn nicht verhandeln werde, wie er ebenfalls nicht ohne Wissen
kaiserlicher Majestät verfahren wolle.

Das hieß, in aller Bescheidenheit die Zähne weisen. Es war nicht mehr
die gefügige Sprache George Wilhelms; der junge Mann, welcher das branden=
burgische Kurscepter führte, wollte selbständig handeln, wollte sich beachtet wissen.

Die kaiserliche Antwort lautete ausweichend. Zu Wien baute man noch auf
Schwarzenberg, der ohne Zweifel die Mark in militärischer Hinsicht dem Kaiser
erhielt, für den sie von hoher Wichtigkeit sein mußte.

Der Graf hatte dem Kurfürsten bange machen wollen, indem er eine große
Militärmeuterei prophezeite, aber diese Voraussage bestätigte sich nicht.

Der Kurfürst hatte hohes Spiel gewagt — er hatte es schon zum Theil ge=
wonnen. Der Eid wurde von mehreren Regimentern geleistet und Burgsdorf

Eidesleistung eines Regiments vor Burgsdorf.

war eine sehr gefürchtete Persönlichkeit. Die Zeit drängte. Schwarzenberg sah,
wie man ohne ihn fertig wurde, wie Götze wieder als Kanzler eingesetzt ward.

Seine Angst stieg auf das höchste, als ihm die anvertrauten Blankets und
eine Rechnungslegung abgefordert wurden. Er erhielt von verschiedenen Seiten
Winke, „daß es übel mit ihm stehe", auch wurde ein neuer Geheimerath ein=
gesetzt, der genügende Informationen hatte, die Gewalt des Statthalters einzu=
schränken.

Indessen wurden doch hier und dort einige Folgen von des Grafen Machi=

nationen im kaiserlichen Interesse verspürt. Die Stände waren, als sie des Kurfürsten Willen und Absichten erkannt hatten, mit Eifer vorgegangen. Sie begannen auf Befehl Friedrich Wilhelms die Reduktion der Truppen. „Zwei Obersten und 16 Kompagnien", mehr nicht — so lautete die Entscheidung.

Darüber gewaltiges Murren in den Reihen der halb kaiserlich Gesinnten. Die Hauptleute hetzen, sie haben besondere Ursachen die kurfürstlichen Absichten zu verwerfen, denn die bösen Stände werden auf Untersuchung drängen „von wegen Rechenschaft des verausgabten Geldes, Verantwortung auf die von allen Seiten kommenden Lamentationen über freche Erpressung und Aussaugung kurfürstlicher Unterthanen und des Landes".

Eine Meuterei der Soldaten ist im Anzuge. Man droht den bürgerlichen Machthabern. Die Betroffenen verweigern jede Rechenschaft, sie erkennen den Geheimen Rath nicht an, sie sind Kaiserliche.

Schwarzenberg vermag den Strom nicht mehr zu hemmen. Ueber ihm selbst schwebt die Gefahr; wie jeder der bezüchtigten Obersten soll auch er Rechnung legen. Seine böse Saat geht auf. Er wird in ihren Halmen ersticken. Von Furcht gepeinigt, krank an Körper und Geist, zieht er sich in die Spandauer Citadelle zurück. Hier hat er noch eine Art von Anhang, er kann einen Hofstaat halten, freilich nicht mehr so glänzend wie ehedem; die Masse der Pagen ist reduzirt, die Schenken und Herolde fehlen, die einst dem Mächtigen bei Tafel und beim Ausritte ihre Dienste erwiesen, aber immerhin ist es noch ein Hof des Ministers.

Man tafelt und jubelt, denn in Spandau ist der dreiste Kommandant Rochow der Herr über die Festung, und er hat geschworen, „viel eher die Festung in die Luft zu sprengen, als dem Kurfürsten den Eid zu leisten". Graf Schwarzenberg glaubt das Unwetter beschwören zu können, Fieber schüttelt seinen Leib, die Erregung ist eine gewaltige — es handelt sich um Freiheit, vielleicht um das Leben.

An der Tafel sitzt der Minister, umgeben von denen, welche noch auf die Hülfe des Kaisers hoffen. Der Graf hat eine schlimme Nacht verlebt, der Schlaf flieht das Lager des Geängstigten, den ein Fieberanfall überwältigte. Er sitzt bleich und verstört in dem mächtigen Lehnsessel, denn vor wenig Stunden haben ihn neue Nachrichten aus Regensburg schwer getroffen. Sie melden von Anschlägen des Kurfürsten wider ihn und gleich nach Lesung des Briefes sind sechs meuterische Hauptleute vom Rochowschen Regiment gekommen, ihre volle Löhnung zu fordern, die ihnen der Graf aus seiner Tasche zahlt.

Nun, die Tafel, die Unterhaltung, der Wein sollen die Sorge auf einige Augenblicke verscheuchen. Was aber ist das? dort unten an dem mächtigen Tische ist ein Streit entbrannt. Heftige Reden schallen, man will die Zankenden beschwichtigen. Immer wilder tobt der Zwist.

Der gräfliche Vorschneider — Schwarzenberg hat noch solche Beamte — Kammerjunker von Lehndorf, hat dem Kriegsrathe von Zastrow zugetrunken. Der Beamte vermag dem Junker nicht Bescheid zu thun, der einen Humpen bis auf die Nagelprobe leeren kann. Der Junker spöttelt darüber, Zastrow erwidert scharf, die Worte werden immer höhnischer und der Kriegsrath läßt seine Hand auf des Junkers Wange fallen. Wuthgeschrei ertönt, die Gäste stürzen sich zwischen die Streitenden, der Graf befiehlt Ruhe — umsonst. Die Tafel wird aufgehoben und die Gäste verlassen den Saal. Schwarzenberg ist gewaltig erschüttert, eine so ungeheure Beleidigung kann der Edelmann nicht hinnehmen. „In mein Zimmer", stöhnt der Graf. „Ich sehe Unheil nahen." Schon ist er an der Thüre, da eilt Zastrow auf ihn zu um seine Entschuldigung zu stammeln, der Graf wehrt ihn sanft ab und wendet sich zum Gehen; plötzlich wirft ein Mann sich zwischen ihn und Zastrow, ein Blitz fährt herab, es ist das Funkeln

Der Streit bei Schwarzenberg.

einer Klinge. „Das für die Ohrfeige", ruft Lehndorfs Stimme, ein markerschütternder Schrei, Blut spritzt auf Schwarzenbergs Wange und Kleid, ihm zu Füßen taumelt der schwer getroffene Zastrow, dessen Herz die Klinge des Kammerjunkers durchbohrte — auf der Schwelle des gräflichen Zimmers liegt eine in Blut schwimmende Leiche. Der Graf bricht zusammen. „Mord! Mord!" heult es, man schleppt den Grafen in sein Gemach, er vermochte sich nicht zu fassen, die furchtbare Scene hatte ihn bis ins Mark erschüttert und die blutige Leiche Zastrows erblickte er im Traume vor sich.

Sein Leiden machte täglich neue Fortschritte. Ein Schlagfluß endete sein Leben am 4. März 1641 und entzog ihn der Hand seiner irdischen Richter. 1641

Auf den Kurfürsten machte die Nachricht von seinem Tode zweierlei Eindruck. Einmal konnte er sich Glück wünschen, von dem für seine Absichten gefährlichen und höchst unbequemen Manne schnell befreit worden zu sein, aber andererseits kreuzte auch wieder dieser plötzliche Tod des Kurfürsten Pläne insofern, als der Graf immerhin eine Art von Mittelsperson zwischen Friedrich Wilhelm und dem Kaiser gewesen war, deren der Kurfürst noch nicht entbehren mochte, bevor er nicht vollkommen Herr der inneren Zustände seines Landes geworden. Endlich erwuchs eine neue Schwierigkeit dadurch, daß die Wahl des neuen Statthalters, des Nachfolgers von Schwarzenberg, sorgfältig erwogen werden mußte. Der Tod des Grafen änderte nichts in Bezug auf das Verhalten der widerspenstigen Kommandanten und meuterischen Soldaten. Der Kurfürst aber mußte diesem Treiben ein Ende machen und unbekümmert um die Folgen schritt er zur Gewalt.

Man verfuhr wiederum vorsichtig und mit aller Ueberlegung. Angesichts der wüthenden Soldateska mußte jede Gelegenheit vermieden werden, die blutige Auftritte herbeiführen konnte. Noch ehe man zur That schritt, war der Sohn des verstorbenen Schwarzenberg, Graf Adolf, aus Wien in der Mark erschienen, um mit kaiserlicher Genehmigung die Güter und sonstigen Hinterlassenschaften seines Vaters in Besitz zu nehmen. Da der Kurfürst zunächst die Papiere des Verstorbenen mit Beschlag belegen ließ, so entstanden hierdurch schon Konflikte, da Rochow und Kracht auf die Seite des Erben traten und jede Auslieferung der Möbel rc. verweigerten. Die Papiere waren jedoch in Besitz des Kurfürsten gekommen, doch war vieles bei Seite gebracht.

Adolf von Schwarzenberg trat sehr bestimmt auf und forderte namentlich die Anerkennung seiner ererbten Rechte auf das Heermeisterthum der Johanniterballei Brandenburg und Sonnenburg, welches sein Vater inne gehabt, auch sollte ihm in den Aemtern, die seinem Vater verpfändet worden, die Huldigung geleistet werden.

Zwar hatte der Kurfürst dies alles mit Beschlag belegt, allein es stand doch fest, daß der verstorbene Minister dem Kurfürsten George Wilhelm öfters Vorschüsse geleistet hatte und ein Prozeß mußte angestrengt werden, zu welchem eine Untersuchungskommission die Materialien sammelte. Diese Zeit nützte Graf Adolf von Schwarzenberg dazu, sich möglichst viel Anhänger in Berlin zu schaffen, was ihm mit Hülfe der widerspenstigen Obersten auch gelang. Er trat als Herr auf und der Oberst Kracht ließ sogar Posten vor die Thür des Schwarzenbergischen Hauses stellen, bat sich von ihm die Parole aus und regte die übrigen Unzufriedenen zu Gunsten des Grafen Adolf auf.

Die Dinge nahmen eine bedenkliche Wendung. Die Geschäfte leitete in Brandenburg der vom Kurfürsten zum Statthalter ernannte Markgraf Ernst von Jägerndorf, Sohn des unglücklichen Johann Georg von Jägerndorf. Ihm wurde der Befehl ertheilt, gegen die Obersten und den Grafen Adolf vorzugehen. Vielleicht hätte sich die Sache noch in die Länge gezogen, wäre es nicht gelungen, Briefe des Grafen Adolf an den Wiener Hof aufzufangen, in welchen die größten Beleidigungen gegen den jungen Kurfürsten ausgestoßen waren. Nunmehr glaubte man sich mit Recht von jeder Rücksicht entbunden. Der Statthalter ließ den Obersten Kracht in Arrest bringen. Gegen Goldacker wurde eine Vorladung erlassen. Er hatte sich nach Brandenburg zurückgezogen und sich dort förmlich in Vertheidigungsstand gesetzt, flüchtete aber, als der Oberst Volkmar gegen ihn anrückte, mit dreißig Reitern und ging in kaiserliche Dienste.

Als der gefährlichste der renitenten Offiziere galt Rochow. Es wurde gegen ihn List angewendet. Da der Markgraf Ernst äußerlich mit Rochow gut stand, so konnte er denselben überreden, an einer Jagdpartie Theil zu nehmen. Bei dieser Gelegenheit wurde Rochow, der aus der Festung gekommen war, ergriffen und in die Citadelle gesetzt. Man erlaubte ihm, auf Kavaliersparole in der Stadt umherzugehen, offenbar in der Voraussetzung, daß er sein Wort nicht halten und entwischen werde. Diese Voraussetzung traf ein. Schon nach wenigen Tagen entfloh Rochow, indem er, von einem Pagen und zwei Dienern begleitet, auf einem Fischerkahn über die Havel setzte. Mit ihm zugleich verließ Adolf

Rochows Flucht.

von Schwarzenberg Berlin, da er einsah, daß der Kurfürst streng gegen ihn verfahren werde. Seine Papiere rettete sein Hofmeister von Wallenrodt nach Wittenberg. Rochow trat ebenfalls in kaiserliche Dienste, söhnte sich aber 1647 wieder mit dem Kurfürsten aus und kam nach erhaltener Begnadigung aufs neue in die Mark.*)

Der Oberst Kracht, dem bei diesen Vorgängen nicht wohl zu Muthe war, bat um Pardon und um die Erlaubniß, in kaiserliche Dienste treten zu dürfen. Der Kurfürst war froh, die äußerst unbequemen Gäste um solchen Preis loszuwerden, und bewilligte ihm die Freilassung sowie den Abschied. Die Forderungen des Grafen Adolf wurden nicht berücksichtigt, da man ihm nachwies, daß sein Vater das bedeutende Vermögen nicht auf die beste Weise erworben haben könne. Er machte indessen noch eine Forderung von 400,000 Thalern geltend, die ihm 1649 mit 300,000 Thalern abgekauft ward. Alle übrigen Ansprüche lehnte der Kurfürst ab, obgleich der Kaiser die Auslieferung der Güter an Adolf verlangte.

Unterdessen betrieb Friedrich Wilhelm eifrig das Zustandekommen des Waffenstillstandes mit Schweden. Des Kurfürsten Einsicht wies ihn darauf hin, dem

---

*) Pöllnitz berichtet fälschlich: Rochow sei in Küstrin enthauptet worden.

Kriegszustande ein Ende zu machen, seine Marken litten stets mehr und mehr, er hatte nach Beseitigung der Schwarzenberge und ihrer Partei, nach Entfernung der meuterischen Offiziere, faktisch die Mark für sich neu gewonnen. Seine Klugheit gebot ihm, dem Kaiser nicht jedes Entgegenkommen zu versagen, und wie er sich stets als ein dem kaiserlichen Interesse Ergebener darstellte, so überließ er auch die Regimenter dem kaiserlichen Dienste und behielt für sich nur 2000 Mann Fußtruppen nebst einer Reitergarde von 200 Mann, die aber nunmehr auf seinen Namen vereidet wurden. Zugleich machte er das Drängen seiner Stände nach Frieden geltend, und der Kaiser konnte nicht umhin, die Entschuldigungen des Kurfürsten, mit denen er seine Handlungsweise beschönigte, anzuerkennen. Er zeigte sich nicht allzu starrsinnig und so kam denn, besonders durch die Bemühungen Leuchtmars, am 17. Juli 1641 zwischen Brandenburg und Schweden ein Waffenstillstand zum Abschlusse.

Die Bedingungen, welche Schweden stellte, waren freilich keine gelinden, ihre Erfüllung aber nothwendig, wenn Friedrich Wilhelm Ruhe für seine erschöpften Lande gewinnen wollte. Er mußte Bestimmtes erlangen; auf die Zusicherungen des Kaisers, auf dessen Versprechungen und Gelöbnisse zu bauen, hatte Friedrich Wilhelm längst aufgegeben. Es stand schon jetzt der Entschluß in ihm fest, sich an Schweden zu schließen — nur erst Zeit zum Ordnen des Verstörten gewinnen, das war die nächste Aufgabe. Die Schweden forderten als Besitz Driesen, Frankfurt, Crossen, Gardelegen, Landsberg. Diese Forderung ihnen weigern, wäre Thorheit gewesen, sie waren eben im Besitze und der Kurfürst machtlos, ihnen denselben mit Gewalt zu entreißen. Er ging auf die Forderung ein, ließ auch die Werbener Schanze schleifen und gab zwei schwedischen Generalen, welche er in Gefangenschaft hielt, ohne Lösegeld die Freiheit. Andererseits räumten die Schweden ganz Brandenburg mit Ausnahme der erwähnten Orte, die jedoch ihre Einrichtungen und Privilegien ganz im Sinne brandenburgischer Regierung weiter behielten und durchführten. Der Kurfürst verpflichtete sich, den Feinden Schwedens weder Durchzug durch seine Länder, noch Lebensmittel und Kriegsgeräth zu verstatten oder zu liefern. „Wenn aber die durchziehende Macht zu stark ist, so soll dies als kein Bruch des Vergleiches angesehen werden." In Betreff der weiteren Angelegenheiten, z. B. wegen Jülich, Kurpfalz 2c., blieben die Schweden ganz neutral. Aber eine Reihe von Verträgen sicherte den Brandenburgern noch allerlei kleine Vortheile. Der Waffenstillstand sollte zwei Jahre dauern.

Auch für die Wittwe Gustav Adolfs, die Tante des Kurfürsten, hatte dieser gesorgt und ihr ein Jahrgehalt von 3000 Thalern erstritten.

Der Kaiser, dem von diesem Vertrage mit Schweden — auf welche Weise, ist nicht bekannt — sofort Nachricht zugekommen war, zeigte sich sehr unzufrieden, als er den Passus wegen Verweigerung des Durchmarsches von schwedenfeindlichen Truppen las. Waren die Schweden doch seine eigenen Feinde. Er eröffnete dem Kurfürsten, daß er Kunde von dem Inhalte des Waffenstillstandsdokumentes habe, und erklärte, daß er solches als ein von Feinden des Kaisers verfaßtes ansehe. Aber der Kurfürst entgegnete, daß er nur einen Waffenstillstand, kein Bündniß mit Schweden geschlossen habe, was alles nur zur Schonung seines Landes geschehen sei, und daß er dem Kaiser ergeben bleibe.

Der Kaiser war nicht in der Lage, auf diese Erwiderungen des Kurfürsten in energischer und altherkömmlicher Weise zu antworten. Die schon im Jahre 1640 begonnenen Versuche, den entsetzlichen Krieg durch einen allgemein befriedigenden Schluß zu beenden, waren gescheitert. Er wüthete mit all seinen Greueln in Deutschland weiter. Wir wissen, daß Baner die Führung der schwedischen Armee übernommen und daß er dieselbe zu neuen Siegen geführt hatte, daß er sich von Regensburg mit Guébriant zurückzog.

Baner hatte die Absicht gehabt, nach Böhmen zu rücken, um den Krieg aufs neue in die kaiserlichen Erblande zu versetzen. Guébriant sah in dieser Absicht eine Intrigue Baners, um die weimarischen Truppen von der Verbindung mit Frankreich abzuschneiden, damit sie allmählich ganz auf schwedische Seite gezogen würden. Guébriant wandte sich nach Nürnberg und Baner zog ins Niederbaierische, nahm die Stadt Cham, um von hier aus gegen Böhmen aufzubrechen. Aber Guébriant folgte ihm nicht. Baner stand der ganzen kaiserlichen Macht allein gegenüber und konnte nichts besseres thun, als durch die Oberpfalz seinen schleunigen Rückzug anzutreten, wobei nur ein kühner Vorstoß des schwedischen Obersten Slange bei Neuburg vor dem Walde die Banersche Armee vor dem Verderben rettete. Slange hielt den Angriff der Kaiserlichen vier Tage lang aus, ehe er mit seinem Korps gefangen wurde, und Baner bewirkte indessen seinen Rückzug. Piccolomini verfolgte ihn aber so schnell, daß Baner nur eine halbe Stunde früher am Passe von Prießnitz ankam, ehe Piccolomini denselben verlegen konnte.

Guébriant wurde durch dieses Mißgeschick bewogen, sich mit Baner wieder zu vereinen. Diese Verbindung ward bei Zwickau bewerkstelligt und beide nahmen Stellung bei Merseburg und Weißenfels, die Saale in der Front. Beim Anmarsch der Kaiserlichen ging Baner nach Halberstadt, um die lüneburgischen und hessischen Truppen an sich zu ziehen.

Hier ereilte der Tod den rauhen Kriegsmann. Die zu jener Zeit gern das Schlimmste verbreitenden Gerüchte sprachen von Vergiftung, aber es ist keinem Zweifel unterworfen, daß des Generals Unmäßigkeit im Trinken und sonstige Ausschweifung seinen Tod herbeigeführt hat. Mit ihm verlor Schweden einen der gewaltigsten seiner Kriegsmänner, aber ebenso groß wie sein Genie war seine Wildheit, war die seinem Gemüthe innewohnende Härte. Die Märsche Baners gehören zu den grausamsten des ganzen Krieges. Was man von Kroaten, Tillyschen und spanischen Völkern, von Franzosen und sonstigen Fremdlingen berichtete, welche unser deutsches Vaterland verwüsteten, es ist nicht mit dem Elende zu vergleichen, welches Baner in verhältnißmäßig kurzer Zeit um sich verbreitete. Freilich sandte er gegen 600 erbeutete Fahnen und Standarten nach Stockholm, wo sie noch heute prangen, seine Beutestücke waren glänzend. Aber sie waren zum großen Theil auch gewonnene Preise, für welche die unglücklichen Bewohner der Gegenden, durch welche Baner zog, ihr Alles, Hab und Gut, Leib und Leben lassen mußten, bevor die Siegeszeichen dem Schrecklichen zu Füßen gelegt wurden. Bei seinem Einfalle in Böhmen röthete sich der Himmel auf viele Meilen weit vom Scheine der brennenden Dörfer und

Städte. Diese Feuersbrunst hielt Wochen lang an und oft standen in einer Nacht über hundert Dörfer, Flecken und Schlösser zugleich in Brand. Wie Baner so hausten auch seine Unterbefehlshaber, und der abscheuliche Adam Pfuhl rühmte sich, gegen 800 böhmische Ortschaften niedergebrannt zu haben. — Dieser Räuber in schwedischer Uniform hatte die Gegend um Neurode so verwüstet und menschenleer gemacht, daß man für ihn selbst keinen Priester auffinden konnte, den er heftig verlangte, als er seine letzte Stunde nahe fühlte.

Pfuhl hatte übrigens nach Baners Tode den Oberbefehl übernommen. Mit ihm Wrangel und Wittenberg. Die Kaiserlichen folgten den Schweden und griffen sie bei Wolfenbüttel an, wurden aber nach hartem fünfstündigen Gefechte zurückgeschlagen und verloren gegen 4000 Mann, ohne die auf der Flucht Umgekommenen zu rechnen. Fast die ganze baierische Infanterie war niedergehauen worden. Indessen sahen die Schweden sich doch zum Rückzuge genöthigt, da von braunschweigischer Seite mit dem Kaiser Unterhandlungen eingeleitet wurden. Sie rückten in das Hildesheimer Gebiet.

Dem Kaiser bereitete jedoch nicht allein die schwedische Armee Verlegenheit. Auch von Seiten der Presse wurde ihm zu jener Zeit sehr geschadet. Es erschien eine Schrift, „Hyppolithus a lapide" betitelt, als deren Verfasser der schwedische Rath Chemnitz galt. Diese Schrift, eine der heftigsten und leidenschaftlichsten, welche jemals gegen das Haus Oesterreich geschrieben worden sind, machte der deutschen Nation in sehr klarer Weise begreiflich, daß der Kaiser gar kein Recht mehr habe, auf dem Throne zu sitzen, daß alle Rechte den Reichsständen gehörten, dem Kaiser gar nichts. — Der Verfasser beleuchtete seine Ansichten von allen Seiten und das Licht war ein so scharfes, „daß es vielen die Augen beizte." Er legte die Schäden der deutschen Reichsverfassung schonungslos bloß und gab ein einfaches Mittel an, wie sie allein gebessert werden könnten. Dieses Mittel bestand in nichts Geringerem, als in der vollständigen Ausrottung des Hauses Oesterreich, in der Konfiskation aller kaiserlichen Güter, endlich in der Wahl eines in seiner Macht sehr beschränkten deutschen Kaisers, mit Aufhebung des Reichshofrathes 2c. — Man ließ zu Wien das Buch vom Henker verbrennen, aber in Holland wurde es dafür tausendweis gedruckt und fand ungeheuern Absatz. Selten hat ein literarisches Erzeugniß so gewirkt, als dieses von Chemnitz verfaßte Buch. Es vernichtete mit einem Schlage die vom Kaiser angebahnte Verständigung mit den Reichsständen. Es regte alle Fürsten, Kurfürsten und Herzöge auf und sie begannen jetzt erst, ihre Personen und die denselben zustehenden Rechte genauer zu betrachten; sie sagten sich, daß der Kaiser allerdings sich eine Macht angemaßt habe, die ihm nicht zukomme.

Der Regierungswechsel in Brandenburg war für den Kaiser, wie wir wissen, auch nicht erfreulich, und so bequemte er sich denn wirklich auf dem noch immer andauernden Regensburger Reichstage, eine Generalamnestie zu bewilligen, von der ihn bisher die Jesuiten abgehalten hatten. Kriegsentschädigungen, eine neue Reichsjustiz 2c. sollten bewilligt und später berathen werden.

Es war immerhin ein Anfang zum Friedenswerke. Schon hatte man Münster und Osnabrück als Orte des Kongresses bezeichnet, Geleitsbriefe und sonstige Schutzmaßregeln sollten ausgefertigt und getroffen werden und jedermann freute sich des Tages, an welchem der Kongreß eröffnet sein sollte.

Allein diese guten Anzeichen schwanden bald. Zunächst war es der Kaiser selbst, der die Präliminarien störte, indem er, an kleinliche Etikette- und Formfehler knüpfend, die Ratifikationen mit den betreffenden Fürsten und freien Städten nicht auswechselte. Die Sachen geriethen ins Stocken, eine neue Pause trat ein. In derselben trat bereits ein neuer gefährlicher Gegner des Kaisers auf: Leonhard Torstenson, der Nachfolger Baners im Kommando der schwedischen Armee.

Torstenson gehörte wie Baner der alten Schule Gustav Adolfs an. Er war einer der Lieblingsschüler des schwedischen Heldenkönigs gewesen. Durch die Strapazen der Feldzüge, durch seine aufopfernde Thätigkeit hatte Torstenson sich frühzeitig bereits einen kranken Körper geschaffen. Das Siechthum warf ihn nieder und die Gicht wühlte in seinen Gliedern. Aber dennoch war der neue schwedische Heerführer einer der schnellsten und gewandtesten Feinde der Kaiserlichen. Sein Geist blieb selbst mitten unter Schmerzen frisch und hell. Die Stunden der Nacht, welche die Qualen der Gicht ihm verbitterten, brachte er mit dem Aufzeichnen seiner Entwürfe hin und in dieser geistigen Arbeit erstickte er seine Schmerzen. Selten nur vermochte er zu gehen oder sich gar auf das Roß zu schwingen. Zumeist ward er in einer Sänfte seinem Heere voraus oder

Torstenson. (Porträt.)

nachgetragen, aber von dieser Sänfte aus kamen die geistvollen Befehle, die scharfen Weisungen, nach denen der Feind geschlagen ward, welcher sich dem kranken Feldherrn in den Weg stellte.

Torstenson war mit einer Verstärkung von 8000 Mann und vielem baaren Gelde aus Schweden nach Deutschland gekommen. Sein großes Talent, die Dinge nicht allein vom Standpunkte des Soldaten aus zu betrachten, sondern wie Gustav Adolf sie auch mit den Blicken des Staatsmannes zu prüfen, ließ ihn bald erkennen, daß Deutschland nicht mehr der Schauplatz des Krieges sein könne. Es war zu erschöpft. Torstenson mußte den Krieg in die kaiserlichen Erblande wälzen. Es war seine Absicht gewesen, die Kaiserlichen sofort mit vereinter Macht anzugreifen, da aber der Marschall Guébriant sich von ihm trennte, dem Herzog von Braunschweig nicht zu trauen war, setzte er diese Unter= nehmung noch aus und blieb bei Winsen an der Aller. — Guébriant, der sich mit den Hessen verbunden hatte, griff die unter Lamboi bei Kempen lagernden Kaiserlichen an. Unter ihm kommandirte Eberstein. Nach hartem Gefecht wurden die Kaiserlichen geschlagen. 3000 Todte lagen auf dem Felde, eine große Zahl Gefangener wurde gemacht, das ganze Erzstift Köln und das Herzogthum Jülich ward von Guébriant besetzt.

Nach dem Reichstagsabschiede zu Regensburg waren alle Aussichten auf nahen Frieden geschwunden. Der Kurfürst Friedrich Wilhelm hatte zunächst die Genugthuung zu sehen, daß ein Anschluß an den Kaiser für ihn das Nach= theiligste gewesen wäre, was er unter den obwaltenden Verhältnissen hätte thun können. Es war ein Sieg, den seine Politik errungen hatte.

Die Verhandlungen mit Schweden wurden nun eifrig fortgeführt. Schon während der Unterhandlungen über den Waffenstillstand hatte man sich branden= burgischerseits davon überzeugt, daß die Schweden, wenn sie auch nur unter harten Bedingungen die Ruhe gewährten, dem Interesse des Kurfürsten doch nicht abgeneigt waren. Der Tod des Grafen Schwarzenberg, welcher inzwischen erfolgt war, bestärkte den Kurfürsten in seinen Absichten, den Schweden und Franzosen sich anzuvertrauen. Sowol der französische Gesandte Graf d'Avaux, als der schwedische Gesandte in Hamburg, Johann Adler Salvius, hatten sich ihm bei Abschluß des Waffenstillstandes geneigt bewiesen. Außerdem hatte der Kurfürst erkannt, daß man in Stockholm selbst für seine Worte nicht unempfindlich sei, denn da Leuchtmar in Stettin von dem schwedischen Statthalter Lilienhöck sehr kühl aufgenommen worden war, sandte Friedrich Wilhelm eine Botschaft nach Stockholm, woselbst die Königin Christine, Gustav Adolfs Tochter, mit großer Bereitwilligkeit für die Sache Brandenburgs auftrat.

Es ist hier der Ort, von dem Plane zu sprechen, den Gustav Adolf schon früh gehegt hatte, und der darin bestand, eine Heirath zwischen Friedrich Wil= helm und seiner Tochter Christine zu knüpfen. Es scheint, daß die Königin für den Kurfürsten eine Neigung gefaßt hatte, denn bei Abschluß des Waffen= stillstandes mußte Oxenstierna sehr energisch auftreten, um die Königin von Zu= geständnissen an Brandenburg abzuhalten, welche dem Interesse Schwedens ent= gegenliefen. — Vielleicht war der Kurfürst schon damals entschlossen, der Königin seine Hand anzutragen; persönliche Neigung ließ diesen Gedanken in ihm sicherlich nicht entstehen, aber der Kurfürst war wol bereit, sein häusliches Glück dem Vortheile seines Landes zu opfern.

Bei diesem Stande der Dinge konnte Friedrich Wilhelm auf die schwedische Macht insofern bauen, als er nicht daran zweifeln durfte, daß man ihm eine Verlängerung des Waffenstillstandes, wenn nicht gar vollständigen Frieden bewilligen werde. Er machte sich die Bedrängniß des Kaisers zu Nutzen. Als ein schon frühzeitig gewandter Diplomat hielt er sich die Hände nach allen Seiten hin frei. Er verstand es, sich nicht nur mit Glück in die großen Angelegenheiten zu mischen, sondern auch die Familienverhältnisse zu ordnen, so weit er durch verwandtschaftliche Beziehungen dazu berechtigt war. Es geschah auf sein Betreiben, daß die sehr zurückgesetzte Mutter der Königin Christine, Marie Eleonore, sich nach Insterburg in Preußen begab. Beständig ließ er am schwedischen Hofe sondiren, um zu erfahren, wie ein etwaiger Heirathsantrag von ihm aufgenommen werden würde. Die Marken konnte er vorläufig sein Eigenthum nennen, er konnte ihnen Ruhe schaffen. Freilich leisteten sie in ihrer Zerrüttung ihm nur geringen Beistand.

Dieser Umstand — da er auch nicht auf seine anderen Länder rechnen durfte — trug wesentlich dazu bei, den Kurfürsten die Belehnung mit Preußen betreiben zu lassen. Die Schwierigkeiten waren hier sehr bedeutend, so mannigfacher Art, daß nur ein Genie wie Friedrich Wilhelm an die Lösung so schwerer Aufgaben herantreten konnte. Es ist in der That bewunderungswerth zu betrachten, mit welcher Entschlossenheit, richtiger Berechnung aller Zufälle, weiser Abwägung der Verhältnisse und Kühnheit des Handelns der kaum einundzwanzigjährige Mann sich an die Vollendung des Werkes machte.

Der Kurfürst traf zuerst auf zähen Widerstand der Stände, die in streng lutherischer Abneigung gegen den reformirten Herrscher und aus engherzigstem Partikularismus sich ablehnend gegen ihn verhielten und ihm vor geschehener Belehnung durch die Krone Polen keinerlei Regierungshandlungen zugestehen wollten.

Als Friedrich Wilhelm mit dem schon von seinem Vater berufenen Landtage ohne weiteres fortverhandeln wollte, lehnten dies sowol die Stände als die Krone Polen ab und auf die Drohung, daß das Herzogthum bis zur Erledigung der Belehnungsangelegenheit durch polnische Kommissare verwaltet werden solle, mußte der junge Kurfürst mit der entschiedenen Erklärung antworten, daß er dies niemals gestatten werde.

Der Kurfürst befand sich in einer neuen schlimmen Situation. Er erließ zwar einen Protest gegen diese Anmaßung der Stände, in welchem er erklärte, daß er solchem Verlangen nie nachgeben werde, allein wo waren die Mittel zur Hand, dem Worte Nachdruck geben zu können? Der Kurfürst mußte den Weg der geheimen Unterhandlungen und sogar der Bestechung betreten. Es war in dem Vertrage wegen Preußen auch stipulirt, daß der Brandenburger den Huldigungseid persönlich vor dem polnischen Könige leisten müsse. Zwar hatte der brandenburgische Gesandte von Hoverbeeke zu Warschau dem Könige Wladislaus IV. schon früher erklärt, daß der Kurfürst zur Leistung des Eides bereit sei, wenn man diese Eidesleistung durch den Gesandten vollziehen lassen wolle, aber die Stände forderten das persönliche Erscheinen des Vasallen, eine Forderung, welche dem

Kurfürsten äußerst lästig war. Er hielt mühsam an sich, aber es stand bei ihm fest, diese brutalen Stände dereinst demüthigen zu wollen, wenn er jemals zur Macht in Preußen gekommen sein werde. Es ward ihm klar und für ihn eine Aufgabe, diese Macht müsse gebrochen, es müsse gezeigt werden, daß nur der Herrscher des Landes die Oberhoheit auszuüben habe, solle Gedeihliches geleistet werden.

Betrachtet man genau das feindliche Verhalten der Stände gegen den Kurfürsten, ihre Sucht, die Rechte des Herrschers zu verringern, so wird manches scheinbar harte Verfahren, welches Friedrich Wilhelm später gegen die Stände einschlug, mildere Beurtheilung finden müssen.

Zwar hatte der Kurfürst sich genaue Kenntnisse von den Rechten, welche ihm zustanden, erworben und seinem Gesandten noch zwei gewandte Hülfsarbeiter, Kreyzen und Kospoth, an die Seite gestellt, allein bei den tief zerrütteten inneren Verhältnissen Polens war eigentlich durch Verhandlungen wenig zu erreichen. Man schien sich um die kurfürstlichen Proteste und Rechte gar nicht zu kümmern und der König besetzte die erledigte Landhofmeisterstelle mit dem von Friedrich Wilhelm gesandten Kreyzen, der seinerseits wiederum vollständig polnisch gesinnt war.

Im ganzen wurde es dem Kurfürsten deutlich gemacht, daß man ihn in steter Abhängigkeit von der Krone Polen erhalten wolle und daß man bereits eine genügende Anzahl von lästigen Bedingungen in Bereitschaft halte, unter welchen dem Kurfürsten die Belehnung nachgegeben werden sollte.

In wie großer Erregung der Kurfürst sich befand, läßt sich ermessen, wenn man diesen feurigen, thatkräftigen Geist erkannt hat, der nun gefesselt und machtlos, sich durch die Waffen Geltung zu verschaffen, vor der Lösung der Aufgabe stand. Die Zeit drängte, die Unwetter ballten sich aufs neue über Deutschland zusammen und ihnen sollte, mußte der Kurfürst bereit und gedeckt entgegentreten, wollte er nicht alles verlieren, wollte er nicht zu einem gehorsamen und beliebig vom Kaiser, von Polen und selbst von Schweden gebrauchten Diener herabsinken. Das Geschick seines Landes und seines Hauses stand auf dem Spiele. — Aus Preußen allein vermochte er noch Mittel zu ziehen, seine Stellung als Fürst mußte er durch die ihm rechtlich zustehende Belehnung mit Preußen wahren.

Friedrich Wilhelm verzagte nicht. Da er auf offenem Wege nicht zum Ziele gelangen konnte, schlug er den oben angedeuteten verdeckten ein. Bei der Unmoralität, welche die gesammten polnischen Würdenträger, die Ständemitglieder, sogar die Angehörigen des Hofes auszeichnete, war Geld eine bessere Waffe, als Wort und Schwert es sein konnten. Der Kurfürst ließ seine Erbietungen machen. Selbst König und Königin von Polen zeigten sich für Geld geneigt, die Senatoren und Kronbeamten hielten ihre schmutzigen Hände offen — sie waren käuflich. Aeußerst gewandt und schlau benutzte der Kurfürst diese Erbärmlichkeit. Indem er auf jede Bedingung in Betreff der Summen einging, that er den Verkäufern kund, daß seine pekuniäre Lage keine glänzende sei, daß er aber sofort die verlangten Gelder zahlen werde, wenn er über die Einkünfte Preußens verfügen könne. — Daneben ließ er aber durchblicken, daß er

nicht gesonnen sei, mit sich spielen zu lassen, denn er verbat sich das Auftreten
der königlichen Gesandten als Kommissarien in Königsberg, „da er nicht ge=
sonnen sei, sich einer kommissarischen Jurisdiktion zu unterwerfen."

Ein Mann, der nach zwei so verschiedenen Seiten hin mit Geschick und
Kraft zu operiren verstand, den Drohungen nicht in seinem Laufe aufhielten,
mußte die polnische Regierung nachdenklich machen. Man sah, daß auf dem
brandenburgischen Kursitze ein anderer Platz genommen hatte, als es der schwache
Vorfahr gewesen war. Zugleich mit dieser Wahrnehmung wirkte das Geld. Die
Bestochenen fürchteten, daß der Kurfürst über ihre Köpfe hinweg mit den Ständen
am Ende doch sich ausgleichen könne, und daß ihnen alsdann die Zahlung aus
den Händen schlüpfen müsse. Außerdem kam noch ein Umstand hinzu, welcher
den König von Polen zur Einwilligung bestimmte. Zu Warschau hatte man
Kenntniß von den Verhandlungen Friedrich Wilhelms mit Schweden. Damit
hatte das Warschauer Kabinet zugleich in Erfahrung gebracht, daß der Kurfürst
wegen einer Verlobung mit der Königin Christine sondiren lasse. Die In=
teressenten verhehlten sich nicht, welch große Gefahr durch eine solche Verbindung
für Polen erwachsen könne, auch wurde zweifelsohne von Wien aus für Hinter=
treibung dieser Heirath gewirkt, und so erfuhr denn Friedrich Wilhelm, der
übrigens trefflich im Punkte der Spionage bedient ward, daß der König von
Polen damit umgehe, ihm die Hand seiner Schwester anzubieten, die Heirath
mit der Tochter einer Erzherzogin, einer Schwester des verstorbenen Kaisers!
Man sieht, Brandenburgs Kurfürst war schon ein begehrter Mann geworden.
Das feste Handeln, was er in der kurzen Zeit seiner Regierung an den Tag
gelegt hatte, war schon hinreichend gewesen, das kläglich bei Seite geschobene
Brandenburg George Wilhelms wieder als eine nothwendige, der Berück=
sichtigung werthe Macht erscheinen zu lassen.

Am 21. April erschien der Woywode Graf Dönhof vor dem Kurfürsten 1641
mit der Meldung: „Wie Seine polnische Majestät die völlige Re=
gierung des Herzogthums an Seine kurfürstliche Durchlaucht de=
ferire und deshalb gratuliren lasse."

Allerdings übergab der Botschafter auch die Bedingungen, unter denen die
Belehnung stattfinden sollte. Sie waren hart, härter noch, als sie George
Wilhelm geboten worden waren, aber der, welcher sie annahm, war sich seiner
Kraft bewußt und konnte sich vor sich selber damit rechtfertigen, daß er einst
im Stande sein werde, die lästigen Aufbürdungen abzuwerfen, zu deren An=
nahme ihn jetzt die Noth zwang. Außer den erwähnten Bestechungssummen,
deren Zahlung der Kurfürst verbürgte, verpflichtete er sich, im Herzogthume
außer den Lutheranern keine von der römischen Kirche abweichende Konfession
zu dulden. Die Kommandanten zu Pillau und Memel dürfen nur der Krone
Polen genehme Personen sein und huldigen dem Könige und dem Kur=
fürsten. Der Kurfürst zahlt aus den Seezöllen jährlich 100,000 Gulden an
den König und außerdem jährlich 30,000 Gulden an den königlichen Schatz.
Diese Summe wird verdoppelt, wenn der polnische Reichstag neue Abgaben
bewilligt. Jeder Preuße hat das Recht, bei Rechtssachen an den König von

Polen zu appelliren. Der Kurfürst darf, als Herzog von Preußen, ohne Bewilligung des Königs von Polen keine Partei für irgend einen Feind der Krone Polen ergreifen, keine Schlösser an auswärtige Fürsten verkaufen oder versetzen.

Dies waren die Hauptbedingungen. Zwar ließ der König von Polen noch etwas nach, so z. B. daß die Kommandanten von Pillau und Memel nicht Polen zu sein brauchten, aber die Härte der Bedingungen war doch drückend genug. Indessen nahm der Kurfürst dieselben an. Es war nunmehr die Frage erledigt, welche man seit einer langen Reihe von Jahren nicht zum Abschluß bringen konnte, die stets in der Schwebe geblieben war. Aber sie war nur von Seiten der Regierung erledigt — die Stände erhoben einen gewaltigen Lärm darüber, erklärten, daß der König gar nicht das Recht habe, das Herzogthum zu übertragen. Die Aufregung ward eine große und allgemeine. Es kam in den Landbotenkammern zu wüthenden Szenen. Man war hart daran, sich mit den Waffen anzugreifen.

Der Kurfürst war aber schon auf dem Wege nach Warschau. Er erklärte zu Warschau, daß er keine neuen Bedingungen annehmen werde, und die stets herrschende Fehde zwischen Geistlichkeit, Herren, Rittern und Adel gegen die Städte und Bürger kam ihm zu statten. Alle Parteien hofften auf ihn, wiewol der Adel so halsstarrig war, daß er den vom Kurfürsten eingesetzten Burggrafen von Tettau nicht anerkannte. Man wußte, daß König und Königin 60,000 Gulden, der Unterkanzler 10,000, der Großkanzler 1000 Thaler „ungarisch" erhalten hatten. Warschau war in einer Art von Empörung begriffen und der französische Gesandte Graf d'Avaux ließ aus Hamburg dem Kurfürsten die Warnung zugehen, „er möge sich vor Gift zu schützen suchen."

Aber an dem felsenharten jungen Kurfürsten scheiterten alle diese Drohungen, Warnungen und der wilde Lärm polnischer Händelsucher. Er erklärte rundweg, er wolle sich in seinem Fürnehmen nicht hindern lassen, und trat bereits als Souverän auf, indem er seinen Gesandten Befehl ertheilte, die Beschwerden der Stände anzuhören; auch war er entschlossen, nicht eher in Warschau zurBelehnung einzuziehen, bis der polnische Reichstag geschlossen sei. Es war unter diesen Verhältnissen ein Glück, daß der Schluß des Reichstages am 4. Oktober erfolgte, und am 5. ritt er in Warschau ein. Er war durchaus nicht gewillt, als ein Vasall aufzutreten, sondern er zog in die Stadt wie ein Fürst, der dem König ein Gelöbniß ablegen will, nach welchem zwischen beiden ein Abkommen bestehen und durch gegenseitige Versicherung gefestigt werden soll.

Um zehn Uhr morgens erschien der Kurfürst hoch zu Pferde. Es begleiteten ihn der Oberburggraf von Königseck, der Kanzler Götze, eine Anzahl seiner höheren Offiziere. Seine militärische Umgebung bestand aus der Leibkompagnie zu Fuß und 200 Dragonern. Die sehr glänzend ausgestattete Kavalkade wurde eine Meile von der Stadt durch die polnischen Senatoren Sawatzki und Terley empfangen.

Da die Wege sehr schlecht waren, ließ der König den Kurfürsten auf einem Umwege an der Stadt vorbei nach Gwiasdowo geleiten. Bei der Annäherung des Kurfürsten erschien der König von Polen mit achtzehn Rotten Musketieren und vielen Heiducken, der Prinz Casimir und die Senatoren befanden sich in der Suite des Königs. Vor demselben ritten die Krongroßmarschälle von Polen und Litthauen, die Hofmarschälle, die Kanzler, auch die Bischöfe waren erschienen.

Dreißig Schritt vor dem Könige stieg der Kurfürst von seinem Pferde, der König schwang sich ebenfalls aus dem Sattel. Man begrüßte sich und

Begrüßung zwischen Friedrich Wilhelm und Wladislaus IV.

bestieg dann wieder die Pferde, wobei nun der Kurfürst zur Linken des Königs blieb.

Der Prinz Casimir geleitete den Kurfürsten in das sehr prächtig ausgestattete Schloß von Gwiasdowo. Des Kurfürsten Leibkompagnie wurde ebenfalls im Schlosse einquartiert.

Folgenden Tages nach der Predigt, es war ein Sonntag, erhielt der Kurfürst die Besuche der Reichsherren, des Prinzen Casimir und vieler Großen. Ein Festmahl beschloß den Tag und Casimir ließ drei Salven aus dem schweren Geschütz abgeben, um der Stadt kundzuthun, daß am nächsten Tage die Belehnung stattfinden werde.

Dieser feierliche Akt fand am 8. Oktober statt. Der Kurfürst wurde von den Senatoren Sobieski, Gembicki und Kasanowski auf das Schloß zu Warschau geleitet. Eine Tribüne war auf dem Schloßplatze errichtet, auf derselben stand der Thron, unter dessen Himmel König Wladislaus IV. saß. Prinz Casimir hatte einige Stufen tiefer seinen Platz genommen, die Großwürdenträger mit den Reichsinsignien und die Bischöfe standen umher. Alle zum Könige gehörenden Personen trugen polnische Tracht.

— 112 —

Vor dem Kurfürsten schritten seine sechs Gesandten, welche den Antrag auf Belehnung dem Könige überreichten. Nachdem der Großkanzler im Namen des Königs die Antwort ertheilt hatte, erschien Friedrich Wilhelm mit seinem Gefolge. Ein Tusch von Pauken und Trompeten empfing ihn. Seine Kavallerie stellte sich zur Rechten des Thrones auf, die Leibkompagnie stand links, Front gegen die Tribüne, rechts waren die königlichen Garden postirt, um den Zudrang des Volkes abzuwehren. Von den drei Senatoren geführt, schritt der Kurfürst zur Tribüne und kniete auf ein in Perlen und Gold gesticktes Kissen

Die Belehnung mit Preußen.

nieder. Er hielt die Lehnsfahne in der Hand und wiederholte Satz für Satz den vom Großkanzler vorgesprochenen Eid, dann erhob er sich und nahm zur Linken des Königs Platz auf dem Throne.

Die Kleidung des Kurfürsten bestand in einem rothsammtenen Wammse, das reich mit Goldstickerei besetzt war. Ein schwarzer aufgeschlagener Filzhut, der mit weißen Straußfedern geziert war, bedeckte sein Haupt, dessen prächtige, üppige Haare zwanglos bis auf die Schultern herabfielen. Die schöne Gestalt des Kurfürsten, welche Kraft und Eleganz in sich vereinte, seine jugendlich reizenden und doch so intelligenten Gesichtszüge, sein ungezwungenes, wahrhaft fürstliches Wesen machte auf alle den wohlthuendsten Eindruck. Niemand wagte die geringste Opposition zu machen, nur einige Skandalsucher ließen sich herbei, mit lautem Protestrufe bis an die Tribüne zu dringen, wo sie aber von den königlichen Soldaten „über die Barre hinausgeworfen wurden." Von sonstigen wichtigen Protesten war keine Rede, denn auch der päpstliche Nuntius begnügte sich, den seinigen gegen die Belehnung des protestantischen Fürsten schriftlich zu äußern.

Um halb fünf Uhr war die Ceremonie vorüber. Der Oberst Schenk brachte die rothe Lehnsfahne nach Gwiasdowo. Ihn geleiteten vier Offiziere und die Leibkompagnie. Der König zog sich bis zur Tafel in seine Zimmer zurück und der Kurfürst nahm seine Wohnung in den Gemächern des Prinzen Casimir. Es folgte Tafel und ein höchst glänzendes Banket. Dem Kurfürsten erwies man die größten Aufmerksamkeiten. Bei Tafel war sein Platz zwischen König und Königin und den folgenden Tag lud Friedrich Wilhelm die gesammte königliche Familie zu einem Gastmahle ein. Eine Reihe von Festlichkeiten folgte; eine Anzahl von Gastmählern, endlich ein glänzender Maskenball, den die polnischen Prinzessinnen veranstalteten, schlossen die feierliche Woche.

Zweite Schlacht bei Breitenfeld, am 23. Oktober 1642.

VII. Kapitel.

Die letzten Jahre des dreißigjährigen Krieges.

er Kurfürst verstand es wohl, sich in allen Lagen mit Festigkeit und einer nicht genug zu bewundernden Klugheit zu benehmen. Er wußte den ihm theils offen, theils versteckt gemachten Heirathsanträgen, welche namentlich die Königin eifrig zu fördern suchte, sehr geschickt auszuweichen. Die Hand der polnischen Prinzessin sollte ihm durchaus zu Theil werden, aber er hatte die Verbindung mit Schweden im Sinne, und ohne sich in irgend welche Verhandlungen eingelassen zu haben, kehrte er am 13. Oktober nach Königsberg zurück.

Er durfte sich sagen, daß er Großes erreicht hatte. Seine Ausdauer und Kühnheit waren glänzend belohnt worden. Die Belehnung mit Preußen war für ihn von so ungeheuren, unberechenbar wichtigen Folgen, das Gelingen dieser mühevollen Arbeit hob seinen Muth so gewaltig, daß er von jenem Tage an an seine höhere Mission glauben durfte. — Es galt allerdings, noch mühevolle Werke zu schaffen, aber der Kurfürst liebte solche Arbeit, seiner ganzen Natur nach war er veranlagt, den Kampf zu suchen, nichts dem Zufalle zu überlassen, und im Sturme war ihm wohl. Es galt nun, wo er über Einkünfte von nicht unbedeutendem Betrage gebieten konnte, die Marken zu festigen. Es war allerdings hier ein wichtiger Anfang gemacht worden. Die Meuterei der Truppen war niedergeschlagen, das Treiben Schwarzenbergs und seiner Partei vorüber und damit dem österreichischen Einfluß die Lebensader durchschnitten. Allein das was der Mark vor allen Dingen gebracht werden mußte, war eine Organisation der militärischen Kräfte, welche ihr Schutz verleihen konnten, wenn eines Tages das Glück sich für die Kaiserlichen oder die Schweden entschied.

Denn der Kurfürst traute weder der einen noch der anderen Macht. Es ist hier am Orte, zu erwähnen, daß dem Kurfürsten bei aller Verehrung für Gustav Adolf wohlbekannt war, in welcher Weise die Armee des Königs von dem Momente seines Erscheinens an in den Marken gehaust hatte. Man ist gewöhnt daran, die schwedische Mannszucht als eine über alles Lob erhabene zu schildern. Das ist aber keineswegs richtig. Gewöhnlich heißt es, erst nach dem Tode des Königs Gustav Adolf sei die Unordnung auch im schwedischen Heere eingerissen und habe die Soldaten verleitet, in den Ländern des Freundes ebenso schlimm zu hausen, als in den feindlichen, es den Kaiserlichen an Nichtachtung des Eigenthums friedlicher Bürger und Landleute gleichzuthun. Aber schon mit dem Einmarsche Gustav Adolfs kamen die schlimmsten Dinge vor. Die Schweden hausten bereits zu Beginn des Jahres 1631 in der Mark, wie die Kaiserlichen nicht ärger gewirthschaftet hatten.*) Daß die Berichterstatter in jenen Zeiten alles verschwiegen, was zum Nachtheil der Armee des großen Königs ausgebeutet werden konnte, den man mit Recht als den Befreier von kaiserlicher und papistischer Willkür begrüßte, ist begreiflich, und im Kriege muß freilich so manches entschuldigt werden, allein die Lobpreisungen der „untadelhaften Mannszucht" königlich schwedischer Truppen sind sehr übertrieben, wenigstens hat die Mark Brandenburg durchaus keine Ursache gehabt, in das allgemeine Lobpreisen einzustimmen.

Dem Kurfürsten Friedrich Wilhelm lagen sicherlich alle jene Berichte aus vergangener Zeit vor. Was damals sich die schwedischen Freunde erlaubten, das konnte sich leicht wiederholen; auf die Waffenstillstandsbedingungen gab der kluge Kurfürst nicht allzuviel, auch liefen dieselben bald genug ab und wenn selbst die Schweden den Vertrag hielten, was sollte geschehen, wenn die Kaiserlichen Sieger würden? Die Folgen davon waren nicht abzusehen, die Mark mußte sich auf die größten Scheußlichkeiten gefaßt machen. Diesem Unheil zu steuern gab es nur ein Mittel: Herstellung einer genügenden militärischen Macht in den Marken. Der Kurfürst war zwar im Besitz der meisten Festungen, er konnte, wenn er die nöthigen Mannschaften besaß, viele Gegenden decken, aber diese Mannschaften mußten geworben, gerüstet werden. Die Mittel dazu sollten die Stände bewilligen, angesichts drohender Gefahr sollten sie Opfer bringen. —

Das Unheil, welches der Kurfürst für seine Marken besorgte, war schon im Herannahen. Wir haben die deutschen Angelegenheiten in dem Augenblicke verlassen, wo Guébriant sich zum Meister des Herzogthums Jülich gemacht hatte. Torstenson rückte in die Altmark, wo er eine so vortheilhafte Stellung inne hatte, daß die Feinde keinen Angriff wagten. Er vereinte sich mit Stahlhantsch und

---

*) Gustav Adolf war keineswegs stets so milde, wenn es galt den Beschwerden der Einwohner gerecht zu werden, als man allgemein anzunehmen pflegt. Als der von George Wilhelm zum Könige gesandte Pfuel ihn bat, der König möge dem Unfuge seiner Soldaten steuern, die Korn, Vieh, Geld und Brot zu stehlen pflegten, antwortete der König: „Was soll ich Korn und Anderes da lassen? daß es der Feind nimmt? wird es nicht verzehret, so lasse ichs verbrennen — ja verbrennen lasse ichs." Relation des von Pfuel. Die höchst interessante Relation befindet sich im k. Staatsarchive.

brach nun plötzlich durch die Lausitz in Schlesien ein, besetzte Sagan, nahm Glogau mit Sturm und belagerte Schweidnitz. Der Herzog von Lauenburg, es ist derselbe an dessen Seite Gustav Adolf bei Lützen fiel, wollte der Besatzung Verstärkung zuführen, wurde aber mit einem Verluste von 2000 Mann zurückgeschlagen, gefangen und starb 10 Tage später an seinen Wunden. Nachdem Torstenson Schweidnitz genommen, brach er nach Mähren ein, eroberte Olmütz und ließ Littau, sowie Mährisch=Neustadt durch Königsmark besetzen. Hierauf zog er sich nach Schlesien zurück und lagerte um Brieg.

Zum Entsatze der Stadt rückten Erzherzog Leopold Wilhelm und Piccolomini heran. Sie waren Torstenson so überlegen, daß dieser sich längs der Oder bis nach Guben zog, wo Wrangel mit neuen Truppen zu ihm stieß. Torstenson nöthigte nun zwar die Kaiserlichen die Belagerung Glogaus aufzugeben und traf Anstalt in Böhmen einzubrechen, ward aber von den Feinden daran gehindert. Er ging nach Meißen, zog bei Torgau über die Elbe und rückte vor Leipzig. Leopold und Piccolomini eilten über Dresden herbei. Bei ihrer Annäherung zog Torstenson sich in die Ebene von Breitenfeld zurück. Hier, auf denselben Gefilden, wo einst vor 11 Jahren sein großer König und Meister der Schlachten den Feinden seines Glaubens und freier Geistesentwicklung die erste blutige Lehre
1642 gegeben hatte, bot Torstenson die Schlacht. Am 23. Oktober griff er des Morgens die Kaiserlichen an. Das Gefecht entspann sich sofort mit größter Heftigkeit und wurde von beiden Seiten mit ausgezeichneter Tapferkeit fortgesetzt. Aber Torstenson warf durch einen Massenangriff die kaiserlichen Fußvölker zurück und brach in das Centrum der Stellung. Eine allgemeine Auflösung erfolgte. Die Kaiserlichen wurden total geschlagen. 5000 Todte deckten das Feld, 4000 Gefangene fielen in Torstensons Hände, ebenso 46 Kanonen, 69 Standarten und 121 Fahnen nebst der ganzen Kasse und Kanzlei der kaiserlichen Armee.

Torstenson rückte vor Leipzig, das sich zwar hartnäckig vertheidigte, aber bald kapituliren mußte. Die Stadt zahlte drei Tonnen Gold. Da sie aber nicht alles aufzubringen vermochte, vertheilte Torstenson die Zahlung der Kriegssteuer unter alle Kaufleute, auch die Fremden, welche in Leipzig waren. Trotz des Winters wandte sich Torstenson ins Erzgebirge, ging bis Reichenbach, sendete von hier Königsmark nach Meißen und ins Vogtland, brach durch Schlesien in Böhmen ein und zog bei Melnik über die Elbe. Hier traf er auf Gallas, der an Stelle Piccolominis die kaiserliche Armee kommandirte und bei Brandeis stand. Gallas wich dem Treffen aus. Torstenson rückte nun gegen Prag, setzte die Stadt in Schrecken, da er einige Kugeln hineinwarf, rückte dann aber nach Mähren. Hier bezog er bei Tobitschau ein Lager in so vortrefflicher Stellung, daß er von dort aus ganz Mähren in Schach hielt.

Es dauerte nur wenige Tage noch und Wien sollte mit Angst und Schrecken erfüllt werden, denn von seinen Wällen und Thürmen aus konnte man deutlich die schwedischen Reiter erkennen, welche gegen die Vorstädte streiften und die Nachricht war überall verbreitet, daß der siebenbürgische Fürst Rakoczy sich vor Wien mit den Schweden verbinden werde. In der Hofburg zu Wien zitterte alles.

Allerdings war Guébriant nicht so glücklich gegen die kaiserlichen Waffen gewesen. Zwar hatte Mazarin, nach Richelieus Tode an die Spitze der französischen Staatsgeschäfte gestellt, ein ansehnliches Hülfskorps gesendet, aber der Kaiser, den die Noth und Sorge zum äußersten trieben, vermochte den Kurfürsten Maximilian von Baiern zur Ausrüstung eines bedeutenden Heeres, welches den Marschall aufhielt. Als Guébriant jene Verstärkungen erhalten hatte, drang er durch Schwaben nach Baiern vor. Er brachte Rottweil in seine Gewalt, freilich 1643 mit einem Verluste von 5000 Mann. Aber dies war der geringere Schaden. Kälte, Proviantmangel und Desertion schwächten seine Scharen und zum Schlusse der Belagerung erhielt der Marschall noch eine gefährliche Wunde in den Arm, die ihn auf das Krankenlager warf und nach kurzer Zeit sich so verschlimmerte, daß Guébriant starb.

Das Treffen bei Tuttlingen folgte bald darauf. Der General Rosa, der nach des Marschalls Tode den Oberbefehl führte, ward von Mercy und Johann von Werth angegriffen und total geschlagen.

Der Kaiser betrieb nun die schon früher angeführten Ratifikationen für die zu einem Friedenskongresse berufenen Gesandten. Wiederholte Versuche eine Waffenruhe mit Schweden herzustellen, blieben fruchtlos. Man wechselte in Hamburg alle Ratifikationsinstrumente und Geleitsbriefe aus und der 11. Juli ward zur wirklichen Eröffnung eines Kongresses zu Münster und Osnabrück festgesetzt. Zu Frankfurt tagte der Deputationstag, welcher über die auf dem Kongresse zu erörternden Punkte verhandelte. Demnach verzögerte sich der Beginn des Friedenswerkes aufs neue. Der Kaiser hätte die ganze Angelegenheit dem baldigen Abschluß entgegenführen können, allein er schöpfte nach dem Treffen bei Tuttlingen wieder Hoffnung seine Feinde ganz niederzuwerfen, auch war ein neuer Krieg dem Ausbruche nahe, der schwedisch-dänische Krieg, zu dessen Beginn die Politik des Kaisers wesentlich beigetragen hatte und den Ferdinand als ein Mittel zu seiner vollständigen Rettung betrachtete. —

Kurfürst Friedrich Wilhelm hatte für seine Stellung und sein Land aus der durch Torstensons Erfolge hervorgehenden Verlegenheit des Kaisers Nutzen zu ziehen gesucht. Es war ihm einmal darum zu thun, die Stände zu besonderen Opfern bereitwillig zu machen. Der Einmarsch Torstensons in die Altmark hatte aufs neue gezeigt, was das wehrlose Land von den Fremden zu gewärtigen hatte. Dennoch zögerten die Stände bei der ersten Aufforderung des Kurfürsten (1641) unter allerlei Vorwänden, Gelder für die Ausrüstung von Truppen, für die Vermehrung derselben zu bewilligen.

Als die Schweden in der Altmark waren, erkannte man die Nothwendigkeit wol an — aber es war zu spät. Nachdem Torstenson die ersten Siege gegen die Kaiserlichen erfochten hatte, betrieb der Kurfürst seine Annäherung an Schweden desto eifriger. Es lag ihm vor der Hand daran, den Waffenstillstand zu verlängern. Seinem weitsehenden Verstande war es längst als eine Nothwendigkeit erschienen, mit den Schweden sich auf freundschaftlichen Fuß zu stellen.

Er schickte nach Stockholm eine Gesandtschaft, nachdem die Verhandlungen in Stettin abgebrochen waren, die Stände der Mark sich wieder gegen die schwedischen Forderungen erklärt hatten, der alte Hader zwischen Städten und

Adel ausgebrochen war und andererseits die Schweden sehr hohe Forderungen stellten, auch den Wiederaufbau der Werbener Schanze verlangten. Hier konnte der Kurfürst noch besser erkennen als vorher, in welcher Weise die Schweden ihre sogenannte „Hülfe für das Evangelium" in Anrechnung brachten. Sie wollten Herren in deutschen Landen, in den Marken bleiben, sie traten mit dem ganzen Uebermuthe des Siegers, mit der Brutalität des Mächtigen auf. Aber der Kurfürst wich trotz seiner gefahrvollen Lage nicht einen Fuß breit zurück. Er erklärte, daß Pommern ihm zugehöre, daß er es noch auf zwei Jahre in schwedischen Händen lassen wolle, daß er sich aber nicht im geringsten seine landesherrlichen Befugnisse in den Marken schmälern lassen werde. Nach diesen Erklärungen ging jene Gesandtschaft nach Stockholm ab. Sie hatte zwei Aufträge. Einmal sollte sie um die Verlängerung des Waffenstillstandes verhandeln, dann sollte Götze namentlich wegen des Verlöbnisses und der daraus folgenden Heirath mit der Königin Christine Anträge stellen.

Der Kurfürst hatte seine Gesandtschaft mit dem einem fürstlichen Hofe zukommenden Glanze ausgestattet. Sie sollte einiges Aufsehen erregen und dieser Zweck wurde erreicht. Man fürchtete in Wien, in Warschau und in Kopenhagen die Verbindung des Kurfürsten mit der Königin Christine. Es gelangten von den genannten Höfen energische Proteste gegen die Heirath nach Stockholm und Königsberg, wo der Kurfürst verweilte. Aber auch die schwedischen Stände waren dagegen. Sie durchschauten die Absicht des klugen Kurfürsten und wollten denselben keineswegs als Regenten von Schweden sehen. Man erklärte geradezu „daß der Kurfürst, selbst wenn er die Hand der Königin erhalte, auf eine Abtretung Pommerns an Brandenburg niemals rechnen dürfe". Als die Gesandten des Kurfürsten nach Stockholm kamen, wurde die Königin Christine veranlaßt in die Provinz zu reisen. Obwol der Kurfürst scheinbar noch die Vermählungsangelegenheit betreiben ließ, gab er dieselbe doch schon im Stillen auf. Er ließ sich darüber auch gegen Polen aus und man versuchte bereits an anderen Orten Heirathsprojekte vorzulegen. —

Wenn aber dieser Plan des Kurfürsten als gescheitert betrachtet werden mußte, so war es doch wenigstens zu einer Verständigung hinsichtlich der Verlängerung des Waffenstillstandes gekommen. Zwar machten die schwedischen Räthe enorme Forderungen, verlangten Kontributionen und verschiedene Bedingungen wegen des Seehandels und der Oderzölle, aber der Kurfürst ließ die oftmals dem Abbruche nahen Verhandlungen immer wieder aufnehmen, an denen sich auch Mitglieder der märkischen Stände betheiligten.

1643 Es kam das Jahr 1643. Der Kurfürst kehrte im März des Jahres zum ersten Male als Regent in die Marken, nach Berlin zurück. Welch ein trauriges Bild bot sich seinen Blicken dar! Die Verwüstung war eine so ungeheuere, wie der junge Fürst sie sich trotz der vielfachen Schilderungen und Berichte nicht vorgestellt hatte. Ueberall blickten ihn Armuth, Entbehrung und Sorge an. Die Felder zu bestellen schienen die Wenigsten Lust zu haben, ehemals fleißige Leute gingen bettelnd umher und Züge von Auswanderern begegneten ihm, die ihr Elend mit einem anderen zu vertauschen außer Landes gingen. In dem kur=

Auswanderer aus den Marken begegnen dem Kurfürsten.

fürstlichen Schlosse war kaum noch eine Reihe von Zimmern zu finden, welche der Hofhaltung ein leidlich anständiges Unterkommen gewährt hätten. Durch die zerstörten, eingefallenen Dächer drang das Regenwasser, die Treppen waren überall schadhaft und der dem Einsturz nahe Altan mußte schleunigst ein wenig reparirt werden, um Unheil zu verhüten. Man deckte ihn mit Dielen, weil es an Ziegeln mangelte. „Griechisches Pech, so man Kolophonium nennt", Wachs, Schwefel (das Pfund zu 5 Groschen und 4 Groschen 6 Pfennig) wurde zur Bestreichung des Daches verwendet. Diese Dinge mußten in Hamburg gekauft werden, weil sie in Berlin gar nicht zu haben waren. In dem wüsten Lust= garten tummelten sich die Schweine und in den dort stehenden Pfützen badeten die Enten.

Der Kurfürst war, da seine Mittel vollständig erschöpft waren, genöthigt, bei Privatleuten zu borgen. Es hatte noch so mancher hier und da einige Töpfe mit baarem Gelde gefüllt vergraben. Friedrich Wilhelm schlug der Ersparniß wegen sein Hoflager in Küstrin auf, wo es an der Tafel und im Hause sehr knapp herging, der Wein fehlte im Keller und der Kurfürst mußte zur Ver= setzung einzelner Kammergüter die Zuflucht nehmen, wollte er mit den Seinen einigermaßen anständig leben.

Nur sein Land in Ruhe verwalten zu können, darnach trachtete er. Er hatte die feste Ueberzeugung, daß er im Stande sein werde die Schäden zu bessern, wenn man ihm nur Zeit, seinen tief verwundeten Märkern die nöthige Ruhe ließ, und er war entschlossen, sich den schwersten Forderungen der Schweden zu fügen, wenn er dadurch nur freie Hand bekam. Die Abrechnung mit den brutalen Feinden wollte er schon später einmal halten.

Die großen Ereignisse waren ihm günstig. Der Kaiser hatte, durch die Niederlagen der Guébriantschen Armee ermuthigt und zur äußersten Anstrengung durch Torstensons Erfolge gemahnt, einen neuen Krieg entzündet. Er hatte mit

Dänemark Verhandlungen angeknüpft, große Versprechungen gemacht, wie z. B.
daß König Christian Bremen, Dömitz und einige andere Aemter erhalten solle,
wenn Dänemark eine Diversion gegen Schweden mache, um Torstenson von den
kaiserlichen Erblanden abzuziehen. Man arbeitete in Warschau und Moskau.
Die Versuche gelangen. Torstenson erhielt Weisungen von Stockholm aus, daß
man von Dänemark Schlimmes zu befürchten habe, daß die Vermittlungen, welche
Christian führte, nur dazu dienen sollten, den Schweden jeden Besitz in Deutsch=
land zu entreißen. Selbst der kaiserliche Gesandte Volmar hatte zu Hamburg
unvorsichtiger Weise den schwedischen Residenten Rosenhane vor der dänischen
Vermittlung gewarnt. Unter solchen Umständen hielten die Schweden es für
gerathen, mit Dänemark offen zu brechen.

Torstenson, der sich, wie wir wissen, in Mähren befand, brach plötzlich
von dort nach Schlesien und Sachsen auf. Niemand vermochte sich die Ursache
dieses Zuges zu erklären. Der große Feldherr war schweigsam genug, seine
Absichten lange verbergen zu können. Es hieß, er wolle in der Oberpfalz und
Baiern die Winterquartiere nehmen. Bei Barby angekommen, schien er die
Elbe passiren zu wollen. Plötzlich wandte er sich. Bei Havelberg angelangt,
entdeckte er seinen Offizieren, daß es sich um einen Zug gegen Dänemark handle.
Alles war in der an Torstenson gewohnten Weise so schnell und so regelmäßig
gegangen, daß die Angegriffenen sich noch nicht von ihrem Staunen erholt
hatten, als schon Torstenson in Holstein erschien. Mit der Eile des Sturm=
windes verbreiteten sich seine Scharen über Holstein und Jütland, ohne daß
eine Kriegserklärung vorhergegangen wäre. Binnen 14 Tagen hatte er das
ganze Land inne und Königsmark stand im Bremischen, um hier jede Bewegung
zu Gunsten der Dänen verhindern zu können. Nur der gelinde Winter hielt
Torstenson ab, über die Belte zu gehen und die Inseln anzugreifen.

Der Schrecken in ganz Europa, namentlich aber in den kaiserlichen Erb=
landen, war ungeheuer. Ehe man zum Angriff gelangen konnte, war man schon
geschlagen. Eiligst wurde nun von Seiten des Kaisers alles aufgeboten, um
den weiteren Siegen der Schweden Einhalt zu thun, eine große kaiserliche Armee
ward ihnen nachgesendet, sie sollten in Jütland eingeschlossen und entweder durch
Gewalt oder durch Hunger vernichtet werden.

Wir wissen, daß Schweden schon seit längerer Zeit genügend von den
Absichten des Kaisers bezüglich des Eingreifens der Dänen unterrichtet war.
Da man den Sturm kommen sah, wollte man schwedischerseits sich so gut
als möglich wahren und da der Zug Torstensons nach Holstein und Jütland
schon beschlossen war, zauderte Oxenstierna nicht, sich der Neutralität des Kur=
fürsten von Brandenburg zu versichern. Vielleicht hatte man auch erfahren, daß
der König von Dänemark sich ebenfalls um die Beihülfe des Kurfürsten heimlich
bewarb und sogar bei den Unterhandlungen hervorhob, „er werde nie dulden,
daß Pommern bei Schweden bleibe". — Wie dem auch sei, die Schweden wurden
etwas gefügiger und da der Kurfürst ebenfalls in Betreff der Kontributionen
und der Werbener Schanze, auf deren Wiederbau die Schweden entschieden
bestanden, nachgab, so kam ein Vertrag zu Stande, kraft dessen die Schweden

dem Kurfürsten gegen Erfüllung jener Bedingungen „freie Disposition über sein
Land zusicherten". Der Vertrag ward am 28. Mai 1643 zu Stockholm ab= 1643
geschlossen. In der Folge wurden dem Kurfürsten auch vertrauliche Mittheilungen
in Betreff der Vermählung mit der Königin und wegen Pommerns gemacht.

So hatte der unermüdliche Kurfürst für seine Marken das wichtigste erreicht.
Er durfte frei, als Herrscher darin schalten und die Schweden begaben sich des
Rechtes als Mitbesitzer zu verfahren. Die ganze Verwaltung, die Justiz, die
Steuererhebung ꝛc. waren in des Kurfürsten Händen und die noch von den
schwedischen Truppen besetzten festen Plätze hatten sich nicht mehr unter die
Befehle des Kommandanten, sondern unter die ihres Kurfürsten zu stellen.
Alle Märsche schwedischer Truppen fanden in geregelter Weise statt, es wurde
nach gesetzlichen Bestimmungen alles geregelt. Allerdings hatte der Kurfürst
neue Mühe gehabt, die Stände zur Annahme der schwedischen Forderungen zu
bringen. Diese bestanden im wesentlichen in Zahlung von 10,000 Thalern pro
Monat an die in Brandenburg stehenden schwedischen Truppen und in Lieferung
von 120,000 Scheffeln Getreide. Aber die Stände sahen denn doch die Noth=
wendigkeit ein und bewilligten Geld zur Zahlung, sie übernahmen auch 115,000
Thaler für die kurfürstlichen Truppen und 10,000 Thaler für Gesandtschaftskosten.

Eine Erleichterung wurde der Mark zwar zu Theil, als Torstenson bei
seinem Marsche nach Jütland die Besatzungen aus Frankfurt und Crossen an
sich zog, aber dieselbe war nur unbedeutend. Das Land hatte trotz der Ver=
minderung der Besatzungen genug zu leiden. Aber es erfolgte noch Schlim=
meres. Wie angeführt, sendete der Kaiser den Schweden eine Armee unter
Gallas nach. Diese brach bei dem Verfolgungsmarsche in die Marken ein
und hauste hier in der altbekannten Art gleich den Räubern. Die Altmark litt
namentlich schwer und Gallas hatte die Kühnheit vor den Kurfürsten zu treten

Gallas vor dem Kurfürsten. (Porträt.)

und die Frage zu stellen: „Wessen er sich in ihm zu versehen habe?" Des Kurfürsten Antwort war aber eine so entschiedene und stolze, daß Gallas ohne weitere Erörterung sich empfahl. Bei längerer Anwesenheit der Kaiserlichen wäre für die Mark viel zu besorgen gewesen, aber Gallas konnte nicht lange weilen. Die Dänen waren buchstäblich in der Falle. Sie warteten sehnsüchtig auf Befreiung und Gallas mußte eilen, ihnen dieselbe zu bringen.

Er besetzte den Paß zwischen Stapelholm und Schleswig, um den Schweden den Rückzug abzuschneiden, allein Torstenson zog seine Truppen bei Rendsburg zusammen, ging Gallas entgegen und versuchte ihn zum Treffen zu bringen. Ueber Segeberg und Oldesloe zog er am Lager der Feinde vorüber, ohne nur einen Wagen seines Trains zu verlieren und nahm bei Ratzeburg Stellung. Gallas war genöthigt ihm zu folgen und ging, nachdem die dänischen Truppen sich von ihm getrennt hatten, bei Lauenburg über die Elbe. Hier griff Torstenson den kaiserlichen Nachtrab an und hieb ihn fast ganz nieder, erbeutete auch einen Theil des Gepäcks.

1644 Der Schrecken der kaiserlichen Truppen war so groß, daß sie in Eilmärschen, die einer Flucht nicht unähnlich sahen, bis Magdeburg und von da nach Bernburg gingen. Hier bezog Gallas ein verschanztes Lager um die Schweden aufzuhalten. Aber Torstenson trieb ihn heraus und da Gallas sich nach Magdeburg zog, belagerten ihn die Schweden. Den nach Schlesien entweichenden Reiterregimentern setzte Torstenson nach. Bei Jüterbog wurden sie zersprengt. Hierauf wandte Torstenson sich nach Meißen. Königsmark schloß Gallas in Magdeburg dergestalt ein, daß die Kaiserlichen aus Proviantmangel sich mit genauer Noth über Wittenberg nach Böhmen retteten. Gallas soll nur 1000 Mann heimgebracht haben.

Nunmehr brach Torstenson gegen Böhmen auf. Die schwedischen Truppen rückten mit der an ihrem großen Führer gewohnten Eile heran. Der Kaiser hatte in größter Noth ein neues Heer zusammengebracht, dessen Oberbefehl Graf Hatzfeld führte. Er raffte die Reste des Gallasschen Heeres, die Truppen, welche die Besatzung der böhmischen und einiger schlesischer Städte bildeten, an sich und ward von den bisher in Ungarn stehenden General Götze durch etwa 3000 Bauern verstärkt. Torstenson rückte mit 16,000 Mann nach Böhmen, während Königsmark in wenigen Wochen das ganze Erzstift Bremen eroberte.

Eine neue Entscheidungsschlacht stand bevor als Torstenson seinen Einmarsch 1645 begonnen hatte. Bei Jankowitz kam es am 24. Februar 1645 zu einem wüthenden Zusammenstoß. Der Kampf währte acht Stunden und endete mit einer so vollständigen Niederlage der Kaiserlichen, wie sie seit der letzten Affäre von Leipzig (1642) nicht schrecklicher gesehen worden war. Hatzfeld ward mit 4000 Mann gefangen. Götze blieb auf dem Platze. 5000 Todte zählten die Kaiserlichen, 26 Kanonen und 77 Fahnen fielen den Siegern als Beute zu.

Diese Niederlage verbreitete Entsetzen unter den Kaiserlichen. Ferdinand, der bisher immer noch an eine günstige Wendung geglaubt hatte, ergriff die Flucht. Er floh von Prag nach Regensburg, die kaiserliche Familie ward nach Gratz geschickt. Gallas, der seit seinem Unglück in Mißgunst stand, wurde herbeigerufen; wo es nur irgend thunlich war, hob man Truppen aus.

Die Hauptursache zu diesem Schrecken war die Kunde von einem zwischen Torstenson und dem französischen General Turenne bestehenden Bündnisse. Beide wollten den entscheidenden Stoß gegen Oesterreich thun. Der Fürst Rakoczi und selbst der Pascha von Ofen sollten sich mit ihnen vor Wien vereinigen. Wirklich ging Turenne nach dem siegreichen Treffen von Allersheim abwärts der Donau, Rakoczi ging in Ober=Ungarn aufwärts der Donau vor. Von Wien, Preßburg, Linz und Prag flüchtete man die Schätze nach Steiermark. 1645

Die feindlichen Scharen der Schweden und eine Unzahl regelloser Horden, welche auf eigne Hand Krieg führten, ergossen sich über ganz Mähren bis in das Oesterreichische hinein. Torstenson nahm Krems, Korneuburg und die Schanze an der Wolfsbrücke bei Wien. Der Donner schwedischer Kanonen ward in der Kaiser= burg gehört. Unbegreiflicherweise erschöpfte Torstenson seine Kraft an Brünn, das er vier Monate lang belagerte und dessen heldenmüthiger Vertheidigung das Kaiserhaus dieses Mal seine Rettung verdankte. Außerdem bestand zwischen Tu= renne, Rakoczi und Torstenson keine Einheit. Letzterer wollte nicht nach Ungarn gehen. Die Belagerung Brünns zog sich in die Länge und Seuchen, Krankheiten der Pferde, Proviantmangel lichteten die Reihen der Schweden, so daß Torstenson die Belagerung von Brünn aufhob und mit 8000 Reitern und nur 3000 Mann Fußtruppen abzog um nach Böhmen zu rücken, wo er mit Königsmark zusammen traf, der sehr glücklich gefochten und den König von Dänemark zum Frieden von Brömsebro gezwungen hatte, welcher Schweden für immer in den Besitz der Inseln Gothland und Oesel brachte und ihnen Jemteland und Herjedalen auf 30 Jahre einräumte. Königsmark hatte auch Sachsen zum Frieden gezwungen, nachdem er in dem Lande auf barbarische Weise gebrandschatzt und geplündert hatte. Wiederum war das Kaiserhaus gerettet. Auf wie lange — das war eine andere Frage, deren Lösung zum Theil in des Kaisers eigenem Willen lag. Ein nicht zu berechnender Verlust für die Schweden, ein eben großer Vortheil für die Kaiser= lichen mochte es sein, daß Torstenson, durch die Krankheit geschwächt, nicht mehr im Stande war, den Oberbefehl zu führen. Er bat um seine Entlassung. Der General Wrangel ward auf Befehl der Königin sein Nachfolger.

Allmählich wurde der Kaiser doch zu der festen Ansicht gebracht, daß unter allen Umständen das Friedenswerk zu Stande kommen müsse. Die Fortschritte der Franzosen, die unter Turenne und Enghien trotz des Widerstandes der Bauern unter Mercy und Johann von Werth bis Heilbronn, Trier 2c. vordrangen, die Stellung der Schweden in Böhmen, die unsichere Haltung seiner eigenen Ver= bündeten und die stets nahe Gefahr von Ungarn, Holland und Polen, machten ihn zum Frieden immer mehr geneigt. Man begann in der That das Werk zu Osnabrück und Münster.

Wenden wir uns wieder nach Brandenburg, so sehen wir den Kurfürsten bereits in einer ganz anderen Stellung seinen mächtigen Nachbarn gegenüber, als er sie vor dem Beginn des schwedisch=dänischen Krieges eingenommen hatte. Er hatte seine Marken für sich frei gemacht und ihnen mindestens die Hülfe gebracht, daß der wüthende Strom des Krieges sie nicht mehr überschwemmen und total zerreißen konnte, die Gewißheit, vor der Willkür des durchziehenden Feindes ge=

schützt zu sein, trug viel dazu bei, daß die Märker sich wenn auch langsam zu
1645 erholen begannen, und daß schon 1645 eine merkliche Hebung aller Verhältnisse
in der Mark konstatirt werden konnte.

In Preußen war es ihm gelungen, nach der Belehnung seine Huldigung
durch die Stände vollziehen zu lassen. Die Bewilligung der Steuern wurde ohne
weitere Schwierigkeiten zugestanden, nur die Städte, namentlich Königsberg, ver=
weigerten den Huldigungseid, da sie allerlei Beschwerden vorbrachten und erst am
28. Februar 1642 leisteten sie „mit Vorbehalt" den Eid.

Noch schwieriger war es für den Kurfürsten gewesen, sich einigermaßen in
den cleveschen Ländern festzusetzen und zu behaupten. Es standen diese Länder
allerdings unter brandenburgischer Regierung, allein dieselbe hatte so gut wie nichts
zu bedeuten. Die Städte von Bedeutung waren von den Holländern, die festen
Plätze von den Spaniern besetzt. Eine dritte Zwangsbesitzerin war die Land=
gräfin von Hessen, deren Truppen bis Kalkar standen und die Verbindung der
Kaiserlichen mit den Spaniern hinderten. Das Schlimmste war noch, daß die
hier wie überall zur Opposition und zum Aufstande geneigten Stände diese Be=
satzungen gar nicht ungern sahen, weil sie durch dieselben ihre Freiheiten gegen
die Ansprüche des eigentlichen Landesherrn gesichert glaubten.

Der Kurfürst hatte hier insofern Glück, als die von den Franzosen beabsich=
tigten Unternehmungen gegen den Oberrhein die Landgräfin von Hessen zwangen,
ihre Truppen aus den Städten zu ziehen, da sie die Franzosen unterstützen wollte.
Die also von Besatzungen entblößten Städte mußten durch Truppen des recht=
mäßigen Landesherrn wieder besetzt werden und da die Holländer, welche ihre
Soldaten gegen Spanien gebrauchten, ebenfalls Dinslaken und Duisburg räumen
mußten, sich auch bereit erklärten, solche Plätze durch kurfürstliche Truppen besetzen
zu lassen, kam am 19. Oktober 1643 ein Vergleich zu Stande, nach welchem die
von den hessischen und holländischen Truppen geräumten Plätze dem Kurfürsten
übergeben werden sollten. Es ist wol für die Stellung, welche der Kurfürst
bereits behauptete, von Wichtigkeit zu erfahren, daß namentlich die Vermittelung
Frankreichs in dieser Sache für Brandenburg höchst bedeutsam war. In auf=
fälligster Weise bemühte sich der französische Hof um den Kurfürsten. Der
Kardinal Mazarin nahm den brandenburgischen Gesandten Rodt sehr glänzend auf
und trat ganz auf Seite des Kurfürsten, als bei der Besetzung der Stadt Xanten
der hessische Oberst Rabenhaupt die brandenburgischen Truppen überfallen hatte.
Auf Mazarins Einschreiten räumten die hessischen Soldaten auch Xanten wieder.
Erst 1647 aber gelang es dem Kurfürsten die Angelegenheiten zum erwünschten
Abschluß zu bringen. Durch den Vergleich mit dem Pfalzgrafen ward zu Düssel=
dorf festgesetzt, daß der Kurfürst Cleve, Mark und Ravensberg erhielt. Dem
Pfalzneuburger sicherte man Jülich, Berg und Ravenstein zu und die Protestanten
erhielten ihre Religionsfreiheit; wir werden jedoch bald sehen, daß diese Angelegen=
heit noch zu ernsteren Verwickelungen führte und daß 1647 der Streit nur bei=
gelegt ward um nochmals aufzuflammen.

Persönlich wurde dem Kurfürsten nicht minder große Zuneigung bewiesen,
ja, es war die Zeit gekommen, wo man sich förmlich um seinen Besitz bemühte.

Wir wissen, daß der König von Polen und seine Gemahlin sich eifrig bemüht
zeigten, dem Kurfürsten die Hand einer polnischen Prinzessin anzutragen. Schon
früher hatte der Kaiser den Wunsch geäußert, den Kurfürsten mit einer Erz=
herzogin vermählt zu sehen. Wie sehnlichst man in Holland die Verbindung mit
der Prinzessin Ludovike gewünscht hatte, ist ebenfalls bekannt, auch Gustav Adolfs
Plan, seine Tochter Christine mit Friedrich Wilhelm zu vermählen, haben wir
kennen gelernt. Während der Verhandlungen wegen des Besitzes von Cleve trat
endlich auch der Kardinal Mazarin gegen den brandenburgischen Gesandten mit
der Versicherung hervor, daß es ihm und dem Könige von Frankreich gar nicht
unlieb sein werde, wenn sich zwischen dem Kurfürsten und der Tochter des Her=
zogs von Orleans eine Heirath schließen lasse. Man sieht, Brandenburg war
im Steigen und diejenigen, welche beim Antritte seiner Regierung den jungen
Kurfürsten mit einer Art von mitleidsvollem Wohlwollen oder mit Geringschätzung
betrachtet hatten, mußten sich sagen, daß er doch von außergewöhnlicher Begabung
sei und daß er, wenn er so fortschreite, zu großer Bedeutung gelangen müsse.
Friedrich Wilhelm bethätigte auch bei den Heirathsofferten aufs neue seine Klugheit.
Er wußte den polnischen, kaiserlichen und französischen Anliegen in höchst geschickter
Weise ohne zu verletzen auszuweichen. Sein religiöses Bekenntniß sicherte ihn wol
zunächst davor, daß man ihm katholische Prinzessinnen aufdrängen werde, außerdem
hatte er das Heirathsprojekt mit der Königin Christine noch nicht aufgegeben.

Ebenso klug und vorsichtig benahm der Kurfürst sich in Sachen der hohen
Politik. Als Torstenson genöthigt worden war, die schwedischen Truppen aus
den brandenburgischen Festungen zu ziehen, wurde zu Berlin, offenbar von Wien
aus, dem Kurfürsten unterbreitet, daß es jetzt an der Zeit sei, sich Pommern
zurückzugewinnen, welches die Schweden ihm verweigerten. Aber der kluge
Kurfürst durchschaute sehr wohl den Plan, der auf nichts anderes hinauslief, als
ihn mit Schweden zu entzweien und wies ihn zurück.

Wir finden den Kurfürsten mit Männern umgeben, deren Namen in der
brandenburgischen Geschichte glanzvoll verzeichnet worden sind. Es gehörte zu
den besonderen und herrlichsten Gaben, welche die Vorsehung dem Kurfürsten ver=
liehen hatte, daß er mit richtigem Blick bei der Wahl seiner Räthe und Ver=
trauten zu entscheiden wußte. Wir finden zunächst die Alten, die Treuen und
Verdienstvollen, welche seit dem Beginne der Regierung in allen Stürmen das
Staatsschiff so wacker lenken halfen: die Gebrüder von Leuchtmar, den aus=
gezeichneten Winterfeld, den Kanzler Götze. Sie waren es vorzüglich, welche des
Kurfürsten rege Thätigkeit mit neuer, fast jugendlicher Kraft erfüllte, die von dem
Herrn in den Diener überzuströmen schien. Der Kurfürst hatte keineswegs die
älteren Räthe, welche ihm gewissermaßen als Vermächtnisse von seinem Vater
her überkommen waren, zurückgesetzt.

Löben, Seidel, Stiepe, Fromhold, obwol sie zum Theil dem Prinzipe des
Grafen Schwarzenberg gehuldigt hatten, waren dennoch durch den Feuereifer des
Kurfürsten schnell auf die andere neue Bahn gelenkt worden und standen den
übrigen Räthen treu zur Seite. Wohl wissend, daß er zum großen Theil alte
Herren um sich habe, war der Kurfürst bemüht, im voraus jüngere Kräfte heran=

zubilden, um genügenden Ersatz zu haben. Schwerin, Ewald von Kleist, Dohna, Heyden, ein ehemaliger Offizier, der Rechtsgelehrte Wesenbeck und verschiedene andere, deren wir noch zu gedenken haben werden, bildeten diesen diplomatischen Nachwuchs.

Der Kurfürst ließ stets seine Blicke in die Zukunft schweifen. Er baute für dieselbe. So ist es sicher, daß er schon lange vor dem schwedisch-dänischen Kriege den Plan hatte, eine überseeische Kolonie zu gründen, da bei ihm der Gedanke feststand, daß Pommern ihm doch einst gehören müsse. Was konnte er dann mit Hülfe der Odermündungen und Stettins erreichen!

Ebenso war er unermüdlich, sein Heer zu stärken. Es wurde vom Kaiser sehr unliebsam vermerkt, daß während des noch tobenden Krieges der Kurfürst seine Armee schon auf 8000 Mann gebracht hatte, aber in der schweren Zeit fand Friedrich Wilhelm hierfür Entschuldigungen. Die Seele der militärischen Unternehmungen war damals noch jener Konrad von Burgsdorf, der dem Kurfürsten zuerst den Eid geleistet und sich besonders treu gezeigt hatte. Es war sehr natürlich, daß der Kurfürst diesen Mann bevorzugte, dessen Leben freilich nicht in jeder Beziehung als ein musterhaftes gelten konnte. Burgsdorf galt mit vollem Rechte für einen Großsprecher, der zugleich gern den Mentor spielen mochte. Seine finanziellen Verhältnisse waren schlecht, er zeigte aber bei alledem eine gewisse militärische Offenheit, welche dem Kurfürsten zusagte. Daß Burgsdorf ein ungeheurer Lebemann war, namentlich wenn es zu trinken galt, machte ihn in jenen Zeiten nicht schlechter. Ebenso wenig seine nicht angenehme Sitte, jede Versicherung mit gräulichen Flüchen zu bekräftigen.

Trinken und Fluchen waren ebenfalls in jenen Zeiten an der Tagesordnung, wo ein großer Theil der Menschheit im Soldatenrocke steckte und in den rohen Sitten des Krieges aufgewachsen war. Uebrigens that Burgsdorf seinen Dienst pünktlich und versah sein Amt als Oberkommandant mit großer Gewandtheit. Um die erste Formirung der brandenburgischen Militärmacht hat er sich wesentliche Verdienste erworben.

So konnte der Kurfürst sagen, daß Ruhe in den Marken, in Preußen und vorläufig in seinen rheinischen Landen herrsche, aber die Dauer dieser Ruhe ließ sich nicht bestimmen. Der Krieg wüthete noch immer weiter, allein neben seinen Schrecken gingen doch die Friedensarbeiten. Man hatte es jetzt deutscherseits mit den Franzosen zu thun, die, in Verbindung mit Hessen und Schweden, in deutschen Landen arg hausten. Der Kaiser glaubte das Friedenswerk schneller fördern zu können als es in seiner Macht stand. Die Etikettefragen hielten an sich schon die Gesandten in ihren wichtigeren Verrichtungen auf. Auch Brandenburg war nicht frei von solchen Kleinlichkeiten geblieben. So hatten die kurfürstlichen Gesandten strengen Befehl erhalten, der Würde ihres Herrn eingedenk zu bleiben und sich keine Zurücksetzung gefallen zu lassen. Von dem französischen Gesandten sollten sie sich zuerst einen Besuch machen lassen. In der Anrede an den Gesandten Frankreichs sollte, wenn die Person des Königs dabei in Betracht kam, diese mit dem Titel Majestät belegt werden, den der Kurfürst sonst nur seinem Lehnsherrn, dem polnischen Könige, und dem Kaiser zugestand. Die anderen Könige redete man mit „Eure königliche Würde" an. Dafür sollten die

Franzosen Sorge tragen, daß der venetianische Gesandte nicht den Vortritt vor dem brandenburgischen habe, und andere dergleichen Formalitäten. In derselben Weise wie Brandenburg machten es alle übrigen auf dem Kongresse vertretenen Mächte, was die Folge hatte, daß man ein Jahr lang mit Streitigkeiten über Erfüllung der Formalitäten verbrachte, ehe man das eigentliche Friedenswerk begann. Allerdings hatte die Beobachtung jener Förmlichkeiten einen besonderen und gewissermaßen wohlberechtigten Grund. Den meisten der tagenden Fürsten, deren Gesandte sie vertreten mußten, war im Laufe des furchtbaren Krieges nichts weiter als Rang und Namen verblieben. Sie waren vorläufig landlos. Ein Vergeben ihrer äußeren Würde konnte allerdings für die späteren Wiederbelehnungsversuche nachtheilig werden in einer Zeit, wo die äußere Würde noch für eine Art Palladium galt, welches dem Besitzlosen Schutz und Theilnahme sicherte.

Endlich ging man an die wirkliche Arbeit. Hier zeigten sich sogleich die Franzosen und Schweden als die Meistfordernden. Sie hatten mit der Religion gar nichts mehr zu schaffen. Sie wollten nur durch Besitz entschädigt werden. Der kaiserliche Gesandte Graf Trautmannsdorf mußte all seine persönliche Liebenswürdigkeit aufbieten, um zu verhindern, daß der Anfang der Verhandlungen nicht auch zugleich ihr Ende wurde. Niemand gedachte mehr der religiösen Angelegenheiten. Es ward jedem Beobachter klar, daß nur aus Habgier und einer „stinkenden Selbstsucht willen" fast dreißig Jahre lang gestritten worden war. Schon im Beginn der Verhandlungen zeigte Brandenburg die größte Festigkeit. Die Gesandten des Kurfürsten waren dem kaiserlichen Vorschlage, die deutschen Verhandlungen nach Münster zu verlegen, mit derselben Energie entgegengetreten, mit welcher sie sich weigerten, zuerst über die Angelegenheiten der Höfe und dann über die inneren Zustände des Reiches Berathung zu pflegen.

Selbst Frankreichs volle Anerkennung ward dieser Festigkeit zu Theil. Der Kurfürst hatte zum Präsidenten seines Gesandtschaftspersonals den Grafen Witgenstein ernannt. Er war bald in Münster, bald in Osnabrück thätig. In Osnabrück fungirte Staatsrath Friedrich von Löben und Doktor Peter Fritze

Graf Witgenstein.   Fromholt.   Wesenbeck.
Die brandenburgischen Gesandten. (Porträts.)

(letzterer wurde später durch Wesenbeck abgelöst). In Münster arbeiteten Friedrich von der Heyden und Johann Portmann, an dessen Stelle später Johann Fromholt thätig war. Durch die vorhergegangenen Kämpfe mit den Ständen in Preußen, Brandenburg und Cleve hatte der Kurfürst sich für den Kampf gestählt, welcher allerdings der schwerste und wichtigste sein mußte. Es mußte auf dem Friedenskongresse entschieden werden, welche Stellung das Haus Brandenburg=Hohenzollern in der Zukunft im deutschen Reiche einnehmen sollte und ob ihm die nothwendigen Mittel gelassen würden, um seine Kräfte gehörig entfalten zu können. Zurückweichen, in das Nichts eines kleinen geduldeten Fürsten verschwinden, oder achtunggebietend von seinen freien Landen aus in die Geschicke Europas eingreifen zu können als souveräner Fürst des deutschen Reiches: zwischen diese beiden Eventualitäten sah sich Friedrich Wilhelm gestellt, der sich das Schwierige seiner Lage nicht verhehlte, aber, aufgewachsen unter Beobachtungen und in Kämpfen der schwierigsten Art, wußte der kaum fünfundzwanzigjährige Kurfürst so musterhafte Instruktionen für seine Gesandten auszuarbeiten, sein großes Talent für diplomatische Verhandlungen, wobei ihm die schwierigsten Lösungen immer die liebsten waren, zeigte sich derart, daß die Erfolge kaum zweifelhaft sein konnten, wenn sich nicht offenbare Gewalt den brandenburgischen Interessen entgegenstemmte.

Uebrigens wurde zu Münster und Osnabrück in des Wortes eigenster Bedeutung von jedem der Betheiligten gehandelt, gefeilscht. Man schlug auf, wie der kleine Krämer, indem man viel mehr forderte, als man eigentlich haben wollte. Abhandeln ließ sich ja noch immer. — Der Kurfürst hatte nur seines Landes Interessen im Auge und wollte deshalb nicht für besser gelten, als seine Mithandelnden. Für ihn gab es bei dem Friedenskongresse nur zwei Hauptsachen zu erledigen: den pommerschen Besitz und die Stellung der Reformirten. Er hatte auf Pommerns Besitz ein unbestreitbares Recht, welches selbst Gustav Adolf und die Stände anerkannt hatten. Die Pommern waren von dem Schalten der Schweden in ihrem Lande nicht erbaut. „Sie wollten nicht," wie der Gesandte Pommerns erklärte, „als eine Viehheerde verhandelt werden." Dieser Erklärung, die für Brandenburg sprach, traten die Schweden mit ihren Forderungen entgegen, da sie behaupteten, Pommern sei die vorzüglichste Schadloshaltung für die schwedischen Bemühungen um Deutschland. Sie forderten dann nur die Hälfte, für die andere Bremen und Verden. Endlich übergaben sie Forderungen, bei denen dem Kaiser angst und bange ward, denn Schweden forderte Schlesien und Pommern g a n z, mit Cammin, Bremen, Warnemünde, Verden ꝛc., kurz es wollte mit in das deutsche Reich treten. Die Franzosen forderten Elsaß, Breisgau, Sundgau, Philippsburg ꝛc. — Es sollten also die deutschen Gebiete faktisch an die Fremden abgetreten werden. Schlesien hieß „des Kaisers Augapfel", also hatte die pommersche Frage dazu beigetragen, den Besitz dieses kaiserlichen Lieblingslandes für Ferdinand zweifelhaft zu machen. Es war klar, daß dadurch die pommerschen Angelegenheiten zum wichtigsten Gegenstande der Verhandlungen wurden. Die kurfürstlich brandenburgischen Instruktionen waren stets scharfsinnig und so reich an allerlei Auswegen, daß

man mit ihnen nach Belieben der brandenburgischen Gesandten die Verhand=
lungen stets wieder hinausrücken konnte.

Zu Anfang waren die Schweden den Brandenburgern gegenüber auf dem
Kongresse sehr gefügig und selbst in der pommerschen Frage zurückhaltend gewesen.
Aber es kam ein Umstand hinzu, der sie plötzlich äußerst unduldsam machte.
Man hatte bisher noch immer an ein Zustandekommen der Heirath Friedrich
Wilhelms mit der Königin Christine gedacht, des Kurfürsten Ansprüche auf
Pommern gedachte man auszugleichen. Allein Friedrich Wilhelm hatte bereits
begonnen, den von ihm einst gehegten Heirathsplan aufzugeben. Er wollte mit
Hülfe der Generalstaaten sich wenigstens einen Theil von Pommern sichern und
hatte bereits vorher schon im Haag wegen einer Vermählung mit der oranischen
Prinzessin anfragen lassen. Es ward ihm eröffnet, daß man eine solche Ver=
bindung nicht ungern sehen werde.

Während also in Münster heftig gestritten ward, die Schweden sich stärker
als je um den Besitz Pommerns bewarben, während Brandenburg isolirt stand,
da man erklärte, mit den Brandenburgern nicht weiter verhandeln zu wollen,
wobei aber der französische Gesandte vermittelnd eintrat, während dessen trat
Friedrich Wilhelm seine Reise nach dem Haag an.

Die Gesandten feilschten derweil um Länderfetzen und Seelen über der
Karte Germaniens.

Die Eltern Luise Henriettens: Friedrich Heinrich und Amalie von Oranien. (Porträts.)

VIII. Kapitel.

Vermählung des Kurfürsten. Friedensschluß.

s war die oranische Prinzessin Luise Henriette, um deren Hand der Kurfürst sich jetzt bemühte. Er hatte, zum größten Verdruß der Schweden, niemals um die Hand der Königin Christine bitten lassen und Oxenstierna war den leisen Andeutungen gegenüber stets zurückhaltend erschienen, hatte auch von der Schwierigkeit der Uebernahme einer Regentschaft in Schweden, von der Gewalt der Stände ꝛc. gesprochen. Dies alles hatte den Kurfürsten nur um so stolzer gemacht.

Er brach jede Verbindung ab, und es war zum Heile Brandenburgs, daß der junge Fürst sich nicht durch den Glanz einer Krone blenden ließ, durch deren Besitz er ohne Zweifel die deutschen Interessen geopfert hätte, welche nothwendigerweise den schwedischen untergestellt werden mußten.

Die von Friedrich Wilhelm erwählte Braut war im Jahre 1627 am 27. Dezember im Haag geboren. Ihre Eltern waren Friedrich Heinrich, der Erbstatthalter der Niederlande, und seine Gattin Amalie. Die Prinzessin hatte den Kurfürsten schon kennen gelernt, als dieser, noch Prinz, in dem Hause des Erbstatthalters ein willkommener Gast war. Ihre Erziehung war, wie dies bei dem trefflichen Oranier nicht anders sein konnte, ebenso einfach als der Stellung einer Prinzessin würdig gewesen. Sie hatte in dem stillen und idyllischen Schlosse der Eltern sich die Kenntnisse angeeignet, welche das Leben verschönern helfen, und eine aufrichtig religiöse Erziehung — sie war wie ihre ganze Familie und der größte Theil der Einwohner Hollands reformirter Konfession — verlieh

ihrem echt weiblichen Wesen einen besonderen Reiz, dem sich niemand entziehen
konnte, dessen Sinn für die Vorzüge einer reinen und selbst im Glanze des
Hoflebens doch still und wohlthätig wirkenden Hausfrau offen war.

Da Friedrich Wilhelm die Hand der Prinzessin bereits zugesagt erhalten
hatte, sendete er Burgsdorf nach dem Haag voraus, die förmliche Werbung an=
zubringen. Er selbst wollte folgen und die Vermählung im Haag feiern. Der
Kurfürst verließ am 25. September Berlin. Für sein standesgemäßes Auftreten 1646
hatte er ansehnliche Gelder aufgenommen. Seine Mutter lieh 3000 Thaler
dazu, von den preußischen Ständen wurden 50,000 Thaler gefordert. 500 Mus=
ketiere und 300 Reiter bildeten seine Leibwache. Er nahm 30 Kutschen, 20 Bagage=
wagen, 20 Handpferde, Trompeter und Pauker mit.

Am 24. Oktober war er auf seinem Zuge nahe bei Osnabrück. Hier hatte
er eine Unterredung mit seinen auf dem Kongresse befindlichen Gesandten, die
ihm schlechte Nachrichten überbrachten, denn der Kaiser hatte den Schweden
ganz Pommern überlassen, von allen Fürsten war nur der ganz machtlose
Karl II. von Lothringen für Brandenburg aufgetreten. Die Schweden wollten,
da der Kaiser sich gegen Brandenburg sehr zweideutig benahm, sich mit dem
halben Pommern begnügen, dafür aber andere Entschädigung haben, den Kur=
fürsten wollte man einigermaßen entschädigen.

Der Kurfürst wurde durch diese offenbar feindliche Haltung der Mächte
dergestalt erbittert, daß er den Gesandten Befehl gab, ihm einen Plan vor=
zulegen, nach welchem er seine Sache mit den Waffen in der Hand führen
könne. Zugleich ließ er auf dem Kongresse Forderungen von so bedeutendem
Umfange, so über alles bisher Erwartete hinausgehend, stellen, daß der Sturm
gegen ihn losbrach. Nur mühsam vermochten seine Gesandten den durch die
unwürdigen Nergeleien und die kleinlichen Machinationen seiner Feinde über=
reizten Kurfürsten von Schritten abzuhalten, welche diesmal seiner Klugheit
und Ueberlegung vorausgeeilt wären und schweres Unheil über sein Land ge=
bracht hätten. Er würde alles gegen sich gehabt haben. Aber das Maß
der Ungerechtigkeit war voll — Friedrich Wilhelm hatte bisher mit unbeschreib=
licher Geduld getragen.

Von Lengerich aus, wo diese Nebenverhandlungen stattgefunden hatten,
reiste der Kurfürst direkt in den Haag, wo er mit allen Zeichen alter Freund=
schaft empfangen wurde. Auf den 23. November war die Vermählung an=
gesetzt. Aber zehn Tage vorher schritt Friedrich Wilhelm mit dem oranischen
Prinzen Wilhelm in die Versammlung der Generalstaaten. Hier angekommen
ergriff er das Wort und indem er an die alte Freundschaft seines Hauses mit
den Generalstaaten erinnerte, bat er sie, in der pommerschen Sache ihm zur
Seite zu stehen, da sie eine für ihn gerechte sei, auch in den Cleveschen Händeln
hoffe er die Generalstaaten ihm geneigt zu finden; am Schlusse der Rede zeigte
er ihnen seine bevorstehende Heirath mit dem „oranischen Fräulein" an. —
Sie erhielt allgemeine Zustimmung.

Zunächst hatte diese Ansprache und bevorstehende Verbindung Einfluß auf
die cleveschen Angelegenheiten. Der Pfalzgraf von Neuburg erklärte sich zu Unter=

Friedrich Wilhelm in der Versammlung der Generalstaaten.

handlungen geneigt. Burgsdorf brachte einen Vertrag zu Stande, Cleve und die Grafschaft Mark sollten bei Brandenburg verbleiben. Die Verhältnisse der Protestanten wurden nach den Bedingungen von 1612 geordnet. Sie erhielten freien Gottesdienst, was den halb tollen, durch religiöse Schwärmerei, welche die Jesuiten nährten, kopfkranken Pfalzgrafen dergestalt ängstigte, daß er in steter Angst lebte, „der Teufel könne ihn holen."

Die Heirath des Kurfürsten mit der schönen und liebenswürdigen Luise Henriette sollte mit aller Pracht gefeiert werden. Aber der Vater der Prinzessin war heftig erkrankt, man mußte die beabsichtigte großartige Feierlichkeit einschränken. Jedoch seinen fürstlichen Einzug wollte Friedrich Wilhelm nicht aufgeben. Er ritt, von seinem ganzen Gefolge begleitet, an dem oranischen Palaste vorüber, in das Haus der Generalstaaten; die Prinzessin stand auf dem Altane des Hauses, der Kurfürst grüßte enthusiastisch hinauf und das zahlreich versammelte Volk rief Vivat und bezeugte seine Freude.

Das Haus der Generalstaaten hatte der kurfürstlichen Braut einen Jahresgehalt von 20,000 Gulden ausgesetzt. Die Vermählung ward am 23. November im Hause des Erbstatthalters gefeiert. Fand diese Feier auch nur in engerem Familienkreise statt, so war sie doch nicht nur eine sehr herzliche und innige, sondern sie entbehrte in Bezug auf äußere Form auch nicht der nothwendigen Pracht. Die junge Fürstin, deren sanfte Schönheit jedermann entzückte, deren edles Wesen auf den ersten Blick die Tochter eines erlauchten Herrscherhauses erkennen ließ, trug einen kostbaren Ueberwurf aus Silberbrokat, der reich mit Brabanter Spitzen, den herrlichen Erzeugnissen ihres Vaterlandes, besetzt war. Die Kanten der schweren, seidenen Unterrobe waren reich mit Perlen besetzt. Die Schleppe des Ueberwurfes wurde von sechs Damen, Töchter der edelsten Familien, getragen. Das schöne Haupt der Prinzessin schmückte eine Krone von

Begrüßung der Prinzessin.

Der Brautzug.

Brillanten und Perlen. Der Kurfürst erschien nicht minder reich gekleidet. Er trug Wamms und Beinkleider aus weißem Atlas, der mit Silberfiligranspitzen eingefaßt war. Die breiten Schöße seines Wammses und die Bruststücke desselben waren mit Goldstickerei dergestalt bedeckt, daß nur wenig von dem Stoffe zu sehen blieb. In die Stickerei waren Perlen und Diamanten eingelegt.

Als Trauzeugen fungirten die Eltern der Braut, die Wittwe des ehemaligen Böhmenkönigs, Prinz Wilhelm von Oranien, der Prinz von Portugal, sowie eine Deputation der Generalstaaten. Die zunehmende Krankheit des Erbstatthalters verhinderte die Abreise der Neuvermählten, da der Kurfürst dem Wunsche seiner jungen Gattin, die noch bei ihrem kranken Vater verweilen wollte, nicht entgegen sein mochte. Er selbst ging nach Cleve, wo seiner allerlei Geschäfte warteten. Erst im März 1647 erschien Friedrich Wilhelm wieder im Haag. Des Erbstatthalters Leiden hatten dergestalt zugenommen, daß sein Ableben fast stündlich erwartet wurde. Am 11. März verschied er in den Armen seiner beiden Töchter.

Nachdem die Leichenfeier vorüber war, verließ Friedrich Wilhelm mit seiner jungen Gattin den Haag. Sie kamen am Pfingsttage zu Cleve an, woselbst sie vorläufig ihren Aufenthalt nahmen. Der Kurfürst hatte bald genug Gelegenheit, zu erkennen, welch' glückliche Wahl er getroffen. Luise war nicht nur die durch Schönheit und fürstliche Leutseligkeit ausgezeichnete Dame, ihr heller Verstand, ihre ruhige und praktische Auffassung der Situationen schwierigster Art, an denen damals des Kurfürsten Regierung so reich war, trugen wesentlich zu den günstigen Erfolgen bei, die oftmals erst nach heftigen Kämpfen errungen wurden.

In Berlin wurden die Neuvermählten mit nicht geringerem Jubel als in Holland selbst begrüßt. Die Mark empfand bereits, trotz der noch kriegs=

Ankunft im Berliner Schloß.

erfüllten Zeiten, daß ihre Geschicke in der Hand eines genialen und redlichen Herrschers lagen, und was man von den Eigenschaften der Kurfürstin erfahren hatte, mußte die Neigung des Volkes zu dem Fürstenhause nur noch erhöhen.

Der Aufenthalt in Cleve hatte länger als ein Jahr gedauert. Die Kurfürstin gebar ihrem Gatten einen Sohn, der in der Taufe die Namen Wilhelm Heinrich erhielt. Als im Oktober der Kurfürst aufbrach, um in die Mark zu reisen, erkrankte der kleine Prinz heftig, wurde jedoch vorläufig hergestellt. In Wesel befiel ihn aber die Krankheit aufs neue und er verschied daselbst am 14. Oktober 1648. Die Eltern befanden sich gerade in der Stadtkirche, als der Bote sie an das Sterbelager ihres Erstgeborenen rief.

1648

Während dieser Zeit hatten die Friedensverhandlungen in Münster und Osnabrück ihren Verlauf genommen, ohne daß bisher wirkliche Resultate erreicht waren.

Unter unendlichen Etikettestreitigkeiten, unter böswilligen Verschleppungen bald seitens des Kaisers, bald durch die Schweden, die dem Kurfürsten auch die berechtigtsten Forderungen hinsichtlich Pommerns verweigerten, schleppte sich mühselig das Werk hin, das Deutschland den langersehnten Frieden bringen sollte. Der Kurfürst war während dieser Zeit ein vielumworbener Mann, den bald Schweden, bald Frankreich, bald der Kaiser zu heimlichen Bündnissen verführen wollte, Versuchungen, denen er widerstand. Er hielt sich die Hände frei und suchte aus dem Markten und Feilschen der Mächte so viel für sein Brandenburg zu retten, als möglich war. Mannhaft kämpften er und seine Gesandten, während rings im Reiche noch einmal die Kriegsfackel auflodert e und die letzte Szene des dreißigjährigen Dramas beleuchtete.

Die Schweden hatten während der Friedensverhandlungen, die dem ausgesogenen Deutschland täglich 170,000 Thaler kosteten, nicht aufgehört die Marken zu bedrücken. Endlich vereinigten sie sich unter ihren Generalen Wrangel

Luise Henriette 1647.
Nach dem Bildnisse im königl. Schlosse zu Berlin.

Wrangel.   Turenne.   Königsmark. (Porträts.)

und Königsmark mit dem französischen Heere unter Turenne und lieferten am 17. Mai 1648 den Kaiserlichen ein siegreiches Treffen bei Zusmarshausen in Schwaben, in welchem der kaiserliche, wenngleich protestantische Kommandirende Melander von Holzapfel durch den Kopf geschossen fiel. Wrangel und Turenne hausten entsetzlich in Baiern.

Unterdessen hatte Königsmark den kühnen Plan gefaßt, der mit einem mächtigen Schlußeffekt die große Tragödie an derselben Stelle enden sollte, wo sie begonnen hatte. Mit einigen schwedischen und weimarischen Regimentern, letztere der Rest der Armee weiland Bernhards von Weimar, die müde des französischen Soldes, sich hatten von Schweden anwerben lassen, näherte er sich in Gewaltmärschen von Baiern aus über Eger dem unbewachten Böhmen, überfiel und erstürmte am 25. Juli 1648 Prag, wo er unermeßliche Beute machte. 25. Juli 1648 Sie wurde auf 12—13 Millionen Thaler geschätzt.*) Zwar war das schwedische Heer zu klein um den Besitz zu behaupten, aber der kaiserliche Hof zitterte für Wien, denn ein neues schwedisches Heer rückte die Elbe herauf nach und Wrangel machte sich vom Inn her bereit auf Wien vorzudringen.

Für den Kaiser kam jetzt alles auf raschen Friedensschluß an. Sein Fall und der seines Hauses war entschieden, wenn der Friede nicht zu Stande kam. Schon wollten die Schweden neue Unternehmungen gegen Prag beginnen, als der Befehl von Münster eintraf, die Feindseligkeiten einzustellen. Die Kanonen schwiegen, die weißen Fahnen flatterten auf den Wällen und Schanzen, der schreckliche Krieg endete an derselben Stelle, an welcher er vor dreißig Jahren zum Verderben der Menschheit begonnen hatte.

Am 1. Oktober war der kaiserliche Kourier zu Münster angekommen, der die Depesche überbrachte, in welcher der Kaiser seine Gesandten ermächtigte,

---

*) Hier fiel ihm auch der berühmte Codex argenteus, die Handschrift der gothischen Evangelienübersetzung des Bischofs Ulfilas, in die Hände, den er nach Schweden sandte, wo derselbe nach mannigfachen weiteren Schicksalen heute noch die Bibliothek der Universität Upsala ziert.

Der Friedensbote vor Prag.

alles was in Osnabrück verabredet sei, zu genehmigen und auch in Münster gelten zu lassen. Aber noch 23 Tage währten die Debatten, bis endlich die beiden Friedensinstrumente in der Sonnabendsitzung am 24. Oktober 1648 von den kaiserlichen, französischen, schwedischen und ständischen Gesandten unterschrieben wurden.

24. Okbr. 1648

Am folgenden Tage flog die beglückende Kunde von Münster aus durch alle deutschen, alle europäischen Lande, daß nach dreißigjährigem Wüthen der Krieg zu Ende, daß der heißersehnte Friede geschlossen sei.

Europa athmete auf! es vernahm schüchtern, fast ängstlich die freudige Nachricht. Man war seit fast einem Menschenalter an Enttäuschung gewöhnt, wenn einmal Friede gerufen worden war. Als die geängstigte Menschheit sich nicht mehr getäuscht sah, da erhob sich alles zu lautem Danke. In Wort und Schrift, durch Pinsel, Griffel und Meißel ward das Ereigniß verherrlicht und verewigt.

Die Resultate des langen Krieges waren für viele der Interessenten nicht befriedigend. Zunächst machte es einen schlimmen Eindruck, daß die Fremden, freilich nothwendigerweise, ihren Antheil in deutschen Ländern ausbezahlt erhielten.

Frankreich erhielt die Bisthümer Metz, Toul und Verdun, das ganze Elsaß, so weit es österreichisch gewesen war, den Sundgau, die Festungen Breisach und Philippsburg. Es hatte die Deutschen genöthigt, verschiedene Festungen am Oberrhein zu schleifen, damit die französischen Heere desto leichter den Weg in die deutschen Länder nehmen konnten. Die festen Mauern Deutschlands gegen Frankreich zu waren gefallen, und die Franzosen konnten sich rühmen, niemals einen vortheilhafteren Frieden abgeschlossen zu haben.

Schweden begnügte sich mit Vorpommern und Stettin, der Insel Rügen, der Stadt Wismar in Mecklenburg. Es erhielt die Bisthümer Verden und

Bremen. Außerdem wurden ihm 5 Millionen Reichsthaler als Entschädigung für Kriegskosten zugestanden.

Mecklenburg wurde statt des abgenommenen Wismar mit den Bisthümern Schwerin und Ratzeburg belehnt.

Hessen-Kassel erhielt, obwol es nichts verloren hatte, durch die gewandten Vermittelungen der schönen Landgräfin Amalie einige Ortschaften in Westfalen und dazu 600,000 Reichsthaler.

Braunschweig-Lüneburg, welches Ansprüche auf Magdeburg, Minden und Osnabrück erhob, wurde das Recht ertheilt, daß abwechselnd mit einem katholischen Bischofe einer seiner Prinzen das letztgenannte Land besitzen solle.

Oberpfalz war an Baiern vergeben. Der älteste Sohn des unglücklichen Friedrich V. erhielt seine übrigen Erbländer zurück. Da Baiern auch auf die Uebertragung der alten pfälzischen Kurwürde bestand, so wurde für Pfalz eine achte Kur errichtet.

Brandenburg, das die unbestreitbarsten Rechte auf den Besitz des ganzen Pommerlandes hatte, erhielt Hinterpommern und zur Entschädigung für das ihm abgerissene Land die Bisthümer Halberstadt, Minden und Kammin als weltliche Fürstenthümer und das Erzbisthum Magdeburg als weltliches Herzogthum. Mit Halberstadt war die Grafschaft Hohenheim verbunden. Kammin vereinigte der Kurfürst nach Abzug der damaligen Domherren mit Hinterpommern. Magdeburg und die Grafschaft Mansfeld sollten erst nach dem Tode des sächsischen Administrators August an Brandenburg kommen (es geschah 1680). Die vier schon längst von demselben getrennten Aemter Querfurt, Dame, Jüterbog und Burg verblieben dem Kurhause Sachsen. Es ist zu bemerken, daß schon früher von Seiten des Kurfürsten dessen Ansprüche auf das Fürstenthum Jägerndorf in Schlesien, welches der Kaiser dem Markgrafen Johann George konfiszirt hatte, erneuert, vom Kaiser aber zurückgewiesen worden waren. Friedrich Wilhelm, dem bei dieser verhältnißmäßig geringen Erwerbung noch obenein die Schweden auf dem Nacken saßen, hatte über eine sehr zerstreute Ländermasse zu gebieten. Die Abrundung seines Besitzes war ihm unmöglich gemacht.

Denkmünze auf den westfälischen Frieden.

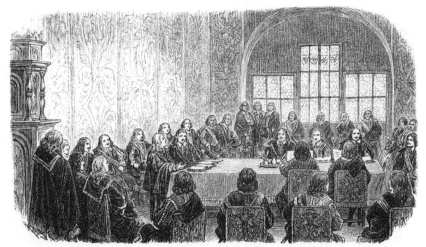

Friedensunterzeichnung zu Nürnberg 1650. (Nach einem gleichzeitigen Kupfer.)

IX. Kapitel.

Die ersten Jahre des Friedens.

atürlich war es und vorauszusehen, daß ein so gewaltiger Krieg nicht sofort ohne alle Nachzuckungen zu Ende gehen konnte. Noch an den verschiedensten Orten flammte das wilde Feuer auf, ehe die letzten Brände verlöschten. Indessen war doch die erste Schwierigkeit beseitigt. Auf dem Reichstage zu Nürnberg sollten die zu Münster entworfenen Bedingungen behufs ihrer Durchführung berathen werden.

Was den Kurfürsten von Brandenburg betrifft, so war dieser vor allen Dingen bemüht, die Schweden zur Räumung der von ihnen besetzten Plätze zu bewegen. Sie wollten sich nicht eher dazu verstehen, als bis ihnen die fünf Millionen Thaler ausbezahlt seien, zu welchen Brandenburg 141,670 Thaler liefern mußte. Die schwedischen Truppen blieben daher in den eroberten Stellungen, bis das gemarterte Deutschland ihnen die bestimmte Summe ausgezahlt haben würde. Sie steigerten ihre Forderungen nachmals um 200,000 Thaler. Die Franzosen erhöhten die Verwirrung noch, um auch mit ihren Armeen so lange als nur möglich in Deutschland bleiben zu können. Im Jahre 1650 wurde erst in Nürnberg der sogenannte Exekutionsrezeß unterzeichnet und nun erst war wirklich der Frieden über Deutschland heraufgezogen.

Die Unterzeichnung des Rezesses zu Nürnberg veranlaßte denn auch aufs neue die massenhaftesten Kundgebungen unter den durch Krieg halbverwilderten, mit friedlichen Zuständen fast ganz unbekannten Deutschen, denn nur die in den vierziger Jahren stehenden Personen konnten sich erinnern, dereinst in den Tagen ihrer Jugend ruhige Zeiten und deren Glück gesehen und genossen zu haben. Der Pfalzgraf feierte dies Ereigniß durch ein großes Gastmahl im Rathssale zu Nürnberg und Piccolomini erwiderte dasselbe, ließ auch die sogenannten „Steckenreuterpfennige" zum Gedächtniß prägen.

Kurfürst Friedrich Wilhelm hatte nur einen Gedanken, die Schweden ganz aus seinen Marken zu entfernen. Zur Aufbringung der von ihnen geforderten Summe, für Abzahlung der fünf Millionen, hatte er eine Kopf- und Viehsteuer ausgeschrieben. Sie wurde in der Mark ziemlich schnell erhoben. Halberstadt zahlte ebenso schnell, Minden folgte nach. Im Frühjahr 1650 räumten die Schweden die Marken. Aber erst gegen Ende des Jahres zogen sie aus Minden ab.

Viel schwerer noch als die Besitznahme seiner Marken und der genannten Länder wurde dem Kurfürsten der Besitz von Hinterpommern gemacht. Er hatte durch den Frieden erst kennen gelernt, wie groß der Verlust des halben Pommerlandes für ihn war. Seine heißen Wünsche, sich auch auf dem Meere auszubreiten, einen Seehandel etabliren zu können, zerstoben in nichts. Nur das kleine Kolberg blieb ihm als unbedeutender Hafenplatz. Alle Bemühungen, selbst die noch in Nürnberg angewendeten, blieben erfolglos und zum größten Verdrusse des Kurfürsten verlangten die Schweden auch noch nach der Unterzeichnung des Rezesses jeden Ort, jede Dorfschaft, welche einst die Herzöge von Wolgast in Hinterpommern besessen hatten. Ein zu Stettin gehaltener Kongreß verlief ohne Resultat. Wo es nur irgend sich thun ließ, zeigten die Schweden ihre Uebermacht den Brandenburgern in brutaler Weise. Sie waren sicher, daß man in Wien keinen Einspruch dagegen that. Das Haus Brandenburg-Hohenzollern niederzuhalten, war die gemeinsame Aufgabe der kaiserlichen und der schwedischen Partei. Friedrich Wilhelm sah sich immer mehr auf sich selbst gestellt. Rastlos arbeitete er neben all diesen schwierigen und gefährlichen Unternehmungen nach außen hin für die Hebung der inneren Zustände seines Landes.

Er sollte zunächst wieder Gelegenheit haben, sich als den Hort der Glaubensfreiheit in seinen Landen zu bewähren.

Der halbtolle katholische Pfalzgraf von Neuburg bedrückte seine überwiegend protestantischen Unterthanen in den clevischen Ländern auf unerhörte Weise. Trotz der verschiedenen Aufforderungen, welche Friedrich Wilhelm ihm zukommen ließ, religiöse Duldung gelten zu lassen, ließ der Pfalzgraf nach wie vor von seinen Protestantenverfolgungen nicht ab. Die abscheulichen Vorgänge, daß protestantische Leichen auf den gemeinsamen Kirchhöfen ausgegraben und unter dem Galgen verscharrt wurden, erneuten sich fortwährend. Obwol die Aufforderungen des Kurfürsten theils in gütlicher, theils in scharfer und fast befehlender Form nach Cleve gingen, blieb alles beim Alten. Der Kurfürst war nun entschlossen, dem Unfuge mit den Waffen in der Hand gegenüberzutreten.

Es gehörte wahrlich ein ungeheurer Muth dazu, unter den obwaltenden Verhältnissen, ohne jeden weiteren Schutz und Anhaltepunkt, inmitten der ihn dicht umgebenden Schweden und mit den geringen Subsidien, die ein verarmtes Land aufzubringen vermochte, einem Feinde zu begegnen, der von verschiedenen Seiten her auf Unterstützung rechnen konnte, allein der Kurfürst wagte es. Wir müssen, bevor wir zu den Ereignissen in Cleve übergehen, einen Blick auf die Militärmacht des Kurfürsten werfen.

Sie war klein, unbedeutend zu nennen. Wie konnte sie auch anders gestaltet sein, wenn man des Fürsten geringe Mittel, die Masse der Dinge erwägt, welche er noch zu ordnen hatte? Er hatte bei seinem Regierungsantritt nur Kämpfe mit den meuterischen Truppen zu bestehen gehabt und die Gefahren, welche dem Lande im Jahre 1643 durch den kaiserlichen General Krockow drohten, hatten dem Kurfürsten gezeigt, wie wenig geregelt die ganze Heeresverfassung, wie vernachlässigt sie war. Das System des Aufgebotes stellte sich als ein ganz unzureichendes heraus. Bei den damals herrschenden Kriegsunruhen war von Befolgung eines Befehles selten die Rede; Geld bewilligten, wie wir wissen, die Stände nur äußerst ungern und die Dienstpflichtigen oder wie sie genannt wurden „Wybranzen", auch Amtsmusketiere, fanden sich nur spärlich zusammen. Offiziere waren in sehr geringer Anzahl vorhanden.

Der Kurfürst hatte diese Mängel wohl erkannt und sie mit gewohnter Energie zu bessern versucht. Ihm schwebte, wie bereits seinen Vorfahren, das Ideal einer Armee aus Landeskindern gebildet vor, ein Plan, den die hohenzollerschen Fürsten stets gehegt haben und dessen Ausführung den Enkeln und Urenkeln Friedrich Wilhelms in so glänzender Weise gelingen sollte.

Aber in den Zeiten, von welchen wir hier zu berichten haben, mußte Friedrich Wilhelm nothgedrungen zur Werbung seine Zuflucht nehmen, wenn Kriegsgefahr drohte, und da er unablässig an der Stärkung des Heeres und der Organisation seiner Wehrverfassung arbeitete, zwei Faktoren, welche er mit Recht als die wichtigsten erkannte, wollte er sein Ansehen nach außen und innen behaupten, so hatte er schon 1644 eine verhältnißmäßig zahlreiche Macht unter seinen Befehlen, die zum großen Theil aus Landeskindern bestand.

Wir finden unter Kommando des Oberstlieutenants Fabian von Lehdorff: An Reiterei 5 Kompagnien, an Dragonern 4 Kompagnien. An Reiterei im Oberlande 6 Kompagnien.

An Fußvolk waren im Oberlande: die Kompagnien von Pr.-Holland, Mohrungen und Mark unter Valentin von Wallenrodt, hierzu kamen die Wybranzen, bei denen der Kurfürst ein strafferes Regiment eingeführt hatte.

1644 warb Burgsdorf noch 11 Kompagnien Arkebusiere.

Man sah nicht ohne Argwohn auf die wachsende Heeresmacht Brandenburgs und die Verstärkung derselben nahm nach dem Waffenstillstand mit den Schweden trotz der Kabalen der Stände und dem Proteste der Städte nur fortwährend zu. Der Kurfürst war sich sehr bewußt, daß die Zukunft des Staates auf die Kraft seiner Vertheidigung basirt werden müsse. Er erhob eigenmächtig Steuern, sein Heer zu erhalten und zu bessern. Nach dem westfälischen Frieden begann er die Grundlagen zu geben, auf denen die Reform vor sich gehen sollte. Er hatte in weiser Voraussicht der Dinge, welche kommen würden, auch in

Cleve die Armeebildung versucht. Die Hindernisse waren dort aber viel stärker noch als in den anderen Provinzen. Man wollte wenig von Soldateska hören und sehen.

Allmählich kamen die Verwickelungen nach dem Frieden. Die Zwistigkeiten mit dem Pfalzgrafen brachen aus, die protestantische Religionsfreiheit mußte gewahrt werden.

Der alte Pfalzgraf von Neuburg war durch die Proteste des Kurfürsten so sehr erregt worden, daß er Verhandlungen mit den Bischöfen begann. Diese schienen nur auf einen Krieg mit Brandenburg hinauszulaufen, da der junge Pfalzgraf die Aeußerung gethan hatte: „Der Kurfürst von Brandenburg solle in Cleve keinen Fuß breit Landes behalten." Wahrscheinlich hofften die Neuburger auf Hülfe der Schweden und in Wien unterhielten sie Verbindung mit dem kaiserlichen Hofe durch die Grafen von Fürstenberg, standen auch mit Brüssel im Verkehr, während der zu tollen und unerwarteten Handstreichen stets bereite Karl von Lothringen, der nichts verlieren konnte, weil er nichts mehr besaß, mit seinen Soldatenhaufen bis ins Clevische gerückt war, wo er Kontributionen forderte.

Friedrich Wilhelm sah also, daß man ihm entschieden an den Hals wollte, daß man eine Herausforderung wagte und er war nicht der Mann, den hingeworfenen Handschuh liegen zu lassen, wenn es seine Kräfte irgendwie erlaubten. Er war nicht gesonnen, wie ehedem sein Vater, mit sich spielen zu lassen, vielmehr wollte er sich mindestens zur Wehre setzen.

Nachdem er also, zum großen Schrecken aller Fürsten, schon im Frühjahr 1651 seine Truppen auf Kriegsfuß gesetzt hatte, kaufte er für die Festungen Pulver, verproviantirte sie, machte heimlich Besuche am Dresdener Hofe und entließ den Obersten und Kammerherren, seinen bisherigen Freund Burgsdorf, weil dieser, so hieß es, gegen die militärischen Einrichtungen und die Erhöhung der Steuern für militärische Zwecke gewesen sei, auch zum Frieden gerathen habe.

Dagegen sah man in des Kurfürsten Umgebung den in brandenburgische Dienste getretenen Blumenthal, den Grafen Friedrich von Waldeck und den ehemaligen kaiserlichen Feldzeugmeister Otto Sparr. Der Kurfürst übergab ihm das Kommando von Lippstadt, ließ Blumenthal in Wien erklären, daß er etwas unternehmen werde und reiste nach dem Sparenberge bei Bielefeld, der Hauptstadt seiner getreuen Grafschaft Ravensberg. Kurze Zeit vorher war auch der Graf Moritz von Nassau in Berlin gewesen. In den Verhandlungen der brandenburgischen Räthe mit dem Kurfürsten wurde der Pfalzgraf Wolfgang von Neuburg (der Alte) ein alter Gauner genannt, den man zur Raison bringen müsse. Was aber mehr als alles in großen Schrecken und Staunen setzte, war die Entdeckung, daß der Kurfürst eine Heeresmacht von 16,000 Mann auf den Beinen hatte, die ganz in aller Stille zusammengebracht worden war. Woher er das Geld zur Ausrüstung bekommen, wie er diese Organisation vollendet hatte, das wußte sich niemand zu sagen und bis auf unsere Tage ist es nicht ermittelt worden. Viele Aktenstücke, welche Aufklärungen darüber enthielten, sind wol im Laufe der Zeit vernichtet worden und verloren gegangen. Genug, der Kurfürst war da und bereit den Feind anzugreifen.

Der Kaiser argwöhnte, daß der Kurfürst im geheimen mit den protestantischen Mächten in Verbindung stehe. Es sollte auf Friedrich Wilhelm von Wien aus gewirkt werden, aber der Kurfürst war nun einmal entschlossen alles daran zu setzen, dann aber brannte er vor Verlangen die Waffen gebrauchen zu können. Er hatte im Clevschen ebenfalls Truppen geworben, weil die Stände nicht zur That zu bringen waren. Es waren halberstädtische und holländische Werbungen, welche er in Cleve zusammengebracht hatte.

Plötzlich erhielt Sparr Befehl, ohne die aus den Marken ankommenden Truppen abzuwarten, mit 4000 Mann auf Duisburg loszugehen. Von Cleve aus, wo er bei dem Grafen Moritz verweilte, erließ der Kurfürst sein Manifest gegen den Pfalzgrafen. Er erklärte, weshalb er sich genöthigt sehe, mit Gewalt aufzutreten, befahl „seinen Städten, Rittern 2c." keine Steuern zu zahlen und allein zu ihm zu halten.

Es war geplant worden, Düsseldorf durch eine Ueberrumpelung wegzunehmen. Aber nachdem die brandenburgischen Truppen am 14. Juni Angermund besetzt hatten, rückte ein Theil derselben gegen Düsseldorf, plünderte das vor der Stadt liegende Pempelfort und der dritte Theil rückte auf Brügge. Sparr lieferte bei Ratingen den Neuburgern ein Gefecht und setzte sich dann bei Angerort, von wo aus er Kontributionen eintrieb.

Staunte alle Welt schon über die Kühnheit des Brandenburgers, so stieg die allgemeine Besorgniß in demselben Maße. Der Pfalzgraf hatte den Kurfürsten beim Kaiser verklagt als Reichsfriedensbrecher, der Kaiser sah bereits alle protestantischen Fürsten im Bunde mit Brandenburg und die Schweden nebst den Generalstaaten als Helfer gegen die Katholiken. Er erließ Abmahnungsschreiben an den Kurfürsten, er verbot Dienste im brandenburgischen Heere zu nehmen und forderte die Gutachten der Reichsfürsten ein.

Mehr noch aber als dies alles wirkte die Angst, daß der soeben mühsam zu Stande gebrachte Frieden, und zwar dann auf ebenso lange Zeit, wieder gestört werden könne. Aufs neue sah man die verheerenden Vulkane sich öffnen, ihren Gischt auszuspeien. Es hieß, daß Schweden eifrig rüste und die Generalstaaten sollten, da der Kurfürst Friedrich Wilhelm am 22. Juni in den Haag gezogen war, für Brandenburg einstehen.

Von allen Seiten mahnte man zum Frieden. Der Kurfürst wandte sich an verschiedene Fürsten, da auch die Holländer aus Furcht, er werde etwas gegen die Republik zum Vortheil der Oranier unternehmen, sich gegen ihn erklärten, aber auch die Fürsten riethen ihm ab. Je mehr der Kurfürst sich aber geneigt zeigte, auf Verhandlungen einzugehen, desto starrsinniger wurde der Pfalzgraf. Er hatte sich nicht nur durch Werbungen gestärkt, sondern baute auch auf die Hülfe des Lothringers, der mit einigen Regimentern verstärkt in die Grafschaft Mark einfiel und dort mit ruchloser Wildheit hauste, während der Pfalzgraf ins Clevesche zu fallen droht.

Der Krieg war also bereits wieder im Gange und der Kurfürst mag allerdings bei dem Gedanken geschaudert haben, daß er als der Anstifter neuen Unheils gelten möchte. Schon sendeten die Holländer Verstärkungen den Rhein hinauf und die Stände tagten in Wesel um gegen die Fürsten zu sprechen. Aber der Kurfürst von Brandenburg ließ sie sofort auseinandertreiben und verschiedene Beamte verhaften. Man schrie Gewalt, die Lothringer rückten vor. Der Kurfürst ward nochmals bestürmt und gab insofern nach, als er den Pfalzgrafen aufforderte sich mit ihm persönlich zu besprechen. Der Pfalzgraf wies dieses Anerbieten ab.

Er hatte sich aber durch die Gefechte bei Ratingen, durch die Wegnahme von Horst und Forst, zwei feste Häuser, seitens der Brandenburger überzeugt, daß diese nicht so leicht zu bewältigen seien, schon waren kaiserliche Kommissarien aus Wien im Anzuge. Der Pfalzgraf gab daher den Vermittelungen des Fürsten von Waldeck nach und willigte in eine Zusammenkunft mit dem Kurfürsten.

Dieselbe sollte im freien Felde zu Angerort am 19. August stattfinden. Waldeck holte des Kurfürsten Genehmigung ein, welche sofort gegeben wurde. Am 19. August trafen die Fürsten sich bei Angerort vor den dort aufgeschlagenen Zelten. Die holländischen Gesandten waren ebenfalls zugegen. Der alte Pfalzgraf war zwar anfangs sehr erzürnt gegen den Kurfürsten, aber bald wurde das Benehmen Wolfgangs freundlicher, besonders da der Kurfürst jede Einwirkung der Räthe mit den Worten ablehnte: „Vetter, wir sind um des Friedens Willen hier, nicht um zu disputiren." Man einigte sich glücklich über die ersten Bedingungen und die Fürsten saßen ganz heiter bei der Tafel, als plötzlich lothringische Offiziere eintraten und dem Pfalzgrafen meldeten, daß Herzog Karl von Lothringen mit 12,000 Mann im Anmarsche sei, und daß der Pfalzgraf keinen Vertrag ohne seinen Bundesgenossen abschließen dürfe. Dadurch wurde der Abschluß vereitelt. Mit Mühe gelang es, einen Waffenstillstand zu erlangen. Dieser wurde ebenfalls unterbrochen, weil die neuburg-lothringischen Offiziere Reuschenberg und de Jauge ganz entsetzlich in der Mark hausten. Eine zweite Konferenz in Essen lief nicht minder fruchtlos ab und es war der Kampf unvermeidlich. Allein der Kaiser hielt es nun für gerathen einen Machtspruch zu thun. Ihm bangte vor Wiederausbruch des allgemeinen Krieges. Er forderte durch seine Kommissarien die Streitenden auf, sich zu fügen und nach Willen des Kaisers alles beim Alten zu lassen. Am 11. Oktober 1651 wurden die Friedensinstrumente von beiden Theilen unterzeichnet.

Es war dieser Friedensschluß allerdings nur ein vorläufiger, denn der Kaiser wollte nur erreichen, daß die Streitigkeiten nicht noch größere Dimensionen annähmen. Die Truppen der beiden Fürsten wurden entlassen und den Unterthanen ward aufgegeben, ihre Beschwerden nur bei ihren Regenten anzubringen. Erst im Jahre 1666 wurde der clevesche Erbschaftsstreit, der ein halbes Jahrhundert lang gedauert hatte, durch den Vergleich zu Cleve beigelegt.

Brandenburg erhielt das Herzogthum Cleve, die Grafschaften Mark und Ravensberg. Pfalzneuburg erhielt die Herzogthümer Jülich und Berg und die beiden Herrschaften Winnethal und Breckesand. Wegen Ravenstein sollte ein Schiedsgericht den Ausspruch thun, aber 1671 überließ Friedrich Wilhelm dem Pfalzgrafen die Herrschaft gegen 50,000 Thaler und gegen den Besitz der

Graffschaft Mörs, die bis 1702 in Händen des Erbstatthalters blieb, da man gegen ihn keine Gewalt anwenden mochte.

Nachdem dieses Ungewitter zerstreut worden war, dachte der Kaiser an die Berufung eines Reichstages, welcher zu Regensburg stattfinden sollte. Es war namentlich wegen der zweideutigen Gesinnung Frankreichs und Schwedens nothwendig geworden, sich der einzelnen Stimmen im Reich zu versichern. Der Kaiser lud die Kurfürsten daher vor der Eröffnung des Reichstages nach Prag. Dem Kurfürsten Friedrich Wilhelm wurde die Einladung in besonders schmeichelhafter Weise zugesendet und obwol ein Theil seiner Räthe dagegen war, schickte Friedrich Wilhelm sich dennoch zur Reise nach Prag an. Er trat daselbst mit einem gewissen Pompe auf. Sein Gefolge von 200 Personen erschien in glänzenden Kleidern. Der Kaiser schickte ihm den Grafen Sinzendorf bis zur Grenze entgegen, der den Kurfürsten bis auf eine Halte vor Prag geleitete. Hier kam der Kaiser ihm mit dem Könige von Ungarn entgegen. Als der Kurfürst des Kaisers ansichtig ward, verließ er seinen Wagen. Der Kaiser stieg ebenfalls aus und beide schritten einander entgegen. Die Förmlichkeit erforderte es, daß der Kurfürst wenigstens die Bewegung machte, als ob er dem Kaiser die Hand küssen wolle, allein es war schon vorher festgesetzt, daß der Kaiser dies nicht zulassen werde. Nach Begrüßung des Königs von Ungarn lud der Kaiser den Kurfürsten ein, sich zu ihm in den Wagen zu setzen. Der Kaiser saß im Fond, der Kurfürst neben dem Könige von Ungarn auf dem Rücksitze. Sie fuhren nach Prag unter dem Donner der Geschütze hinein. Die Häuser der Stadt waren geschmückt. Die Fürsten schritten vor dem Kaiser einher, unbedeckten Hauptes, während Ferdinand den Hut aufbehielt. So begleiteten sie den Kaiser bis zur Thür seines Kabinets. Hier nahm dieser ebenfalls den Hut ab und unterhielt sich stehend eine halbe Stunde lang mit dem Kurfürsten, nachher begleiteten Kaiser und König den Kurfürsten bis zur Thür seines Zimmers.

Folgenden Tages hatte Friedrich Wilhelm nach feierlicher Auffahrt eine Audienz beim Kaiser. Ferdinand geleitete ihn in sein Kabinet. Hier standen zwei Armsessel einander gegenüber. Der Kaiser setzte sich auf den, der oben stand, der Kurfürst nahm den anderen ein, dessen Lehne gegen die Thür gewendet war. Die Unterredung begann und drehte sich um die Angelegenheiten des deutschen Reiches. Nach der Audienz fand Besuch bei der Kaiserin statt. Die Ceremonie war ganz dieselbe, wie beim Kaiser. Die Kaiserin Eleonore redete italienisch und der Graf Fugger diente als Dolmetscher.

Der Kurfürst empfing am nächsten Morgen den König von Ungarn in seinem Quartiere. Er wohnte im Schlosse des Herzogs Heinrich von Sachsen. Die Unterredung beider war sehr herzlich. Sie saßen nebeneinander.

Festlichkeiten und Verhandlungen wechselten ab. Der Kaiser bewirthete die Kur- und Reichsfürsten in sehr prächtiger Weise und während der acht Tage andauernden Festlichkeiten und Berathungen wurde dem Kurfürsten in zuvorkommendster Art begegnet. In der Reihe der Berathungen ward auch wieder der Herausgabe von Jägerndorf von Seiten des Kurfürsten gedacht, allein auch hier wieder ohne allen Erfolg.

Kurfürst und Kaiserin. (Porträts.)

Dagegen gestalteten sich die Angelegenheiten mit Schweden günstiger für Friedrich Wilhelm. Der Kaiser sagte ihm seine Hülfe zu. Diese Berücksichtigung des Kurfürsten hatte jedoch einen besonderen Grund. Dem Kaiser war alles daran gelegen, noch bei seinen Lebzeiten seinen ältesten Sohn Ferdinand zum römischen Könige gewählt zu sehen. Da hierzu die Stimmen der Kurfürsten nothwendig waren, hatte der Kaiser sich auch der wichtigen Stimme Brandenburgs versichern wollen, und es hieß, Friedrich Wilhelm habe sein Jawort unter der Bedingung gegeben, daß der Kaiser sich seiner Sache in Betreff Pommerns annehme. Auf dem Regensburger Reichstage, dem noch ein Wahltag in Augsburg vorranging, wurden denn auch die verschiedenen Beschwerden, Forderungen und Anklagen erörtert. Die Pommersche Frage hatte die schwedischen Gesandten sehr aufgeregt, noch verhandelte man auch zu Stettin über diesen Gegenstand mit Brandenburg.

1653

Der Kurfürst, der, vom Könige von Ungarn bis zur Grenze geleitet, aus Prag heimgekehrt war, hatte seinen Gesandten am Regensburger Reichstage die umfassendsten Instruktionen zukommen lassen. Es wurde scharf debattirt. Der Kaiser blieb jedoch seiner Zusicherungen an Friedrich Wilhelm eingedenk und trat den schwedischen Forderungen mit Festigkeit entgegen. Es wurde von den Schweden die Genauigkeit der Friedensdokumente bestritten, sie behaupteten, daß erst die Irrungen wegen der Grenzscheidung, Lizenten und andere Dinge berichtigt werden müßten, ehe sie Hinterpommern ganz räumen könnten. Allein der Kaiser war nicht zur Annahme dieser Beschwerden geneigt. Er erklärte, daß er den Schweden so lange die Belehnung mit Vorpommern, Bremen und Verden vorenthalten, ihnen auch die Stimmfähigkeit auf dem Reichstage entziehen werde, bis sie mit Brandenburg die Verhandlungen wieder angeknüpft hätten. Diesem Auftreten des Kaisers fügten die schwedischen Gesandten sich endlich und es kam der Grenzvergleich wegen Pommerns zu Stande.

Hierbei hatten die Schweden sich allerdings noch den Löwenantheil zu sichern gewußt. Sie behielten auf dem jenseitigen Oderufer einen bedeutenden

Länderstrich, in welchem Städte wie Gollnow, Cammin, Greifenhagen und Damm gelegen waren. Daneben wußten sie sehr schlau und mit Beharrlichkeit dem Kurfürsten vier Fünftel der Landesschulden, etwa 479,360 Gulden, aufzubinden. An den hinterpommerschen Seezöllen hatten sie Antheil, sie führten den Fürstentitel von Rügen und hatten sich im Falle des Erlöschens des brandenburgischen Mannsstammes das Erbrecht vorbehalten.

Wenn also die Errungenschaften für Brandenburg nicht glänzend waren, so nahm der Kurfürst die Bedingungen dennoch an. Er hatte endlich seine ihm zugehörenden Länder frei und konnte sie nach seinem Gutdünken, nach seinem Plane regieren, in Ruhe, von Fremdlingen nicht mehr beengt, an die nothwendigen Verbesserungen gehen. Man war in Berlin sehr gespannt auf den Ausgang dieser Verhandlungen gewesen, um so freudiger wurde die Nachricht begrüßt, daß die Schweden, durch des Kaisers Auftreten gefügig gemacht, nach Abschluß der Verhandlungen im Juni die Räumung Hinterpommerns zugestanden hätten.

1653 Schon am 6. Juni 1653 fand die Räumung der Hauptfeste des Landestheiles, Colbergs, statt. Der Kurfürst konnte nach rastloser, zwölfjähriger Arbeit, nach einer fast beispiellosen Ausdauer den größten Theil der ihm zugehörenden Lande sein Eigenthum nennen. Es fehlte nur noch der Besitz von Magdeburg (wie gesagt endigte dessen Administration erst 1680) und der einiger Fürstenthümer in Westfalen.

Erwähnen wir hier noch, daß der Kaiser die Wahl seines Sohnes durchsetzte. Derselbe wurde als Ferdinand IV. zum römischen König erwählt. Der Kaiser zog unter großen Feierlichkeiten, von Regensburg kommend, in Wien ein. Aber der Abschluß dieser Reichstagsperiode und der gewonnenen Erfolge war ein trauriger. Nur kurze Zeit nach dem glänzenden Kaiserzuge durch die 1654 Thore Wiens starb der junge römische König Ferdinand IV. am 9. Juli 1654.

Brandenburgischer Posten am Thor von Colberg.

Ansicht von Berlin Mitte des XVII. Jahrhunderts. Nach gleichzeitigen Darstellungen.

X. Kapitel.

Innere Verwaltung.

Kurfürst Friedrich Wilhelm konnte mit vollem Rechte auf die zwölf Jahre des Kampfes um den Besitz seiner Länder stolz zurückblicken. Seit dem Tode seines Vaters hatte er, ein jugendlicher Fürst, mit der Kraft des Mannes und der Besonnenheit des Greises geschaltet. Wenn seine Kraft sich selbst Zügel anzulegen genöthigt worden war, so konnte dies nicht als ein Nachtheil angesehen werden, es war vielmehr zum erheblichen Nutzen des Kurfürsten geschehen. Er hatte seine Fähigkeiten kennen gelernt, er hatte das Selbstvertrauen gewonnen, welches zur Durchführung der großen Aufgaben nöthig war, deren Vollendung er sich gelobt hatte.

Seine Länder waren verarmt. Er konnte von allen wenig Nutzen ziehen. Dennoch mußte ein solcher gewonnen werden, wollte der Kurfürst die ausgesogenen Gegenden wieder in blühende umwandeln. In erster Linie bedurften die Länder einer Wiederbevölkerung. Sie hatten so viel Menschen verloren, die Kriegsbedürfnisse hatten die Arbeitskräfte für sich dergestalt in Anspruch genommen, daß an eine Verbesserung des Bodens während der Sturmjahre nicht gedacht werden konnte. In gleicher Weise lagen Handel und Gewerbe darnieder und eine Anzahl zertrümmerter und verwüsteter Ortschaften, Städte und einzelner Häuser harrten des Wiederaufbaues. Es kam hinzu, daß der wichtige Stand des Landmannes der entschieden gedrückteste war. Innerhalb der schrecklichen Kriegsereignisse, der Durchmärsche von Freund und Feind waren die Begriffe über Mein und Dein höchst schwankend geworden. Nicht allein hatten sich viele der Mächtigeren gewisse Strecken und Parzellen zugeeignet, weil ihren vermeintlich gerechten Ansprüchen kein Widerstand entgegen=

gesetzt werden konnte, sondern auch ein großer Theil der den Bauern gehörigen
Ländereien lag wüst, ohne die geringste Kultur zu zeigen, und die Bebauer
waren verschwunden. Dergleichen brach und nicht bewirthschaftet liegende
Strecken riß der adelige Grundbesitzer, an dessen Territorien die wüsten Marken
grenzten, ohne weiteres an sich, um sie mit seinem Gebiete zu vereinen. Nach
den oft längst verschollenen Besitzern fragte niemand mehr. Wenn nun auch
in der Folge diese annektirten Ländereien bebaut wurden, so entstand dadurch
für den Kurfürsten und seine landesherrlichen Einkünfte ein großer Nachtheil,
denn die Adeligen waren steuerfrei. Da sie den größten Theil der ehemals
abgabenpflichtigen Ländereien an sich gerissen hatten, konnte von denselben
keinerlei Steuer erhoben werden, denn der Grund gehörte den steuerfreien Be=
sitzern. Diese mißbrauchten zugleich ihre Stellungen den Bauern gegenüber in
unverantwortlicher Weise. Sie drückten ihre „Hörigen" so viel es sich nur
thun ließ. Entschädigung vermochte der Kurfürst ihnen nicht zu bieten. Er
war also vorläufig bemüht, dasjenige Land, über welches verfügt werden konnte,
mit neuen Insassen zu bevölkern, damit die Kultur wieder einen Aufschwung
gewinne.

Zu diesem Zwecke war er darauf bedacht, in die Marken namentlich Fremde
zu ziehen und zwar solche, deren Thätigkeit und Kenntnisse den Ackerbau, die
Viehzucht, die Kunst Wasseranlagen zu machen heben und bessern konnten.
Ihm war die Kanalisation schon seit dem Beginne seiner Regierung als einer
der wichtigsten Hebel für den Wohlstand des Landes erschienen. Was in
Bezug auf Industrie geschehen konnte, das wurde durch ihn mit allem Eifer
betrieben, und die Wiederbelebung der Weberei galt ihm als eine der ersten
Aufgaben. Sie war durch den Krieg vollkommen zerstört worden. Die besten
Arbeiter und Landleute aus Holland, der Schweiz, aus Böhmen und Schlesien
zogen herbei. Sie wurden gegen ansehnliche Freiheiten und Lieferungen von
Materialien in die brandenburgischen Länder gezogen. Die Zölle für aus=
ländische Waaren erhöhte er bedeutend, während er die Ausfuhr von Rohstoffen
verbot. Der stets wieder aufglimmende Religionshaß kam ihm dabei sehr zu
Statten, denn aus den streng katholischen Ländern Deutschlands zogen viele
Tausende fleißiger Protestanten um Aufenthalt in den Marken zu nehmen, wo
sie nicht um ihres Glaubens willen bedrückt wurden.

Eine sehr wichtige Verordnung des Kurfürsten war die im Jahre 1652
erfolgte Verpachtung der Domänen. Diese hatten bisher alle Lieferungen an
die Hofbedienten abgeben müssen. Das kurfürstliche Reskript ließ diese Lieferungen
eingehen und setzte dafür die Zahlung bestimmter Geldsummen fest. Das gab
zwar zu manchen Beschwerden der Beamten Anlaß. Sie hatten den ihnen zu=
kommenden Geldsatz nicht erhalten, die Kassen der Regierung waren während
des Krieges nicht im besten Stande, allein der Kurfürst nahm bei der Aus=
führung seiner Entwürfe auf solche Klagen keine Rücksicht. Er arbeitete nicht
nur für die Gegenwart, er hatte die Zukunft stets vor seinen Blicken.

Eine Bauern= und Gesindeordnung erschien bereits 1653. Sie war in=
sofern hart, als sie den Adeligen noch immer viele Rechte über die Bauern

einräumte. Aber einmal konnte der Kurfürst dem ohnehin schon gereizten Adel nicht noch neue, ihn verletzende Befehle auflegen, dann aber wurden dadurch eine Menge von Leuten wieder zur regen Bearbeitung des Bodens angehalten und die, welche in den Zeiten des Krieges kaum das tägliche Brot gewinnen konnten, die oftmals in alle Lande gingen, die Heimath unter den schlimmsten Verhältnissen meiden mußten, sahen die neuen Erlasse als viel weniger drückend an. Sie konnten doch sich und die Ihrigen ernähren. Sie betrachteten sich selbst als einen Stand, der in der Niedrigkeit bleiben müsse, und erkannten die Adeligen als bevorrechtete Personen an, denen sie dienstbar sein mußten.

Der Kurfürst zwang die ausgewanderten oder vagabundirenden Bauern, zurückzukehren. Sie mußten den Gutsherren Dienste leisten und diese Dienstleistungen wurden nach bestimmten Taxen bezahlt. Der Großknecht auf einem Gute durfte nie höher als mit achtzehn Thalern jährlich bezahlt werden. Wer höheren Lohn forderte oder nahm, verlor die Hälfte des ihm zukommenden, und wer bei zweien Herren zugleich diente, mußte drei Monate bis zu einem Jahre in Ketten bei Wasser und Brot Festungsarbeit thun. Dagegen hob der Kurfürst den Postvorspann auf, den bis zum Jahre 1652 die Landbevölkerung ohne Entschädigung leisten mußte. Wer von Seiten der Regierung auf Reisen geschickt ward, erhielt einen Geldzuschuß um den Vorspann zu bezahlen.

Zu den persönlichen Neigungen des Kurfürsten und seiner Gemahlin gehörte die Gartenkultur. Friedrich Wilhelm war äußerst besorgt um die Hebung derselben. Er errichtete einen eigenen Küchengarten und sah bald auf seiner

Kurfürst und Kurfürstin im Küchengarten.

Tafel die Erzeugnisse desselben, welche ehedem für großes Geld aus Hamburg und Holland bezogen worden waren.

Wer sich an ihn wendete, erhielt Pflanzen und Sämereien unentgeltlich geliefert. Diese Vorliebe für Gartenzucht war ebenso wie die für Kanalbauten durch des Kurfürsten Aufenthalt in Holland entstanden, wo beides in bedeutendem Schwange ging. Die großartigen Kanalbauten hatte der Krieg zerstört und unterbrochen. Schon hundert Jahre vor dem Regierungsantritte Friedrich Wilhelms war das große Werk unternommen worden, eine Verbindung der Oder, Havel und Elbe herzustellen. Friedrich Wilhelm hatte den Ruhm, diese Arbeiten wieder zu beginnen und sie zu vollenden.

Neben solchen für die innere Einrichtung und Hebung des Wohlstandes hochwichtigen Arbeiten lag die Sorge um die Landesdefension dem Kurfürsten stets nahe. Er hatte, wie wir gesehen, schon bei dem Konflikte mit Pfalz=Neuburg ein für jene Zeiten und in Ansehung der Mittel, welche Brandenburg zu Gebote standen, sehr respektables Heer ins Feld rücken lassen. Als im Jahre 1654 die Truppen Karls von Lothringen und Condés das Stift Lüttich, Stablo und selbst Aachen mit ihren wilden Horden besetzten, als dem geängstigten Kurfürsten von Köln die zweifelhafte französische Hülfe angeboten ward und der Kaiser erbärmlicherweise diesem Treiben fremder Völker auf deutschem Boden zusah, ohne die Lungerer in Waffen mit Gewalt zu verjagen, war es der Kurfürst Friedrich Wilhelm, der dem Kölner auf dessen Bitten die Hülfe von 800 Mann zusagte, um „des deutschen Reiches Grenzen wider den Einfall zu hüten". Er that dies katholischen Fürsten zu Gefallen, während die übrigen katholischen Fürsten die Hände in den Schoß legten, indessen die Franzosen bei Sedan Truppen zusammenzogen. Der Kurfürst ließ Sparr bis gegen Lippstadt vorrücken. Er ging noch weiter und legte sich vor die Feste Hammerstein, welche die Lothringer, nachdem der Herzog Karl arretirt worden war, besetzt hielten. Sparr fing an den Hammerstein zu beschießen, und dann erst wichen die Lothringer. Es wurde auch durch die Brandenburger eine Diversion gegen Lüttich gemacht, weil die Stadt gegen Kurköln revoltirte. Das Herannahen Sparrs stellte die Ruhe wieder her.

Nach all diesen Wahrnehmungen sollte man glauben, die Stände der kurfürstlich brandenburgischen Länder hätten die Nothwendigkeit einer bewaffneten Macht erkennen und über deren Hebung erfreut sein müssen. War sie es doch, welche dem gesammten Brandenburg zu besonderem Ansehen verhalf. Allein die Stände waren weit entfernt von solchen patriotischen Empfindungen. Sie hatten nur selten den dringenden Aufforderungen des Kurfürsten nachgegeben. Es ist richtig, daß auf dem Lande, insbesondere in den Marken die Kriegs=kontribution, d. i. die kurfürstliche Soldatensteuer wie ein ungeheurer Alp lastete. Aber der Kurfürst wendete, wie gesagt, seine Blicke stets in die Ferne. Er sah das Schlimme und Gefährliche allmählich herankommen. In den für solche Eventualitäten so nöthigen Vorbereitungen sah er sich überall durch die Stände gehemmt, deren Bewilligung für Gelder resp. Steuern er aber nun einmal brauchte. Wenn er bisher zu außerordentlichen Maßregeln gegriffen, willkürlich Steuern ausgeschrieben hatte, so konnten die Stände dies allerdings als eine Bedrohung ihrer Rechte ansehen, denn aus des Kurfürsten Verfahren ließ sich mit Sicherheit erkennen, daß derselbe gesonnen sei, keine Beschränkung seiner landesherrlichen Macht in Zukunft zu dulden. Damit war aber dann auch die Macht der Stände vorbei, denn bisher hatten alle Fürsten Brandenburgs sich bei jeder bedeutenden Unternehmung um die Einwilligung der Landstände bemühen müssen, ohne deren Erlaubniß auch niemals Steuern ausgeschrieben werden konnten.

Die Entlassung Burgsdorfs, der bisher in so hohen Gnaden gestanden, war der erste Blitzstrahl, welcher in das ständische und adlige Lager fuhr. 1653 hatte der Kurfürst ein für allemal die Zahlung einer Summe zur Erhaltung von 4000 Mann verlangt. Adel und Stände schrien dagegen. Die Edelleute wurden durch die Auslassungen Burgsdorfs noch renitenter gemacht, der mit seiner gewöhnlichen Großsprecherei erklärte, „wenn man dem Kurfürsten diese Forderung bewillige, so heiße das die Freiheiten des Adels umstürzen, denn der Kurfürst wolle nur deshalb ein für allemal die Bewilligung haben, damit er nicht in Zukunft die Stände zu versammeln brauche. Besitze der Landesherr ein stehendes, nur von seinen Befehlen abhängiges Heer, so werde er dasselbe nur zur Durchführung aller seiner Launen und zur Befestigung der Willkür, zur Vertreibung der Stände und Unterdrückung ihrer Rechte gebrauchen".

Wir haben schon im Vorhergehenden mitgetheilt, zu welcher Zeit und unter welchen Umständen Burgsdorf entlassen ward, der die neue Zeit nicht begreifen konnte. Wenn die Stände auch des Kurfürsten Forderung bewilligten, ja noch mehr zugaben als er verlangt hatte, so war das Mißtrauen doch nicht geschwunden, und Burgsdorf hatte nur die Gedanken ausgesprochen, von denen alle erfüllt waren.

Mißtrauen und sogar Furcht gegen und vor des Kurfürsten Absichten, das war die Stimmung, welche sich aller Stände bemächtigte. Es ist zweifellos, daß der Kurfürst schon 1653 die fernere Berufung eines allgemeinen Landtages aufgab. Nur die Noth erheischte es, daß er den Ständen einen Rezeß ertheilte, der ihnen die Aufrechthaltung aller ihrer Rechte zusagte und sogar dem Adel verschiedene Privilegien einräumte. Die Rittergüter sollten danach niemals in den Besitz Nichtadliger gelangen können, und wenn ein Adliger darauf bestand, daß einer seiner Unterthanen Leibeigener sei, so sollte letzterer beweisen müssen, daß er ein freier Mann sei, der Junker dagegen brauchte nur aufs Wort hin zu versichern, daß der Bauer oder hörige Leibeigene ihm angehöre, dann wurde ihm geglaubt.

Die Stände hofften nach dem vom Kurfürsten erlassenen Rezesse, daß sie in ihren Rechten nicht weiter gekränkt werden würden, allein bei verschiedenen Gelegenheiten trat der Kurfürst wieder vollständig als absoluter Herrscher auf. Die Stände kamen nun zu einem Entschluß, der ihrerseits wieder ein sehr unglücklicher war. Sie versammelten sich 1654 auf eigene Macht hin, 1654 ohne vom Kurfürsten berufen zu sein. Sie wollten berathen, „wie der Kurfürst am leichtesten zur Vollziehung des Rezesses zu zwingen sei". Ihre Eigenmächtigkeit brachte Friedrich Wilhelm sehr in Zorn, der noch erhöht wurde, als die Stände in nicht ungerechte Klagen darüber ausbrachen, daß der Kurfürst ohne ihr Mitwissen zu handeln pflege. Der Kurfürst möge also ihr Verhalten verzeihen. Die Antwort lautete sehr ungnädig, doch verzieh der Kurfürst ihnen dieses Mal.

Es sei hier gleich erwähnt, daß 1656 die Stände der Neumark sich noch einmal versammelten, um mit Polen eigenmächtig einen Waffenstillstand abzuschließen. Dieser Vorgang machte dann den Berufungen eines allgemeinen Landtages ein Ende. Der Kurfürst versammelte in Zukunft nur noch die Abgeordneten der Ritterschaft und der Städte. Die Opposition dieser Versammlung war bald keine gefährliche mehr, da die Abgeordneten nur um Steuern, Polizei und Gemeindeordnung befragt wurden, auch verstand es der Kurfürst jeden Widerstand zu brechen, der im Laufe der Zeit fast ganz aufhörte und nur von einzelnen Personen hier und da bereitet ward.

Der Bedarf für Errichtung eines stehenden Heeres von Bedeutung mußte naturgemäß wachsen. Der Kurfürst sagte sich, daß er in Zukunft selbst nicht mit feldtüchtigen geworbenen Soldaten auskommen könne. Die militärische Ausbildung solcher Truppen war nach dem allgemein herrschenden Systeme immer nur eine flüchtige. Viel größere Ansprüche aber als ehedem wurden jetzt an die Ausbildung des einzelnen Mannes gemacht, insbesondere war es der Kurfürst, dem als Ideal stets die allgemeine Landesbewaffnung und damit die Errichtung und Einführung eines ganz neuen, dem brandenburgischen Heere eigenen Exercitiums, einer brandenburgischen Wehrverfassung vorschwebte. Er hatte durch die Erwerbung von Magdeburg und Hinterpommern einen Zuwachs an Einwohnern erhalten, welche in ihren Gewohnheiten den Märkern nahe verwandt waren, und es galt ihm hochwichtig, diese Vortheile baldigst zu nützen.

Wenn er aber auch mit den märkischen Ständen fertig zu werden hoffte, selbst im äußersten Falle vorläufig noch auf dem Wege des Kompromisses, so boten sich bei den cleveschen Ständen die härtesten Schwierigkeiten dar. Wir haben davon schon Beweise bei Gelegenheit der Schilderung des Streites mit Pfalzneuburg gegeben. Die cleveschen Stände hatten sich zu einer wirklichen Macht aufgeschwungen. Die schwankenden politischen Verhältnisse hatten dieses Emporkommen und diese Ausbreitung sehr begünstigt, so daß die Stände Mittel und Gelegenheit genug fanden, sich den verschiedenen Fürsten, selbst dem Kaiser, vorkommenden Falls nützlich und gefällig zu erweisen, natürlich gegen Erweiterung und Befestigung ihrer Gerechtsame. Selbst Brandenburg hatte ihnen dergleichen Privilegien zugestanden, die sie zur höchst ungerechten Vertheilung von Abgaben und allgemeinen Leistungen in Anwendung brachten. Die ganze Wucht der Steuerzahlung fiel auf die arbeitende Klasse und die Bauern, während das reiche Bürgerthum, die Adligen und Geistlichen nur sehr unbedeutende oder gar keine Steuern zahlten. Es liegt also auf der Hand, daß diesen Herren das Verfahren des Kurfürsten nicht angenehm sein konnte. Waren nun aber die Privilegien auch bedeutende, selbst ungerechte, so bestanden sie doch einmal und es konnte kein gerechter Richter den Kurfürsten von dem Vorwurf der Gewaltthätigkeit freisprechen, der ohne weiteres Steuern ausgeschrieben und Truppen geworben hatte.

Die Stände, welche den Kurfürsten als ihren Landesherrn anerkennen sollten, fürchteten „brandenburgisch" zu werden. Es bildete sich eine Opposition, die den Charakter einer geheimen Verbindung trug. Neun Edelleute aus Cleve, die Patrioten genannt, kamen zu Köln mit einigen jülich=bergischen Ständegliedern zusammen, um Rath zu pflegen, was in der Sache wider Brandenburg geschehen solle. Die Verhandlungen, so gelobte man einander, sollten geheim gehalten werden. Das Resultat war eine Sendung an den Kaiser mit Klagen gegen den Kurfürsten. Des Kurfürsten Zorn war so groß, daß er sich zu einer Handlung hinreißen ließ, welche entschieden gemißbilligt werden mußte und all gemein verurtheilt ward. Er befahl die hervorragendsten Mitglieder der Verbindung zu verhaften. Es waren die Edelleute von Winnendal und Romberg, welche des Kurfürsten Soldaten arretiren sollten. Romberg ward bei Zeiten gewarnt und rettete sich durch die Flucht, Winnendal dagegen fiel in die Hände der Brandenburger. Die Stände waren empört über eine Gewaltthat, die alle ihnen bisher zugestandenen Rechte und Freiheiten mit einem Schlage vernichtete. Sie wendeten sich wieder an den Kaiser, allein der Kurfürst war weit entfernt, sich dadurch einschüchtern zu lassen. Er gab vielmehr Befehl, den gefangen gehaltenen Winnendal wegen Beleidigung des Landesherrn in Anklagezustand zu versetzen und ihn aus dem Lande hinweg nach Spandau zu eskortiren. Als der Oberst Hundebeck, der die Verhaftung mit Assistenz von 50 Reitern bewirkt hatte, den Edelmann abführen wollte, widersetzten sich die Stände mit den Waffen in der Hand, aber Hundebeck drohte jeden über den Haufen schießen zu lassen, der Miene mache, Winnendals Abführung zu hindern. Das wirkte und der Oberst wurde ohne weiteres nach Spandau gebracht.

Die Stände riefen um Hülfe. Sie wendeten sich an den Kaiser, an Kursachsen, an die Generalstaaten, an Pfalz=Neuburg. Letzteres sollte im geheimen die ganze Sache gegen den Kurfürsten eingefädelt haben. Aber das Geschrei der Stände, „wie der Kurfürst gegen alles göttliche und menschliche Recht verfahre", blieb umsonst. Friedrich Wilhelm bestand fest auf seinem vermeintlichen Rechte. Er wußte recht wohl, daß der Kaiser ihm in diesem Momente nicht entgegen sein werde. Nach dem Tode Ferdinands, des römischen Königs, mußte zur Neuwahl geschritten werden. Des Kaisers zweiter Sohn, Leopold, sollte an Stelle seines verstorbenen Bruders die Krone erhalten und dazu war des Brandenburgers Stimme nothwendig. Holland hatte mit dem Kurfürsten ein Bündniß geschlossen, die andern fürchtete Friedrich Wilhelm nicht. In der That beschied der Kaiser die Stände abschläglich und sie vermochten nichts weiter zu erreichen, als daß Winnendal am 27. Juli 1655 aus seiner Haft entlassen wurde. Sie grollten mit dem Kurfürsten, der aber ihren Unmuth mit der Ruhe des Siegers zu ertragen wußte.

Mit den Ständen der Bisthümer Minden und Halberstadt ward der Kurfürst leichter fertig. Sie mußten es sich gefallen lassen, daß der Kurfürst erklärte, alle geistlichen und weltlichen Rechte seien auf ihn übergegangen und da er, nothgedrungen freilich, die Adelsprivilegien im weitesten Umfange bestätigte, wobei die Bevölkerung des flachen Landes wieder schlecht fortkam, wurde ihm kein ernstlicher Widerstand geleistet. Er behielt auch den vierten Theil der Einkünfte für sich.

Weit herberen Kampf schien er mit den Ständen des Herzogthums Preußen bestehen zu sollen. Hier traten ihm vor allen die Städte feindlich entgegen. Die Angelegenheiten sollten durch einen allgemeinen Landtag geordnet werden, was den Plänen des Kurfürsten schroff zuwiderlief. Die Opposition stützte sich auf die Hülfe, welche man von Polen hoffte, dessen König ja lehnsherrliche Rechte über Brandenburgs Fürsten besaß. Allein der Kurfürst machte die ihm zustehenden Rechte geltend und der Streit begann mit den üblichen Für= und Widerreden, bis er, wie dies später gezeigt werden wird, zu einem offenen Kampfe ausartete, in welchem die Stände endlich unterlagen.

Vor allen anderen Beschwerdepunkten waren es die steten Forderungen des Kurfürsten um seine Armee zu heben. Die Länder seufzten unter der Last der Abgaben, welche Friedrich Wilhelm ihnen aufbürdete. Die märkischen Stände hatten namentlich gerechte Ursache darüber zu klagen, weil das verarmte Land nur mühsam des Kurfürsten Forderungen, die er obenein mit großer Strenge eintreiben ließ, aufbringen konnte. Der Kurfürst blieb unerbittlich. Er hatte einmal die Nothwendigkeit eingesehen und rechtfertigte damit sein Verfahren.

In Deutschland, Polen und Schweden sah man diesem energischen Auf= treten Friedrich Wilhelms mit großer Unruhe zu. Der Kaiser hatte nicht mehr den gefügigen Kurfürsten von ehemals vor sich. Die Polen, zu deren Königs= hause Pfalz=Neuburg in naher Verwandtschaft stand, waren der jülichschen Ereignisse wegen gegen den Kurfürsten sehr erbittert, der von einer Lehnsherr= schaft des Polenkönigs gar nichts zu wissen schien. Schweden hatte Groll genug gegen ihn, weil es das ganze Pommern nicht erhalten hatte und weil schon ein Krieg zwischen Schweden und Polen im Anzuge war, bei welchem, so fürchtete man in Stockholm, der Kurfürst auf die Seite der Polen treten werde. Unter den deutschen Reichsfürsten herrschte eine Abneigung gegen Branden= burg, welche der Neid über Friedrich Wilhelms zweifellos dastehende Bedeutung hervorgerufen hatte.

Friedrich Wilhelm war also wiederum allein auf sich angewiesen und diese Isolirung steigerte nur sein Bemühen, seine Kraftentwicklung um so mehr. Er ließ keine Gelegenheit vorübergehen, zu zeigen, daß er gesonnen sei, die von ihm erhobenen Ansprüche, die Ausführung seiner Pläne mit allen ihm zu Gebote stehenden Mitteln zu behaupten und durchzusetzen.

Während wir ihn so nach außen hin im Ringen mit feindlichen Gewalten begriffen sehen, waren die inneren Angelegenheiten des Landes durch Friedrich Wilhelm zu einem hoffnungsreichen Anfange gebracht worden. Er sagte sich, daß die tief gesunkene Bildung seiner Unterthanen so schnell als nur möglich gehoben werden müsse, da die kriegerischen Zeiten eine Rohheit befördert hatten, die vor allem das Gedeihen hinderte. Die Unterrichtsanstalten waren in Folge der unglücklichen Ereignisse, die über Brandenburg gekommen, ganz vernachlässigt, zum großen Theil verfallen. Schwer hatte z. B. die Universität Frankfurt gelitten.

Es war eine der ersten Beschäftigungen des Kurfürsten, diese Bildungs=
anstalt wieder neu zu schaffen. Er bestätigte alle bisherigen Vorrechte derselben,
baute in der Folge die verfallenen Gebäude wieder, wies ihr neue Einkünfte
auf die Domainenrate in Magdeburg an.

Ebenso förderte er die Gymnasien. An den der Frankfurter Universität
bewilligten Einkünften hatte auch das Joachimsthalsche Gymnasium in Berlin
Theil. Es ist die älteste, heute noch bestehende Lehranstalt, die einst Joachim I.
gegründet hat. Die erledigten Professuren wurden durch tüchtige Kräfte besetzt,
unter denen Pelargius und Reisel namentlich hervorzuheben sind. Auch das
Gymnasium zu Köln an der Spree wurde reformirt, wozu die Kurfürstin=Mutter
beisteuerte und Raue eine Schulordnung entwarf.

1655 wurde die Universität zu Duisburg gestiftet. Es geschah dies 1655
zugleich, um den Wünschen der cleveschen Stände und der Bürgerschaft von
Duisburg nachzukommen. Die neue Universität stand unter der besonderen
Gerichtsbarkeit des Kurfürsten, der sie ansehnlich dotirte. Als Professor wirkte
an ihr der später zum Minister erhobene Paul Fuchs.

Schullehrer und Prediger wurden in den ehemals verödeten Dörfern an=
gestellt und ein genaues Verzeichniß der Einwohner jeder Provinz angefertigt.
Was den Handel anbetrifft, so hatte der Kurfürst viel gethan, um die so
schmerzliche Abtretung von Stettin zu hintertreiben, allein es gelang, wie wir
wissen, leider nicht. Er war schon 1647 mit holländischen Kaufleuten in Ver=
bindung getreten, welche ihm riethen, auf seinen Namen eine ostindische Handels=
gesellschaft zu errichten, allein der Geldmangel verhinderte die Ausführung des
Projektes; auch die von Dänemark im Jahre 1650 erkaufte Daneburg an der
Küste von Koromandel machte ihm viel zu schaffen, weil dort die Geschäfte
nicht besonders von Statten gingen.

Schon Johann Sigismund hatte (1614) sein Augenmerk auf die Post=
einrichtungen gewendet. Der Kurfürst nahm bedeutende Verbesserungen vor und
1646 wurde die Reitpost von Danzig über Königsberg nach Memel mit Riga
in Verbindung gesetzt. 1648 hatte man eine Reitpost von Königsberg bis
Warschau, von Berlin über Magdeburg und Wesel nach Cleve. 1649 waren
schon auf einer Linie von 187 Meilen, von der kurländischen Grenze bis Geldern,
ununterbrochene brandenburgische Postverbindungen und 1650 förderte der Kur=
fürst die Reitpost von Cleve bis Amsterdam. Da zur Zeit das Reichspost=
meisteramt in Händen der Familie Taxis lag, konnte es nicht ausbleiben, daß
der Kurfürst mit Taxis in Konflikte gerieth, allein mit seiner gewohnten Energie
hielt Friedrich Wilhelm seine Absichten und Einrichtungen aufrecht. Er verbot
dem Erbpostmeister, in den kurfürstlichen Ländern Postbediente zu halten, er=
nannte noch in demselben Jahre den geheimen Rath Otto von Schwerin zum
Generalpostmeister und 1654 den Hofrentmeister Michael Mathias zum Postdirektor.

Wenn der Kurfürst oft zu seltsamen und vielfach angreifbaren Mitteln und
Verordnungen griff, so liegt die Entschuldigung für ihn darin, daß der „ernste
Anblick der Nothwendigkeit", um mit dem Dichter zu reden, ihn zwang. Es
galt vor allen Dingen die Versumpfung der Geister zu heben, welche sich in

bedenklicher Weise geltend machte und die lediglich durch neuen kraftvollen Aufschwung verhütet werden konnte. Bis glücklichere und bessere Zeiten über die kurfürstlichen Länder kamen, mußte die nächste, wenn auch nicht erfreuliche Hülfe gesucht werden. Hierher gehörte namentlich die Prägung des schlechten Geldes, gegen welches die Pastoren sogar von den Kanzeln herab eiferten. Allein der Kurfürst war taub gegen dergleichen Ausfälle und ebenso gegen die Behauptung, daß er durch sein schlechtes Geld den Handel mit dem Auslande hemme.

Eine sehr wichtige Maßregel war die Errichtung des geheimen Rathes. Die ersten Anfänge desselben fallen schon in die Zeit von Schwarzenbergs Wirken. Der Rath beschränkte auch die Statthalter. Seine Gewalt ward sehr erweitert. Im Namen des Kurfürsten konnten die Mitglieder Todesurtheile bestätigen, die Stände berufen und das Recht der Begnadigung üben, wenn der Herrscher abwesend war. Civilangelegenheiten waren dem Kammergerichte untergeordnet. Zwar wurden die Befugnisse des geheimen Rathes hin und wieder gemäßigt und eingeschränkt, aber der Rath blieb als höchste Instanz bestehen. 1643 erschien eine neue Kammergerichtsordnung für Brandenburg, 1646 eine solche für die Neumark. Eine Beschleunigung der Prozesse wurde dadurch erzielt. In dem Eifer für alles Recht ging der Kurfürst so weit, viele Arbeiten selbst zu übernehmen, auch erbrach und las er die eingegangenen Schreiben und vertheilte sie zur Erledigung, ließ sich auch wöchentlich zweimal Bericht erstatten. In der Folge war dies unausführbar und nach Winterfelds, des Direktors des Rathes, Tode wurde Blumenthal, dann Otto von Schwerin mit der Vertretung des Kurfürsten betraut. Schwerin nahm in der Folge die Stellung des Kanzlers ein und hatte die Räthe unter sich.

Der Kurfürst schuf sich bald ein sogenanntes Kabinet, hier wurden die früher vom geheimen Rath verhandelten politischen Angelegenheiten abgemacht. Der Kurfürst berief zu solchen Zwecken die ihm am meisten zusagenden Räthe und es ist nicht zu leugnen, daß einer oder der andere derselben auf des Kurfürsten Entschlüsse von Einfluß war. Indessen verstand es der Kurfürst trefflich, sich die Günstlinge fern zu halten. Er hatte mit Burgsdorf sehr bittere und lehrreiche Erfahrungen gemacht. Der geheime Rath bildete den Mittelpunkt der Regierung. Der Kurfürst hörte jede Ansicht, zog verschiedene Gutachten seiner Räthe ein und entschied dann immer selbst. Sein heftiges Wesen wurde zuweilen störend für die Berathung, doch ließ er sich leicht durch Vernunftgründe überzeugen. In der drastischen Weise seiner Zeit und seines Charakters hatte er im Saale des Gerichtshofes ein Bild aufhängen lassen, welches die Schindung eines ungerechten Richters darstellte, dem König Kambyses die Haut abziehen läßt. Die Ausstellung dieses scheußlichen Bildes soll in Folge eines ungerechten Richterspruches geschehen sein. Aber der Kurfürst ließ es wieder fortnehmen, als ihm die Unrichtigkeit der Beschuldigung des Richters mitgetheilt wurde.

Es lag im Geiste und in den Sitten der meisten deutschen Höfe, die größtmöglichste Pracht zu entfalten. Allerdings waren die Zustände der deutschen Länder nicht danach angethan, solchen Aufwand zu nähren, aber die Fürsten wollten von einer Gewohnheit nicht lassen, die zugleich ihre Bedeutung den

Monseigneur et treshonnoré Cousin

L'asseurance que J'ay de l'affection de V.re M.té envers moy et ma Maison m'oblige de luy donner cognoissance de la grace, dont le Toutpuissant m'a voulu benir par l'heureuse delivrance de Madame ma cher Espouse, Laquelle accoucha l'onzresme de ce mois d'un Fils. J'ay sujet d'en rendre graces à Dieu et espere que V.re M.té prendra aussy part à ce mien contentement, l'asseurant que rien ne me sera si aggreable que la continuation de la bonne affection de V.re M.té envers Moy et les miens. Laquelle Je tascheray de conserver par toute sorte des preuves et demonstrations, comme estant.

Monseigneur et Treshonnoré Cousin

De V.re M.té

Le treshumble et obeissant
Cousin et Serviteur

Friderig Guillaume Electeur
de Brandenbourg

De Conigsberg le
13 de Juillet
l'an 1657.

Der Kurfürst im Geheimen Rathe.

Unterthanen gegenüber erhöhte, die sich nun einmal ihren Fürsten ohne Glanz nicht vorstellen konnten und das Gefühl der Abhängigkeit und der Unterordnung so fest in sich aufgenommen hatten, daß sie weder Neid noch Unwillen gegen Verschwendung des Hofes empfanden. Vielmehr gehörten die Caroussels, die Hofauffahrten, Thierhetzen und Jagden, die Illuminationen und Feuerwerke, die feierlichen Empfange der Gesandten zu den Lieblingsschauspielen der Landes=kinder und eine Anzahl von „fliegenden Blättern" von „Getreuen Darstellungen", theils in Holz geschnitten, selbst in Kupfer gestochen, veranschaulichten die Ra=ketengarben oder die Aufzüge, welche zur Feier dieses oder jenes Festes los=gebrannt oder gehalten worden waren. Die Menge der Speisen und Weine, welche bei dergleichen Anlässen draufgingen, war ungeheuer, und die Pracht einer fürstlichen Hofhaltung wurde mit ehrfurchtsvollem Staunen betrachtet.

So bedeutend Friedrich Wilhelm den meisten seiner fürstlichen Zeitgenossen an Geist überlegen war, blieb er doch in gewissen Dingen eben ein Sohn seiner Zeit. Er wollte in keiner Weise hinter seinen Standesgenossen stehen. Er hatte hohe, sehr hohe Begriffe von der Person und der Bedeutung eines Herrschers und die unleugbaren Erfolge, die er trotz mannigfacher Hindernisse errungen hatte, mögen dazu beigetragen haben, die Meinung, welche er von sich selbst hegte, noch zu erhöhen. Dieses Selbstgefühl war nicht allein verzeihlich, es war sogar nothwendig für einen Mann, der rücksichtslos vorwärts schreiten wollte und mußte. Allerdings wurden durch seine Prachtliebe die Lasten noch drückender, aber der Kurfürst glich dies insofern aus, als die Gelder für solche Luxusartikel meist im Lande blieben. Er hatte sich die Liebe seiner Unterthanen erworben, das sagt alles und es scheint daß man ihm nie Vorwürfe über seine Ausgaben machte. Seine Hofhaltung war glänzend zu nennen. Hofherren, Pagen, Lakaien trugen prächtige Kleidung und Livree. Die Zahl der Schüsseln

an den Tafeln war bedeutend und die besten Weine spülten die leckeren Speisen hinunter. Eine Menge von Nebenpersonen waren am Hofe zu finden: Küchen=
schreiber, Holzkarrer, Reiseschlächter, Topfknechte, Aufspüler, Bratenjungen, Loch=
jungen, Hühnerwärter, Kohlenfuhrmänner, Holzschreiber, dazu die Masse der Trabanten und Hatschiere.

Der Kurfürst liebte es zwar im allgemeinen inmitten der ihn umgebenden Pracht sehr einfach zu erscheinen, allein in dieser Einfachheit lag eine gewisse Koketterie, denn die Tracht, welche er gewählt hatte, war stets auserlesen und in Stoff und Schnitt elegant zu nennen. Er hatte schon 1650 seinem Hofwesen feste Einrichtung geben lassen. Dieselbe war von dem Hofmarschall von Putlitz und dem Kammerpräsidenten von Arnim ausgearbeitet worden, sie wurde aller=
dings zuweilen eingeschränkt, dann aber wieder so bedeutend erweitert, daß an Ersparungen nicht zu denken war. 1659 nahm der zur Verbesserung des Hofwesens berufene Rabau von Kanstein seinen Abschied, weil er nicht mehr sparen konnte. Nach seiner Aufstellung betrugen die kurfürstlichen „Intrades":
Vermöge der Designation=Kondten auß den Aemtern der Renthei
ungefehr erfolgen . . . . 46,568 Thlr.
die Müntz . . . . 50,000 „
Saltz Gelder . . . . 30,000 „
Chatoul . . . . 40,000 „
Licent und Metz Geldt . . . . 21,981 „
Accise . . . . 10,964 „
Ritterschaft . . . . 1,300 „
200,813 Thlr.
Hiergegen Ausgabe Vermöge der übergebenen Verzeichnuß zum
Behuf der Hofstaat . . . . 91,200 Thlr.
Küchengeldt . . . . 15,000 „
Kostgeldt . . . . 20,000 „
An Besoldung und Chatoul Geldt . . . . 30,000 „
156,200 Thlr.
Bleibt noch übrig 44,613 Thaler, wenn aber die Chatoul, Licent und Accise=
geselle zurückgeben werden, wil nichts bleiben sondern noch mangeln.

Ueberdies nimbt die Hofhaltung wegk an Viktualien:
130 Ochsen, 450 Kelber, 2100 Hamell, 150 Lemmer, 350 Mastschweine, außer Hünern undt Gense. An Korn: 71 Wispel Weitzen, 1000 Wispel Rogken, 268 Wispel Gersten, 300 Wispel zum Brauen, 500 Wispel Habern. Der Kurfürst machte, wie gesagt, öfters Reduktionen seines Hofstaates, so z. B. eine bedeutende 1660, aber 1671 kostete die Hofhaltung schon wieder 440 Thaler täglich. Der sehr gut besetzte Marstall enthielt 134 Pferde, die jährlich 289 Wispel 19 Scheffel hartes Korn verzehrten. Es muß bemerkt werden, daß der Kurfürst niemals die Landeskassen in Anspruch nahm, sondern stets seine eigenen Gelder für den Hofstaat verwendete, aber die Höhe der Steuern ward dadurch um ein Beträchtliches vermehrt.

Hand in Hand mit diesen prächtigen Ausstattungen und Bedürfnissen seines

Hofstaates ging des Kurfürsten Prachtliebe in Bezug auf Bauten, Kunstwerke, Raritäten 2c. Er hatte schon den von seinem Vater überkommenen Maler Nietzell, der den Hofmaler Czwiczek unterstützte, beibehalten. Er erhielt dreißig Thaler und freie Wohnung. Die beiden Honthorsts, Wilhelm und Gerard, trafen gleich nach der Vermählung des Kurfürsten ein. Wilhelm blieb in Berlin, wo er freie Wohnung, ein seidenes Kleid und 1000 Thaler Gehalt als „Hofmaler" erhielt. Andreas Ganz, der Kupferstecher Kalle, die Bild=
hauer Kern, Georg Larsen, der Maler Liberi, der Gießer Neuwaart, die Maler Sonnius, Willmann, Rollos u. a. hielten sich längere oder kürzere Zeit oder für immer angestellt durch den Kurfürsten oder für ihn arbeitend in Berlin auf.

Kern als Elfenbeinschnitzer, Arthus Sitte und Johann und Franz Baratta als Bildhauer und Stuckateure, der Gießer Vignerol, die Baumeister Mem=
hardt, Blesendorf, Smids 2c., die Kupferstecher Metzger, Leonhard, Trapp, zeichneten sich aus. Die Menge der Hofgoldschmiede, Hofbaumeister, Grottirer, Eisenschneider, Gießer und Modelleure, welche fortwährend am Hofe verkehrten, war sehr groß und in stetem Ab = und Zulaufen.

Besonders protegirte der Kurfürst die Stempelschneidekunst. Meister wie Johann Hoehn, Seb. Dattler, Joh. Bernh. Schultz, Ungelter fanden stets Be=
schäftigung in Berlin, und es gehörte zu Friedrich Wilhelms besonderen Passionen, auf jedes denkwürdige Ereigniß eine Medaille prägen zu lassen.

Die Malerei stand bei dem Kurfürsten in hohem Ansehen und man muß ihm die Gerechtigkeit widerfahren lassen, daß er mit vielem Geschmack und mit Berücksichtigung der besten Meister bei dem Ankaufe seiner Gemälde verfuhr. Eine große Anzahl von Bildwerken ersten Ranges, welche noch heute die Wände unseres Berliner Königsschlosses zieren, sind Erwerbungen, welche Friedrich Wilhelm einst machte. Auch die Ausbildung dieses Geschmackes verdankte er seinem Aufenthalte in Holland, dessen Kunstschule in ihrer Bedeutung mit den älteren und neueren Schulen Italiens wetteiferte. — Die große Anzahl schöner holländischer Bilder, wahre Zierden einer Gemäldegalerie, die wir heute noch bewundern, zeugen für des Kurfürsten genaue Bekanntschaft mit den Vorzügen der niederländischen Meister. Wenn er von seinen beschwerlichen Regierungs=
geschäften ruhte, dann war es für ihn ein Hochgenuß, zwischen diesen herrlichen Werken umherzuwandeln, und er fand bei seiner Gattin gleiche Empfindung für die Erzeugnisse einer bewundernswerthen Kunstgenossenschaft.

Der Handel Hollands mit Japan, die Verbindung mit China, die Nieder=
lassungen zu Batavia hatten eine Menge seltsamer und merkwürdiger Dinge nach Europa gebracht. Man begann überall sogenannte Raritätenkammern an=
zulegen, in welchen die Kunsterzeugnisse jener Länder aufgespeichert wurden. Friedrich Wilhelm hatte der bereits bestehenden kurfürstlichen Kunst= und Rari=
tätenkammer viele der neuerworbenen Schätze hinzugefügt. Wenngleich unter der Masse des Angekauften sich auch mancher Tand befinden mochte und das Curiosum oft höher stand, als wirkliche Kunsterzeugnisse, so fand sich auch wieder vieles vor, welches den Trieb zur Nachahmung erweckte und den heimischen Arbeitern als Vorbild gelten mochte.

Der Kurfürst in der Bildergalerie.

Edler und bedeutungsvoller war die Vervollkommnung der kurfürstlichen Bibliothek. Sie hatte ihren Platz in dem Seitenflügel des Schlosses gefunden, in welchem die Apotheke lag (und heute noch liegt). Ein großer Theil der besten Werke älterer Zeit war fast in einer chaotischen Verwirrung auf den Böden des Schlosses aufgespeichert gewesen. Der Kurfürst wollte jedoch die Schätze des Geistes nicht in ihrer Abgeschlossenheit erhalten, sondern machte die Bibliothek dem Publikum zugänglich, indem er an drei Tagen in der Woche die Zimmer, welche die Bibliothek enthielten, zum Eintritte für jedermann öffnete. Als Direktor der Sammlung fungirte der erwähnte Raue.

Bei dem regen Sinne für Verschönerung und dem Bestreben, alles bessern zu wollen, mußte dem Kurfürsten der noch immer traurige Zustand seiner Haupt- und Residenzstadt Berlin sehr nahe gehen. Berlin hatte, wie wir aus dem Vorhergehenden wissen, schwer gelitten. Nach dem von Schwarzenberg verfügten Niederbrennen der kölnischen Vorstädte sah es wie eine Wüstenei um Berlin aus. Der Ingenieur Holst hatte eine Menge Häuser niederreißen müssen, die an der Stadtmauer sich erhoben. Bei dem Schlusse des westfälischen Friedens waren eben nur Köln und Berlin vorhanden, aber auch ihre Bebauung war eine sehr mangelhafte. Wo heute sich die Burgstraße hinzieht, war nur ein schlechter hölzerner Weg — der Gang an der Spree — vorhanden. Einzelne Hinterhäuser standen noch auf dicken, in die Spree getriebenen Pfählen. Die Heiligegeiststraße war bis an den sogenannten „Wursthof" gar nicht bebaut. Auf den wüsten Plätzen hatten die Tuchmacher ihre Rahmen ausgespannt. Wenn man vom Heiligengeistspitale bis zum neuen Markte ging, so schritt man über wüste Stellen, die zum Theil mit einem Gemisch elender Häuser und Hütten bestellt waren, in dessen Gewirre der Scharfrichter mit seinen Abdeckern in der Haidereutergasse wohnten. Selbst die Klosterstraße zeigte noch eine Anzahl unbebauter Plätze, der Mühlendamm trug nur wenige Häuser. In Köln zeigten sich in der Fischerstraße nur Hütten, nur am Fischmarkte und in der Roßstraße konnten sich einige respektable Häuser präsentiren. Die Grünstraße war mit einzelnen Gebäuden versehen, ebenso die Umgebung am Gertraubtenthore und die des Rathhauses, selbst die Breite Straße war durch Kramläden verunziert.

Die schöne Fläche vor dem Schlosse konnte damals nicht dem allgemeinen Verkehr nützen, denn der alte Dom mit seinem Kirchhofe engte sie ein. Die alte verfallene Stechbahn, welche vom Dome aus bis zur langen Brücke lief, war ebenfalls mit häßlichen Krambuden verbaut, und da, wo heute sich der Prachtbau, „das rothe Schloß" genannt, erhebt, wo die neue Stechbahn entstand, lag ein wüster Platz. Er hatte ehedem zum Hause des Grafen Schwarzenberg gehört, das in der Brüderstraße lag.

Der Werder war durch eine Walk= und Schneidemühle verunstaltet, daneben lagen einige wüste und verfallene Häuser, welche dem Kurfürsten gehörten, sowie dessen Reithaus (in der Gegend der heutigen Werderschen Kirche). Das Dach desselben war eingefallen.

Berlin und Köln umgab ein doppelter Graben, den eine alte Mauer begrenzte. Selbst diese war hier und da eingefallen und man hatte die Lücken durch Erdwälle ergänzt, denen wieder, je nach Gebrauch, einzelne Festungswerke angeflickt waren. In Berlin befanden sich 845, in Köln 364 Häuser. Der vierte Theil der Berliner Häuser stand leer und sie waren aus Mangel an Geldmitteln dem Einsturz nahe, baufällig waren fast alle Häuser. Etwas besser war der Zustand der Gebäude in Köln. Die Straßen waren zum Theil, namentlich vor den Häusern, nicht gepflastert, an den Ecken standen offene Brunnen, welche gleich denen der Dörfer mit Schwengeln und Kübeln versehen waren. Die meisten der Brunnen waren versumpft. Eine große Zahl der Häuser zeigte Schindeldächer und Schornsteine aus Lehm oder Holz, in der Klosterstraße standen noch 1651 Scheunen mit Stroh gedeckt. Ein großer, gefahrdrohender Uebelstand waren die verfallenen Brücken. So war z. B. die Hunde= (jetzt Schloß=)brücke, wo bis 1652 die Hamburger Schiffer anlegten, durch das Anstoßen der Schiffe gegen die Pfähle so unbrauchbar für Fuhrwerke geworden, daß ein Passiren derselben gefährlich ward, und die lange Brücke, die schon 1638 baufällig geworden war, konnte zu Wagen fast gar nicht passirt werden. Die Unsauberkeit der Straßen war geradezu erschreckend. Aller Unrath wurde vor die Häuser geschüttet oder lag, zu abscheulichen Pyramiden gethürmt, in einem Winkel der Straßen. Wo die Spree sich durch die Gassen wand, da war sie nicht selten durch die Masse des ins Wasser geworfenen Kehrichts verstopft, so daß die Kanäle zum Abführen des Unrathes nicht mehr brauchbar erschienen.

Die Schweine, welche von den Einwohnern in großer Menge gehalten wurden, liefen in den Straßen umher und wühlten in den verstopften Kanälen, die zum Theil, so z. B. der Kanal am neuen Markte, einen pestilenzialischen Gestank aushauchten. Die Schweineställe befanden sich häufig nach der Straße hinaus und waren nicht selten unter den Fenstern angebracht. Eine Straßenbeleuchtung im eigentlichen Sinne gab es fast gar nicht, der Anfang zu einer solchen wurde überhaupt erst 1679 gemacht, wo aus jedem dritten Hause eine Laterne mit brennender Kerze gehängt werden mußte. 1682 setzte man Laternen auf Pfähle.

Nicht besser stand es mit Potsdam, welches durch den dreißigjährigen Krieg ebenfalls furchtbar gelitten hatte, von Kaiserlichen, Schweden, Dänen und Mansfeldischen oft schwer gebrandschatzt und mit gewaltigen Kontributionen belegt worden war. Als Friedrich Wilhelm seine Regierung antrat, bestand die Stadt eigentlich nur aus vier Straßen: Burg-, Grün-, Kirchen- und Grabenstraße, deren Häuser ebenfalls dem Einsturze nahe waren. Wir werden später zeigen, welche Verbesserungen der Kurfürst geschaffen hat.

Wenn die Wohnungen der Berliner Bürger in einem keineswegs guten Zustande sich darstellten, so war das kurfürstliche Schloß ebenfalls nur nothdürftig zur Aufnahme seiner hohen Eigenthümer ausreichend. Unter der unglücklichen Regierung George Wilhelms hatte man wenig oder gar nichts für die Erhaltung des Schlosses gethan. Außer der schon erwähnten Reparatur des Altanes und den gestützten Zimmern im Hause der Herzogin findet sich kaum das Anzeichen einer Verbesserung. Es konnten sogar nicht einmal 1000 Thaler zum Ankaufe von Werkstücken aufgebracht werden. Der Anblick, welchen das Schloß und dessen Umgebungen darbot, war ein höchst trauriger. Der Kurfürst empfand diesen Mangel einer schönen fürstlichen Wohnung nie bitterer als zur Zeit seiner Verheirathung.

Die junge Kurfürstin kam aus einem Lande, dessen blühender Zustand den Neid fast aller Nachbarstaaten erregte. Diesem Zustande gemäß waren denn auch die Einrichtungen der niederländischen Fürstenhäuser höchst behagliche und zum Theil prächtige geworden. Der Kurfürst wollte seine Gattin nicht in ein vollständig verwahrlostes Haus führen. Er hatte schon vor seinem Einzuge in Berlin für möglichste Reparatur des Schlosses daselbst gesorgt.

Die Zimmer, in welchen Luise ihren Wohnsitz nehmen sollte, wurden so schnell es sich nur thun lassen wollte hergestellt und wohnlich eingerichtet. Er hatte im Haag Zimmermeister und Steinmetzen gewonnen, auch einen Baumeister brachte er von dort nach Berlin. Selbst die Hölzer für die Täfelung der Gemächer bezog er aus Holland. Es war die natürliche Folge, daß der niederländische Geschmack der herrschende auch in Berlin wurde.

Das Schloß erhielt mindestens vorläufig ein freundlicheres Ansehen. Die große Wendeltreppe, „die Reitschnecken" genannt, wurde in Stand gesetzt. In dem nach der langen Brücke zu gelegenen Flügel des Schlosses, der des Kurfürsten und seiner Gemahlin Zimmer enthielt, war alles sehr gut und wohnlich eingerichtet. Der aus Holland verschriebene Zimmermeister, Vibrand Gerritein, zeigte sich hierbei besonders thätig und das sogenannte „Haus der Herzogin" erhielt ein fürstliches Aussehen. Die Angelegenheiten des Schloßbaues überwachte der Kammerpräsident Bernd von Arnim und 1648 konnte schon der Maler Michael Hirte acht Deckenstücke malen.

Nach dem Abschlusse des westfälischen Friedens betrieb der Kurfürst den Ausbau seines Schlosses noch ernsthafter. Er hatte schon bei Beginn des

Kurfürstliches Schloß.

Jahres Kalk, Steine und Bauholz anfahren lassen. Bei der Geldklemme, in welcher er sich befand, nahm er eine Summe von dem Spandauer Kommandanten, Herrn von Ribbeck, auf. Im Laufe des Jahres ließ er den „Thurm zum grünen Hut" wohnlich einrichten, was der aus Cleve gesendete Kammerdiener Moritz Neubauer besorgte. Dieser Bau ward jedoch erst wesentlich gefördert, als der berühmte Baumeister Memhardt in kurfürstliche Dienste trat. Er ließ den Altan mit Kupfer decken, brach einen großen Theil der baufälligen Gebäude am äußeren Schloßhofe nieder und baute sie wieder zum Behufe einer Kriegskasse, Lehnkanzlei, des Konsistoriums und Kammergerichtes auf. Der ehemalige Marstall ward zu Wohnungen für die Hofbedienten hergerichtet. Auch die übrigen Anlagen wurden gefördert. Der Kurfürst ließ den hinter dem Schlosse gelegenen Lustgarten ordnen. Er hatte aus Holland viel Gewächse kommen lassen und achtzig Obstbäume wurden von dort nach Berlin geschafft. Auch die Anfänge zur Verschönerung des Thiergartens wurden gemacht. Alleen begannen denselben zu durchschneiden, welche bis an die Mauern Berlins liefen. Um diese ersten Anlagen machte sich der Kunstgärtner Michael Hauff sehr verdient.

So sehr der Kurfürst bemüht war, eine Milderung der rohen Sitten herbeizuführen, gelang ihm dies doch nur allmählich und mit großen Anstrengungen. Die Zeiten des dreißigjährigen Krieges hatten verwildernd auf die gesammte Bevölkerung Deutschlands und der Marken gewirkt. Rohheit und Langeweile erzeugten Händelsucht. Eine größere Festlichkeit endete fast immer mit einer Rauferei, bei welcher man gewöhnlich zum Degen griff, und eine Menge streitlustiger Gesellen fand sich in Brandenburg zusammen, weil sie sich hier am sichersten wähnten. So geschah denn im Jahre 1652 ein überaus scharfes

Verbot der Duelle. Indessen vermochte dieses Edikt den Zweikampf nicht abzuschaffen, den der Kurfürst, namentlich dem Adel, auch nicht vollständig untersagen mochte.

Die Begriffe waren keineswegs geläuterte zu nennen und mit der Unwissenheit, der mangelnden Bildung hatte sich der Aberglaube überall fest eingenistet, von dessen Gewalt sich auch die Höhergestellten nicht freimachen konnten. Der Glaube an Hexen und Zauberei stand in voller Blüthe. Einen alten Haideläufer Clauß ließ man enthaupten, weil er einen Geist besitzen sollte, der ihm bei Diebstählen den Thäter anzeigte. Hexen und Kindesmörderinnen wurden mit der gräulichen Strafe des Verbrennens und Sackens belegt, die Justiz suchte sich durch furchtbare Urtheile Respekt zu schaffen. In den Städten ward die Gerichtspflege für die Verfolgung der Zauberer organisirt und was in den spärlichen Chroniken der Zeit aufbewahrt sich findet, zeugt davon, daß die Leute weit mehr auf das Bewahren von abscheulichen Rechtshändeln, als auf Ueberlieferung wichtiger historischer Ereignisse bedacht waren. So meldet beispielsweise die Wendlandsche Chronik von Berlin in bunter Reihenfolge:

1650. Im Majo läßt der Kurfürst die erste Schleuse anlegen.

1651. Den 13. Augusti ward Fritz, der Pfeiffer, gehenkt. Item eine Sergeantenfrau, welche den Diebstahl verhehlen helfen aufm Rabenstein enthauptet.

NB. In diesem Jahre entstund Krieg zwischen Ihro kurfürstl. Durchlaucht zu Brandenburg und dem Neuburger.

1652. Den 3. Januarius entstunden Streitigkeiten mit Schweden wegen des Zolls.

1653. Im Augusto ward ein Edelmann vom Hackeschen Geschlechte erstlich mit glühenden Zangen 2 Mahl an den Brüsten gezogen und nachmals aufm Rabenstein erstlich das Genick, nachmals Arme und Beine zerstoßen, zuletzt nach dem Galgen geführt, bis Abends aufm Rade gelegt, nachhero begraben. Er hatte seine Frau in den Brunnen gestürzt und mit Steinen todt geworffen.

1654. War am 2. Augusti eine erschröckliche Sonnenfinsterniß, entstunde Morgens 7 Uhr und wärete biß 11 Uhr. — Im Julio ward auffm Rabenstein vor St. Gürgen Thore ein alter Hexenmeister von Zossen enthauptet, von Meister Gottfrieden. Sein Blut ward in einem neuen Topfe auffgefangen, welches einer, so mit den schweren Gebrechen (Epilepsie) beladen, warm außtrank und nachmals im Felde herumlief.

1655. Den 6. Februarii ward Ihro Durchlaucht dem Kurfürsten ein Prinz zu Cölln an der Spree gebohren. Ward genannt Carolus Emilius. Im Sommer ward ein Dieb, Nahmens Sprenger, aufm Rabenstein enthauptet, weil er eine Confectionsschaale aus der kurfürstlichen Silberkammer gestohlen; er sollte gehänkt werden, aber auff Bitten seines Bruders Martin (so Silberdiener am Hofe) ward er (zum Schwerdte) begnadigt. Der Scharfrichter Meister Gottfried hieb zwei Mal und schnitte zum dritten Male den Kopf mit dem Schwerte herunter. Nachmals entschuldigte er sich, er hätte sich aufs Hängen geschickt und man solle es ihm vorhero und nicht auff die letzte Stunde gesagt haben, daß der Maleficant sollte mit dem Schwerte gerichtet werden.

In ähnlicher Weise geht es fort. Man war mit Köpfen und Hängen, Rädern und Brandmarken schnell bei der Hand. Wir werden in der Folge noch ähnliche Beweise der Barbarei beibringen.

Trotz der schweren Strafen zeigten sich die Märker und anderen Unterthanen doch stets zum Widerstande bereit. Namentlich war es außer der Vertreibung des schlechten Geldes die „Accise", welche den Brandenburgern ein Gräuel erschien. Der Kurfürst hatte dieselbe schon 1641 eingeführt, ohne die Genehmigung der Stände erhalten zu haben. Er nahm Steuer von allen in- und ausländischen Waaren, Vieh-, Mahl-, Schlachtsteuer, Gewerbe- und Kopfsteuer. Selbst der Tagelöhner zahlte per Kopf drei Groschen monatlich. Allein der Kurfürst gehorchte der Nothwendigkeit und da er sein Land augenscheinlich verbesserte, nahm er auch dessen Mittel in Anspruch für weitere Vervollkommnung. Diese Accise gewährte den Staatskassen große Einnahmen. Die Land- und Wasserzölle, der Salzhandel, die Abgaben eines jeden Beamten beim Antritte des Amtes an die Marinekasse leisteten ebenfalls große Zuschüsse. Schon 1651 hatten sich die Einkünfte der Zölle auf 50,000 Thaler verbessert. Indessen erschien den Brandenburgern diese Accise als eine Schraube ohne Ende. Man war ungehalten darüber, daß der Adel von derselben befreit blieb und daß der Kurfürst, je nachdem er es brauchte, die Steuern erhöhte oder niedriger ansetzte. Später kamen noch Karten-, Giebel-, Wein- und Biersteuern hinzu. Die Art und Weise, in welcher die Steuern eingetrieben wurden, erhöhte noch den Unwillen, dazu kam die Kontrolle. Es mußte alles mit Steuermarken versehen werden, was steuerpflichtig war. So nahm man dem Rathe Lucae einst während seiner Reise den Postillon vom Bocke und warf ihn ins Gefängniß, weil sein Röllchen Tabak nicht mit einer Marke versehen war.

Die Steuerbeamten hielten Haussuchungen, luden den Fuhrleuten die Wagen aus und chikanirten auf jede Weise. Anfangs machte man sich durch Klagen

Die Accise.

Luft, dann kam es zu Thätlichkeiten. Die Steuerbeamten waren ihres Lebens nicht mehr sicher. Einige von ihnen wurden erschlagen. Militär mußte oftmals einschreiten und die Städte waren nicht selten Schauplätze kleiner Gefechte.

Diese gewaltsame Regelung seiner Abgabenverhältnisse lag aber in dem Gange, den sich der Kurfürst vorgezeichnet hatte und den er ohne Wanken verfolgte. Ihm schien es dringend geboten, die verzweifelte Lage des Landes durch verzweifelte Mittel zu bessern, und die Folge hat gezeigt, daß sein scheinbar hartes Verfahren ein äußerst praktisches war. Freilich schrie alles vor Entsetzen, als der Kurfürst sogar von den in den Spitälern Befindlichen eine Steuer von sechs Groschen monatlich erhob und die höchst unpatriotischen Stände, welche niemals freiwillig gaben, erhoben ihre Stimmen gegen diese „unpatriotische Handlungsweise des Kurfürsten", aber Friedrich Wilhelm achtete schon nicht mehr der Opposition. Er wollte der Einzelnen nicht schonen, wenn das Interesse des Ganzen auf dem Spiele stand.

Daß er mit solchen Anordnungen, bei der unerbittlichen Strenge in Beschaffung der Mittel verhältnißmäßig viel leisten konnte, ist erklärlich. Nächst der allgemeinen Hebung der Zustände war es ihm besonders um die Stärkung seiner militärischen Kräfte zu thun. Die Armee befand sich in einem achtunggebietenden Zustande. Wir haben schon bei Gelegenheit der cleveschen Händel gesehen, daß der Kurfürst eine ansehnliche Macht in die Wagschalen der Entscheidung werfen konnte. Da wir zu dem Punkte gelangt sind, von welchem aus die brandenburgische Kriegsmacht thatkräftig in die Geschicke Europas eingreifen sollte, wollen wir einen kurzen Umriß des Bestandes der Truppen geben, über welche der Kurfürst verfügen konnte, wenn er zu einer plötzlichen Rüstung und Werbung schreiten mußte.

Bei den cleveschen Händeln waren: 4 Regimenter zu Fuß von 4 Schwadronen (Kompagnien) unter Befehlen der Obersten Catrin, Spaen, Ohr, Eller. Unter den beiden Obersten Styrum 2 Regimenter von 6 Schwadronen, unter Oberst Arnheim 1 Reiterregiment zu 4 Schwadronen. Unter den Obersten Byland, Spaen, Görtzke, Clutt, Witgenstein, Potthausen, Dollschwein und Sparr standen je ein Regiment zu Fuß mit 8 Hauptmannschaften. Ein Regiment unter Oberst Eller von 12, eins unter Oberst Trott von 10 Hauptmannschaften. Mit Werbepatenten für Reiterregimenter waren versehen Graf Wittgenstein und Oberst Stockum. Mit Patenten für Werbung von Fußregimentern waren versehen Oberst Osten, die Obersten Bischurt, Homan und Milari. Die Obersten waren mit Geldmitteln ausgestattet. Allerdings war der Kurfürst genöthigt diese Truppen zum Theil wieder zu entlassen, da ihm seine Stände keine Mittel bewilligten, auch die Leibkompagnie unter Arnim wurde 1653 aufgelöst, aber es blieb ein Stamm zurück, dessen Tüchtigkeit bald wieder die Stütze für neuzuwerbende Truppen werden konnte. Diese Stammtruppen hatte der Kurfürst vortrefflich ausgebildet. Sie wurden geübt und selbst die aufgebotenen Mannschaften hatten bei ihrer Entlassung doch immer so viel gelernt, daß sie bei Wiedereintritt nur eines kurzen Nacherexercierens bedurften, um aufs neue den Dienst verrichten zu können. Freilich wurde damals nur das dem

Soldaten angelernt, was der „starre" Dienst erforderte, eine gewisse Selbständigkeit eignete er sich erst viel später und allmählich an. Die Kompagnien des Fußvolkes bestanden aus ²/₃ Musketieren, ¹/₃ Pikenieren. Die Exercitien mit dem Spieße wurden ebenso wie die mit der Muskete nach dem noch bestehenden Reglement des Prinzen Moritz von Nassau ausgeführt. 32 Griffe brauchte man für den Spieß, 40 für die Muskete. Die Reihen wurden doublirt, die Glieder schlossen auf und dann rangirte man sich in Linie und Kolonne. Die Reiterei stand keineswegs auf einer so hohen Stufe wie zur Zeit des dreißigjährigen Krieges. Sie war im Laufe der Jahre nur als wilde Sturmschar verwendet worden. Eine richtige Verwendung sollte sie erst später erhalten.

Dagegen finden wir die Waffe des Dragoners verhältnißmäßig gut ausgebildet.*) Diese halb Reiter, halb Fußvolk darstellenden Truppen waren seit der Regierung George Wilhelms in der brandenburgischen Armee heimisch, wo Konrad von Borgsdorff den Auftrag erhielt a. d. Juni 1631 „eine Kompagnie Dragoner von 200 Köpffen zu werben". Seit dieser Zeit wurde diese Waffengattung sehr vielfach verwendet und in der Folge eine Lieblingstruppe Friedrich Wilhelms.

Die Ausbildung der Dragoner geschah für den Dienst zu Roß und zu Fuß und war eine sehr sorgfältige. Allerdings bestand das Exercitium wie bei allen Truppengattungen jener Zeit nur in sogenannten „Hauptaktionen". Die Dragonerabtheilung, welche eine Angriffslinie erreicht hatte, saß schnell ab, koppelte die Pferde und rangirte sich zum Angriff in vier Gliedern. In einzelnen Fällen, besonders aber da wo es darauf ankam, einen besonderen Punkt hart zu vertheidigen oder mit Entschlossenheit anzugreifen, war ihre Aufstellung dem Zwecke entsprechend willkürlich, ebenso ihr Feuer.

Die Einführung der Dragonerwaffe in die europäischen Heere hatte den Zweck, den Dienst des Infanteristen und Reiters mit einander zu verbinden und in dieser Beziehung ward sie eben ein Liebling des großen Kurfürsten, dem ihre ausgezeichnete Fertigkeit und Brauchbarkeit die wichtigsten Dienste leistete. Wir werden in der Folge Gelegenheit haben, zu zeigen, wie entscheidend für die Erfolge des großen Kurfürsten die Leistungen der Dragoner waren.

Eine besondere Sorgfalt widmete der Kurfürst der Verbesserung seiner Artillerie. Er selbst war Artillerist, verstand sein Geschütz zu richten und wußte genau Bescheid in allen übrigen auf Transport, Maß und Erhaltung des Geschützes und der Ladung bezüglichen Dingen. Wie alles in den brandenburgischen Landen, so hatte auch die Artillerie sehr im Argen gelegen. Der Kurfürst fand bei seinem Regierungsantritte die tiefeingewurzelten Vorurtheile und die hand=

---

*) Was den Namen „Dragoner" betrifft, so sind die Ansichten über die Entstehung desselben verschieden. Ein Mal soll ihre Erscheinung zu Pferde mit der brennenden Lunte in der Hand eine Anspielung auf den Drachen (Dragon) — man nannte auch so den Luntenhahn — sein. Dann aber sollten diese Reiter zur Zeit ihrer Entstehung einen Drachen in der Standarte (Dragon) geführt haben. Auch Meyrick leitet den Namen davon her und bringt ihn in Verbindung mit dem Draconarius der Römer. Uebrigens hatten die Schweizer schon 1510 Büchsenschützen zu Pferde. Flemings Ansichten darüber sind unsicher.

werksmäßige Verfassung einer Büchsenmeistergilde, welche militärisch zu organisiren eine schwere Aufgabe war. Die großen Anstrengungen, welche er zu diesem Zwecke machte, waren indessen von Erfolg gekrönt, und diesen verdankte der Kurfürst nächst seiner eigenen Energie den trefflichen Leistungen Sparrs, der als kaiserlicher Feldzeugmeister 1649 in der Eigenschaft eines brandenburgischen Kriegsrathes, Gouverneurs von Kolberg und Oberkommandant aller Festungen vom Kurfürsten berufen ward. Zwei Jahre darauf erhielt er seine Bestallung als General-Feldzeugmeister. Unter seiner Leitung verschwanden zunächst eine Menge veralteter und abscheulicher Dinge bei der Artillerie, als Raketenpfeile, Giftkugeln, Stanktöpfe 2c. Sparr bemühte sich edleren Zielen nachzustreben. Er führte zweckmäßigere Geschütze ein, schuf gleichmäßiges Kaliber, ließ alte Kanonen umgießen und machte sich besonders um die Anlegung von

General-Feldzeugmeister von Sparr. (Porträt.)

Werkstätten verdient. Er befestigte Lippstadt und Hameln, nahm von Kolberg Besitz und verbesserte überall die Werke. Sparr war von unermüdlicher Thätigkeit und schon 1655 hatten die Brandenburger 72 Feldstücke mit 73 Rüstwagen und allerlei Schiffbrücken. Unter den Offizieren, welche in der Artillerie zu jener Zeit glänzten, finden sich Hochkirch, Johann Hille, Elias Franken, Hans Mutzhesen, Tetten, Schört, Rugwald, vor allen aber der ausgezeichnete Weiler. Die meisterhafte Organisation der brandenburgischen Artillerie, ihre großartigen Leistungen werden wir noch zu erkennen Gelegenheit haben. Sparr leistete dem Kurfürsten bei der Schöpfung der Armee die größten Dienste.

Mit ihm in einer Linie steht der nachmalige Feldmarschall Georg von Derfflinger. Dieser Name ist ein so volksthümlicher in Brandenburg und Preußen geworden, die Gestalt des alten Kriegsmannes gehört so recht eigentlich der vaterländischen Geschichte an, daß wir über diese merkwürdige Persönlichkeit besonders berichten müssen, um so mehr, als Derfflinger in der Folge noch häufig in den Vordergrund tritt und ein Gewebe von Sagen die Gestalt des Alten umschwebt.

Georg Freiherr von Derfflinger wurde wahrscheinlich im Jahre 1606 am 10. März zu Neuhofen in Oberösterreich geboren, so giebt es mindestens die auf seinem Epitaphe in der Kirche zu Gusow befindliche Inschrift an. Ueber seine Herkunft herrscht tiefes Dunkel, welches zu lichten er selbst nicht unternahm, vielleicht auch nicht unternehmen konnte. Von protestantischen Eltern geboren, mußte er mit diesen seine Heimath verlassen. Wie und auf welche Weise er zum Soldaten gemacht wurde, ist ebenfalls unbekannt. Die Sage bemächtigte sich dieser Ungewißheit und dichtete dem Kriegshelden an, daß er ursprünglich das Schneiderhandwerk erlernt habe, von Werbern aber gedungen worden sei und dabei figurirt denn auch die Geschichte von dem in den Fluß geworfenen Bügeleisen, von der Antwort, die er dem Herzoge von Holstein wegen der Schneiderelle gegeben haben soll ꝛc. Von all diesen Anekdoten ist nichts erwiesen und es liegt auch nicht der geringste Grund zu der Annahme vor, Derfflinger sei ursprünglich Schneider gewesen, es ist dies vielmehr eine der vielen Enten, welche auf dem breiten Wasser der Geschichte herumschwimmen. Ganz falsch und leeres Geschwätz ist es, wenn behauptet wird, Derfflinger sei stolz auf sein ehemaliges Gewerbe gewesen und habe sich dessen gerühmt. Er war vielmehr sehr ungehalten über diese Annahme und ein Erwähnen jener Sage konnte ihn in Zorn versetzen. Auch ist es mehr als wahrscheinlich, daß ein kurz vor seinem Tode herausgekommenes Buch, in welchem gegen die Schneiderherkunft entschieden protestirt wird, auf seine Veranlassung geschrieben wurde.

Muthmaßlich ist die Jugend= resp. Jünglingszeit unseres Helden eine ziemlich lockere gewesen, und wie dies in den Zeiten des dreißigjährigen Krieges so tausendfach geschah, ging der junge Mann als eine Art von verlorener Sohn unter die Soldaten, vielleicht auch deshalb, weil ihm, wie so vielen anderen, nichts weiter übrig blieb, denn Handwerk, Handel, Kunst gewährten ihren Anhängern kaum das nöthige Brot. Die Waffen herrschten allein. — Er trat als Gemeiner in die Schaaren des Grafen Thurn, focht unter dessen Fahnen und machte das Leben eines streifenden, abenteuernden Soldaten durch. Mit außergewöhnlichem Geiste und hervorragenden Talenten begabt, vermochte er es, diese Zeit der Streifereien für sich nützlich zu machen. Er lernte, wo andere nur militärisch vagabundirten. Gelegenheit Erfahrungen zu sammeln, gab es damals für jeden, der den Degen ergriffen hatte.

Als Thurn seine Schaaren fast zersprengt sah und in die Mark Brandenburg übertrat, ging Derfflinger in schwedische Dienste. Muthmaßlich begab er sich von der Neumark aus nach Preußen, von dort aus zu den Schweden. 1635 erblicken wir ihn schon als schwedischen Oberstlieutenant. 1638 erscheint er als Oberst. Beweis genug, daß er Außergewöhnliches leistete, ebenso spricht es für die Bedeutung des Mannes, daß der große Feldherr Torstenson es war, der Derfflinger 1642 zum Generalmajor beförderte. Wie albern die Behauptung ist, Derfflinger sei total ungebildet, lediglich ein sogenannter „Haudegen" gewesen, geht schon aus den Aufträgen hervor, welche er bereits in jener Zeit erhielt. Er befand sich in geheimer diplomatischer Sendung an Bethlen Gabor in Siebenbürgen und war sogar am Stockholmer Hofe in verschiedenen Missionen

thätig. Daß er es wohl verstand, eine „noble Figur" zu machen, geht daraus
hervor, daß man ihn nach Stockholm entsendete, um die Nachricht von der
Breitenfelder Schlacht zu überbringen. Einem ungebildeten Manne, der sich,
wie dies gewisse Schriftsteller zu verbreiten belieben, denen an plumpen Effekten
gelegen ist, roh und grob soldatisch bewegte, würde man weder eine diplo=
matische Sendung noch die Uebermittelung der Siegesbotschaft an den Hof
übertragen haben. Der Italiener Seti, welcher längere Zeit am Berliner Hofe
lebte, schildert denn auch Derfflinger ausdrücklich „als einen Mann von feinen
und guten Manieren". Daß mit einer persönlichen Feinheit und Liebenswürdig=
keit auch Redlichkeit und Geradheit vereinbar sind, kann vernünftigerweise wol
nicht bestritten werden; den zur Zeit noch sehr rohen Soldaten gegenüber wird
der General wol nicht seine feineren Töne angeschlagen haben.

Feldmarschall Georg von Derfflinger.

Nach Schluß des westfälischen Friedens scheint Derfflinger, ob freiwillig
oder gezwungen, aus der schwedischen Armee getreten und nach Brandenburg
gekommen zu sein. Er gehörte gewissermaßen dahin, denn er hatte sich schon
1646 mit dem Fräulein Margarethe von Schaplow verheirathet, welche Aussichten
hatte, verschiedene Güter in der Mark, darunter Gusow zu erben. Er wurde in
der Nikolaikirche zu Berlin getraut; 1647 ward ihm eine Tochter geboren.

Auch über seine Heirath sind allerlei halbromantische Sagen verbreitet,
die sich in sehr harte Prosa auflösen, denn wenn Derfflinger auch eine Heirath
aus Neigung schloß, so waren die materiellen Verhältnisse keineswegs so be=
sonders erfreuliche. Derfflinger übernahm mit seiner Gattin auch zugleich deren
sehr verschuldete, nicht einmal ihr sicheren Güter, deren Besitz er erst nach
manchen Kämpfen errang.

Er hielt sich nach seiner Heirath in Berlin, zuweilen auch in Gusow auf
und hatte den Degen abgelegt. Vorläufig beschäftigten ihn seine ländlichen
Verrichtungen, die Sorge um den wankenden Besitz der Güter.

Erst als die Zeiten des schwedisch=polnischen Kriegs (1654) herankamen,
von denen wir gleich erzählen werden, bewarb Derfflinger sich wieder um eine
Anstellung in der kurfürstlichen Armee, die er auch mit dem Patente eines

General-Wachtmeisters und als Chef eines Regimentes erhielt. Von da an datirt sein hoher und mit Recht gepriesener Ruhm als trefflicher Reiterführer, dem die brandenburgische, ja die preußische Armee die Schöpfung der Reiterei verdankt. Außerdem hatte er Gelegenheit, alles was er im Laufe seines bewegten kriegerischen Lebens an Erfahrungen gesammelt hatte, die offenen, kühnen Angriffsarten sowol als die listigen und gewandten Ueberrumpelungen des Feindes, zu verwerthen. Daß er nicht frei von Schwächen, namentlich in späteren Jahren von einer fast übertriebenen Empfindlichkeit war, daß er oft, ohne jeden Grund, sich zurückgesetzt glaubte, kann der Bedeutung des Mannes nicht Eintrag thun.

Neben ihm und Sparr sehen wir theils früher theils später Namen wie Hennigs, Schomberg, Konnenberg, Dona, Schwerin, Görtzke, Spaen u. a. m. glänzen, welche in den Treffen unter Führung des Kurfürsten den Ruhm der brandenburgischen Waffen verherrlichten. Mit solchen Kräften für die Kriegsereignisse ausgestattet, mit Hülfe von Räthen wie Schwerin, Dönhof, Meinders, Fuchs, Blumenthal, Kleist, Waldeck konnte Friedrich Wilhelm den kommenden Ereignissen entgegensehen. Mit dem richtigen, klaren Sinne begabt, der ihn das Wirkliche und Wirksame schnell erkennen und erfassen ließ, vermochte er einen Plan für die Zukunft zu entwerfen, während in der Gegenwart noch viele Mängel sich zeigten und die begonnenen Werke der Ausführung harrten, da sie sich nur in Anfängen darstellte. Jener große Plan für die Zukunft bestand aber darin: in seiner, des Kurfürsten Hand, alle Rechte der ständischen sowol als der städtischen Gewalten zu vereinen, keine herrschende Macht in seinem Lande neben sich zu dulden, mit einem Worte, ganz selbständig allein für alles verantwortlich operiren zu wollen.

Indem der Kurfürst diesen Entschluß faßte, begründete er erst eigentlich die brandenburgische Monarchie. Er ist der Schöpfer derselben und hat sie recht eigentlich aus dem Nichts hervorgerufen, in welches ihre Anfänge durch die Schwäche seines unglücklichen Vaters zurückgesunken waren.

Die vielfachen riesigen Geschäfte, welche Friedrich Wilhelm für die Hebung seines Landes zu verrichten hatte, würden durch ihn bald genug in einen regelmäßigen Gang gebracht worden sein, wenn nicht an dem Staatenhimmel ein neues, großes Unwetter erschienen wäre. Es kam, wie einer der gewaltigen Stürme in der Natur, über das Meer dahergezogen, es ging von demselben Lande aus, von welchem einst der Retter des Protestantismus nach Deutschland geschifft war.

Karl Gustav von Schweden. (Porträt.)

XI. Kapitel.

Bündniß mit Karl Gustav von Schweden.

hristine, Königin von Schweden, die geniale, aber launenhafte, überspannte Tochter Gustav Adolfs, hatte schon seit längerer Zeit den Entschluß kundgegeben, dem Throne entsagen und in das Privatleben zurückkehren zu wollen. Woher dieser Entschluß eigentlich gekommen war, welche Gründe ihn hervorriefen, ist nicht recht klar geworden und man kann ihn füglich als eine Laune bezeichnen, wenngleich die Königin diese Entsagung als einen Beweis der Stärke ihres Charakters hinstellte, der vielleicht um so schwächer und schwankender war, je mehr sie bemüht erschien, ihn als stark und in sich selbst gefestigt erscheinen zu lassen.

Als ihren Nachfolger erwählte sie ihren Vetter, den Pfalzgrafen Karl Gustav von Zweibrücken, einen Fürsten, der seine bedeutenden kriegerischen Anlagen unter Wrangel und Torstenson ausgebildet hatte, mit feurigem Geiste und energischer Willenskraft begabt war. Wenn schon der frühzeitige Tod des römischen Königs den Kaiser Ferdinand mit neuer Sorge erfüllt hatte, so wurden diese Sorgen durch die Besitznahme des schwedischen Thrones durch Karl Gustav noch erhöht. Man zweifelte keinen Augenblick daran, daß der neue Schwedenkönig jede ihm passende Gelegenheit ergreifen werde, sein Haupt mit dem Lorbeer des Kriegers zu schmücken.

In der That fingen gleich nach seiner Thronbesteigung die Händel und zwar mit Deutschland an. Schweden hatte schon auf dem Reichstage die Privilegien der Stadt Bremen bekämpft. Zwar war dieser Streit vorläufig beigelegt worden, aber damit begnügte man sich schwedischerseits nicht, sondern ließ den

General Königsmark die Stadt angreifen. Gegen die große Gewalt der Schweden ließ sich augenblicklich nichts unternehmen und man mußte froh sein, daß Karl Gustav den Bitten der kaiserlichen Kommissare nachgab und seine Angriffe unterließ, sich aber ein Schutzrecht über Bremen vorbehielt.

Man glaubte nun die nöthige Ruhe gewonnen zu haben, bemerkte aber sehr wohl, daß Karl Gustav in ganz ungewöhnlicher Weise rüstete. Gegen wen eigentlich der Schlag geführt werden sollte, das ließ sich noch nicht erkennen. Allgemein fürchteten die Deutschen eine neue Invasion durch die Schweden, da Mazarin den König dazu aufmunterte. Wider alles Erwarten aber erschien plötzlich die Kriegserklärung gegen Polen. Es war hierzu kein besonderer Grund vorhanden, denn 1636 hatte Oxenstierna mit Polen einen sechsundzwanzigjährigen Waffenstillstand geschlossen. Allein Karl Gustav hatte seinen eisernen Willen, der casus belli wurde darin gefunden, daß der König Johann Casimir sich geweigert habe, den Pfalzgrafen in seiner neuen Würde anzuerkennen. — Selbst dieser Grund war in der Kriegserklärung nur flüchtig angegeben, so daß eine Erläuterung noch nicht stattgefunden hatte, als schon der schwedische General Wittenberg von Pommern aus in Polen einbrach.

Johann Casimir wurde in den Proklamationen als ein Feind der schwedischen Krone bezeichnet, der dem Könige seine Titel verkürze und ähnliche Dinge mehr zum Schaden Karl Gustavs treibe, auch noch immer seine Ansprüche auf die schwedische Krone geltend zu machen suche.

Die Gelegenheit zum Kriege gegen Polen war für Karl Gustav eine sehr günstige. Johann Casimir war bei seinen Unterthanen nicht beliebt. Er war ehedem Kardinal und Jesuit gewesen, hatte sich dem Adel verhaßt gemacht, den Kaiser selbst zur Eroberung Polens eingeladen und war von den eigenen Unterthanen bei allen Höfen dergestalt kompromittirt worden, daß er überall Feinde genug besaß.

Karl Gustav fand daher bei seinem Einrücken in Polen so wenig Widerstand, daß er Posen und Kalisch ohne Schwertstreich gewann und von dem dortigen Adel nicht allein die Huldigung, sondern auch eine Verstärkung an Truppen erhielt. Diesem ersten Erfolge gesellte sich bald ein zweiter hinzu. Litthauen stellte sich unter schwedischen Schutz, Johann Casimir flüchtete nach Krakau; aber auch von dort durch die Schweden vertrieben, eilte er nach Warschau. Die Stadt aber ergab sich den Schweden. Johann Casimir wandte sich nach Schlesien. Krakau wurde den Schweden übergeben, die polnische Miliz unterwarf sich ihnen und damit schien die Eroberung Polens vollendet.

Karl Gustav meldete dem Kaiser den Fortgang seiner Waffen und bot ihm seine Freundschaft an, womit dem Kaiser aber durchaus nicht gedient war. Er rieth zum Vergleich. Karl Gustav war aber nicht gesonnen, auf dem Wege der Güte vorzuschreiten, er bereitete neue Unternehmungen vor.

Von allen deutschen Fürsten befand sich keiner in größerer Verlegenheit, als Kurfürst Friedrich Wilhelm von Brandenburg. Er war faktisch zwischen den beiden streitenden Parteien eingeklemmt. Wenn er auch die geistige Bedeutung Karl Gustavs und dessen Macht wohl anerkannte, so hatte er doch keine

Sympathie für ein schwedisches Bündniß — mit Polen sich zu vereinen, lag ihm ebenso fern. Das schlaffe, in Sorglosigkeit dahinlebende Herrscherhaus Johann Casimirs bot ihm keine Garantien.

Schweden hatte es sogleich beim Beginn des Krieges nicht an Bemühungen fehlen lassen, den Kurfürsten auf seine Seite zu ziehen. Schon bei der Anzeige des Thronwechsels in Schweden hatte Graf Schlippenbach dem Kurfürsten zu verstehen gegeben, wie sehr man brandenburgische Unterstützung wünsche und wie gern man bereit sei, den Kurfürsten auf Kosten der Polen zu entschädigen. Selbst eine Theilung Polens wurde bereits in der Perspektive gezeigt. Der Kurfürst blieb zwar solchen Verlockungen gegenüber fest, allein die Erwerbung der Souveränetät über Preußen war ein Lieblingswunsch für ihn geworden, dessen Erfüllung durch die schwedischen Anerbieten näher gerückt schien. — Der Kurfürst mußte diplomatisch laviren. Wer ihm zur Erwerbung der Souveränetät verhalf, mußte ihm der Nächste sein.

Die Zeit drängte. Schon war Johann Casimir geflohen, Karl Gustav seinem siegenden Feldherrn nachgerückt. Der Kurfürst ließ sich gezwungen in Unterhandlungen mit Schweden ein, er machte Bedingungen. Schweden forderte unter vielem anderen seinen Beitritt zum Bündniß gegen Polen. Der Kurfürst weigerte sich. Während jener Unterhandlungen drangen die schwedischen Waffen immer siegreicher vor und mit diesem Vordringen steigerten sich auch die Bedingungen für den Kurfürsten. Man wollte die Häfen von Pillau und Memel haben.

Es konnte nicht in des Kurfürsten Willen liegen, sich von einer fremden Macht abhängig zu machen. Unterdessen kamen auch von Polen Anerbietungen, die dem Kurfürsten aber nicht vortheilhaft schienen. Was war zu thun?

Friedrich Wilhelm schlug zunächst einen Weg ein, den er für den besten und sichersten hielt. Er mußte versuchen, sich selbst den beiden streitenden Mächten wichtig zu machen. Mit der ihm eigenen Energie begann er plötzlich ein Heer zu gestalten. Es wurde eine allgemeine Werbung in Angriff genommen. Patente wurden ausgetheilt, Musterungen und Rüstungen in großem Maßstabe angestellt. Die wachsende Kriegsgefahr machte auch die Stände ge=
1654 fügig. Sie wurden am 18. Dezember 1654 zu einem außerordentlichen Landtage berufen und waren in der That bei ihren Bewilligungen nicht säumig.

1655 So konnte im Jahre 1655 der Generallieutenant Graf von Waldeck=Pyrmont das Defensionswerk einrichten. Große Strafen wurden für die Säumigen bestimmt, welche ihren Pflichten nicht nachkamen. Die Wybranzen erhielten nach einem Monate die Rechte der anderen Soldaten.

Auf dem Lande sollte von zwanzig Hufen, in den Städten von zehn ganzen, zwanzig halben Häusern oder vierzig Buden ein Mann gestellt werden. Wer einen solchen nicht stellen konnte, der sollte vierzehn Tage nach geschehener Anzeige zehn Thaler bezahlen.

Accise und Kopfgeld wurden bewilligt, in der höchsten Noth sollte alles zum Kriegsdienste bereit sein. Alle Waffenfähigen, alle tauglichen Offiziere wurden notirt, vorläufig eingetheilt in Quartiere und Kompagnien.

Mit Sparrs und Derfflingers Hülfe gingen die Aushebungen und Werbungen schnell von statten und gegen Ende des Jahres 1655 hatte der Kurfürst ein Heer von 26,800 Mann auf den Beinen, eine so achtunggebietende Macht, daß beide streitenden Parteien sich wol um ein Bündniß mit derselben bemühen konnten.

Diese Bemühungen blieben denn auch nicht aus. Aufs neue wurden von Schweden Anträge gemacht und der Kurfürst verstand die Unterhandlungen hinzuhalten. Er forderte den Schutz Karl Gustavs gegen Polen und als Genugthuung Samogitien, Ermland, einen Theil Litthauens mit der Souveränetät über Preußen, die Wahl zum deutschen Kaiser sollte nach Ferdinands Tode auf Karl Gustav gelenkt werden. Der König von Schweden war mit diesen Vorschlägen nicht einverstanden. Er verlangte zunächst, der Kurfürst solle ihm 8000 Mann stellen, und bot ihm Ermland mit der Souveränetät von Preußen. Der Kurfürst war damit nicht zufrieden, die Verhandlungen zerschlugen sich.

Gleich darauf wendeten sich die Großpolen an den Kurfürsten um Beistand gegen die Schweden, die Litthauer suchten bei ihm Schutz gegen Rußland. Johann Casimir beauftragte ihn, eine Vermittlerrolle zu spielen. Er erbot sich, den Ansprüchen auf Schweden zu entsagen, er wolle nur zeitlebens den Titel führen, dafür solle Karl Gustav ihm Liefland von der Düna bis Narva abtreten. Die Gefahr rückte immer näher und Johann Casimir rief den Kaiser, die deutschen Fürsten, Frankreich, Spanien, den Papst, den Sultan, selbst die Ungarn und Kosacken um Hülfe an und versprach dem Kurfürsten, wenn dieser sich mit ihm verbinden wolle, Vorpommern, sobald es den Schweden entrissen worden sei.

Eine perfide Politik wurde von schwedischer Seite geführt. Karl Gustav ließ den Polen im geheimen Liefland anbieten, wenn sie zugeben wollten, daß er sich der Häfen von Pillau und Memel bemächtige.

Die schnellen Fortschritte Karl Gustavs kennen wir bereits. Sie wurden im höchsten Grade bedrohlich für des Kurfürsten Länder. Er war mehr als je genöthigt, Bundesgenossen zu suchen. Eine Allianz mit Holland, welches ihm 4000 Mann Hülfstruppen oder 16000 Thaler monatlich versprochen hatte, nützte ihm nichts, weil die Generalstaaten lässig in ihren Leistungen waren. Von Seiten Schwedens wurde dieses Bündniß mit Argwohn betrachtet, da Friedrich Wilhelm andererseits noch mit Schweden in Stettin unterhandelte, während die Holländer wiederum glaubten, er sei im Bunde mit Karl Gustav. England mißtraute ihm ebenfalls und Cromwell zieh ihn des Einverständnisses mit Karl II. Obwol Karl Gustav viel gewonnen hatte, sah er doch ein, daß die Behauptung des Gewonnenen schwer sein würde, und aus diesem Grunde bewarb er sich um des Kurfürsten Beistand. Allein da er nun Sieger war, stimmte er seine Forderungen so hoch, daß Friedrich Wilhelm die seinigen immer mehr herabsetzte. Diese Nachgiebigkeit, welche die Umstände erheischten, machte den Schwedenkönig übermüthiger als je. Er brach die Verhandlungen mit Brandenburg ab.

Nunmehr wandte der Kurfürst sich nach Dresden; auch hier nur leere

Worte, kühle Aufnahme seiner Bitten. Er ließ mit Wien Verhandlungen anknüpfen und stellte dem Kaiser vor, welche ungeheure Gefahr heraufbeschworen werde, wenn die Schweden sich zum Herrn von Polen machten, da sie ohne Zweifel auch Schlesien beanspruchen würden. Die kaiserlichen Räthe blieben ungerührt von diesen Hinweisen und Bitten. Ferdinand war selbst taub für die Vorschläge des Kurfürsten, künftig das Herzogthum Preußen als Lehn aus der Hand des Kaisers zu empfangen, und für die Zusage, daß der Kurfürst bei der nächsten Kaiserwahl dem Sohne Ferdinands seine Stimme geben wolle. Alle Erbietungen wurden in förmlich kalter Weise abgelehnt.

Karl Gustav ließ ihm erklären, daß er eine Neutralität Preußens nicht zugeben und nicht dulden könne, daß der Kurfürst dahin eine Armee zum Schutz des Landes führe. Die preußischen Stände zeigten sich wie gewöhnlich renitent, behaupteten, daß sie nicht zur Stellung von Truppen verbunden seien und daß dem Kurfürsten die Vertheidigung des Landes obliege.

Nunmehr trat Friedrich Wilhelm handelnd auf. Er hatte kennen gelernt, was von deutscher Hülfe zu hoffen sei. Der Kaiser, dem zu Liebe der Kurfürst nicht mit den Schweden sich alliirt hatte, verließ ihn. Auf den Beistand der übrigen Fürsten, der fremden Mächte konnte er ebenso wenig rechnen. Man ließ ihn allein, er wollte nun auch allein handeln, man hatte ihn dazu gezwungen.

Im April brach Sparr, der den Oberbefehl über die Armee führte, durch Hinterpommern marschirend nach Preußen auf zur Beobachtung der Schweden. Der Kurfürst folgte mit 8000 Mann und rückte trotz der Abmahnungen des Generals Wittenberg an die Weichsel. Zu derselben Zeit war Karl Gustav auf dem Marsche gegen Krakau. Der Kurfürst war in seinen Unternehmungen insofern glücklich, als er die in Marienburg versammelten Stände zur Stellung von 4000 Mann behufs der Landesvertheidigung bewog und zugleich es dahin brachte, daß ihm die oberste Kriegsleitung übertragen ward. Sein Einzug in Marienburg war ein prächtiger. Er ritt auf einem weißen Pferde, angethan mit einem Purpurmantel, in die Stadt. Sparr hatte unterdessen verschiedene Plätze besetzt, man wollte den schwedischen Durchzug aufhalten und jede Unternehmung auf Preußen hindern, und wenn auch einzelne große Städte dem Bunde nicht beitraten, so zeigten sich doch die Litthauer und Masovier dem Kurfürsten geneigt. Ein förmliches Bündniß mit den polnisch=preußischen Ständen wurde am 12. Mai 1655 zu Marienburg unterzeichnet. Man begrüßte den Kurfürsten als Retter.

Johann Casimir, den das Glück der schwedischen Waffen nach Schlesien getrieben hatte, war über die Schritte des Kurfürsten hoch erfreut. Er bot von Großglogau aus dem vermeintlichen Bundesgenossen die Souveränetät über Preußen für ihn und seine Nachkommen an und verhieß ihm noch weitere Vortheile, wenn er Preußen vertheidigen wolle.

Karl Gustav, der sehr aufmerksam des Kurfürsten Schritten gefolgt war, ließ (Oktober 1655) das Lager der kulmer Ritterschaft sprengen. Sein General Magnus de la Gardie zog von Litthauen mit 7000 Mann durch Preußen an

Einritt in Marienburg.

die Weichsel. Stenbock ergriff die Offensive gegen die Brandenburger und drang nach Thorn vor. Der König selbst folgte ihm mit 7000 Mann und als Friedrich Wilhelm dagegen protestirte, forderte Karl Gustav nunmehr die unumwundene Erklärung des Kurfürsten, ob er Feind oder Freund der Schweden sein wolle, da er wohl wisse, wie der Kurfürst mit Johann Casimir zur Vertheidigung Preußens verbunden sei. Er verlange Räumung Preußens. — Die Schweden nahmen Thorn, Elbing, Marienwerder und andere feste Plätze ein, sie überwanden leicht die brandenburgischen Besatzungen und steckten sie unter ihre Truppen. Danzig allein widerstand. Die Schweden, von Karl Gustav geführt, drangen trotz der Proteste des Kurfürsten bis Wehlau und dann bis nach Kreuzburg vor. Sie standen drei Meilen von Königsberg entfernt, welches sie bedrohten. Friedrich Wilhelms Lage war bedenklicher als je. Zwar suchte er durch Verhandlungen den König hinzuhalten, aber dieser rückte ohne Aufenthalt vorwärts, es gab keine Rettung mehr, als nur die, welche in einem Vergleich mit Schweden lag, und des Kurfürsten Freunde, vor allen seine kluge und treue Gattin, riethen dazu.

In Königsberg wurde am 17. Januar 1656 der Vertrag mit Schweden und Brandenburg unterzeichnet. Der Kurfürst mußte sich bezüglich Preußens als Lehnsmann der Krone Schweden bekennen und erhielt Ermland ebenfalls als schwedisches Lehen. Er verpflichtete sich, 1500 Mann Truppen für Schweden zu stellen, gewährte diesem freien Durchmarsch, den Gebrauch der Seehäfen, versprach den Feinden Karl Gustavs keinen Vorschub zu leisten, auf alle Verbindung mit den preußischen Ständen zu verzichten und räumte Preußen, wogegen er Geldentschädigung erhielt, auch brandenburgisch-preußische Gerichtspflege unter Zuziehung der Stände aufrichten durfte. Dieser Abschluß wurde von beiden Fürsten durch eine Zusammenkunft in Bartenstein besiegelt, wo man fünf Tage in Festlichkeit und Gastmählern zubrachte.

Dieser ganze Friedensschluß, sowie das erfolgte Bündniß mit Schweden waren ein offenbarer Rechtsbruch. Friedrich Wilhelm durfte sich nicht der Lehnspflicht gegen Polen entbinden. Außerdem befand er sich in offener Feindschaft gegen Johann Casimir, der sein Lehnsherr war. Aber die Nothwendigkeit zwang den Kurfürsten zur Leistung eines Eides, den er keineswegs für immer zu halten gesonnen war. Allgemein erhob sich die Stimme der Fürsten und Völker gegen dieses den Schweden so günstige Bündniß. Karl Gustav war von der Festigkeit seines Glückes vollkommen überzeugt. Aber die schwedische Invasion hatte sich in Polen keineswegs beliebt gemacht. Die Polen wollten nur ihre selbstsüchtigen Zwecke erreichen, sich aber der Willkür Karl Gustavs nicht unterwerfen. Das gemeine Volk war gegen die plündernden Schweden erbittert worden. Johann Lesno, Czarnecki und andere blieben den Schweden feindlich gesinnt und religiöser Haß gegen die ketzerischen Fremdlinge wurde wieder erweckt, als Czenstochau mit seinem wunderthätigen Marienbilde von den Schweden angegriffen, aber heldenmüthig vertheidigt ward.

Inmitten der Wirren hatte Johann Casimir vergeblich nach Hülfe gerufen, jetzt aber erhoben sich die polnischen Völker aus dem Verderben, welches sie bedrohte und da Karl Gustav seine Armee gegen Norden geführt hatte, um Friedrich Wilhelm zur Entscheidung zu drängen, ward es leicht den Aufstand zu organisiren. In Tyskiewic schlossen Potocki und Lancoronski das Bündniß zur Vertreibung der Schweden. Der Hetman Chnielicki, einst der Feind Polens, schloß sich aus Furcht von Russen und Schweden unterdrückt zu werden, den Verbündeten an, man gewann auch die Tataren und forderte den König auf, in der Mitte der Seinen zu erscheinen.

Der Kaiser und der Papst riethen Johann Casimir ebenfalls dazu. Er kam von 300 Gewaffneten begleitet nach Ratibor, nahm dort die Erklärungen der Abgeordneten der Kronarmee entgegen und ging dann nach Loncut. Von hier aus betrieb er die Rüstungen eifrig genug, um bald ganz Polen in Aufstand zu bringen.

Das von Koniegpolski und Wiesnowicki befehligte Heer kündigte den Schweden an, daß alle Verträge mit ihnen aufgehoben seien, auch Sapieha und die Litthauer erhoben sich. Johann Casimir erklärte diese unerwartete Rettung für ein göttliches Wunder und nahm die Jungfrau Maria für sich und sein Reich als Schutzpatronin, gelobte den freien Gottesdienst für die Dissidenten zu gestatten, die Lage der Leibeigenen zu bessern.

Schon auf die erste Nachricht von dem polnischen Aufstande war Karl Gustav von Marienburg aus aufgebrochen und griff bei Gollub an, schlug hier Czarnecki und drang bis Jaroslav vor. Allein die in seinem Heere befindlichen Polen hielten nicht Stand. Die Quartianer*) gingen massenhaft zu

---

*) Dieselbe Art von Milizen, welche in Ungarn Grenzer genannt werden. Der Name

den Polen, ihren Landsleuten, über. Unaufhörlich beunruhigte Czarnecki die Feinde. Markgraf Friedrich von Baden erlitt eine Niederlage bei Warca, in Samogitien wurden die schwedischen Besatzungen gemordet, die Russen fielen die schwedische Armee in Liefland an, Lissa ward genommen und schrecklich verwüstet, Karl Gustav mußte sich unter heftigen Gefechten nach Warschau zurückziehen. Er erließ furchtbare Edikte gegen die abtrünnigen polnischen Edelleute, was vielleicht noch mehr gegen ihn erbitterte.

Dieser plötzliche Wechsel der Dinge brachte den Kurfürsten in eine fast ebenso schlimme Lage als den König, seinen Bundesgenossen. Der Abfall Friedrich Wilhelms von seinem gesetzmäßigen Lehnsherrn, dem Könige von Polen, wurde von allen Seiten als beispiellose Untreue verschrieen, und was der Neid, die Gehässigkeit und Scheelsucht gegen Brandenburg aufzubringen vermochten, ward geltend gemacht. Die Gewalt der Verhältnisse erwog man gar nicht. Mehr als je mußte der Kurfürst sich für einen verlassenen Mann ansehen, denn auch die Holländer waren über die Königsberger Verträge erbittert. Friedrich Wilhelms Entschuldigungen halfen wiederum nichts. Sein Gesandter im Haag, Georg von Bonin, vermochte ihn nicht zu rechtfertigen und Cromwell mißbilligte des Kurfürsten Verhalten ebenso wie der Kaiser, der sich natürlich am feindlichsten gegen Brandenburg zeigte.

Der von allen verlassene Kurfürst neigte sich unter solchen Umständen dem Antrage zu, welcher ihm von Seiten Frankreichs geboten ward. Schon 1655 hatten die Franzosen sich um seine Allianz bemüht, weil sie von Seiten des Kaisers einen Angriff auf das Elsaß fürchteten. Der Kurfürst wurde auch zur Abschließung dieses Bündnisses durch die Sorge bewogen, welche ihm der Zustand seiner cleveschen Länder einflößte, wenn es im Elsaß zum Kriege kommen sollte. Der Vertrag wurde auf sechs Jahre abgeschlossen, erwies sich in seinen Folgen aber nutzlos für beide Theile.

Auch mit Polen war Friedrich Wilhelm wieder in Unterhandlung getreten, nachdem Johann Casimir ihm durch eine Gesandtschaft seine Rückkehr angezeigt und die Bitte ausgesprochen hatte, er möge sich nicht von Polen trennen. Diesem Ansinnen wich der Kurfürst dadurch aus, daß er erklärte, für Polen einstehen zu wollen, wenn dieses ihm die Kriegskosten ersetzen und ihn gegen Schweden schützen wolle. Auch von Rußland aus wurde er vor seinem schwedischen Bündnisse gewarnt.

So schwierig des Kurfürsten Lage auch sein mochte, er verstand es trefflich, sich in dieselbe hineinzufinden und hielt sich allerlei Auswege offen. Karl Gustav versäumte keine Bemühung, ihn auf seine Seite zu ziehen, da er die Politik des Zögerns, welche der Kurfürst einschlug, wohl begriff. Andererseits sah der König sich immer mehr bedrängt, die Polen gewannen täglich mehr Terrain, schon ward ihre Sprache trotzig und drohend gegen Friedrich Wilhelm, dessen

---

kommt von der Unterbringung der Truppen her, die an den Grenzen Polens in Quartieren lagen. Nach Andern soll Sigismund August den vierten Theil seiner Tafelgüter zum Unterhalte dieser Armee irregulärer Truppen bestimmt haben.

Gesandte wiederum die Lage der Schweden als eine höchst verzweifelte darstellten. Daß der Kurfürst sein Heer zusammenzog, um Masovien zu besetzen, weckte das Mißtrauen der Schweden. Auch sie glaubten sich jetzt von Friedrich Wilhelm verrathen und brachen die Verhandlungen mit ihm ab. Allein das für Karl Gustav glückliche Ereigniß, die Eroberung Marienburgs (16. Mai 1656) änderte die Sachlage. Der König schöpfte ein wenig Athem. Er trat mit bestimmten Forderungen gegen den Kurfürsten auf, der sich nunmehr erklären sollte, was Schweden von ihm zu erwarten habe.

1656

Friedrich Wilhelm sah ein, daß er seine ganze Hoffnung nur auf sich selbst und seine Waffen setzen könne. Er schloß am 25. Juni zu Marienburg mit Karl Gustav ein Bündniß ab. Dem Wortlaute der Verhandlung nach sollte dieses Bündniß zur Herstellung des allgemeinen Friedens dienen. Wer die schwedischen Armeen angreifen würde, der sollte der Feind beider Paktirenden sein. Nur gegen den Zaren und den Herzog von Kurland weigerte sich der Kurfürst die Waffen zu ergreifen. Der Kurfürst stellte dem Könige im Falle eines Krieges 4000 Mann und Karl Gustav hatte 6000 Mann zu stellen, wenn der Kurfürst angegriffen werden sollte. Die Kriegsführung lag in den Händen des Königs, doch blieb dem Kurfürsten sein Einspruch gesichert. Ohne Bewilligung des Bundesgenossen konnte niemand einseitig Frieden schließen. Dem Kurfürsten ward außerdem Posen und Kalisch, sowie einige andere Landestheile zugesagt. Die Bestimmungen der Lehnsverträge wurden wesentlich zu Gunsten des Kurfürsten geändert.

In gewohnter Weise suchte der Kurfürst sein Verhalten durch diplomatische Künste zu beschönigen. Er ließ Johann Casimir wissen, daß er gezwungen worden sei mit Schweden sich zu alliiren. Der König von Polen wies diese Entschuldigung zurück und erklärte, den Kurfürsten als Verräther behandeln zu wollen. Holland sowol als der Kaiser wütheten gegen Brandenburg. Danzig erklärte sich aufs neue für Polen und wies die schwedischen Angriffe energisch ab. Die Tataren zeigten sich ebenfalls ganz für Johann Casimir gestimmt und in Königsberg kam es zu blutigen Auftritten mit den dort befindlichen Polen unter des Kurfürsten Augen. Die polnischen Truppen hausten bereits in den preußisch-litthauischen Gebieten und die Tataren schleppten eine Menge Bauern gefesselt in die Gefangenschaft, der ganze Krieg hatte einen Charakter der Wildheit angenommen, man mordete, brannte und plünderte; es war Zeit, daß diesen Zuständen ein Ende gemacht wurde und der Kurfürst erschien vor sich selbst gerechtfertigt, indem er sich von einem Fürsten lossagte, dessen Völker die so gefürchteten Schweden an Mordlust und Plünderungswuth, an Scheußlichkeiten aller Art überboten.

Durch die feste Haltung seiner schnell erworbenen Freunde muthig gemacht, hatte der Polenkönig Johann Casimir den Entschluß gefaßt, sich gegen das von den Schweden besetzte Warschau zu wenden. Die Gewinnung der Hauptstadt mußte als eines der ersten Ziele gelten. Der Woiwode von Podlachien stieß zu ihm. Nach der Zerstörung Lissas rückte Johann Casimir mit seinem 60,000 Mann starken Heer vor Warschau. In der Stadt lagen nur 1500 Mann schwedische Truppen. Obwol von einer ungeheueren Mehrzahl angegriffen, vertheidigten sich die Schweden so heldenmüthig, daß erst am 1. Juli die Stadt dem Polenkönige in die Hände fiel. Die Besatzung ergab sich nur unter der Bedingung des freien Abzuges.

Der Krieg war somit in aller Form eröffnet und die Kriegserklärung von Seiten Schwedens und Brandenburgs folgte dem Falle Warschaus auf dem Fuße. —

Wir nähern uns jetzt einem so großen Momente in der brandenburgischen und damit auch in der deutschen Geschichte, die Folgen der gewaltigen Schlacht, welche nun auf den Feldern Warschaus und in der Stadt selbst geschlagen werden sollten, sind von so großer weittragender Bedeutung für Brandenburg gewesen, daß es nothwendig erscheint, der Schilderung der Vorgänge einen größeren Raum anzuweisen.

Noch einmal hatte der Kurfürst mit Karl Gustavs Bewilligung dem Polenkönige Friedensanträge machen lassen. Beweis genug, wie hoch Karl Gustav das Bündniß mit Brandenburg schätzte. Noch hoffte Friedrich Wilhelm auf eine Beilegung des Streites. Karl Gustav hatte seine besten Truppen zusammengerafft um Warschau zu entsetzen und eilte dem Kurfürsten voraus. Unterdessen hatten die Polen, wie gemeldet, Warschau genommen und den General Wittenberg sowie seine Offiziere wider alle Kapitulationsbedingungen nach Zamosc geschleppt. Ein Theil der schwedischen Armee lagerte bei Nowodwor, und wenn die jubilirenden Polen, statt der Siegesfeier sich hinzugeben, sofort auf Nowodwor den Angriff richteten, so ließ sich die totale Niederlage der Schweden voraussehen. Der besorgte Prinz Adolf Johann ließ auch bereits bei Karl Gustav anfragen, ob er das Lager aufgeben solle, aber der König befahl ihm zu bleiben. Er rückte in Eilmärschen heran und traf am 8. Juli zu Nowodwor ein.

Karl Gustavs Talent für den Krieg, sein scharfer Blick ließen ihn sofort die Höhe der Gefahr erkennen. Die Polen waren stark und in guter Stellung, dennoch mußte der Angriff so schnell als möglich gewagt werden, da der Anmarsch von 30,000 Bojaren und deren Knechten in naher Aussicht stand. Der König konnte jedoch ohne die Verbindung mit der brandenburgischen Armee nicht den Angriff unternehmen. Er ließ daher den Kurfürsten bitten, er möge seinen Anmarsch beschleunigen. Auch gab er dem Kurfürsten einen genauen Bericht über die zur Zeit genommene Aufstellung der Polenarmee.

Es war leicht möglich, daß die Polen einen Theil ihrer Reiterei über den Bug und Narew gehen ließen, um sich zwischen die schwedische und brandenburgische Armee zu werfen. Bis daher die letztere heran war, mußte der König den Feind hinzuhalten suchen. Er ließ die von den Polen bedrängte kleine Festung Tykoczin durch Douglas entsetzen und alle Brücken sowie Schiffe auf dem Narew zerstören. Die Truppen des Kurfürsten, welche bei Johannisburg standen, halfen dabei. Ein zweites Korps ließ der König über die Weichsel gehen, um den Weg von Warschau nach Thorn freizuhalten.

Es ist erwiesen, daß der Kurfürst noch immer bemüht war, den Frieden zu erhalten. Er zögerte mit seinem Anmarsche und der König von Schweden begann ernstlich unruhig zu werden und fürchtete, der Kurfürst spiele ein falsches Spiel. Er wartete allerdings auf die Antwort Johann Casimirs, welche sein Gesandter Maidel ihm überbringen sollte. Aufs neue bat Karl Gustav um des Kurfürsten Anmarsch. Der Pole Gonsiewski war mit einigen Korps der litthauischen Armee gegen Ostrolenka vorgegangen und die Siegesgewißheit der Polen stieg, wobei es unbegreiflich erscheint, daß sie nicht einen Angriff unternahmen, noch ehe die brandenburgische Armee mit der schwedischen vereinigt war.

Am 10. Juli war der Kurfürst bei seiner in Soldau schlagfertig stehenden Armee von Königsberg kommend eingetroffen. Er erhielt durch Maidel die Kunde, daß Johann Casimir alle Friedensvorschläge abgelehnt habe. Die Polen hatten wol nicht an ein ernstliches Zusammengehen des Kurfürsten mit Schweden geglaubt.

Sobald Maidel dem Kurfürsten die Antwort des Polenkönigs überbracht hatte, gab Friedrich Wilhelm Befehl zum Aufbruch und rückte am 14. Juli bei Schrinsk über die Grenze. Damit waren alle Zweifel Karl Gustavs gehoben und er erwartete mit Ungeduld die Stunde, wo er angreifen konnte.

Die Stellung der Polen war jetzt folgende. Das litthauische Heer unter dem Kommando Sapiehas war um die Vorstadt Praga postirt. Czarnecki, der die Polen kommandirte, befand sich auf der anderen Seite der Weichsel. Um die Verbindung zwischen beiden Heerestheilen unterhalten zu können, war über die Weichsel eine Schiffbrücke geschlagen worden, die aber in Folge des hohen Wassers durchbrochen worden war und erst durch eine neue ersetzt werden mußte.

Die Armeen des Polenkönigs waren also getrennt. Die Litthauer waren durch die Entsendung des Gonsiewskischen Korps, welches Tykoczin entsetzen sollte, bedeutend geschwächt, trotz dieser günstigen Konjunkturen verlangte der Kurfürst noch einmal den Weg der Friedensverhandlungen zu beschreiten und Karl Gustav gab ihm auch jetzt noch nach, um so mehr, als der französische Gesandte de Lumbres sich eifrig als Vermittler bezeigte.

Er unternahm es, in Warschau noch in der zwölften Stunde zu unterhandeln und sollte als Bedingung stellen: Allianz des Königs Johann Casimir mit Schweden und Brandenburg und Verwandlung Polens in eine erbliche Monarchie, wobei der König das Recht behalten sollte, seinen Nachfolger zu ernennen.

Bei der Ankunft de Lumbres' in Warschau sah der Gesandte ein, daß wenig zu machen sein werde, denn alles war daselbst siegesgewiß. Johann Casimir erschien als der Uebermüthigste seiner Umgebung. Er erklärte, „was die Schweden betrifft, so werde ich sie den Tataren zum Frühstück vorsetzen, den Kurfürsten von Brandenburg lasse ich in einen Keller setzen, wo ihn weder Mond noch Sonne bescheinen sollen".

Wahrscheinlich um auf die Relation zu wirken, welche der Gesandte dem Kurfürsten und dem Könige vorzutragen hatte, ließ Johann Casimir eine große Revue über seine Truppen halten. Danach waren vorhanden an Truppen des Adelsaufgebotes und der Quartianer 80,000 Mann Reiter, ohne die Holoten oder Knechte. Diese Masse stand diesseits der Weichsel. 30,000 Mann hatten

Johann Casimirs Heerschau. (Porträt.)

jenseits der Weichsel Stellung genommen. Im ganzen zählte man 1200 Standarten. Was die Verstärkung durch die Tataren betrifft, so wußte man dieselben nur noch einige Tagemärsche entfernt. Ihr Eintreffen sollte das Signal zum Beginn der Schlacht sein.

Es wurde übrigens in Warschau gezögert bis de Lumbres, dem noch der französische Attaché d'Avargan beigegeben war, zu einer wirklichen Unterredung mit Johann Casimir gelangte. Die Königin von Polen war an dieser Verzögerung schuld, da sie Zeit gewinnen wollte bis alle Völker der Tataren herangekommen seien, auch wollte sie sich den Franzosen dadurch geneigt zeigen, daß deren Vermittelung als wichtig erscheinen sollte.

Noch während de Lumbres in Warschau weilte, fertigte Johann Casimir auf Drängen seiner Räthe ein Schreiben an den Kurfürsten ab, in welchem Friedrich Wilhelm **befohlen** wurde, binnen drei Tagen das schwedische Heer zu verlassen, sonst werde man sich jeder Rücksicht für ihn entbinden, seine Länder für gute Beute der Polen erklären. Dem französischen Gesandten hatte der König erklärt, daß er allenfalls mit Schweden unterhandeln, den Kurfürsten aber, als seinen Lehnsmann gar nicht zu den Verhandlungen berufen werde.

Die ganze Wuth der Polen war also gegen Friedrich Wilhelm gerichtet. Dieser erhielt am 25. Juli jenes dreiste Schreiben Johann Casimirs. Er erkannte nunmehr, daß von einer Verständigung nicht weiter die Rede sein könne, daß seine Hoffnungen auf Erhaltung des Friedens vollständig entschwunden waren und befahl den Aufbruch ohne Säumen. Am 25. Juli Abends war seine Armee zur Seite der schwedischen und der von einer Rekognoszirung zurückkehrende Karl Gustav konnte noch während der Nacht mit seinem Alliirten den Angriffsplan besprechen.

In Warschau war es unruhig geworden. Die kampflustigen Polen wollten durchaus zum Angriff geführt werden, da man glaubte, daß die schwedische Armee noch allein, daß der Kurfürst von Brandenburg noch mindestens drei Meilen entfernt in Plonsk sei. De Lumbres, der schon seit vier Tagen unter=

handelte, erhielt endlich den Bescheid, man wolle polnischerseits die schwedischen Verhandlungen nicht ganz zurückweisen, aber der Kaiser, Frankreich, Dänemark und Holland sollten die Vermittler sein. Dies war der letzte Bescheid, mit welchem de Lumbres am 27. Juli abreisen sollte, aber noch um einen Tag verschob sich diese Abreise. Die Tataren waren bereits in unmittelbarer Nähe der polnischen Armee angekommen, Johann Casimir empfing die tatarischen Agas sehr feierlich. Die letzterwartete Hülfe war da und der König konnte nun den vermittelnden Gesandten entlassen.

De Lumbres war noch Zeuge des Vorrückens der polnischen Truppen, welche sich gegen Praga zogen. 80,000 Mann wollte man an den Bug und Narew rücken lassen, um sich dort mit Gonsiewski zu vereinen. Da man den Kurfürsten noch fern glaubte, hoffte Johann Casimir mit der großen Masse seiner Tataren die schwedische Stellung bei Nowodwor einschließen zu können. Als de Lumbres am 28. Juli Warschau verließ, wurde er dadurch aufs höchste überrascht, daß ihm zwei Meilen von der Stadt entfernt schon die im Anmarsche begriffenen vereinten brandenburgisch-schwedischen Völker entgegenkamen.

Der Kurfürst hatte noch einmal auf den groben Brief vom 25. Juli geantwortet und dem Polenkönige sein Bedauern wegen des unvermeidlichen Krieges ausgedrückt, den man hätte vermeiden können. Nach der am 25. Juli Abends stattgehabten Unterredung mit Karl Gustav passirten die Truppen der Alliirten den Bug. Der vorläufige Plan war auf den Mangel der Schiffbrücke gegründet, in Folge dessen die polnischen und litthauischen Truppen getrennt sein mußten. Bei Praga sollte Sapieha angegriffen, wenn er geschlagen wurde, sollte die Weichselbrücke zerstört werden. Man wollte dann sogleich über die Brücken von Nowodwor und Zakroczin gehen, das rechte Weichselufer gewinnen und die Polen bei Warschau vernichten. Wie sicher man auf einen solchen Ausgang rechnete, beweist der Befehl an die Truppen, sich nur für drei Tage mit Lebensmitteln zu versehen.

Der Marsch über den Bug war am 28. Juli Mittags vollendet. Nachdem Praga in Sicht war, machte die Armee Halt, und hier war es, wo de Lumbres eintraf und die Resultate seiner Unterhandlungen mittheilte. Durch ihn erfuhr man, daß die Litthauer auf dem Marsche am Bug seien, daß die polnischen Truppen die bereits wiederhergestellte Brücke passirt hätten, um nach ihrer Verbindung mit den Tataren den Litthauern zu folgen. Diese Nachrichten waren insofern ungünstig, als sie den Plan der Alliirten ändern mußten, und de Lumbres wollte diese Aenderung der Lage benutzen, um nochmals dringend den Friedensschluß anzurathen, allein er hatte damit wenig Glück, denn die Alliirten beschlossen vielmehr, den Angriff sobald als möglich zu machen, ehe der Feind mit all seinen Truppen die Weichselbrücke passirt habe.

Die beiden Armeen marschirten in zwei Kolonnen. Nach der vom Könige entworfenen Ordre de Bataille befehligten:

Rechter Flügel: König Karl Gustav. Unter seinem Kommando Prinz Adolf Johann, General Douglas. Avantgarde (Kavallerie) erstes Treffen: Pfalzgraf Wilhelm von Sulzbach. Zweites Treffen: Karl Magnus, Markgraf von Baden. Drittes Treffen: General Heinrich Horn. Infanterie: Stärke 3 Brigaden, General Bülow. Artillerie: Oberst Gustav Oxenstierna.

Linker Flügel: Kurfürst Friedrich Wilhelm. Unter seinem Kommando General Wrangel. Kavallerie: Verstärkt durch 5 Schwadronen schwedischer Reiter, Graf Georg Friedrich von Waldeck. Unter demselben die Generalmajore Kannenberg, Tott, Boettiger. Infanterie: 5 Brigaden brandenburgische, 2 Brigaden schwedische Truppen, Generalfeldzeugmeister Otto Christoph von Sparr. Unter demselben die Generalmajors Joseph Graf von Waldeck, von Goltz. Die Artillerie befehligte ebenfalls Sparr.

Die Stärke der brandenburgisch-schwedischen Armee wird verschieden angegeben. Man kann die Stärke der vereinigten Truppen auf 25000 Mann anschlagen, obwol andere Nachrichten nur 9000 Mann Schweden und 8400 Mann Brandenburger mit 54 Geschützen angeben. Auf polnischer Seite fochten etwa 45000 Mann regulärer Truppen, zu welchen aber noch die Menge der Tataren, Quartianer, sowie eine Anzahl bewaffneter Bauern kamen. — Rechnet man diese Letzteren hinzu, so mag die Armee des Polenkönigs eine Zahl von 60—70000 Mann erreicht haben. Immerhin war sie dem Gegner um ein Bedeutendes überlegen. Durchschnittlich wird die Stärke der brandenburgischen Reiterregimenter auf 6 Kompagnien zu 110 Pferden jede angegeben. Dragoner: 1 Regiment zu 4 Kompagnien, jede 150 Mann stark. Infanterie: 1 Regiment zu 8 Kompagnien, jede 150 Mann stark. Von brandenburgischen Generalen betheiligten sich an der Schlacht: Waldeck, Sparr, Generallieutenant zu Pferde Derfflinger, Generalmajors Kannenberg, Görtzke von der Kavallerie, Dona, Goldstein, Goltz von der Infanterie.

Das brandenburgische Losungswort war „Mit Gott". Zur Unterscheidung im Gefecht hatten die Schweden Strohbüschel auf Hüte und Sturmhauben gesteckt. Die Brandenburger brachen im Walde von Bialalenka grüne Eichenzweige ab und steckten sie auf ihre Hüte. Dieses Abzeichen verblieb lange Zeit in der brandenburgischen und der preußischen Armee zur Erinnerung an die große Schlacht von Warschau. An der Statue des alten Dessauers zu Berlin ist der Eichenzweig zu erblicken.

Der Marsch ging dergestalt vorwärts, daß der rechte Flügel sich an die Weichsel lehnte, während der linke seine Richtung auf Bialalenka nahm.

Die polnische Stellung war, nach Uebergang über die Weichsel: Linker Flügel an die Weichsel gelehnt, im Rücken die Vorstadt Praga, von Warschau durch die Weichsel getrennt, welche mittels der Schiffbrücke passirt wurde. Praga gegenüber das Dorf Taryoweck. Zwischen diesem und Praga dehnte sich der rechte Flügel aus. Die Formation desselben war ein wenig zurückgenommen, so daß beide Flügel ein stumpfes Dreieck bildeten. Vom Weichselufer an bis zum Ende des linken Flügels waren starke Erdwerke angebracht, die, mit Geschützen besetzt, von Infanterie vertheidigt wurden, während kleine Reiterhaufen fortwährend zwischen den Erdwerken und einer größeren Sternschanze, welche vor der Front lag, umherschwärmten. Der größte Theil der Kavallerie war auf dem rechten Flügel postirt, weil das ebene Terrain hier die Bewegungen leicht gestattete. Praga hatte man ebenfalls verschanzt und die Schiffbrücke lag natürlich auch innerhalb der Erdwerke. Der Wald von Bialalenka lief mit der Weichsel parallel, zog sich fast bis an das Ufer derselben heran und war, obwol verschiedene Dörfer auf seinem Terrain lagen, doch stark von Sumpfboden durchzogen. Ein zwischen Gebüsch fließender Bach, der sich in die Weichsel ergießt, zieht sich östlich des Waldes hin.

Targowed auf der anderen Seite gegenüber lag das Dorf Brudno, in dessen Nähe sich eine Anhöhe befand, von wo aus Praga beobachtet werden konnte.

Der König Karl Gustav rückte mit dem rechten Flügel voran. Er marschirte zwischen dem Walde und der Weichsel. Ihre Beobachtungsposten verließen die Polen bei der Annäherung der alliirten Armee ohne einen Schuß zu thun. Sie verschwanden so vollständig aus dem Gesichtskreise der Vorrückenden, daß erst in der Nähe des Dorfes Zyrau, eine halbe Meile von Praga, die vorausgesendeten Plänkler meldeten, der Feind zeige sich in den Büschen und Wegen.

Die Meldungen flogen. Der König traf sofort seine Maßregeln zum Beginn des Gefechtes.

Vorgehen Wrangels vom Waldesrande aus. Schlacht bei Warschau, erster Tag. 28. Juli 1656.

XII. Kapitel.

Die Schlacht von Warschau. 28—30. Juli 1656.

~~~~~~~

Erster Schlachttag, 28. Juli.

Sobald die Meldungen der Patrouillen eingetroffen waren, sandte der König den General Wrangel mit 600 Pferden und einer Kompagnie Dragoner voraus. Wrangel besetzte ein östlich von Brudno gelegenes Defilee am Ausgange des Waldes. Die Dragoner zur Besetzung des Terrains zurücklassend, detachirte Wrangel die Kavallerie in das freie Feld. Der König folgte ihm, seine Kavallerie in Trab setzend. Noch ehe er Wrangels Detachement erreicht hatte, brach die feindliche Reiterei mit großem Ungestüm aus den Verschanzungen hervor, von der vor den Werken liegenden Infanterie unterstützt.

Ein Gegenstoß Wrangels warf den Feind heftig zurück, der sich eilig hinter die Erdwerke zog. Wrangel verfolgte so ungestüm, daß der König für ihn fürchtete, da unter starkem Geschützfeuer aus seinen Schanzen der Feind sich sammelte, Wrangel vom Vorrücken abhielt und plötzlich von den am Waldsaume sich erhebenden Hügeln aus mit großer Gewalt und zahlreich genug hervorbrach, um Wrangel abzuschneiden. Der König warf diesem Angreifer vier Schwadronen entgegen, welche gerade zeitig genug ankamen, um die Feinde zurückzutreiben. Dies geschah unter großem Verluste für die Polen, die bis an ihre Verschanzungen getrieben wurden. Unterdessen war der ganze rechte schwedische Flügel durch den Wald herangekommen. Kurze Zeit darauf traf auch der Kurfürst mit dem linken Flügel ein und der König konnte nun seine ganze schwere Artillerie vorziehen, welche gegen die Schanzen ein heftiges Feuer eröffnete, das ebenso kräftig erwidert ward, ohne jedoch sonderlichen Schaden zu thun.

Das Feuer währte bis zum Abend. Die Nacht machte zwar der Kanonade ein Ende, doch zog man sich erst um 1 Uhr in die Stellung zurück, von welcher aus am folgenden Tage der Kampf aufs neue beginnen sollte. Die Aufstellung blieb eine sehr gedrängte. Sie befand sich zwischen dem Walde und der Weichsel. Der linke Flügel (Kurfürst) stand dicht am Waldsaume — Front zwei Infanteriebrigaden — der rechte (Karl Gustav) an der Weichsel, Front zwölf Eskadrons. In der Mitte war die Infanterie in Regimentsformation staffelförmig aufgestellt. Von den feindlichen Werken war man etwa drittehalbtausend Schritt entfernt.

Zweiter Schlachttag, 29. Juli.

Nach Beendigung der Kanonade hatte im Lager der Alliirten ein Kriegsrath stattgefunden. Das Ergebniß desselben war, daß man sehr genau beobachtet hatte, wie die Polen nicht so leicht weichen würden. Aus all ihren Bewegungen und der Aufstellung, die man noch nicht einmal vollständig hatte übersehen können, da Staub und später die Dämmerung daran hinderten, ging hervor, daß die Führung des Feindes ein erfahrener General — Anderson — übernommen hatte, der, wie es hieß, dem Könige Johann Casimir vom deutschen Kaiser rekommandirt worden war. Dazu hatten sie eine höchst günstige Stellung bezüglich des Terrains, welches ihnen gestattete, alle Bewegungen der Alliirten deutlich zu beobachten, und es war zu erwarten, daß von derselben Seite her von welcher bei Wrangels Vorrücken die Feinde dessen Flanke angegriffen hatten, die gefährlichsten Stöße gegen die schwedisch=brandenburgische Armee gethan würden.

Zweiter Schlachttag morgens: Karl Gustav und Friedrich Wilhelm rekognoszirend.

Am folgenden Morgen ritten der König, der Kurfürst, sowie eine große Anzahl Generale und höhere Offiziere gegen die feindlichen Linien, um zu rekognosziren. Die Beobachtung war jetzt eine weit ruhigere und ergab, daß die feindliche linke Flanke nur unter großen Verlusten zu nehmen sein werde, wenn dies überhaupt gelang, da die Verschanzungen einen ganz außergewöhnlich sicheren Schutz gewährten. Weit schwächer war der rechte Flügel, gegen den auch der Angriff beschlossen wurde.

Unter die besonders gefährlichen, dem Feinde günstigen Punkte war ein Hügel zu rechnen, welcher dem linken Flügel der Alliirten fast zur Seite lag. Derselbe war von den Polen mit einigen Geschützstücken besetzt. Nach genauer Besichtigung des Vorterrains schien es auch nothwendig, alle Kavallerie vorzuziehen, weil dieselbe in der bisherigen Stellung nicht allein von untergeordneter Wirksamkeit bleiben mußte, sondern auch Gefahr lief, in Front und Rücken zugleich vom Feinde angegriffen zu werden. Allen Wahrnehmungen zufolge ward beschlossen, daß der König mit dem rechten Flügel das Gefecht eröffnen, der Kurfürst den Hügel nehmen sollte. War letzteres geschehen, so konnte der linke Flügel sich auf den genommenen Punkt stützen, der rechte die Weichsel als seinen Stützpunkt nehmen.

Der Aufmarsch der alliirten Armee wurde wesentlich durch den Morgennebel begünstigt. Sobald man im feindlichen Lager die Bewegungen bemerkte, ward auch dort mit den Vorbereitungen begonnen. Die Königin von Polen war, wie ihr Gemahl und die ganze Umgebung desselben, so von Siegesgewißheit erfüllt, daß sie mit ihren Hofdamen einen Thron bestieg, welcher auf der Brücke errichtet war. Sie schien an dem Kampfe den lebhaftesten Antheil zu nehmen, denn als der Nebel zu zerreißen begann und das Feuer von beiden

Seiten abgegeben wurde, geschah es auf ihren Befehl, daß am Weichselufer eine Batterie aufgefahren ward, welche die Stellung des Kurfürsten von Brandenburg beschoß. Der König Karl Gustav ließ nun seine Truppen wieder avanciren und nahm Aufstellung zwischen dem Walde und der Weichsel. So viel und so vortheilhaft es nur anzubringen war, hatte der König sein Geschütz in die Treffen gezogen.

Laut der getroffenen Verabredung griff der Kurfürst, von den am jenseitigen Weichselufer auf Befehl der Königin postirten Geschützen sehr belästigt, den Hügel an, wobei das Heranschaffen der Artillerie durch das sumpfige Erdreich äußerst beschwerlich ward. Seinen Geschützen voraus stürmte mit Reitern und Dragonern der Kurfürst gegen den Hügel. Der Angriff geschah mit solcher Vehemenz, daß die auf dem Hügel befindlichen Polen den Zusammenstoß nicht abwarteten, sondern eiligst die Position räumten und die daselbst aufgefahrenen Kanonen im Stiche ließen.

Während des Vorgehens waren auch die Geschütze herangekommen und wurden auf dem Hügel in Position gebracht. Der Anblick, welchen der Kurfürst und die Seinen von der Kuppe des Hügels hatten, war ein großartiger. Man erblickte die Haufen der Tataren und sonstiger Kriegsvölker, die in bunter Masse durcheinanderwogten, die Fahnen, Standarten und Feldzeichen in der Morgensonne flatternd — man hörte die wilde, kriegerische Musik, welche sich mit dem Geschützdonner vermischte.

Der Kurfürst hielt es für nothwendig, den Hügel zu besetzen, ebenso die am Ausgange des Waldes gelegenen Parzellen. Gegen Süden zu stand der Feind in dichten Massen um den mit Werken versehenen, vor den Befestigungen gelegenen Hügel. Die Aufstellung war so, daß das erste Treffen den Wald im Rücken hatte, das zweite und dritte aber im Bereiche des Waldes standen. Zwei Brigaden Infanterie waren hinter dem Hügel postirt und auf dem linken Flügel standen zwei andere Brigaden neben der Kavallerie und den Dragonern.

Fast unmittelbar nach diesem Aufmarsche brauste der Feind heran. Gegen des Kurfürsten linke Flanke jagte Kavallerie, eine Abtheilung des Fußvolkes folgte. Es waren Quartianer. Zugleich mit ihnen drangen Massen der Feinde in großem Bogen gegen den Wald vor, um den König in ein Gefecht zu verwickeln. Im Nu hatte der König sechs Schwadronen aus dem dritten Treffen vorgezogen und warf sie dem Feinde entgegen, der nach kurzem Gefechte zurückgeschlagen ward. Die ganze Masse wandte sich nun gegen den Kurfürsten, dessen wohlberechnete Konzentration seiner Truppen die wüthenden Angriffe der Tataren zu nichte machte. Sie wurden mit großem Verluste zurückgeworfen. Der Kurfürst selbst befand sich unter den Kämpfenden, sein Beispiel feuerte die Truppen an und die Musketiere standen so fest, daß der Anprall scheiterte. In einer zweiten Attacke jagte die kurfürstliche Reiterei den Feind in den Wald zurück, zersprengte ihn vollständig und trieb ihn in den Sumpf von Bialalenka.

Unterdessen war das Feuer aus den Schanzen sehr lebhaft geworden, die brandenburgischen, auf dem Hügel postirten Kanonen wurden jedoch so gut bedient, daß das feindliche Feuer zum Schweigen gebracht ward. Ein neuer

Die Erstürmung des Hügels vor Warschau durch Friedrich Wilhelm.

Angriff der Tataren und Quartianer wurde von den brandenburgischen Truppen wieder mit großer Bravour abgeschlagen.

Während die feindliche Kavallerie den Aufmarsch der Schweden vergeblich zu hindern suchte, ritt der König nach dem Hügel, auf welchem die brandenburgischen Geschütze standen. Karl Gustav hatte sich überzeugt, daß eine Verbindung der beiden Flügel nur durch ein Passiren des Waldes möglich sein werde, da die Entscheidung des Kampfes in der Ebene stattfinden müsse, daß eine totale Aenderung der Schlachtordnung vorzunehmen sei und zwar dergestalt, daß der König sich hinter dem brandenburgischen Flügel fort durch den Wald zog. Es wurden dadurch die Flügel gewechselt und der Hügel bildete den Stützpunkt des rechten.

In der Ausführung dieses gefährlichen Manövers gipfelte die Entscheidung vor der Hand. Es war in der That nur zu verwegen, es konnte nur dann gelingen, wenn die brandenburgischen Truppen unerschütterlich standen, ein einziger Moment des Wankens und alles war verloren, denn der Feind hatte kaum die Vorbereitungen zu diesem Wechsel bemerkt, als er zu einem furchtbaren Vorstoß aus den Verschanzungen fiel. Das Vorrücken des schwedischen Flügels ward aufgehalten, die Infanterie ward heftig bedroht. Zwar hielt das mörderische Feuer der schwedischen Artillerie, deren Geschütze mit Kartätschen geladen waren, einen Theil der Vordringenden auf und jagte sie bis an die Wälle zurück, aber von Bialalenka her ergossen sich neue Tatarenschwärme gegen die brandenburgischen Truppen. Der Kurfürst sah sich in den Flanken und im Rücken zugleich angefallen, seine Front bedrohten die Quartianer. Aber trotz der augenscheinlichen Gefahr, in welcher der brandenburgische Flügel schwebte, wankten die Linien nicht einen Augenblick. Die Quarrés, welche der Kurfürst gebildet hatte, standen gleich Felsen in dem tosenden Strom dieses Menschenmeeres, welches aus Tataren seine Wellen gebildet hatte, und den Angriff der Quartianer wies das Leibgarderegiment des Kurfürsten blutig zurück.

Der König setzte seinen Marsch hinter den brandenburgischen Linien fort, seine Infanterie marschirte, drei Brigaden stark, vor der Kavallerie, da die Polen auf ihrem rechten Flügel Kürassiere und Husaren postirt hatten.

Es war die Absicht, den Feind bis an die Brücke bei Praga zu drängen. Das Gefecht schob sich immer mehr gegen die linke Seite zu. Das Dorf Brudno stand in Flammen. Von dem Rauche begünstigt, wollte der Feind seine Bewegungen zum Angriff gegen den (nunmehr linken) Flügel der Schweden ordnen. Horn ward daher nach der linken Dorfseite detachirt. Infolge dessen zündeten die Polen nunmehr auch Taryoweck an.

Die Schweden drangen gegen dieses Dorf vor, von dem danebenliegenden Wäldchen aus heftig beschossen, aber die hinter den brandenburgischen Truppen abmarschirenden Truppen des Königs waren bereits in dem großen Walde.

In acht starken Schlachthaufen begann der Feind einen dritten Vorstoß. Es war darauf abgesehen, die Stellung der Brandenburger zu durchbrechen, in den Wald zu dringen und so beide Flügel zu trennen. Allein trotz eines wüthenden Ansturmes gelang dies Vorhaben nicht. Das brandenburgische Fuß=

volk warf die Feinde mit großer Bravour zurück und das Geschützfeuer richtete schreckliche Verheerungen in den dichten Massen an, bis sie erschöpft wichen. So gelang es dem Könige um die Mittagszeit den Aufmarsch zu bewerkstelligen, den linken Flügel zu gewinnen. Die brandenburgischen Truppen rückten schnell in die neue Aufstellung, die Verbindung der Flügel war hergestellt. Zwar erlitt die nunmehr ins Freie und vorwärts rückende schwedische Armee noch einigen Verlust, da 5000 Husaren des Feindes das erste Treffen durchbrachen und bis zum zweiten vordrangen, aber hier wurden sie mit Verlust zurückgetrieben. Ein Angriff der Tataren gegen den Rücken der Schweden mißlang ebenfalls, da sie des Prinzen Bruder mit vier Schwadronen überfiel, ihnen den Rückzug abschnitt und sie in den hinter Taryoweck sich hinziehenden Sumpf jagte.

Ein zu gleicher Zeit unternommener Angriff der Quartianer gegen den Kurfürsten mißglückte wiederum total.

Inmitten dieses fürchterlichen Kampfgewühles, unter dem rollenden Gewehrfeuer und dem Donner der Geschütze war der König auf seinem linken Flügel angekommen, um den Angriff gegen den verschanzten Hügel zu beginnen. Ein plötzlicher Vorstoß der feindlichen Husaren gegen Flanke und Rücken der Schweden erzeugte ein wüthendes Handgemenge. Der Kurfürst warf das Leibregiment vor, in einem Augenblicke war die ganze Masse zum Knäuel geballt. Alles schoß, hieb und stach gegen einander. Karl Gustav hatte sich weit ins Treffen gewagt. Plötzlich sieht er sich von sieben Tataren umringt, die ihre Pfeile gegen ihn

Karl Gustav im Handgemenge mit den Tataren.

senden. In des Königs Begleitung befand sich niemand als der Rittmeister Trabenfeldt. Beide Männer wehrten sich verzweifelt, durch zwei Pistolenschüsse des Königs getödtet, sanken die beiden ersten Angreifer aus den Sätteln, einem dritten spaltete ein Hieb des Königs den Kopf Trabenfeldt hatte ebenfalls zwei

Feinde zu Boden gestreckt, war aber durch neue Angriffe dem Unterliegen nahe, als der König herbeistürmte, die Bedränger niederhieb und so seinen Offizier rettete.

Die brennenden Dörfer hatten den Aufmarsch beider Armeen der Alliirten begünstigt. Der linke Flügel sollte vorrücken und im Bogen, die Sümpfe hinter Bialalenka umgehend, die feindliche Stellung umspannen. Der Kurfürst folgte mit seinen Truppen. Nach den letzten Gefechtsstunden war das erreicht worden, daß der Feind von seinen Verschanzungen keinen Nutzen mehr haben konnte. Er ließ die Geschütze abfahren und nahm zwischen den Hügelreihen südwärts und dem Flusse Stellung. Riesige Massen von Streitern waren in diesem Raume beisammen. Es blitzte so weit das Auge reichte von Piken, Sensen, Säbeln, von Helmen und Hauben. Tausende der glänzend gerüsteten Reiter und Fuß=gänger, Holoten, Tataren, selbst deutsche Soldaten, Knechte und Quartianer standen in dichten Massen zu neuem Kampfe bereit. Noch einmal geschah ein Angriff der Tataren, als der König den Schanzhügel angreifen wollte. Der Feind wurde wiederum geworfen, aber während des Vorrückens der alliirten Armeen sank die Nacht hernieder und trennte die Kämpfenden.

Die Stellung der alliirten Armeen war während der Nacht: Ein Theil der Kavallerie nebst drei Infanteriebrigaden zwischen dem Walde und Taryowek. Von da bis nach Brudno hin die übrigen Truppen in Form eines stumpfen Dreiecks. Die Spitze der Stellung vorgeschoben bis an das Holz von Praga. Im Walde Musketierabtheilungen hinter vielen in der Eile angelegten Verhauen. Noch während der Nacht alarmirten die Vorposten einige Male, da der Feind sich zeigte. Aber es erfolgte kein Angriff. Indessen bewies diese Unruhe, daß der Feind nicht ermattet, sondern bereit sei den Kampf aufzunehmen. Die Alliirten mußten sich sagen, daß trotz der unleugbaren Erfolge ihre Lage nicht allzu glänzend war. Die Feinde hatten sich gut gehalten, besser als man erwartete und sie konnten, in ihren Stellungen bleibend, leicht den Versuch wagen, die alliirten Armeen auszuhungern, die nur noch wenig Nahrungsmittel hatten und dabei großen Mangel an Trinkwasser litten. Der dritte Tag mußte unter allen Umständen die Entscheidung bringen, an ein Zurückweichen wagte man nicht zu denken, es wäre zugleich das Verderben gewesen.

Dritter Schlachttag, 30. Juli.

Am Morgen des 30. Juli war die Stellung der beiden Heere unverändert. Von Seiten der Alliirten war beschlossen worden, sich nicht weiter auf ein Hin= und Herziehen des Kampfes einzulassen, sondern die Hauptstellung des Feindes anzugreifen. Die Polen hatten sich in dem Gehölz von Praga durch Verhaue gesichert. Einen Hügel, welcher hinter dem Holze lag und nach Taryoweck zu steil abfiel, hatten sie mit Truppen und Geschütz besetzt, die Litthauer befanden sich auf der Hügelreihe, welche vom Pragaholze bis zum Schanzhügel lief und zwischen der Weichsel und dem Gehölz waren die tatarischen Völker mit den Quartianern postirt.

Die Alliirten hatten den Besitz des Walddefilees aufgegeben und ihre daselbst befindliche Kavallerie herausgezogen, deren rechter Flügel durch einen Verhau gesichert wurde. Des Kurfürsten Aufgabe war zunächst, das Holz von Praga anzugreifen. Sein Fußvolk bildete das Centrum. Der König rückte mit dem linken Flügel vor, um einen Ansturm der Tataren abzuwehren, des Kurfürsten rechter Flügel avancirte gegen die Hügelreihe, damit der Feind dort festgehalten werde.

Um 7 Uhr Morgens begannen die Bewegungen. Feldzeugmeister Sparr rückte mit Musketieren und Geschützen gegen das Gehölz. Die Infanterie folgte. Bei diesem Vormarsche mußten die Brandenburger, das Gehölz umgehend, ihre rechte Flanke dem Geschützfeuer aus den Verschanzungen und den Musketensalven des Feindes preisgeben. Hierdurch entstand eine Verwirrung, welche der Feind nutzte, um sich auf die Flanke zu werfen, aber die Infanterie warf ihn zurück. Zu gleicher Zeit ließ Sparr seine Geschütze feuern. Das Feuer hielt fast eine Stunde an und gab dem Feldzeugmeister Gelegenheit, die Sturmkolonne zu formiren. Sie ging unter Führung des Obersten Syberg vor und zwar so heftig, mit so großer Gewalt alles vor sich niederwerfend, daß der Feind in voller Auflösung das Holz verließ. Sparr drang hinter her und trieb die fliehenden Haufen dergestalt zurück, daß es ihm gelang bis an den Hügel zu kommen. Ein heftiges Musketenfeuer trieb den Feind auch von dieser Stelle und in wilder Hast floh er gegen die Weichsel.

Diese allgemeine Verwirrung nützte der Kurfürst mit großem Geschick. Er warf sich mit sechs Schwadronen auf die an und auf den Hügeln stehende Kavallerie und zerstreute sie nach kurzem Gefechte vollständig. Während Waldeck und Wrangel die Flüchtenden gegen die Sümpfe von Bialalenka trieben, zog der Kurfürst seine Geschütze vor und richtete ein heftiges Feuer gegen die zusammen= geballten Massen. Die Wirkung war eine so mörderische, daß kurz nach Beginn des Feuers ein feindlicher Offizier zu den Brandenburgern kam mit der Bitte, der Kurfürst möge das Feuer einstellen, die Infanterie nicht zur Desperation treiben, da sie sich ihm ergeben wolle. Dies geschah auch und der Kurfürst machte eine große Anzahl von Gefangenen, erbeutete auch 12 Geschütze und einen Mortier. Sparr hatte, unablässig vordringend, die Brücke an der Weichsel erreicht und die vor derselben befindliche Schanze genommen, wobei die Feinde von Warschau aus heftig kanonirten.

Dritter Schlachttag: Flucht der Polen.

Schon begann die polnische Armee ihre Flucht. Der Sieg war bereits für die Alliirten entschieden. Die Kolonnen, die Reiterhaufen, alles drängte sich der Weichsel zu. Der König Karl Gustav hatte gleich nach der Wegnahme des Gehölzes durch die Brandenburger den Obersten Taube mit einem Regimente Kavallerie und drei Bataillonen Infanterie entsendet, um die Stellung zu besetzen und die letzten auf den Hügeln befindlichen Polen zu vertreiben. Bei diesem Vorrücken gerieth die schwedische Armee noch einmal in Gefahr, durch die aus dem Passe vorstürmenden Tataren im Rücken gefaßt zu werden, allein der König zog schnell das zweite Treffen vor und trieb die Schaaren mit großem Verluste bis an die Wälder von Grochow. Da nunmehr die Flucht allgemein war, Praga in Flammen stand, die Weichselbrücke ebenfalls brannte, flüchteten die Feinde aus allen Stellungen und setzten sich in großen Massen an der Weichsel fest. Aber der König und Adolf Johann waren in so starkem Vordringen, daß sie die Menge in zwei Theile spalteten. Die so auseinandergerissenen polnischen Truppen wurden niedergemetzelt wo sie zu stehen versuchten. Bei Taryowec ward noch einmal ein Angriff gegen die dort stehenden Truppen der Alliirten versucht, den der Prinz von Sulzbach vereitelte.

Nunmehr war der Sieg entschieden, die wilde Flucht des Feindes allgemein geworden. Zwischen die regel- und zügellos dahinstürmenden Haufen stürzten sich die Reiter der alliirten Armee, während deren Fußvolk mit Piken, Degen und Musketen ein furchtbares Blutbad anrichtete. Was von den Feinden aus dem Kampfgewühl entkam, wälzte sich gegen die Weichsel, ein großer Theil der Flüchtenden, wol der größte, kam in den Wellen des Flusses um, ein anderer Theil gerieth in die Sümpfe.

Gleich nach beendigtem Treffen kam der Kurfürst in Begleitung des Generals Wrangel nach Praga, um die Brauchbarkeit der in Brand gesteckten

Brücke zu untersuchen oder eine Furt durch die Weichsel aufzufinden, allein der hochangeschwollene, reißende Strom gestattete einen Durchgang nicht. Karl Gustav kehrte von Grochow zurück, bis wohin er den zersprengten Feind verfolgt hatte.

Der Magistrat von Warschau überlieferte den alliirten Fürsten die Schlüssel der Stadt. Man wollte den Einzug am nächsten Morgen halten. Vorher wurde Oxenstierna mit Truppen hineingeschickt. Die Zahl der gefallenen Feinde belief sich nach den meisten Angaben auf 5000 Todte. Die brandenburgisch-schwedischen Verluste bezifferten sich auf 600 Mann. Der Oberst von Kannenberg wurde leider zu den Gebliebenen gezählt.

Der König Johann Casimir war, sich über die Brücke rettend, nach Warschau und von dort nach Lublin geflüchtet. Seine Gemahlin folgte ihm unmittelbar. Sie hatte, wie wir wissen, der Schlacht zugeschaut, nach einigen auf einem eigens erbauten Throne, nach anderen von jener Schanze aus, deren Geschütze den Kurfürsten so sehr belästigten. Den Alliirten fielen noch 150 Kanonen, die ganze Bagage und Kriegskasse sowie alles Lagerzeug in die Hände.

Mit diesem Siege trat die brandenburgische Armee in die Reihe der achtunggebietenden Kriegsmächte. Der Kurfürst und seine Truppen hatten sich durch Führung und Tapferkeit der berühmten schwedischen Armee vollkommen ebenbürtig gezeigt. Ihr Verhalten hatte den Sieg wesentlich gefördert und der Neid gegen Friedrich Wilhelm begann sich in Wien und Stockholm, sowie in Deutschland ebenso wie die Besorgniß zu regen. Man verhehlte sich nicht, daß eine neue Macht aus den ehemaligen Trümmern Brandenburgs auferstanden sei, welche sich in Zukunft nicht mehr beseitigen lassen werde, eine Macht, die bereit und bedeutend genug war, um dreiste Zumuthungen abweisen zu können. In kleinlicher Weise wurde das Verdienst des Kurfürsten in den Berichten über das Treffen nicht hervorgehoben. Aber die, welche schärfer und weiter sehen konnten, wußten sehr wohl, wie viel der Brandenburger zum Siege beigetragen hatte.

Die Beute aus dem feindlichen Lager ward getheilt. Allerdings nahmen sich die Schweden einen Löwenantheil, was der Kurfürst in seiner Bescheidenheit nicht hinderte. Hatte er doch selbst in dem heute noch vorhandenen, von ihm eigenhändig geschriebenen Berichte über das Treffen die Verdienste Karl Gustavs den seinigen weit vorgestellt und des Königs persönliche Tapferkeit hervorgehoben. Wenn aber Karl Gustav mit äußerster Bravour, gleich dem gemeinen Reiter gefochten hatte, so war auch hierin der Kurfürst nicht zurückgeblieben. Zwei Kugeln hatten seinen Brustharnisch getroffen.

Von der Beute nahm der Kurfürst immerhin ein gutes Theil an sich. Man konnte, nach Sitte der damaligen Zeit, eine Plünderung Warschaus nicht verhindern, aber Friedrich Wilhelm sorgte dafür, daß eine Anzahl schöner Kunstwerke den zerstörenden Händen der Soldaten entrissen wurden.

Viele kostbare Gemälde und Statuen nahm er an sich, sie zierten in der Folge die Säle des Berliner und Brandenburger Schlosses. Auch Säulen wurden von Warschau nach Brandenburg geschafft, um bei dem Ausbau des Brandenburger Schlosses verwendet zu werden.

Den Polen konnte man nicht den Vorwurf der Feigheit machen. Ebenso wenig dem Könige Johann Casimir, der in dem Treffen selbst sich überall muthig gezeigt hatte. Der Ruhm der alliirten Armee wurde dadurch nur noch erhöht, wenn auch der Uebermuth der Polen, die geäußert hatten, „man werde den Säbel gar nicht, sondern nur die Karbatschen brauchen, um den Feind zu verjagen", desto bitterer bestraft ward.

Nun war die große Schlacht gewonnen und helle Siegesfreude wehte durch die brandenburgischen Fahnen.

Tataren in Preußen.

XIII. Kapitel.

Der Wehlauer Vertrag und der Friede von Oliva.

ach der Schlacht und nach kurzer Rast, welche den sehr ermatteten Truppen gegönnt werden mußte, wollte der König Karl Gustav den fliehenden Feind noch weiter verfolgen, allein er bedurfte dazu einer Mitwirkung des Kurfürsten. Dieser erklärte jedoch, daß seine preußischen Länder dringend seiner Hülfe bedürftig seien. Es war in der That so.

Der polnische Feldherr Gonsiewski war an der Spitze der litthauischen Truppen an die preußischen Grenzen gezogen und bedrohte sie ernstlich. Um die Verlegenheiten noch zu erhöhen, ließen die Holländer eine Flotte vor Pillau kreuzen und machten Miene den Hafen anzugreifen. Um Danzig zu schützen waren bereits zehn dänische Schiffe zu der holländischen Flotte gestoßen und es war ein lautes Geheimniß, daß am Hofe von Kopenhagen eifrig an einem neuen Feldzuge gegen Schweden gearbeitet wurde.

Der Kurfürst konnte unter solchen Umständen nicht länger an ein Verbleiben bei der schwedischen Armee denken. Außerdem wollte er nicht von Schweden abhängig werden, er war nicht gesonnen sich für den heißblütigen König zu opfern, der, wenn in der Folge seine Unternehmungen mißlangen, sich im schlimmsten Falle nach Schweden retiriren konnte, während der Kurfürst dem Anstürmen aller Feinde ausgesetzt blieb.

In der That sahen die Dinge sehr drohend aus. Trotz des ungeheuren Sieges über ihn war die Kraft Johann Casimirs nicht gebrochen. Er sammelte in verhältnißmäßig kurzer Zeit seine Heerestrümmer und organisirte schnell eine

Armee von 40,000 Mann. Von Wien aus wurde jetzt auf Veranlassung des Polenkönigs thätiger eingegriffen. Es hieß, der Kaiser sammle in Schlesien ein Heer, um Pommern anzugreifen. An der cleveschen Grenze zog Condé eine Armee zusammen und die Russen hatten schon während der Warschauer Schlacht ihre Bewegungen gegen Liefland begonnen. War es möglich, daß Karl Gustav all diesen Gegnern trotzen konnte, die sich zum Verderben Schwedens regten? — Die Polen drangen wieder vorwärts. Sie nahmen Warschau aufs neue und gewannen Kalisch. Karl Gustav, der bis Rabau gedrungen war, sah sich ernstlich bedrängt, denn Gonsiewski erfocht am 21. September 1656 bei Lyck einen Sieg 1656 über die vereinten Brandenburger und Schweden. Erstere wurden von dem Fürsten Radziwill und dem Grafen Waldeck, die Schweden von dem General Niederhiehn kommandirt. Ihre Macht war 10,000 Mann stark, von denen 7000 auf dem Platze blieben. Radziwill und Niederhiehn geriethen in Gefangenschaft.

Zu Frauenburg weilte Karl Gustav. Mehr als je wünschte er mit dem Kurfürsten vereint bleiben zu können. Dieser aber zog die Verhandlungen in die Länge. Er erschien in Frauenburg nicht. Jena und Schwerin führten die Geschäfte.

Nach dem Treffen bei Lyck verbreiteten sich die Tataren in Preußen. Entsetzlich wurde gewüthet. Dörfer und Städte äscherten die Barbaren ein und 30,000 Menschen wurden theils erwürgt, theils in die Gefangenschaft geschleppt. Dieser räuberische Einfall machte die Stände sehr verdrießlich, weil sie bei aller Steuer für die Armee doch nicht genügenden Schutz durch dieselbe genossen. Selbst in die Neumark und Pommern streiften die wilden Horden. Einige kamen schon diesseit Frankfurt an der Oder zum Vorschein und in dem angsterfüllten Berlin sann man bereits auf einen sicheren Verwahrungsort für die Person des kleinen Kurprinzen.

Nach dem Einfall der Russen in Liefland dachten die Polen nicht mehr an Frieden oder wenn sie einen solchen abschließen wollten, so mußte derselbe auf Kosten eines oder des anderen der Alliirten geschlossen werden, andererseits brannte der Kurfürst vor Verlangen, den Königsberger Vertrag zu lösen, der allen Mächten unbequem war; gern hätte ihn der Kurfürst und damit das Bündniß mit Schweden aufgehoben, aber die Hülfe Dänemarks und Hollands für Polen war noch nicht sicher. Er hielt also das Bündniß mit Karl Gustav aufrecht, der immer drängender ward, besonders als die Hülfe von Dänemark in Aussicht stand und — Johann Casimir in Danzig seinen Einzug hielt.

Diesen Ereignissen gegenüber gab Schweden dem Kurfürsten zu verstehen, daß man geneigt sei, sich jeder Forderung Brandenburgs zu fügen, wenn sie irgend wie zu bewilligen sei. So ward der Vertrag von Labiau am 20. November abgeschlossen. Die Paktirenden gelobten sich gegenseitige Hülfe, wo von einer Lehnsherrschaft über den Kurfürsten die Rede war, wurde solches Wort gestrichen. Die schwedischen Schiffe durften in den preußischen Häfen Handel treiben und allen Kriegsbedarf steuerfrei einführen, doch erhielt der Kurfürst nicht die Erlaubniß mit Errichtung einer Kriegsflotte vorgehen zu dürfen, dagegen erkannte man ihn als souveränen Herzog von Preußen an.

Der letzte Passus war dem Kurfürsten der wichtigste. Allein gerade diese Anerkennung schwebte sozusagen in den Wolken, denn Karl Gustavs Aussichten waren nichts weniger als glänzende und nur dann, wenn er siegreich aus dem Kampfe hervorging, vermochte der Kurfürst seine erworbene Souveränetät aufrecht zu erhalten.

Wie ernst sich die Dinge gegen Schweden gestalteten, ist schon oben berichtet worden. Die Lage ward aber noch bedenklicher, da schon von Wien aus schlimme Nachrichten über den Gesundheitszustand des Kaisers Ferdinand eingetroffen waren. Wenn, wie fast vorauszusehen, der Kaiser starb, so war eine neue Verwicklung in Aussicht.

Friedrich Wilhelm konnte unter solchen Verhältnissen nicht in politischer Unthätigkeit verharren, sondern mußte sich den Rücken freihalten. Wir sehen ihn daher schon fünf Tage nach dem mit Schweden abgeschlossenen Vertrage mit Polen unterhandeln.

Wenden wir uns auf einige Zeit den deutschen Verhältnissen zu, so sehen wir den Kaiser Ferdinand III. bereit, mit Polen ein Bündniß zu schließen. Aber 1657 am 2. April 1657 raffte der Tod den Kaiser hinweg. Es entstand ein Interregnum, welches dieses Mal lange genug anhalten sollte. Endlich am 18. Juli 1658 1658 wurde Ferdinands vierter Sohn Leopold, auf dessen Haupte sich nach dem Tode seiner älteren Brüder des Vaters sämmtliche Kronen, die ungarische, die böhmische, vereinigt hatten, nach langen Verhandlungen zum Kaiser erwählt.

Wir haben den Ereignissen vorgegriffen und müssen ein wenig zurückgehen. Bei den Wahlverhandlungen hatten die schwedischen Gesandten beantragt, den neuen Kaiser zu verpflichten, sich nicht in den schwedisch=polnischen Krieg zu mischen. Dieser Antrag ward abgelehnt. Der Kaiser behielt gegen Schweden freie Hand.

Das von seinem Vater mit Polen geschlossene Bündniß hatte Leopold erneuert. In Folge dessen schickte er im Juli 1657 ein Hülfsheer von 16,000 Mann unter Hatzfeld nach Schlesien. In Verbindung mit diesem Korps eroberten die Polen Krakau und Posen und zwangen den Fürsten Georg Rakoczy, den einzigen Bundesgenossen Karl Gustavs, zum Rückzuge und zum Frieden. Während dessen gingen die Unterhandlungen mit Holland und Dänemark gegen Schweden ihren Weg. König Friedrich III. von Dänemark hoffte in dem bevorstehenden Feldzuge die durch den Frieden von Brömsebro verlorenen Länder wieder zu erhalten. Es erfolgte daher die dänische Kriegserklärung gegen Schweden und dänische Truppen nahmen in kurzer Zeit Besitz vom Bremer Gebiete. Karl Gustav brach, nachdem er vom Einfall der Dänen Kenntniß erhalten, sofort auf um den Feind anzugreifen.

In Folge des Vertrages von Labiau hätte Friedrich Wilhelm jetzt die Sache Schwedens in Preußen gegen Polen führen müssen. Allein er hatte dazu nicht besondere Neigung. Er hatte, wie wir wissen, schon kurz vor dem Labiauer Vertrage mit Polen Verhandlungen begonnen, da ihm die Lage Karl Gustavs eine sehr bedenkliche schien, allein die Polen waren höchst mißtrauisch. Es bestand ja faktisch noch das Bündniß Brandenburgs mit Schweden, die vereinten Armeen hatten bei Philippowo den Litthauern eine Schlappe beigebracht, die Warschauer Schlacht war nicht vergessen und noch im Dezember 1656 hatte Derfflinger das Kloster Prement und die Stadt Bomst eingenommen, wobei er 1000 Polen über die Klinge springen ließ. Daß die Stände sich ohne Bewilligung des Kurfürsten in Verhandlungen mit den Polen einließen und mit diesen einen zweimonatlichen Waffenstillstand schlossen, hatte Friedrich Wilhelm in großen Zorn gebracht. Andererseits bezeugte Karl Gustav ebenfalls großes Mißtrauen gegen den Kurfürsten. Nach dem Einbruche Rakoczys und dem thätigen Eingreifen Oesterreichs, sowie dem Losbrechen Dänemarks wollte Karl Gustav den Kurfürsten durchaus vorwärts treiben, aber dieser wich immer aus. Oesterreich und Holland versuchten auf alle Weise den Kurfürsten von dem schwedischen Bündnisse abzuziehen. Man sparte ebenso von polnischer Seite weder Drohungen noch Schmeicheleien. Letztere wurden auch von Wien aus angewendet, da man sich der Kurstimme Brandenburgs zur Kaiserwahl versichern mußte.

Die Lage Friedrich Wilhelms war also wieder eine sehr gefährliche. Er hatte sich bereits tief in Unterhandlungen mit Polen eingelassen. Dieselben wurden sehr geheim gehalten, da Schweden nichts von solchen Dingen merken durfte. Von Seiten des Kurfürsten wurden die Unterhandlungen durch seine Mutter betrieben, welche mit der Königin von Polen in Briefwechsel stand. Die kurfürstlichen Räthe erfuhren ebenfalls nichts von den Verhandlungen, welche nur von Schwerin und Somnitz im Gange erhalten wurden. Gawienski und der kaiserliche Gesandte Baron d'Jsola arbeiteten von Seiten Polens in der Angelegenheit. Die Königin von Polen wendete sich an Friedrich Wilhelm und rieth ihm schnelle Entscheidung an. Gegenseitiges Mißtrauen verhinderte auch jetzt das Zustandekommen des Abschlusses.

Unterdessen war Karl Gustav mit unerhörtem Glücke gegen die Dänen thätig gewesen. Er hatte sie gleich nach seinem Anrücken aus dem bremischen Gebiete vertrieben und rückte nun gegen Holstein vor. Sobald er dahin abzog, eröffnete ihm der Kurfürst, daß er im Interesse seiner Länder genöthigt sei, mit Polen zu unterhandeln. Karl Gustav gab hierin nach, machte aber die Bedingung, daß in den Verhandlungen nichts gegen Schweden unternommen werde. Uebrigens verhehlte Karl Gustav seine Unzufriedenheit mit des Kurfürsten Verhalten durchaus nicht und ließ beim Durchmarsche durch die Staaten des Kurfürsten seine Truppen so arg hausen, daß die unglücklichen Bewohner schwer genug litten.

Die österreichische Hülfe hatte, wie wir wissen, großen Erfolg gegen Rakoczy erzielt. Aber die Besetzung Krakaus durch kaiserliche Truppen verdroß die Polen und namentlich ihre Königin. Je mehr die Abneigung gegen Oesterreich zunahm, desto geneigter wurde man dem Kurfürsten.

Dieser betrieb die geheimen Unterhandlungen mit großem Eifer. Es handelte sich vor allen Dingen um die Souveränetät über Preußen, die bei der Lage der Dinge doch nur von Polen gesichert werden konnte. Die Polen wollten ihre Lehnsherrlichkeit nicht aufgeben. Aber Friedrich Wilhelm, der bereits auch mit Dänemark verhandelte, war dessen Zustimmung sicher, ebenso der von Holland. Er drohte den Polen, sich mit Karl Gustav fester zu verbinden, der Kaiser dagegen drohte, ihn mit den Polen vereinigt anzufallen.

In dieser schwierigen Lage entschieden endlich zwei Dinge. Die Polen sowol als der Kaiser fühlten, daß sie der vereinten schwedisch-brandenburgischen Armee nicht gewachsen seien und daß die Hülfe Oesterreichs nicht eher zur Geltung kommen könne, ehe nicht die Allianz zwischen Karl Gustav und Friedrich Wilhelm getrennt werde. Andererseits war es dem Kurfürsten um einen Ausgleich mit Polen dringend zu thun, Polen wiederum wollte den Kurfürsten gewinnen, der nur durch Ueberlassung der Souveränetät Preußens zu fesseln war.

Es kam durch die Bemühungen des Bischofs von Ermeland, Gawienskis, und der brandenburgischen Räthe Schwerin und Somnitz, der Vertrag von Wehlau zu Stande. Dieser für die preußische Geschichte so merkwürdige Vertrag ward 1657 am 19. September 1657 abgeschlossen. Nach dem Wortlaute gab Friedrich Wilhelm alles, was er während des Krieges den Polen entrissen heraus, erhielt aber für sich und seine männlichen Nachkommen Preußen als ein unabhängiges Herzogthum. Die Souveränetät war also gesichert. Nach dem Erlöschen der männlichen Linie des Kurhauses fiel das Herzogthum an Polen zurück, aber nur als Lehen, insofern, als die markgräfliche Linie in Franken dann das Herzogthum als Lehnsland erhielt. Religion und Freiheiten der Preußen sollten in dem bisherigen Zustande bleiben.

Dieser Vertrag wurde durch die am 6. November stattfindende Zusammenkunft der beiden Fürsten in Bromberg bestätigt. Beide verbanden sich zu ewiger Allianz gegen ihre Feinde. In Zeiten der Gefahr sollte Polen 4000 Mann, Brandenburg 8000 Mann stellen. Als Geldentschädigung bei dem neuen Kriege sollte der Kurfürst 40,000 Thaler jährlich erhalten. Die Herrschaften Lauenburg und Bütow wurden ihm als Lehen versprochen, auch sollte ihm Elbing übergeben werden, sobald diese Stadt den Schweden wieder abgenommen worden sei. Polen behielt sich jedoch das Rückkaufsrecht gegen Erlegung von 400,000 Thalern vor. Der Beitritt zum polnisch-österreichischen Bündnisse wurde dem Gutdünken des Kurfürsten überlassen. Als Pfand für die Zahlung der Kriegskosten ward ihm die Starostei Draheim übergeben. Alle Abmachungen wurden durch Eide gesichert. Diese Verträge hielt man äußerst geheim. Um sie den Schweden gegenüber zu verbergen, gab der Kurfürst vor, daß zu Wehlau nur ein Waffenstillstand abgeschlossen sei, der am 1. September rechtskräftig geworden wäre.

Zu dieser Geheimhaltung war der Kurfürst um so mehr genöthigt, als Karl Gustav ganz unglaubliche Vortheile errungen und in der That einen Siegeszug angetreten hatte. Im Fluge gewann er Holstein, Schleswig und Jütland. Die weit zahlreicheren dänischen Truppen wurden von der geübten nur 12,000 Mann starken schwedischen Armee, größtentheils Reiterei, überall geworfen. Noch im Februar 1658 drang Karl Gustav mit unerhörter Kühnheit über die gefrornen Belte, durch die Inseln Fünen, Langeland, Laaland und Falster in Seeland ein und rückte auf Kopenhagen, wo die größte Angst herrschte.

Friedrich von Dänemark konnte auf keine Hülfe rechnen, Karl Gustav vermochte sich mit allem zu versorgen, so schloß denn Dänemark am 8. Mai 1658 zu Röskilde den Frieden unter sehr harten Bedingungen ab. Es verlor Halland, Blekingen, Bornholm, Bohnslehn und Drontheim an Schweden und mußte dem Herzoge von Gottorp Genugthuung versprechen.

Während der Friedensverhandlungen blieben die Schweden im Lande. Es war begreiflich, daß der Kurfürst sowol als Johann Casimir nach solchen Erfolgen unruhig wurden. Noch war der Wehlauer Traktat nicht offenkundig geworden. Seine Geheimhaltung hatte sogar die Folge gehabt, daß die Polen unter Czarnecki in die Neumark gefallen waren. Der Kurfürst versuchte Karl Gustav zu besänftigen, indem er versicherte, daß er nichts gegen Schweden unternehmen werde, daß er nur gezwungen mit den Polen verhandelt habe und daß er genöthigt sei, Unwahrheiten zu verbreiten. Dennoch hatte er keine Gelegenheit vorübergehen lassen, den Schweden überall, namentlich in Rußland, Feinde zu erwerben.

Diese allerdings treulose Politik ist dem Kurfürsten von vielen Seiten her schwer angerechnet worden. Nicht ganz mit Unrecht, allein wenn er heute Verträge schloß, sie morgen löste, heute dem oder jenem die Hand reichte um morgen wieder mit dessen Feinden zu paktiren, so that Friedrich Wilhelm nichts besseres oder schlechteres als alle Fürsten seiner Zeitepoche. Wie man sich seit Beginn des dreißigjährigen Krieges auf den Schlachtfeldern würgte, so suchte man sich in den Kabinetten und bei den diplomatischen Verhandlungen zu schädigen, so viel und so schwer es sich thun ließ. Ein Fürst, der es verschmäht hätte, der Perfidie die Perfidie entgegenzusetzen, wäre seines Unterganges sicher gewesen. Den Gegner so sehr als man vermochte zu schädigen, ihn bei allen Gelegenheiten zu täuschen, zu hintergehen, feierlich gemachte Zusagen zu brechen, auf geschickte Weise die Freunde zu entzweien, die Feinde zu vermehren, das war es, was die Herren in den Kabinetten Staatswissenschaft nannten. Die Treulosigkeit war in der That zu einer Wissenschaft ausgebildet worden und wer konnte es Friedrich Wilhelm verargen, wenn dieser mit denselben Waffen kämpfte, welche seine Gegner wider ihn führten, obenein da es ihm noch immer an Mitteln gebrach, gewaltsam seine Ansichten durchzuführen? Die Schlauheit und Gewandtheit mußte oftmals die fehlende Kraft ersetzen und dieser Ersatz konnte selbstverständlich nicht immer auf geradem und ehrlichem Wege zur Geltung gelangen. Man verfuhr gegen den Kurfürsten, wie wir gesehen haben und noch sehen werden, ohne jede Rücksicht, er zahlte mit gleicher Münze und wand sich, dem Triebe der Selbsterhaltung folgend, mit großer Geschicklichkeit durch das Gewirre von Intriguen und Gefahren hindurch, welches seine Widersacher rings um ihn her geschaffen hatten. Erhaltung seines schwergeprüften Landes und Hauses stand auf seinem Programm obenan.

Allerdings war die Antwort Karl Gustavs auf des Kurfürsten Schreiben nicht sehr erbaulich. Der König warf ihm Treulosigkeiten aller Art vor. Der Gesandtschaft, welche Friedrich Wilhelm absendete, um bei dem Könige über harte Behandlung der Einwohner in Preußen zu klagen, antwortete der König:

„Diese Klagen Eures Herrn sind nur der Vorwand, um mit mir brechen zu können. Der Herr Kurfürst will Zeit gewinnen, bis seine Allianz mit Polen, Dänemark und Rußland fertig ist; aber ich habe keine Furcht. Ich habe die drei Herren schon mehrmal geschlagen und mit Eurem Kurfürsten will ich später abrechnen. Er soll erfahren, was es heißt, meine Freundschaft verlieren. Er hat sie gar nicht verdient."

1658 Der Wiederausbruch der Feindseligkeiten begann im August 1658, nachdem vorher der König eine Anzahl von Druckschriften gegen den Kurfürsten erlassen hatte. Friedrich Wilhelm war diesem Ausbruche gegenüber nicht ohne Bundesgenossen. Schon im Februar 1658 hatte er mit Oesterreich abgeschlossen und zwar wegen der noch bevorstehenden Kaiserwahl in vortheilhafter Weise. Polen hatte er ebenfalls als Verbündeten. Mit Dänemark war man einig.

Karl Gustav suchte anfangs die Ansicht zu verbreiten, er wolle das Herzogthum Preußen anfallen. Friedrich Wilhelm rüstete sich nach Preußen zu gehen und Pommern ebenfalls zu decken. Er forderte die an der Netze stehenden Oesterreicher unter Montecuccoli, die Polen unter Czarnecki auf ihm zu folgen. Allein Karl Gustav hatte andere Pläne im Sinne. Es war auf totale Vernichtung Dänemarks abgesehen, dessen Kräfte der König für erschöpft hielt, dessen Verzögerung des Friedensabschlusses ihn gereizt hatte. Wie der Blitz kam das Unheil heran.

Am 18. August erschien die schwedische Flotte vor Korsör und setzte Truppen ans Land. Den ihm entgegenkommenden dänischen Gesandten erklärte der König ohne Rückhalt, daß er gesonnen sei, dem dänischen Reiche ein Ende zu machen. Wenn Karl Gustav ohne Aufenthalt Kopenhagen angriff, so wäre sein Vorhaben sicher gelungen. Allein er ließ sich durch Wrangels Rath verleiten, eine Belagerung von Kronenburg zu unternehmen, um den Sund für sich zu erhalten.

Die Belagerung brachte ihn um 21 Tage. Während dieser Zeit erhob sich alles, was die Liga gegen Schweden bildete. Nicht minder thätig waren die Kopenhagener. Durch die Anwesenheit und den Muth ihres Königs noch mehr angefeuert, bereiteten sie alles zum entschiedensten Widerstande vor.

Karl Gustav war vor die Stadt gerückt. Ein furchtbarer Nachtsturm ward unternommen, Geschützfeuer unterstützte ihn, aber die Kopenhagener schlugen ihn glücklich ab. Wiederholte Stürme brachten ebenfalls kein Resultat. Jetzt erschien eine holländische Flotte unter Waffenaar im Sunde. Nach heftigem Kampfe erfocht sie den Durchzug durch die schwedischen Schiffe und vermochte Truppen und Lebensmittel nach Kopenhagen hineinzuschaffen.

Karl Gustav ward genöthigt die Belagerung in eine bloße Sperre zu verwandeln. Die feindlichen Bewegungen gegen ihn waren jetzt in vollem Gange. Friedrich Wilhelm war offen von Schweden abgefallen. Zu derselben Zeit, als die holländische Flotte in den Sund segelte, rückten die Oesterreicher unter Montecuccoli, die Polen unter Czarnecki, die Brandenburger unter ihrem Kurfürsten nach Holstein. Die verbündete Macht war 40,000 Mann stark. Noch einmal schienen sich für die Marken die Zeiten des dreißigjährigen Krieges wiederholen zu sollen. Trotz aller Vorsicht litten die Einwohner schrecklich unter den Durchmärschen, namentlich aber durch die Zügellosigkeit der Polen.

Der Feldzug wurde mit großem Glücke geführt. In Parchim hielt der Kurfürst über seine Truppen Heerschau, welche den Beifall aller erregte, so trefflich war ihre Ausrüstung und Haltung. Freilich haben auch sie sich allerlei auf dem Marsche zu Schulden kommen lassen. Die Schweden zogen sich hinter die Eider zurück. Das erste Treffen, welches dieselben unter dem Pfalzgrafen Philipp von Sulzbach lieferten, fiel unglücklich für sie aus. Der Kurfürst jagte sie zurück. Er sicherte dem Herzoge von Gottorp gegen Erlegung einer Geldsumme Neutralität zu, welche aber die Oesterreicher nicht hielten sondern überall brandschatzten. Siegreich drang der Kurfürst in Schleswig und Jütland vor. Die Polen rückten bis Kolding vor, wo sie so entsetzlich hausten, daß der Kurfürst um Abberufung der polnischen Truppen bat. Als der Winter kam brandschatzten die Schweden wiederum von Friedrichsöde aus.

Karl Gustav hatte auf all diese Schläge nicht gerechnet. Wenn auch Fünen wegen Mangels an Transportschiffen nicht genommen werden konnte, die Ueberschiffung von 3000 Mann Oesterreichern und Brandenburgern nach Fanö nur mit großen Verlusten bewerkstelligt worden war, so sagte sich Karl Gustav doch, daß die Dänen ihren Helfern bald solche Transportmittel schaffen würden, zumal da der Kurfürst den Kopenhagern schon hatte wissen lassen, daß er bereit sei, einen Theil seiner Armee nach Kopenhagen zu senden und zu dem Ende auch sein Hauptquartier nach Düppel am Alsensund verlegt hatte. Es wurde hier sogar mit großer Vorsicht ein Uebergang unternommen und die zum Angriff bestimmten Truppen ans Land gesetzt. Hierauf ergaben sich die Schweden und am 23. Dezember konnte der Kurfürst im Kriegsrathe den Offizieren und Truppen seinen Dank für ihre noble Conduite aussprechen.

Holland, England und Frankreich wünschten das Ende des Krieges herbei. Im Haag wurde zwischen Frankreich und den beiden Seemächten konferirt und zwar zum Vortheile Schwedens. Alles sollte auf den Röskilder Frieden zurückgeführt werden. Schon war eine englische Flotte zur Hülfe Karl Gustavs unter Segel. Aber in der zweiten Konferenz, man nennt beide die Haager Konvente, änderten die Seemächte ihre Ansichten.

Mit dem Beginn des Jahres 1659 ward die Sache noch verwickelter, denn Oesterreich griff jetzt schwedisch Pommern an, indem es vorgab, dadurch die Schweden von Dänemark abziehen zu wollen. Dies war dem Kurfürsten sehr gefährlich. Er wollte ebenso wenig eine Oberherrschaft der Engländer und Holländer zur See, als der Oesterreicher in seinen Landen erdulden. Schnell eilte er mit seinen Truppen von Jütland nach Pommern. Hier waren 14,000 Oesterreicher bis Stettin vorgedrungen und hatten Erfolge errungen. Stettin wehrte sich jedoch tapfer, Wrangel kam mit großen Verstärkungen aus Jütland — gerade da traf der Kurfürst ein.

Die fortwährende Spannung zwischen den Oesterreichern und Brandenburgern war die Ursache, daß es in dem Feldzuge zu keinen besonderen Resultaten kam. Man schlug sich hin und her, nahm diesen und jenen Platz um ihn wieder zu verlassen und konnte am Ende nur auf große Verwüstungen der Länderstriche blicken.

Unterdessen aber waren die Holländer, da die englische Flotte zur Unterstützung Schwedens nach dem Tode Cromwells und weil Karl Gustav die englischen Bedingungen verwarf, wieder heimgesegelt war, thätig gewesen. Sie sendeten de Ruyter mit einer Flotte ab. Ruyter unternahm es, die Truppen der Alliirten nach Fünen überzusetzen. Von Seiten der Brandenburger war hierbei das von General von Quast befehligte Korps betheiligt. Die verbündeten Truppen landeten auf Fünen und griffen die Schweden in ihrer Stellung bei Nyborg an (14. November 1659). Es waren hier wieder die Brandenburger, welche den Sieg entschieden. Der Kampf war sehr heftig; Quast erhielt zwei Schüsse durch den Leib; endlich wurde der Feind aus allen Positionen vertrieben.

Es war der Welt klar und unwiderleglich bewiesen, daß die bisher für unüberwindlich gehaltene schwedische Macht wohl besiegbar sei und zu diesem Beweise hatten die Brandenburger wesentlich beigetragen. Karl Gustav mußte die Wandelbarkeit des Kriegsglückes erfahren. Es schien ihm nichts mehr gelingen zu wollen.

Ungeachtet aller Tapferkeit seiner Truppen gingen die Angelegenheiten in Pommern ebenfalls nicht glücklich. Heldenmüthig vertheidigten sich 300 Schweden unter Führung Oxenstiernas in Thorn gegen eine Macht von 40,000 Mann. Nach vierzehnmonatlichem Kampfe mußten sie sich endlich ergeben. Der König schien allmählich zum Frieden geneigt, den übrigens auch seine Gegner sowol als seine Freunde ebenfalls sehnlich herbeiwünschten. Den König von Polen hielt nur die ehrgeizige Gemahlin noch in Waffen, aber die empörten Kosacken verließen ihn. Besonders trat Frankreich für den Frieden ein und drohte ihn nöthigenfalls mit Gewalt zu erzwingen. Seine Armee unter Turennes Führung war schlagfertig, die kleineren deutschen Fürsten schlossen sich ihm an.

Nunmehr begannen zwischen den kämpfenden Mächten die Friedensunterhandlungen zu Oliva, jenem reizend gelegenen Kloster bei Danzig. Verschiedene Mißhelligkeiten, die Menge der Forderungen und Ansprüche verzögerten auch hier die Verhandlungen. Karl Gustav, obwol zum Frieden geneigt, versuchte dennoch seine Rechte soviel als möglich geltend zu machen. Ein anderer Kampf stand dem Kaiser, dem Polenkönige und dem Kurfürsten insofern bevor, als sie alle Mühe anwenden mußten, die Franzosen von den Unterhandlungen zu entfernen. Trotz der emsigen Bemühungen schien der Erfolg dennoch zweifelhaft, als eine höhere Hand in die Ereignisse griff. Der König Karl Gustav, der sich nach Gothenburg begeben hatte, von wo aus ein starkes Heer gegen Friedrichshall 1660 entsendet ward, erkrankte am Fieber und starb am 6. März 1660. Mit ihm erlosch eine ebenso große und bedeutende, als für die Ruhe Europas gefährliche Kraft. Ein genialer Mann, ein Feldherr ersten Ranges, hatte er es nicht verstanden seine hohe Begabung zum Glücke der Völker zu verwenden. Schon vor seiner Krankheit hatte er Todesahnungen gehabt und für seinen erst fünf Jahre alten Sohn eine Vormundschaftsregierung eingesetzt. Die verwittwete Königin Hedwig Eleonore und die fünf obersten Reichsbeamten verwalteten die Regierung für den späteren König Karl XI.

1660 Jene Vormünder betreiben nun den Frieden. Am 3. Mai wurde derselbe

Bildniß des großen Kurfürsten a. d. Jahre 1659.
Von dem Holländer Adriaen Hanneman. Das Originalgemälde in Wörlitz bei Dessau.

in Oliva abgeschlossen. Französische Vermittlung war trotz aller Vorsicht doch dabei im Spiele. Nach den Friedensbedingungen erhielt:

Polen den südlichen Theil von Liefland. Johann Casimir entsagte für sich und seine Nachkommen allen Ansprüchen auf Schweden und trat an dasselbe auch den größten Theil von Liefland so ab, wie ihn Schweden vor Schluß des letzten Waffenstillstandes besessen hatte.

Der Kaiser trat alles, was er Schweden und Holstein abgenommen hatte, wieder ab. Die zwischen Brandenburg und Schweden 1656 geschlossenen Verträge wurden aufgehoben.

Dänemark erhielt nach einigen zu Kopenhagen geführten Konferenzen das Meiste, was im Röskilder Frieden festgesetzt worden war, mußte aber den schwedischen Schiffen Zollfreiheit im Sunde und Belte gestatten.

Schweden gab seine Ansprüche auf Delmenhorst und Ditmarsen auf.

Brandenburg erhielt die Bestätigung des Bromberg-Wehlauer Vertrages und die Bestätigung der Souveränetät über Preußen; alle zwischen Brandenburg, Schweden und Polen gemachten Eroberungen wurden herausgegeben. Allgemeine Amnestie ward zugesagt.

Die Schweden begingen schließlich noch die Perfidie, bei der Räumung von Elbing diese Stadt den Polen zu überliefern, welche sie lange Zeit behielten, ohne daß es dem Kurfürsten gelang, sich in Besitz von Elbing zu bringen. Er hatte übrigens den Abschluß absichtlich verzögert, um möglichst viel zu erreichen, was ihm den Haß der Dänen zuzog.

Wappenadler des Herzogthums Preußen.

Das Herzogliche Schloß in Königsberg. Nach gleichzeitigen Darstellungen.

XIV. Kapitel.

Huldigung in Preußen. Unterdrückung der Stände.

ach jahrelangen offenen und geheimen Kämpfen hatte Kurfürst Friedrich Wilhelm endlich die Erfüllung seines Lieblingswunsches erlangt, er war Souverän von Preußen. Aber sein durchdringender Verstand sagte ihm, daß mit der Erreichung und Anerkennung jener Würde nur der Beginn neuer Kämpfe verbunden sei. Wie überall in den europäischen Ländern konnte zu jener Zeit auch Friedrich Wilhelm nur als Alleinherrscher, nur als absoluter Fürst regieren, wollte er mit den Verbesserungen für seine Länder vorwärts schreiten. Zwei Gewalten waren es, welche ihm hemmend entgegentraten. Der Adel berief sich auf die ihm zustehenden Rechte und betrachtete den Fürsten als eine zum großen Theile von ihm abhängige Persönlichkeit, und nicht mit Unrecht, denn die verschiedenen Privilegien, welche er seit langer, grauer Zeit besaß und besessen hatte, stellten ihn fast auf gleiche Stufe mit der Regierung und deren Vertretern. Diese Gewalt zu brechen, hatte der Kurfürst bei verschiedenen Gelegenheiten und mit Glück unternommen.

Das zweite Hemmniß waren die Stände. Sie befanden sich in einem vollständigen Gewirre von kleinlichem Eigennutz und hochfahrendem Dünkel, und da sie sich aus dem Herrenstande, dem kleinen Adel und den Städten zusammensetzten, bildeten sie eine geschlossene Phalanx, welche, obschon untereinander selbst mißtrauisch, dennoch trotzig zusammenstand und sich gegen den Willen des Herrschers stemmte. Wenn einerseits die Städte und deren Vertreter die Maßregeln des Kurfürsten gegen den Adel billigen mochten, so waren sie auf der anderen Seite doch gezwungen, mit demselben gemeinsam zu handeln, weil sie ihre eigne Selbstverwaltung gleichzeitig mit den Interessen des Adels bedroht sahen, deren beider Vernichtung bei dem Kurfürsten schon längst beschlossene Sache war.

Zunächst galt es harten Kampf gegen die preußischen Stände. Einmal war in Preußen ein Volksstamm vorhanden, der seine Ideen von Freiheit sorgsam fortpflanzte und die Privilegien aufrecht zu erhalten suchte, koste es was es wolle. Die Städte, unter ihnen namentlich Königsberg, konnten der Mehrzahl nach mit einer gewissen Verachtung auf die der Marken herabblicken; es schien ihnen sowol als der Adelspartei drückend und fast unwürdig, daß der Fürst der ehemals so unbedeutenden Länder nun plötzlich ihr Souverän werden sollte.

Sie fürchteten in erster Linie das stehende Heer, welches sie mit vollem Rechte nicht nur als ein Werkzeug gegen äußere Feinde, sondern auch als ein Mittel in der Hand des Kurfürsten ansahen, welches zur Vernichtung ihrer Ansprüche und Freiheiten bestimmt sei. Außerdem war noch die religiöse Seite wohl zu beachten. Friedrich Wilhelm bekannte sich zur reformirten Lehre, während Preußen ein streng lutherisches Land genannt werden konnte. Die religiösen Zwistigkeiten nährten eifrig die polnischen Jesuiten, welche der König Johann Casimir und seine Gemahlin unterstützten. Des Kurfürsten Ansicht, daß dem Wohle des Ganzen die Einzelrechte weichen müßten, fand den entschiedensten Widerspruch.

Die Stände beschwerten sich darüber, daß nach dem Frieden von Oliva das stehende Heer nicht entlassen worden, daß seine Erhaltung durch Steuern, Accise ꝛc. bewirkt werde, die ohne Bewilligung der Stände verfügt worden seien und in harter Weise beigetrieben wurden.

Es ist nicht zu leugnen, daß die Stände sich auf dem Boden ihres Rechtes befanden, als sie dem Kurfürsten den Huldigungseid verweigerten. Es gelang ihm nur, eine Vereidigung der sogenannten Oberräthe zu ermöglichen. Die Huldigung des Landes stand noch aus.

Unter solchen Verhältnissen ward die öffentliche Stimme, welche die Berufung eines allgemeinen Landtages verlangte, immer lauter und drohender. Diese Berufung verweigerte der Kurfürst, ohne weitere Gründe anzugeben. Er erließ scharfe und harte Verweise gegen die sich eigenmächtig versammelnden Oberräthe und die sich beschwerenden Städte. Eine allgemeine Erbitterung war die Folge jener Edikte. Die Oberräthe erklärten, die Steuern für das Militär nicht mehr auftreiben zu können. Es war in der That im ganzen Lande viel Elend, viel Mangel anzutreffen, und die preußischen Stände waren bereits entschlossen, an den König von Polen die Bitte zu senden, er möge dem

Kurfürsten die Einberufung des Landtages bringend ans Herz legen. Friedrich Wilhelm befand sich zu jener Zeit in Cleve, um von dort die Stände einzuberufen zu lassen. Mit der Berufung des Landtages betraute er Schwerin. Er hatte mit Glück die cleveschen Stände seinem Willen unterworfen und war gesonnen, in gleicher Weise gegen die preußischen vorzugehen. Schwerin suchte versöhnend zu wirken. Er vermochte es, den Landtag am 3. Mai 1661 einzuberufen.

1661

Es war vorauszusehen, daß die Verhandlungen nicht zu einem gedeihlichen Abschlusse geführt werden konnten. Der Kurfürst hatte schon vor Beginn erklärt, daß er gar nicht im entferntesten gesonnen sei, wegen seiner Souveränetät Verhandlungen zuzulassen, daß er nicht an die Verminderung des Heeres gehen werde, da Europa ein kriegerisches Aussehen habe, und daß die Stände verpflichtet seien, für den Unterhalt der Armee zu sorgen.

Die Stände dagegen verlangten Abdankung der Truppen, Schleifung der bisherigen Befestigungen, und daß alle Streitigkeiten unter Zuziehung polnischer Kommissarien geschlichtet werden sollten; wenn ihre Anträge angenommen würden, wollten sie — unter der Bedingung, daß die Accise aufgehoben werde — dem Kurfürsten Geldmittel bewilligen. Was die vom Kurfürsten mit Schweden und Polen geschlossenen Verträge anlangte, so gaben sie die Erklärung ab, daß solche ohne ihre Zustimmung nicht bindend seien, ebenso könne man sie nicht vom Eide gegen Polen entbinden. Sie hätten sich nicht durch Eroberung gezwungen, sondern freiwillig an Polen übergeben, eine Staatsverfassung dürfe nicht ohne ihre Einwilligung geändert werden. Ebenso gut, wie der Kurfürst die Verträge von Wehlau und Bromberg ohne die Zustimmung der Stände abgeschlossen habe, könne er auch noch weitere Eingriffe in ihre Rechte sich erlauben.

Der brandenburgische Gesandte erwiderte, daß der Kurfürst ihre Freiheiten schützen werde, daß ihm lediglich an dem Wohle des Landes gelegen sei.

Hierauf wendeten die Stände ein, daß sie gar keine Bürgschaft für die Zukunft hätten. Wenn sie auch dem jetzigen Kurfürsten trauen wollten, so könne der Nachfolger um so härter mit ihnen verfahren. Am hartnäckigsten zeigten sich die Städte und von diesen namentlich Königsberg am allerfeindlichsten. Die Seele dieser Opposition war der Schöppenmeister Hieronymus Rohde. Auf Seite der Adelspartei agitirte der Edelmann Christian Ludwig von Kalckstein und dessen Vater.

Rohde erklärte offen, daß die Städte um Hülfe nach Warschau schicken würden.

Diesen Aufreizungen und Beweisen gegenüber versuchten die brandenburgischen Gesandten alles, was in ihren Kräften stand, um beruhigend zu wirken. Schwerin ließ kein Mittel ungenützt, die Häupter der Parteien für sich zu gewinnen. Er lud sie häufig zu Tische, schmeichelte ihnen auf jede Weise und zog die gelindesten Saiten auf, aber die Kalckſteins waren es namentlich, welche ihm entgegenwirkten, und Rohde, den er zu sich lud, um mit ihm eine Verständigung herbeizuführen, „da der Kurfürst nur Gutes wolle," entgegnete in brutaler Weise: „an unserem Rathhause steht es geschrieben, kein Fürst ist so fromm, daß er nicht einen Tyrannen im Herzen trüge. Der Herr Kurfürst hat uns arm gemacht — wir sollen auch seine Sklaven werden." Schwerin bedeutete ihn, „daß solche Rede eine verbrecherische sei". „Das will ich dem Kurfürsten ins Gesicht sagen," entgegnete Rohde, worauf denn Schwerin ihn aus dem Zimmer wies, welches er unter Schimpfen und Drohen räumte. Statt auf die Beschwerden Schwerins zu achten, ließen Räthe und Bürger den dreisten Schöppen nicht nur frei ausgehen, sondern letztere feierten ihn in jeder Weise als einen Helden des Volkes, da er laut ausrief: „Aller ehrlichen Leute Meinung ist, daß der Kurfürst die Souveränetät nicht erhalten soll."

Religiöse Hetzereien vollendeten den Zwiespalt. Reformirte Pastoren erklärten die lutherischen Kirchen für „Götzentempel". Die Katholiken lachten sich ins Fäustchen — sie waren längst nicht mehr die Fanatiker im Lande. In diese Epoche fällt die erste Machination von Bedeutung, welche Kalckstein unternahm. Schwerin, der des Kurfürsten Zorn wohl kannte, rieth seinem Herrn, „Geduld zu haben, es sei alles zu besorgen". Denn schon hatte Kalckstein nach Warschau geschrieben: „wenn König Johann Casimir nur einige Mannschaft zu Hülfe schicken will, so werden ihm alle Städte und der Adel zufallen. Das brandenburgische Joch ist nicht mehr zu ertragen."

Schwerin war dafür, daß eine Vertagung des Landtages eintrete, dann konnte vielleicht eine Abkühlung der erhitzten Gemüther stattfinden. Eine pestartige Krankheit, welche zu Königsberg auftrat, gab dazu.den erwünschten Vorwand, und der Landtag ward erst wieder am 16. September in Bartenstein eröffnet. Die Zeit bis zur Wiedereröffnung hatte Schwerin nicht ungenützt verstreichen lassen. Er bediente sich als ein treuer Vasall und Schüler seines Herrn aller nur erdenklichen Mittel, um die Führer, die Amtshauptleute und deren Anhang zu gewinnen, wobei die Bestechung nicht gespart wurde. Mit einer wahrhaft diplomatischen Kunstfertigkeit erregte er Spaltungen in dem Lager der Adelspartei und operirte in dieser Epoche besonnener als der Kurfürst, der fortwährend zur Gewalt rieth und besonders Rohde unschädlich gemacht wissen wollte.

Es zeigte sich bei der Wiedereröffnung des Landtages zu Bartenstein, daß die Verhältnisse sich nicht viel gebessert hatten. Rohde und Kalckstein hetzten weiter. Die Stände traten mit noch erhöhteren Forderungen hervor und wenn sie auch die Souveränetät des Kurfürsten anzuerkennen bereit waren, so ließen sie von ihren Privilegien nichts nach, sondern forderten das Recht, sich jederzeit versammeln zu dürfen, daß ohne ihre Bewilligung kein Krieg begonnen, kein Frieden geschlossen werden dürfe, daß keine fremden Truppen in das Herzogthum gebracht, keine Steuern ꝛc. erhoben werden sollten. Die bedrohlichen Abmachungen des Wehlauer Traktates erklärten sie für ungültig.

Der Kurfürst war außer sich vor Zorn. Er hatte gerade in demselben Augenblicke, als die dreisten Forderungen der Stände bei ihm anlangten, diesen einen Verfassungsentwurf gesendet, welcher berathen werden sollte, aber natürlich keinen Anklang, sondern im Gegentheil die wüthendste Opposition fand. Selbst des Kurfürsten Anerbieten, die Accise aufzuheben, wurde nur als ein kleiner

Lichtstrahl begrüßt, da Friedrich Wilhelm gleich darauf eine Zahlung von 500,000 Thalern verlangte, "sonst wolle er die Accise wieder einführen".

Die Gährung stieg also aufs neue und wurde noch durch die Brutalität der Soldaten gesteigert, welche naturgemäß ihre Gegner in den Bürgern zu sehen glaubten. Namentlich trat diese Ueberhebung bei dem von Oberst Beltrum kommandirten Bataillon zur Schau, welches die Besatzung der sogenannten "kneiphöfischen Schanze" bildete, die der Kurfürst auf Grund und Boden der Stadt hatte anlegen lassen. Hier wurde den Soldaten, den Rechten der Bürger entgegen, Bier geschenkt. Auf die Beschwerde der Stadt antwortete der Kurfürst abweisend und da die Bürger, zur Selbsthülfe schreitend, das Bierhaus zerstörten, wäre es fast zu blutigem Kampfe gekommen. Für die Soldaten endete die Sache mit einem Verweise — die Besatzung stand überhaupt im schlechtesten Rufe. Ein anderer sehr unangenehmer Zwischenfall war die Arretirung des älteren Kalckstein, der schon aus dem ersten Landtage verwiesen worden war. Indessen blieb es bei dem üblichen Schimpfen. Aber da man Rohde antasten wollte und vom Magistrate dessen Auslieferung verlangte, weigerten sich die Schöppen und ließen sich selbst nicht durch Androhung einer Strafe von 5000 Thalern schrecken.

Schwerin hatte schon einige Male den Kurfürsten dringend gebeten, nach Preußen zu kommen, bisher aber keinen Erfolg gehabt. Friedrich Wilhelm befand sich neben allen zu bekämpfenden Schwierigkeiten noch in der größten Geldverlegenheit, da seine Truppen bezahlt werden mußten. — Um sie zu erhalten wurden dem Landvolke neue Lieferungen auferlegt, das gab neuen Lärm. Es stand zu befürchten, daß die Stände sich nach auswärtiger Hülfe umsehen würden — dadurch brachte man sich selbst in die höchste Gefahr. Ein solches Vorgehen würde zwar Rebellion gewesen sein, allein die Stände pochten darauf, daß Johann Casimir die Preußen noch gar nicht von ihrem Eide gegen ihn entbunden habe.

Friedrich Wilhelm, der sehr wohl berechnete, wohin dieses Beharren führen könne, erlangte endlich durch seinen Gesandten Hoverbeck in Warschau von Johann Casimir eine schriftliche Entbindung der Polen von ihrem Eide gegen den König. Allerdings war das Instrument nicht sehr gewissenhaft abgefaßt. Es war vielmehr die Klausel, daß durch den Olivaer und Bromberger Vertrag den Unterthanen keines ihrer bisherigen Rechte entzogen werden solle, absichtlich, ohne Wissen und Willen Johann Casimirs, fortgelassen worden. Das eigentliche Dokument, das ursprüngliche, ward daher gefälscht den Ständen vorgelegt.

Diese wollten an die ganze Sache nicht glauben und schickten Rohde nach Warschau, um den Schutz des Königs anzurufen. Dieser Schritt war allerdings ein voreiliger und von kurfürstlicher Seite wurde denn auch sofort auf "Auslieferung des Hochverräthers" Rohde gedrungen, aber Johann Casimir verweigerte dieselbe. Das machte die Königsberger Bürger so kühn, daß sie eine vollständige Verschwörung zum Abwerfen des brandenburgischen Joches ins Werk setzten. Zwar brach das Komplot nicht aus, aber trotz der erneuten Versicherung Johann Casimirs, daß er die Preußen von ihrem Eide gegen ihn entbunden habe, trat keine Ruhe ein. Der Kurfürst wollte die geforderten 500,000 Thaler erhoben wissen. Die Stände sendeten aufs neue nach Warschau. Der Statthalter Fürst Radziwill besetzte die Landstraßen, um die Abgesandten zu fangen. Darüber erbittert, griffen die Bürger nunmehr zu den Waffen, es wurden Geschütze aufgefahren, ein blutiger Zusammenstoß war vor der Thüre. Dazu ging der wühlerische Rohde frei und ungehindert auf den Straßen der Stadt umher, hetzte wacker und erklärte dabei: „er wolle nicht fliehen. Wenn man ihm auch Arrest angekündigt habe, so fürchte er doch nichts. Furcht wohne nur in eines Schelmen Busen, der seinen Kurfürsten verrathen wolle." Trotz des Hasses, den man gegen den Schöppenmeister brandenburgischerseits hegte, mußte sein Muth doch anerkannt werden.

Schwerin beschwor den Kurfürsten aufs neue, er möge nach Preußen kommen. Es sei hohe Zeit. Gegen Rohde könne er (Schwerin) nichts ausrichten. Der Kurfürst mußte sich also entschließen, die Reise nach Preußen anzutreten, was für ihn allerdings ein schwerer Entschluß sein mochte, da bei seinem persönlichen Erscheinen ihm ohne Zweifel weit mehr zugemuthet ward, als man bei seiner Abwesenheit zu verlangen wagte.

Es ist nicht zu verkennen, daß Friedrich Wilhelm die Reise am 14. September 1662 in der Absicht antrat, wenn irgend möglich einen oder den anderen Gewaltakt auszuüben, welcher ihn um einige Schritte näher zur Beruhigung der aufgeregten Partei bringen und zugleich einen Druck auf die Leiter der Opposition ausüben konnte. Zu dem Ende war er mit Truppen mehr als nothwendig zu einer Reise umgeben. Er langte am 18. Oktober in Königsberg an, wo er auf dem Stadtschlosse Wohnung nahm und mit allerlei Aufmerksamkeiten, Festen, Illuminationen und Ergebenheitsbesuchen gefeiert wurde. Da er Pillau und Kolberg besichtigte, waren ihm die Deputationen der Stände bis Pillau entgegengereist.

Unter dem Deckmantel des äußerlich guten Vernehmens konnte einerseits der Kurfürst seine Pläne verbergen, andererseits vermochten auch die Stände ihre Absichten zu verhüllen. Letztere glaubten in der That, der Kurfürst sei vollkommen ungewiß und werde sich im entscheidenden Augenblicke überrennen lassen.

Allein sie sollten bald inne werden, daß der, welcher sich durch mühevolle Kämpfe und harte Arbeit am grünen Rathstische des Kabinets die Herrschaft über Preußen erworben hatte, nicht gewillt war, eine Macht neben der seinigen zu dulden, er mußte zunächst diejenigen beseitigen, die ihren Einfluß zur Schmälerung jener Macht anwendeten, und unter diesen stand Rohde in erster Linie.

Die Bevölkerung von Königsberg hatte dem kurfürstlichen Paare — Luise, die Kurfürstin, hatte den Gemahl nach Königsberg begleitet — die glänzendste Bewirthung angedeihen lassen, die Studenten ihm eine Serenade vor dem Schlosse gebracht. An demselben Abende ward durch den Kurfürsten alles zur Verhaftung Rohdes vorbereitet. Die handelsfähigen Bürger, welche im Magistratskollegium saßen, versammelten sich am nächsten Morgen zu bestimmter Stunde in den drei Rathhäusern zur Sitzung. Es war also niemand vorhanden, der im entscheidenden Momente hätte einen Tumult veranlassen können. Die Thore waren auf Befehl des Kurfürsten schon in der Frühe durch Militär besetzt worden, das sich wie zufällig in der Nähe derselben aufhielt. An der Honig=brücke, wo das Wohnhaus Rohdes stand, lag ein Schiff mit vier Ruderern in Bereitschaft. Sobald die Sitzungen in den Rathhäusern begonnen hatten, rückte der Oberst Hille mit 50 Mann gegen die Honigbrücke. Merkwürdigerweise sah Rohde zum Fenster hinaus und den Reiterzug daherkommen, hatte aber bei dem Gefühle der Sicherheit, in welches er sich seit langer Zeit hineingewiegt, keine Ahnung davon, daß jene Truppe für ihn bestimmt sein könne.

Hille sprengte mit seinen Reitern über die Brücke, ließ sie vor dem Hause Kette bilden und saß dann nebst zwei Soldaten ab. Diese stürmten, von dem Obersten geführt, in Rohdes Zimmer und holten ihn, ohne sich auf weitere Erklärungen einzulassen, die Treppe hinab, hoben ihn in das bereitstehende Schiff und fuhren mit ihrem Gefangenen an das Schloß. Die übrigen Reiter waren in kurzem Trabe ebenfalls nach dem Schlosse geritten, wo der Kurfürst auf den Schloßhöfen und in der Umgebung des Gebäudes Infanterie postirt hatte, auch wurden drei Geschütze aufgefahren, bei denen die Kanoniere mit brennenden Lunten standen.

Rohde wurde in das Thurmzimmer geführt und sehr anständig behandelt. Er hatte sicher auf Hülfe seitens der Bürgerschaft gehofft, aber diese war voll=ständig verdutzt und betäubt. Der Kurfürst schickte, sobald Rohde als Arrestant im Schlosse angekommen war, Botschaft von dem Geschehenen in die Rathhäuser, mit dem Bescheide, daß er der Stadt gegenüber als ein **redlicher und billiger Herr** verfahren werde. Alles war so schnell und ohne allen Lärm ausgeführt worden, daß die ganze Sache vorüber ging, ehe die Königsberger sich von ihrem Staunen erholen konnten. Aber der gewaltsame Eingriff in die Rechte der Stadt und eines ihrer Bürger wirkte deshalb gerade außerordentlich. Aengstlich und beklommen schlich alles einher, wer vor kurzem noch in höchst dreister Weise wider den Kurfürsten sich gesetzt und gesprochen hatte, war kleinlaut geworden. Rohde galt für einen wahren Volkstribun, wenn ihn der Kurfürst zu greifen wagte, wie würde es erst den anderen ergehen? Dazu hoffte alle Welt, wiewol vergebens, auf die Befreiung Rohdes durch einen Kommissarius des Königs von Polen; was sich schuldig fühlte, zitterte, und Kalckstein, der gerade zur Stunde der Verhaftung Rohdes in der Stadt war, hatte nichts eiligeres zu thun, als dieselbe so schnell wie möglich wieder zu verlassen.

Rohde ward in größter Eile einem Verhöre unterworfen. Er bekannte, der Verfertiger des Schreibens zu sein, welches den Polenkönig um Hülfe angerufen habe, leugnete aber Verbindungen mit den Jesuiten und wollte in Warschau keine anderen als Privatgeschäfte gehabt haben. Er habe übrigens nur die Weisungen des Rathes und der Bürgerschaft befolgt und verweigere jede Auslassung, da er nach dem „alten Rechte gethan" und nicht zu Geständnissen verpflichtet sei. In letzteren Punkten hatte Rohde vollkommen Recht. Der Kurfürst wollte Eingriffe in die Privilegien der Stände thun, die ja durch die Verträge Friedrich Wilhelms

Die Serenade der Studenten zu Königsberg.

mit Schweden und Polen nicht beseitigt waren. Denn bei jenen Abschlüssen hatte keiner der Paktirenden daran gedacht, die Stände um ihren Rath oder um ihre Entscheidung zu fragen. Wie die Dinge einmal lagen, hatte Rohde durchaus gesetzlich gehandelt, als er dem Könige von Polen oder vielmehr dessen Reichstage ein Bittschreiben überreichte.

Die ganze Sache trug daher weit mehr das Aussehen einer Befriedigung der persönlichen Rache, als daß sie den Charakter eines Hochverrathsprozesses angenommen hätte, für den man sie gelten lassen wollte. Rohde betrug sich übrigens in seinem Gewahrsam so brutal und aufgeblasen, daß er seine Gewalthaber nur noch mehr reizte. Es wurde als bestimmt angenommen, daß der Kurfürst Rohde zum Tode habe verurtheilen lassen, denn Somnitz und Schwerin hatten die Anklage auf Hochverrath erhoben und dahin entschieden, „daß Rohde genug gethan, um ohne des Kurfürsten Gnade den Kopf verwirkt zu haben". Indessen erfolgte doch kein Urtheilsspruch und dem Kurfürsten schien vor allen Dingen daran gelegen, Rohde zu einer Unterwerfung, zum Bitten zu bewegen. Aber darin hatte man sich verrechnet. Der Schöppenmeister blieb unerschütterlich und wies jede Vermittelung zurück. Nur wegen des Briefes an den Reichstag erklärte er, daß er möglicherweise zu weit gegangen sein könne und daher des Kurfürsten Gnade anrufe, im übrigen aber sei er in seinem Rechte und wolle keine Gnade.

Der Kurfürst mochte hier seine Gründe haben, den Bogen nicht allzu straff zu spannen, auch wurde bei ihm für Rohdes Leben gebeten und obgleich Friedrich Wilhelm sogar den Verkehr des Angeklagten mit den Jesuiten, sowie dessen Correspondenz mit dem Bischof von Ermland und nach Riga genau kennen mochte, begnadigte er ihn doch zum Gefängniß, obwol der König von Polen sich für seine Freilassung verwendete. Rohde ward erst in aller Stille nach Kolberg zu Schiffe, dann in geschlossener Kutsche unter Eskorte nach Peitz geführt.

Hier ist er 1678 als Gefangener gestorben, ungebeugt, trotzig und nicht zu bewegen den Kurfürsten um Gnade anzurufen. Dieses starre Festhalten an seinem Rechte hat ihm einen Ruf der Mannhaftigkeit und Energie verschafft, der ihm durch alle Zeiten verblieben ist. Die Anwesenheit des Kurfürsten in Peitz gab diesem Gelegenheit, einen Versuch zu machen, Rohdes starren Sinn zu beugen. Der Kurfürst ließ ihm die Freiheit anbieten, wenn er um Gnade flehen wolle, aber Rohde wandte dem Vermittler den Rücken mit den Worten, „ich will nur der Gerechtigkeit, nicht der Gnade meine Freilassung verdanken", und schritt in seinen Kerker zurück.

Wiederholte Fürbitten des Königs von Polen nutzten ebensowenig als die der Königsberger Bürgerschaft.

Der Kurfürst verhielt sich nach der Verhaftung Rohdes zu Königsberg in einer abwartenden Stellung. Es mußte sich jetzt zeigen, ob die widerstandslustigen Stände und Bürger ihren Worten und Drohungen Thaten nachfolgen lassen würden, aber alles blieb in der vollkommensten Ruhe. Alle Prophezeiungen der Freunde Rohdes blieben unerfüllt und nicht ohne Beklemmung schaute man die durch die Straßen der Stadt auf- und niederreitenden Reiter-

Reiterpatrouille in Königsberg.

patrouillen an, während man andererseits wieder von der Liebenswürdigkeit des kurfürstlichen Paares entzückt war, so oft man Gelegenheit hatte demselben nahe zu kommen.

Vierzehn Tage wartete Friedrich Wilhelm, dann that er einen Schritt vorwärts. Er ließ die Vertreter der Zünfte und Gemeinden auf das Schloß kommen. Hier eröffnete ihnen Jena im Namen des Kurfürsten, daß dieser nur die besten Absichten habe, daß er die Freiheit schützen werde; er bewies ihnen, wie sie nur irre geleitet worden seien, sagte ferner, der Kurfürst sei gesonnen alles zu vergessen, auch wegen der Accise und des Pfundzolles sich billig finden zu lassen.

Die Vertreter erbaten sich acht Tage Bedenkzeit. Als sie wieder erschienen, war alles abgemacht. Sie baten wegen des Geschehenen um Verzeihung und erklärten, daß man des Kurfürsten Souveränetät anerkennen werde, die „bis ans Ende der Welt wachsen möge". Sie baten zugleich für Rohde, aber der Kurfürst lehnte jede Gnade ab, da Rohde ein Jesuitenwerkzeug sei, auch befinde er sich noch in Untersuchung.

Es waren nun die größten Schwierigkeiten aus dem Wege geräumt, der zum Herzogsthron von Preußen führte. Die Huldigung sollte das Werk krönen, das der Kurfürst unter maßlosen Widerwärtigkeiten und rastloser Arbeit soweit gefördert hatte. Zwar gab es genug Unzufriedene, und sie säumten nicht, kräftig gegen das Zustandekommen zu arbeiten. Es waren die Oberstände, welche jetzt in die Opposition traten und von der Geistlichkeit unterstützt wurden. Gegen diese beiden Gewalten traten die Königsberger sehr bald als des Kurfürsten beste Stütze auf.

Die Oberstände waren es, welche sich durch ihre Uebergriffe am meisten schadeten, und während der größte Theil der Unterthanen über das Zustande=

kommen der Einigung hocherfreut war, suchten jene die Dinge wieder hinzu=
ziehen, die Beziehungen mit der polnischen Oppositionspartei zu unterhalten.
Aber der Kurfürst schritt unaufhaltsam fort, er verbesserte die schlechte Verwal=
tung und machte sich in allen seinen Handlungen vollkommen von polnischen
Einflüssen frei, die bei den Oberständen noch immer von großer Wichtigkeit waren.
Die neuen hierbei entstehenden Kämpfe waren ermüdender Art. Bitter beklagt der
Kurfürst in seinem Schreiben nach Berlin „das Treiben der bösen Leute".
Alle nur ersinnliche Mühe gaben sich die Oberstände, um dem Kurfürsten Be=
dingungen abzupressen, unter denen sie ihre Stimme für den Vollzug der Erb=
huldigung abgeben wollten, die Entbindung von dem Eide, den sie Polen ge=
leistet, ward wiederum auf die Tagesordnung gesetzt. Der Kurfürst konnte nur
mit Aufbietung aller Kraft diesen ewigen Nergeleien und Angriffen, Hinterlisten
und Hetzereien entgegentreten und bezahlte, wenn es anging, mit gleicher Münze.
Dazu kam sein körperliches Uebelbefinden, weil schon zu jener Zeit die Gicht
sich bei ihm einstellte. Seine Nächte waren unruhige, schlaflose, von geistigen
und leiblichen Schmerzen gestörte. Er wußte, daß zwischen Paris und Warschau
Fäden gesponnen wurden, um einen französischen Prinzen auf den Thron von
Polen zu bringen, eine entschiedene Bedrohung Brandenburgs. Im Süden zog
der Türkenkrieg herauf, von Norden her wurde durch Schweden in Danzig
agitirt und in Berlin, wo seine Kinder weilten, herrschten die Pocken. — Es
war eine dornenvolle Krone, welche das Herzogthum Preußen dem Kurfürsten
reichte. Unzählig viel Schweißtropfen und Herzblut Friedrich Wilhelms hingen
daran und er hielt jedes Mittel für gerechtfertigt, welches ihm dazu helfen
konnte, den Besitz jenes Landes, um welchen er so heiß gerungen, seinem Hause
für immer zu sichern. Daher auch die unerbittliche Strenge, die Gewalt, mit
welcher er gegen diejenigen verfuhr, welche ihm das „Recht an Preußen" streitig
zu machen suchten.

 Endlich war mit Hülfe der Königsberger Stände der Moment gekommen,
wo Friedrich Wilhelm die Huldigung der Preußen empfangen sollte. Zwar
hatte er schwere Zugeständnisse gemacht, die störrigen Oberstände zu beschwichtigen,
aber er hoffte von der Zukunft, er hatte bereits seine Maßregeln vorbereitet.
Es fehlte jetzt nur noch die Entbindung der Stände von ihrem Polen
geleisteten Eide. Auch hier hatte der Kurfürst noch harten Stand gehabt, da
ihm die intriguante Polenkönigin wegen der französischen, oben erwähnten Ange=
legenheiten sehr entgegen war, und der gleißnerische Bischof von Ermland wollte
nicht eher die Huldigung gestatten, ehe der Kurfürst nicht Braunsberg, das er
als Hauptpfand beim Bromberger Vertrage erhalten hatte, herausgegeben habe.
Allerdings schützte man hier den nicht ungerechtfertigten Verdacht gegen den
Kurfürsten „von wegen seiner diplomatischen Künste" vor. Aber endlich erschienen
am 16. Oktober die Abgesandten in Königsberg. Es erfolgte Tags darauf die
Uebergabe von Braunsberg und der 18. Oktober ward zum Tage für die
Huldigungsfeier bestimmt, nachdem Hoverbeck und Goltz in Warschau und Jena
in Heilsberg die letzten Hindernisse beseitigt hatten.

 Den polnischen Kommissarien waren am 16. Oktober der Fürst Radziwill und der Oberburggraf von Kalnein mit 26 Kutschen und von 150 Trabanten begleitet bis zum Dorfe Spandeien entgegengefahren. Hier bewillkommnete sie Kalnein in einer lateinischen Rede und lud sie aufs Schloß. Sie fuhren in dem kurfürstlichen Galawagen, bei ihrer Ankunft wurden Salutschüsse abgefeuert und die Bürgerschaft empfing sie in Paradeaufstellung. Am folgenden Tage fand die Prüfung ihrer Vollmachten statt, dann Empfang durch den Kurfürsten, wobei der Kanzler Kospoth die lateinische Rede hielt, der Kurfürst selber aber in französischer Sprache antwortete. Hierauf leisteten die Oberräthe und Beamten den Huldigungseid.

1663   Am 18. Oktober Morgens waren alle Plätze mit Soldaten besetzt, das Schloß von 300 Mann umstellt. Mit dem achten Glockenschlage führte der Obermarschall den Zug in die Kirche, wo der Doktor Dreyer die Predigt hielt. Die Polen wohnten dem Gottesdienste in der katholischen Kirche bei.

Um zwölf Uhr stieg der Kurfürst auf die im Schloßhofe befindliche, mit rothem Scharlach dekorirte Tribüne, auf welcher der Thron stand. Ihm voran wurden getragen: der Fürstenhut durch den Landhofmeister, das Kurschwert vom Oberburggrafen, das Scepter vom Kanzler, der Marschallsstab vom Obermarschall. Jede Seite der Tribüne hielten zwölf Trabanten besetzt. Edelleute, Abgeordnete der Städte und Zünfte, alle Grundbesitzer und die vom Kurfürsten Besoldeten leisteten persönlich die Huldigung.

Die Huldigung in Königsberg am 18. Oktober 1663. Nach gleichzeitigen Darstellungen.

Die polnischen Abgesandten saßen zu beiden Seiten des Kurfürsten. Nach der Rede des Kanzlers sprach der Landrath von Tettau im Namen der Unterthanen. Der Bischof antwortete lateinisch, was von Tettau in derselben Sprache beantwortet wurde.

Der Kurfürst war in rothen Scharlach gekleidet und trug unter demselben einen blanken Harnisch. Nachdem der krakauische Domherr von Domski noch den Eventualeid abgelegt hatte, war der Huldigungsakt vorüber und wurde unter Geläute aller Glocken und dem Donner der Kanonen geschlossen. Reiche Libationen an Wein und Braten wurden dem Volke gespendet. Ersterer lief aus einem die Form eines Adlers tragenden Brunnen, der auf dem Marktplatze errichtet war. Das zur Bekleidung der Tribüne verwendete Tuch ward dem Volke überlassen und der geheime Kämmerer Heidekampf hielt einen Umritt, wobei er silberne Denkmünzen auswarf, deren Avers eine Darstellung der

Auswerfen der Krönungsmünzen.

Huldigung, der Revers aber eine Krone mit der Umschrift: „a deo data", darunter Scepter und Schwert in Lorbeer nebst dem Spruche: „Pro deo et

Silberne Denkmünze auf die Huldigung in Preußen. Ausgeworfen am 18. Oktober 1663.

populo" zeigte. Die Stände bewirthete der Kurfürst an zwanzig Tafeln, ebenso am folgenden Tage die Landräthe, Bürgermeister und Zunftabgesandten. Am 20. Oktober wurde ein Bärenhetzen, am 21. großes Feuerwerk auf dem Schloß= teiche veranstaltet.

Der Kurfürst verließ mit seiner Gemahlin am 29. Oktober Königsberg. Das Abschiedsmahl nahmen beide auf dem Rathhause ein. Die Bürgerschaft hatte sich bei der Abfahrt in Parade aufgestellt und eine Abtheilung der be=

rittenen Bürger gab den hohen Reisenden das Geleite. Die Kanonen donnerten ihre Abschiedsgrüße.

So hatte der Kurfürst auch diesen Moment hinter sich. Es war ihm der wichtigste gewesen und seine Stimmung deshalb außerordentlich heiter. Was seine Vorfahren trotz aller Mühen nicht zu erringen vermocht hatten, war ihm, freilich ebenfalls nach hartem Kampfe, zugefallen. Eine Wiederkehr nach Preußen hatte er versprochen. Anderthalb Jahre später wollte er wiederkommen, um alles zu ordnen, was noch der Ordnung bedürftig sein sollte.

Thatsächlich besaß Friedrich Wilhelm allerdings Preußen, aber damit war eine vollkommene Ruhe, ein friedliches und allmähliches Ausbauen des Begonnenen noch nicht erreicht und noch nicht zu ermöglichen. Allerdings konnte auch eine vollständige Besserung erst nach langer Zeit eintreten, denn schwer hatte das Land durch die letzten Kriege gelitten. Der Adel, dem die Domainen verpfändet waren, trat überall als der allein Gebietende auf. Die Bauern empfanden mehr als je den Druck ihrer Herren, sie waren wirklich Leibeigene. Die Städte zeigten sich nicht minder anspruchsvoll in ihren Forderungen. Mehr noch als dies alles waren die steten Forderungen des Kurfürsten für seine Armee dem Volke ein Gegenstand zur bittersten Klage. Gegen alle Einwendungen der thatsächlich schwer belasteten Unterthanen hatte der Kurfürst nur die Antwort, es sei allerdings schlimm, aber man müsse dem allgemeinen Wohle Opfer bringen. Dabei traten die Angehörigen des Standes, für dessen Erhaltung dem Bürger und Landmann so große Opfer zugemuthet wurden, mit größter Brutalität auf und selten erlangten die Geschädigten Genugthuung, denn der Kurfürst war äußerst nachsichtig gegen die Truppen, welche er zur Niederhaltung der stets zum Aufstande geneigten Provinz nothwendig brauchte. Es hatte sich zwischen Militär und Bürger bereits eine große Kluft gebildet, deren Schließung erst allmählich gelang. Vorläufig blieb noch alles in der Schwebe, es war eine Unsicherheit aller Verhältnisse zu spüren und die Stände gingen mit größtem Widerwillen daran, dem Kurfürsten irgend welche neue Forderungen zu bewilligen, da schon so viel für die militärischen Zwecke verlangt worden war; aber die **Furcht** machte sie gefügig. Der Kurfürst hatte gezeigt, daß er zu allem entschlossen sei und daß er seinem Worte die That nachfolgen lasse. Man gewährte ihm jede Forderung. Faktisch hatten also schon die Stände aufgehört eine Macht zu bilden und der Kurfürst überließ ihnen nur noch die kleinlichsten Dinge zur Besorgung. Dahin gehörte z. B. die Verpflegung und Ausrüstung eines Gesandten, den der Kurfürst nach Polen oder Rußland schickte. In welcher Weise die Stände die geforderten Mittel beschafften, war dem Kurfürsten gleichgültig, er rief sie überhaupt nur zusammen, wenn er Geld brauchte.

Wenn auch der weitsehende Kurfürst so gewaltige Anspannung seiner Landeskräfte vor sich selbst verantworten konnte, da ihm größere Pläne vorschwebten, durch deren Ausführung er alle Verluste wieder zu ersetzen hoffte, so war es doch eine natürliche Folge jenes Systems der Pressung, daß sich in der schwer betroffenen Provinz der Haß gegen ein so strenges Regiment regte. Es bildeten sich einzelne Gruppen von Uebelgesinnten, diese wurden allmählich verstärkt und

fanden bald Gelegenheit handelnd aufzutreten. In diesen Bestrebungen verletzten
sie den Kurfürsten schwer, schwerer, als sie es durch den Ausbruch irgend einer
Verschwörung vermocht hätten, sie wendeten sich nämlich an Polen, um von
dorther Hülfe gegen die Uebergriffe ihres neuen Souveräns zu erhalten.

Wie ehedem Rohde, so trat jetzt eine Persönlichkeit auf, von welcher wir
schon gesprochen haben, die als eine der gefährlichsten betrachtet werden mußte,
wenn es sich um Ergreifung von Maßregeln gegen die kurfürstliche Regierung
handelte. Diese Person war der Oberst Christian Ludwig von Kalckstein. Der
Prozeß und die Exekution dieses Mannes haben mehr noch als das Verfahren
gegen Rohde den Widersachern Friedrich Wilhelms erwünschte Gelegenheit ge=
boten, sein Verfahren als ein tyrannisches, die ganze Affaire Kalckstein als einen
„dunkeln Punkt" in der Geschichte Brandenburg=Preußens zu bezeichnen.

Der Kurfürst ist allerdings nicht von dem Vorwurfe freizusprechen, mit
furchtbarer Härte verfahren zu sein und eine politische Verfolgung weit über
die Grenzen des Rechtes, selbst des Völkerrechtes, ausgedehnt zu haben. Aber
auf der anderen Seite muß man sehr wohl bedenken, daß der Kurfürst mit
eiserner Konsequenz das sich selbst vorgezeichnete Programm, einen festen, neuen
Staat gründen und alle ihm entgegenstehenden Hindernisse wegräumen zu wollen,
verfolgte, daß er also auf den Einzelnen keine Rücksicht nahm, nicht nehmen
konnte, wenn er seinen Grundsätzen treu blieb. Ferner vermochte der Kurfürst,
namentlich nach dem zweiten Theile der Angelegenheit, nicht den Mann zu
schonen, der durch sein Talent zur Aufwiegelung ihn und den mühsam erworbenen
Besitz bedrohte, indem er versuchte, neuen Krieg nach letzterem hinüberzuspielen. —
Aber wenn auch die Rechtspflege jener Zeit das Verfahren Kalcksteins mit harter
Strafe belegte, so hatte der Kurfürst durch die Art und Weise, in welcher er
Kalckstein vor seinen Richterstuhl zog, die Gemüther empört, und indem er —
selbst dem preußischen Landrechte zuwider — sich allein das Erkenntniß in
Majestätsverbrechen vindizirte, drückte er seinem ganzen Verfahren den Stempel
des Gehässigen und Persönlichen gegen den sonst keineswegs beliebten Kalckstein
auf, der erst durch sein blutiges Ende zu einer Art Märtyrer ward, eine Glorie,
um welche der Kurfürst den Agitator leicht hätte bringen können, wenn er ihn
im äußersten Falle zeitlebens in sicherem Gewahrsam hielt, wie es die Nothwehr
gebot, statt da, wo zuletzt der Spruch über Leben oder Tod von ihm, dem Kur=
fürsten, allein abhängig war, den Henker sein Werk verrichten zu lassen. —
Immerhin werden, wie bei all' solchen Ereignissen, die Ansichten über Recht und
Unrecht getheilt bleiben, und wenn man die Gewalt verdammen will, welche der
Kurfürst dem Menschen Kalckstein anthat, so wird man zugleich erwägen müssen,
daß mit einem Siege desselben des Kurfürsten Macht und die Existenz seines
Staates in Frage gestellt waren, daß im Interesse des letzteren der Kurfürst eine
Handlung beging, die er im Herzen selber als grausam und despotisch ver=
urtheilte, die aber unerbittliche Nothwendigkeit diktirt hatte, wenn der Kurfürst
der sich wider ihn aufbäumenden Partei beweisen wollte, daß er nicht gesonnen
sei, einen Schritt rückwärts zu thun.

Christian Ludwig von Kalckstein stammte aus einem altadeligen Geschlechte, welches, ehemals in der Lausitz und im Breslauer Kreise ansässig, im 15. Jahrhundert nach Preußen gekommen war. Die Familie besaß hier die Güter Romitten, Knauten, Jesau und Wogau. Die Kalckfteins zeichneten sich durch einen unbändigen Stolz, einen nicht zu brechenden Starrsinn und jenes brutale Hervorthun aus, welches den Junker der brandenburgisch-preußischen Lande im 17. Jahrhunderte charakterisirte, ihm aber auch den Ruf der Mannhaftigkeit verschaffte, der mit allem Rechte an ihm haften blieb und ihn gefürchtet machte.

Ludwig von Kalckstein hatte als Führer eines Reiterregimentes in kurbrandenburgischen Diensten gestanden, war dann in polnische Dienste getreten und bei den Ständeverhandlungen als preußischer Grundbesitzer ein wichtiges Glied der Opposition geworden. Vielleicht war es ein Fehler, daß der Kurfürst einem solchen Manne, der wie sein Vater und Bruder zu den ärgsten Feinden der brandenburgischen Herrscher gehörte, die sehr einträgliche Stellung eines Amtshauptmannes von Oletzko übergab. Es geschah dies in der Hoffnung, die Kalckfteins für sich zu gewinnen. Aber wie sehr man sich auch, selbst von Seiten seiner Familie, in der Folge bemüht hat, den Charakter Kalcksteins nach allen Seiten hin zu verdächtigen, wie groß und schwer auch die Fehler des Mannes sein mögen, die Unbeugsamkeit desselben, seine Unbestechlichkeit und die rücksichtslose Offenheit gegen Freund und Feind müssen anerkannt werden und wurden es sogar zur Zeit seines Auftretens von allen, denen er sich näherte, wenn diese auch, namentlich die Gutsnachbarn, vor dem excentrischen Wesen des Kalckstein große Scheu an den Tag legten.

Die Ueberweisung der Stelle eines Amtshauptmannes von Oletzko konnte die Gesinnung Kalcksteins nicht ändern. Er fuhr fort, auf den Landtagen Opposition zu machen. Die kurfürstliche Regierung griff nun zu einem kleinlichen Mittel. Sie versetzte den Amtshauptmann wegen unregelmäßiger Führung seiner Geschäfte in Anklagezustand.

Die Untersuchung vermochte nicht das Geringste gegen Kalckstein festzustellen, dessenungeachtet ward ihm die Hauptmannsstelle abgenommen. Was sagte die Welt dazu? „Kalckstein hatte die Stelle nur erhalten, um in des Kurfürsten Horn zu blasen — nun er sich nicht fangen läßt, nimmt man sie ihm ab und will ihn verdächtigen, weil er nicht den Huldigungseid leistete."

Letzteres war richtig insofern, als Kalckstein am Tage der Königsberger Huldigung nicht unter den Grundbesitzern gewesen war, welche den Eid leisteten, aber er konnte es mit seiner Gesinnung gegen den Kurfürsten nicht vereinbaren und weigerte von Warschau aus den Eid.

Die Untersuchung und die Abnahme der Hauptmannschaft reizten ihn noch mehr. Er fand, daß man ihn. der keiner strafbaren Handlung bezichtigt werden konnte, lediglich zu maßregeln suche und schlug sich ganz auf die polnische Seite. Die vollständig gelockerte Disziplin in der polnischen Armee hatte schon die furchtbarsten Scenen herbeigeführt. Gonsiewski war von seinen eigenen Truppen erschossen worden, Paul Sapieha hatte nicht mehr Einfluß und Macht genug, den Meuterern zu widerstehen. Die polnischen Truppen machten bereits auf eigene Faust Streifzüge gegen die preußische Grenze und man fürchtete daselbst, den Feind jeden Augenblick einrücken zu sehen. Der dem Kurfürsten mißgünstigen Partei war dies willkommen und innerhalb derselben war Kalckstein besonders thätig. Er war nach seiner Amtsentsetzung in die Armee Sapiehas getreten. Sein Zorn und seine Hoffnungen wurden durch seinen Vater genährt, der ihn mit Berichten über die Landtagsverhandlungen versorgte, die natürlich voll von Invektiven gegen den Kurfürsten waren. Es stand bei der anti=kurfürstlich gesinnten Partei fest, daß durch einen Handstreich die Sache der Stände und des Adels gerettet werden könne, und Kalckstein hatte sogar von Sapieha ein Kommando erhalten, welches zum Einfall in Preußen verwendet werden sollte.

Kalckstein glaubte nunmehr seinem Zorne keinen Zügel anlegen zu dürfen, wollte er sich bei den Polen beliebt machen. Er prahlte damit, daß er bald nach Preußen rücken, des Kurfürsten Schlösser einnehmen werde, daß er es für kein Verbrechen achte, den Kurfürsten, wo er ihn finde, niederzuschießen. Seine Kinder werde er ebenso wenig schonen, „denn sie würden doch nur wieder Tyrannen, gleich ihrem Vater, zur Welt bringen." Ueberhaupt erklärte er, das Kind im Mutterleibe solle in Preußen nicht geschont werden. Daß ein Angriff beabsichtigt war, geht daraus hervor, daß von dem Gute der Kalcksteins — von Knauten — vieles Werthvolle fortgeschafft wurde.

Bei einem Besuche des Gutes und einem von dort aus nach Königsberg unternommenen Spazierritte ward Kalckstein, dem man schon lange aufgepaßt hatte, ergriffen und nach Memel gebracht. Hier stellte der Kurfürst ihn vor Gericht. Die Kommission verurtheilte ihn zum Tode. Aber der Kurfürst begnadigte ihn zu lebenslänglichem Gefängnisse, schenkte ihm jedoch schon nach einem Jahre auf Fürbitte der von ihrem ersten Sohne entbundenen Kurfürstin (die Gattin zweiter Ehe) die Freiheit unter der Bedingung, daß Kalckstein am 27. April 1669 die Summe von 5000 Thalern zahle und sich vorläufig nicht über die Grenzen seines Gutsgebietes hinaus begebe.

Der Zahlungstag kam heran, aber Kalckstein dachte nicht an Zahlen, blieb auch gegen alle Mahnungen taub. Die Sache schleppte sich noch ein Jahr lang hin, bis Kalckstein am 10. März 1670 nach Polen flüchtete. Die Flucht ging so glücklich von Statten, daß der Entflohene eine große, mit Geld gefüllte Kiste auf einem Schlitten mit sich führen konnte. In Warschau angekommen, trat er hier sofort in Verbindung mit dem Sohne Rohdes, der es übernahm, ihn an den Hof des neuen Königs zu bringen. Es hatte nämlich während all' dieser Ereignisse die Abdankung Johann Casimirs stattgefunden. Sein Nachfolger war der Starost Michael Koributh. Diese Erhebung eines Mannes aus nicht fürstlichem Geblüte zum Könige mag Kalckstein zu noch ausschweifenderen Plänen gereizt haben. Er brachte außerdem verschiedene Tage in einem Kloster zu, woselbst auch sein Geld und seine sonstigen Habseligkeiten bewahrt wurden, und es ist außer allem Zweifel, daß er mit den Jesuiten in stetem Verkehre blieb.

Zu gleicher Zeit ließ er sich in Verhandlungen mit dem polnischen Reichstage ein und wollte als ein Abgesandter der preußischen Stände angesehen werden, wozu ihm freilich die Vollmacht fehlte, aber später behauptete er, zu

Verhandlungen ermächtigt gewesen zu sein, man habe nur aus Furcht vor dem Kurfürsten nichts Schriftliches von sich geben wollen.

Wenn Kalckstein immer übermüthiger wurde, den Kurfürsten mit Beleidigungen überhäufte und ganz offen bekannte, daß er alles aufbieten werde, um das Volk gegen den Kurfürsten aufzuwiegeln, so fand er bei dem Adel zwar Anhang, dieser konnte ihm aber doch nicht die Schmach einer Verweisung vom Hofe des Königs Michael ersparen. Kalckstein ging zu dem General Demetrius, dann wieder nach Warschau, wo er dem Reichstage eine Schrift übergab, welche von den Ständen ausgegangen sein sollte. Sie enthielt die Bitte, den Kurfürsten zur Aufrechthaltung des Bromberger Vertrages zwingen zu wollen. Die ihm abgeforderten Vollmachten zu zeigen weigerte er sich.

Unterdessen hatte Brandt, des Kurfürsten Gesandter, den Reichstag auf die Folgen hingewiesen, welche aus einer näheren Verbindung mit dem Aufwiegler entstehen könnten, auch zugleich durch den Statthalter in Königsberg, den Prinzen Croy, bei den Königsberger Ständen anfragen lassen, welche Beziehungen sie zu Kalckstein unterhielten? — Die Stände stellten auf das bestimmteste in Abrede, Kalckstein irgend welchen Auftrag gegeben zu haben. Kalckstein jedoch erklärte, die Stände seien zu dieser Auslassung gezwungen worden. Er habe ihre Zuschriften, wolle aber niemanden kompromittiren.

Die Unruhen in Preußen begannen wieder zu steigen. Die Accise, welche aufs neue in Thätigkeit war, erbitterte die Gemüther sehr. Die Unzufriedenen waren fest davon überzeugt, daß von Polen aus ihnen Hülfe kommen werde — der Kurfürst wiederum war so zornig, so zum Aeußersten bereit, daß es Schwerins ganzer Kunst bedurfte, ihn von gewaltsamen Maßregeln abzuhalten. Kalckstein war jetzt in seinem Elemente. Er schürte in Warschau das Feuer auf jede Weise. Offen und geheim hetzte er gegen den Kurfürsten, ließ deutsche und lateinische Broschüren drucken und riß in einer Senatssitzung dem Kanzler das Schreiben Brandts aus den Händen.

Die politischen Ereignisse waren mittlerweile in ein sehr bedenkliches Stadium getreten. Frankreich stand bereits drohender als je da. Es hatte sich Bundesgenossen verschafft, der Krieg gegen Holland war so gut als gewiß, und am 26. August 1670 war der Marschall von Crequi in Lothringen eingefallen, hatte Nanzig genommen und den Herzog Karl in die Flucht gejagt. Dieser stand nach dem Vertrage von 1542 unter Schutz des deutschen Kaisers und auf sein Ansuchen ward auch von Wien aus der Graf Windischgrätz nach Paris gesendet, um dem Herzoge wieder auf seinen Thron zu helfen.

Allein die Franzosen hatten bereits ganz Lothringen genommen und dem kaiserlichen Gesandten ward in Paris die kurze Antwort, „der Herzog habe sein Schicksal verdient". Eine Beschwerde beim Reichstage erweckte nur das Hohngelächter der Franzosen. Während sie dergestalt den Krieg gegen Holland von allen Seiten her vorbereiteten, säumten sie auch nicht, in Polen die nöthigen Unruhen anzuzetteln.

Der Kurfürst, dem aus Posen bedenkliche Nachrichten gekommen waren, mußte vor allen Dingen an die Habhaftwerdung Kalcksteins denken. Er hatte

schon gleich nach dessen Flucht aus Preußen die Auslieferung verlangt und einen
Prozeß gegen Kalckstein eingeleitet, aber der König von Polen weigerte die
Auslieferung, da Kalckstein nur aus Aberwitz handle. Auch spätere Forderungen
blieben unberücksichtigt und der Kurfürst suchte seinem Verlangen dadurch Nach=
druck zu geben, daß er einige Regimenter nach Preußen rücken ließ. Aber auf
sein erneutes Drängen um Auslieferung Kalcksteins entgegnete jetzt der König
Michael, daß er den in Polen sich aufhaltenden Preußen Schutz gewähren wolle,
übrigens sei Kalckstein ein Unsinniger, der Mitleid verdiene.

Das machte aber die Sache beim Kurfürsten nicht besser, wie andererseits
Kalckstein nur um so dreister zu hetzen und zu wühlen fortfuhr. Die fran=
zösischen Emissäre waren ebenfalls verwegener als sonst — es war hohe Zeit,
den gefährlichen Kalckstein zu beseitigen. In dieser Lage zu einer gewissen Noth=
wehr getrieben, griff der Kurfürst zu einem Mittel, welches in der Folge all=
gemein als unerlaubt und tyrannisch verschrien ward und das allerdings nicht
die Billigung derjenigen erlangen konnte und erlangen kann, welche, sich auf
dem Boden des Rechtes bewegend, diesen in keiner Lage und unter keinen Um=
ständen verlassen wollen.

In seinem Uebermuthe und einem Gefühle der Sicherheit, welches ihm von
den exaltirten Freunden eingeflößt worden sein mochte, unternahm Kalckstein
häufig Besuche in dem Hause des kurfürstlichen Gesandten Brandt. Es scheint,
daß diese Besuche nur deshalb geschahen, weil Kalckstein dem Gesandten Furcht
einzuflößen gedachte, indem er stets bei solchen Gelegenheiten mit seiner Stellung
dem Polenkönige gegenüber prahlte und allerlei verfängliche Reden führte, in
denen es nicht an Beleidigungen des Kurfürsten fehlte. Brandt hatte, wol aus
eigenem Antriebe und auf geheimen Befehl Gelegenheit gesucht, sich der Person
Kalcksteins zu bemächtigen; es war dies jedoch deshalb schwierig, weil der Auf=
wiegler stets mit bewaffneter Begleitung bei dem Gesandten erschien. Dieser
hätte allerdings einen Angriff unternehmen können, da er eine Abtheilung Sol=
daten in seinem Hause beherbergte, welche seine Ehrenwache bildeten und unter
dem Kommando des Rittmeisters Montgommery standen, allein es war zweifellos,
daß bei einem solchen Attentate gegen Kalckstein dessen Eskorte sich zur Wehre
gesetzt und das Haus des Gesandten zu einer Gefechtsstelle gemacht haben würde.
Das mußte aus naheliegenden Gründen vermieden werden. Dem Plane des
Gesandten kam aber die Frechheit Kalcksteins zu Hülfe. Man sah ihn eines
schönen Tages ohne jegliche Begleitung auf das Gesandtschaftshotel zuschreiten.
Sofort gab Brandt den stets im Hinterhalte liegenden Soldaten und deren Ritt=
meister Befehl, sich bereit zu halten.

Kalckstein erschien wie gewöhnlich bei Brandt und die Unterhaltung, welche
er führte, war ebenfalls die gewöhnliche, d. h. sie bestand in Drohungen gegen
den Kurfürsten, aber inmitten seines Schimpfens ward er durch die plötzlich
hereinstürzenden brandenburgischen Soldaten unterbrochen. Montgommery hatte
ihn im ersten Anlaufe zu Boden geworfen, zwei der Soldaten knebelten ihn und
um sein Schreien zu dämpfen, wickelten die Angreifer ihn in eine von der Wand
herniederhängende Gobelintapete, dann hoben sie die also fest gewickelte Last

auf ihre Schultern und trugen sie in einen im Hofe bereitstehenden Wagen. Kalckstein, der in Gefahr zu ersticken schwebte, ward auf diesen Wagen geworfen, der sofort in scharfem Trabe, von den Reitern begleitet, davonfuhr.

Es war nothwendig geworden, dem Gefangenen Luft zu machen. Er konnte nunmehr seinen Wächtern nicht entrinnen, aber kurz zuvor, ehe der Wagen mit dem Gefangenen und dessen Eskorte die Grenze erreicht hatte, wurde vor einem Wirthshause Kalckstein erkannt. Die Kunde von seiner Entführung ward schnell nach Warschau gebracht, dem Könige gemeldet. Brandt, der sich auf alles gefaßt gemacht hatte, sollte arretirt werden, da er aber jede Kenntniß des Vorganges in Abrede stellte, ließ man von ihm ab. Unterdessen war die Nachricht in das große Publikum gedrungen, die Aufregung ward ungeheuer und verbreitete sich sogleich im Lande. Brandt konnte nicht mehr ohne Besorgniß in Warschau verweilen und flüchtete schon am 4. Dezember.

Unterdessen hatte Montgommery mit seinen Reitern und seinem Gefangenen glücklich die Grenze passirt. Am 9. Dezember ward Kalckstein in die Citadelle von Memel abgeliefert. Montgommery und Brandt eilten jedoch beide nach Holland, wo sie vorläufig in Sicherheit waren. Der König von Polen sowol als die übrigen Fürsten waren empört über diesen Bruch des Völkerrechtes. Man schickte von Warschau aus einen besonderen Gesandten nach Berlin, die Auslieferung Kalcksteins zu verlangen. Der Kurfürst entschuldigte sich damit, daß Brandt auf eigene Verantwortung hin gehandelt habe, daß er, der Kurfürst selbst, von der Geschichte nicht vorher unterrichtet gewesen sei, daß übrigens der König Michael gefehlt habe, indem er dem Todfeinde des Kurfürsten in Warschau Aufenthalt und Schutz gewährte. Zum Scheine ließ Friedrich Wilhelm noch die Bemerkung fallen, daß er glaube, der Kaiser sei bei der Sache betheiligt. Ferner wurden Montgommery und Brandt, deren schwerste Bestrafung der König von Polen und dessen Adel verlangt hatte, öffentlich durch Trompeter zu Königsberg vor das kurfürstliche Gericht geladen. Da sie nicht mehr zu ergreifen waren, was der Kurfürst wohl wußte, wurden sie in contumaciam verurtheilt, Montgommery zum Tode, Brandt zu ewiger Verbannung.

Das alles nützte nur dem gefangenen Kalckstein nicht, der trotz der Proteste der Stände, der Höfe und einzelner Fürsten zur Untersuchung gezogen ward, die eigentliche Momente, welche zu schwerer Strafe Anlaß hätten geben können, nicht lieferte und fast ängstlich geführt wurde, da alle Richter im Gefühl daß hier eine nicht ganz gerechte Sache durchgefochten werden solle, ihre Urtheile nur in sehr geschraubter Weise abgaben. Man war sehr schnell mit Hochverrath und Majestätsverbrechen bei der Hand gewesen, aber entschiedene Beweise dafür ließen sich, namentlich bei dem Mangel an Schriftstücken, nicht beibringen und endlich lautete das Urtheil auf „Einsperrung in eine Festung". Aber der Kurfürst wollte schrecken. In dem Blute Kalcksteins sollte die letzte Bestrebung der rebellischen Elemente erstickt werden. Er befahl wider alles Recht und Gesetz die Folter, deren Anwendung nur als letztes, äußerstes Mittel gestattet war, auch hatte er den Gerichtshof aus verschiedenen Richtern, nicht nur aus preußischen, zusammengesetzt.

Die Qualen der Folter erpreßten dem unglücklichen Kalckstein Geständnisse, wie sie ihm während der Folterung abgefragt wurden, und so konnte denn der entsetzliche Richterspruch gefällt werden, der Kalckstein „zum Tode durch das Schwert" verdammte.

Mit größtem Eifer ward von allen Seiten für seine Begnadigung gewirkt, aber der Kurfürst blieb unerbittlich. Die Wuth und die Furcht der Stände hielten gleichen Schritt. Wie sie einerseits zornig schnaubten über diese vollständige Zertrümmerung ihrer Rechte, so zitterten sie doch wieder vor der Gewalt des Mannes, der es wagte, aus ihrer Mitte heraus einen freien Edelmann zu greifen, der ihm gefährlich werden konnte, um ihn dem Henker zu überliefern. Der König von Polen drohte mit Krieg, der Kurfürst überhörte diese Drohung. Er wußte, daß er bereits an sein Schwert schlagen konnte und daß der Polenkönig die brandenburgische Hülfe wegen des nahen Türkenkrieges nothwendiger als je brauche. Das Haupt Kalcksteins fiel am 8. November zu Memel. Man hatte für die Exekution ein eigenes Schaffot erbaut. Kalckstein ging festen Muthes dem Tode entgegen und betheuerte bis zum letzten Augenblicke, „daß er wider den Kurfürsten nichts hochverrätherisches unternommen, daß er nur gethan habe, wozu er als freier Mann berechtigt sei". Von den Seinen hatte er in einem rührenden Briefe Abschied genommen; sie noch einmal zu sehen, ward ihm nicht vergönnt. Auf dem Gange zum Schaffot vermochte er noch zu scherzen, indem er lachend äußerte, „ich habe ein probat Mittel wider mein Podagra gefunden".

Die Türkengefahr rückte immer näher und der König von Polen, der die 1500 Mann brandenburgischer Hülfstruppen sehnsüchtig erwartete, war vollkommen geneigt, die Kalcksteinsche Sache einschlafen zu lassen und erwiderte selbst dankend auf das furchtbar höhnische Anerbieten des Kurfürsten, man wolle nun Kalckstein, den Enthaupteten, an Polen ausliefern.

Montgommery und Brandt erschienen plötzlich wieder am kurfürstlichen Hofe und ersterer wurde sogar öffentlich belohnt.

Der Kurfürst hatte seinen Zweck in ganzem Umfange erreicht. Der Schrecken ging vor seinem Namen her; mit dem Schlage, welcher Kalcksteins Haupt vom Rumpfe trennte, hatte er nicht allein die Privilegien, sondern auch die Kraft der Stände zerhauen. Er kannte kein Zaudern mehr, wenn er Widerstand sah. Mit eiserner Faust zertrümmerte er die Rechte der Stände, indem er tief in alle, selbst die einfachsten bürgerlichen Verhältnisse griff.

Ein Edikt erklärte sämmtliche Verpfändungsurkunden der Domainen, welche nicht von ihm oder seinem Vater eigenhändig unterzeichnet waren, für ungültig. Ein Wehschrei der Stände blieb ungehört. Der Kurfürst schrieb nach Willkür Steuern aus, es herrschte in Bezug auf die Höhe der Besteuerung kein Unterschied zwischen Arm und Reich, wenn das sogenannte Kopfgeld ausgeschrieben ward. Adel, Bürger und Handelsstand wurden herangezogen. Die ganze ständische Verfassung war nur noch eine hohle Form, der Kurfürst war der absolute, unbeschränkte Herrscher, der seine usurpirten Rechte sogar durch die härtesten Zwangsmittel, Militärexekutionen u. a. geltend zu machen wußte; die Glieder der Stände waren nur Exekutoren des kurfürstlichen Willens. Sie

wagten kaum zu murren, denn der Blitz des Richtschwertes, welches in Kalck=
steins Nacken fuhr, hatte sie geblendet und seufzend zahlten sie die Summen
für Armee und sonstige Bedürfnisse der kurfürstlichen Regierung. Ein Aufbäumen
wagten sie nicht mehr gegen den Mann, der mit Riesenkraft alles zerschmetterte,
was seinem Ideengange sich hemmend in den Weg stellte. Freilich that der
Kurfürst nur dasselbe, was viele andere Fürsten in geringerem Umfange, was
Ludwig XIV. in großem Maßstabe that.

Preußische Edelleute.

Brandenburger in der Türkenschlacht von St. Gotthardt.

XV. Kapitel.

Unternehmungen gegen Ludwig XIV.

enn der Kurfürst als brandenburgisch=preußischer Landesherr unter fortwährenden Kämpfen seine Rechte behaupten und seinem Willen Geltung verschaffen konnte, so wurde das seiner Energie durch die Gunst der politischen Lage wesentlich erleichtert, denn neben dem guten Einvernehmen mit Polen war auch das Verhältniß zum Kaiser ein zufriedenstellendes. Leopold konnte die ihm bei der Kaiserwahl durch den Kurfürsten geleistete Hülfe nicht ignoriren. Allein diese ganze Hinneigung des Kaisers war nur eine scheinbare und äußerliche. Im geheimen war man in der Wiener Hofburg darüber einig, daß die brandenburgische Macht bei der ersten Gelegenheit wieder zurückgedrängt werden müsse. Abgesehen davon, daß der Kurfürst nicht ein leitbarer Vasall sein konnte und wollte, stand er als souveräner Herzog von Preußen auch mit einem Fuße außerhalb des Reiches und der Machtsphäre des Kaisers.

Indessen war Leopold genöthigt, in äußerst vorsichtiger Weise dem Kurfürsten gegenüber zu verfahren, denn schon 1663 waren die türkischen Händel bedrohlich geworden und brandenburgische Hülfstruppen schienen dem Kaiser so nothwendig, daß die Verbindung mit Friedrich Wilhelm eifriger als je gesucht wurde. Auf dem zu Regensburg stattfindenden Reichstage, wo der Kaiser die

Reichshülfe gegen den Feind der Christenheit anrief, wurde ihm solche bewilligt. Der Kurfürst befand sich unter denjenigen, welche am entschiedensten für die Vertheidigung Deutschlands und die Abwehr des Feindes der Christenheit eintraten. Er selbst ließ 2000 Mann Hülfstruppen unter Kommando des Prinzen von Holstein zur kaiserlichen Armee stoßen, nachdem er den ihm vom Kaiser angetragenen Oberbefehl abgelehnt hatte.

Die Tapferkeit und militärische Tüchtigkeit der Brandenburger bewährte sich auch hier in dem Treffen von Lewenz und in der blutigen Schlacht von St. Gotthardt, wo die Türken eine große Niederlage erlitten.

Da es selbst nach diesem Siege noch zweifelhaft blieb, ob die Türken sich beruhigen würden, war der Kaiser mit dem Verlangen hervorgetreten, der Kurfürst möge das brandenburgische Hülfskorps noch verstärken. Allein dieser lehnte entschieden ab. Er hatte bereits wieder neue Beweise von der Dankbarkeit der Kaiserlichen erhalten. Den Sold, welchen der Kaiser zahlen mußte, erhielten die Brandenburger nicht. Man erklärte ihnen; „sie seien schon genug bezahlt". Die Verlegung derselben in gewisse Quartiere sagte dem Prinzen von Holstein nicht zu. Er sah darin eine Intrigue, um die Brandenburger allmählich aufzureiben. Endlich waren neu aufgenommene Verhandlungen zwischen dem Kurfürsten und dem Kaiser wegen Herausgabe von Jägerndorf an ersteren an dem Starrsinne des Kaisers gescheitert. Selbst das Erbieten Friedrich Wilhelms, im Falle der Herausgabe von Seiten des Kaisers die Truppen verstärken zu wollen, blieb ohne Wirkung. Ueberdies hatte der Kaiser durch französische Vermittelung mit den Türken auf 20 Jahre Frieden geschlossen.

Früchte des guten Einvernehmens mit dem Kaiser waren aber die Vereinigung der Grafschaft Rheinstein oder Regenstein mit dem Fürstenthum Halberstadt. Sie gehörte schon seit dem westfälischen Frieden dem Kurfürsten an und zwar als Lehen. Erst als der letzte Regensteiner, der in eine Verschwörung gegen das Leben des Kaisers verwickelt war, seiner Besitzthümer verlustig erklärt wurde, ward die Grafschaft eingezogen. 17 Jahre später traf dasselbe Schicksal die Herrschaft Derenburg, die schon seit 1415 brandenburgisches Lehen war. Sie war zuletzt im Besitze der Familie Veltheim, welche sie dem Kurfürsten durch Vergleich abtrat.

Der politische Horizont verfinsterte sich zusehends. Es war Ludwig XIV., der die Wolken herauftrieb. Der Gedanke, eine Universalmonarchie gründen zu wollen, an deren Spitze er stehen sollte, lag dem Franzosenkönige sehr nahe. Es war dies auch schon früher hervorgetreten, als die Wahl des polnischen Königs nach Johann Casimirs Abdankung nothwendig ward. Dieser hatte die Wahl des Prinzen Condé bedeutend protegirt, war aber damit nicht durchgedrungen. Die Wahl fiel auf Michael Wiesnowiczki (Koributh), einen unbedeutenden Edelmann. Weder Condé, noch der Herzog von Lothringen, noch der vom Kurfürsten besonders bevorzugte Pfalzgraf von Neuburg, welche alle drei auf der Kandidatenliste standen, hatten der polnischen Partei gegenüber bestehen können, für Friedrich Wilhelm hatte sich jedoch die Sache insofern höchst günstig gestaltet, als der Prinz Condé, der von Ludwig XIV. nur vorgeschoben worden war, um die französische Partei behufs der geplanten Universalmonarchie auch im Norden Fuß fassen zu lassen, von der Bühne verschwand.

Die Intriguen des kaiserlichen Gesandten in Warschau, des Grafen Schaffgotsch, hatte der Kurfürst wohl durchschaut und darüber dem in Berlin akkreditirten Gesandten, Freiherrn de Goes, in derber Weise die Meinung gesagt. Indessen waren dies nur kleine Vorspiele gewesen, welche Ludwig von Frankreich aufführte, bevor er das große Drama beginnen wollte. Die Zustände in Deutschland schienen ihm ganz dazu angethan, seinem Ehrgeiz und seiner Eroberungssucht die Zügel schießen zu lassen.

Unter allen Fürsten Europas war zu jener Zeit der Kaiser Leopold I. der einzige, welcher im Stande gewesen wäre, den Eroberungsplänen des französischen Königs ein Ziel zu setzen. Allein Ludwig hatte sehr wohl erkannt, daß die deutsche Macht zwar eine achtunggebietende, aber in ihren Wirkungen dennoch nur äußerst begrenzte sei, weil das Haupt dieser Macht das Rechte weder schnell genug zu erkennen noch durchzuführen vermochte. Leopold I. und Ludwig XIV. bewegten sich bezüglich ihrer persönlichen Eigenschaften in zwei Gegensätzen. Leopold, der manche Talente und sogar lobenswerthe, den Privatmann zierende Eigenschaften besaß, entbehrte jedes klaren und festen Herrschergeistes, jedes scharfen Blickes. In den Händen der Jesuiten und der von ihnen beeinflußten Hofpartei war der Kaiser, ohne es zu wissen, ein Werkzeug. Ludwig dagegen, dem manche jener guten Privateigenschaften mangelten, welche der deutsche Kaiser besaß, erfreute sich großer Talente als Herrscher. Unter der Zahl derselben war auch das besonders hervorragende, jede bedeutende Kraft ausfindig machen zu können, sie für seine Zwecke nutzbar zu machen und ihr die rechte Stelle anzuweisen, von der aus sie erfolgreich wirken konnte.

Die Jugend des Königs von Frankreich war eine ernste, traurige gewesen. Er hatte zur Zeit der Fronde das Treiben der Stände und des Volkes kennen gelernt. Er hatte erkannt, wie jede Partei ohne Scham und Erröthen jedes Mittel anwendete, ihre Zwecke zu erreichen. Es war also natürlich, daß der junge Herrscher eine gründliche Verachtung vor der Menge gewonnen hatte. Es war bei ihm zur festen unumstößlichen Ueberzeugung geworden, daß diese Masse, welche sich Volk nannte, nur durch einen festen Willen zu regieren, zu lenken sei, daß sie eben in ihrem Fürsten und dessen Willen allein die ewige Beglaubigung des Rechtes und Unrechtes zu erblicken habe.

Bis zum Tode Mazarins hatte dieser noch seine Hand im Spiele gehabt. Mit der Mündigkeitserklärung nahm Ludwig die Zügel allein. Er hatte bei all seinen Ideen von ganz unbeschränkter Herrschergewalt dennoch eine gewisse Achtung vor der Nation behalten, insofern nämlich, als er derselben zeigen wollte, daß sie von keinem anderen als nur von ihm beherrscht werden dürfe, daß er allein würdig sei, über diese große Nation zu entscheiden, daß sie, freilich um den Preis ihrer Freiheit, so hoch über alle anderen Nationen erhoben werden müsse, als er, der König, über den anderen Fürsten Europas stand. Diese Prinzipien waren es, welche die Nation bald genug mit ihrem Herrscher theilte und wie er seinem Volke Furcht vor seiner Majestät einflößte, so setzte dieses

bald genug die anderen Völker in Schrecken. Der König hatte seine Zwecke
vollkommen erreicht, denn indem er der Nation zu gewaltigem Uebergewicht
verhalf, schmeichelte er ihrer Eitelkeit so, daß die Mehrzahl der Franzosen den
ehedem nur gefürchteten König zu lieben und verehren begann, daß sie ihn
als eine Art von Götzen anbetete, von dessen Stirn die blendenden Strahlen des
Ruhmes und der Pracht ausströmten, in deren Schimmer die ganze Nation prunkte.

Von diesen Gesichtspunkten aus betrachtet war Ludwig in der That ein
König, ein Herrscher in des Wortes strengster Bedeutung. „Niemand hat es so
verstanden zu herrschen als Ludwig XIV.", sagte einst Napoleon I., und gewiß
mit vollem Rechte. Ludwig hatte sein Programm vollkommen durchgeführt.
Man fürchtete ihn, verabscheute ihn, verwünschte ihn zwar an vielen tausend
Orten des Auslandes und haßte ihn daselbst gründlich, aber man huldigte seinen
Prinzipien, nahm fast sklavisch seine Vorschriften über Ceremoniell, Hofhaltung,
Luxus, Kleidertracht, Kunstrichtung zc. an, erklärte ihn für das Ideal eines
absoluten Herrschers, nach dem man sich richtete und bezüglich der landesherr=
lichen Gewalt sich bildete, und bediente sich in allen Verhandlungen diplomatischer
Art sowie in der feinen Gesellschaft der französischen Sprache, weil Ludwig es
so eingeführt hatte. Selbst die Lasterhaftigkeit wurde nach französischem Muster
betrieben.

Der König fand also den Boden trefflich bearbeitet, auf welchem er ackern
oder vielmehr verwüsten wollte. Die Furcht und das Staunen vor dem Glanze
des französischen Herrschers und seiner Armee, das Gefühl der Ueberlegenheit
des französischen Volkes waren so allgemein, daß der König hoffen durfte, bei
einem Angriffe leichteres Spiel zu haben, als dies wol einem früheren Herrscher
Frankreichs geworden wäre.

Dazu kam, daß die einst so gefürchtete schwedische Nation und Armee bereits
den Nimbus ihres Ruhmes eingebüßt hatten; wenn sie auch noch beachtenswerth
waren, so fürchtete der König ihr Einschreiten doch nicht mehr. England hatte
seit dem Kriege, den Ludwig gegen Spanien begann, sich an Frankreich ange=
schlossen. Gleichgültig gegen alle Verhältnisse, Charaktere und Bekenntnisse, wenn
es seinen Vortheil galt, hatte der gekrönte Libertin Ludwig dem starren finsteren
Puritaner Cromwell den Titel eines „Bruders" gegeben, der Nachkomme des
heiligen Ludwig suchte die Freundschaft des Usurpators.

Spanien stand allein. Es war genöthigt den unglücklichen pyrenäischen
Frieden zu schließen. Ludwig gewann eine Menge Landes, Städte und Dörfer
im Hennegau, in Flandern, Luxemburg, zwischen Sambre und Maas. Ferner
ward ihm eine reiche Braut, die Infantin Maria Theresia. Diese Verlobung
und Vermählung war ihm schon um deswillen hocherfreulich, weil er in ihr den
willkommenen Vorwand für einen künftigen Krieg erblickte.

Der Tod Mazarins hatte ihn nicht nur von einem lästigen Mentor befreit,
sondern ihn auch in den Besitz der ungeheueren Schätze gebracht, welche der
geizige Minister aufgehäuft hatte. Die Goldstücke Mazarins flossen jetzt unge=
hindert durch ganz Frankreich, sie erweckten, wenigstens für den Moment, ein
neues glanzvolles Leben. Ein großes Finanzgenie, Jean Baptiste Colbert, hatte

der im Auffinden von Talenten und deren Verwendung glückliche und praktische Ludwig an die Spitze der Verwaltung gestellt.

Durch Colberts Genie ward es dem Lande möglich gemacht, auf die ungeheuerlichen Pläne des Königs einzugehen. Die Eröffnung nie gekannter Hülfsquellen, die weise Vertheilung des Gewonnenen waren Colberts großes Verdienst, und selten hat es ein Minister so verstanden, die Kräfte des Staates zu wecken, für allgemeinen Wohlstand zu verwenden.

Die letzte schwache Fessel, welche des Königs Arm noch beschwerte, war seine Mutter, Anna von Oesterreich. Als sie starb, hemmte nichts mehr Ludwigs Willen. Er spähte nach einer Gelegenheit zum Kriege und fand sie leicht.

Nach dem Tode seines Schwiegervaters, des Königs Philipp IV. von Spanien, machte Ludwig Ansprüche auf einen Theil der Hinterlassenschaft, die spanischen Niederlande, obwol er bei seiner Vermählung feierlich allen Ansprüchen auf jene Länder entsagt hatte. Freilich hatte man der Infantin als Mitgift 500,000 Goldkronen bewilligt, welche nicht zu den bestimmten Terminen bezahlt wurden.

Grund genug für Ludwig, den Krieg zu erklären, falls ihm die fraglichen Länder nicht als Pfand eingeräumt wurden. Da niemand an einen so plötzlich auftauchenden Zwist gedacht hatte, waren die Länder ohne Besatzung geblieben. Es wurde dem furchtbar gerüsteten Könige leicht, Erfolge von tiefeinschneidender Bedeutung zu erringen.

Kein anderes Land sah sich schwerer bedroht, als Holland. Spanien hatte es versäumt sich kraftvoll den Feinden entgegenzustellen, aber Holland knüpfte schnell die Unterhandlungen mit England und Schweden an. Cromwell war nicht mehr. Der Volkswille hatte den schwachen Karl II. auf den Thron berufen; es' gelang diesen ebenso schnell zum Beitritte zu bewegen, als er später wieder abfiel. Indessen kam doch auf solche Weise vorläufig die Triplealllianz zu Stande. Ludwig sagte sich, daß ihm dadurch momentan Halt geboten werden müsse. Schnell suchte er durch die Gewalt so viel als möglich zu gewinnen. Condé nahm in raschem Anlauf Luxemburg und überzog die schwach besetzte Franche comté.

Der König mußte sie in Händen haben um später die Provinz zurückgeben zu können und so den Schein der Großmuth zu bewahren, wenn er selbst auf Einbehaltung eines Theiles der spanischen Niederlande bestehen würde. Die Berechnungen des Königs fielen günstig aus. Auf dem Frieden zu Aachen wurden ihm immerhin günstige Zugeständnisse gemacht. Er erhielt zwölf Städte der Niederlande, unter diesen Oudenarde, Courtray, Dornik, Ryssel.

Aber all diese Errungenschaften waren nicht im Stande des Königs Heißhunger nach fremdem Länderbesitz zu stillen. Er suchte neue Vorwände zum Kriege und sie lagen ihm nahe genug. Einmal hatte er allen Grund den Holländern als Stiftern des Bündnisses gegen ihn zu zürnen, dann aber waren es gerade diese mißliebigen Niederländer, welche keine Gelegenheit verabsäumten, den stolzen, erbitterten Ludwig zu kränken, ihn empfinden zu lassen, daß er vor dem Spotte nicht sicher sei. Broschüren, Flugblätter aller Art, Spottgedichte und Spottmünzen erschienen in Holland und reizten den König zu neuen Unter=

nehmungen gegen die kecken Feinde. Es war die Zeit, in welcher jene Massen von Schmähschriften und nachgemachten Memoiren erschienen, von denen heute noch die Bibliotheken wimmeln.

Ludwig ging wie immer sehr gewandt zu Werke. Es mußte zunächst die sehr bedenkliche Tripleallianz gesprengt werden. Der erbärmliche Karl II. ward schnell zum Abfalle bewogen. Stets halb ruinirt in seinen Finanzen, nahm er gern Geld von Frankreich und was noch von Gewissenhaftigkeit ihm geblieben war, das schwatzten die Maitressen hinweg, welche Ludwig ihm von Paris aus gesendet hatte. Die Ceroual zerriß das Bündniß mit den Holländern vollständig.

Schweden ließ sich ebenfalls durch französisches Geld gewinnen und war bereit, gegen die Zahlung einer Summe von 600,000 Thalern sich auf den Kriegsfuß zu setzen um den Kaiser von Deutschland und jeden anderen deutschen Reichsfürsten anzufallen, der für Holland eintreten würde.

Am erbärmlichsten zeigten sich wieder deutsche Fürsten, die mit dem Könige sofort in Verbindung traten. Maximilian Heinrich von Köln, Bernhard von Galen, Bischof von Münster, der konvertirte Herzog von Hannover und dessen Bruder, der Bisthumsverweser von Osnabrück waren es, welche mit Frankreich gegen Holland gehen wollten.

Ludwig durfte also mit ziemlicher Gewißheit auf Erfolge gegen Holland rechnen, denn selbst diejenigen Fürsten Deutschlands, welche nicht direkt mit ihm in Verbindung standen, hatten mindestens ihre Neutralität zugesichert. Hatte man doch schon 1670 ohne große Gegenanstrengungen die Wegnahme Lothringens durch Ludwig mit angesehen.

In dieser Zeit, wo die heillose Zerfahrenheit und das erbärmliche Treiben deutscher Fürsten wiederum die Erbitterung aller Gutgesinnten erregten, tritt die Gestalt Friedrich Wilhelms von Brandenburg um so glänzender, und seine Redlichkeit, Unerschrockenheit und deutsche Gesinnung um so rühmenswerther und nachahmungswürdiger hervor.

Dem klugen Ludwig und seinen Ministern konnte es nicht entgangen sein, von wie großem Einflusse es auf den Gang der Ereignisse sein müßte, wenn Frankreich zu seinen Bundesgenossen auch den Kurfürsten von Brandenburg zählte. Man kannte die Kraft, die Energie seines Handelns. Wie immer, so 1669 hatte Ludwig auch den Angriff auf Holland längst vorbereitet und schon 1669 waren am Berliner Hofe französische Unterhändler erschienen um Friedrich Wilhelm zur Theilnahme an einem Feldzuge gegen Holland oder doch mindestens zur Neutralität zu bewegen.

Der Kurfürst hatte durchaus keinen Grund den Holländern besonders gewogen zu sein. Sie hielten noch Städte des Kurfürsten in Cleve besetzt. Sie bestanden noch immer auf Bezahlung jener schon erwähnten Hofierschen Schuld. Aber einmal hatte Friedrich Wilhelm mit Polen und Preußen vollauf zu thun, dann lag es in seiner Natur, nicht allzuschnell eine Sache zu entscheiden, auch hätte er seine Armee größtentheils gegen den Rhein zu dirigiren müssen. Wie gewöhnlich versuchte er daher, die Verhandlungen in die Länge zu ziehen, gab aber den Holländern zu verstehen, daß ein Krieg gegen sie im Anzuge sei.

Allerdings hatte er gehofft, durch solches Verfahren die Holländer, namentlich aber den Rathspensionär de Witt für sich zu gewinnen und damit die Räumung seiner clevischen Städte zu gewinnen. Die brutalen Holländer waren jedoch nicht dazu geneigt. Es wäre dem Kurfürsten nur die Neutralität übrig geblieben und bittere Erfahrungen hatten ihn belehrt, wie der Neutrale von den Streitenden behandelt wurde.

Es ward im kurfürstlichen Rathe mit Schwerin und Meinders vielfach erwogen, in welcher Weise man in die Vorgänge eingreifen wolle und der Kurfürst schlug seinen Werth hierbei nicht gering an, denn schon während seiner Hofhaltung zu Cleve war es ihm zur Gewißheit geworden, daß die verschiedenen Parteien und Mächte ihn, jede für sich, zu gewinnen trachteten; es ward ihm bald bekannt, daß die Holländer sogar verbreiteten, wie sie auf die Bundesgenossenschaft des Kurfürsten rechnen könnten, und dies lediglich in der Absicht, ihren Feinden dadurch Furcht einzuflößen. Obwol jene Gerüchte verfrüht waren, hatten sie doch einige Wahrheit für sich, denn der Kurfürst dachte ernstlich daran, für Holland in die Schranken zu treten. Es entsprang dieser Entschluß der sehr weisen Voraussicht, daß eine niedergetretene holländische Republik die sicherste Brücke sein werde, über welche Frankreich nach Deutschland hineinrückte.

Das Verzögern der Unterhandlungen hatte die Franzosen mißtrauisch gemacht. Sie rückten gegen den Rhein vor. Der Vorwand für die Vorwärtsbewegungen war der Zwist des Kurfürsten von Köln mit seinen Bürgern, gegen deren Anmaßungen Ludwig XIV. den Kurfürsten schützen wollte. Die Gefahr kam näher und mit ihr die neuen Anerbietungen der Franzosen an Friedrich Wilhelm, dem man alle nur möglichen Konzessionen machen wollte. Aber der Kurfürst blieb standhaft. Er sagte sich zwar, welche Vortheile ihm ein Bündniß mit Frankreich gewähren müßte, aber es stand auch ebenso klar vor seinen geistigen Blicken, was die Folge der französischen Siege sein werde und er rüstete mit allem Eifer, erließ auch einen Protest an Frankreich wegen Ueberschreitung des Reichsgebietes durch die Truppen Ludwigs.

Unter vielen, zum Theil nichtig scheinenden Vorwänden wich der Kurfürst den französischen Erbietungen wegen seiner Neutralität aus und bewegte sich bei seinen Erklärungen auf dem Gebiete der Betheuerungen, indem er versicherte, daß er den Frieden und die Freundschaft Ludwigs wünsche. Es galt Zeit zu gewinnen, theils um die Rüstungen zu vollenden, theils um Hülfe vom kaiserlichen Hofe zu erlangen.

Dort wurde von allen Seiten her mächtig gearbeitet. Frankreich hatte mit dem Kaiser Leopold einen geheimen Vertrag abgeschlossen, nach welchem der Kaiser sich verpflichtete, wenn Frankreich gegen England, Schweden oder die Holländer Krieg zu führen gezwungen sei, diese Feinde Frankreichs nicht zu unterstützen. Man hatte listiger Weise schon 1671 dieses geheime Bündniß abgeschlossen, ehe offenbare Gewalt gegen Holland angewendet ward. An der Spitze dieser Partei, welche für Frankreich agitirte, stand der Minister Lobkowitz. Französisches Geld hatte hier ebenso viel gethan, als jesuitischer

1671

Einfluß. Der sehr schwache Kaiser ließ sich bald zu der Neutralitätserklärung durch die Vorstellungen der Jesuiten bewegen, welche ihm einen Vorwurf daraus machten, daß er die ketzerischen Holländer gegen die rechtgläubigen Franzosen in Schutz nahm.

Der Kurfürst von Brandenburg erfuhr von diesen geheimen Verträgen nichts. Er war, da er die Zögerung des Kaisers nicht begriff, entschlossen, ganz allein der französischen Macht entgegen zu treten. Auch die mit derselben verbündeten Fürsten fürchtete er nicht. Schweden und England mußte er ebenfalls als seine Gegner ansehen. Aber die Liebe zum deutschen Vaterlande, die Ueberzeugung, daß der Sturz Hollands die Franzosen übermächtig machen werde, gaben ihm den Muth das Ungeheure zu wagen, der hülflosen, halbverlornen Republik beizustehen; er ganz allein von allen deutschen Fürsten. In Holland wollte er Deutschland gegen den furchtbaren Feind retten.

Das Seltsamste bei der ganzen Sache war, daß die Holländer selbst sich gar nicht bemerkenswerth rührten, sondern es unthätig mit ansahen, wie der Kurfürst in ihrem Interesse arbeitete. Sie standen völlig hülflos da. Ihre vielfachen an Ludwig XIV. abgeschickten Gesandten waren von diesem abgewiesen und in einer Weise behandelt worden, wie man etwa den bittenden Schuldner abweist, der um Stundung der fälligen Summen bettelt. Karl II. benahm sich ebenso abweisend.

Der Tripleallianz nicht mehr eingedenk, in perfider Weise alles verleugnend, suchte er mit Holland den Bruch wegen der Angelegenheit des Flaggenstreichens herbeizuführen. Auf die Erbietungen der Holländer ihm jede Genugthuung geben zu wollen, ging er gar nicht ein.

Von Seiten Schwedens hatten sie ebenso wenig des Guten zu erwarten und der Kaiser Leopold blieb ungerührt von den Bitten der Ketzer. Es war eine eigenthümliche Wendung der Dinge, als plötzlich von Spanien den Holländern Hülfe ward, dessen Königin — sie führte die vormundschaftliche Regierung — den Generalstaaten Geld und Truppen bot. Es wurden 6000 Mann spanische Truppen unter Montenir bei Ostende für den Dienst der Republik ausgeschifft. Dadurch war der uralte Feind der Holländer ihre Stütze geworden und die, welche einst für Holland gegen Spanien fochten, Frankreich und England, sollten jetzt seine Unterdrücker werden.

Es kam hinzu, daß Holland zwar zur See sich den Angriffen wohl gewachsen fühlte, daß aber die Landmacht der Republik in ziemlich schlechter Verfassung war. Es blieb unerklärlich, weshalb die Holländer so nachlässig in der Vertheidigung erschienen. Endlich, als auch die deutschen Bischöfe immer drohender wurden, regte sich das Volk Hollands. Man hatte dort die Warnungen des Kurfürsten nicht allein überhört, sondern sie sogar mit Mißtrauen aufgenommen. Jetzt blickte man schreckenvoll der Wahrheit in das Antlitz. Noch hatte Friedrich Wilhelm die Hand nicht gereicht, aber die Noth war vor der Thüre. Es ging eine Gesandtschaft der Holländer nach Berlin um die Hülfe des Kurfürsten zu erbitten, dessen Entschlüssen auch die Herzöge von Lüneburg folgen wollten.

Die Generalstaaten verlangten 16,000 Mann Truppen, für deren Erhaltung sie die Hälfte der Kosten tragen wollten. Obwol der Kurfürst in der Lage war, ihnen jetzt allerlei Bedingungen vorschreiben und seinen Nutzen reichlich ziehen zu können, beutete er die schlimme Lage der Holländer doch nicht aus. Die große Sache stand ihm höher, auch mag es zum endlichen Hervortreten viel beigetragen haben, daß sein Neffe, Prinz Wilhelm von Oranien, den Oberbefehl über die Armee der Republik erhalten hatte. Am 6. Mai 1672 schloß der Kurfürst das Bündniß mit Holland ab, demzufolge er sich verpflichtete, binnen zwei Monaten 20,000 Mann nach Westfalen zu führen, wenn Holland angegriffen werden sollte.

1672

Die englische und französische Kriegserklärung waren beide an einem Tage erfolgt und zwar genau vier Wochen vorher, ehe Holland mit Friedrich Wilhelm das Bündniß geschlossen hatte.

Den Anfang machten die Engländer, welche bei der Insel Wight die holländische von Smyrna kommende Handelsflotte angriffen; aber nur ein Kriegsschiff und drei kleine Schooner fielen ihnen in die Hände. Dagegen erschien Ruyter sobald die Kriegserklärung erfolgt war mit 91 Segeln im Kanal und lieferte den vereinigten französischen und englischen Flotten, 116 englische, 33 französische Schiffe, ein hitziges Treffen, welches unter großen Verlusten für beide Theile zwar unentschieden blieb, aber doch für die Gegner Ruyters so gefährlich stand, daß sie nicht schnell genug zu einer Landung kommen konnten. Als diese auf dem Texel unternommen werden sollte, verhinderte eine Ebbe von bisher unerhörter Dauer, der ein starker Sturm folgte, jene Landung. Ruyter und die außerordentliche Naturbegebenheit hatten also Holland von der Seeseite gerettet.

Anders dagegen gestalteten sich die Dinge zu Lande. Hier war Ludwig mit seinem allerdings großartig gerüsteten, meisterhaft geschulten und geführten Heere mit rasender Schnelligkeit vorgedrungen. Es kamen wie Lawinen herangerollt, plötzlich, noch ehe das Auge die verderblichen Geschwader in der Ferne zu erblicken vermocht hatte, zwei Armeen der Franzosen. Eine unter Turenne und Condé, die zweite unter persönlicher Führung des Königs drangen über die Grenzen. Mit Entsetzen sahen die Holländer, ja alle übrigen Staaten Europas, diesem reißend schnellen Siegeslaufe zu. Selbst den Verbündeten Ludwigs ward bang zu Muthe. Was konnte der Sieger nicht alles in der Folge wagen?

Ludwig hatte den ersten Marsch gegen den Niederrhein gerichtet. Er nahm zunächst alle, im Erzstifte Köln und dem Herzogthume Cleve mit holländischen Truppen besetzten Städte fort, Orsoy, Wesel, Rheinberg, Rees, Emmerich, selbst Gennep, obwol die letztgenannten Plätze von den Holländern verlassen und von brandenburgischen Truppen besetzt waren. Proteste Friedrich Wilhelms blieben natürlich erfolglos. Mit dem Könige drangen zu gleicher Zeit die verbündeten Bischöfe in Zütphen und Oberyssel ein, nahmen Grol, Lochem, Bredevoort, Deventer, Zwol und andere Plätze. Von allen Festungen hielt sich nur Mastricht und bei Arnheim hinderte die Stellung, welche der Prinz von Oranien genommen hatte die Franzosen, zwischen Arnheim und Schenkenschanz über den Rhein zu gehen.

Unterdessen hatte Friedrich Wilhelm in Wien alles aufbieten lassen, den
Kaiser zum Bündnisse gegen Frankreich zu bewegen. Es war die drohende
Gefahr für das deutsche Vaterland, welche er stets in die erste Linie bei den
Unterhandlungen stellte. Er wies darauf hin, daß alles verloren sei, wenn der
Kaiser sich nicht gegen die Franzosen erkläre, denn schon waren diese in das
deutsche Reich gefallen und in abscheulicher knechtischer Furcht und jeder Vater=
landsliebe baar hatte der Kölner Kurfürst Bonn, Neuß und Kaiserswerth
den Franzosen überliefert. Der Kurfürst bewies, daß Kerntruppen aus Deutsch=
land von den Fürsten geworben seien, um sie in die feindlichen Armeen zu
stecken, des Reiches Zerstückelung sei nahe, er der Kurfürst berufe sich auf das
1666 geschlossene Bündniß und bitte den Kaiser um 6000 Mann Hülfstruppen.

So renitent auch Leopold sich verhalten, so sehr ihn auch das mit Frank=
reich geschlossene, geheime Abkommen gefesselt hielt, er konnte dem kühnen Kur=
fürsten seine Anerkennung nicht versagen und versprach, ein Hülfsheer von 12,000
Mann bis Ende Juli stellen zu wollen.

Während dieser Verhandlungen waren die Franzosen, von einem Bauer
geleitet, bei Tohuys durch die Furt im Rhein den Fluß passirend, vorwärts
gedrungen. Die Reiterei schwamm durch das Wasser, das Fußvolk folgte später,
eine Schiffbrücke benutzend. Sie nahmen jetzt im Fluge Arnheim, Kurdsenburg,
Zütphen, Schenkenschanz ꝛc. Alle Städte unterwarfen sich. Selbst Utrecht
wurde dem Könige übergeben, Naarden, Woerden, Oudenwater ꝛc. fielen eben=
falls den Franzosen zu und hätte der König nicht den Rath Louvois' befolgt,
der Halt zu machen bat, so würde Ludwig die Stadt Amsterdam im schnellen
Anstürmen genommen haben. Durch das Zögern gewannen die Amsterdamer
Zeit. Sie öffneten die Schleusen, setzten das Land weit umher unter Wasser
und ließen auf dieser selbstgeschaffenen See eine Anzahl Kriegsschiffe erscheinen.
Die dringendste Gefahr war abgewendet. Auch wollte Ludwig nach so un=
geheuren Erfolgen nicht sein Waffenglück im Kampfe gegen das Element wagen.
Er hoffte auf den Winter, wo das Eis ihm den Marsch über die gefrornen
Wasser gestatten mußte.

Trotz der augenblicklichen Beseitigung der Gefahr versuchten die Holländer
jetzt den Frieden von Ludwig zu erbitten, auch mit Karl II. wurden Verhand=
lungen angeknüpft, allein die beiden Könige machten so übermäßige Forderungen,
daß die Generalstaaten nicht darauf eingehen konnten, dabei ließen die Franzosen
nicht nach, Eroberungen zu machen. Geldern, Utrecht und Oberyssel — drei
Provinzen — waren verloren, überall, nur nicht in Seeland, standen die Feinde.
Schlechte Armirung der Plätze, Entlassung guter holländischer Truppen und deren
Führer, endlich die große Dürre, derzufolge viele Flüsse leicht passirbar waren,
machten den Franzosen die Arbeit weniger schwer. de Witt hatte viel zu große
Sorgfalt auf Erhaltung der Seemacht verwendet, die Landmacht dagegen in
Verfall gerathen lassen.

Kurfürst Friedrich Wilhelm war inzwischen unabläßig thätig gewesen. Der
Zeitpunkt, an welchem er für Holland seine Truppen ausrücken lassen sollte, war
dicht vor der Thüre. Er sandte zum zweiten Male nach Wien. Diesmal war

es der Fürst von Anhalt=Dessau, der die Verhandlungen führen sollte. Zwar machten die Minister des Kaisers dem Kurfürsten böses Spiel, da sie ihn bei Leopold wegen der polnischen Angelegenheiten zu verdächtigen suchten, allein es scheint denn doch, daß die Scham den Kaiser zum besseren Entschlusse getrieben habe. Freilich wurde in der Folge alles nur sehr mangelhaft und in einer für den Kurfürsten sowol als für die Sache Deutschlands traurigen Weise, mit Be=nutzung aller nur erdenklichen Intriguen und Hinterlisten geführt, aber der Kaiser selbst machte doch Anstalt, sich an der Vertheidigung des Landes zu betheiligen, und empfand eine Art von löblicher Eifersucht, die ihn bewog, nicht hinter dem Kurfürsten zurückzubleiben, sondern mindestens den Anlauf zur That zu nehmen.

Es kam hinzu, daß er gegen Lobkowitz mißtrauisch wurde, den er für von den Franzosen gekauft hielt. Die Entscheidung führte des Kurfürsten Drohung herbei, daß er sich mit Frankreich verbünden werde, damit er seine Länder zurückerhalte und vielleicht noch etwas von den spanischen Niederlanden gewinne. Das wirkte. Der Kaiser schloß auf Grund des Abkommens von 1648 eine Allianz mit dem Kurfürsten. Kraft derselben wurden Friedrich Wilhelm in einem geheimen Artikel 12,000 Mann zugesichert, im Reiche sollten keine fremden Truppen geduldet werden. Ferner sollten bis Mitte August 16,000 Mann unter Montecuccoli in Eger stehen, um sich mit der kurfürstlichen Armee zu vereinen. Ein Vertrag mit Holland wurde im Haag durch Vermittelung des Kurfürsten abgeschlossen. Der Kaiser versprach, die Hülfsvölker bis auf 24,000 Mann zu bringen. Scheinbar richteten sich alle diese Abmachungen gegen die Bischöfe von Köln und Münster, auch wendete der Kaiser ein, er habe die Verträge mit Frankreich nicht als Kaiser, sondern als Erzherzog von Oesterreich abgeschlossen, er könne sich daher als Verbündeter Frankreichs und doch zugleich als mit demselben im Kriege befindlich ansehen. Zwar war diese Ausrede eine sehr hoch auf Schrauben gestellte, aber sie würde nur eine solche gewesen sein, wie Ludwig XIV. sie häufig gebrauchte, und man hätte die Franzosen mit gleicher Münze bezahlt. Es wurde aber der österreichischen Politik gemäß ein Doppel=spiel versucht, indem Lobkowitz den Kaiser dazu bewog, dem französischen Ge=sandten insgeheim das Versprechen zu geben, die kaiserlichen Truppen sollten im laufenden Jahre keinerlei Feindseligkeiten gegen Frankreich unternehmen. Ein Glückwunsch des Kaisers an Ludwig, zu dessen Erfolgen gegen die Holländer Leopold ihm gratulirte und die besten Fortschritte wünschte, ließ die kaiserliche Hülfe in seltsamem Lichte erscheinen und Montecuccoli hatte bereits geheime Ver=haltungsbefehle in der Tasche.

Die Franzosen unterließen es nicht, den Kurfürsten Friedrich Wilhelm noch=mals zur Neutralität aufzufordern. Allein dieser antwortete mit Klagen über die bereits in Cleve begonnenen Verheerungen, er sparte keine Mühe, die Holländer zum Widerstande zu ermuthigen, und warb bei allen Fürsten, wenn auch vergebens, um Hülfe für die Generalstaaten. Ohne von den kaiserlichen Abmachungen mit Frankreich eine Ahnung zu haben, brach er im August mit seiner Armee auf, den Holländern beizustehen.

Die Unglücksfälle, welche Holland durch den raschen Siegeszug der Fran=

zosen erlitten, brachten das Volk in Gährung. In zwei Parteien geschieden, deren einer Prinz Wilhelm von Oranien als Oberhaupt, der anderen die Rathspensionäre Johann und Cornelius de Witt als Führer vorstanden, konnte das niederländische Volk nicht sofort die nöthige innere Ruhe gewinnen. Man beschuldigte die Regenten des Staates der Nachlässigkeit, ja des Einverständnisses mit den Feinden. Die Oranische Partei nährte das Mißvergnügen und den Haß gegen die de Wittes. Sie verloren in demselben Maße ihr Ansehen, wie das der Oranier stieg. Allgemein hob sich der Aufstand, der in Seeland ausbrach und schnell sich verbreitend einen entsetzlichen Abschluß durch die grausame Ermordung der Gebrüder de Witt fand.

Die Partei der Oranier errang den Sieg. Prinz Wilhelm ward zum Statthalter von Seeland, dann zum Statthalter von ganz Holland erklärt. Er übernahm die Stelle eines Generalkapitäns und Admirals der Union. Es war nicht zu leugnen, daß mit seinem Auftreten ein ganz neuer Geist die Union zu beleben schien. Die Armee schöpfte wieder Muth, die auswärtigen Mächte sahen mit größerer Achtung als bisher auf die Bestrebungen der Holländer. Da Ludwig XIV. Bedingungen für den Frieden gestellt hatte, welche fast unannehmbar waren, so drang der Prinz von Oranien auf Verwerfung derselben. Man wollte lieber mit den Waffen in der Hand enden, als langsam von dem königlichen Eroberer aufgezehrt werden.

1672 Der Kurfürst Friedrich Wilhelm befand sich im August bereits mit seinen Truppen in Halberstadt. Hier stießen die Kaiserlichen unter Montecucculi,

Montecucculis Eintreffen beim Kurfürsten. (Porträt.)

17,000 Mann stark, zu ihm. Trotz aller Bemühungen der Franzosen und der Einsprüche von Kurköln und Münster hatte der Kaiser Leopold dennoch marschiren lassen. Er wußte ja, was sein Beistand für die Holländer zu bedeuten habe.

Am 1. September traf Montecucculi bei dem Kurfürsten ein. Auf die Nachricht von dem Anrücken der kurfürstlichen Truppen war Turenne mit 30,000 Mann gegen das rechte Rheinufer vorgerückt, hatte bei Wesel eine Brücke über den Rhein und eine zweite über die Lippe schlagen lassen und entschuldigte sein Vorgehen damit, daß er den Rhein habe überschreiten müssen, weil fremde Truppen gegen ihn im Anrücken seien.

Infolge seiner Bewegungen verließ Friedrich Wilhelm am 6. September Halberstadt.

Am 8. September befand sich das Hauptquartier in Liebenberg, wo der Kurfürst in Gegenwart Montecucculis, des Grafen Vauguyon und des Herrn von Amerongen über seine Truppen Musterung hielt. Es wurde von dem französischen Gesandten die Erklärung abgegeben, „daß es staunenswerth sei, wie der Kurfürst in so kurzer Zeit eine so große Anzahl schöner Leute habe zusammenbringen können".

Nach den mit Holland getroffenen Verabredungen hatte der Kurfürst den geraden Weg nach Westfalen nehmen wollen, weil Turenne sich dahin wendete. Allein jetzt schon machten sich die geheimen Befehle, welche Montecucculi erhalten hatte, geltend. Er suchte den Kurfürsten zu überzeugen, daß es besser sei, an den Oberrhein zu marschiren, weil man dadurch leicht den Franzosen die Zufuhr abschneiden könne, sie würden dann Deutschland, vielleicht auch Holland räumen.

Da Friedrich Wilhelm von den geheimen Absichten der Kaiserlichen keine Kenntniß hatte, ging er auf diesen Vorschlag ein und marschirte über Witzenhausen an die Werra, sich durch das Fuldaische und Oberhessen gegen den Rhein dirigirend.

Bei Koblenz verweigerte ihm der Kurfürst von Trier den Uebergang über den Rhein. Gleiches Schicksal hatten seine Bestrebungen durch die Weigerungen des Kurfürsten von Mainz. Es blieb Friedrich Wilhelm noch ein dritter Weg über den Fluß, bei Nierstein unterhalb Oppenheim. Hier verhinderte der Kurfürst Karl Ludwig von der Pfalz den Uebergang. Montecucculi erklärte geradezu, nicht weiter folgen zu wollen.

Andererseits war Turenne nach Trier marschirt, um sich dort mit Condé zu vereinigen, was ihm auch so gut gelang, daß er dadurch die beabsichtigte Verbindung der Alliirten mit den holländischen und spanischen Truppen hinderte. Indessen hatten die kaiserlich-brandenburgischen Truppen zwei Brücken bei Flörheim über den Rhein geschlagen, am 28. Oktober konnte endlich der Marsch über die erstere bewerkstelligt werden, weil man sich nun über Mastricht mit den Holländern vereinigen wollte.

Turenne hatte seine Posten bis Nassau vorgeschoben. Am 20. Oktober 1672 fiel hier das erste Gefecht zwischen der vom Rittmeister von Arnim befehligten brandenburgischen Reiterei und der französischen vor. Arnim griff nach einigem Hin- und Herfeuern den rechten Flügel der Franzosen an, der jedoch sehr stark war. Die Franzosen fielen aber mit solchem Ungestüm in die Flanke der Brandenburger, daß diese in Verwirrung geriethen. Arnim wurde dabei der

Hut vom Kopfe geschossen. Ein zweites Gefecht, in welchem der Graf Dona erschossen wurde, fiel nicht glücklicher aus.

Die Langsamkeit der Bewegungen bei der kaiserlichen Armee wirkte fast ansteckend. Nichts ging mit der vom Kurfürsten sehnlichst gewünschten Schnelligkeit. Dabei ließ sich nicht verkennen, daß die Disziplin gelockert, der Exzeß an der Tagesordnung war.

Der Prinz von Oranien, welcher bis Bodegraven vorgerückt war, bat brieflich um schleunige Hülfe. Infolge dessen und nach Erlassung einer sehr verschärften Marschordre schickte sich der Kurfürst an, Turenne im Rücken anzugreifen, weil dieser, mit Condé vereint, den Prinzen von Oranien noch vor dessen Verbindung mit den Alliirten zu schlagen dachte.

Die kriegerischen Aktionen schienen nun wirklich beginnen zu sollen, aber sie verpufften, Raketen gleich, ohne irgend welche Entscheidung herbeizuführen. Zunächst wurden, statt Turenne wirklich anzugreifen, Streifparteien von Rüsselheim aus, wo der Kurfürst sich befand, bis Trier vorgeschickt. Eine derselben überfiel eine französische Kolonne und nahm ihr Gefangene ab, darunter einen Major von der Garde des Königs.

Eine andere Kolonne kehrte zurück, ohne auf den Feind gestoßen zu sein. Montecucculi erließ zwar fortwährend Befehle zum Vorgehen und Beobachten des Feindes, allein es blieb bei nutzlosem Hin- und Herziehen.

Unterdessen hatten die Franzosen Einfälle in des Kurfürsten Clevesche Länder gemacht und hausten dort in furchtbarer Weise. Mord, Brand, Plünderung und Schändung waren an der Tagesordnung. In die brennenden Häuser der Stadt Bodegraven warf man die Einwohner, den unglücklichen Frauen wurde keine Schande erspart, alten Weibern banden die Franzosen Katzen auf die Brust und quälten diese Thiere so lange, bis sie Augen und Körper der Frauen in ihrem Schmerze zerkratzten, Geld ward erpreßt, die Kirchen erbrochen 2c.

Die Holländer, welche eine Diversion hätten machen können, verhielten sich gleichgültig. Da sie infolge der Montecucculischen Einwände gegen die Pläne des Kurfürsten keine direkte Hülfe erhielten, waren sie höchst aufgebracht. Die im Vertrage mit dem Kurfürsten stipulirten, diesem zu zahlenden Kriegsgelder blieben daher aus. Der Kurfürst gerieth in Geldverlegenheit.

Friedrich Wilhelm, der vergeblich die Holländer zum Vorgehen gegen die im Cleveschen hausenden Franzosen aufgefordert hatte, nahm nun keine weitere Rücksicht auf die Zustände, sondern fing an, statt über den Rhein zu gehen, die Winterquartiere einzurichten. Die starke Kälte erlaubte es nicht mehr, im Felde auszuharren.

Eine Zerstörung der von den Franzosen geschlagenen fliegenden Brücke sollte durch fünftausend brandenburgische Soldaten unter Kommando des Generallieutenants von Goltz bewirkt werden, wurde aber, da die Franzosen eine vor der Brücke liegende Schanze sehr stark vertheidigten, aus Mangel an Infanterie vereitelt.

Beim Rückzuge lieferten die Brandenburger ein Gefecht, in welchem der Oberst Marwitz erschossen wurde.

Der einzige Lichtpunkt, welcher sich während dieser trüben Zeit zeigte, war die Wegnahme der von Münsterschen Truppen besetzten Festung Koeverden, die der General Rabenhaupt mit Sturm eroberte. Als Vergeltung für die Verwüstungen in Cleve fiel Spaen mit den brandenburgischen Truppen in das Münstersche. Hier wurde allerdings übel gehaust und der Kommandant von Münster rückte dagegen wiederum in die Grafschaft Mark, wo er plünderte und Steuern erhob. Unterdessen hatte der Prinz von Oranien die Festung Charleroi angegriffen. Der Kurfürst wollte noch einmal versuchen, ihm Hülfe zu bringen. Aber der große Frost, dem bald darauf ein heftiges Regenwetter folgte, hinderte ihn am Vormarschiren. Turenne war nach Westfalen gerückt, die Sachen standen sehr bedenklich, so zwar, daß Montecucculi, der es müde war, eine so traurige Rolle zu spielen, seine Entlassung forderte. Er hatte die bezeichnende Aeußerung gethan: „Es wäre besser, ich holte mir meine Verhaltungsbefehle lieber gleich direkt aus Paris, als auf dem langen Umwege über Wien." — Die einzelnen kleinen Gefechte, in denen die Brandenburger glücklich waren, konnten für so große Verluste nicht entschädigen, wie sie die Länder des Kurfürsten und deren Bewohner erleiden mußten. In der Grafschaft Mark ließ der Bischof von Münster an einem Tage vierzig Bauern erschießen. Mit ihm zu unterhandeln, verweigerte der Kurfürst entschieden.

In so betrübender und entmuthigender Weise ging das Jahr 1672 zu Ende. 1672 Es gehörte wahrlich die Ausdauer und des Kurfürsten treues Festhalten an seiner übernommenen Verpflichtung dazu, unter solchen Umständen auszuharren.

Nicht besser und glücklicher sollte es im kommenden Jahre werden. An 1673 die Stelle Montecucculis war auf kaiserlichen Befehl der General Bournonville getreten. Schon gleich die ersten Vorgänge zeigten, daß der neue Kommandirende durchaus nicht mit der nothwendigen Energie gegen die Feinde vorzudringen gesonnen sei, obwol er offiziell die gemessensten Befehle dazu haben wollte. Der Fürst von Dessau hatte darauf gedrungen, die von den Strapazen, namentlich aber durch die Kälte sehr ermatteten Franzosen mit aller Macht anzugreifen, diesem Plane stimmten auch alle kaiserlichen Generale zu. Bournonville ging anfangs darauf ein, rückte mit seinem Heere bis nach Soest, entschied sich aber plötzlich dafür, den Feind nicht anzugreifen.*)

Unterdessen war Turenne rheinabwärts gezogen, hatte in Wesel Verstärkungen an sich gezogen und das tapfer vertheidigte Unna nach heftigem Bombardement genommen und total niedergebrannt.

Ein glücklicher Zufall brachte Turenne in eine für ihn gefährliche Stellung den Alliirten gegenüber. Man rieth aufs neue zum Angriff, schon hatte der Kurfürst mit Bournonville den Tag und die Punkte des Angriffs bestimmt, als eine Anzahl Generale, ob auf geheime Veranlassung Bournonvilles bleibe dahingestellt, zu großer Vorsicht mahnten, da Turenne, wenn er eine Schlacht an-

---

*) Es scheint daß Montecucculi noch bei diesen Verhandlungen thätig war. Er wurde bald darauf abberufen und gehörte wol zu denjenigen, welche zum Angriff riethen.

nähme, des Sieges gewiß sein müsse. Man beschloß, noch einen Tag zu warten, und während dieser Zeit wechselte Turenne seine Stellung derartig, daß es nun in der That bedenklich war, ihn anzugreifen.

Zwar wollte der Kurfürst sich dadurch nicht abhalten lassen, sondern bot Turenne ein Treffen an, aber dieser war nicht zu bewegen, seine Stellung zu verlassen. Er zog erst später nach Dortmund, wo er sich verschanzte.

Von größeren Unternehmungen war nichts zu hören. Es blieb nur übrig, den sogenannten kleinen Krieg zu führen, was von Seiten der Alliirten zwar mit Glück geschah, aber von gar keiner Wirkung auf die Entscheidung sein konnte. Die größte Vorbereitung hatten bisher allein die Brandenburger in der bei Soest projektirten Aufstellung behufs Lockung Turennes zum Gefecht gemacht. Der Kurfürst war mit 10,000 Mann und 30 Geschützen seiner und 6000 Mann nebst 12 Geschützen der kaiserlichen Armee dem Feinde bis in die Gegend von Unna nahe gerückt. Vergeblich stand er Turenne einige Tage gegenüber. Sich in das Münstersche zu begeben, schien den Kaiserlichen nicht zu behagen. Im Kriegsrathe herrschte keine Einigkeit. Ein Theil wollte abwarten, ob Turenne nicht durch Mangel gezwungen werden könne, seine Stellung zu verlassen, andere riethen, gewisse Plätze zu besetzen und in der Defensive zu bleiben.

Unmuthig ging Friedrich Wilhelm mit einigen seiner Regimenter nach dem Sparenberge und Bielefeld, vertheilte die übrigen in Soest, Hamm 2c. und traf im Verein mit Bournonville Vorbereitungen, falls Turenne angriffsweise verfahren sollte. Turenne nahm eine drohende Stellung an.

Die Lage Friedrich Wilhelms war um diese Zeit eine äußerst mißliche. Wie erbärmlich sich die deutschen Fürsten bei der ganzen Angelegenheit gezeigt hatten, das ist bereits erwähnt worden. Von ihnen war nicht Hülfe, vielmehr nur das Schlimmere zu besorgen. Schon wurde vom Kurfürsten Ersatz für den Schaden verlangt, den seine Truppen während der Durchmärsche angerichtet hatten. Um das Maß voll zu machen, erhielt der Kurfürst zu dieser Zeit gerade Kunde von dem geheimen Vertrage des Kaisers mit Ludwig XIV.

Diese Entdeckung, die Gewißheit, daß man mit ihm ein böses Spiel getrieben, brachte den Kurfürsten dergestalt in Zorn, daß seine Umgebung alle Mühe hatte, ihn von allzuschnellen Entschlüssen abzuhalten. Am undankbarsten und verwerflichsten traten die Holländer auf. Sie waren es gewesen, denen anfangs der muthige Kurfürst wieder Vertrauen eingeflößt hatte. Dadurch, daß Friedrich Wilhelm sich Turenne entgegenstellte und diesen zwang, seine Hauptmacht gegen die Alliirten zu wenden, hatte der Kurfürst den Holländern Freiheit verschafft, sich behaupten und ihre Vertheidigung ordnen zu können. Zum Dank dafür klagte das undankbare Volk über nachlässige Führung des Krieges seitens der Brandenburger. Die Generalstaaten ließen nicht nur, wie bereits gesagt, jede Zahlung ausfallen, sondern begannen sogar hinter des Kurfürsten Rücken Unterhandlungen mit Frankreich, und wären diese gelungen, man hätte sicher auf Kosten Friedrich Wilhelms den Frieden geschlossen.

Auf Hülfe von Spanien oder Dänemark hoffte der Kurfürst nicht im geringsten, dagegen fürchtete er jetzt schon eine schwedische Einmischung, denn wie

Hannover und das stets gegen Brandenburg zweideutig handelnde Sachsen, hatten auch die Schweden bereits diplomatische Unterhandlungen mit Frankreich angeknüpft. Ebenso unsicher war die Haltung der cleveschen Länder, welche übrigens den Sachsen und Schweden als eine willkommene Beute erschienen.

Es ließ sich an, als solle ein Frieden zu Stande kommen. Schweden ergriff hier die Initiative und bot den Holländern seine Vermittelung an. Man tagte zu Köln. Aber einmal betrieb man wie immer die Arbeiten mit unbegreiflicher Langsamkeit, dann trat Frankreich so überaus hochmüthig und mit so ungeheueren Bedingungen für die Generalstaaten hervor, daß diese den Frieden nicht annehmen konnten und der Kongreß auseinander ging.

„Wenn der Waffenstillstand nicht eintritt, für welchen an verschiedenen Orten gearbeitet wird, so dürfte es für des Kurfürsten Länder schlecht ablaufen", schrieb Schwerin und in der That war der Besitz von Cleve sehr fraglich, wenn der Kurfürst so isolirt wie bisher bleiben mußte.

Und dies dafür, daß er es gewagt hatte, muthig die Sache der Unterdrückten, der in ihrer Existenz bedrohten Holländer zu vertheidigen, weil er darin ein Schutzmittel für das deutsche Vaterland erblickte! Dafür der Undank des eigenen Volkes in Deutschland, der Undank derer, welche er vom Rande des Verderbens gerettet hatte, die Sorge um den eigenen Besitz.

Wir haben bei diesen Vorgängen deshalb länger verweilt, weil die Kenntniß derselben nothwendig ist, um den nun folgenden Schritt des Kurfürsten, den viele zu tadeln sich erkühnten, begreifen und — billigen zu können.

Am 23. Februar hatte sich der Kriegsrath in Gegenwart des Kurfürsten zu Homburg versammelt. Hier ward berathen, wie sich die Armee in der Zukunft verhalten solle, und das Resultat dieser Berathungen war ein totaler Rückmarsch der brandenburgischen Truppen, die ins Halberstädtische und in die Altmark verlegt wurden, indeß die Kaiserlichen die Grafschaft Mansfeld und Thüringen besetzten.

Die Erfolglosigkeit des ganzen Krieges, welche lediglich durch die fast nur scheinbare Unterstützung seiner Bundesgenossen herbeigeführt worden war, brachte den Kurfürsten dahin, weitere Versuche im Interesse der Holländer zu wirken aufzugeben, das heißt also, auf seine eigene Sicherheit bedacht zu sein und sich, nachdem er aufs neue nur Undank geerntet, den Alliirten zu suchen, von welchem er sich in seiner offenbar bedrängten Lage den meisten Vortheil versprechen konnte. Ganz fest war der Kurfürst in diesem Entschlusse geworden, als er die Weigerung Dänemarks und Braunschweigs ihm beizustehen erhielt, als die Schweizer — auch an diese hatte er sich gewendet — ihm kühl antworteten, und der König von England auf des Kurfürsten Bitten einen Brief erließ, dessen Inhalt derartig war, daß der brandenburgische Gesandte die Vorlesung desselben nicht unternehmen wollte.

Friedrich Wilhelm glaubte vollkommen seiner Pflicht Genüge gethan zu haben; weder mit seinen Truppen noch mit seinem Gelde wollte er weiterhin den Erretter Hollands abgeben, durch welche Rolle er sich noch eine Masse neuer Feinde gemacht hatte. — Zudem drängte man von allen Seiten auf ihn ein, daß er Frieden machen möge. Diejenige Macht, welche ihm die größten Vortheile bieten konnte, war Frankreich. Der Kurfürst hatte gar keine Veranlassung, nach dem, was bisher sich ereignet, Rücksicht auf seine Alliirten zu nehmen, die in jeder Weise, nach allen Richtungen hin als höchst unzuverlässig, zweideutig und undankbar sich erwiesen hatten.

Außerdem sagte er sich, daß er von Ludwig XIV. die besten Bedingungen erlangen werde, je schneller er die Aussöhnung betreibe. Als Unterhändler erschien von Seiten Schwedens, welches namentlich eifrig für das Zustandekommen des Friedens agitirte, der Oberst Wangelin; auch Dänemark rieth zum Frieden und selbst ein russischer Gesandter fand sich ein.

Der Kurfürst bediente sich als Unterhändler zwischen sich und Ludwig XIV. des Pfalzgrafen von Neuburg, der sein vollkommenes Vertrauen besaß. Dabei vergaß er nicht, dem Kaiser von seinem Vorhaben Kenntniß zu geben und zu erklären, daß die lahme Führung des Krieges durch die kaiserlichen Generale, so wie der ihm bekannt gewordene geheime Vertrag Leopolds mit Frankreich Ursachen seiner Verbindung mit Frankreich seien.

Der Kaiser brachte allerlei Entschuldigungen vor, erbot sich auch, sofort Hülfe zu leisten, aber der Kurfürst war zu mißtrauisch geworden, um sich noch auf weiteres einzulassen. Was die Holländer betrifft, so waren sie in großer Besorgniß wegen dieses Bündnisses. Sie sahen sich bei erneutem Anfalle Ludwigs ernstlich bedroht und machten dem Kurfürsten bittere Vorwürfe, die dieser ihnen mit gleicher Münze zurückzahlte, indem er die ausgebliebenen Zahlungen und Mannschaften in bitterer Weise erwähnte. Der Kaiser war übrigens nicht minder in Sorge wegen der Allianz zwischen Brandenburg und Frankreich. Er fürchtete den schon ohnehin so einflußreichen Kurfürsten und erlaubte sich sehr heftige Aeußerungen, welche Friedrich Wilhelm zu einem kühnen Worte Anlaß gaben: „Das ist der Dank dafür, daß ich ihm die Krone aufgesetzt habe; die Zeit kann kommen, daß ich sie ihm abnehme und einem anderen, der es besser meritirt als er, wieder aufsetze."

Höchlich erfreut über des Kurfürsten Entschluß war dagegen Ludwig XIV. Er erklärte dem unterhandelnden Pfalzgrafen von Neuburg, daß er bereit sei den Frieden zu schließen, daß er sofort Westfalen räumen wolle, wenn der Kurfürst alle anderen Bündnisse aufgeben werde. Es lag dem Könige viel daran, für seine künftigen Unternehmungen gegen Holland den kriegstüchtigen Kurfürsten und dessen Armee von den Generalstaaten fern zu halten.

Sorgfältig erwog der Kurfürst noch einmal die ganze Lage, er entschied sich für den Frieden. Holland sowol als der Kaiser suchten ihn noch an der Unterzeichnung zu hindern, aber Friedrich Wilhelm sandte den Geheimen Rath Meinders zum König von Frankreich mit der Friedenszusage. Turenne wurde ebenfalls durch den Kurfürsten gebeten, die Feindseligkeiten in der Mark, Minden und Ravensberg einzustellen.

Turenne war über die Nachricht von des Kurfürsten Friedensliebe sehr erfreut und beendete sofort die Feindseligkeiten. Außer allgemeinen Ursachen hatte er noch einen besonderen Grund, mit der Schließung aller Gewaltthätig=

keiten gegen des Kurfürsten Länder zu eilen, denn er verdankte der Großmuth Friedrich Wilhelms sein Leben.

Die dunkle Begebenheit verdient eine kurze Erwähnung. Während des Aufenthaltes Friedrich Wilhelms auf dem Sparenberge meldete sich brieflich ein Viconte de Villeneuve bei dem Kurfürsten, mit dem Bemerken, daß er einen ganz besonderen Plan habe, den er dem Kurfürsten jedoch nur unter vier Augen mittheilen könne.

Die ganze Sache klang so geheimnißvoll und seltsam, daß man im brandenburgischen Hauptquartiere mißtrauisch ward und dem Schreiber erwiderte, er möge an seine kurfürstliche Durchlaucht ein Schreiben richten, in welchem er sich deutlicher wegen des Planes aussprechen solle.

Hierauf ging seltsamer Weise ein Brief ein, der das Anerbieten enthielt, den Marschall Turenne ermorden zu wollen. Es war darin angegeben, daß der Schreiber, Viconte de Villeneuve, wegen seines abgelaufenen Passes nicht sofort kommen könne, daß er aber unter dem Namen Dubois nebst drei Helfershelfern erscheinen und an einem blauen Mantel kenntlich sein werde. Der Kurfürst möge Befehl geben, daß man ihn nach vollbrachter That durch die brandenburgischen Posten lasse. Der Lohn sei dem Ermessen des Kurfürsten anheimgegeben.

Dieses Schreiben, welches sich noch im geheimen Archive zu Berlin befindet, sandte der Kurfürst in Kopie an Turenne, indem er dabei bemerkte, es bedürfe wol keiner Versicherung, daß der Kurfürst solche Frevelthaten verabscheue. Er werde die Person, wenn sie ihm in die Hände fiele, sofort an Turenne ausliefern.

Das ritterliche Verhalten des Kurfürsten erfreute Turenne sehr. Er dankte brieflich in den wärmsten Ausdrücken. Der geheimnißvolle mörderische Viconte ließ indessen nichts wieder von sich sehen und hören und über der ganzen Angelegenheit lagert ein Schleier.

Turenne aber vergaß dem Kurfürsten die edle Handlungsweise nie und war bei Aussicht auf Frieden sogleich bereit, dem Kurfürsten weitere Belästigung seiner Länder zu ersparen. Gern hätte dieser den Bischof von Münster für dessen Raubzüge noch gezüchtigt, aber Turenne gab es nicht zu.

In abscheulichen, räuberischen Handlungen hatten diese geistlichen Herren es den Franzosen zuvorgethan, wie denn die ganze Zeit dieses kurzen Krieges aufs neue die elende Lage Deutschlands, seine Ohnmacht und Zerrissenheit darlegte, die Neid, Uneinigkeit und Schwäche seiner Fürsten in erschreckender Weise herbeigeführt hatten.

Zu Anfang der Unterhandlungen schienen die von Frankreich gemachten Bedingungen dem Kurfürsten nicht annehmbar, aber da sie bald darauf günstiger wurden, eröffnete Friedrich Wilhelm dem Kaiser, den Holländern, Braunschweig und Dänemark, daß er den Frieden mit Frankreich zu schließen gedenke. Mit der Abfassung des Friedensschlusses und den bezüglichen Unterhandlungen war der Geheimerath von Meinders beauftragt worden. Er gehörte zu den bedeutendsten Diplomaten seiner Zeit. 1630 aus einem patrizischen Geschlechte der Grafschaft Ravensberg geboren, anfangs Sekretär beim Grafen von Waldeck,

dann Hof- und Kriegsrath geworden, erhielt er die Stelle eines Appellations-
gerichts-Direktors und 1672 den Titel wirklicher Geheimerath. Auf dem Reichstage zu Regensburg befand er sich als kurbrandenburgischer Gesandter, war in
dieser Eigenschaft in Frankreich, Spanien, Schweden, Dänemark und im Haag.
1662 erhob der Kurfürst ihn in den Adelsstand.

Meinders übergab im französischen Lager zu Löwen dem Minister Pomponne
des Kurfürsten vollständige Einwilligung in die vorgelegten Friedensbedingungen.
Ludwig nahm das sehr wohlwollend auf. Er stellte alle Feindseligkeiten in der
Mark, in Cleve ein. Alle Kriegsbedürfnisse wurden, bis zur Unterzeichnung der
Friedenspräliminarien, von den Franzosen baar bezahlt, und es zeigte sich, daß
dieselben Meinders gegenüber sehr nachgiebig waren, um den Kurfürsten zu
gewinnen.

In dem Dorfe Vossem, in der Nähe von Löwen, wurde am 16. Juni
1673 1673 der Friede zwischen dem Kurfürsten und Frankreich unterzeichnet. In dem
Vertrage verpflichtete sich der Kurfürst, den Niederlanden und jedem anderen
Feinde des Königs von Frankreich keine Hülfe zu leisten, behielt sich aber freie
Hand vor, wenn „das deutsche Reich angegriffen werden sollte".
Sein Heer mußte bis hinter die Weser zurückgehen und die Garnisonen blieben
in den Festungen. Ludwig XIV. dagegen gab alle seine Eroberungen auf.
In Wesel und Rees blieben allein bis zu Ende des Krieges französische Be-
satzungen. Außerdem erhielt Friedrich Wilhelm 800,000 Livres als Ersatz für
die von den Franzosen verursachten Beschädigungen, auch versprach der König,
die Holländer zur Zahlung der rückständigen Subsidiengelder anzuhalten.

Der Kurfürst war zur Unterzeichnung des Friedens um so bereitwilliger
geworden, als er von Wien aus Mittheilungen erhielt, welche ihn äußerst
mißmuthig gegen die kaiserliche Freundschaft machen mußten. Dort war man
ebenfalls mit Brandenburg in Unterhandlungen, aber sie sollten nur dazu
dienen, den Kurfürsten von dem französischen Bündnisse fern zu halten. Die
Gebrüder von Jena leiteten diese Verhandlungen und Gottfried, der jüngere
Bruder, berichtete, „daß man zu Wien des Kurfürsten Macht und Ansehen
höchst bedenklich finde, und geäußert habe, er dürfe nicht allzusehr wachsen". —
Das Mißtrauen des Kaisers war in stetem Zunehmen begriffen und die Holländer sprachen ihre Entrüstung über den Friedensschluß mit Frankreich in sehr
derber Weise aus.

Verbrennung der Straßburger Rheinbrücke durch die Franzosen.

XVI. Kapitel.

Bündniß mit dem Kaiser gegen Frankreich.

Es schien dem Kurfürsten, obwol er nun Frieden hatte, dennoch sehr gerathen, die Hände nicht in den Schoß zu legen, sondern sein Heer, die wichtigste Stütze für ihn und seine Forderungen, auf jede Weise zu vervollkommnen, zu vermehren und die in demselben entstandenen Lücken auszufüllen. Daneben suchte er sich mit den Polen auf möglichst guten Fuß zu stellen, gab dem Könige Michael 1500 Mann Hülfstruppen, verwendete diese aber mit großer Vorsicht und ließ sie nur gegen die Türken marschiren, zog sie sogar zurück, als Michael sie zum Kampfe gegen die ihm opponirende Partei im Lande gebrauchen wollte. Eine Forderung des Königs, ihm 8000 Mann gegen die Türken zu schicken, lehnte er ab.

Indessen waren die Holländer nicht unthätig geblieben. Sie suchten nach Bündnissen und es ward ihnen bei der allgemeinen Furcht vor Frankreich nicht schwer, solche abzuschließen. Unter der Führung Wilhelms von Oranien setzten sie zunächst den Krieg gegen Ludwig fort.

Deutscherseits sah sich der Kaiser veranlaßt, die Anerbietungen der Holländer zu berücksichtigen. Es waren ihm darin Spanien und der Herzog von Lothringen vorangegangen. Ersteres verpflichtete sich zur Kriegserklärung gegen Frankreich, wenn die zu Köln eröffneten Verhandlungen kein dem Frieden günstiges Resultat liefern sollten: England sollte durch Spanien zum Frieden bewogen werden, wenn aber auch hier kein Abschluß zu Stande kam, so sollte Spanien auch England den Krieg erklären. Vorläufig war festgestellt worden, daß ein Hülfsheer von 18,000 Mann zu sammeln sei. 4000 Mann stellte dazu der Kaiser, 5000 Spanien, 1000 Mann die Generalstaaten, 8000 Mann der Herzog von Lothringen, dem eine Geldunterstützung von 9000 Reichsthalern pro Monat versprochen wurde.

Der Kaiser Leopold sah wol ein, daß er mit Ehren nicht länger in einer nur defensiven Stellung verharren könne. Die Franzosen hatten sich die brutalsten Uebergriffe erlaubt. Im November des verwichenen Jahres hatten sie die Rheinbrücke bei Straßburg abgebrannt, obwol diese Stadt neutral war. Ihre fortwährenden Hin= und Hermärsche, die Kontributionen, das Wegfangen von Kaufgütern, die Verwüstung des Erzstiftes Trier, dies alles waren empörende Gewaltthaten auf deutschem Boden und zum Schluß drohten sie noch mit 30,000 Mann in die kaiserlichen Erblande zu fallen.

Leopold schloß daher an demselben Tage, an welchem Spanien das Bündniß mit den Generalstaaten unterzeichnete, mit diesen ebenfalls einen Allianztraktat im Haag ab (30. August). Er verpflichtete sich darin, ein Heer von 30,000 Mann an den Rhein marschiren zu lassen. Monatlich 45,000 Thaler Hülfs= gelder zu zahlen, übernahmen die Holländer, welche ihre Armee bis auf 20,000 Mann zu bringen versprachen.

Außerdem hatte Dänemark den Beitritt zum Bunde erklärt und König Karl von England wurde durch die Summe von 200,000 Gulden bewogen, dem Bündnisse mit Frankreich zu entsagen.

Noch ehe sich diese Verbindungen und Ereignisse vollzogen hatten, war der Kurfürst von Brandenburg bemüht, einen Frieden zwischen Ludwig XIV. und den Generalstaaten zu vermitteln. Dies gelang ihm jedoch nicht. Frank= reich hielt insofern treu zu ihm, als es unter die Friedensbedingungen auch die Zahlung der rückständigen Gelder, welche Holland dem Kurfürsten schuldete, aufnahm. Es schlug dem Kurfürsten vor, er möge Geldern an sich reißen, aber Friedrich Wilhelm verwarf diesen Vorschlag in echt deutscher Gesinnung verharrend, obgleich man zu Wien ihm feindlich gesinnt blieb, die Schuld an dem lahm geführten Feldzuge ihm beimaß, die Protestanten in Schlesien arg bedrückte und über Excesse der brandenburgischen Truppen Klage führte.

Allein die Dinge nahmen bald einen anderen Verlauf. Die französischen Gesandten übergaben in Wien und Regensburg Memoires, in welchen sie erklärten, daß der Kaiser in Böhmen und Schlesien Truppen angesammelt habe, daß Frankreich es nicht dulden könne, wenn diese Truppen über die Grenzen besagter Länder hinausmarschirten. Geschähe solches, so würden die oben erwähnten Drohungen wahr gemacht und der Marschall Turenne beordert werden, mit 30,000 Mann in die kaiserlichen Erblande einzufallen.

In der That war Turenne schon in Corbach und setzte die Umgegend in Kontribution. Der Kaiser verhandelte noch mit den Ständen zu Regensburg, allein bei so drohenden Aussichten hielt er es nicht für gerathen, länger zu warten, sondern gab Montecuccli Befehl, mit 30,000 Mann durch die Ober= pfalz nach dem Main und Rhein aufzubrechen.

Turenne zog sich nun durch Westfalen, drang in Franken ein und stellte sich den Kaiserlichen bei Ochsenfurt entgegen.

Montecucculi gelang es, bei Würzburg über den Main zu kommen und die
Franzosen dergestalt in eine gefahrvolle Lage zu bringen, daß ihre Niederlage
unvermeidlich sein mußte. Aber ein aus Wien kommender, von Lobkowitz ver=
faßter Brief verbot dem Feldmarschall, ein Treffen zu liefern.

Turenne war also wiederum glücklich aus der Falle. Er zog sich sehr ge=
ordnet nach Philippsburg zurück und unter diesem Zuge litt die Pfalz nicht
wenig. Montecucculi, der sich nach Koblenz gewendet hatte, ging hier über den
Rhein und bewirkte bei Andernach seine Verbindung mit dem Prinzen von Oranien.

Dieser war indessen glücklich gewesen. Er hatte den Franzosen Naarden
abgenommen und lag nun, von den Spaniern unterstützt, vor Bonn, das die
Franzosen besetzt hielten. Durch furchtbares Geschützfeuer zwang der Prinz die
Festung zur Uebergabe. Dieser Erfolg hatte in Verbindung mit einem anderen
Ereigniß großen Einfluß auf den von neuem zu Köln tagenden Friedens=
kongreß. Der Prinz Wilhelm von Fürstenberg, des Kurfürsten von Köln
vertrautester Freund, der schon längst im Verdacht der Landesverrätherei und
Spionage für Frankreich stand, ward in der Nacht, als er von der ebenfalls

Gefangennahme Fürstenbergs.

verdächtigen Gräfin von der Mark heimkehrte, gefangen, nach Bonn und
von da nach Wien geschleppt. Die französische Partei war hierdurch und nach
den Erfolgen der Holländer und Kaiserlichen sehr gedrückt. Durch die Wegnahme
Bonns hatten die Franzosen jede Verbindung mit Deutschland verloren, sie
mußten daher alle in Holland besetzten Plätze verlassen, die Münsterschen
Truppen zogen sich nach Oberyssel zurück. Im kommenden Frühjahre räumten
sie auch alle im Gebiete der Staaten und im Cleveschen besetzten Plätze bis auf
Mastricht und Grave.

Die Verhandlungen in Köln stockten, man wurde sehr hochmüthig und der
Marquis Lisola äußerte bereits, man werde in Paris den Frieden diktiren.

Einige Vortheile, welche die Franzosen errangen, da der Marschall von Luxemburg über die Maas ging, Condé und Turenne sich mit 30,000 Mann bei Charleroi setzten, hob die Hoffnungen der französischen Partei zwar wieder, aber dennoch schien man auch in Paris zu Unterhandlungen geneigt, da Ludwig XIV. sich von allen Seiten bedroht sah, aber die Gefangennahme Fürstenbergs, welche den ganzen Kongreß auseinandertrieb, machte jeder Friedenshoffnung ein Ende.

Frankreich sah sich ernstlicher als je bedroht. Nicht nur hatte es den Kaiser, Spanien, Holland und Dänemark, sowie das abgefallene England gegen sich, dessen Volk und Parlament dieser Krieg sehr verhaßt war, nach dem Abbruche der Kölner Verhandlungen fielen auch Münster und Köln ab und ersteres trat offen zum Kaiser über. Die Holländer fochten heldenmüthig zur See und selbst kleinere deutsche Fürsten, wie Braunschweig und Wolfenbüttel erboten sich, Truppen zu sammeln.

Zwischen all' diesen Mächten stand der Kurfürst Friedrich Wilhelm von Brandenburg scheinbar unthätig da. Allein er beobachtete den Gang der Ereignisse mit dem ihm verliehenen Scharfblicke, so daß ihm keine Wendung entgehen konnte. Zunächst wurde es ihm sehr bald bemerkbar, daß alle Parteien seine Bundesgenossenschaft wünschten. Die Holländer suchten den werthvollen Zuwachs der brandenburgischen Armee zu gewinnen. Ihnen gegenüber machte der Kurfürst seine Forderungen wegen der rückständigen Subsidien geltend. Sie antworteten ausweichend. Der Kaiser wurde von ihm an die Abtretung Jägerndorfs erinnert und zugleich gemahnt, die in den Erblanden gedrückten Protestanten zu schützen. Ebenfalls ausweichende Antworten. Auf des Kurfürsten Rath, der Kaiser möge mit Frankreich Frieden machen, antwortete dieser mit vollem Rechte: „Er könne dem Treiben der Franzosen in Deutschland nicht länger ruhig zuschauen."

Diese Antwort war eigentlich ganz im Sinne des Kurfürsten. Turenne war in die Pfalz gebrochen, hatte Germersheim genommen, verwüstet und verbrannt. Die oben angeführten Brutalitäten hatten des Kurfürsten Zorn wachgerufen, die Schmach, welche über deutsches Land gekommen war, nagte an seinem Herzen. War er nicht mit dem Haupte der Nation, welche so viel Unheil nach Deutschland trug, verbündet? Aber es gab ja einen Passus in dem Friedenstraktate von Vossem, nach welchem der Kurfürst die Waffen wider Ludwig ergreifen durfte, wenn dieser das Reich anfiel, zudem war Friedrich Wilhelm bereits voll Mißtrauen gegen Frankreich, das ihm die versprochenen Subsidien, deren er sehr bedurfte, nicht zahlte. Zwar boten ihm die Franzosen die Rückgabe von Wesel und Rees, große Vortheile in Deutschland und Sold für 12,000 Mann. Schon im Herbst 1673 war der französische Gesandte Marquis de Verjus in Berlin eifrig bemüht, den Kurfürsten ganz für Frankreich zu gewinnen. Er entschuldigte das Ausbleiben der Gelder, aber der Kurfürst war darüber besonders unwillig.

Es erscheint dies vielleicht kleinlich, aber Friedrich Wilhelms Unmuth hatte einen sehr triftigen Grund. Mit Hinblick auf die von Holland versprochenen Subsidien, die ebenfalls nie anlangten, hatte der Kurfürst sein Heer bedeutend verstärkt. Er besaß einen Ueberschuß von 15,000 Mann, die er erhalten oder abdanken mußte. Letzteres war äußerst gewagt, der Kurfürst wußte aus Erfahrung, was abgedankte Soldaten in der Mark angerichtet hatten, andererseits fehlten ihm die Mittel, die 15,000 Mann auf den Beinen zu erhalten. Holland und Frankreich zahlten nicht, beim Kaiser hatte er ebenfalls um Gelder gebeten, aber Leopold wich diesem Ansinnen aus und wies den Kurfürsten an Spanien, das niemals gut bei Kasse war.

Unterdessen waren die oben berichteten Ereignisse eingetreten. Die Franzosen räumten die Festungen Wesel, Rees und Schenkenschanz wider ihren Willen dem Kurfürsten, damit sie nur nicht von Holländern besetzt würden, sie rechneten es aber Friedrich Wilhelm als ein Präsent an. Allein der Kurfürst war schon entschlossen, in das Bündniß mit dem Kaiser zu treten. Der Abscheu, den er gegen die französische Gewaltherrschaft, die Mißhandlung Deutschlands und den Uebermuth der Minister Ludwigs empfand, endlich aber die fortwährenden Vorwürfe, daß er die Ursache des Vordringens der Franzosen gewesen sei, bewogen ihn, dem Bunde beizutreten, aber die Lust zu diplomatischen Verhandlungen und der Wunsch, möglichst gute Bedingungen für seine Hülfe zu erhalten, bewogen ihn, noch einmal den Weg der Verhandlungen zu betreten.

Zunächst verpflichtete ihn der Tod des Königs Michael von Polen zu der Vorsicht sich den Rücken gegen Polen zu decken. Außerdem war dem Kurfürsten immer nicht geheuer, wenn er auf die zu Wien arbeitenden kaiserlichen Räthe blickte. Er mußte sich auch gegen diese sichern. Endlich blieb, wenn er in den Kampf trat, noch eine andere Macht zu fürchten, Schweden, welches in seinem Rücken stand und sicherlich den alten Groll nicht getilgt hatte. Gerade mit dieser ihn am meisten gefährdenden Macht schloß der gewandte Kurfürst ein Bündniß auf zehn Jahre, „innerhalb welches Zeitraumes beide Mächte einander vertheidigen und, wenn es irgend thunlich sei, an der Herstellung des Friedens zwischen den jetzt kriegenden Mächten arbeiten sollten. Gelänge dies nicht, so sollte es beiden Mächten freistehen, an dem Kriege theilzunehmen, doch sollte jeder vorher dem anderen seine Pläne mittheilen." — Man wird bald sehen, wohin diese Allianz führte und wie die Verträge gehalten wurden.

Vorläufig hatte der Kurfürst so viel erreicht, daß er im Stande war, mit Hülfe Schwedens den Kaiser an einem Kriege innerhalb Deutschlands zu hindern, dann konnte er dafür, daß er nicht Theil am Kriege nahm, sich vom Kaiser Entschädigung zahlen lassen, er hatte also eine dritte Partei geschaffen.

Wie kurzen Prozeß der Kurfürst machte, wenn es sich um Aufrechthaltung diplomatischer Uebereinkünfte handelte, bewies er jetzt in einer so flagranten Weise, mit so kühner Beseitigung aller Rücksichten, daß seine Räthe in angstvolles Staunen geriethen, und schwer sollten er und sein Land diese Rücksichtslosigkeit büßen. Er hatte nämlich kaum den Vertrag mit Schweden abgeschlossen, als er schon die Verhandlungen mit dem Kaiser begann. Die Hauptpunkte derselben waren Jägerndorfs Herausgabe, dann Erhöhung der Subsidien. Beide Forderungen setzte der Kurfürst nicht durch. Die Geldfrage fiel deshalb für ihn nachtheilig aus, weil die Generalstaaten erklärten, nur in Gemeinschaft mit dem Kaiser und

Spanien in den Bund treten zu wollen. Eine Gesandtschaft Derfflingers an den Prinzen von Oranien in den Haag hatte keinen Erfolg. Vergebens hatte Derfflinger dem Prinzen vorgestellt, daß der Kurfürst seit einem Jahre 1½ Millionen Thaler auf sein Heer verwendet habe.

Es wurden noch verschiedene Zwischenfälle erledigt, bis das Bündniß mit dem Kaiser am 1. Juli 1674 zu Stande kam. Als Zweck desselben war angegeben, daß man der französischen Beeinträchtigung entgegengetreten, Ersatz für die erlittenen Schäden erzwingen wolle. Der Kurfürst versprach 16,000 Mann zu stellen, welche dem Kaiser, den Generalstaaten und Spanien den Eid leisten sollten. Friede konnte nicht anders als mit Bewilligung aller geschlossen werden. Der Kurfürst sollte gegen alle ihm aus dem Bündnisse entspringenden Nachtheile sichergestellt sein.

Polen schien dem Kurfürsten weniger Sorge bereiten zu sollen. Den Thron bestieg Johann Sobieski, der bei Choczim die Türken schlug. Lothringen und Condé rangen ebenfalls um die Krone, welche in der That auch dem Kurfürsten angetragen werden sollte, aber aus der Wahlurne ging Sobieski hervor, dem übrigens Friedrich Wilhelm sehr geneigt war. Zwar lehnte er des Polenkönigs Bitte um 2000 Mann Hülfstruppen wieder ab, schickte jedoch zehn Kompagnien trefflich ausgerüsteter Dragoner, was der König sehr gut aufnahm. Von Polen schien daher nichts zu fürchten.

Desto gefährlicher drohte der Unmuth Schwedens zu werden. Der Kurfürst hatte gegen die Klausel des Vertrags, nach welcher er seine Absichten stets dem Verbündeten darlegen mußte, mit dem Kaiser einseitig die Allianz hinter dem Rücken der Schweden geschlossen. Diese schrien über die Verletzung des Vertrages und da die Schweden stets als natürliche Bundesgenossen Frankreichs galten, die französische Partei daselbst eine sehr mächtige war, konnte die Angelegenheit von den allerschlimmsten Folgen begleitet sein. Aber hier mußte der Kurfürst sich wieder mit seiner großen Gewandtheit aus dem Dilemma zu ziehen. Er stellte vor allen Dingen seine Verpflichtung für das deutsche Reich in den Vordergrund. Im Vossemer Frieden habe er sich die Vertheidigung des Vaterlandes, das jetzt bedroht sei, vorbehalten und er müsse sich betheiligen, damit der Bedrücker nicht allzu mächtig werde.

An den König von Schweden schrieb er eigenhändig, bat um seine Freundschaft, erlangte aber durch all' diese Schritte nichts, als daß die französische Partei in Schweden vorläufig ruhig blieb, um zur gelegenen Zeit ihre Federn spielen zu lassen.

Dem französischen Gesandten de Verjus zeigte der Kurfürst seinen Beitritt zum deutschen Bunde gegen Frankreich mündlich an. „Es sei Zeit," sagte er, „daß man Deutschland vom Joche der Franzosen befreie und es in dem vor dem Kriege gewesenen Zustand wieder hineinbringe, auch müsse er dem Kurfürsten von Trier beistehen." Nach dieser Erklärung verließ de Verjus Berlin. An Turenne erging der Befehl Ludwigs, den Kurfürsten als Feind zu behandeln und Kontributionen in Cleve zu erheben. Der Kurfürst sei ein Undankbarer.

Der König verhehlte sich nicht, daß das Vorrücken der Brandenburger große Nachtheile für ihn habe. Turenne sollte sich über den Rhein ziehen, wenn der Kurfürst mit Bournonville sich vereinige, Condé gegen die Kaiserlichen, welche de Souches am Niederrhein befehligte, vorgehen. Deutscherseits waren jetzt auf den Beinen: 30,000 Mann kaiserliche Truppen unter Montecucculi und Bournonville, sowie dem General de Souches. Nachschub stand in Aussicht. Der Kurfürst von Brandenburg stellte 16,000 Mann, die Braunschweiger Herzöge 13,000 Mann. Münster trat mit 10,000 Mann bei und Dänemark wollte 16,000 Mann geben, wenn die Bundesgenossen angegriffen würden. Rechnet man dazu die spanischen und niederländischen Truppen, sowie die Flottenmächte, so ist es nicht zu leugnen, daß die Anstrengungen der Bedeutung des Feindes angemessen waren. Leider blieb die Ausführung hinter dem Vorhaben zurück.

Als oberster Befehlshaber der Reichstruppen fungirte (seit 1672) der Markgraf Friedrich von Baden-Durlach, als Generallieutenant Landgraf Ernst von Hessen-Rheinfels, später Herzog Julius Franz von Sachsen-Lauenburg. General der Kavallerie war Maximilian, Herzog von Baiern, General der Infanterie Herzog Friedrich von Württemberg. Als Generalmajors zu Pferde waren ernannt: Herzog Johann Georg von Sachsen-Eisenach und Markgraf Christian Ernst von Brandenburg, als Generalmajors zu Fuß die Herren von Leyen und von Stauff. An Stelle des Herzogs von Eisenach trat in der Folge der Graf Gustav Adolf von Nassau-Saarbrücken.

Diesem bedeutenden Heere und den großen Zurüstungen gegenüber blieb Ludwig XIV. dennoch seinem Plane treu. Er stellte jetzt drei große Armeen ins Feld. Die erste unter des Königs Führung bildete die Reserve, die beiden anderen wurden von Condé und Turenne befehligt. Die Armee Condés sollte in Flandern gegen die Holländer fechten, Turennes Truppen waren gegen Deutschland bestimmt. In Burgund focht der Herzog von Navailles gegen den Prinzen von Vaudemont, den Statthalter des Herzogs von Lothringen. Nach Abhaltung eines Kriegsrathes zu Versailles sollten außerdem 30,000 Mann die Seeküsten vertheidigen. Der Prinz von Condé sollte nach Flandern gehen und mit 25,000 Mann zum Marschall Bellefont stoßen, der die Truppen aus den Städten an sich gezogen hatte.

Turenne erhielt Ordre, in die Pfalz zu rücken, er zog die in Lothringen und Elsaß befindlichen Truppen an sich. Navailles operirte in Burgund. Das ganze Heer des Königs sollte 300,000 Mann stark sein, was indessen wol übertrieben erscheint. Während Navailles in Burgund kämpfte, rückte der Prinz von Condé am 26. Mai vor Tongern und stand am 26. mit 40,000 Mann bei Gemblaux. Das Hauptquartier der Kaiserlichen war am 20. Mai zu Eschweiler.

Bournonville und de Souches vereinten sich und beschlossen nach dem in Düren abgehaltenen Kriegsrathe, daß Bournonville von Frankfurt aus, wo er seine Truppen sammelte, sich mit denen des Herzogs von Lothringen in der Pfalz verbinden solle. Letzterer brach deshalb am 10. Juni mit dem Grafen Caprara von Straßburg auf.

— 264 —

Sobald Turenne hiervon Kunde erhielt, beschloß er diese Verbindung zu hindern, ließ bei Philippsburg eine in drei Tagen gefertigte Brücke schlagen und brach mit seinen Truppen, meist Reiterei, am 12. Juni von Hochfeld auf. Unterwegs zog er noch Sukkurs an sich, nahm auf dem Marsche das Gehöft Bruchhausen und lagerte Nachts bei Hockenheim. Am 15. Juni stand er bei Wisloch. Am folgenden Tage bemerkte er während des Vormarsches, daß die Kaiserlichen den Elsensfluß passirten, um sich bei Sinzheim zu setzen. Turenne hatte in fünf Tagen siebzehn geographische Meilen mit seiner Armee zurückgelegt und befand sich jetzt der etwa 10,000 Mann starken kaiserlichen unter dem Herzoge von Lothringen gegenüber. Die Franzosen waren 5000 Mann zu Pferde, 2000 Mann Infanterie, 1500 Mann gemischte Truppen und 400 Dragoner stark. Die Kaiserlichen hatten vor ihrer Fronte das breite, von der Elsens durchströmte Thal, rechts eine befestigte Abtei, links die steilen Hügel. Die Generale Sesau und Hoquincourt griffen den Fluß passirend an, nahmen schnell die Gärten, Weinberge ꝛc. und trieben die in der Abtei befindliche Besatzung heraus. Das Treffen wurde nun hitziger. Turenne hatte in seiner Schlachtlinie ein zweites Treffen, Pelotons von Infanterie zwischen die Kavallerie gestellt, eine Anordnung, welche sich sehr bewährte und die Angriffe der kaiserlichen Kürassiere zurückwarf. Das Treffen löste sich nun in eine große Zahl einzelner Gefechte auf und endete mit dem Rückzuge der Deutschen in einen Wald, der sie vor gänzlicher Vernichtung rettete, da Turenne es nicht

Nach der Schlacht bei Sinzheim.

wagte, Reiterei nachzusenden, die Infanterie aber zu erschöpft war, um noch weiter etwas zu unternehmen. 1650 Mann büßten die Kaiserlichen an Todten und Verwundeten ein, die Verluste der Franzosen waren noch größer.

In den Niederlanden kämpfte Condé gegen den Prinzen von Oranien und lieferte ihm am 11. August eine für beide Theile unentschiedene Schlacht.

Während dieser Ereignisse hatte Turenne seinen Zug in die Pfalz angetreten. Der Marsch der Franzosen ward durch Plünderung, Brand und Verwüstung bezeichnet. Sie verfuhren mit solcher Wildheit, daß der vor Schmerz über den Jammer seines Landes fast zur Verzweiflung gebrachte Kurfürst Karl Ludwig den Marschall Turenne zum Duell herausforderte. Turenne schickte die Ausforderung an Ludwig XIV. der ihm erlaubte, darauf zu antworten, aber sie anzunehmen verbot. In jener Antwort entschuldigte sich Turenne damit, daß die Nachrichten übertrieben seien, er werde jedoch die Uebelthäter mit dem Tode bestrafen lassen.

Es ist zu bemerken, daß man dem Marschalle vieles in Anrechnung gebracht hat, an dessen Ausführung er unschuldig war. Freilich muß die lässige Handhabung der Disciplin stets dem Oberkommandirenden zur Last gelegt werden, aber in jenen Zeiten war der begabteste Führer nicht im Stande, die rohen Scharen seiner Krieger von den abscheulichsten Gewaltthätigkeiten abzuhalten. Rauben, Plündern und Brennen waren mit der Kriegführung jener Tage eng verbunden, sie gehörten zum „Siegeszuge" und wir haben schon bei Gelegenheit der Schilderungen des schwedisch-polnisches Krieges gesehen, daß die Soldaten unseres Kurfürsten sich ebenfalls nicht eines guten Rufes erfreuten. Endlich hat man nicht selten die Verheerung der Pfalz im Jahre 1674 mit der weit schrecklicheren vom Jahre 1688—89 verwechselt und dem Marschall Turenne, dessen Charakter Grausamkeit fern lag, die späteren Verbrechen Melacs aufgebürdet.

Gegen Turenne zog das kaiserliche unter Bournonville stehende Heer. Der Herzog von Lothringen aber, der die Absicht hatte in Lothringen einzubrechen, ging auf Straßburg. Bei seinem Vormarsche mußte er daher auf Turenne stoßen. Dies geschah bei Sinzheim. Das Treffen war ein sehr hitziges und endete mit dem vollständigen Rückzuge des Herzogs von Lothringen. Während Turenne gegen das Elsaß zog, ging der Herzog zu den Kaiserlichen und vereinte sich mit Bournonville bei Mannheim.

Dieser verstärkte sich durch braunschweigische und andere reichsständische Truppen um Turenne anzugreifen.

Turenne hatte sich zwischen Weißenburg und Lauterburg so stark verschanzt, daß die Alliirten es nicht wagten ihn anzugreifen. Indessen verließ der Marschall seine Stellung, als die Alliirten sich anschickten nach Straßburg zu rücken. Um diese Zeit hatte Bournonville bereits Nachricht von dem Anmarsche des Kurfürsten von Brandenburg. Wenn er die Ankunft desselben abgewartet hätte, so würde Turenne ohne Zweifel eine totale Niederlage erlitten haben, da ihm alsdann über 60,000 Mann entgegengestanden.

Allein Bournonville, der fest darauf gerechnet hatte, den Marschall über den Haufen werfen zu können, wollte die Ehre des Sieges nicht mit dem Brandenburger theilen, griff Turenne allein an und wurde in dem blutigen Gefechte bei Ensisheim, auch Eltzheim genannt, zurückgeschlagen.

So standen die Sachen als der Kurfürst von Brandenburg in die Kriegsereignisse eingriff.

Friedrich Wilhelm war am 2. August mit seiner Gemahlin von Berlin aufgebrochen. Das Heer, welches er auf beinahe 20,000 Mann gebracht hatte, war in zwei Kolonnen, geführt von Derfflinger und Görtzke, schon am 8. und 10. August ausgerückt.

Er führte 20 Geschütze mit vollständiger Bespannung und Bedienung, sowie Train und Bagage mit sich.

Als Kommandeure fungirten: General=Feldmarschall von Derfflinger (68 Jahre alt), Kurprinz Karl Emil, General=Major, 19 Jahre alt, ein liebenswürdiger, feuriger Prinz, Soldat mit Leib und Seele, des Vaters großer Liebling; Prinz Friedrich von Hessen=Homburg, General der Kavallerie; General=Major von Görtzke; General=Major von Lübeke; Prinz August von Holstein=Plön, General=Feldzeugmeister; General=Lieutenant von der Goltz.

Der Kurfürst ging mit seiner Gemahlin über Potsdam und Brandenburg nach Magdeburg, wo Görtzke und Derfflinger mit ihren Truppen den Kurfürsten erwarteten. Zu seinem Stellvertreter und Statthalter der Mark hatte der Kurfürst während seiner Abwesenheit den General=Feldmarschall Johann Georg von Anhalt=Dessau, seinen Schwager, ernannt.

Am 13. August brach der Kurfürst von Magdeburg auf um seiner Armee, welche seit dem vorhergehenden Tage auf dem Marsche war, zu folgen. Am 22. August ging die Armee über die Unstrut und in drei Kolonnen durch den Thüringer Wald. Friedrich Wilhelm hatte seinen Marsch, den früheren Vereinbarungen entgegen, über Magdeburg genommen und ging durch den Thüringer Wald über den Main an den Oberrhein. Am 4. September bezog die Armee das Lager bei Schweinfurt und marschirte am 7. gegen den Rhein vor. Sie bewegte sich in zwei Kolonnen, deren eine der Kurfürst selbst kommandirte. In Neckarsulm stieß der Herzog von Zelle mit dem Reichskontingent zu ihm. Noch während seines Aufenthaltes in Schweinfurt hatten die Spanier, sehr ängstlich durch den Verlust des Treffens bei Senef gemacht, verlangt, der Kurfürst möge wieder zurück und über Cleve nach Brabant marschiren, dies lehnte Friedrich Wilhelm jedoch entschieden ab und rückte über Heilbronn gegen Straßburg vor.

Wie wir wissen war Bournonville, mit dem der Kurfürst in stetem Briefwechsel geblieben, trotz der Gewißheit der nahen Hülfe durch die Brandenburger thörichterweise auf die Herausforderung Turennes eingegangen und am 4. Oktober bei Ensisheim geschlagen worden. Er hatte sich bis nach Straßburg zurückgezogen, woselbst Friedrich Wilhelm, nachdem er den Rhein passirt hatte, nur einige Tage nach jenem unglücklichen Treffen eintraf. Seine Armee kampirte in der Schönau, es wurde allgemein anerkannt, daß sie aus den schönsten Truppen bestünde, welche überhaupt zu sehen waren, so meldet auch Sigismund von Buch*) in seinem Tagebuch. Am 5. fand die Vereinigung

---

*) Dieser Buch ist der Verfasser des berühmten Tagebuches, dessen Original sich im

der Brandenburger mit den Kaiserlichen, Braunschweigern und andern alliirten Truppen statt.

Hatte der Kurfürst im vergangenen Feldzuge schon bittere Erfahrungen in Betreff der Uneinigkeit deutscher Fürsten und Heerführer gemacht, so sollte er noch mehr herabgestimmt werden. Schon die ersten Kriegsberathungen zeigten, daß man kaiserlicherseits nicht geneigt sei, Friedrich Wilhelm eine entscheidende Stimme zu geben, mindestens ward alles versucht, des Kurfürsten Vorschläge zu kreuzen und die abscheuliche Phrase: „Es soll sich an der Ostsee kein neuer König der Vandalen erheben" war bereits als von Wien her importirt allgemein bekannt. Friedrich Wilhelm drang nach Vereinigung der Truppen sofort auf einen Angriff gegen Turenne von Straßburg aus; er wollte eine Batterie auf dem Schwarzachberg, der Turenne sehr gefährdete, wenn ein Gegner ihn besetzt hielt, errichten. Bournonville hatte allerlei Bedenken dagegen, er war dem Kurfürsten nur scheinbar untergeben, hatte auch lediglich das zu befolgen, was ihm der Kriegsrath in Wien gebot und konnte nur dazu beitragen, des Kurfürsten Argwohn gegen den Kaiser zu erhöhen, denn sogar in Bezug auf Verpflegung der Truppen war er ein ärgerliches Hemmniß: er verweigerte dem Kurfürsten, seines Kaisers Alliirten, die Benutzung der Mühlen, weshalb die Brandenburger in Folge von Brotmangel viele Kranke hatten, bis der Kurfürst zwei Mühlen bei Straßburg für schweres Geld miethete.

Um so eifriger drang der Kurfürst auf Beginn der Operationen. Er trug angesichts der vorgerückten Jahreszeit Bournonville auf über die Preusch zu gehen, was auch ohne Belästigung durch den Feind geschah. Turenne wollte sich über den Sohrfluß zurückziehen. Seinen Nachtrab, den sogenannten Arriere= bann, ein Aufgebot von Edelleuten, hatte der Herzog von Lothringen mit Glück angegriffen, die Gelegenheit war günstig. Derfflinger rückte mit dem linken Flügel vor, man war 36,000 Mann stark, also über die Hälfte stärker als Turenne.

Derfflinger wurde in seinem Vorrücken durch den Herzog von Holstein gehindert, der meinte, „es sei gegen die Abrede", da aber die Armee schon in Schlachtordnung stand, so befahl der Kurfürst „drei Schüsse abzufeuern, ver= hoffend, der Feind werde aus seiner Stellung kommen und ein Treffen an= nehmen." Bournonville zeigte hier die größte Besorgniß, daß Turenne wirklich die Schlacht annehmen könne. Er erklärte, daß ein Angriff sehr gefährlich sei, da vor der französischen Fronte Gräben und Gruben gelegen seien. Aber er machte trotz des Kurfürsten Andringen keinen Versuch diese Gräben zu über= brücken. Derfflinger, der voll Ungeduld während dessen rekognoszirt hatte, kam mit der Erklärung zurück, daß die Höhen genommen werden müßten, dann sei es möglich den Feind sehr wirksam zu beschießen. Als der Kurfürst die an= wesenden kaiserlichen Generale um ihre Meinung fragte, war alles gegen einen Angriff, den man nicht für rathsam hielt. Hierauf rief Derfflinger ärgerlich:

Geh. Staatsarchive befindet. Es ist als einzig dastehendes Quellenwerk für das Detail zu bezeichnen.

„Wenn man die Höhen nicht nehmen will, so mag ich mit der Sache nichts zu thun haben" und verließ zornig den Kriegsrath. Die Kaiserlichen verhöhnten ihn noch obenein.

Ueber all diese erbärmlichen Nergeleien und schamlosen Intriguen war es Nacht geworden. Um 4 Uhr morgens meldeten die Posten, daß es im feindlichen Lager lebendig werde und daß die Franzosen marschirten. Sofort ließ der Kurfürst antreten und aufsitzen. Derfflinger, welcher schon früher ausgeritten war, ließ durch den Adjutanten von Köpping melden, daß der Feind im Abmarschiren sei und nur die Arrieregarde zurückgelassen habe. Der Kurfürst ließ die Franzosen durch Kavallerie verfolgen, obwol Bournonville davor warnte, da Turenne sehr „listig sei". Von einem Berge bei Marlenheim aus beobachtete der Kurfürst den Marsch des Feindes. Da aber die brandenburgischen Truppen sich wegen der Enge des Defiles nicht schnell genug entwickeln konnten, so gewann der Feind Zeit eine höchst vortheilhafte Stellung einzunehmen.

Am 12. erhielt man Nachricht daß die Franzosen im Marsche auf Hagenau seien. Es schien jetzt zu einer Entscheidung kommen zu sollen, denn die Alliirten brachen auf, dem Feinde ein Treffen zu bieten, aber schon vor der Ankunft am Gockelsberge erhielt man Kunde, daß Turenne über den Sohrfluß gezogen sei. Er hatte den Fluß in der Front vor sich nebst morastigen Gründen, seinen Rücken deckten stark mit Artillerie besetzte Berge. Daß bei einer solchen Position Bournonville nicht bewogen werden konnte, Turenne anzugreifen, bedarf keiner Erwähnung, die Armee aber litt sehr unter Brot- und Wassermangel.

Friedrich Wilhelm hatte nun zur Genüge erkannt, welcher Mitwirkung er sich durch die kaiserlichen Generale zu erfreuen hatte. Wenn Bournonville sich auch scheinbar fügte, so hintertrieb er die erlassenen Befehle, es schien also das Beste auf eigene Hand Krieg zu führen. Dies setzte Friedrich Wilhelm ins Werk, indem er durch Goltz zunächst das Schloß Wasselheim beschießen und dann mit Sturm nehmen ließ; eine nochmalige Gelegenheit, Turenne, der sich immer weiter gegen die Sohr zurückzog, anzugreifen, ließ Bournonville wiederum vorübergehen. Seine Langsamkeit schadete entsetzlich. Nicht nur, daß sie jede kriegerische Unternehmung hemmte, sie war auch Schuld daran, daß in den Armeen Krankheiten zu wüthen begannen, welche weit größere Verluste erzeugten als dies durch die Waffen bisher geschehen war.

Indessen hatten die Spanier Hülfe verlangt. Der Kurfürst sendete ihnen den Herzog August von Holstein mit 6000 Mann und einigen Truppen Kaiserlicher nach Burgund, wo sie bis Belfort vordrangen, aber, von Bournonville nicht unterstützt, dem anmarschirenden Turenne weichen mußten, der von der Armee Condés 10,000 Mann unter Montauban erhalten hatte. Der General de Souches war in den Niederlanden gerade so nachlässig als Bournonville im Elsaß. Turenne stand also sehr stark da, während in Lothringen der Vicomte de Saulx einen festen Halt mit 14,000 Mann hatte. Diese günstige Situation nützte Turenne sofort indem er auf die Kaiserlichen einrückte. Bei Mühlhausen griff er sie an und trieb sie aus den Quartieren. Die Alliirten hatten hinter der Preusch wieder Stellung genommen. Der Herzog Karl von Lothringen

aber hatte die Armee mit seinen Regimentern verlassen und sich nach den
Vogesen gezogen um Turenne von zwei Seiten anzugreifen. Auch die übrigen
Korps sollten daran Theil nehmen, aber es kam nicht zum Schlagen, sondern
die Winterquartiere wurden bezogen. Die Kaiserlichen lagerten von Ensisheim
bis Belfort, Mümpelgard und Basel, die Brandenburger in und um Colmar,
die Lüneburger in Schlettstadt und Straßburg. Es war so gut wie nichts
geschehen und der Unmuth wuchs unter den Truppen ebenso wie der Mangel
und der Argwohn. Man sprach es offen aus, daß Bournonville mit den
Franzosen unter einer Decke stecke, wollte von geheimen Korrespondenzen, ja selbst
von gewissen Zeichen wissen, die Bournonville den Franzosen machte, um ihnen
von irgend einer Bewegung der Alliirten Kunde zu geben.

Der Kurfürst litt schwer. Einmal nagte der Unmuth über die erbärmliche
Kriegführung an ihm, dann ward er von der Gicht geplagt, endlich aber traf
ihn der furchtbare Schlag, den hoffnungsvollen und geliebten Kurprinzen Karl
Emil am 7. Dezember 1674 zu Straßburg durch den Tod verlieren zu müssen. 1674
Friedrich Wilhelm ward tief dadurch gebeugt. Der zweite Prinz, Friedrich,
schien weder geistig noch körperlich geeignet, die Pläne des Vaters vollenden,
das von ihm Geschaffene erhalten zu können; dann aber war das Ende des
Kurprinzen von so seltsamen Umständen begleitet, daß bei der zwischen den
Söhnen erster Ehe und der Stiefmutter, der zweiten Frau des Kurfürsten, be=
stehenden Spannung die schlimmsten Gerüchte sich Bahn brachen. Wir werden
darauf bei der Schilderung der häuslichen Verhältnisse des Kurfürsten zurückkommen.

Der Rest des Dezember verging unter kleineren Scharmützeln und unter
ängstlichen Beobachten des Feindes. Anfang Januar erhielt man Kunde, daß
Turenne mit 30,000 Mann heranrücke.

Erstürmung des Kirchhofes zu Türckheim durch brandenburgische Dragoner.

Der Kurfürst nahm Stellung zwischen Colmar und Türckheim, am rechten Flügel die Fecht, am linken die Ill. Am Morgen des 10. Januar sah man die Franzosen zwischen den Bergen heranziehen. Es wurde der General Schultz mit einer Abtheilung zum Rekognosziren vorgeschickt, der die ganze französische Armee im Anmarsche fand. Der Kurfürst befahl nun den Angriff mit derfflingerschen und lüneburgischen Truppen. Bournonville hatte Türckheim nicht besetzt, seine Dispositionen waren mangelhaft. Ein Angriff brandenburgischer Dragoner auf den Kirchhof gelang und fügte dem Feinde großen Schaden zu, allein Turenne hatte sofort seine Truppen auf das unbesetzte Türckheim dirigirt und durch dasselbe bringend schlug er den General Werthmüller in die Flucht, dessen Auflösung der General Schultz nicht zu hindern vermochte. Hierdurch von einem Theil der Feinde befreit, gelang es Turenne seine ganze Macht auf die Brandenburger zu werfen. Es waren beide Parteien nur durch den Fechtfluß getrennt. Das Gefecht stand, die Kaiserlichen vermochten nicht mehr Fortschritte zu machen, doch hemmte das Geschütz, namentlich Kartätschfeuer, das Vordringen der Franzosen, da Turenne seine Artillerie nicht zur Stelle hatte.

Der Verlust der Franzosen war größer als der der Deutschen. Um so mehr nahm es Wunder, daß Bournonville darauf drang, über den Rhein zurückzugehen. Die Entrüstung ward eine allgemeine, als er in der That abmarschirte. Selbst seine Untergenerale waren so erbittert, daß mehrere erklärten, nicht mehr unter Bournonville dienen zu wollen. Des Kurfürsten Unmuth war aufs höchste gestiegen. Sein Mißtrauen gegen den Kaiser wuchs, als er erfuhr, daß Leopold mit dem alten Feinde des Kurfürsten, dem Bischof von Münster, verhandle. „Es ist ein schändlicher Zustand", schreibt er; er war dieser elenden Führung müde, dennoch würde er länger ausgeharrt haben, wenn nicht gewaltige Ereignisse ihm die Trennung von den Alliirten zur Pflicht gemacht hätten.

Der schwedische Generalfeldmarschall Karl Gustav von Wrangel. (Porträt.)

XVII. Kapitel.

Einfall der Schweden in Brandenburg.

it dem Treffen bei Türckheim, bei welchem die Brandenburger redlich ihre Schuldigkeit gethan hatten, wo auch Derfflinger verwundet worden war, hatte der Feldzug faktisch sein Ende erreicht. Zwar bestanden die kurfürstlichen Truppen noch einmal ein Gefecht unter Oberstlieutenant von Sydow, wobei sie die Angriffe der Franzosen energisch abwiesen, diese verfolgten und mit Hülfe der Regimenter von Mörner und von Printz den Feind fast aufrieben, allein diese Erfolge konnten doch nur vorübergehende, für das Ganze bedeutungslose genannt werden.

Vom 10. Januar ab begannen die Märsche in die Winterquartiere. Am 13. und 14. war Böningheim das Hauptquartier, dann Marbach, Plüderhausen, Schwäbisch Gmünd, Aalen 2c., bis die Armee am 31. Januar Schweinfurt erreichte, wo man Halt machte.

Aber schon auf dem Rückmarsche von Colmar, bei seinem kurzen Aufenthalte in dem Städtchen Erstein, hatte der Kurfürst von dem Statthalter seiner Marken, dem Fürsten Georg von Anhalt=Dessau, die ersten Meldungen von dem Ausbruche des neuen Unheils erhalten, welches ihn und seine hartgeprüften Länder überzog. Die Schweden waren am 15. Dezember 1674 vom bremischen Gebiete aus in das brandenburgische gerückt und hatten die Uckermark besetzt. Diese Bewegungen der Schweden fanden durch französische Intriguen statt. Im großen und ganzen hatten dieselben den Hauptzweck, den Kurfürsten von jeder ferneren Betheiligung an dem Kriege gegen Frankreich abzuhalten.

Es ist außer allem Zweifel, daß die schwedische Nation kein Verlangen trug, mit dem Kurfürsten Krieg zu beginnen, aber die Parteien des Hofes brachten, durch die französischen Agenten aufgestachelt, vielmehr gedrängt, es dennoch zu einer Entscheidung durch die Waffen. An der Spitze der französisch Gesinnten stand Magnus de la Gardie, an der Spitze der für Deutschland, d. h. Oesterreich handelnden, Björnklau. Frankreich hatte in Stockholm durch Geld sich eine Stellung errungen. Es zahlte Pensionen und Subsidien an die schwedischen Großen, welche zum Theil ganz im französischen Interesse arbeiteten; freilich thaten sie, so lange die Nothwendigkeit nicht gebieterisch an sie herantrat, sehr wenig, und hielten die Neutralität für das beste, auch bangte ihnen allen, selbst dem jungen Könige Karl XI., vor einem Kriege mit dem Kurfürsten, dessen Muth und Erfahrung bereits hoch gefürchtet waren, außerdem besorgte man dänische Einmischung und endlich — scheute alles die Kosten, man wäre gar zu gern neutral geblieben und hätte dabei doch französische Subsidien genommen. Allein dies wollte nicht glücken, obwol es schon einige Male geglückt war.

Der Kurfürst Friedrich Wilhelm machte den Strich durch die Rechnung. Er erklärte sich für den Krieg gegen Frankreich. Jetzt forderte Ludwig XIV. den Beistand der Schweden, um Friedrich Wilhelm von dem Feldzuge abzuhalten und ließ zugleich wissen, daß er nur dann noch Subsidien zahlen werde, wenn die Schweden „etwas dafür thun würden". Alles Zaudern, aller Widerwille gegen einen Einfall in die Marken war nutzlos und mußte überwunden werden. Frankreich drängte schrittweise die Schweden zum Kriege und drohte mit Aufhebung der Zahlungen, gab auch statt der geforderten 600,000 Thaler nur 400,000 und erklärte den Kurfürsten von Brandenburg für einen höchst undankbaren Mann.

Die Schweden ließen sich keine Mühe verdrießen, den Kurfürsten von dem Kriege abzumahnen, betrieben auch, um Kosten zu vermeiden und dennoch die Subsidien zu schlucken, die Rüstungen, zu denen Frankreich trieb, sehr langsam, obgleich sie im Bremenschen Truppen stehen hatten.

Der schwedische Gesandte Wangelin wendete alle Künste an, den Kurfürsten zum Aufgeben seiner Kriegspläne zu bewegen, und als Friedrich Wilhelm von Berlin aufbrach, blieb Wangelin bei dem Hauptquartiere, unablässig dem Kurfürsten mit Abmahnungen und Rathschlägen in den Ohren liegend, bis dieser, ohne auf die Bitten zu achten, den Rhein überschritt. Erst da verließ der Schwede die Brandenburger. Die schriftlichen Mahnungen des Schwedenkönigs hatten ebenso wenig Erfolg bei Friedrich Wilhelm als der Hinweis Karls XI. auf die zur Aufrechterhaltung des Friedens aufgestellten Truppen und auf das Bündniß Schwedens mit Frankreich. Letzteres überwachte alle Schritte der Schweden. Der französische Gesandte wohnte der Einschiffung der Truppen bei und kontrollirte dieselben vollständig, um je nach der Zahl die Höhe der Subsidien zu bestimmen.

Die Vorwände, welche Schweden nothgedrungen brauchte, konzentrirten sich namentlich in einem Punkte, und zwar dahin, daß der Kurfürst das erst vor kurzem geschlossene Bündniß gebrochen habe; dagegen machte Friedrich Wilhelm geltend, durch die Krankheit des Rathes von Brandt sei die Anzeige von dem Entschlusse des Kurfürsten, gegen Frankreich ziehen zu wollen, verspätet worden. Es war selbstverständlich, daß diese Entschuldigung nicht angenommen wurde.

Die schwedische Armee, welche im Dezember die Brandenburger heimsuchte, bestand aus 15,000 Mann unter dem Generalfeldmarschall Karl Gustav von Wrangel, dem Sohne des Feldmarschalls Heinrich von Wrangel († 1644), der für einen trefflichen General galt, im dreißigjährigen Kriege mit Verdienst gefochten, in der Schlacht bei Warschau vor den Augen des Kurfürsten sich ausgezeichnet und den Ruf eines wohlwollenden Mannes erworben hatte.

Er verehrte den Kurfürsten Friedrich Wilhelm hoch, und es ist richtig, daß er, mit Widerwillen den Krieg gegen Brandenburg beginnend, alles gethan hat, dem Lande die Leiden des Feldzuges zu ersparen. Uebrigens war der 62 Jahre alte General — er führte den Titel Feldherr — wie ehemals Torstenson schwer von Gicht und Steinleiden heimgesucht und mußte zumeist in einer Sänfte dem Heere nachgetragen werden.

Der unter ihm kommandirende Generallieutenant Woldemar von Wrangel war sein Bruder und zeigte sich nicht so leutselig als Karl Gustav, wozu freilich die fortwährenden Hetzereien des französischen Gesandten Marquis de Vitry wesentlich beitrugen. Woldemar Wrangel huldigte der Ansicht, daß der Kurfürst nur durch Verheerung seiner Länder von der Allianz gegen Frankreich loszumachen sei. Die gesammte schwedische Armee war vortrefflich ausgerüstet und namentlich die Kavallerie so glänzend equipirt, daß sie jeden Vergleich mit der französischen aushalten konnte.

Der Statthalter in den Marken, Johann Georg von Anhalt-Dessau, hatte den General Wrangel bei dessen Ankunft in Wolgast sehr freundlich bewillkommnet. Er wurde aber bald unterrichtet, daß die Schweden in der Mark überwintern wollten, auch erfolgte der Vormarsch gegen die Uckermark offenbar, um auf den Kurfürsten zu wirken und die Subsidien zu erhalten, welche die Franzosen erst zahlten, als die Schweden wirklich vorrückten. Da aber Friedrich Wilhelm durchaus keine Anstalt zur Heimkehr machte, erklärte Wrangel, „er müsse aus Mangel an Proviant in den Marken bleiben", rückte in die Uckermark, lagerte bei Prenzlau und verlangte, unter Zusage bester Mannszucht, die nöthigen Provisionen an Lebensmitteln für seine Truppen. „Er müsse", schrieb er, „leider so verfahren, so lange der Kurfürst gegen das mit Schweden verbundene Frankreich sei, denn die Franzosen dürften zum Heile der Evangelischen nicht aus Deutschland getrieben werden. Uebrigens werde er sofort die Mark räumen, wenn der Kurfürst aus dem Elsaß zurückkehre".

Es mag wol hauptsächlich durch Karl Gustav von Wrangels fortwährende Kränklichkeit herbeigeführt worden sein, daß die schwedische Disciplin sich lockerte und die Bewohner der Marken den Einmarsch der Schweden drückend genug empfanden. Indessen war es vorläufig noch erträglich genug gegangen. Schwer litten nur die Städte. So mußte Krossen binnen drei Monate die Summe von 3000 Thaler aufbringen; fast überall befestigten sich die Schweden mit Hülfe der Einwohner. Wrietzen, Freienwalde waren ausgesogen und die Offiziere an der Tafel des Generals von Dalwig äußerten, „daß sie sich trefflich und wacker im brandenburgischen Lande ausmästeten".

Mann und Pferd erhielten täglich 2 Pfund Brot, 2 Pfund Fleisch, 2 Quart Bier, 1 Gran Salz, 1/4 Hafer, 3 Pfund Heu und Stroh. Es ging in den Städten noch leidlich zu und mindestens konnte hier rohen Ausbrüchen entgegengewirkt werden. Aber auf dem flachen Lande begann die alte, aus den Zeiten des dreißigjährigen Krieges bekannte Rohheit sich wieder geltend zu machen. Raub und Plünderung, Gewaltthaten aller Art waren an der Tagesordnung und die vor der Soldateska flüchtenden Einwohner fanden ihre Besitzungen meist zerstört, wenn sie heimkehrten.

Allerdings hatte der Statthalter dafür gesorgt, daß bei dem Anrücken der Schweden Vertheidigungsmaßregeln getroffen wurden, allein sie konnten nur verhältnißmäßig schwache sein. 1200 Mann waren aus dem Halberstädtischen zur Vertheidigung nach Berlin berufen, im ganzen hatte man mit der daselbst stehenden Leibgarde des Kurfürsten 5000 Mann unter dem Obersten Gouret. 1200 Dragoner wurden nebst 200 Reitern des Herzogs von Croy von Preußen und das Regiment Spaen von Cleve aus nach der Mark beordert, auch schrieb der Statthalter Werbungen aus, wie er zugleich die Bürger wehrhaft machte.

Indessen nahmen die Klagen über die Excesse der Schweden täglich zu. Der Kurfürst erhielt die schlimmsten Nachrichten. Es war für ihn unmöglich wirksame Hülfe zu leisten, mußte er doch erfahren, wie seine Truppen in den Marken überall zurückgeschoben wurden, wie Wulfen in Landsberg verfuhr, daß General Mardefeld die Havel bei Zehdenick passirte und bis gegen Berlin streifte, während Plantin nach Havelberg und Ruppin ging. Ueberall befestigten sich die Schweden, legten Magazine an und schienen sich für lange Zeit einrichten zu wollen.

Kehren wir zu dem Kurfürsten zurück, so müssen wir über die Festigkeit und Ausdauer des großen Mannes staunen, der inmitten so vielen Unglücks, welches den Menschen und den Fürsten betroffen, der Gefahr kühn in das fahle Antlitz schaute; ja, wie es stets das sichere Zeichen für die Größe des Charakters ist: seine Entschlossenheit und Zuversicht wuchsen mit dem Vorschreiten jener Gefahren und als die Kunde vom Einfalle der Schweden ihn traf, rief er prophetisch aus, „um so besser, dies ist eine willkommene Gelegenheit ihnen das ganze Pommern abzunehmen".

Sicherlich stand schon jetzt der ganze riesige Plan bei ihm fest, nach welchem er **allein** den starken Feind vernichten wollte. Gewandt und vorsichtig verbot er dem Statthalter, den Schweden offenbar feindselig entgegen zu treten, noch waren sie ihren Versicherungen nach ja Freunde! Im geheimen sollte der Statthalter mit ihnen wegen Kontributionen verhandeln, den Städten ward verboten Widerstand entgegen zu setzen, wenn man ihre Thore öffnen wollte. Durch dieses an sich kluge Verfahren ward freilich der Kurfürst den Alliirten ver=

dächtig und die Franzosen suchten den Verdacht aufrecht zu erhalten, als verhandele der Kurfürst heimlich mit Frankreich und Schweden, was Wrangel dadurch zu unterstützen suchte, daß er alle offene Feindseligkeit militärischer Art verbot.

Friedrich Wilhelm führte seine Truppen in die Winterquartiere nach Franken, sie dort ruhen zu lassen. Dieser Marsch brachte Wrangel auf die Vermuthung, daß der Kurfürst gesonnen sei, die Alliirten zu verlassen, und er gab dieser Ansicht dadurch Ausdruck, daß er erklärte, „die Mark räumen zu wollen, denn er habe von Seiten des Kurfürsten wol keinen feindlichen Schritt gegen Schweden zu besorgen". Diese Aeußerung entsprach dem schwedischen Hochmuthe, der noch immer auf die Thaten der Armee Gustav Adolfs pochte und nicht an die Möglichkeit eines Angriffs durch den Kurfürsten zu glauben vermochte.

Während die Truppen in den Winterquartieren lagen, schickte der Kurfürst sich an, bei den Verbündeten die nöthigen Schritte zu thun um Hülfe zu erlangen. Ob er sich in der That von diesem Vorgehen viel versprach, bleibt dahingestellt. Ruhmlos und unglücklich hatte der zweite Feldzug gegen Frankreich geendet, er war thatsächlich im Sande verlaufen, Friedrich Wilhelm hatte die Erbärmlichkeit, die Zerfahrenheit der deutschen Zustände, die Scheelsucht und lächerliche Gespreiztheit der sogenannten Vertheidiger Deutschlands kennen gelernt — konnte er von solchen Leuten etwas hoffen?

Allein es lag einmal in der Nothwendigkeit, sich nicht allzuschnell von der Allianz zu trennen, dann aber auch in der vom Kurfürsten geplanten Politik. Es war bei ihm feste Ueberzeugung geworden, daß er gegen die Schweden glücklich sein werde. Verließ er allzufrüh seine Alliirten, so zog Wrangel sich sofort aus den Marken, die Gelegenheit mit dem Feinde blutig abzurechnen, einen Krieg mit ihm zu beginnen, der eine Entscheidung herbeiführen, dem Kurfürsten Pommern ganz und für immer überliefern mußte, wäre dann verloren gewesen. Es ist wahrscheinlich, daß Friedrich Wilhelm durch sein oben angeführtes Verfahren die Schweden sicher machen wollte, daß er sie absichtlich in seinen Landen festhielt, um desto gewisser die Feinde überfallen zu können.

In diesem Sinne schrieb er an den Statthalter, wie sehr er das Geschick seiner geliebten Lande beklage, wie er aber für jetzt nur empfehlen könne, zu dulden. Er habe Hoffnung auf bessere Zeiten, die gerade aus dem jetzigen Elende hervorgehen würden. Es werde so Unerhörtes nicht wieder stattfinden. Die Schweden irrten sehr, wenn sie glaubten, ihn durch ihren Einbruch der Sache der Verbündeten abwendig zu machen und ihn neutral zu halten. Wenn seine Provinzen verwüstet seien, so bleibe ihm nichts übrig als das Leben, doch wolle er lieber dieses aufs Spiel setzen, als die Partei wechseln und ungerächt bleiben; man werde nun einsehen, daß er keineswegs so wankelmüthig sei, als seine Gegner behaupteten. Er vertraue auf die Gerechtigkeit seiner Sache, Gott habe ihn bereits so vielen Gefahren entrissen und seine Gnade werde ihm auch jetzt beistehen, daß er mit Ruhm alle Schwierigkeiten besiege und seine Feinde zum Gespött der Welt mache.*)

---

*) Pufendorf: de rebus gestis Friedr. Guilelm. M. T. XII. 66.

Bei aller Frömmigkeit und Gottergebenheit, welche aus diesem Briefe spricht, leuchtet doch aus demselben zugleich eine Siegesgewißheit hervor und die im Hintergrunde stehenden Pläne werden durch eine Hingebung an die Alliirten maskirt, welche er nur gezwungen zur Schau trug. Er hätte am schnellsten der Sachlage ein Ende gemacht, wenn er mit Schweden und Frankreich in Allianz getreten wäre, aber dadurch stellte er sich entschieden unter Schweden; andererseits hielt er zum Kaiser und den Alliirten, weil er nach allen geleisteten Diensten wol die Hülfe der Verbündeten erwarten konnte. „Er müsse", schrieb er, „also bei diesen ausharren, damit er auf ihre Unterstützung rechnen könne". Kamen diese Verbündeten auf sein Bitten ihm nicht zu Hülfe, so konnte er um desto freier handeln, und zu diesem Handeln hatte ihn nicht nur die Aussicht auf größere Erfolge, sondern auch der Zorn über die Zügellosigkeit der Schweden getrieben; eine blutige Vergeltung zu üben, war er entschlossen.

Eifrig betrieb er nun die Verhandlungen. Am kaiserlichen Hofe wurde seine Bitte mit großer Vorsicht aufgenommen. Man traute ihm seit dem Frieden von Vossem nicht und hegte den Verdacht, von welchem schon oben gesprochen wurde, daß er im geheimen mit Frankreich und Schweden verbündet sei, um mit letzterem vereint in Schlesien einzufallen, wo die vielen Protestanten ihm gern die Hand reichen würden. Der Kaiser ließ aber, als die Schweden Miene machten, nach Crossen zu rücken, einige Tausend Mann unter General Cop in Schlesien aufstellen, viel mehr gegen des Kurfürsten und der Schweden gefürchtete Pläne, als zur Sicherung des ersteren. Seine Bitten um Geld, Gewährleistung von Pommern, Einziehung der Commende Sonnenberg, Entschädigung von Seiten Münsters und Köln, schlug man ihm ab und beachtete selbst nicht seine Erbietungen, mit dem Kaiser und Spanien einen Bund schließen und seine Ansprüche auf Jägerndorf aufgeben zu wollen.

„Der Kaiser," hieß es, „habe nichts gegen eine Eroberung Pommerns, allein manche würden meinen, er (der Kurfürst) könne zu mächtig werden, auch könnten die übrigen Alliirten verlangen, an der Beute theilzunehmen. Uebrigens lasse sich der Kaiser auf unbestimmte Zusagen nicht ein."

Wie viel oder wie wenig er von dem deutschen Reiche zu hoffen hatte, war dem Kurfürsten hinlänglich bekannt. Auch wußte er sehr wohl, wie die Fürsten eifersüchtig auf den Ruhm des brandenburgischen Hauses und wie gehässig sie unter einander waren.

Eine große Hoffnung setzte Friedrich Wilhelm auf Holland und Dänemark. Er ließ erst durch Schwerin mit dem Prinzen von Oranien verhandeln, dann, nachdem die Einrichtung der Winterquartiere in Franken nach endlosen Verhandlungen mit den Territorialfürsten vollendet war, brach der Kurfürst am 23. Februar von seinem Hoflager auf und ging nach Cleve, um dort mit dem Prinzen von Oranien eine Unterredung zu haben. In Kassel begrüßten ihn die Landgräfin Sophie Hedwig, Landgraf Karl, die Prinzessin von Hessen=Homburg. Am 8. März traf er in Cleve ein und am 10. erschien daselbst der Prinz von Oranien. Die Zusammenkunft verlief indessen ohne bestimmtes Resultat. Der Prinz gab zwar erneute Versicherungen seiner Freundschaft für den Kurfürsten, verhandelte mit ihm auch über einen Operationsplan, beide konnten jedoch auch darüber nicht schlüssig werden, weil sie der Zustimmung der anderen Bundesgenossen nicht gewiß waren. Man mußte erst den Erfolg der Unterhandlungen abwarten, die im Haag unter Mitwirkung der Minister aller bei dem Unternehmen betheiligten Mächte geführt und fortgesetzt werden sollten.

In Wien war man, nach den Berichten des brandenburgischen Gesandten von Krockow, nicht allgemein günstig für den Kurfürsten gestimmt. Seine Truppen hatten die Güter vieler Herren vom Reichshofrathe, deren Besitzungen in Franken und Schwaben gelegen, nicht gehörig respektirt, Montecuccoli war gegen einen Feldzug wider Schweden, die oben angeführte Besorgniß vor einem Bündnisse des Kurfürsten mit Frankreich trug das ihrige ebenfalls bei, mißtrauisch zu machen, wir haben erzählt, wie der Kaiser den Vorstellungen Friedrich Wilhelms entgegentrat. Aber die Ansichten des Kaisers und seiner Räthe änderten sich, als die Schweden wirklich die schon länger gehegten Pläne ins Werk setzten, nämlich von der Neumark aus in Crossen einzubrechen. Wenn sie bei ihrem Vordringen gegen Schlesien beharrten, so konnten sich leicht die Ereignisse von 1643 wiederholen, die Widerstandsfähigkeit der kaiserlichen Armeen war nicht allzu groß und man beeilte sich deshalb, dem Kurfürsten, der in Cleve war, zu melden, daß die in Cleve stehenden Hülfstruppen auf Kriegsfuß gesetzt und mit den in der Mark angelangten kurfürstlichen Truppen vereint werden sollten. Dies sollte im April stattfinden. Der Ueberbringer dieser kaiserlichen Botschaft, Marchese de Grana, hatte zugleich den Auftrag erhalten sich in den Haag zu begeben, um daselbst an den Verhandlungen über den Kriegsplan theilzunehmen.

Bei diesen Verhandlungen zeichneten sich die brandenburgischen Vertreter Blaspeil und Rauswinkel besonders aus. Ersterer war ein äußerst erfahrener Politiker, dem seine vorsichtige Haltung während der mündlichen Unterhandlungen ein großes Uebergewicht verlieh. Rauswinkel zeichnete sich durch seine Gewandtheit in Geldangelegenheiten aus, welche er sogar mit großem, anerkannten Geschick den Kaufherren von Amsterdam gegenüber vertrat. Trotz dieser unermüdlichen Beihülfe und steter Einwirkung durch Schrift und Hinweis auf die Gefahren, gingen die Verhandlungen im Haag dennoch sehr langsam vorwärts, ja führten zu keinem Resultate, denn die verbündeten Mächte blieben, obwol man die Richtigkeit aller vom Kurfürsten erhobenen Klagen und seine Bedrängniß anerkannte, uneinig wie immer. Der Prinz von Oranien, auf welchen Friedrich Wilhelm so sehr gehofft hatte, wurde durch die Kindsblattern auf das Krankenbett geworfen und konnte nicht Theil an den Debatten nehmen, dadurch wurden die obschwebenden Fragen nicht glatt abgewickelt, sondern vielmehr verwirrt. Der Prinz bat endlich den Kurfürsten, er möge selber in den Haag kommen, sonst werde es nicht zum Besten verlaufen.

Obwol der Kurfürst schwer an seinen Gichtschmerzen litt und mit einer fieberhaften Ungeduld den Verhandlungen im Haag von Cleve aus folgte, ermannte er sich dennoch und ging am 21. April zu Schiffe bis Delft, wo der

Prinz Wilhelm ihn empfing, der von seiner Krankheit zwar genesen, aber noch nicht im Stande war, den Geschäften beizuwohnen. Am 24. traf der Kurfürst im Haag ein.

Die Zustände in der Mark hatten sich während dieser Zeit auffällig und höchste Besorgniß erregend verschlimmert. Die Schweden schienen sich ganz in die Zeiten Baners und Torstensons zurückversetzen zu wollen. Sie plünderten an allen Orten, welche sie mit ihrem Besuche beglückten, und ließen es nicht an Abscheulichkeiten fehlen, wenn es sich um Erpressungen handelte. Schwedische Tränke, Einschnüren des Opfers, Eingraben des Gefangenen in die Erde, selbst Leichenberaubungen kamen oft genug vor und von Gewaltthaten gegen die Frauen war täglich zu berichten. Allerdings darf man den Berichten jener Zeit nicht vollen Glauben beimessen, entsetzliche Gewaltthaten sind wol mehr vereinzelt geblieben, außerdem lag die Rohheit, der Exceß im Geiste der damaligen Kriegführung und die Schweden machten es eben nicht besser oder schlechter als die Brandenburger, auch mag es im Plane der märkischen Führer gelegen haben, die Schweden durch übertriebene Berichte überall verhaßt zu machen.

Doch müssen sie immerhin arg gewirthschaftet haben, denn Karl Gustav Wrangel, der seinem wilden Bruder stets die nachdrücklichsten Verweise zukommen ließ, schrieb von seinem Krankenbette aus: „So lange ich Soldat bin, habe ich solche Gräuel von Christen nicht erlebt." Ueber die eigentlich beschäftigungslosen Soldaten hatten die Führer infolge der entschwundenen Disziplin keine Gewalt mehr.

So wurde z. B. in Bernau durch 16,000 Schweden drei Tage lang Plünderung ausgeführt und 300 Wagen mit Raub beladen, wozu die Einwohner noch 500 Thaler zahlen sollten. Sie gaben aber nur 100 baar und stellten außerdem noch Anerkennungsscheine für 400 Thaler aus.

Ein sehr böses Prinzip war der bei der schwedischen Armee weilende Marquis de Vitry, französischer Gesandter. Er rieth stets zur äußersten Strenge und gab die herrliche Anweisung, man müsse mehr mit Feuer vertilgen, die Dörfer in Brand stecken, nachdem vorher alles geplündert sei. Er selbst soll das Haus in Neuruppin, welches er vom 24. Mai bis 11. Juni bewohnt hatte, in Brand gesteckt haben, nachdem er seinem Quartiergeber 511 Thaler gekostet hatte. Die Schweden mißbrauchten ihr Recht den Quartiergebern gegenüber in ganz unverschämter Weise. Der schwedische Oberst Lieven hatte z. B. 1 Sekretär, 1 Trompeter, 1 Feldscheer, 1 Kammerdiener, 2 Korporale, 3 Trabanten, 1 Hofmeister, 1 Fahnenschmied, 6 Pagen, 1 Koch, 2 Mägde, 10 Knechte und 48 Pferde bei sich.

Solchen Zügellosigkeiten gegenüber mußte die Bevölkerung in Zorn gerathen. Die Befehle des Kurfürsten aus Cleve waren, je nachdem er auf Hülfe der Alliirten oder auf seine baldige Trennung von ihnen hoffte, schärfer oder milder geworden. Er hatte Geld in Holland für Werbungen aufgebracht, um dem schwedischen Unfug in der Mark entgegenwirken zu können. Wie der Statthalter trotz der geringen Mittel bemüht war, eine bewaffnete Macht aufzubringen, haben wir bereits erwähnt.*) Als der Befehl des Kurfürsten aus Cleve eintraf, „denen Schweden, wo sie zu treffen seien, die Hälse entzwei zu schlagen," änderte sich die Sache. Der Statthalter organisirte ein Aufgebot, brachte Ordnung in die Milizen, gab ihnen Offiziere und ließ Reiterpatrouillen bis zur Zahl von 400 Mann im Lande streifen, um den Schweden Abbruch zu thun.

Die Landleute folgten dem Rufe ihrer Gutsherren; sie formirten sich unter dem Befehle jener zu sogenannten Fähnlein. Sie suchten den Schweden auf jede Weise den Aufenthalt in der Mark zu verleiden. Auch die kurfürstlichen Jäger, Förster, Unterförster und Jagdgehülfen wurden aufgeboten, aber ihre Leistungen entsprachen keineswegs den Erwartungen, welche man gehegt hatte. Die Oberförster von Oppen und Lüderitz suchten vergeblich, die zur Vertheidigung des Passes von Oranienburg entbotenen Jäger in ihrer Stellung zu halten. Sie gingen alle davon, „da sie nicht als Spießknechte, sondern als kurfürstliche Jäger angestellt seien". Indessen fanden auch hier viele Ausnahmen statt und die Jäger wurden namentlich in späterer Zeit als Wegweiser gut verwendet.

Am gefährlichsten blieb immer für die Schweden das Aufgebot der Bauern. Diese streiften überall umher, griffen kleinere schwedische Detachements an, schlugen einzelne Patrouillen todt und vernichteten Brücken, stachen Dämme durch rc. Die Altmärker zeichneten sich besonders aus; einzelne ihrer Scharen, welche u. a. von dem Landeshauptmann Achaz von der Schulenburg geführt wurden,

Bauernaufgebot in den Marken.

hatten sogar Fahnen mit schwarzen Stangen und weißen Fahnentüchern, auf letzteren den brandenburgischen Adler in einem mit rothen Beeren gezierten

---

*) Johann Georg von Anhalt war des Kurfürsten Schwager durch seine Verheirathung mit Henriette Katharina von Oranien. Er war der Vater des alten Dessauer; 1670 zum

Lorbeerkranze, mit Szepter und Kurhut. Links oben F, rechts oben W. Die Inschrift sagte: „Wir Bauern von geringem Guth, Dienen unserem gnädigen Kurfürsten und Herrn mit unserem Blut."*)

Die Bauernschar kam aus dem Waldbruche, der Dräuling genannt, bei Gardelegen. Allerdings konnte sich die Hülfe der Märker nur darauf beschränken, den sogenannten „kleinen Krieg" mit den Schweden zu führen. Einmal weil sie nicht den regelmäßigen Truppen derselben gewachsen waren, dann aber auch, weil die Schweden bisher nur im Lande umhergestreift waren, ohne offizielle Akte von Feindseligkeit zu unternehmen. Sie wagten freilich in dieser Beziehung viel und prahlten mit ihrer Dreistigkeit förmlich; so geschah es denn auch, daß eine Schar ihrer Offiziere eine Jagdpartie bis unter die Mauern Berlins vornahm, was ihnen jedoch übel bekam, denn die Berliner machten einen Ausfall und griffen sich vierzehn Offiziere als Gefangene.

Aber die offenbaren Feindseligkeiten sollten gegen Ende Mai beginnen. Da Wrangel in dem erschöpften Hinterpommern und in der Neumark nichts mehr fand, rückte er in die Altmark und das Havelland mit seinem bei Stettin gesammelten Heere. — Am 10. Mai passirten die Schweden die Oder und griffen mit 3000 Mann Infanterie und 8 Geschützen das Schloß Löcknitz an, welches an der Straße Stettin-Hamburg gelegen war. Es bedurfte einer vollständigen Belagerung mit Laufgräben 2c., um das Schloß zu gewinnen, dessen Vertheidigung der Oberst Götze leitete. Nachdem die Schweden das Geschütz der Festung zum Schweigen gebracht hatten und den Sturm beginnen wollten, übergab Götze das Schloß gegen freien Abzug der Garnison. Allein der Kurfürst nahm diese Kapitulation sehr ungnädig auf, ließ über Götze Kriegsgericht halten und bestätigte den Spruch desselben, nach welchem Götze zum Tode durch die Kugel verurtheilt und 1676 zu Berlin erschossen wurde.

Gleich ungehalten war der Kurfürst auch über die schon erwähnte Vertheidigung des Oranienburger Passes durch die Jäger.

Am 2. Mai hatten die Schweden bereits die Pässe von Oranienburg, Fehrbellin und Cremmen in Händen. Sie waren in das Havelland gerückt, wo der General Woldemar Wrangel zwischen Pritzerbe und Brandenburg postirt wurde. Karl Gustav Wrangel selbst ging nach Havelberg, welches der Oberstlieutenant Nickel besetzt hielt, der sich aber nach Werben zurückzog, die Werbener Schanze verstärkte und von da aus gegen die Schweden verschiedene sehr glückliche Ausfälle machte. Ein Versuch, Spandau zu überfallen, mißglückte den Schweden total. Dadurch wurden sie auch abgehalten, sich auf Berlin zu werfen, woselbst man schon alle Vorbereitungen zur Abwehr getroffen, auch die Gemäldegalerie, die Kunstkammer und sonstige Kostbarkeiten nach Spandau geschafft hatte.

In Havelberg hatte Wrangel, der, von einer Schwadron Dalekarlier begleitet, am 12. Juni daselbst ankam, das Westermannsche Infanterieregiment und 1500 kommandirte Reiter unter Befehl des Generalmajors von Panting

brandenburgischen Feldmarschall ernannt. Ein kenntnißreicher, treuer und energischer Mann. An ihn ist der später folgende Brief des Kurfürsten nach der Schlacht von Fehrbellin.

*) In der Kirche von Dannenfeld wird noch ein Exemplar dieser Fahnen aufbewahrt.

gefunden. Die jetzt zusammengezogenen Schweden hausten ärger, als alle früheren Truppenabtheilungen in der Mark. Es fanden namentlich viel Brände in dieser Zeit statt, Plünderungen und alle anderen Ruchlosigkeiten waren den Soldaten erlaubt oder wurden doch nicht durch die Vorgesetzten verhindert. — Die von den Schweden besetzten Plätze wurden, wie gesagt, gleich befestigt. So ward Fehrbellin mit Gräben, Pallisaden und Schlagbäumen versehen.

Daß die Stimmung der Märker unter diesen Verhältnissen eine sehr trübe war, ist begreiflich. Allgemein war der Unwille darüber, daß der Kurfürst nicht herbeikam, den Feind zu vertreiben. Diese in großer Erregung befindlichen Leute — Adel, Bürger und Bauern — vermochten nicht einzusehen, daß der Kurfürst sich zunächst der übrigen Mächte zu versichern hatte. Von schwedischer Seite wurde das Zögern Friedrich Wilhelms benutzt um die Nachricht zu verbreiten, „der Kurfürst sei gestorben," was allerdings an vielen Orten geglaubt wurde.

Der von allen Seiten in Anspruch genommene Kurfürst war unterdessen im Haag angekommen, wo er eine ungeheure Arbeit vorfand. So sehr man auch von der Nothwendigkeit, daß Brandenburg geholfen werden müsse, überzeugt war und einen Krieg gegen Frankreich und Schweden beginnen wollte, so weit blieb man mit der Ausführung zurück. Der Kurfürst fand außerdem, daß die Ansichten der Fürsten keineswegs mit den seinigen übereinstimmten.

Allerdings war man darin einig, daß der schwedische Einfall in die Länder des Kurfürsten als ein Friedensbruch angesehen werden müsse, aber über die Art, in welcher diesem Bruche und seinen Folgen mit den Waffen in der Hand entgegengetreten werden sollte, erhoben sich allerlei Bedenken, und die Zerfahrenheit der deutschen Kleinstaaten zeigte sich hier wieder in ihrer ganzen Nacktheit.

Es war Schweden gelungen, den Herzog Georg Wilhelm von Celle dazu zu bewegen, in eine Versammlung des niedersächsischen Kreises zu willigen, auf welcher das Erzstift Bremen neutral erklärt werden sollte. Dadurch mußte Schweden einen trefflichen Sammelplatz für seine Armeen erhalten, die auch leicht von dort aus an die Weser und selbst bis Holstein geworfen werden konnten. Gegen diesen Beschluß war von Seiten der Alliirten nichts zu unternehmen, da Schweden nach der bestehenden Kreisverfassung wegen seiner Besitzungen in Bremen das Recht hatte, sich an den Ausschreibungen für den Kreistag zu betheiligen.

Es gehörte die ganze Spannkraft eines Geistes, wie er Friedrich Wilhelm innewohnte, dazu, um diese vielfachen Spaltungen zu schließen. Während der ganzen Verhandlungen im Haag war der Kurfürst die Seele derselben. Sein feuriges Wort sowol als die große geistige Ueberlegenheit, welche er bei Feststellung des Kriegsplanes geltend machte, trugen einzig und allein zu der Gewinnung eines Resultates bei, und es ward jedem Beobachter zur entschiedenen Gewißheit, daß Friedrich Wilhelm es war, an dessen gewaltiger Erscheinung die übrigen Fürsten sich emporrichteten, der ihnen jene Sicherheit zu geben wußte, welche allein das Gelingen großer Entwürfe verbürgt. Niemand, der ein Urtheil über die Verhältnisse des deutschen Staates abzugeben vermochte, leugnete es, daß schon zur Zeit der Haager Konferenzen dem brandenburgischen Kurfürsten die erste Stelle unter des Reiches Häuptern gebühre.

Es lag in des Kurfürsten Interessen und Wünschen, die militärischen Operationen der Alliirten dadurch beginnen zu lassen, daß seinem Heere die braunschweigischen Hülfstruppen einverleibt wurden. Er stieß aber hier auf so hartnäckigen Widerspruch von Seiten des Kaisers, Spaniens und der Niederlande, daß er nachgeben mußte, doch that er dies nur unter der Bedingung, daß die Alliirten den König von Dänemark zu einer Aktion gegen Schweden veranlaßten. Geschehe dieses nicht, so wolle der Kurfürst das Recht haben, die Truppen der Braunschweiger an sich zu ziehen. Man ging darauf ein, auch verwarf man die Neutralitätsforderungen der Herzöge.

Auch auf die Mitwirkung der Flotten hatte der alles berechnende und erwägende Kurfürst Rücksicht genommen. Der Kurfürst hatte diese Gelegenheit benutzt, um seinem langgehegten Wunsche, die brandenburgische Flagge auf der See entfalten zu können, Genüge zu thun. Er gab an den Kapitän Benjamin Raule Befehl, Kaper gegen die schwedischen Schiffe auszurüsten. Der Oberst Simon de Bolzee erhielt Auftrag, ein Regiment von 600 Marinesoldaten auszurüsten. Bei den Rhedern von Seeland bestellte er drei Fregattenausrüstungen, ein Flüütschiff und zwei Schoner. Durch Ankauf erwarb er von der holländischen Regierung drei andere Fregatten und in Königsberg wurden zwei Schiffe ausgerüstet, so daß die brandenburgische Flotte in Stärke von zwanzig Segeln in See gehen konnte.

Waren nun auch die im Haag Versammelten durch des Kurfürsten Einfluß in Hinsicht der Pläne unter einen Hut gebracht worden, so blieb aufs neue die Ausführung hinter den Erwartungen Friedrich Wilhelms zurück. Es war freilich beschlossene Sache, die beiden Mächte, welche seit langer Zeit in allen Sachen Europas die Entscheidung herbeigeführt und ihre politische sowie militärische Ueberlegenheit in der drückendsten Weise geltend gemacht hatten, aus deutschen Gebieten zu vertreiben, aber die Ausführung dieses Plans bot noch größere Schwierigkeiten als dessen Entwurf und Annahme. Ein Theil der deutschen Mächte, Holland, Spanien, Dänemark, wollten Krieg gegen Frankreich allein, andere wieder verlangten, daß nur Schweden bekämpft werde. Dieses fortwährende Schwanken gab den Franzosen und Schweden die Gewißheit des Sieges.

Vitry hatte bereits dem schwedischen Feldherrn Wrangel des Königs von Frankreich Forderungen mitgetheilt, nach welchen die Schweden über die Elbe gehen sollten, um dann die brandenburgischen, zwischen Elbe und Weser gelegenen Lande, Halberstadt und Minden zu okkupiren. Schon war das Vorrücken Wrangels dem Wunsche Ludwigs XIV. entsprechend nach Paris gemeldet worden und man rechnete auf den Beistand Hannovers. Es unterlag nach Vitrys Ansicht keinem Zweifel, daß die Brandenburger von den Schweden geschlagen werden müßten, da ohnehin Wrangel eine vortheilhafte Stellung in Sachsen eingenommen haben werde, ehe noch der Kurfürst mit seiner Armee den Schweden gegenüber stehen könne. Auch auf den Bischof von Münster rechneten die Franzosen.

Es war eine gewaltige Umwälzung aller deutschen Verhältnisse, es war mehr noch, die Unterdrückung alles deutschen Wesens, aller deutschen Macht vollendet, wenn Frankreich und Schweden diese Pläne durchführten, wenn sie die Oberhand behielten. Sie brachten Sachsen unter schwedische Herrschaft und wenn dies geschehen war, dann lag den Armeen Karls XI. der Weg zum Westen offen, wo die gewaltigen französischen Heere bereit standen, um sich mit den Bundesgenossen zu vereinen. Diesen Kolossen hätten die Armeen der deutschen Verbündeten und der Niederlande nicht widerstehen können. Mit ihrem Falle aber hatten die Fremdlinge wol auf lange, lange Zeit hinaus die unentreißbare Oberherrschaft in Deutschland gewonnen.

Es war kein Zweifel mehr, daß diesen Unternehmungen der Feinde nur das kleine Brandenburg als hemmender Stein im Wege lag. Es war leicht zu erkennen, daß von dem Geschicke, welches Friedrich Wilhelm treffen konnte, das Schicksal Deutschlands abhing. Und daß seine brandenburgischen Lande verloren seien, sobald die Schweden den Uebergang über die Elbe bewerkstelligen konnten, das hatte Friedrich Wilhelm sogleich durchschaut und erkannt. Er mußte diesem Elbübergange zuvorkommen, vor allen Dingen die Verbindung Schwedens mit Hannover unmöglich machen.

Daß es ein großartiger und hochgefahrvoller Moment in dem Leben des Kurfürsten, daß er an dem bedeutsamsten Wendepunkt seiner und seines Landes Geschicke angekommen war, bedarf keiner Erörterung, aber es ist wichtig und hochinteressant zu betrachten, wie Friedrich Wilhelm überhaupt in diesem schwierigen Augenblicke dastand. Er war faktisch allein auf sich angewiesen. Die Ausführung der im Haag berathenen und genehmigten Pläne lag noch im weiten Felde. Dänemark hielt noch mit der Erklärung des Krieges an Schweden zurück, da Karl XI. die Hand der Schwester des Dänenkönigs erhalten sollte. Holland und Spanien gingen langsam vorwärts. England zeigte gar keine Neigung sich in die Sachen zu mischen. Zu all diesen für den Kurfürsten unerfreulichen und gefährlichen Dingen kam noch eine andere Gefahr von Polen aus.

Auch hierbei hatte Frankreich wieder seine Hand im Spiele. Ludwig war sogleich, nachdem der Kurfürst sich gegen ihn erklärt hatte, bemüht gewesen, den König von Polen zum Bruche mit Brandenburg zu vermögen. Allein Johann zeigte keine Neigung, sich in kriegerische Verwickelungen einzulassen, da andererseits der Kurfürst sich auf guten Fuß mit Polen zu stellen suchte und, wie wir erzählt haben, dem Könige sogar einige Dragonerkompagnien gegen die Türken zur Hülfe sendete.

Da aber, als die Schweden in die Mark gefallen waren, der Kommandeur jener Dragoner, Hauptmann Hohendorf, seine und seiner Leute Entlassung forderte, nahm Johann das sehr ungnädig auf, kam auch auf allerlei alte Differenzen zurück und versuchte sogar wegen der gegen Königsberg gebrauchten Strenge dem Kurfürsten Vorwürfe zu machen. Hohendorf wurde aufgefordert, 400 Mann seiner Dragoner in Polen zu lassen, welcher Zumuthung der Hauptmann indessen dadurch auswich, daß er erklärte, wenn der König die Dragoner behalten wolle, so könne er sie auch besolden. Nicht ein Mann wurde zurückgelassen und am Ende war der König noch sehr gnädig gegen die abmarschirenden Truppen. Den Schweden gelang es aber dennoch, dem Könige das Versprechen abzunehmen, daß er den brandenburgischen Truppen den Marsch nach Pommern verbieten wolle. Später unterzeichnete Johann sogar einen Vertrag mit Frankreich, demzufolge er versprach, das Herzogthum Preußen sich wieder erobern und an Brandenburg den Krieg erklären zu wollen, wenn er Friede mit der Türkei geschlossen habe. Frankreich wollte dagegen 200,000 Thaler während der Dauer des Krieges an Polen zahlen.

Ein anderer Vorfall machte dem Kurfürsten in seinen Folgen sehr schweren Verdruß, obwol er selbst nicht frei von Schuld zu sprechen ist. Aegidius Strauch war Prediger in Danzig. Wie es leider nur zu häufig während der Zeit politischer Erregung der Fall gewesen war, ließ sich auch jetzt der Pastor Strauch herbei, von der Kanzel herab Politik zu treiben, indem er mittels seiner Reden die Bürger aufforderte, sich unter schwedischen Schutz zu stellen und schwedische Hoheit anzuerkennen. Anfangs nahm der Kurfürst seine Zuflucht zur List. Er suchte durch großes Rühmen der theologischen Bedeutung Strauchs die Hamburger dahin zu bringen, daß sie den ausgezeichneten Redner für ihre Stadt gewannen. Von Schweden aus erfolgte dagegen Strauchs Ernennung zum Professor und Konsistorialrath in Greifswald. Da Strauch durchaus keine Behelligung zu fürchten hatte, indem er mit dem Passe des Statthalters in Preußen versehen reiste, ging er mit dem nächsten Schiffe nach Greifswald in See, wurde aber von einem brandenburgischen Schiffe unterwegs aufgefangen und nach Colberg gebracht, dort indessen von dem Kommandanten, dem die ganze Angelegenheit unbekannt war, sogleich auf freien Fuß gesetzt. Strauch nahm nun den Landweg, allein es überfielen ihn plötzlich einige Dragoner, welche den unglücklichen Prediger nach Küstrin transportirten.

Daß dieses gewaltthätige Verfahren überall die größte Erbitterung erregen würde, hatte der Kurfürst sich vorher sagen müssen. Allein er kehrte sich an die Proteste und Bitten der Danziger ebenso wenig als an die des wüthenden Strauch, der ihn in einem Briefe „den Tyrannen nannte, welcher Pharao gleich ist". Der Kurfürst hielt Strauch bis 1678 in Küstrin gefangen und entließ ihn erst auf die eidliche Versicherung hin, daß Strauch sich an niemandem wegen der ganzen Sache rächen wolle.

Inmitten all dieser Bewegungen stand der Kurfürst ungebeugt durch die mannigfachen Mißerfolge, ohne Unterlaß die großen Pläne fördernd, deren Ausführung er im Sinne hatte. Noch immer schwankten seine Bundesgenossen und zögerten ihre Versprechungen zur That werden zu lassen. Ein entschiedenes und schnelles Handeln war jetzt geboten. Zögerte der Kurfürst noch länger, so bewerkstelligten die Schweden den gefürchteten Uebergang und ihre Verbindung mit Hannover; außerdem mußte der Kurfürst seinen zaghaften Alliirten zeigen, daß nur die That allein, die männliche und entschlossene, dem gefährlichen und alle Kräfte abmattenden Zustande ein Ende machen könne. Er wollte dem Kaiser und Reich den Beweis liefern, was der Entschlossene und seiner eigenen Kraft sich Bewußte dem mächtigen Feinde gegenüber zu leisten im Stande sei. Er hatte gewaltig durch sein Wort gewirkt, jetzt sollte sein Schwert nicht minder schneidig geführt werden. Am 6. Mai verließ der Kurfürst den Haag, seinen Gesandten die Ausführung der diplomatischen Arbeiten überlassend. Am 7. gelangte er nach Antwerpen, wo ihm der enthusiastische Empfang der Bürgerschaft bewies, daß das Volk seine Verdienste wohl zu würdigen verstand. Ueber Utrecht, Cleve, Kassel und Meiningen reisend erreichte er am 28. Mai 1675 Schweinfurt. Seine hier lagernden Truppen begrüßten ihn mit einem so gewaltigen, aus dem Herzen kommenden Jubel, daß der Kurfürst wol die Ueberzeugung gewinnen konnte, er werde mit diesen treuen Leuten mindestens nicht unehrenvoll gegen den Feind streiten.

Auf dem Marsche gegen die Schweden.

XVIII. Kapitel.

Marsch gegen die Schweden. Einnahme von Rathenow.

Vollkommen einig mit sich und fest entschlossen in größter Eile seinem bedrängten Lande zu Hülfe zu kommen, hatte der Kurfürst bereits von Cleve aus an Derfflinger die Weisung gesendet, die Truppen aus ihren Quartieren zu versammeln; er fand daher alles bei seiner Ankunft vorbereitet und am 26. Mai schon konnten die Bewegungen der brandenburgischen Armee beginnen. Es war in der That ein Rachezug, den der Kurfürst antrat. Jeder Schritt, den seine Soldaten vorwärts thaten, brachte dem verhaßten Feinde die Rächer all der Unbill näher, welche er dem fast schutzlosen Lande zugefügt hatte, und wenn es gelang diesen Feind nur einmal empfindlich zu treffen, dann war der Kurfürst seiner Sache gewiß, er begnügte sich alsdann nicht mit der Vergeltung, er konnte einen Siegespreis davon tragen, nach dessen Erringung er schon lange strebte. Ganz Pommern fiel ihm zu, wenn der brandenburgische Adler siegreich über die zu Boden geworfenen Schweden dahinflog.

1675 Am 28. und 29. Mai überschritt man den Thüringerwald und das Hauptquartier ward nach Ilmenau verlegt, um die Ankunft der Kavallerie zu erwarten. Hier erfuhr der Kurfürst mit Bestimmtheit, daß die Schweden auf Rath und Mahnung Frankreichs die Elbpässe zu gewinnen suchten, um gegen die kurfürstliche Armee offensiv zu verfahren. Am 30. Mai verbreitete sich im Lager die Nachricht, daß die Schweden sich Magdeburgs bemächtigen wollten. Die Stimmung war eine sehr trübe. Buch giebt derselben einen Ausdruck dadurch, daß er in seinem Tagebuche die Notiz bringt: „Certes, nos affaires avoient alors une assez vilaine face".

Der Kurfürst brach in Folge dieser Nachrichten schon vor dem Eintreffen seiner gesammten Kavallerie auf und stand am 4. Juni in Kleinvehausen bei Heldrungen. Ein Lichtstrahl fiel hier in die Seele des schwer besorgten Kurfürsten. Er erhielt die Nachricht, daß Dänemark dem Haager Protokoll beigetreten und mit 16,000 Mann bereit sei, an dem Kampfe gegen Schweden sich zu betheiligen. So erfreulich dies auch sein mochte, der Kurfürst sah sich dennoch genöthigt, den Anprall der mächtigen Schweden allein aufzuhalten, denn bevor die dänische Armee schlagfertig war, vergingen sicherlich noch Wochen; auf kaiserliche Hülfe war ebenfalls noch nicht zu rechnen, obwol sogleich nach dem Aufbruche der kurfürstlichen Armee und durch das Vorrücken der Schweden veranlaßt die Alliirten ihre Bewegungen in der That begannen. So viel hatte denn doch bereits das Beispiel des Kurfürsten gewirkt.

Die gesammte kurfürstliche Armee marschirte in drei Kolonnen. Sie war im ganzen 15,000 Mann stark, wobei 8500 Mann Fußvolk gerechnet wurden. Alles übrige bestand aus Reitern und Dragonern. An Stelle des Generallieutenants von Görtzke führte jetzt Feldmarschall von Derfflinger den Oberbefehl.

Da die hannöverschen Truppen durch das Eichsfeld heranrückten, hatte der Kurfürst die Reiterei zum größten Theile auf dem linken Flügel postirt, um die Flanke der Armee während des Marsches zu decken. Diese Kolonne ging über Schmalkalden, um sich bei Heldrungen mit den übrigen Kolonnen zu vereinen. Fußvolk und Artillerie, sowie ein Rest der Reiterei wurde auf kürzerem Wege über Römhild, Schleusingen, Ilmenau, Arnstadt nach Staßfurt und von da auf Magdeburg dirigirt. Am 10. Juni befand der Kurfürst sich in Staßfurt, einen Tagemarsch von Magdeburg entfernt.*) Seinem frommen Thun gemäß ordnete er einen allgemeinen Buß- und Bettag an, denn er stand nahe vor der Entscheidung, da die Elbübergänge noch nicht in des Feindes Händen waren und die brandenburgische Armee nun zweifellos die wichtigsten Pässe gewinnen konnte. Der Text der Predigt für den Bußtag war Jeremias 20, B. 11 und 12 entnommen: „Aber der Herr ist bei mir wie ein starker Held, darum werden meine Verfolger fallen und nicht obsiegen, sondern sehr zu Schanden werden, darum, daß sie so thöricht handeln, ewig wird die Schande sein, der man nicht vergessen wird."

Am folgenden Tage, d. 11. Juni, setzte der Kurfürst den Marsch nach Magdeburg fort und langte daselbst am Nachmittage an. Begleitet war er von dem Feldmarschall von Derfflinger, dem Prinzen von Hessen-Homburg, Generallieutenant von Görtzke, Generalwachtmeister Lüdicke. Er hatte die Reiterei und Dragoner sowie 1200 Musketiere bei sich, im ganzen 5900 Pferde.**) Das

---

*) Der Kurfürst hatte einige Male wegen seines Gichtleidens Ruhetag halten müssen, so z. B. in Arnstadt.
**) Es waren die Reiterregimenter: Leibtrabanten, Leibregiment, Kurprinz, Derfflinger, Anhalt-Dessau, Hessen-Homburg, Görtzke, Lüdicke, Croy, Mörner. Die Dragoner: Derfflinger, Grumbkow und Bomsdorff.

Fußvolk blieb theilweis zurück, weil man es nicht mehr „überbieten" dürfte. In 16 Tagen hatte die gesammte Armee 36 Meilen sehr schlechten Weges zurückgelegt.

Durch die schon auf dem rechten Elbufer streifenden Reiter und Dragoner wurden gefangene Schweden eingebracht, deren Aussagen dahin gingen, daß man im schwedischen Hauptquartiere noch nichts von dem so nahen Kurfürsten und seiner Armee erfahren habe. Die Stärke der schwedischen Armee wurde auf 20,000 Mann mit 60 Geschützen angegeben. Der Kurfürst ward dadurch veranlaßt, seinen Vormarsch noch mehr zu beeilen. In Magdeburg angekommen hatte er sofort die Thore schließen lassen, auch wurden sämmtliche Elbfahrzeuge bis an die Stadtmauern geführt. Am 12. Juni ward der Kommandant von Magdeburg, Oberst Schmidt, arretirt, als er einen Spaziergang auf den Wällen machte. Man hatte erfahren, daß er Briefe von den Schweden erhalten. Wir wissen, daß Wrangel am 12. Juni bereits in Havelberg angekommen war. Ehe er dorthin gelangte, hatte ihn sein Leiden zehn Tage lang an das Krankenbett gefesselt. Von seinem Schmerzenslager aus erließ er Befehle nach Brandenburg und Rathenow, welche die Obersten der schwedischen Truppen zum Aussenden von Streifparteien gegen Magdeburg auffordern, weil man sichere Nachricht von dem Anmarsche des Kurfürsten habe. Allerdings waren die Schweden von dem Aufbruche der brandenburgischen Armee aus Franken unterrichtet; daß diese aber bereits in Magdeburg sei, wußte niemand im schwedischen Hauptquartier.

Wrangel ließ auch alles Material zum Brückenbau nach Havelberg schaffen, weil er von dort aus mit seinen sämmtlichen Truppen bis Werben rücken, hier die Havel überschreiten und in die Altmark einfallend sich mit den Hannoveranern vereinigen wollte. Magdeburg hoffte man durch einen plötzlichen Angriff zu gewinnen, und dieser Plan hing mit der von Schmidt begangenen Verrätherei zusammen, deren wir schon gedachten. Schmidt wurde streng bewacht, allein es fanden sich die kompromittirenden Briefe bei ihm nicht vor.

Der Elbübergang mußte von Wrangel beschleunigt werden, da er von Seiten der Franzosen aus sehr nachdrücklich gefordert ward, weil an eine Verbindung mit Hannover nicht eher zu denken war.

Wrangel that alles, was in seinen Kräften stand, um die Elbe überschreiten zu können. Er ordnete fast täglich Staffetten ab, welche den verschiedenen Führern der schwedischen Armee Eile gebieten mußten, ließ diese Staffetten durch Eskorten begleiten, da das Landvolk ihnen überall auflauerte. Er hatte 2500 Mann in Havelberg, 12,000 Mann bei Brandenburg und verstärkte am 12. Juni noch die Besatzung von Rathenow.

Trotzdem zog sich der Elbübergang sehr in die Länge. Die fortwährende Kränklichkeit Wrangels und seiner Unterfeldherren große Nachlässigkeit brachten das Unternehmen nicht schnell genug zu Stande. Man wiegte sich damit ein, daß es immer noch Zeit genug sei, die Elbe zu passiren, da der Kurfürst einmal noch weit entfernt sein sollte, dann aber seine Armee nicht in der Stärke sein könne, dem Angriffe der Schweden und Hannoveraner zu widerstehen.

In dem Kriegsrathe, welchen der Kurfürst in Magdeburg hielt, war der Beschluß gefaßt worden, die Havellinie der schwedischen Armee zu durchbrechen.

Wenn dies gelang, so konnte man hoffen, die nun getrennten feindlichen Heereshaufen einzeln, womöglich durch plötzlichen Angriff zu schlagen und so, die Vereinigung hindernd, den Elbübergang zu vereiteln. Diese ganze Anordnung bedingte zu ihrer Ausführung eine ebenso große Kühnheit als Vorsicht und Kenntniß des Krieges. Schon der Marsch gegen die Stellung der Schweden war ein hochgefährliches Unternehmen, denn man konnte jene weder in Brandenburg noch in Havelberg erfolgreich angreifen, und wenn eine Umgehung nach Osten hin stattfand, so hatte man nicht Truppen genug, den vereinten Hannoveranern und Schweden Widerstand zu leisten, denn sobald durch jenen Flankenmarsch die Altmark frei gegeben ward, erfolgte die Verbindung der Schweden und Hannoveraner sicher sofort. Die altmärkische Landwehr war nicht in der Verfassung, den Elbübergang zu hindern.

Der vortheilhafteste Angriff mußte der sein, welcher sich gegen das Centrum der Schweden, also gegen Rathenow richtete. Wenn man die Karte jener Gegend vor sich hat, so sieht man, daß die drei Orte Havelberg, Rathenow und Brandenburg fast in gerader Linie nebeneinander liegen. Rathenow bildet das Centrum, welches also durchbrochen werden sollte.

Daß die größte Eile nothwendig war, wenn das große Unternehmen von Erfolg gekrönt sein sollte, leuchtete allen ein, und eine zweite Bedingung war, den Plan vollständig geheim zu halten. Um desto schneller vorwärts zu kommen, beschloß der Kurfürst, nicht weiter auf die Ankunft des nachfolgenden Theiles seiner Infanterie zu warten. Er wählte nur ein Korps von 1200 Musketieren aus, welche auf 46 Wagen gesetzt wurden. Diese Wagen transportirten zu gleicher Zeit Kähne.

Am Sonnabend den 12. Juni abends setzten sich von Magdeburg aus die Truppen gegen Rathenow in Marsch. Es geschah dies ohne großen Lärm, da man jede Vorsicht anwenden mußte. Die gesammte Streitmacht, welche der Kurfürst gegen Rathenow führte, bestand aus Infanterie 1200, Dragoner 800, Kavallerie 5000 Mann, in Summa also etwa 7000 Mann, wobei bemerkt werden muß, daß die Zahlenangaben verschieden lauten, daß aber über 8000 Mann der Kurfürst nicht beisammen hatte und der bei weitem größte Theil aus Reitern bestand. An Artillerie führte er mit sich: 10 Regimentsstücke dreipfündige Kanonen, 2 Viertelkarthaunen Zwölfpfünder und 2 Haubitzen, im ganzen also 14 Geschützstücke. Die Regimenter, welche an dem glorreichen Zuge Theil nahmen, waren: Reg. Derfflinger, Reg. Mörner, Reg. Anhalt, Reg. Görtz, Leibregiment, Reg. Kurprinz, Reg. Brucksdorff, Reg. Oberst Prinz, Reg. Prinz Homburg, Reg. Lütke, die Dragonerregimenter Derfflinger und Bomsdorff. Letzteres wird in den Berichten nicht angeführt, welche die Schlacht von Fehrbellin schildern, aber auf dem alten Schlachtplane steht es angegeben.

Außer den genannten Regimentern waren noch die kurfürstlichen Leibtrabanten im Zuge. Den Oberbefehl hatte der Kurfürst sich vorbehalten. In seiner unmittelbaren Nähe verblieben Feldmarschall Derfflinger und Generallieutenant von Görtzke. Kommandeure der Kavallerie waren der Prinz von

Homburg und Generalmajor Lütke. Befehlshaber der Artillerie war der Oberstlieutenant Weiler. Ueber die Infanterie führten das Kommando die Generalmajors von Götze und von Pöllnitz, so wie der Oberst Graf Friedrich Dönhoff. Herzog August von Holstein sollte die zurückgebliebene Infanterie dem Hauptheere zuführen. Eine hervorragende Stellung unter den kommandirenden Offizieren nahm auch Oberstlieutenant Hennings ein, wie denn überhaupt der Kurfürst keinen Mangel an fähigen Offizieren hatte. Die Namen La Roche, Strauß, Kunarski, Marwitz, Mörner, Asseburg, Beyer, Burgsdorff, Sydow 2c. sind engverbunden mit den Erinnerungen an jene großen und wichtigen Tage.

Die auf Wagen sitzenden Infanteristen hielten ihre Schweinsfedern in den Händen. Die Elbbrücke wurde um 1 Uhr nachts passirt. Auf dem Platze am Ufer jenseits Magdeburg sammelten sich die Truppen und wurden vom Kurfürsten begrüßt. Obwol der Kurfürst für alle Geschütze und die im Zuge befindlichen Wagen den Vorspann verdoppelt hatte, konnte man des überaus starken Regens und der dadurch fast unbrauchbar gemachten Wege halber nicht mehr am 13. bis nach Genthin gelangen, obwol der Kurfürst dies beabsichtigt hatte. Die Armee gelangte nur bis Parchen. Zwei Bürger aus Rathenow fanden sich ein, der Tuchmacher Jahn und der Gerber Gerhardt. Sie waren aus Rathenow entflohen und brachten die Kunde, daß der schwedische Oberst Wangelin in Rathenow eingerückt sei.

Eine ausführlichere Nachricht sollte der Landrath von Briest auf Bähne geben können. Der Kurfürst ließ denselben durch einen Boten zu sich bescheiden. Während man seiner Ankunft entgegen sah, wurde der Oberst La Roche mit einer Abtheilung von 100 Reitern und 30 Dragonern gegen Brandenburg entsendet. Oberstlieutenant Strauß ging mit 30 Reitern gegen Plaue vor, wobei ihm der von dort her gebürtige Rittmeister von Gören als Führer diente. Generaladjutant von Kunarski streifte mit 50 Reitern und 20 Dragonern gegen Rathenow. Diese Detachirungen hatten in erster Linie den Zweck, zu erforschen, ob der Feind von der Annäherung des Kurfürsten bereits Kunde habe, dann aber auch sollte das gegen Rathenow entsendete Detachement möglichst alle Kähne der Havel auf das linke Ufer zu schaffen suchen.

Der Kurfürst mußte Gewißheit haben, daß sein Anmarsch den Schweden noch ein Geheimniß sei, ehe er den seit drei Tagen vorbereiteten Schlag wagen konnte. Das lange Ausbleiben der Streifpatrouillen erregte daher im kurfürstlichen Quartiere Besorgniß. Man hatte wahrscheinlich die Entfernungen von Parchen aus zu gering angeschlagen. Einen Angriff schwedischerseits hielt man nicht für unwahrscheinlich und suchte deshalb den Kurfürsten zu bewegen, sich etwa eine halbe Stunde weiter rückwärts zu lagern, weil an jener Stelle ein günstiges Terrain für die Kavalleriebewegungen vorhanden war, falls der Feind attackiren sollte.

Als man diese Stellung, bei Hohenseden (?), genommen hatte, erschien der befohlene Herr von Briest aus Bähne bei Rathenow. Er berichtete, daß er noch Abends mit dem Obersten Wangelin gesprochen habe, daß derselbe von der Nähe der kurfürstlichen Armee nicht unterrichtet, sondern höchst sorglos sei. Er habe 6 Kompagnien (1 Regiment) bei sich und außerdem etwa 50 Mann für den Train. Die Schweden lebten nach den Aussagen Briests äußerst üppig auf Kosten des Landes. So habe Wangelin erst vor einigen Tagen 200 Tonnen Bier und 46,000 Pfund Brot ausgeschrieben. In der ganzen Gegend hatten die Schweden übrigens die Nachricht von dem Tode des Kurfürsten verbreitet, was allerdings vielfach geglaubt wurde, obwol andererseits auch das Volk an des Kurfürsten Wiederkehr glaubte und heimlich eine Denkmünze in Umlauf gesetzt wurde, welche einen schlafenden Löwen vorstellte mit der Umschrift: dormiendo vigilo.

Wenn man erwägt, daß der Anmarsch des Kurfürsten dem Generalfeld= marschall Karl Gustav Wrangel so bekannt war, daß derselbe Mahnungen zur Vorsicht ergehen ließ, dann bleibt das Verfahren, der Leichtsinn der Schweden fast unerklärlich. Nur einer einzigen starken Patrouillirung hätte es bedurft, um sich von der unmittelbaren Nähe des Feindes zu überzeugen. Wie wenig man daran dachte, bewies die Mittheilung Briests.*) Sie war es namentlich, welche den nach einem Zusammentreffen mit dem Feinde lechzenden Kurfürsten bewog, alle anderen Rücksichten auf möglichen Angriff ꝛc. bei Seite setzend, vor= wärts zu dringen. Gleich nach dem Rapporte Briests wurde daher aufgesessen und bis eine Meile vor Rathenow geritten. Bei Bähne machte man abends 8 Uhr Halt um die wegen der schlechten Landstraßen nur mühsam fortzubringende Artillerie sowie die Infanterie zu erwarten. Anderen Berichten zufolge fand diese Rast bei dem Dorfe Vieritz statt.

---

*) Der schnelle Aufbruch der kurfürstlichen Armee nach dem Empfange der Briestschen Mittheilungen mag dazu beigetragen haben, der Person des Landrathes eine größere Be= deutung beizulegen, als diese in der That haben mochte, doch hat Briest jedenfalls treue und gute Dienste geleistet und gehört vielleicht zu denen, welche im Stillen viel gewirkt haben. Daß er die schwedischen Offiziere zum Schmause geladen und sie unter den Tisch getrunken habe, um die Ueberrumpelung Rathenows zu ermöglichen, wird von vielen Schriftstellern angeführt und ist weder erwiesen noch bestimmt in Abrede gestellt. Wenn man von dem üppigen Leben der Schweden in Rathenow Notiz nimmt — sie brieten z. B. am Mühlen= thor ganze Ochsen — so wäre es nicht unmöglich, daß Briest einen solchen Versuch gemacht hätte. Büsching u. A. theilt mit, daß die schwedischen Offiziere am Abend des 14. Juni in dem Quartiere Wangelins bei dem Kaufmann Kaspar Bach versammelt gewesen seien und ein wahres Bachanal in Bier gefeiert hätten, bis sie gänzlich betrunken gewesen seien. Buch sowol als die archivalischen Nachrichten melden davon nichts. Briest soll nach anderen Mittheilungen in den Plan des Kurfürsten eingeweiht und bei der Ueberrumpelung in jenem Sinne, d. h. die Schweden trunken zu machen, thätig gewesen sein. De la Motte= Fouqué hat diese Sage benutzt, um sie in seinem effektvollen Theaterstück „der große Kurfürst in Rathenow" zu verwenden. Ein besonderes Verdienst um die gelungene Ueberrumpelung Rathenows wird dem Herrn von Briest in den Memoires de Brandebourg zugeschrieben. Jedenfalls ist irgend etwas an der Sache betreffs der Schmauserei, denn Büsching ist nicht der Mann, welcher ohne jeglichen Anhalt zu haben sogar Namen und Orte hinschrieb. Wenn man die historisch beglaubigte Mittheilung Briests an den Kurfürsten erwägt, wonach Wangelin 200 Tonnen Bier bestellt hatte, notabene kurz vor dem Gefechtstage, so gewinnt es mindestens an Wahrscheinlichkeit, daß das Trinkgelage stattgefunden haben könne, wenn auch Wangelin nicht dabei gewesen sein mag. Unter den Trunkenen wird auch ein Oberst Greuberg genannt.

Das Eintreffen der Patrouillen von Strauß und Kunarski trug wesentlich dazu bei, des Kurfürsten Besorgnisse zu zerstreuen. Strauß brachte Gefangene mit.

Die Stadt Rathenow ist ringsum von den Gewässern der Havel umgeben. Ihr gegenüber im Westen liegt eine große Insel, nasses Wiesenland. Diese Insel wird ebenfalls durch die Havel gebildet, welche zwei Arme im Süden von Rathenow ausbreitet, die Insel zu umschließen. Einer dieser Arme wurde auf einer Zugbrücke überschritten, vor welcher ein Wachthaus lag. War die Brücke passirt, so gelangte man zu dem Steindamm, der über den Wiesengrund bis zu einer zweiten Zugbrücke führte. Sie vermittelte die Passage über den der Stadt naheliegenden östlichen Havelarm. Hier an der Brücke liegt das Havelthor. Rechts von demselben am Ufer entlang schreitend, kommt man zu dem (südlich gelegenen) Mühlenthor. Es öffnet sich auf eine Brücke, die wiederum zu einer schmalen Insel führt. Sie liegt inmitten des östlichen Havelarmes. Ein Damm, der Mühlendamm genannt, läuft durch die ganze Insel. Um zu den Wiesen gelangen zu können, sind diese mit der Insel durch eine Arche (Freiarche) verbunden. Am oberen Ende der Insel, gleich hinter den kleinen vom Mühlenthore auslaufenden Brücken, lag der Eisenhammer. Gegen Süden fortschreitend gelangt man zu dem Steinthor. Auch von diesem führt eine kleine Brücke über das Wasser und zu den beiden sich hier gabelnden Straßen nach Nauen und Brandenburg. Zahlreiche Gärten umgaben die Stadt. Sie lagen zwischen den Stadtmauern und dem Flusse. Zwischen dem Mühlen= und Steinthore war in der Stadtmauer eine kleine Pforte angebracht. Ein viertes im Norden der Stadt gelegenes Thor, das Jederitzer, führte auf die Straße nach Hohennauen. Die Stadtmauern sowol als die Thürme auf und an denselben befanden sich in einem halb baufälligen Zustande. Die Brücken waren zum Theil von den Schweden abgeworfen, nur die Zugbrücken hatte man für den Gebrauch praktikabel erhalten. Bemerkt muß noch werden, daß die erwähnte Freiarche nur für Fußgänger passirbar war. Im Süden der Stadt lagen die Weinberge. Ein Berg, der Ackerberg, dominirte Rathenow.

Nach dem Entwurfe, den der Kurfürst gemacht hatte, sollte der Angriff in folgender Weise geschehen: Kunarski und Kanne griffen von Süden aus die Stadt an, indem sie auf Kähnen havelabwärts fuhren. Wie es heißt, hatte Briest diese Kähne bei Bähne und Bützer, sowie bei Mylow bereit gehalten. Die genannten Führer griffen von den Weinbergen kommend das Steinthor, bez. dessen Umgebung an. Der General von Götze richtete mit 600 Musketieren seinen Angriff gegen das Mühlenthor. Er sollte die Freiarche passiren und von dort aus den Damm entlang bis an den Eisenhammer und das Mühlenthor dringen. Mit Benutzung der Genthiner Straße wurden die Dragoner gegen das Havelthor dirigirt. Sie hatten dabei die Havelbrücken zu nehmen.

Mittwoch, den 14. Juni, nachdem die Artillerie angelangt war, setzten sich die brandenburgischen Kolonnen gegen Rathenow in Marsch. Der Kurfürst, welcher die Zeit bis zum Aufbruche in seinem Wagen zugebracht hatte, schien sehr heiter und gab die letzten Befehle mit der ihm eigenen Sicherheit, welche den Truppen einen Erfolg verbürgte. Die Spitze der Armee hielt Derfflinger mit den Dragonern. Um 2 Uhr früh befand sich der Kurfürst vor Rathenow. Es war der 15. Juni.

Der Marsch war wegen der Passirung eines langen Engpasses, wobei die Leute oft bis zum Schenkel im Wasser wateten, sehr beschwerlich gewesen, aber die sämmtlichen Abtheilungen blieben zusammen und kein Mann fehlte oder hielt sich zurück. „Mit feurigem Muthe und voll Eifer dem Feinde nahe zu kommen, liefen die Musketiere wie nur ein Pferd traben kann und obwol die Nacht der Mantel der Feigen ist, so blieb doch nicht ein Einziger zurück", so berichtet der Reisemarschall des Kurfürsten, Herr von Buch, der Zeuge und Mitwirkender bei dem denkwürdigen Unternehmen war.*)

Derfflinger hatte, an der Spitze der Truppen marschirend, den ersten Stoß zu thun. Er ließ etwa 200 Schritte vor der Stadt seine Dragoner halten und ritt mit 6 Mann auf die vor dem Damme liegende Zugbrücke los. Hier angekommen mußte er auf den Ruf des aus einem Unteroffizier und 6 Mann bestehenden Wachtpostens Halt machen. Es geschah dies ohne Zweifel vor dem an der Brücke liegenden Wachthause. „Was vor Volk?" lautete der Ruf. Derfflinger entgegnete: „Schwedisch Volk" und gab an, sie seien Leute vom Regiment Bülow**), welche, von den Brandenburgern verfolgt, um Einlaß bäten.

---

*) Ich habe schon in den vorhergehenden Kapiteln darauf aufmerksam gemacht, daß das Tagebuch des Herrn von Buch eine der wichtigsten — vielleicht die wichtigste — Quelle für die Geschichte jener Zeit ist, soweit die Ereignisse in der brandenburgischen Armee und die des Hofes dabei in Betracht kommen. Namentlich sind die Details von hohem Werthe. In neuester Zeit, besonders zur Feier des 200jährigen Gedenktages der Schlacht bei Fehrbellin, ist das Manuskript des Herrn von Buch und die vorhandenen Uebertragungen desselben — das Original, im königl. Staatsarchive befindlich, ist größtentheils in französischer Sprache geschrieben — vielfach benutzt worden, um eine Darstellung der Fehrbelliner Schlacht und der ihr vorausgehenden Ereignisse zu geben. Hierzu konnten jedoch wol die Aufzeichnungen Buchs allein nicht genügen. Der Geheime Archivrath Dr. Hassel und der Generallieutenant von Witzleben haben daher eine sehr umfangreiche Festschrift herausgegeben, welche neben einzelnen dem Buchschen Manuskripte entnommenen Mittheilungen auch hoch interessante Details enthält, die aus anderen Quellen geschöpft wurden. Die Pariser und Stockholmer Archive haben zu jener Schrift Beiträge geliefert, auch ist die bisher noch ganz unbekannt gewesene Relation des braunschweigischen Gesandten Friedrichs von Heimberg über die Schlacht von Fehrbellin, seine Aufzeichnungen und Wahrnehmungen im Hauptquartier des Kurfürsten, der Festschrift einverleibt worden, welche daher ein hochwichtiges Material für die Geschichte des großen Kurfürsten in den Jahren 1674—75 bildet. Die Aufzeichnungen Buchs sind übrigens schon seit langer Zeit von verschiedenen Schriftstellern benutzt worden. So von Erman 1812, Horn 1814, von Stenzel, Gaurange, Orlich, in der Zeitschrift für Kunst, Wissenschaft und Geschichte des Krieges Bd. 26 und 49, in letztgenanntem durch Probst. Ein sehr verdienstliches Werk, gleichfalls zum Gedächtniß des Fehrbelliner Tages geschrieben, ist das vom Major Kaehler verfaßte: „Der große Kurfürst". Es enthält bezüglich der Tage von Fehrbellin, Rathenow ꝛc. Auszüge aus dem Buchschen Werke nach einer deutschen Uebersetzung. Bei Hassel und Witzleben sind jedoch die Originale in einer nach wissenschaftlichen Prinzipien geordneten Weise benutzt, soweit Rathenow, Fehrbellin und die vorgehende Zeit durch Buch erwähnt und beschrieben worden. Abweichungen von jener Berichtigung habe ich in den Anmerkungen aufgeführt.

**) Auch hier hat sich, ähnlich wie in Bezug auf das Briestsche Trinkgelage, eine Mit=

Er schilderte die Nähe der Gefahr, vermochte aber nicht den Posten sofort zum Herablassen der Brücke zu bewegen. „Ich werde gehängt, wenn ichs thue", rief der Mann. Derfflinger ließ jedoch nicht ab, seine Bitten wurde so dringend, daß der Posten bestimmt ward, die Brücke niederzulassen. Allerdings sollte dies nur für den angeblichen Offizier vom Regiment Bülow allein geschehen, aber Derfflinger wußte, als die Brücke niedergelassen war, den Soldaten in ein kurzes Gespräch zu verwickeln, um seinen Leuten Zeit für das Näherkommen zu gewinnen.

Plötzlich waren die Dragoner dicht bei ihrem Feldmarschall und dieser hieb, als seine Leute heranrückten, auf den Posten ein. Die Dragoner folgten seinem Beispiele, ritten einige Schweden ins Wasser uud stürmten dann dem Alten folgend im Galopp über den Damm. Indessen waren von den Wacht= posten doch einige entkommen und hatten sich über die kleinen, den Damm unter= brechenden Brücken, welche zwar abgeworfen, aber durch Balken gangbar erhalten waren*), bis zur zweiten großen, vor dem Thore gelegenen Zugbrücke gerettet und Alarm gemacht. Es wurde sogleich die zweite Brücke aufgezogen und ab= geworfen, schwedische Soldaten eilten auf die Mauern und Thürme.

Die brandenburgischen Dragoner mit Derfflinger mußten ebenfalls über die abgeworfenen Brücken des Dammes bis an die zweite Zugbrücke zu kommen suchen, was offenbar Zeit erforderte. Während derselben hatten die Schweden sich eingefunden und eröffneten ein heftiges Feuer gegen die Angreifer. Als diese erste Stockung eintrat, war der Kurfürst erschienen und ließ die Reiterei auf den Wiesen aufmarschiren. Die Dragoner saßen ab und gingen bis zur zweiten Brücke vor. Hier stockte der Angriff aufs neue, ein sehr scharfes Feuer= gefecht entspann sich, bei welchem Oberstlieutenant von Uckermann, Kommandeur der Derfflinger Dragoner, ein Fähnrich und mehrere Gemeine ihren Tod fanden. Der Kurfürst, welcher sich die Stockung nicht sogleich zu erklären wußte, sendete den Herrn von Buch ab, um Erkundigungen einzuziehen. Während Buch dahin abritt, sendete der Kurfürst einen Offizier mit 50 Mann aus um schwedische Pferde einzufangen, welche auf den Wiesen weideten. Buch, von dem Feuer=

---

theilung erhalten. Es sollen nämlich die Derfflinger begleitenden Dragoner in die Uniformen schwedischer Gefangener gesteckt worden sein, um den Posten zu täuschen. Unwahrscheinlich ist es keineswegs, daß einige der Dragoner in feindliche Uniformen gesteckt worden seien, da die ganze Unternehmung ein Ueberfall war und bei Morgengrauen begann. Es konnte nicht mit Bestimmtheit vorausgesagt werden, ob der entscheidende Moment nicht bei hellerer Beleuchtung stattfinden werde. Für diesen Fall mochte Vorsicht geboten sein. Andererseits ist zu erwägen, daß die Uniform der Derfflinger Dragoner der des Regiments Bülow sehr ähnlich war. Kaehler weist darauf hin: „Daß die Uniform der Leute seines Regiments, welche er (Derfflinger) bei sich hatte und die der schwedischen sehr ähnlich war, kam ihm sehr zu Statten." Vielleicht ist durch diese wol schon sehr früh verbreitete Ansicht die noch heute mit großer Bestimmtheit auftretende Mittheilung von dem Uniformwechsel entstanden. Gaurange verwirft denselben.

*) Die Brücken in dem Steindamme befanden sich an solchen Stellen, wo in den Wiesen kleine teichartige Lachen waren, in welche keine Pfähle gerammt werden konnten, die also überbrückt werden mußten.

Derfflinger vor der Zugbrücke von Rathenow. 15. Juni 1657.

Vorgehen der Dragoner vor der zweiten Brücke.

gefechte zurückkommend, wollte mit dem Offizier und deffen 50 Mann einen Verfuch machen über die Freiarche vorzudringen, allein wir haben fchon erwähnt, daß fie nur für Fußgänger paffirbar war. Buch ritt zurück. Der Morgen war heraufgekommen, der Kampf ward bereits an verfchiedenen Stellen mit großer Erbitterung geführt. Da Buch feine Miffion erfüllt hatte, wollte er auf dem kürzeften Wege zurückkehren und traf auf die von Götze kommandirte Abtheilung, welche auf den Wiefen umherftreifte ohne den Weg zur Freiarche finden zu können, weil der Bauer, den Götze als Führer angenommen hatte, entlaufen war. Da Buch den Weg genau kannte, geleitete er den Kommandeur an die Arche.

Während diefer den Damm entlang gegen das Mühlenthor anvancirte, unternahmen von Süden her der Oberftlieutenant von Kanne und der General=adjutant von Kunarski den Angriff. Sie waren am Fuße der Weinberge ge=landet und hatten fofort den Angriff begonnen. Die mit Gärten bedeckten Ufer, welche vor der Stadtmauer liegen, steigen hier ziemlich steil auf. Die Musketiere, welche einen Anlauf machten und durch die Gärten zur Mauer gelangen wollten, trieb das sehr heftige Feuer des Feindes zurück, so daß der Angriff für ab=geschlagen gelten konnte.

Unterdeffen war aber Götze den Damm entlang gegen das Mühlenthor avancirt und stand bereits im Gefechte. Diefer Angriff nöthigte die Schweden einen Theil der gegen Kanne und Kunarski kämpfenden Truppen gegen Götze zu dirigiren. Infolge deffen ward das Feuer gegen die von Süden Angreifenden merklich schwächer, welche daher auch den zweiten Anlauf mit gutem Erfolge ausführten und bis zu der oben erwähnten kleinen Mauerpforte gelangten, die fofort erbrochen ward.*) Die Musketiere drangen nun in die Stadt. Fast zu

---

*) Nach einer noch heute in Rathenow umgehenden Mittheilung war es eine Lücke in der Mauer. Wenigftens heißt die Stelle im Gemäuer jetzt noch: „Das brandenburger Loch".

derselben Zeit waren Götze und Dönhoff Meister des Mühlenthores geworden. Götze hatte sogar eine Abtheilung seiner Leute zur Unterstützung der am Havelthore Kämpfenden abgeschickt. Der Zug wurde herabgelassen, das Thor eingeschlagen und da während des Gefechts die Dragoner die abgeworfene Brücke wieder hergestellt hatten, vermochten die inzwischen wieder aufgesessenen Dragoner nebst den Reitern über die Brücke in die Stadt zu stürmen.

Nach anderen Berichten hatte der General von Götze, nachdem er das Mühlenthor genommen und die Wachen dort niedergehauen waren, das Havelthor von innen öffnen und von dort aus den Brückenzug fallen lassen.

Sobald Götze das Mühlenthor in Händen hatte, ergossen sich seine Truppen in die Gassen der Stadt und vereinten sich mit den Kanneschen, von Süden eingedrungenen Musketieren. Das Gefecht war äußerst blutig und hartnäckig, da sich die Schweden Schritt vor Schritt vertheidigten, auch aus den Fenstern der Häuser scharf gefeuert wurde. Sobald jedoch Derfflinger mit den Dragonern und der Reiterei durch das Havelthor gedrungen war, vermochten die mit äußerster Bravour kämpfenden Schweden nicht mehr Stand zu halten.*) Am Havelthor fielen über 100 Mann von ihnen. Die Derfflingerschen Dragoner und die Reiterei fegten die Straßen mit den Hieben ihrer Pallasche und den Hufen der

Straßenkampf in Rathenow.

Rosse. Die Schweden, es war das Regiment Wangelin, nur aus Finnen und Lappen bestehend**), versuchten einige Male sich zu setzen; es gelang ihnen jedoch

---

*) Eine Anzahl schwedischer Soldaten focht im Hemde. Viele waren nur halb bekleidet — so schnell und unerwartet geschah die Ueberrumpelung.

**) Nicht wie hie und da behauptet wird „ein geworbenes". Aus diesem Grunde hat wohl auch Kaehler darauf hingewiesen, daß Derfflinger bei seiner Unterredung mit dem Posten

nicht. Das Knattern des Gewehrfeuers, das wilde Geschrei der Kämpfer, das Geschmetter der Trompeten und Stampfen der Pferde bildete eine grausige Musik zu dem blutigen Tanze. Von allen Seiten wurden die Schweden gegen den Markt getrieben, viele von ihnen, welche bereits schwere Wunden hatten, mußten mit Kolben und Knütteln erschlagen werden, weshalb sich das Gerücht verbreitete, es hätten sich unter den Schweden viel „Gefrorne" gefunden.*) Mit welcher Erbitterung gefochten ward, beweist die Thatsache, daß den bereits Getödteten noch Piken= und Hellebardenstiche gegeben wurden. Die Wuth gegen die Schweden hatte bei den Brandenburgern einen hohen Grad erreicht und erst das persön= liche Erscheinen des Kurfürsten machte der Würgerei ein Ende. Aber fast das ganze Regiment Wangelin, 6 Kompagnien stark, Dragoner, lag todt oder ver= wundet auf der Wahlstatt.

Es fanden sich bei Einstellung des Gefechtes 1 Oberstlieutenant, 1 Major, 1 Hauptmann, 2 Lieutenants und 186 Soldaten. Etwa 200 Gefangene waren gemacht worden. Sonst hatte alles unter den Hieben, Stößen und Schüssen der Brandenburger fallen müssen. (Siehe weiter unten den Brief Wangelins.) Erbeutet waren die Pauken und Schalmeyen, 6 grüne Fahnen und 600 Pferde. Auf brandenburgischer Seite waren 50 Mann Todte und Verwundete, unter Ersteren der treffliche Uckermann und ein Fähnrich zu beklagen.

Der Oberst von Wangelin hatte sogleich bei Beginn des Gefechtes sich ein= gefunden und war zu Pferde dem Feinde entgegengestürmt, diejenigen seiner Truppen mit sich führend, welche er in der Eile versammeln konnte. Wangelin hat es ebenso wenig als seine Leute an der nothwendigen Tapferkeit fehlen lassen. Er versuchte es zu verschiedenen Malen die schwedischen Mannschaften zu setzen. Da aber der Feind von allen Seiten auf ihn eindrang, vermochte er nicht mehr zu widerstehen, sondern war auf seine persönliche Sicherheit bedacht. Nach den Berichten von Zeitgenossen und der Chronik von Rathenow flüchtete der Oberst in das Haus des Bäckers Pape am Havelthore und soll, wie es heißt, sich hinter dem Backofen versteckt haben, wo die Brandenburger ihn fanden, mit einem Balken gegen die Wand preßten und seine Taschen durchsuchten. Es scheint dies mit dem gegen den Obersten herrschenden Verdacht, er habe Kor= respondenzen in Händen, welche gewisse Personen des kurfürstlichen Hofes kom= promittiren könnten, zusammenzuhängen, denn in der That suchte Wangelin ängstlich seine Papiere in Sicherheit zu bringen. Die Kassette, welche dieselben

---

an der ersten Zugbrücke sich der schwedischen Sprache bedient habe. — Auch Stenzel betont, daß die Gefallenen lauter treue Finnen gewesen seien.

*) „Gefroren" d. h. sicher gegen Stich und Schuß sowie Hieb mit dem Degen oder Schwert gemacht sein. Der Mittel, deren sich die Abergläubischen zum „Festmachen" bedienten, giebt es vielerlei. Eine von mir verfaßte Zusammenstellung derselben findet sich in „Schneiders Soldatenfreund", Jahrg. 1841, Juni. Eines der bekanntesten war das Verschlucken von Zetteln, welche mit geweihten Sprüchen und Charakteren bedruckt waren. Diese Kunst hatte namentlich der Henker von Passau stark in Schwung gebracht. Er verkaufte 1611 dergleichen Zettel an die Soldaten. Das Verfahren erhielt deshalb auch den Namen: „die Passauer Kunst". Die Zettel hießen „Passauerzettel". Gegen Knüttel oder Kolbenschläge schützte die Kunst nicht, daher die Gefrornen immer erschlagen werden mußten.

barg, fiel aber durch Angabe des Wirthes Bach, der des Obersten Quartier=
geber war, in die Hände der Kurfürstlichen, wurde jedoch bald wieder bei Seite
gebracht und blieb verschwunden.

Wangelin hatte sich vom Kurfürsten erbeten, den gefangenen Oberstlieutenant
Wrangel, den Oberstwachtmeister und drei Kapitäns zu sich ins Quartier nehmen
zu dürfen, was ihm auch gegen „Erlegung eines deutschen Ehrenwortes" (wie
Buch erzählt) gestattet wurde. Die Gattin Wangelins befand sich beim Ein=
stürmen der Kurfürstlichen in großer Gefahr, durch die rohe Soldateska miß=
handelt zu werden, ebenso ihre Dienerin. Herr von Buch will die beiden
Frauen, die zwischen verwundeten Gefangenen gesessen hatten, in Schutz ge=
nommen und in ihre Wohnung zurückgeleitet haben. Uebrigens plünderten die
Brandenburger, der rauhen Sitte gemäß, die Gefangenen total aus, auch sahen
hohe Kommandirende ruhig mit an, wie die Todten noch mit Hieben und Stößen
bedacht wurden.

Nach verschiedenen Berichten soll der Kurfürst den Obersten Wangelin sehr
ungnädig empfangen und ihm eine zornige Rede wegen der von den Schweden
verübten Greuel gehalten haben. Nach Buchs Aufzeichnungen hätte der Kur=
fürst aber gar nicht persönlich mit Wangelin, der ehemals am Berliner Hofe
wohlgelitten war und 1674 noch im kurfürstlichen Hauptquartier weilte, verkehrt,
sondern alle Verhandlungen mit ihm durch Buch führen lassen.*)

---

*) Der Inhalt des Wangelinschen Schreibens stimmt damit nicht überein. Es wird
durch Buch berichtet, daß der Kurfürst ihn (Buch) zu Wangelin gesendet habe um zu er=
fahren, was dieser über die brandenburgische Reiterei sage 2c. — Dem entgegen berichtet
Wangelin von seinem persönlichen Verkehre mit dem Kurfürsten und von der Aufnahme,
welche dieser ihm angedeihen ließ. Der Brief ist an den Feldmarschall Grafen Karl Gustav
von Wrangel gerichtet.

Erleuchteter hochgeborner Graff!

Ewr. Hochgr. Exc. und Gnaden werden ohne zweiffel einige Nachricht von I. C. Drl.
zu Brandenburg March und annäherung mit Dero Armée für einkunfft dieses wissen;
Dieses muß ich anitzo melden, wie daß das Unglück auch nun die bey mir stehende 6 Com=
pagnieen getroffen, in dehme I. Churf. Drlt. heute früe gegen 3 Uhr mit der Armée bey die
Havelbrücke(brücke) sich postirt; ich kriegte zeitig davon Lärm und kam auch so zeitig zum
Gewehr mit meinen Leuten, ehe noch eintzige attaque geschahe. Nach einer halben Stunde
aber ward an zwey Orten bey der Havel attackquiret, in dehme ich da war und so gut ich
vermöchte resistiret, ward mir durch einen Unteroffizier post gebracht, dass nach dem Thore
nach Brandenburg, auff der seiten, wo ich eher von unss was vermuthete alss Churfürstl.
auch eine starke Attaque geschahe, Weil nun der post schlecht und an vielen Orthen die
Mauer gantz wegh, nahm ich 50 Mann mit mir, umb dahin zu gehen, ich hatte aber
kaum die helffte dahin marchiret, da begegneten mir schon bey 60 Mann in einen ge=
schlossenen Trop, die ich auch fast mit meinen Leuten unter Sie kam, ich suchte zwar wie
ich Sie und Sie mich erkandten, Ihnen zur resistiren oder zur repoussiren, Nach dehme
Sie aber eine gute salve unter meine Leute thaten, gingen die ein wenig ausseinander,
Doch rallirten Sie sich noch 3 Mahl wieder, endlich aber, da auch beyde Pöste an der
Havel über waren und alles so woll zur Pferde als Dragonner und zur Fuess hier drong,
habe ich es nicht länger halten, noch meine Leute bey einander halten können; Ich kan
noch nicht eigentlich wissen, was noch lebet, der Obrist aber und der Major leben beyde
und sind nicht blessiret. Capitain Taube und etliche andere Officierer aber sind es, folgende

Friedrich Wilhelm befahl nach beendetem Kampfe sogleich die Räumung Rathenows von den Todten, zog seine Infanterie in die Stadt hinein, während die Reiter und Dragoner vor dem Havelthore auf der Neckelsdorfer Feldmark ein Lager bezogen. Dort schlief auch der Kurfürst die kommende Nacht in seinem mitten zwischen den lagernden Reitern errichteten Zelte.

Die Artillerie, welche der Kurfürst aus Schonung für die Stadt gar nicht verwendet hatte, kampirte neben dem Neckelsdorfer Felde. Abends nahm der Kurfürst noch die Dankesbezeugungen der Rathenower entgegen und hatte die Freude, den Oberst la Roche, der von seinem Streifzuge zurückkam, wieder zu sehen. La Roche war bis in die brandenburger Vorstädte gedrungen, hatte verschiedene Schweden niedergehauen und 200 Pferde erbeutet. Er würde seiner Aussage nach die gesammte schwedische Generalität gefangen haben, hätte er 100 Mann mehr zur Disposition gehabt. Unerklärlich bleibt auch hierbei wieder die Sorglosigkeit der Schweden, denen also jede Organisation eines Ordonanzdienstes fehlen mußte, denn nach einem pünktlich abgesendeten Rapporte wäre die Ueberrumpelung Rathenows unmöglich gewesen.

Am Morgen des 16. Juni ließ der Kurfürst im Lager Feldgottesdienst halten. Der Magister Konstantin Ovibus predigte dabei über die Worte des Textes: „Der Herr ist ihre Stärke. Er ist die Stärke, welche dem Gesalbten hilft", Psalm 28, Vers 8. — Die Wegnahme Rathenows war gleichbedeutend mit Sprengung der schwedischen Linie. Der Kurfürst hatte sich zwischen die beiden Flügel geschoben und deren Verbindung nicht nur unmöglich gemacht, sondern er konnte auch den linken Flügel ganz vernichten, ehe dieser das Defilee hinter Nauen erreichte. Der Kurfürst ließ den soeben von seinem Streifzuge heimgekehrten Oberst La Roche gegen Havelberg, Oberstlieutenant Strauß gegen

---

aber sind gewisse Todt: Cap. Kähler, Cap. Weiher, Regimentsquartiermeister Rehbinder, nebenst seinem Bruder so Lieut. von meiner Compag. war, Lieut. Kaufman, viele Unterofficierer undt so viel ich an Todten an jedem Ohrte mutmasslich gesehen, von Gemeinen 200. Dass übrige ist alles gefangen und nichts Salwiret. Die Gefangene werden woll gehalten, insonderheit haben I. C. D. mich gnädigst an dero Taffel gewürdiget und grosse Gnaden sonsten erwiesen. Die wir noch leben, haben alles verlohren, undt nicht einen Thaler geborgen. Daher bitte ich unterthänig Ewr. Hochgräfl. Excell. undt Gnad. wolten an Uns in gnab. gedenken und bey diesen Trompeter etwas zu Unsern unterhalt übersendten, Welchen I. C. Drl. Gnädigst dazu erlaubet, Sie haben mich nach Ewr. Hochgräfl. Excell. und Gnab. itzigen zurstande undt gesundheit gefraget und da ich gesaget, Ewr. Hochgräfl. Excell. und Gnab. Wehren newlich am stein und podagra wieder krank gewesen, haben Sie gnädigst versprochen, deroselben für beydes ein sehr bewehrtes remedium dessen Sie sich selbsten gebrauchet, zu senden. Ich ergebe Ewr. Hochgräfl. Excell. und Gnab. Gottes Schirm und bin in schuldigem Respect

Rathenow d. 15. Juni 1675.   Ewr. Hochgr. Excell. und Gnab
                                                                            S. U. etc.
                                                                        B. Wangelin.

Von der Zahl der Gebliebenen konnte der Oberst noch keinen bestimmten Bericht haben, da das Schreiben unmittelbar nach Schluß des Gefechtes entworfen wurde.

Es ist abgedruckt worden in Nr. 6 des „Militär Wochenblattes", Jahrg. 1876, nach der aus dem schwedischen Staatsarchiv der Redaktion übersendeten Copie des Originals.

Brandenburg streifen, welches der Kurfürst anzugreifen beabsichtigte. Indessen hielt er es für gerathen, die Ankunft der Infanterie aus Magdeburg abzuwarten, wohin bereits verschiedene Eilboten entsendet waren.

Während der letztvergangenen Stunden, vom 15. zum 16., war jedoch Folgendes geschehen. Der Generallieutenant Graf Woldemar Wrangel hatte am 15. seinen Marsch von Brandenburg aus angetreten. Er wollte über Barnewitz nach Rathenow auf Havelberg marschiren, ebenso auch Königsmark, der vom Bremischen Gebiete aus vorrückte. Von Havelberg aus wollte man dann, über die Havel und Elbe gehend, sich mit den Hannoveranern vereinigen. Graf Karl Gustav Wrangel räumte Havelberg, um sich auf Ruppin zu dirigiren. Von der Nähe des Kurfürsten hatte Woldemar Wrangel so wenig gewußt, daß er die Streifpartei La Roches für ein Detachement der Magdeburger Garnison gehalten hatte.

Auf dem Vormarsche gegen Rathenow, am 15., erhielt er jedoch Nachricht von der Katastrophe, welche Wangelin und dessen Truppen ereilt hatte, wandte sich daher gegen Nauen, um auf Fehrbellin zu rücken und womöglich die Verbindung mit seinem Bruder, dem Reichsfeldherrn, in der Priegnitz zu bewirken. Es blieb ihm nach dem Verluste Rathenows kein anderer Weg übrig, da er, namentlich der morastigen Gegend wegen, den Fährdamm zu benutzen gezwungen war.

Woldemar Wrangels Plan war, seinem Entwurfe nach, ein sehr gut angelegter und den Umständen Rechnung tragender. Der Generallieutenant wußte, daß der Kurfürst seine Infanterie noch nicht zur Hand hatte. Wenn Wrangel aber nicht seinen Rückmarsch antrat, sondern wieder in Brandenburg Stellung nahm, so konnte möglicherweise der Kurfürst seine Infanterie zusammenziehen, sie mit der Berliner und Spandauer vereinigen und den Schweden jede Rückzugslinie abschneiden, was in dem höchst schwierig zu passirenden Terrain, welches aus Morast, Brüchen und schlecht erhaltenen Dämmen bestand, nicht schwer zu bewerkstelligen war. — Der Kurfürst mußte seinerseits darauf bedacht sein, einmal die Verbindung der beiden Wrangel zu hindern, dann aber, wenn dies nicht ganz gelang, den Feind auf seinem Rückmarsche zu ereilen, ihn festzuhalten, zum Schlagen zu zwingen und womöglich die Pässe des havelländischen Luches zu verlegen. Von dem Abmarsche Wrangels aus Brandenburg hatte man durch einen Bauer erfahren, der am 16. die Schweden bei Barnewitz gesehen hatte, was auch der von einer Streifpartie heimkehrende Strauß bestätigte.

Der Kurfürst sah sich also zur schnellsten Ausführung seines getroffenen kühnen Planes genöthigt. Er war entschlossen, die Ankunft seiner Infanterie nicht abzuwarten, sondern den Kampf gegen den abziehenden Wrangel mit der Reiterei und den Dragonern aufzunehmen. Blieb er, bis die Infanterie beim Heere war, so ging Wrangel ihm aus der Falle und entkam in die Priegnitz.

Das Nothwendigste war, eine Verlegung der Pässe zu bewirken. In dieser Beziehung war bereits auf erhaltene Anweisung des Kurfürsten der Fürst von Anhalt thätig gewesen. Drei Streifkorps, gegen Fehrbellin, Cremmen und

Oranienburg entsendet, geführt von dem Oberstlieutenant Hennings, Kurnawski und dem Rittmeister von Zabeltitz, sollten das Weitere thun.

Hennings war derjenige, welcher an der Stätte des zukünftigen Kampfes mit Erfolg wirkte. Er zerstörte mit Hülfe von 100 Reitern und 20 Dragonern den Damm, verbrannte die Brücke bei Fehrbellin und traf am 17. bei Nauen wieder mit dem Kurfürsten zusammen. Sehr wesentliche Dienste hatte ihm der Förster Christoph Garzwiller geleistet, ein Mann, welcher, aller Wege sehr wohl kundig, dem Oberstlieutenant Hennings als Führer diente.

Hennings hatte überdies noch bei Malchow eine Abtheilung schwedischer Reiter unter Oberstlieutenant Tropp angegriffen, 50 Mann niedergehauen, den Rittmeister von Linden gefangen genommen und dann die erwähnte Brücke zerstört.

Nachdem diese Streifkorps vorausgeschickt waren, ließ der Kurfürst, sobald der Gottesdienst am 16. früh vorüber war, seine Armee aufbrechen. Er schlug die Richtung nach Nauen ein. Es ist nothwendig, zu erwähnen, daß von der Infanterie 700 Mann in Rathenow als Besatzung zurückblieben. 500 Mann wurden mitgenommen. Kanne befehligte sie. Sie blieben jedoch natürlich hinter der Reiterei und den Dragonern zurück. Um 9 Uhr war die kurfürstliche Armee bei Barnewitz im Lager. Der Regen strömte mit aller Gewalt hernieder. Die Nacht brachte der Kurfürst im Wagen zu, seine Truppen lagen im weiten Kreise um ihn her. Die schlecht unterhaltenen Wege hatten den Marsch verzögert, freilich auch den der abziehenden Schweden. Es war daher erklärlich, daß man die Queue der feindlichen Nachhut vor sich hatte und den schwedischen Feldwachen gegenüber bivouakirte, da den Truppen Ruhe gegönnt werden mußte.

Abgesattelt wurde nicht. Der Kurfürst erhielt hier den Rapport des Fürsten von Anhalt, daß dieser den General Sommerfeld mit aller disponiblen Reiterei über Spandau nach Wustermark entsendet habe, um bei dem Rückzuge der Schweden diese in der Flanke zu fassen. Sommerfelds Marsch wurde jedoch zu langsam ausgeführt, wodurch das Unternehmen nicht zu Stande kam. Nicht gerechter Weise ließ der Kurfürst das in der Folge dem Statthalter entgelten.

Am 17. früh um 5 Uhr erhielt der Generalmajor Lütke Befehl, mit der 1000 Mann starken Avantgarde gegen Nauen vorzugehen. Oberst von Sydow nahm mit 200 Reitern die Vorhut. Bei Gohlitz vermochte man endlich die schnell abrückende Arrieregarde der Schweden zu erreichen und sie in ein Gefecht zu verwickeln. Sie war vom Windmühlenberge aus durch die Stadt gerückt und marschirte dann vier Mann in Front über einen Damm, der durch das Luch führte.

Lütke wurde mit Gewehr- und Geschützfeuer empfangen, ließ sich jedoch trotz des abscheulichen Weges nicht abhalten und suchte an den Feind zu kommen. — Er meldete dem Kurfürsten, daß er die Nachhut des Feindes zum Stehen gebracht habe, sie sei nunmehr im Weichen.

Lütke fand Nauen vom Feinde besetzt, die Thore verrammelt und ließ, einen

Sturm voraussehend, den Kurfürsten um Dragoner und Geschütze bitten. Diese Hülfe kam auch heran, allein die Schweden warteten den Angriff nicht ab. Sie hatten nur einen Theil der Nachhut in Nauen gelassen, um den Vormarsch der Brandenburger so lange als möglich aufzuhalten, weil sie den Damm passiren und die jenseits Nauen liegende Brücke abbrechen wollten. Sobald der vom Kurfürsten entsendete Sukkurs nahte, räumten sie die Stadt und brachen die Brücke ab. Die einzige Möglichkeit, an den Feind zu kommen, war die Passirung des Dammes. Jenseits desselben nahm die schwedische Truppe eine Gefechts=
stellung. Der Generalfeldmarschall Derfflinger ließ die Dragoner absitzen und drei Geschütze sollten den Damm bestreichen. Allein die geringe Breite desselben und die vollständig unbeschreitbaren Wiesen machten es unmöglich, das Gefecht weiter fortzusetzen. Der Kurfürst sah, daß es einer Flankenbewegung bedürfe, um den Feind zu vertreiben, und befahl dem General Lütke, Nauen rechts zu lassen, vom Amte Bergen aus über das Luch zu kommen, um die Schweden in der linken Flanke anzugreifen.

Dieser Befehl wurde ungeachtet des Terrains, bei dessen Passirung die Pferde der Reiter bis an den Bauch in Schlamm sanken, ausgeführt, allein obgleich

Uebergang über das Luch bei Nauen.

die Mannschaften das vom Regen hoch angeschwollene Wasser schwimmend, ihre Waffen über den Köpfen haltend, passirten, wurden sie doch so lange aufgehalten, daß die Nacht sie überraschte. Von den Feinden fand sich nichts mehr vor. Sie hatten die Stellung aufgegeben und standen bei Börnicke.

Es war also wieder zu keinem Treffen gekommen, obwol alle, auch der Kurfürst, dies bestimmt erwartet hatten.*)

---

*) Er hatte Buch beordert, ihm zur Seite zu bleiben, wenn das Treffen beginnen solle, damit kein Bösewicht sich während des Kampfes an ihn heranschleichen könne.

Nauen ward als Hauptquartier bestimmt; der Kurfürst ließ von hier aus an den Fürsten von Anhalt Bericht und den Befehl zur Lieferung von Brot ergehen, auch nach Spandau ward ein solcher Befehl entsendet.

Es wurden übrigens noch gegen 2000 Stück Rindvieh erbeutet. Aus allem ergab sich, daß der Feind, überrascht von den Erfolgen und dem schnellen Vorrücken der Brandenburger, keine Stellung zu halten versuchte, daß er thatsächlich auf der Flucht war. Man kann dies allerdings so nennen, wenn auch der Rückzug aus strategischen Rücksichten geboten war. Aber die plötzliche Erscheinung der kurfürstlichen Armee, der Verlust Rathenows, die vielen anderen für die Schweden mißlichen Ereignisse hatten den Rückmarsch mit einer solchen Hast und so unerwartet geschehen machen, daß die schwedischen Truppen dadurch äußerst entmuthigt werden mußten. Ein vollwichtiger Beweis dafür waren die massenhaften Trümmer, welche die vorrückenden Brandenburger auf der Rückzugsstraße fanden. Bagagewagen, todte Pferde, eine Menge weggeworfenen Proviantes, Waffenstücke aller Art, wie Helme, Eisenhüte, Gewehre ꝛc., zeugten von dem fluchtähnlichen Marsche.

Wrangel hatte nach den eingezogenen Berichten 8 Regimenter Infanterie à 800 Mann, 42 Kompagnien zu Pferde à 100 Mann und 38 Geschütze bei sich; er konnte also immerhin über 10, nach anderen Angaben 12,000 Mann verfügen. Fußtruppen: Regiment Wrangel (Feldherr), Leibregiment Dalwig, Prinz von Gotha, Helmfeld, Wulfen, Horn, die Garde und das in Fehrbellin stehende Regiment, welches zur Befestigung der Stadt vorausgesendet war. An Kavallerie: Regimenter Bünau, Bülow, Liewen, Giesen, Buchwald, Plantin oder Blondin, Wittenberg, Wachtmeister. — Daß trotz ihres eiligen Rückzuges, der, wie gesagt, durch die Umstände geboten war, die schwedische Armee sich im entscheidenden Momente gut schlagen werde, unterlag keinem Zweifel. Der Kurfürst und die Seinigen waren daher vollkommen von der Bedeutung und Schwierigkeit des Kampfes durchdrungen, dem sie entgegen gingen.

Mehr als kühn, verwegen erschien das Unternehmen. Dem verhältnißmäßig starken und gewandten Feinde vermochte der Kurfürst nur 5600 Mann Reiter, 2 Regimenter Dragoner und 12 Geschütze entgegenzusetzen. Von seiner Infanterie war ein Theil in Rathenow, der ihm folgende war im Vormarsche eher hinderlich, da seinetwegen oft Halt gemacht werden mußte, bis die wenn auch mit allem Eifer marschirenden Infanteristen die Kavallerie wieder eingeholt hatten. 38 Geschütze gegen 12, das war ein gewaltiger Abstand, dazu kam, daß der Feind genau mit der Gegend bekannt war, und sicherlich hatte er schon auf eine gute Stellung Bedacht genommen, falls er von dem Kurfürsten zum Kampfe gezwungen werden sollte.

Aber dem gewaltigen Manne, der sein bisheriges Leben in Kämpfen jeder Art verbracht hatte und der gewohnt war, Gefahren zu trotzen, konnte ein mächtigerer Feind selbst nicht Halt gebieten, wenn es sich darum handelte, eine Entscheidung herbeizuführen, mochte dieselbe für ihn günstig oder nicht ausfallen; er suchte den Kampf. Dieses Verlangen nach thatkräftigem Handeln giebt sich in all' seinen Entscheiden und Beschlüssen kund, welche er den Ansichten und Rathschlägen seiner Offiziere entgegenstellte.

Er hatte gleich nach dem vergeblichen Anrücken Lütkes den Prinzen von Homburg mit der Führung der Avantgarde betraut und ihm befohlen, mit Tagesanbruch dem Feinde auf den Hacken zu bleiben. Er wollte mit den Truppen angreifen, die zur Stelle waren. Die Nacht hatte er in Nauen zugebracht. Der große Tag, der 18. Juni dämmerte herauf, Brandenburg schwang sich in den Sattel.

Am Morgen von Fehrbellin.

XIX. Kapitel.

Die Schlacht bei Fehrbellin. 18. Juni 1675.

Fehrbellin, die Hauptstadt des Ländchens Bellin, wird auf der nördlichen Seite von dem Rhinflusse umgeben, welcher in vielen Windungen durch die Gegend strömt, hier Gräben füllt, dort einen kleinen See bildet, auch einige kleine Inseln umgiebt. Zur Zeit der Kämpfe zwischen Brandenburgern und Schweden war das ganze Land nur ein mehr oder weniger tiefer Morast, auf dessen Oberfläche, d. h. an den festeren Bodenstellen, Dörfer oder Weiler sich erhoben. Wenn wir den eigentlichen Kampfplatz betrachten, so haben wir denselben zwischen Fehrbellin und Linum zu suchen. Eine ziemlich gerade Landstraße führt von Fehrbellin nach dem letzteren Orte. Vor Linum gabelt sich die Straße dreifach. Ein Zweig derselben läuft in der Richtung gegen Cremmen, der andere gegen Nauen, der mittlere gegen Berlin. — Von Fehrbellin ausgehend, hat man zunächst rechter Hand ein von Gehölzen, Hügeln und einzelnen Weinbergen bestandenes Land, welches zur Zeit der kriegerischen Ereignisse an den meisten Stellen fast unpassirbar sein mochte. Einzelne dieser Waldparzellen waren den am Rande des umfangreichen Forstgebietes liegenden Dörfern zugehörig und nach diesen benannt. Der ganze Strich bildete ein Dreieck, dessen Spitze gegen Linum zu auslief. — Die eine Seite desselben wurde durch die von Fehrbellin nach Linum führende große Straße gebildet, die andere durch den zwischen Fehrbellin und Brume hergestellten Weg, die dritte durch den Waldrand zwischen Brume und Linum.

Links von der großen Straße zog sich das Rhinmoor hin, rechts das havelländische Luch*), so daß der feste Boden nur innerhalb jenes Dreieckes zu finden war. An der großen Landstraße (Fehrbellin=Linum), von ihr durch= zogen, lagen zunächst vor Fehrbellin das kleine Dorf Feldberg, fast eine Vor= stadt bildend, dann Tarmow, das große Dorf Hakenberg, endlich Linum. Bei letztgenanntem Orte bildete der feste Boden eine Landenge von etwa 1200 Schritt Breite. Hier waren die beiden Brüche, das Rhinmoor und das havelländische Luch durch einen Graben, „die Landwehr" genannt, mit einander verbunden und die Stelle bildete daher einen leicht zu vertheidigenden Paß.

Die vor Linum befindliche Landwehr war etwa fünf Fuß tief und zwölf Fuß breit. Die ausgeworfene Erde bildete auf der Seite nach Fehrbellin zu eine Art von Wall, der immerhin einen Angriff abhalten konnte. Es bleibt noch zu erwähnen, daß sämmtliche Verbindungen zwischen den Dörfern, ab= gesehen von denen, welche an den großen Straßen lagen, eine äußerst mangel= hafte, meist nur durch Knüppeldämme hergestellte war. Selbst von den größeren Orten aus waren Dämme durch das moorige Land geführt. Bei Fehrbellin führte der „Fehrbelliner Damm" durch den Sumpfboden nach Wittstock, und wenn man von jenem Orte über Linum nach Cremmen gekommen war, so mußte der jenseits der Stadt sich durch das Cremmensche Luch ziehende Cremmener Damm passirt werden. Den Fehrbelliner Damm hatten die brandenburgischen Truppen, wie wir wissen, unter Führung des Oberstlieutenants Hennings durchstochen und die Brücke, welche die Stadt mit dem Damm verband, ab= gebrannt. — Der sich langsam durch die Moorgründe bis zur Havel windende Rhinfluß war nur bei Fehrbellin zu passiren. Die Schweden mußten also hier hinüber, wollten sie ihre Verbindung mit dem bei Ruppin stehenden Reichs= feldherrn bewerkstelligen.

Rekapituliren wir nun. Der Kurfürst hatte seine Infanterie nicht erwarten können. Selbst von der bei ihm befindlichen mußte er 700 Mann in Rathenow zurücklassen, die übrigen 500 konnten nicht schnell genug der Kavallerie und den Dragonern folgen. Des Kurfürsten ganze Macht bestand also in Reitern und Dragonern nebst zwölf Geschützen, an Zahl etwa 6000—6400 Mann. Der Generalmajor Lütke war, wie berichtet, am 17. gegen die Schweden aufgebrochen, um deren Arrieregarde abzuschneiden. Dieser Angriff war jedoch durch den schnellen Abzug der Schweden mißglückt.

Friedrich Wilhelm, welcher die Nacht in Nauen zugebracht hatte, sendete am 18. früh um 5 Uhr noch ein Schreiben an den Statthalter Johann Georg, dann stieg er zu Pferde. Der Regen strömte vom Himmel hernieder, dichter Nebel schwebte über der Gegend und verschleierte die Waldungen. Die Wege waren durch die fortwährenden Regengüsse äußerst schwierig zu passiren. Der Kurfürst hatte nur eine Disposition getroffen. Da er nämlich fürchtete, daß die Schweden bei ihrem schnellen Rückzuge auf Fehrbellin den Paß glücklich erreichen und durchschlüpfen würden, lag ihm alles daran, sie aufzuhalten.

---

*) Diese Moore und Luche werden auch das Linumer und Dechtower Luch genannt, hinter dem havelländischen Luche heißt der Strich auch „Der Zitzen".

Da Lütke gestern nicht vermocht hatte, sie zu stellen, erhielt der Prinz Friedrich von Homburg den Befehl, die 1500—2000 Mann starke Avantgarde zu nehmen, mit derselben dem Feinde zu folgen und ihn zum Haltmachen zu zwingen. Die Truppen, welche der Prinz von Homburg kommandirte, bestanden aus Leuten verschiedener Regimenter. Nach dem damals herrschenden Brauche wurden die Mannschaften der Vorhut aus sämmtlichen Regimentern entnommen.

Sobald der Prinz von Homburg den Befehl zum Aufbruch erhalten hatte, setzte er sich mit seinen Leuten in Trab. Ihm folgte der Kurfürst mit der übrigen Armee. Beide Heere befanden sich also im Marsche. Die Schweden, um zu entkommen, die Brandenburger, um sie aufzuhalten. Der Prinz von Homburg, der trotz seines künstlichen Beines und seiner nicht ganz taktfesten Gesundheit einen wahren Feuereifer entwickelte, beeilte den Vorritt dergestalt, daß er um 6 Uhr früh, also kaum eine Stunde nach erhaltenem Kommando, die schwedische Armee in Sicht hatte. Der General Wrangel, welcher alle Ursache hatte, seinen Rückzug zu beschleunigen, vermochte jetzt nicht mehr einem Gefecht auszuweichen. Indessen zog er sich vorläufig nur langsam gegen Linum zurück. Der Prinz von Homburg begann durch seine vorgeschickten Plänkler das Scharmützel mit dem Feinde, sendete aber sofort an den Kurfürsten den Generaladjutanten von Spiegel mit der Meldung, daß der Feind in Sicht und dessen Plänkler mit den seinigen handgemein seien. Er bitte daher um die Erlaubniß, angreifen zu dürfen. Ein Hinhalten des Feindes werde möglich sein, bis der Kurfürst bei beschleunigtem Vormarsche mit dem gesammten Gros angelangt sein würde.

Der Kurfürst war jedoch, wohl wissend, daß die gesammten Truppen nicht so schnell herankommen konnten, gegen einen wirklichen Angriff des Feindes. Er ließ dem Prinzen daher zurückmelden, daß dieser nicht eine Hauptattacke beginnen solle. Erst jetzt wurde Rath gehalten, was zunächst geschehen solle. Nach verschiedenen Berichten habe der Kurfürst sämmtliche Offiziere vereinigt, um deren Ansichten zu hören, nach anderen Mittheilungen soll Derfflinger allein mit dem Kurfürsten konferirt haben und der Ansicht gewesen sein*), man dürfe bei der Ueberlegenheit der feindlichen Streitkräfte den Angriff nicht wagen. Weit mehr empfehle es sich, sofort auf Cremmen zu rücken, mit Benutzung des Dammes die Schweden zu umgehen und sich hinter Fehrbellin zu setzen, da die Schweden den zerstörten Fehrbelliner Damm nicht schnell genug wiederherstellen könnten, um ihn vor Ankunft der kurfürstlichen Truppen passirt zu haben. Wenn die übrigen Dämme und Brücken abgebrochen würden, so werde der in Fehrbellin eingeschlossene Feind sich auf Gnade und Ungnade ergeben.

Der Kurfürst war aber nun einmal von dem Gedanken erfüllt, die Schweden nicht aus seinen Händen entwischen zu lassen, ohne ihnen eine möglichst heftige

---

*) Diese Notizen sind nach den Aufzeichnungen Buchs gegeben, der sagt: S. S. El. consultoit avec Msr. Dörfling etc. Es ist aber nicht wahrscheinlich, daß der Kurfürst bei aller Hochachtung vor dem alten bewährten Derfflinger dessen Meinung allein gefordert habe. Derfflinger diente wol als Sprecher für die anderen Offiziere.

Schlappe beigebracht zu haben. Ihr eiliger, von den Symptomen der Auflösung begleiteter Rückmarsch, die Gefahr, daß der Feind seine Verbindung mit dem Reichsfeldherrn Wrangel herstellen könne, drängten den Kurfürsten zu dem Entschlusse, ein Treffen zu liefern. Endlich verhehlte er sich nicht, wie ungeheuer der moralische Eindruck sein mußte, wenn die Feinde eine Niederlage erlitten und er hielt es für gerathen, den Kampfeifer seiner Soldaten nicht verrauchen zu lassen. Er erwiderte daher: „Wir sind dem Feinde so nahe, jetzt muß er Fell oder Federn lassen."*) Worauf Derfflinger entgegnete: „Als General habe ich Ew. Durchlaucht meine Ansicht und was ich für das sicherste und beste hielt, gesagt, wenn Ew. kurfürstliche Durchlaucht aber anderer Ansicht sind, so soll mich das nicht abhalten, meine Pflicht zu thun, auch wenn mehr Gefahr und Wagniß dabei ist."

Damit war die Sache entschieden. Während dieser kurzen Berathung hatte sich der Prinz von Homburg mit den Feinden immer weiter in das Gefecht eingelassen. Wrangel, der nicht mehr ausweichen mochte — seine Leute ermüdete der schnelle Marsch mehr als der Kampf — machte richtig Halt und nahm Stellung vor Linum. Dieselbe war trefflich gewählt. Er behielt die Landwehr in der Front, seine Flügel konnten nicht angegriffen werden, weil, wie wir oben beschrieben, die beiden Luche, Rhin- und havelländisches bis dicht an die schmale Straße gingen und durch die Landwehr verbunden waren.

Der Prinz von Homburg wollte aber unter allen Umständen den Angriff wagen. Das sehr schmale, zum Theil hügelige Terrain war für den Reiterkampf nicht günstig, auch konnte der Prinz nicht mit Kavallerie gegen den hinter der Landwehr befindlichen Feind operiren. Er ließ daher den Kurfürsten durch den Grafen Prommitz bitten, ihm Dragoner zu senden.

Der Abgesandte traf den Kurfürsten bei Flatow an. Obwol man nicht schnell genug vorrücken konnte, weil öfters Halt gemacht werden mußte um die langsam folgenden Geschütze zu erwarten, die Reiter auch nur zu drei Mann nebeneinander marschiren konnten, war die kurfürstliche Armee doch verhältnißmäßig schneller als die Schweden von der Stelle gekommen.

Den Bitten des Prinzen zufolge, der einen Rückzug nicht mehr antreten durfte, ohne den ganzen Erfolg in Frage zu stellen, bewilligte der Kurfürst die verlangten Dragoner. Ehe aber dieselben sich an dem Gefecht betheiligen konnten, hatte Wrangel seine erste Stellung geräumt und sich auf die zweite zwischen Linum und Hakenberg befindliche, Front gegen Linum, linker Flügel an das Rhinmoor oder Linumer Luch, rechter an die Dechtower Fichten lehnend, zurückgezogen.

Nach anderen Mittheilungen war dieser Rückzug kein freiwilliger, sondern ein Angriff des Grafen Prommitz veranlaßte ihn. Danach wäre derselbe nicht als Hülfe Begehrender beim Kurfürsten erschienen. Genug die Schweden waren in der zweiten Stellung, sollten aber auch hier nicht lange bleiben, denn sobald

---

*) Nach Mittheilung von Buch: „Il en falloit avoir ou poil ou plume". Auch die Antwort Derfflingers ist überall dem Buchschen Tagebuche entlehnt.

Homburg die Verstärkung durch Dragoner erhalten hatte, ließ er diese sowie einen Theil der Reiter gegen die feindliche Front vorgehen und fiel, durch den Nebel gedeckt, von dem Dechtower Gehölz aus des Feindes rechten Flügel umgehend, in den Rücken der Schweden. Das heftige Feuer des Fußvolkes warf ihn aber zurück. Indessen wurde Wrangel durch diesen Angriff doch bewogen seine Stellung aufs neue zu ändern, da er ohne Zweifel glaubte, den Kurfürsten mit seiner ganzen Armee vor sich zu haben.

Diese dritte Stellung nahm Wrangel bei dem Dorfe Hakenberg. Er stand in zwei Treffen. Linker Flügel an Hakenberg, rechter an die Tarmower Fichten gelehnt. Dem ihm folgenden Prinzen von Homburg war es bereits klar geworden, daß der Feind nur auf seinem rechten Flügel gefaßt werden konnte; diese Ansicht theilte auch vollkommen der inzwischen mit dem letzten Theile seiner Reiter und der Artillerie in Linum angekommene Kurfürst.

Er war da, er war nunmehr auf dem Kampfplatze angelangt und es konnte von einem Nachlassen des Kampfes nicht mehr die Rede sein. Die beiden Gegner hatten sich festgepackt, sie konnten nicht eher von einander ablassen, bis einer von ihnen am Boden lag; diese wüthenden Ringer preßten sich Brust an Brust bis der Athem dem Schwächeren versagte.

Der Kurfürst nahm seine Armee, 3800 Pferde ohne die Avantgarde, die im Gefecht stand, ebenfalls in zwei Treffen. Er hatte sofort erkannt, daß Homburg ganz richtig gehandelt; der rechte Flügel war es, gegen den man seine Stöße richten mußte. Eine furchtbare, vom Winde dem Feinde entgegen getriebene Nebelmasse erleichterte dem Kurfürsten seinen schnell gefaßten Plan.

Die rechts von dem sogenannten Katharinenpfuhle sich erhebenden, vor dem Tarmower Fichtenholze sich hinziehenden Sandhügel mußten mit den brandenburgischen Geschützen besetzt werden; von diesen kleinen Erhebungen aus konnte man des Feindes Stellung bestreichen.

Im Nu waren die brandenburgischen Dragoner heran, das Regiment Derfflinger, von Hauptmann von Kottwitz geführt, wurde den Geschützen als Besatzung beigegeben. Den Mangel an Infanterie ersetzte man durch die abgesessenen Dragoner. Sie wurden zu 100 oder 50 Mann zwischen die Geschütze postirt. Die ganze Aufstellung, welche übrigens mit bewunderswerther Präzision vor sich gegangen war, hatte allerdings der Nebel begünstigt, auch war es dem Kurfürsten gelungen, seine Dispositionen dergestalt auszuführen, daß er mit dem ersten Treffen seine Vorhut verstärken, mit dem zweiten und der kleinen Reserve durch die Dechtower und Tarmower Gehölze ziehend, des Feindes rechte Flanke bedrohen konnte.

Die Aufstellung auf und hinter den Sandhügeln war nunmehr folgende: Bei den Geschützen die Derfflinger=Dragoner, hinter denselben Leibtrabanten 1 Schwadron, 3 Schwadronen Regiment Anhalt, hinter ersteren das Regiment Görtzke.

Mit der Aufstellung der brandenburgischen Geschütze und dem Beginn ihres Feuers nahm die Schlacht erst eigentlich ihren Anfang. Wrangel hatte sich bis dahin in einer defensiven Haltung gezeigt, seine Abwehr selbst konnte eine

Dragoner bei den Geschützen.

lässige genannt werden. Er ward erst, wahrscheinlich in Folge der dichten Nebel, von der Gefahr, welche seinem rechten Flügel drohte, unterrichtet, als die brandenburgischen Kugeln in seine Reihen schlugen.

Jetzt aber beginnt der Feind sich zu ermannen. Die Hügel und die dort befindlichen Geschütze zu gewinnen ist die Aufgabe für Wrangel. Von dem rechten Flügel lösen sich die Reitergeschwader ab um gegen die Brandenburger zu stürzen, das 1200 Mann starke Regiment von Dalwig folgt ihnen, es ist eins der besten Regimenter der schwedischen Armee*), das Leibregiment, geführt von dem Oberstlieutenant von Maltzahn. Im Sturmesbrausen wälzt sich die Masse heran, immer weiter dehnt sich die Kavallerie im Vorstürmen aus, den linken Flügel der Brandenburger fast umspannend. In drei Bataillonen rückt das Regiment Dalwig vorwärts, seine Pikeniere mit gefällten Piken, die Musketiere unter heftigem Feuer, die Reiter mit wildem Geschrei.

Vielleicht war es das plötzliche Hervorbrechen dieser Massen, was die brandenburgischen Männer stutzig machte, die Wucht des Angriffes schien sie erdrücken zu wollen, die Reihen der Leibtrabanten und des Regimentes Anhalt beginnen zu wanken, sie weichen dem Drucke, ein lauter gellender Ruf und dann beginnt ein fluchtähnlicher Rückzug.

Es ist jedoch anzunehmen, daß die im Weichen begriffenen Brandenburger dem andringenden Feinde sich entgegengestellt hatten, bevor sie von diesem in die Flucht geschlagen wurden, da ja ursprünglich die Trabanten sowie das Regiment Anhalt hinter den Sandhügeln Stellung genommen hatten. Während ihres Zurück= stürmens sollen die Fliehenden den bei den Geschützen postirten Dragonern zu= gerufen haben, sie möchten ihnen doch helfen. Die Dragoner, welche gegen den

---

*) Bei Gustav Adolf stand es in hoher Achtung und hieß damals „das blaue Regiment". Vor Dalwig war Königsmark der Führer.

anrückenden Feind ihr Gewehrfeuer richteten, befanden sich selbst in einer sehr kritischen Lage.

Wrangel hatte die Disposition dahin getroffen, daß er die Geschütze durch Pikeniere und Musketiere angreifen ließ, durch die Reiterei jedoch die Trabanten und Anhaltischen zum Weichen brachte. Als dieses geschehen war, sahen die bei den Geschützen muthig ausharrenden Dragoner sich vollständig dem feindlichen Feuer und den Pikenangriffen ausgesetzt, auch scheint, wol des Regens wegen, der die Lunten näßte, ihr Feuer nicht von besonderer Wirkung gewesen zu sein. Das Heranziehen der Reserven, welches Derfflinger mit der im zweiten Treffen stehenden Kompagnie sofort unternahm, konnte nur langsam stattfinden, weil die dichte Holzung ein schnelles Vorrücken hinderte; der Kurfürst war noch zurück. Er rangirte seine nach und nach erst eintreffenden Kavallerieregimenter, flog aber im sausenden Galopp herbei, als er die Gefahr bemerkte, welche der wichtigsten Stellung seiner Armee drohte.

Er kam bei diesem Ritte unter die fliehenden Haufen der Trabanten und Anhaltischen. Mit donnernder Stimme rief er ihnen zu, sie sollten Stand halten, der Feind sei noch nicht so nahe hinter ihnen*); sein Ritt endigte erst, als er bei den Geschützen ankam, von wo aus er nun in das vor und neben ihm rasende Getümmel schauen konnte.

Unterdessen hatte sich Folgendes ereignet. Während Derfflinger bemüht war, die Reserve heranzubringen, der Kurfürst seine Reiter erwartete, hatte der Prinz von Homburg, durch das Schlachtgewühl reitend, sich ebenfalls bei der Geschützaufstellung eingefunden und war daselbst fast zu gleicher Zeit mit dem Kurfürsten eingetroffen, gerieth auch unter die weichenden Schwadronen. Da aber die schwedische Infanterie nicht so schnell als die Kavallerie heran war, so kam Homburg im Vorreiten bis an den Katharinenpfuhl. Er sah von hier aus die drohende Gefahr, da gerade in diesem Augenblicke die schwedische Infanterie den Anlauf gegen die Geschütze unternehmen wollte, indessen die Kavallerie schon die weichenden brandenburgischen Schwadronen zu überflügeln drohte.

In diesem gefährlichen Momente erschienen plötzlich drei Schwadronen des Regiments Görtzke, welche Derfflinger, durch das Stangenholz sehr behindert, zum Angriff der schwedischen, bedenklich vordringenden Kavallerie — sie ward nur einigermaßen durch das Geschützfeuer aufgehalten — gegen die linke Flanke entsendet hatte.**) Homburg besann sich nicht eine Minute lang. Er setzte sich

---

*) Die Stelle in dem Schreiben, welches der Kurfürst am 19. Juni an den Statthalter sendete, lautet: „Etliche Regimenter haben sehr vbel getan. Ew. Liebd. regiment kam mir in sollen Lauff entgegen. Ich hatte genug zu thun Sie wider zu schwingen undt wider gegen den Feindt zu bringen."

) Herr von Buch will die Führung dieser Schwadronen durch das Holz übernommen haben. Er erzählt bei dieser Gelegenheit, es sei ein Offizier zu Derfflinger gekommen und habe diesen darauf aufmerksam gemacht, daß die weichenden Schwadronen durch Kavallerie unterstützt werden müßten, sonst seien die Geschütze verloren, worauf Derfflinger sehr kurz geantwortet habe. Erst als Buch den Rath des Offiziers sehr **höflich wiederholt habe, sei ihm von Derfflinger die Weisung gegeben worden: „Er möge als ein der Gegend Kundiger

sofort an die Spitze dieser Schwadronen und brach aus dem Gehölze hervor gegen die linke Flanke des Feindes, wobei er die Schwadronen eine heftige Schwenkung nach rechts machen ließ.

Dieser energische Anprall warf die schwedische Reiterei zurück. Ihre Attacke stockte, allein da sie sich schnell wieder ralliirten, setzten sie zum zweiten Male an. Die bei den Geschützen postirten Dragoner hatten daher nur eine sehr kurze Zeit zum Athemschöpfen gehabt, sie sahen das Verderben aufs neue herankommen, waren aber entschlossen „viel lieber zu sterben, als die Geschütze zu lassen".

Alle bisher erzählten Ereignisse, von dem Vorbrechen der Schweden gegen die Geschütze bis zum Eingreifen Homburgs fielen fast gleichzeitig vor, so daß sie gewissermaßen als ein Moment bezeichnet werden können.

Die Zurückwerfung der Schweden war die erste Abtheilung des Kampfes; mit ihrem erneuten Vordringen begann die zweite. Wrangel hatte, als er die Stockung bemerkte, sogleich eine Verstärkung des Flügels angeordnet, sie war es, durch deren Gewicht die Brandenburger wieder zurückgeworfen und ihre Geschütze abermals bedroht wurden. Indessen waren aber die auf dem Kampfplatze eingetroffenen Kavallerieregimenter des Kurfürsten schon heran. Das erste, welches den Kampf aufnehmen konnte, war das von Mörner, dem der Kurfürst sofort durch seinen Adjutanten von Küssow sagen ließ, „wie er hoffe, daß Mörner die Geschütze gegen den Feind brav vertheidigen werde". Der tapfere Oberst ließ dieselben Worte zurückmelden, welche die Dragoner schon gesprochen hatten: „viel lieber sterben, als die Kanonen dem Feinde lassen".

Fast zu gleicher Zeit setzte er sich mit seinen Reitern in Galopp und brauste dem Feinde entgegen, der schon mit „großer Furie" herankam.

Von diesem Augenblicke an entstand ein Gefecht, wie es hitziger und wilder kaum gedacht werden, wie es der Pinsel eines Meulen oder Wouverman nur wiedergeben kann. Schwadron auf Schwadron warf der Kurfürst in das Getümmel, die Schweden stürzten sich zwischen die Brandenburger, diese drangen wieder in die schwedischen Haufen, das Geschrei, die Schüsse der Pistolen und das Stampfen der Massen von Pferden, die schmetternden Hiebe, die Rufe der Trompeten, der Geschützdonner und das Knattern des Kleingewehrfeuers bildeten ein furchtbares Konzert, dessen Töne sich mit dem Brausen des Windes mischten, der eine riesige Wolkenmasse zusammengefegt hatte, die sich bald als strömender Regen entlud.

Nur mit einer wildfluthenden See läßt sich das Gewühl vergleichen. Bald jagten die Schweden die Brandenburger vor sich her, dann plötzlich machten diese eine gewaltige Schwenkung und trieben den Feind wiederum über das zerstampfte Schlachtfeld. War man dicht an- und ineinander gekommen, so begannen die Einzelkämpfe. Von der ungeheueren Erbitterung, mit welcher gefochten wurde, giebt den besten Beweis die Thatsache, daß selbst die hohen, ja der höchste Führer in persönlichen Kampf verwickelt wurden.

---

die ersten Schwadronen, die er finden werde, durch das Gehölz führen." Buch traf die von Görtzke und stieß auf Homburg, der nun angriff.

Derfflinger war wiederum jung geworden. Er befand sich im dichtesten Gewühl des Gefechtes. Zweimal war er vom Feinde umschlossen, das erste Mal beim Vordringen, hier hieb er sich selber heraus. Als die Brandenburger zurückjagten, gerieth der 69 Jahre alte Haudegen tief in die feindlichen Linien. Nicht weit von ihm ward der Prinz von Homburg mit den Schweden handgemein, kam jedoch noch schnell genug vom Feinde los, um dem im Dahinjagen schwer bedrängten Derfflinger Hülfe leisten, ihn aus den Feinden heraushauen zu können. Eine Strecke hinter den beiden nun zurückgaloppirenden Generalen focht Oberst von Mörner mit dem schwedischen Obersten des ostgothischen Regimentes Adam Wachtmeister. Leider erhielt Mörner einen tödtlichen Hieb über den Kopf. Wachtmeister aber wurde mit einem brandenburgischen Reiter handgemein, der ihm den Pallasch bei Seite schlug und dann dem Obersten ebenfalls einen schweren Hieb versetzte, der ihn leblos aus dem Sattel warf. Marwitz, Burgsdorff 2c. waren alle mehr oder weniger in das Gefecht gezogen.

Der Kurfürst, welcher die gewichenen Schwadronen Anhalt und Trabanten wieder rangirt hatte, sah die Kompagnien des Mörnerschen Regimentes in Verwirrung gerathen. Zwar hatte Hennings sich sogleich nach dem Falle Mörners an die Spitze gesetzt, allein da auch er in einen Zweikampf verwickelt und verwundet ward, blieb das Regiment führerlos und begann sich zu zersplittern. Der Kurfürst hielt nun den Augenblick für gekommen, für welchen er seine Person einsetzen mußte. Ein nochmaliges Schwanken oder Weichen und der Tag war verloren. Seinen Degen ziehend rief er: „Getrost tapfere Soldaten! ich Euer Fürst und nunmehriger Kapitän will siegen oder ritterlich mit Euch zugleich sterben." Die ihm zur Seite haltenden Kompagnien waren es, welche er nun in das Treffen führte, hoch zu Rosse ihnen voranstürmend, immer hinein

Der Kurfürst im Handgemenge.

in das Gewimmel rasend kämpfender Reiterscharen, seine mächtige Stimme ertönen lassend. Ihm zur Seite blieb sein Stallmeister Emanuel von Froben, allein in dem Wirbelsturm, der von allen Seiten herkommend die Kämpfer umbrauste, wurden Herr und Diener getrennt. Der Kurfürst befand sich bald genug inmitten der Feinde. Er hatte Mühe die Angreifer abzuwehren, da jedoch die brandenburgischen Reiter ihren Herrn in Gefahr sahen, stürzten sich neun Mann in den Feind und hieben den Kurfürsten glücklich wieder heraus. Um diese Zeit war ein neues Hervorbrechen Homburgs mit den letzten auf der Wahlstatt eingetroffenen Reiterregimentern fühlbar. Die ganze Masse der Kämpfenden, jetzt ein wirkliches Pêle-mêle, um einen neueren Ausdruck zu gebrauchen, schob sich in der Richtung gegen Tarmow hin, von dem neuen Reitersturme getrieben. Diesem abermaligen Stoße vermochte die schwedische Kavallerie nicht zu widerstehen. Sie begann sich aufzulösen. Diese Auflösung wurde durch den im Galopp ausgeführten Angriff der neu hinzugekommenen brandenburgischen Kavallerie befördert, die jedoch in ihrem Vordringen auf das in fester Haltung befindliche Regiment Dalwig stieß, welches ihrem Ansturm widerstand.

Da jedoch die schwedische Kavallerie in vollständiger Auflösung begriffen war, vermochten die brandenburgischen Reiter das tapfere Infanterieregiment zu umzingeln und von allen Seiten auf dasselbe einzuhauen. Es entspann sich hier

Zusammenhauen des Regiments Dalwig.

ein mörderischer Kampf, der mit der Vernichtung des Regimentes endete. Wie ausgezeichnet die Schweden sich schlugen, geht daraus hervor, daß nur 20 Mann lebend davon kamen und 70 als Gefangene in die Hände der Brandenburger geriethen.

Mit dem Zurückwerfen der Kavallerie und der Niederlage des Regimentes Dalwig mußte das Geschick des rechten Flügels der Schweden entschieden sein.

Der Kurfürst an der Spitze des Regiments Mörner.

Es erscheint unerklärlich, weshalb nicht die im Centrum und dem vollständig intakt gebliebenen linken Flügel befindlichen Streitkräfte zum Angriffe gegen die Brandenburger verwendet wurden. Wrangel dachte an nichts weiter mehr als an den Rückzug. Er trat denselben in zwei Kolonnen auf Fehrbellin an. Die Artillerie der kurfürstlichen Armee ward nun von den Hügeln herabgezogen, die Schwadronen des Prinzen von Homburg um sechs bis acht verstärkt und der Abmarsch der nunmehr verfolgenden Armee des Kurfürsten links ab angetreten, wobei die Artillerie die Flanke des Feindes beschoß, der jetzt den intakt gebliebenen linken Flügel vorgezogen hatte.

Bei Beginn des Rückzuges ließ der Kurfürst nur die Artillerie wirken und begleitete den Feind mit seinen Reitern. Die schwedischen Geschütze erwiderten jedoch bald das Feuer sehr heftig. Es flogen zahlreiche Geschosse unter die verfolgenden Feinde und eines derselben schlug dicht neben dem Kurfürsten ein, dem treuen Stallmeister Froben das rechte Bein über dem Knie zerschmetternd. Er wurde hinter die Fronten gebracht und starb nach Verlauf von einer Stunde. Auch dem hinter dem Kurfürsten reitenden Leibjäger Uhle ward das Pferd unter dem Leibe erschossen.

Die Begleitung des abziehenden Feindes schien aber dem Kurfürsten nicht genügend. Er wollte den Schweden noch mehr Abbruch thun, bevor sie Fehrbellin erreichten. Der Prinz von Homburg erhielt deshalb Befehl mit 1500 Reitern den linken Flügel der Feinde anzugreifen. Dieser war, wie wir wissen, vollkommen gefechtsfähig geblieben. Als daher die von den Anstrengungen der Märsche und des Kampfes sehr erschöpften Brandenburger ansetzten um einen Choc gegen die Schweden zu machen, warfen sich diese ihnen mit aller Kraft, deren sie wol fähig waren, entgegen und trieben die Angreifer dergestalt zurück, daß sie fliehend über das Feld dahinstoben. Auch durch den linken brandenburgischen Flügel wurde ein Angriff ohne allen Erfolg versucht, weil die schwedische Infanterie noch immer 7 bis 8 Regimenter stark war, hinter deren Linien die Kavallerie leicht Deckung finden konnte; ebenso vermochte man nicht in die schwedischen Bataillone zu kommen, obwol diese durch das Feuer der brandenburgischen Geschütze litten.

Der Kurfürst mußte daher auf eine totale Niederlage des Feindes durch seine Waffen verzichten und das Hineingelangen der Schweden nach Fehrbellin war nicht mehr zu hindern. Da man bis an den vor der Stadt gelegenen Luchberg gekommen war, wurden hier Posten ausgesetzt, die ganze Reiterei aber bis an die Tarmower Fichten zurückgeführt, wo das Lager aufgeschlagen ward. Damit hatte der glorreiche Tag seinen Schluß gefunden. Von dem Augenblicke an, wo die Schweden ihren Rückzug begannen, war dem schlechten Wetter der schönste Sonnenschein gefolgt, gleichsam zur Feier des Sieges die Strahlen herniedersendend.

Den Vorschlag — nach einigen soll Derfflinger ihn gemacht haben — Fehrbellin zu beschießen, verwarf der Kurfürst, „da er seine eigenen Städte nicht zerstören wolle," und in der That hatte er auch genug errungen. Mit kaum 6000 Mann Reitern und Dragonern hatte er 11,000 Mann Feinde, welche mit Infanterie und 38 Geschützen versehen waren, geschlagen; wenn diese Niederlage der Schweden auch nicht eine vollkommene genannt werden konnte, so war es doch ein glänzender Sieg für den Kurfürsten, und aus dem Dampfe der Schlacht von Fehrbellin erhob sich glänzender als je das Gestirn Brandenburgs. Jener kleine Strich Landes, auf welchem die Reiter=schlacht von Fehrbellin gekämpft ward, ist der Grund, von dem aus der mäch=tige, starke Pfeiler Deutschlands emporstrebte, den man in Zukunft „Preußen" nennen sollte.

Schwedischerseits zählte man gegen 3000 Todte. 1000 Gefangene befanden sich in Händen der Brandenburger, die ihren Verlust auf 4—500 Mann be=rechneten. Genommen hatten sie am 18. ein Geschütz, acht weiße Regiments=fahnen und zwei Standarten der Regimenter Bünau und Ostgothland.

Von hervorragenden Persönlichkeiten blieben todt: Oberst von Mörner, Oberstlieutenant von Wollmersdorf, Major von der Marwitz, Rittmeister von der Asseburg und Beyer, Hauptmann von Burgsdorff, erstere beiden vom Re=giment Anhalt, letzterer von Derfflinger Dragonern. Einige Lieutenants, Cornets und Fähnriche. Verwundet waren die Oberstlieutenants von Strauß, der fünf Kugeln in den Leib erhielt, von seinen Wunden aber vollkommen genas Hennings, von Köller, von Sydow, Rittmeister von Buch, der Vetter des Reise=marschalls.

Auf schwedischer Seite waren geblieben: der Baron Adam von Wachtmeister — sein Regiment, das ostgothische, war mit dem Regiment Mörner zusammen=gestoßen — von Maltzan neben einer Anzahl höherer und niederer Offiziere. Die gefallenen Offiziere, denen Marodeurs und sonstiges Gesindel die Kleider ge=raubt hatten, wurden nach Fehrbellin gebracht und dort in einer Kapelle be=stattet. Mörner ließ der Kurfürst in seinem Wagen vom Schlachtfelde fahren. Verschiedene Damen, Gattinnen der Generale, wurden mit Pässen versehen, um weiterreisen zu können.

Der Kurfürst ließ nach dem mißlungenen Angriffe seiner Kavallerie unter dem Prinzen von Homburg gegen den linken schwedischen Flügel seine Truppen bei den Tarmower Fichten lagern. Er setzte sich mit seinen Offizieren zu Tische, die Mannschaften ringsum in weitem Kreise. Man speiste und trank zwar unter den massenhaft umherliegenden Leichen, allein die Stimmung nach dem glän=zenden Siege war eine sehr gehobene und das schöne Wetter begünstigte dieselbe.

Schon während des Vorrückens hatte sich die 500 Mann starke Infanterie unter Kanne eingefunden, das Regiment Frankenberg (Reiter), aus Spandau kommend und von General Sommerfeld geführt, traf ebenfalls nach beendetem Kampfe ein und bezog die Vorposten.

Mit dem letzten Gefechte gegen die abrückenden Schweden war der Kurfürst höchst unzufrieden. Er schrieb an den Statthalter, dem er sofort nach beendetem Kampfe die Siegesbotschaft mittheilte: „Meine reutter haben theils nicht das Ihrige gethan, worüber ich inquiriren lassen, vndt selbigen den proces machen lassen werde." — Die Mißstimmung über den letzten verunglückten Angriff ging auf das Ganze über, auch hat der Kurfürst unmittelbar nach dem Treffen wol

Brief des Großen Kurfürsten am Abend der Schlacht bei Fehrbellin,
dem 18. Juni 1657, datirt aus Linum, an den Prinzen von Anhalt zu Berlin.
Genaue Nachbildung des Originals.

A Monsieur

Monsieur le Prince
de Anhalt &
à Berlin.

Durchläuchtiger Fürst Hochgeehrter
Herr Vetter & Schwager samt gevatter
Er. Lbd. thue Jch hiemit zu wißen, daß
Jch gestern gegen 8. uhr den Feind zu
Hammern, da Jch selbiger in voller
Bataille gefunden, welchen Jch, ehe
seinem linken flügel voll auf, in einem
dampffer gesetzt, und großß avantage
gehabt, worauf ich resolviret habe,
den feind welcher zu fuß mich laß—
gangen, anzugreiffen, und da er, wie
sehr hartnäck gefecht gegeben, so hatt
aber der Höchster Gott mir die genaden
gethan, daß eine der selben aißsen falder
geschlagen, nicht welcher mich aber wegen
des morastes mit seiner infanterie bis
in [strikethrough] ohnhalbig retiriret, und
will nur of 8 brigaden zu fuß ge—
habt haben, theils meiner von ihr nicht
des gleichen gethan, worüber ich inquiriren
lassen, und selbigen der proces machen
lassen werden, 8 fahnen 2. Standarten
und ein stück hab ich bekommen, Was
für gefangenen weiß ich noch nicht
will ewig quartier gegeben werden,
den feind hatt, viell todt, sambt den—

unsere officier der Sachsen, neu sampt
des Lubelinor hoemwell, wittem-
bergen, die ausser der Obristen ac.
Wachtmeistere heute frü hinüber frie
geblieben, des von feinde die briefen
nicht diesser mecht most gehn Ich
einsst brennen, des selbigen aber
schattig werden Ich es noch einst mit
Jh: Dom: Best gebe die glück
zu des Hn gnaediges shute dieselbe
Ich serminst dasselbe, und verbleibe
allzeit

E: Ld:

Dienstwilliger Vetter
Schwager und zu etten
Friederich Wilhelm Churfürst

Zinnenberg den 18. Jany
A° 1675.

A Monsieur	
Monsieur le Prince	
de Anhalt etc.	
cito	
cito	à
cito	
cito	Berlin.

Durchlauchtiger Fürst, hochgeehrtter Herr Vetter Schwager unbt Gevatter. Ew. Liebden thu Ich hirmitt zu wissen, da(ß) Ich heutte gegen 8. ahn ben feindt gekommen, da Ich selbigen in voller Batallie gefunden, welcher Sich ahn seinem lincken Flügell ahn einem Dorffe gesetzet, undt groß avantage gehatt, worauff ich resolviret habe, den Feindt welcher auff mich loßgangen, anzugreiffen, da es dann ein sehr hartes gefecht gegeben, es hatt aber der höchste Gott mir die genahbe gethan, daß Wir benselben außer Felde geschlagen, welcher Sich aber wegen des morastes mitt seiner infanterie bis in Verrbellin reteriret, undt weill er 8 brigaden zu Fuße gehatt haben theils meine reutter nicht das Ihrige gethan, worüber ich inquiriren lassen, undt selbigen den proces machen lassen werbe, 8 Fahnen 2 estandarden undt ein stück hab ich bekommen, was für gefangene weiß ich noch nicht weill wenig quartier gegeben worden. Der Feindt hatt viell Volck und fürnehme officir verlohren, man sagt das Wolmer (Waldemar) Frangell (Wrangel), Wittenberger, wie auch der Obrister (? unleserlich) Wachtmeister und sein Bruder sein geblieben, wo der Feindt die Brücke nicht dieße nacht macht gehe Ich auff Cremmen, wo selbiger aber ferttig werde Ich es noch eins mitt Jhn wagen, Gott gebe (da)zu glück. In dessen gnebigen schutz dieselben Ich hiemitt befelle, undt verbleibe Allzeit Ew. Liebden Dienstwilliger Vetter Schwager undt Gevatter

Linum, den 18. Juny A° 1675.   **Friederich Wilhelm Churfürst.**

noch nicht die ganze volle Bedeutung überschauen können. Wir haben ähnliche Beispiele in neuester Zeit kennen gelernt (z. B. Königgrätz), wo unmittelbar nach dem Treffen niemand die Größe des Errungenen ermessen konnte. Von einem Prozeß gegen die wackeren Reiter war also auch keine Rede mehr, indessen ertheilte der Kurfürst den verschiedenen Abtheilungen Lob oder Tadel. Er schlief die Nacht nach dem Treffen in Linum, vorher aber besuchte er die Lagerplätze und hielt genaue Umschau nach den Blessirten.

Die Schlacht bei Fehrbellin ist an sich ein so außerordentliches Ereigniß, die Umstände, unter welchen sie stattfand, sind dergestalt seltene, die Folgen so nachhaltige gewesen, daß sich auch die Mittheilungen über Einzelnheiten dieses merkwürdigen Treffens oftmals in das Sagenhafte verlieren, welches sich so gern und leicht um alles ungewöhnliche rankt. Es ist daher geboten, über verschiedene Einzelheiten einige Worte zu sagen.

Zunächst, um in einer gewissen Ordnung vorzugehen, wird der erste Angriff des Prinzen von Homburg als ein übereilter, vom Kurfürsten mißbilligter Schritt angesehen, welcher dem Prinzen die Ungnade eingetragen haben soll. Wir haben schon oben gesagt, daß der Kurfürst bei seinem Vorritte gegen die Geschützaufstellung sich vollständig von der Richtigkeit der Maßnahmen überzeugte, welche der Prinz getroffen hatte. Diesem war wol der Befehl gegeben, nicht anzugreifen, bevor die gesammte Armee nicht auf dem Felde erschienen sei. Allein wie die Dinge sich nun einmal gestalteten, konnte das Verfahren des Prinzen nur gebilligt werden, der dem Feinde allen Abbruch thun und ihn zum Halten zwingen sollte. Ohne Zweifel hatte der Kurfürst einem so bewährten Reiterführer selbständiges Handeln nicht untersagt. Uebrigens widerlegt sich die Annahme, der Kurfürst sei mit dem Angriff gegen die Schweden nicht einverstanden gewesen, dadurch, daß er dem Prinzen die verlangte Hülfe, die Dragoner, sendete, als derselbe noch dem bei Linum in Schlachtordnung befindlichen Feinde gegenüberstand. Es wäre da immer noch Zeit gewesen, dem Prinzen die Ordre zum Halten zu senden, hätte der Kurfürst den Angriff nicht gestatten wollen.

Weit eher scheint eine Mißstimmung gegen den Prinzen von dem besprochenen verunglückten Angriff auf den linken schwedischen Flügel herzurühren, wobei derselbe der Führer war, während der Angriff bei Linum ihm vollkommen glückte. Die in so viele Geschichtsbücher übergegangenen Mittheilungen, nach denen der Kurfürst dem Prinzen gesagt haben soll: „Eigentlich hättet Ihr den Kopf verlieren müssen, wäre es nicht so glücklich abgelaufen," oder „hier habt Ihr Euren Degen wieder, mein Prinz" (dieser sollte sich selbst als Gefangener gestellt haben), oder „in der Freude meines Herzens will ich Eures Fehls nicht denken," sind ebenso in das Gebiet der Sagen und Fabeln zu verweisen, als die Tradition, welche den Prinzen eine kaum dem Jünglingsalter entwachsene Persönlichkeit sein läßt. Kleist der Dichter trägt hieran besonders viel Schuld. Homburg war 1633 geboren, also zur Zeit der Fehrbelliner Schlacht ein zweiundvierzigjähriger Mann, der ein künstliches Bein trug, weil eine Falkonetkugel ihm 1659 bei der Belagerung von Kopenhagen das Bein zerschmetterte, welches er sich, da es nur noch an einer Flechse hing, selber abschnitt. Er ließ sich ein künstliches machen, welches an der Stelle, wo es mit dem Stumpf zusammenhing, eine Silberplatte trug, daher sein Beiname, „der Prinz mit dem silbernen Bein". Von schwedischen Diensten war er 1660 in brandenburgische getreten. Seine Gesundheit scheint nicht die beste gewesen zu sein, denn er verließ im Junimonate noch die kurfürstliche Armee, um in Schwalbach den Brunnen zu trinken. Dieser Umstand und die Klagen seiner Schwester Hedwig Sophie über die geringe Anerkennung, welche des Prinzen Leistungen gefunden haben sollten, mögen zur Annahme geführt haben, er sei in Ungnade gefallen. Doch belohnte der Kurfürst ihn später reichlich durch Zuwendung von Gütern in Pommern.

Die Betheiligung der Bomsdorffschen und Grumbkow Dragoner an der Fehrbelliner Schlacht wird verschiedentlich in Zweifel gezogen. Die Derfflinger und Bomsdorff Dragoner werden in der Liste angegeben, sind beide auch auf dem höchst sauber und korrekt ausgeführten Plane, welcher nach der Schlacht erschien und dem Buche von Hassel und Witzleben in sehr gelungener Kopie beigegeben ist, verzeichnet. Trotzdem wird das Regiment Bomsdorff in keinem Berichte erwähnt. Grumbkow Dragoner, welche wiederum auf dem Plane nicht angegeben sind, werden dagegen in den Relationen genannt. Wahrscheinlich bestand die Schwadron, welche der Kurfürst noch am 18. Juni zur Verstärkung heranzog und die aus Spandau kam, aus Bomsdorff Dragonern, welche am 28. April nach Berlin verlegt, zum Theil aber nach Spandau gesendet wurden.

Mörners Tod wird ebenfalls vielfach unrichtig erzählt. Er soll bei den Geschützen durch eine Kugel getroffen, geblieben sein. Wir wissen, daß er dem Schwerte Wachtmeisters erlag.

Der Generallieutenant von Goertzke gehörte zu den hervorragendsten Führern in der brandenburgischen Armee. Er war einst Page Gustav Adolfs gewesen und beinahe in demselben körperlichen Zustande wie Homburg, da ihm bei Lützen eine Kugel das Bein erheblich verletzte, so daß er eine schmerzhafte Operation zu bestehen hatte, infolge deren das verwundete Bein zu kurz geheilt ward, weshalb Görtzke unter dem Stiefel eine dicke Sohle trug.

Die Verwundung und Belohnung des Oberstlieutenants von Hennings sind gleichfalls Gegenstände verschiedener Sagen geworden. Hennings erhielt vom Kurfürsten der Tradition nach auf dem Schlachtfelde seine Beförderung zum Obersten und den adeligen Namen Hennings von Treffenfeld. „Wer seid Ihr?" soll der Kurfürst ihn nach dem Treffen gefragt haben. „Der Oberstlieutenant Hennings." „Nein, Ihr seid der Oberst Hennings von Treffenfeld," habe der Kurfürst geantwortet. Es ist nur nicht recht ersindlich, wann dies geschehen sein soll. Auch ist aus den Berichten nicht genau zu entnehmen, in welchem Momente des Gefechtes er sich so ausgezeichnet hat, daß der Kurfürst ihm, wie dies in der That durch Erlaß vom 18. Juni geschehen ist, jene Anerkennungen zu Theil werden ließ.

Nach verschiedenen Berichten ward Hennings, und zwar wie das Diplom besagt, „schwerlich" verwundet, als er das Mörnersche Regiment zu führen versuchte; hier aber ward keine Aktion durchgeführt, welche dem ausgezeichneten

Reiterführer hohe Auszeichnungen eintragen konnte, denn die Reiter wurden erst durch des Kurfürsten persönliches Eingreifen wieder raillirt. Es ist anzunehmen, daß die Verwundung Hennings' erst später stattfand, und zwar in einem Momente, wo er wirklich Großes und Entscheidendes leistete, also wol bei dem gewaltigen Reiterangriffe, der die schwedische Kavallerie in die Flucht jagte und die Vernichtung des Regimentes Dalwig bewirkte. Der „schwerlich verwundete" Hennings kann wol nicht vor dem Kurfürsten im Felde erschienen sein, ihm auf die Frage, „nun Hennings, wie steht es mit dem Feinde?" geantwortet haben, „den habe ich tüchtig getroffen," worauf der Kurfürst wieder replicirte, „nun so sollst Du fortan Treffenfeld heißen."

Hennings war ein Bauernsohn, zu Klincke bei Bismarck geboren. Ein Liebesverhältniß mit einem Bauermädchen soll die Ursache zur Auswanderung und zum Eintritt in die Armee gewesen sein. Die Geliebte gab ihm nämlich einen Korb, wie es scheint, weil sie einem anderen ihr Herz geschenkt hatte. Hennings focht bei Warschau, erhielt nach der Schlacht Majorsrang und zeichnete sich im Kriege gegen Frankreich aus. Wir werden ihm noch öfter begegnen. Es wird erzählt, daß der ehemalige Bauer als Rittmeister in seine Heimat kam, wo die Mutter sowol als die einstige Geliebte ihn anfangs nicht erkannten, dann aber, als er sich ihnen entdeckte, in Staunen und Bewunderung über den Hochgestiegenen sich ergingen. Es scheint fast, als sei diese möglicherweise wahre Anekdote auch in das Leben Derfflingers mit hinüber genommen worden, woselbst sie allerdings etwas anders zugestutzt erscheint. Bekanntlich weiß man von dem früheren Leben des berühmten Generalfeldmarschalls, von dessen Person wir schon berichtet und auf den wir ebenfalls noch zurückkommen, sehr wenig.

Daß Derfflinger sich nicht nur als General, sondern auch durch persönliche Tapferkeit bei Fehrbellin hervorthat, ist berichtet worden. Ueberhaupt gingen alle, selbst die höheren Offiziere, ihren Soldaten als ein leuchtendes Beispiel voran. Köller, Sydow ꝛc. zählten zu den Verwundeten, ebenso Strauß, dessen Schwadron furchtbar gelitten und, wie es scheint, die meisten Todten geliefert hatte.

Wir kommen nun zu derjenigen Sage aus der Schlacht von Fehrbellin, welche die Freunde vaterländischer Geschichte, die Forscher und Dichter, alle gleich hoch interessirt hat, die Sage von dem Stallmeister Froben. Dieselbe ist in kurzen Umrissen folgende: Der Kurfürst, welcher in der Schlacht und schon vorher einen Schimmel ritt, ward von seinem Stallmeister Emanuel von Froben aufgefordert, das Pferd mit dem des Stallmeisters, einem Braunen, zu tauschen, weil die Schweden schon zu verschiedenen Malen Kugeln gegen den Kurfürsten gesendet hatten, der eben durch die Farbe seines Rosses so großer Gefahr ausgesetzt und den Feinden eine vollständige Zielscheibe war. Diesen Bitten des treuen Dieners habe der Kurfürst nachgegeben, und kaum sei Froben auf den Schimmel des Kurfürsten gestiegen, als eine heransausende, für Friedrich Wilhelm bestimmt gewesene Kanonenkugel den wackeren Stallmeister niedergestreckt habe.

Diese That, sie ist gewiß mit Recht eine wahrhaft heroische zu nennen, wurde von Dichtern in schwungvollen Versen gefeiert, von den Geschichtsschreibern mit rühmenden Worten, von den Künstlern mit aller Kraft und Begeisterung, welche sie ihrem Pinsel zu leihen vermochten, dargestellt. Plätze und Straßen sind nach dem Retter des Kurfürsten benannt worden. Dennoch liegt nicht ein unwiderlegbares Zeugniß vor, welches den vollzogenen Pferdetausch bestätigte, dagegen sind viele und sehr triftige Gründe vorhanden, diesen ganzen an sich hochpoetischen Vorgang in das Gebiet der Sage zu verweisen, woselbst er schon seit längerer Zeit sich befunden hatte, aber doch immer wieder auf dem historischen Schauplatze erschien.

Diejenigen, welche an den Vorgang glauben und ihn vertheidigen, berufen sich auf die Ehrenbezeugungen, die dem gebliebenen Froben bei seiner Bestattung in Berlin zu Theil wurden, auf eine Anzahl von Schaumünzen, die ihm zu Ehren geschlagen worden seien, auf gewisse Mittheilungen aus dem Munde fürstlicher Personen, auf die von Friedrich dem Großen in seinen Schriften geschehene Erwähnung des Pferdetausches, endlich darauf, daß die Froben in ihrem Wappen ein weißes Pferd, angeblich als Gedenkzeichen an jene That der Familie verliehen, führten. Jene Ehrenbezeugungen galten dem treuen und liebenswürdigen Diener und Menschen, die Münzen sind nicht auf Froben geschlagen, sondern sind Gedenkmünzen an die Schlacht von Fehrbellin, auf denen allerdings der Kurfürst mit seinen Begleitern zu sehen ist, was aber für den erwiesenen Dienst, Tausch des Pferdes, keinen Beweis bringt.

Denkmünze auf die Schlacht bei Fehrbellin mit der Darstellung vom Falle Frobens. Vom Großen Kurfürsten geprägt 1675.

Die Erwähnung des Vorganges von Seiten hoher Personen, z. B. Friedrichs I. ꝛc., lassen sich darauf zurückführen, daß der bekannte Gundling im Jahre 1708 eine Geschichte des großen Kurfürsten schrieb, in welcher er, der erste, der des Pferdetausches erwähnt, denselben ganz in der Weise darstellt, wie er noch heute ab und zu erzählt wird. Aus Gundling haben offenbar jene hohen Personen die Sage als ein Faktum entnommen, und später nahm Pöllnitz sie in seine Memoiren auf, aus denen sie Friedrich der Große wiederum entlehnte, dem auch einige Volkssagen über diesen Fall zu Ohren gekommen sein mögen. Das Wappenbild, weißes Pferd, erhielt im Jahre 1683 die Gattin des Stallmeisters Christoph von Froben, jüngern Bruder des bei Fehrbellin gefallenen Emanuel, als sie, eine geborene Kallheim, in den Adelsstand erhoben wurde, als ein Symbol der Verdienste der Stallmeister Froben, nicht aber als eine Erinnerung an die Fehrbelliner Schlacht.*)

Weder Pufendorf, noch Buch, der gewiß einen so hervorragenden Moment geschildert oder erwähnt haben würde, gedenken der Sache nur mit einer Silbe. Ebenso wenig berichtet der Prinz von Homburg in seinem Schreiben von dem Pferdetausche, und auch Heimburg weiß in seinen Berichten nichts davon zu melden. Wo der Tod Frobens angeführt wird (z. B. von Homburg in seinem Briefe 19. Juni 1675), geschieht dies nur in allgemeinen bedauernden Worten, „daß er durch eine Stückkugel von der Seite des Kurfürsten gerissen sei." Des Pferdetausches gedenkt niemand. Besonders wichtig ist, daß auch in der Leichenrede keine auch nur leise Andeutung darüber gemacht wird, während, hätte der Tausch wirklich stattgefunden, sicherlich desselben gedacht sein würde, da gerade diese Trauerreden in jener Zeit dazu dienten, die Thaten der Verstorbenen den Hörern vorzuführen. Auf dem Epitaphium des Emanuel von Froben ist gleichfalls nichts über den Vorgang verzeichnet. All dergleichen Mittel, das Gedächtniß an heroische und besonders hervorragende Thaten eines Verstorbenen wach zu erhalten, wurden aber stets benutzt und das Schweigen derselben über die angebliche Opferung Frobens fällt hier besonders ins Gewicht. Ein Buch, „Wohlverdienter Nachruhm auf den Edelgebohrnen 2c. 2c. Herrn Jakob Christoph von Froben, höchst meritirten preußischen Stallmeister", Bruder des Emanuel, Gatte der Kallheim, der 1693 starb, würde ohne Zweifel der hochwichtigen Sache gedacht haben, hätte sie sich wirklich ein Anrecht auf Glaubwürdigkeit erringen können. Die bildlichen Darstellungen des Momentes vom Fall Frobens sind mit der Phantasie, die Künstlern so gern zu Hülfe kommt, gemalt. So z. B. das schöne Bild Eibels. Hier fällt Froben, den Schimmel reitend, inmitten des Kampfgetümmels, des Reiterangriffes, den der Kurfürst leitete. Sein Tod erfolgte aber erst, als das eigentliche Treffen schon zu Ende war und die Verfolgung der Schweden begann, wobei ein Handgemenge nicht stattfand, sondern nur Geschützkugeln von den Feinden entsendet wurden, deren eine den wackeren Stallmeister traf. Erst der verunglückte Angriff Homburgs führte zu einem neuen Kampfe Mann gegen Mann, aber als er begann, war Froben bereits gefallen.

Sehr wichtig und wol entscheidend sind jedoch die im Schlosse von Monbijou aufbewahrten Gobelintapeten; sie wurden 1693 gefertigt und stellen den Moment in der Schlacht von Fehrbellin dar, wo der Kurfürst im Nachrücken begriffen ist. Hier sieht man den gefallenen Froben, der aber ein **braunes Pferd zu eigen hat, während der Kurfürst den Schimmel reitet.** Sicher hätte Friedrich III., nachmals erster König von Preußen, nach dessen Anordnungen die Gobelins gefertigt wurden, einen so denkwürdigen Opfertod

---

*) Schon der fleißige und gewissenhafte Ordensrath König stellte die Opferung Frobens in Abrede. Jahrbücher der preußischen Monarchie 1799, T. I, S. 346. Gaurange, Geschichte des Krieges in der Mark Brandenburg 1675, ebenfalls. Ebenso zweifelte Kruse, auch Gallus die Wahrheit der Erzählung an.

Frobens Fall auf den Gobelins im Hohenzollernmuseum im Schloß Monbijou in Berlin.

des Stallmeisters darstellen lassen wie er wirklich vorgekommen wäre, wobei der Kurfürst nothwendigerweise den Braunen, Froben aber den Schimmel reiten müßte.

Eine in neuester Zeit wieder bekannt gemachte Erklärung des Vorganges hat den schon früher auch erwähnten Leibjäger Uhle als den Retter des Kurfürsten erscheinen lassen.*) Danach soll es Uhle gewesen sein, welcher den Pferdetausch vollzog und, da ihm das Pferd unter dem Leibe erschossen wurde, von dem Kurfürsten als Lohn für die heroische Haltung die Stelle eines Landjägers erhalten haben. Daß dem Uhle ein Pferd unter dem Leibe erschossen, er selbst an dem Schenkel verwundet ward, ist erwiesen richtig, kann aber immer noch nicht als Beweis für den Pferdetausch dienen, der doch sicherlich das wichtigste Moment in der Sage bleibt. Die Beweise für Uhles Ritterdienst werden aus den von seiner Tochter stammenden Berichten geschöpft, welche der Senator Feldmann in Neu-Ruppin 1761 in seine Miscellaneen aufnahm. Aber auch diese Tochter kann die Einzelheiten nur durch Hörensagen erhalten haben, da sie ihren Vater, der schon frühe starb, kaum gekannt hat.

Ein Satz in den Kirchenbüchern zu Leutzke erwähnt ebenfalls, daß Uhle den Kurfürsten zum Pferdetausche bewogen habe, „da er sahe, daß so viele Kugeln nach das weiße Pferd geflogen kamen." Es scheint aber, daß diese Notiz mit der Feldmannschen Angabe in Verbindung steht, da auch hierbei wieder die Tochter Uhles als Berichterstatterin angeführt wird und die in den Manuskripten der königlichen Bibliothek zu Berlin enthaltene Notiz Auszug aus dem Kirchenbuche ist, die Feldmann gemacht hat. Pöllnitz mag die Sage hieraus

---

*) Sehr interessante Berichte über Uhle und dessen Antheil an den Ereignissen bei Fehrbellin, sowie über seine Rettung des Kurfürsten, bringen die trefflichen Brochüren und Abhandlungen des Direktors Schwartz. Wenn sie auch nicht den Schleier lüften können, der über der Sage des Pferdetausches ruht, sind sie doch von historischem Werthe.

geschöpft haben, seine Memoiren erschienen 1791.*) Uhle war übrigens auf der Jagd durch den Kurfürsten verwundet worden und man will deshalb, nicht wegen seines Verhaltens bei Fehrbellin, annehmen, daß der Kurfürst ihm als Entschädigung die Stelle des Landjägers gegeben habe. Entscheidende, vollwichtige Zeugnisse liegen also über die Angelegenheit nicht vor und die Gobelintapeten sind ein sehr bemerkenswerther Anhaltepunkt für diejenigen, welche gegen den Pferdetausch sprechen.

Wahrscheinlich gestaltete sich die Sache folgendermaßen: Der Schimmel des Kurfürsten bot den feindlichen Geschossen ein gutes Ziel. Man feuerte zu verschiedenen Malen auf den fürstlichen Reiter ohne Erfolg, doch schlugen die Kugeln in seiner Nähe ein. Dies geschah aller Wahrscheinlichkeit nach schon längere Zeit vor dem Tode Frobens, etwa in dem Momente, wo der Kurfürst bei den Geschützen erschien. Hier haben nun jedenfalls die beiden in des Gebieters Nähe befindlichen Männer Froben und Uhle den Kurfürsten gebeten, sich nicht der Gefahr erschossen zu werden auszusetzen. Friedrich Wilhelm aber, der bei einer anderen Gelegenheit dem ihn um Sicherung seiner Person bittenden Diener antwortete: „Wann hast du je gehört, daß ein Kurfürst von Brandenburg getödtet sei?" wird den Mahnungen der Getreuen keine Folge gegeben haben, außerdem dachte er im Feuer der Erregung, inmitten des wogenden Kampfes, gewiß nicht daran das Pferd zu wechseln, was obenein für den wohlbeleibten, mit der Gicht behafteten Herrn nicht ohne Anstrengung zu bewerkstelligen gewesen wäre.

Es läßt sich nun wol mit Bestimmtheit annehmen, daß die ihren Herrn und Kurfürsten umgebenden, dicht in seiner Nähe befindlichen Soldaten und Offiziere die Mahnungen der beiden Getreuen, das Pferd wechseln oder sich sonst vor Gefahren decken zu wollen, deutlich vernommen haben. Daraus entstand wahrscheinlich später, von einigen weiter getragen, die Erzählung, der Kurfürst habe wirklich das Pferd gewechselt. Froben fiel nachher an seiner Seite, Uhle ward auch verwundet und eine sofortige Widerlegung konnte nicht stattfinden. Als der Leibjäger wieder unter den Soldaten erschien, hatte die Sage schon festen Bestand gewonnen und das, was die beiden Männer nur gewünscht hatten, stand als ein Faktum da, welches in der Folge bei dem ungeheuren Aufsehen, der enthusiastischen Theilnahme, die des Kurfürsten Sieg überall erweckten, durch die Volkspoesie ihre Weihe erhielt. Daß der in höherer Stellung als der Leibjäger befindliche Stallmeister Froben, der an der Seite des Kurfürsten gefallen war, für den Helden galt, ist sehr begreiflich.**)

---

*) Friedrich der Große hat die Memoiren im Manuskript benutzt. Ein Reisememoire von Pöllnitz erschien 1737 in Amsterdam.

**) Die Entstehung solcher Sagen findet in kriegerischen Zeiten und Momenten sehr häufig Statt. Die gewaltige Aufregung, welche sich eines Jeden bemeistert, läßt eine Menge von Dingen und Aeußerungen, die an sich vielleicht nebensächlich erscheinen, zu bedeutungsvollen Ereignissen und Mittheilungen anwachsen. Wirklich großartige Vorgänge werden noch mehr ausgeschmückt. Solche im Donner der Geschütze, inmitten des allgemeinen Tumultes vernommene Bemerkungen werden dann, halb gehört, schnell weiter befördert, sind einige

Das nach der Schlacht erschienene Gedicht, gedruckt zu Straßburg bei Pastorius, gedenkt Frobens gar nicht, während Homburg und Derfflinger und der Tod Mörners resp. seine Verwundung besungen werden.

Froben ward allgemein betrauert. Er hatte durch liebenswerthes Benehmen, durch seine Treue und Anhänglichkeit an die Person des Kurfürsten sich allgemeine Zuneigung und das besondere Wohlwollen seines Herrn erworben. „Il etoit aimé de toute la cour, et l'armée et tout le monde le plaignoit également comme aussi son Altesse électorale. Elle même y perdant un fort fidèle serviteur" berichtet Buch.

Emanuel Froben hinterließ eine trauernde Braut, die schöne Elisabeth von Wangenheim, älteste Hofdame der Kurfürstin, welche sich zur Stunde, als sie die Trauerbotschaft erhielt, mit ihrer Gebieterin in Minden befand. Seine Familie ward in den Adelsstand erhoben.

Bezüglich der persönlichen Theilnahme des Kurfürsten am Kampfe ist mancherlei zu gedenken. Bevor er in das Gefecht eilte, war es seine Aufgabe, die nach und nach eintreffenden Reiter zu rangiren. Als ihm die Nachricht von dem Vorgehen des rechten schwedischen Flügels überbracht wurde, fanden ihn, nach verschiedenen Mittheilungen, die Abgesendeten seine Gebete sprechend. Nach Probst kniete er in einer Sandgrube, hielt den Hut vor sein Gesicht und rief als er zu Pferde stieg seinem Leibpagen Schwendi (Schwerin?) zu: „Gürte mir den Küraß um und gieb mir den Eisenhut". Als er damit gewappnet war, bestieg er den Holsteiner Schimmel. Als er im Sattel saß rief er aus: „Die göttliche Kraft machet sieghaft durch Jesum Christum", damit sprengte er dem Schlachtfelde zu.

Das Anlegen des Kürasses wird von Einigen bezweifelt, weil der Kurfürst, nach Buchs Berichten, nur selten und auf besonderes Bitten den Harnisch angelegt habe. Dies würde nun nicht dagegen sprechen, daß er bei Fehrbellin einen Harnisch getragen. Bestätigt aber wird es noch durch Küster, der in seinem Alten und neuen Berlin, Abth. III, ein auf der damaligen Kunstkammer im königl. Schlosse befindliches Elfenbeinrelief beschreibt, auf welchem eine Schlacht dargestellt ist. Im Vorgrunde hält der Kurfürst zu Pferde unter einem Baume, vor welchem ein Adler mit einem Schilde schwebt, das die Worte trägt: Treffen vor Ferbellin ꝛc. Küster sagt: „Es ist dieses der Baum, unter welchem der Churfürst Friedrich Wilhem der Große vor der Schlacht bei Fehr-Bellin sein Gebeth verrichtet und den Panzer angezogen". Die Waffnung sowol als das Gebet werden hier ebenfalls besonders hervorgehoben.

Stunden später aber bereits unumstößliche Wahrheiten. Wer Gelegenheit hatte einem Treffen als Zuschauer oder Combattant beizuwohnen, weiß davon zu sagen. Es sei hier nur an die vielen Sagen erinnert, die aus den letzten großen Kämpfen unserer Armeen sich erhalten haben. Beispielsweise die Erzählung: Moltke führt die pommersche Infanterie bei Gravelotte gegen die Ferme Moscou in das Gefecht — ein Unternehmen, welches dem großen General nie in den Sinn kam. Dennoch ist diese total erfundene Geschichte in viele Kriegsbücher übergegangen und massenhaft durch Pinsel und Holzschnitt glorifizirt worden, wobei Moltke hoch zu Roß, an der Tête der Pommern, mit blankem Säbel erscheint.

Wenn der Kurfürst auch möglicherweise den Harnisch einige Male abgelehnt haben mag, so ist doch damit keinesweges bewiesen, daß er ihn nicht bei anderen Gelegenheiten und zwar häufig trug. Es scheint sogar, als habe er dieser ritterlichen Tracht eine gewisse Vorliebe bezeugt. Er trug in seinen jüngeren Jahren bei feierlichen Gelegenheiten sowol als im Felde Harnische. Bei letzteren Anlässen sogar Armschienen. 1674 bestellt er noch einen neuen Harnisch bei Hans Keßler, Plattenschläger zu Zelle. 1676 wird dem sächsischen Punktmeister, „der vor Sr. kurf. Drchlcht einen Harnisch geliefert", die Summe von 211 Rthlr. gezahlt.*) In der Fehrbelliner Schlacht nimmt auch der berühmte Eisenhut des Kurfürsten eine besondere Stelle bei Beschreibung der Tracht Friedrich Wilhelms ein. Es ist ebenfalls bezweifelt worden, daß der Kurfürst ihn getragen. Allein es läßt sich mit Bestimmtheit annehmen, daß das Haupt des Kurfürsten mit einer Haube von 8 Pfund Schwere bedeckt war, über welcher er seinen Filzhut trug. Gewöhnlich wird angenommen, daß diese Haube 21½ Pfund gewogen, daher von dem Kurfürsten wol nicht benutzt worden sei. Abgesehen davon, daß das Gewicht von 21 Pfund für Sturmhauben in jener Zeit kein außergewöhnliches war, da die Schutzwaffen viel schwerer als im Mittelalter angefertigt wurden, weil die Feuerwaffe eine größere Stärke des Eisens bedingte, verwechseln wol die Berichterstatter die leichtere Haube mit der schweren. Im Hohenzollernmuseum befinden sich zwei Hauben des Kurfürsten, die eine 8, die andere 21½ Pfund schwer. Die leichtere war es, welche der Kurfürst bei Fehrbellin trug**), denn eine solche Haube, Casquet

Der Hut von Fehrbellin, 8 Pfund schwer.
Hohenzollernmuseum.

genannt, wie die blanken Hauben gehörte zur Ausrüstung des Reiters. Diese Hauben wurden unter den Filzhüten getragen und waren entweder ganz, d. h. in Glockenform oder sie bestanden aus einem runden, den Kopf umgebenden breiten Reifen, welcher oben durch gitterförmig gelegte Stäbe geschlossen war. Im Berliner Zeughause sowol als namentlich im Dresdner Waffenmuseum finden sich dergleichen Hauben vielfach vor. Sie wurden Hutgitter, Hutroste genannt. Bei der Stettiner Belagerung (1677) schlug am 25. September eine Kugel in den Hut Derfflingers und zerbrach zum Theil das darin befindliche Eisengitter. Der schwere mit rothem Sammet gefütterte Sturmhut des Kurfürsten ist wol frei zu tragen gewesen, ohne darüber gesetzten Filzhut, denn es befindet sich an demselben ein Federbecher. Die Form dieses Hutes ist eine solche, wie sie in England und Holland häufig gefertigt wurde, weshalb es nicht unwahrscheinlich sein dürfte, daß das Rüststück, welches ebenfalls im Berliner Museum bewahrt

---

*) Auszug aus den Kammer-Rechnungsbüchern. Geheimes Staatsarchiv zu Berlin.
**) Ledebur bemerkt dies ebenfalls ausdrücklich in seiner Beschreibung der Reliquien der Kunstkammer (jetzt Hohenzollernmuseum). Er sagt besonders: das 8 Pfund schwere mit einem Filzhute bedeckte Casquet. Die Haube, welche August der Starke unter dem Hute trug, wiegt 23 Pfund.

wird, dasselbe ist, von dem es an unten bezeichneter Stelle heißt: 1652. 21. Januar dem Platenschläger von Nimwegen vor ein silbern Wapen und uf ein Kasquet 140 Rthlr.*)

Die übrige Kleidung, welche der Kurfürst am Schlachttage trug, bestand wol in einem blauen mit Gold gestickten Aermelrocke, ähnlich denen, welche die Leibtrabanten trugen, darunter eine Weste.

Reiterstiefel des Großen Kurfürsten.
Hohenzollernmuseum.

Die hohen mit breiter Glocke (Becher) versehenen steifen Stiefel, welche allgemein getragen wurden und die auf allen Abbildungen von Schlachten oder militärischen Ereignissen jener Zeit zu sehen sind (z. B. in Valckeniers Verwirrtem Europa) trug der Kurfürst ebenfalls.**) Die Beinkleider waren weit. Den Harnisch trug er über der Weste und die Enden seiner Halsbinde fielen über denselben herab. Er trug einen kleinen Filzhut mit Federn welcher das Casquet bedeckte und wie dieses auf der Allongeperrücke saß. Weite Stulphandschuhe bedeckten die Hände. Wehrgehenk und Schärpe trug der Kurfürst an dem Tage von Fehrbellin wie er solche überhaupt stets zu tragen pflegte. Ersteres war sehr schön gestickt, die Schärpen waren nicht immer gleichmäßig geziert und zeigten wie es scheint verschiedene Farben.***) Der Degen, dessen er sich bei Fehrbellin bediente, ist wol derjenige gewesen, den das Hohenzollernmuseum bewahrt und der als des Kurfürsten Leibdegen gelten kann. Die Waffe hat eine drei Fuß lange spanische Klinge. Das Gefäß besitzt zwei Bügel, sogenannte Garde und Contregarde, es ist aus Eisen, zeigt einen mit Draht umwundenen Griff und wulstigen Knopf und ist wahrscheinlich von dem berühmten Eisenarbeiter und Eisenschmieder Leygebe gefertigt.

Daß der Kurfürst bei dem großen Reitergefechte als Führer seiner Kavallerie in persönliche Berührung mit den Feinden kam, dürfte wol keinem

---

*) Auszug aus den Kammer=Rechnungsbüchern. Geheimes Staatsarchiv zu Berlin.
**) Diese Stiefel waren noch lange im Gebrauch, wenngleich die Glocken an Umfang verloren. Daß der Kurfürst auch weichere trug ist wol mit Bestimmtheit anzunehmen, da er seine Tracht häufig wechselte. Er trug sich oft ganz kavaliermäßig und legte dabei auch den kurzen, spanischen Stiefel mit Spitzenmanschetten an. Wir werden später noch einmal auf die Tracht des Kurfürsten zurückkommen.
***) 1676 erhält der Seidensticker Hans Lindemann: Vor eine schwarz mit Goldt gestickte Schärpe 109 Thlr. 3 Gr. 1678: Schneider Fuß 184 Thlr. vor Goldgalloni und Schärpe, dann: vor eine mit Gold gestickte Schärpe 35 Thlr. — vor eine gestickte Schärpe 55 Thlr. 1675 erhält Lindemann: Vor Degengehenk und 1 Paar Ermel vor Se. kurf. Durchlaucht 192 Thlr. Auszug aus den Kammer=Rechnungsbüchern. Geh. Staatsarchiv.

Zweifel unterliegen, denn wir haben gesehen, wie die meisten hohen Offiziere in den Kampf verwickelt wurden und der Kurfürst war der Letzte, der sich von einem solchen Gefechte fern gehalten hätte, wenn er durch sein Beispiel die große Sache fördern konnte. Seine Befreiung durch die neun, nach anderen sechs, Reiter ist angezweifelt worden, besonders deshalb, weil Buch davon schweigt, allein es sind dafür so genaue Einzelheiten beigebracht worden, daß die Erzählung wol gerechten Anspruch auf Wahrheit machen kann. Einer jener Retter des Kurfürsten, Nikolaus Rötdorf, starb 1738 über 100 Jahre alt, als Besitzer einer Mühle zu Straußberg. Der Kurfürst belohnte nach dem Treffen jeden seiner Retter mit einer Handvoll Dukaten.

Der Degen von Fehrbellin. (Hohenzollernmuseum.)

Schloß zu Wolgast vor der Beschießung. (Nach einer gleichzeitigen Abbildung.)

XX. Kapitel.

Verfolgung der Schweden. Erste Unternehmungen gegen dieselben in Pommern.

er Kurfürst erhielt, als er am 19. morgens bei den Truppen erschien, die Nachricht, daß die Schweden bereits ihren Abmarsch über die wieder hergestellte Brücke bei Fehrbellin bewerkstelligt hatten. Beweis genug dafür, daß die Ansicht des Kurfürsten, nicht über Cremmen zu marschiren, sondern den Feind sofort angreifen zu wollen, die richtige gewesen war.

Eine genauere Rekognoszirung ergab, daß die Brücke nicht vollkommen Stand gehalten hatte, weswegen auch verschiedene Wagen sowie einige Geschütze nicht transportirt werden konnten. Auf eine Meldung an Derfflinger — Herr von Buch will dieselbe gethan haben — eilte derselbe herbei und drang mit 1100 Reitern in die Stadt, wo sich zwischen den Brandenburgern und dem an Wiederausbesserung der Brücke arbeitenden schwedischen Fußvolke ein Feuergefecht entwickelte, an welchem auch Herr von Buch Antheil genommen haben will. Da die Reiter nicht im Stande waren den Kampf gegen Infanterie durchzuführen, holte Derfflinger die Grumbkowschen Dragoner herbei, deren Schüsse den Feind vertrieben. Hier war es wo der Major von Schlabrendorf den Tod fand.

Auch um ihn trauerte eine Braut, Hedwig Margarethe von Haken, die in rührender Trauer zum Gedächtniß des gefallenen Bräutigams in der Kirche zu Machnow bei Zehlendorf eine Fahne aufhing.

Obwol die Schweden versuchten die Geschütze und Munitionswagen dadurch zu vernichten, daß sie die Häuser an der Brücke in Brand setzten, vermochten sie dennoch nicht ihren Zweck zu erreichen, da brandenburgischerseits die Bergung der Wagen und Geschütze gelang.

Das blutige Schauspiel war vorläufig beendet. In Fehrbellin erhielt der Kurfürst noch 3 drei- und 3 sechspfündige Geschütze, einen eisernen Doppelhaken, 2000 Bagagewagen, 21 Rüstwagen, 15 Centner Pulver und 9 Centner Lunten, 7 Centner Musketenkugeln, Stricke, Nägel, Schleppseile 2c. als Beute. Unter den Geschützen waren drei besonders schön gearbeitet.

Größer und gewaltiger noch als der materielle Erfolg der Fehrbelliner Schlacht war der moralische. Ueberall feierte man den Kurfürsten von Brandenburg, der mit seiner kleinen Macht die stolze schwedische in den Staub gelegt hatte. Die Umsicht, welche Friedrich Wilhelm in so staunenswerther Weise gezeigt, seine Energie, das scharfe Urtheil bei allen Gelegenheiten, endlich die treffliche Leitung der Schlacht selbst, dies alles errangen ihm die Bewunderung von Freund und Feind, und der Kurfürst ging aus dem schweren Kampfe, dessen Verlust Brandenburg in das Nichts zurückgeschleudert haben würde, sieghaft und mit dem Beinamen „der Große" hervor, wie später sein Urenkel auch nach glücklichem Streite gegen die mächtigen Feinde jenen Beinamen erhalten sollte.

Von Madrid und dem Haag liefen Glückwunschschreiben ein. Dort feierte man den Sieg durch glänzende Feste. Der Kaiser konnte nicht umhin dem ruhmgekrönten Kurfürsten seine „Gratulation" zu senden und ihn nachmals zu ermahnen, „daß er seine, dem Reiche unersetzliche Person nicht wie zu Fehrbellin der Gefahr aussetzen möge." In England jubelte alles und dem Könige mußte der brandenburgische Gesandte Schwerin verschiedene Male die Schlacht schildern, auch einen Plan derselben anfertigen lassen. Das Bedeutsamste aber war die Huldigung, welche selbst Ludwig XIV. dem Genie des Kurfürsten angedeihen ließ. Er hatte bei all seiner persönlichen Eitelkeit doch Achtung vor der geistigen Größe und ließ sich einen Plan der Fehrbelliner Schlacht kommen, den er selbst studirte, seine Bewunderung über des Kurfürsten Kühnheit äußernd.

Und kühn war dieser Angriff der feindlichen Armee gewesen, über alle Beschreibung und Vorstellung kühn! Es war eine Reiterattacke, im großartigsten Maßstabe begonnen und durchgeführt, welche alles dies erzeugt hatte, ein Vorgang, wie er wol ohne Beispiel in der Kriegsgeschichte dasteht.

Die Wendung, welche nun eintrat, zeugte am besten für die gewaltige Bedeutung des Tages von Fehrbellin. Die Verbündeten bedachten sich nicht länger, Schweden offen den Krieg zu erklären. Das deutsche Reich erklärte auf dem Regensburger Reichstage vermöge eines Gutachtens den König von Schweden als Reichsfeind. Spanien und die Niederlande waren schon vorangegangen. Der Bischof Christoph Bernhard von Münster, die Herzöge von Braunschweig-Zelle und Wolfenbüttel sowie der König von Dänemark Christian V. traten mit Brandenburg in besondere Verbindung. Erstere hatten ihr Augenmerk vornehmlich auf Bremen und Verden gerichtet, der Dänenkönig wollte mit Brandenburg das schwedische Pommern theilen.

Indessen wurde es dem Kurfürsten bald genug klar, daß er wiederum den größten Theil dieser Kämpfe allein auszufechten haben werde, denn in althergebrachter Weise vollzogen die Allirten ihre Bewegungen ebenso reichsmäßig langsam als ihre diplomatischen Verhandlungen. Dänemark zauderte noch, mit der Kriegserklärung gegen Schweden offen hervorzutreten, weil noch nicht ausgemacht war, welchen Antheil es von der den Schweden abzunehmenden Beute erhalten sollte. Die braunschweigischen Truppen standen, wol durch die österreichischen Intriguen ferngehalten, am Rhein. Der schon erwähnte kaiserliche Feldherr Kopp (oder Cop), der aus Schlesien 10,000 Mann gegen die Schweden führen sollte, hatte kaum 6000 auf den Beinen, und bewegte sich mit diesen in größter Behaglichkeit vorwärts. Baiern entsagte zwar jeder Verbindung mit der reichsfeindlichen Macht, erklärte sich aber neutral. Ebenso Hannover. Sachsen legte die Hände ganz in den Schoß, unterhielt jedoch mit Frankreich Verbindungen. Münster dagegen vereinte seine Truppen mit den kurfürstlichen. Holland, auf dessen Eingreifen der Kurfürst große Hoffnung setzte, konnte seine Flotten nicht in See gehen lassen, da die Ausrüstungen mangelhaft waren; ohne Mitwirkung derselben war es aber nicht gerathen, den Krieg mit Schweden bis aufs Aeußerste zu führen.

Die deutsche Zerfahrenheit bewährte sich aufs neue in höchst trauriger Weise und das Schwert zog für deutsche Interessen nur ein Mann — Friedrich Wilhelm von Brandenburg, dem die übrigen zwar ihre Hochachtung nicht versagen konnten, den sie aber gerade aus diesem Grunde beneideten. Endlich kam es zwischen dem Kurfürsten und Dänemark zu einem vorläufig geheimen Bündnisse. Es ward in Gadebusch darüber verhandelt, dann in dem Doberaner Schlosse unterzeichnet, obwol Christians Mutter und der Kanzler Griffenfeld gegen einen Krieg mit Schweden waren.

Während dieser offenen und geheimen Vorgänge hatten sich die Ereignisse in Niederdeutschland nicht ungünstig für den Kaiser gestaltet. Lüttichs Schloß, die Orte Dinant, Hui und Limburg fielen zwar in die Hände der Franzosen und am Oberrheine, wo Marquis de Vaubrun an Stelle Turennes kommandirte, ward barbarisch gehaust. Wisloch, Bruchsal, Graben, Germersheim ꝛc. wurden durch Feuer verwüstet, ebenso hauste Vaubrun im Breisgau, und Montecuccoli, der vom Kaiser zum Oberfeldherrn ernannt worden war, neckte sich mit Turenne herum. Aber das Verdrängen der Feinde gelang ihm doch nicht.

Endlich setzte Turenne bei Wilstädt über den Rhein, um jeden Versuch auf Straßburg zu vereiteln und suchte Montecuccoli bei Saßbach anzugreifen. Hier, als er mit Besichtigung eines Platzes für die Batterien beschäftigt war, traf eine Kugel den großen Feldherrn und tödtete ihn sofort. Der Verlust war ein für die französische Armee unersetzlicher. Die Nachricht von dem Tode des Feldherrn wirkte so lähmend auf die Franzosen, daß sie beschlossen, über den Rhein zurückzugehen. Montecuccoli griff sie bei Altenheim an; wol noch unter dem frischen Eindrucke der schlimmen Kunde stehend, fochten die Franzosen zwar äußerst tapfer, aber ohne Vertrauen auf die Führung und erlitten eine starke Niederlage. Unter den Todten befand sich auch der Wütherich Marquis de Vaubrun. Der Graf de Lorges nahm das Kommando und setzte sich zwischen Rhein und Jll. Montecucculi, der 4500 Mann Verstärkung erhalten hatte, ging jetzt über den Rhein, griff Hagenau an und suchte dem Grafen de Lorges die Zufuhr abzuschneiden, aber dieser rückte eilig aus der Falle und marschirte gegen Benfeld. Unterdessen war Condé mit Verstärkungen aus den Niederlanden gekommen, hatte Turennes Stellung erhalten und Montecucculi genöthigt Hagenau zu verlassen, war auch nicht in ein Treffen zu verwickeln. Montecucculi belagerte Zabern, verließ aber nach kleineren Scharmützeln Elsaß und Breisgau.

Condé gab bald hierauf das Kommando ab und verließ den Kriegsdienst, um mit seinem Sohne nach Paris zu reisen. Nicht lange darauf legte auch Montecucculi den Oberbefehl nieder. Herzog Karl IV. von Lothringen, die Herzöge Georg Wilhelm und Ernst August von Braunschweig=Lüneburg rückten mit einem neuen deutschen Heere an, belagerten Trier, schlugen die Entsatzarmee zurück (bei Saarbrücken) und nahmen Trier, wobei man den Marschall Crequi zum Gefangenen machte.

Der Kaiser konnte also zufrieden mit dem Gange der Ereignisse sein. Er hätte sonst wol auch nicht die Kriegserklärung gegen Schweden erlassen. Kehren wir jetzt zu den Siegern bei Fehrbellin zurück. Nachdem man Fehrbellin ein= genommen hatte, wurde die Herstellung der Brücken über den Rhin ausgeführt. Der Kurfürst ließ Dankgottesdienst halten und rückte dann mit seiner jetzt 9000 Mann starken Armee der Vorhut nach in der Richtung auf Wittstock.

Dahin hatte Wrangel seinen Rückzug gerichtet, der, wie die brandenburgischen Soldaten an den Massen weggeworfener Waffen, den todten Pferden, zer= brochenen Wagen und tausend anderen Dingen gewahren konnten, einer voll= ständigen Flucht gleichkam. In Wittstock blieb Wrangel aber nicht, da der Kurfürst sich näherte. Er ließ die Arrièregarde unter Peter Wald zurück, den Rückmarsch zu decken und zog auf Freienstein.

Der Kurfürst, der bis Regelin marschirt war, erreichte die schwedische Nachhut. Der aus 1500 Reitern bestehende Vortrab der Brandenburger wurde bei Walsleben mit den Schweden handgemein, doch wechselte man nur Schüsse. Da auf Befehl des Kurfürsten die Verfolgung des Feindes auch während der Nacht fortgesetzt wurde, machte die Armee erst diesseits Wittstock eine halbe Meile vor der Stadt in einem Walde Halt. Die Schweden hatten die Stadt besetzt und standen auch jenseits derselben. Da aber der Kurfürst erst die Ankunft seiner übrigen Armee, namentlich der unter Holsteins Kommando stehenden Infanterie abwarten wollte, so machte er keinen Versuch Wittstock anzu= greifen.

Allein auf die Nachricht hin, daß die Schweden Wittstock verlassen hätten, stieg der Kurfürst zu Pferde, ließ den Generallieutenant Görtzke und den General= major Götze mit 150 Reitern vorgehen und die Stadt besetzen. Da die brandenburgischen Reiter sich aus dem Thore ins Feld begaben, wurden sie von den hinter einem Berge versteckten Schweden überfallen und in die Stadt zurückgetrieben, wobei 7 Reiter mit Rittmeister von Maltitz getödtet und General major von Götze, der in einen Sumpf gerathen war und zweimal verwundet wurde, gefangen ward.*)

Kottwitz sowol als der Prinz von Homburg unternahmen Angriffe gegen die Schweden, welche jedoch keine besondere Bedeutung gewinnen konnten, da Wald nach einigen, gegen die Stadt abgefeuerten Kanonenschüssen den Weitermarsch antrat, sich mit Wrangel vereinte und mit diesem am 22. die mecklenburgische Grenze erreichte, von wo aus nach Demmin marschirt ward, bis in Wismar eine Ruhe stattfand.

Der Feldherr Karl Gustav von Wrangel wurde erst am 22. genau von den Fehrbelliner Ereignissen unterrichtet. Wie niederschlagend die Nachricht auf ihn wirkte, bezeugen die Berichte von Personen aus seiner Umgebung.**) Die Räumung der Mark von den Schweden war nunmehr vollendet, nur in Schloß Löcknitz stand noch eine kleine Besatzung.

Weiter als bis zur mecklenburgischen Grenze wollte der Kurfürst nicht verfolgen. Seine Reiter, die doch den heißen Streit ausgefochten hatten, waren bis zum Hinsinken matt. Sie hatten fast übermenschliches geleistet und seit 11 Tagen nicht abgesattelt. In gleichem Falle waren die Dragoner, welche wiederum bei Wittstock Infanteriedienste gethan hatten, obwol der Kurfürst Fußvolk bei sich hatte. Es mag dies wol geschehen sein, weil der Kurfürst die Dragoner als Lieblingswaffe gern beschäftigte, obgleich seine Infanterie schon damals zu den besten Truppen gehörte. Von Wittstock aus rückten die Truppen in die Quartiere und in das Lager bei Gartz zwischen Neu-Ruppin und Wusterhausen.

Am 23. Nachmittags war Berlin in ungeheurer Erregung, denn der General von Sommerfeld brachte die eroberten Geschütze, die Munitions- und Kugelwagen, sowie die Standarten, nebst 105 schwedischen Gefangenen in die Hauptstadt. Einer derselben war so elend, daß er auf der Stechbahn am Schlosse starb. Der Kurfürst selbst kam an eben dem Tage zu Berlin an, um sich mit dem Statthalter zu unterreden. Der Empfang, den ihm seine Bürger bereiteten, war ein äußerst glänzender. Es wird dies von allen Seiten bestätigt. Schon am 24. reiste er aber wieder zur Armee. Der Statthalter gab ein Fest, welches große Theilnahme fand und mit einem prächtigen Wasserfeuerwerk auf der Spree endete.***)

Die kurfürstliche Armee war am 28. Juni bei Perleberg wieder ganz vereinigt. Der große Führer weilte unter ihnen. Er hatte innerhalb weniger Tage seine Marken von den Schweden rein gefegt, ihnen den Zauber des alten Ruhms, der wie ein Bann von ihnen auf die Völker geschleudert, diese in Furcht setzte, entrissen. Zum ersten Male hatten die Brandenburger allein gegen einen

---

*) Später tauschte man ihn gegen Wangelin und 100 Finnländer aus.

**) Wrangel zog sich bald darauf — sehr hinfällig und voll Gram — vom Dienst und auf sein Gut Spiker auf Rügen zurück, wo ihn 1676 der Tod ereilte.

***) Die Wendlandsche Chronik sagt: „Den 23. Juny kamen Se. kurf. Durchl. allhier unvermuthet an und als sie die Fortifikationswerke hier herum besichtigt reiseten Sie den 24 wieder von hier nach der Armee." Auch von dem von König erzählten Feuerwerk berichtet die Chronik nichts, dagegen von dem am 18. Juli gefeierten Dankgottesdienste.

kühnen und mächtigen Feind siegreich gefochten, sie hatten sich mit diesem einen kraftvollen Schlage von der Vormundschaft losgerissen, welche andere Staaten, selbst der Kaiser, so gern über das kleine Land sich anmaßen wollten. Friedrich Wilhelm und sein Volk nahmen in Deutschland die erste Stelle ein, denn in alle den seit Jahren geführten und noch im Toben begriffenen Kriegen war von keinem anderen deutschen Fürsten so Entscheidendes geleistet, so Bedeutendes vollbracht worden.

Des Kurfürsten Unternehmungen gegen die Schweden hatten aber, wie wir wissen, nicht allein den Zweck die Feinde aus den Marken zu vertreiben. Ihm schwebten noch höhere Ziele vor, die Wiedereroberung Pommerns, des Landes, von welchem aus er die gefährlichen Gegner beobachten, in sicherer, befestigter Stellung sie erwarten konnte; das war es, dem er zustrebte. Als ein wahrhaft deutscher Fürst lag ihm alles daran, den Feind, welcher sich seit langen Jahren als einen Mitbesitzer deutscher Erde und deutschen Eigenthums betrachtete, von dem heimischen Boden vollständig zu verjagen. Aus diesem Grunde hatte er zunächst, wie oben bereits erwähnt, die Allianz mit Dänemark herbeizuführen gesucht und suchte mit Münster und Braunschweig sich auf guten Fuß zu stellen. Die Zusammenkunft in Dobberan hatte die beiden Fürsten, Friedrich Wilhelm und den Dänenkönig, zu dem Entschlusse gebracht, gemeinschaftlich die Eroberung Pommerns zu vollenden und dann den Gewinnst zu theilen. Während mit Erfolg von Seiten des Kurfürsten unterhandelt ward, regte sich schon in Wien das Mißtrauen. Man hatte bereits Friedensunterhandlungen begonnen, indessen die Acht gegen Schweden ausgesprochen wurde — wenn auch nicht förmlich, so doch der That nach, denn der Kaiser rief alle Deutschen aus schwedischen Diensten ab — ging aber auf des Kurfürsten Bitte, ihm eine bestimmte Entschädigungszusage zu machen, nicht ein. Der Kaiser fürchtete, daß der Kurfürst nur an die Eroberung Pommerns, nicht mehr an den Krieg gegen Frankreich denke und war auf die wachsende Macht, den Ruhm Brandenburgs bereits neidisch. Hannover wollte zwar parteilos bleiben, besetzte aber Verden, um es für Schweden zu schützen, bis die inzwischen angesammelte dänische Macht die Absicht über die Elbe zu gehen, zeigte. Der Lüneburger eilte von Trier herbei, um einen Theil der Beute, ein Stück von Bremen, zu erlangen, was Dänemark wieder übel nahm, weil der Bischof von Münster sich auch dabei bereichern wollte. Friedrich Wilhelm traute diesem auch nicht ganz, denn die Ausbreitung einer katholischen Macht schien ihm gefährlich. Er versuchte Braunschweig=Zelle gegen Münster zu reizen, aber die Braunschweiger trauten wieder dem Brandenburger nicht, weil sie ihm Absichten auf Bremen zuschrieben, dessen Gebiet die Schweden bis auf Stade und Karlsburg räumten. Dabei bezog Hannover seine Subsidien von Frankreich fort und hielt trotz der Neutralität 15,000 Mann auf Kriegsfuß; überall wohin man sah Neid, Mißtrauen und gegenseitige Eifersucht.

Der Kurfürst erkannte, daß augenblicklich nur durch ein Bündniß mit Dänemark seine eigenen Vortheile gewahrt werden konnten, er schloß also den Bund.

Zunächst hatte er, zur Armee heimgekehrt, die Absicht, solche Punkte sich zu gewinnen, von denen aus jede Verbindung mit Bremen und Pommern den

Schweden abgeschnitten und den Dänen die Hand gereicht werden konnte. Alle Truppen wurden herangezogen. Am 25. Juni traf der Kurfürst zu Kletzke ein, mit ihm Derfflinger. Die wieder frisch gewordene Kavallerie und die gesammelte Infanterie waren ebenfalls beisammen, so daß die Armee 18,000 Mann mit 75 Geschützen zählte.

Drei Monate lang hatten die brandenburgischen Truppen in Mecklenburg gerastet. Aus Malchin waren die Schweden vertrieben worden. Da sie sich hinter der Peene und Tollense setzten, dehnte der Kurfürst sich bis Schwerin aus, während er vor Wismar einzelne Gefechte lieferte. Eine Diversion der Schweden zu Gunsten ihrer Stellung im Bremer Gebiete hinderte der Kurfürst durch seine Verbindung mit den Münsterschen Truppen. Christian sammelte seine Armee an der Eider, überwand den Herzog von Holstein=Gottorp und führte Ende August seine Armee über die mecklenburgische Grenze. Fast zu derselben Zeit langte denn auch die kaiserliche Hülfe unter General Kopp, 6000 Mann, Sachsen, Württemberger und Rheinländer, bei Güstrow auf dem rechten Flügel der Brandenburger an.

Die Schweden hatten sich unterdessen ebenfalls verstärkt. Sie wollten das Terrain, welches die Flüsse Recknitz, Trebel und Peene begrenzten, vertheidigen. Bei Damgarten kommandirte Wittenberg (später Königsmark) mit 3000 Mann und 23 Geschützen. Der Paß über die Trebel ward von Mardefeld vertheidigt. Demmin war befestigt und von 3000 Schweden besetzt.*)

Unterdessen war Christian bei seiner Armee eingetroffen. Bei Gadebusch, wo die Verhandlungen zwischen ihm und dem Kurfürsten stattgefunden hatten, bezog die Armee ein Lager; nachdem Friedrich Wilhelm mit dem Könige alles besprochen und abgemacht hatte, rückten die Dänen vor Wismar, wo 7 Regimenter stehen blieben.

Auf Vorschlag des Kurfürsten, alle Hauptstellungen des Feindes zugleich anzugreifen, um die Aufmerksamkeit des Feindes zu theilen, ging der Dänen=könig ein. Es ward nunmehr zum Beginn der Operationen geschritten. Der Orkan gegen die Schweden brach los. Drei Monate lang hatte sich der Zünd=stoff angehäuft, durch den die ehemals so mächtigen Söhne des Nordens ver=nichtet werden sollten.

In drei Abtheilungen brachen die verbündeten Armeen auf. Auf dem linken Flügel marschirten die Dänen, im Centrum die Kaiserlichen, den rechten Flügel hielten die Brandenburger, während eine dänische Flotte von Warnemünde aus die Verbindung mit der Landarmee unterhielt. Diese schlug Brücken über die Recknitz und griff das von Königsmark sehr tapfer vertheidigte Damgarten an. Da aber die Brandenburger den Paß von Gützkow forcirten, ging Königsmark nach Stralsund zurück, auch bei Triebsees räumten die Schweden die Stellung, da General Kopp mit den Kaiserlichen erschien.

Der Kurfürst, der seine Bewegungen gegen den linken schwedischen Flügel richtete, hatte den ganzen Plan in meisterhafter Weise entworfen. Nachdem der

---

*) Es ist zu bemerken, daß hier noch der Feldherr Karl Gustav von Wrangel kommandirte.

Paß von Gützkow gewonnen war, wobei der Oberst Weiler die schwedischen Schanzen mit Brandkugeln beschoß, wurde über die Peene gegangen. Während dieser Angriffe ließ der Kurfürst ein Korps gegen Stettin anrücken, dessen Eroberung sein höchstes Ziel war. Schwerin sollte Wollin angreifen. Die Schweden, welche des Kurfürsten Absicht wol erriethen, wurden in große Angst versetzt, besonders als der Kurfürst, plötzlich von seiner Marschroute abweichend, gegen Treptow wendete. Nach Forcirung des Passes bei Gützkow, nach dem Rückzuge des Generals Mardefeld, der alle Brücken hinter sich zerstörte, dirigirten die Brandenburger sich auf Grimme, um den fliehenden Feinden den Weg abzuschneiden. Da sich Königsmark bei Stralsund verschanzt haben sollte, ward die Kavallerie der Alliirten dahin entsendet, aber Mardefeld war bereits nach Rügen entkommen und hatte die zurückgelassene Infanterie so vortheilhaft postirt, daß sie mit nicht besonderem Erfolg angegriffen wurde.

Der König von Dänemark ging nunmehr auf Damgarten, zerstörte hier die Werke und marschirte zur Belagerung von Wismar. Der Kurfürst ging nach Grimme zurück, um die Schweden in Demmin festzuhalten; als aber die Nachrichten eintrafen, daß Schwerin über die Diewenow gegangen, die Schanzen der Schweden gestürmt, dann Wollin ebenfalls mit stürmender Hand genommen, sich gleich darauf nach hitzigem Gefecht in Besitz der Swinemünder Schanze und der Insel Usedom gesetzt habe, brach der Kurfürst von Grimme wieder auf. Er erfuhr ferner, daß der Fürst von Anhalt die Greifenhagener Schanzen und die Stadt selbst genommen habe. Seine Truppen standen in und bei Greifenhagen und warfen den Angriff der Schweden unter Plantin durch heftiges Feuer zurück.

So gern der Kurfürst bei solchem Stande seiner Angelegenheiten die Belagerung Stettins unternommen hätte, erlaubte die vorgerückte Jahreszeit ihm doch nicht, an die Ausführung zu gehen. Er wollte aber eine der wichtigsten Stellungen einnehmen, welche die Belagerung Stettins erleichterte, wenn sie in seine Hände fiel. Wolgast mußte fallen.

Nach sehr schwierigen, äußerst geschickt durchgeführten Märschen, welche den Gegner täuschten, stand er am 25. Oktober vor Wolgast. Die Stadt selbst war nicht befestigt, aber das im Süden liegende Schloß, welches, im Peenefluß gelegen, durch eine 200 Schritt lange Brücke mit der Stadt verbunden war, besaß 6 Bastionen und eine doppelte gegen die Stadt blickende Tenaille, welche dem Hauptwalle als Enveloppe diente. Gegen Westen hatte es ein Glacis. Die Vertheidigung leitete Oberst Blixen mit 900 Mann.

Der Kurfürst ließ vier Batterien auffahren, die 50 Geschütze aufnehmen konnten. Es wurde vom Schlosse aus täglich gegen die Straßen von Wolgast ohne Erfolg kanonirt, so daß der Kurfürst noch zwei andere Batterien aufführen konnte, während er die Straßen durch Traversen schirmte. Diese Batterien demaskirte er am 30. Oktober und eröffnete ein heftiges Feuer, welches binnen vier Stunden die Tenaille vernichtete. Eine Pulverexplosion vollendete den Fall der Festung. Blixen kapitulirte und zog unter kriegerischen Ehren mit seiner Mannschaft ab.

Nachdem der Kurfürst den Oberst Hallard zum Kommandanten von Wolgast ernannt hatte, marschirte er in die Winterquartiere. Um den Besitz derselben entstanden Streitigkeiten zwischen den Alliirten, da man dem Kurfürsten das ausgesogene Vorpommern anwies — der Kaiser vertheilte die Quartiere — was er aber nicht gutwillig hinnahm, sondern durchsetzte, daß seine Truppen das Magdeburgische, Mansfeld, Schwarzburg, Hessen-Kassel und einen Theil der sächsischen Herzogthümer besetzen konnten. Er selbst ging nach Berlin.

Unterdessen lagerten die Dänen vor Wismar. Der Platz wurde durch General Wrangel und Oberst Carlson tapfer vertheidigt. Ebenso eifrig suchten die Dänen die Belagerung fortzuführen, wobei sie der Prinz von Homburg mit 1500 Reitern unterstützte. Fortwährende Ausfälle, welche Wrangel unternahm, setzten die Dänen in Schweiß und es gelang den Belagerten sogar, nach einem Ausfalle die Brücke bei Damgarten herzustellen und bis Malchin zu kommen. Hier aber warfen 3000 dänische Kürassiere und die 1500 Reiter Homburgs den kühnen Feind zurück und nahmen Ribnitz. Nach solchem harten Schlage konnte Wismar nicht gehalten werden, es kapitulirte unter der Bedingung eines freien Abzuges der Garnison.

Bald nach diesem Ereignisse legte Wrangel das Kommando nieder und Königsmark trat an die Spitze der schwedischen Armee. Es schien ihm anfangs gelingen zu sollen. Er schickte Mardefeld gegen die Swinemünder Schanze, sie wurde wieder genommen und Mardefeld rückte ungesäumt vor Wolgast, um auch dieses wieder zu gewinnen. Alle Belagerungsarbeiten wurden mit großem Eifer betrieben und Batterien von 36 Geschützen, sowie 4 Mörsern aufgeworfen, auch den Vertheidigern erklärt, daß man kein Pardon zu geben entschlossen sei. Allein Hallard*), der wackere Vertheidiger des Schlosses, wies jede Aufforderung zur Kapitulation ab. Er hatte mit starker Artillerie versehen den Feind über die von diesem geschlagene Peenebrücke herankommen lassen, empfing ihn aber dann mit einem vernichtenden Feuer. Was die Schweden zerschossen, besserte Hallard über Nacht wieder aus und als die Schweden im Januar 1676 über die gefrorene Peene zum Sturm anrückten, fanden sie die Wälle in Eis gehüllt, so daß sie wahrhaften Gletscherfelsen glichen. Hallard hatte sie mit Wasser begießen lassen.

Gegen diese mit Pikeniren, Musketieren und Steinwerfern besetzten Wälle rückten am 15. Januar die Schweden unter lebhaftem Artilleriefeuer heran, konnten aber weder die spiegelglatt gefrorene Peene ohne große Anstrengung überschreiten, noch an den Wällen hinaufklimmen, auch litten sie schwer durch das Geschützfeuer der Brandenburger. Unter den Todten befand sich Mardefelds Sohn. Der ehemalige Kommandant des Schlosses, der Oberst Blixen, ward schwer verwundet. Mardefeld gab den Angriff auf. Acht Tage später ward Wolgast durch Schwerin entsetzt. Dieser rückte auf Befehl des Kurfürsten von Usedom heran, warf die Schweden gegen Greifswald und versah Wolgast mit neuer Besatzung (27. Januar 1676), während von der anderen Seite her Derff-

---

*) Hallard stammte aus einer schottischen Familie. Er nannte sich Elliot und heirathete später die Tochter desselben Mardefeld, der ihn in Wolgast angriff.

linger mit Kaiserlichen und Dänen nach Damgarten rückte und Mardefeld nöthigte, sich bis Stralsund zurückzuziehen.

Schöning erstürmte Uckermünde mit den von Pasewalk und Prenzlau herbei=
gezogenen Garnisonen. Das Jahr 1676 hatte also mit glänzenden Aussichten begonnen. In Westfalen fochten die Brandenburger unter Spaen und Eller mit den unter Baudissin stehenden dänischen und münsterschen Truppen, geführt von Wedel. Die Alliirten nahmen ganz Verden ein. Bei Otterberg trat der Herzog von Celle an die Spitze. Man griff die festen Plätze Stade, Buxtehude, Karlsburg an, wo die Schweden unter Horn und Helmfeld die Vertheidigungen sehr energisch betrieben. Namentlich hielt sich Karlsburg und konnte von den Brandenburgern, die auf neunzehn Schiffen die Maas hinuntergefahren waren, nicht genommen werden. Es fiel erst im Januar 1676 durch Hunger. Auch Buxtehude und Fort Bremervörde ergaben sich. Die Belagerung von Stade schob man noch auf und die Brandenburger bezogen ihre im Cleveschen belegenen Winterquartiere.

Die Schweden waren hier auf Stade, einen Winkel zwischen Nordsee und Elbe, beschränkt.

Nach dem letzten von Schöning ausgeführten Unternehmen ruhten die Waffen. Die Winterquartiere wurden bezogen. Während der Ruhe begann der Kurfürst seine Armee zu verstärken und fuhr mit allerlei Arbeiten fort, bis der Feldzug aufs neue begann. Es wurden Rekruten eingestellt, namentlich aber die von Oberst Weiler kommandirte Artillerie durch jede nur zu erreichende Ver=
besserung auf einen höchst achtunggebietenden Fuß gesetzt. Schwedischerseits schloß man daraus daß es auf Belagerungen abgesehen sei, und man zweifelte nicht daran, daß sich der Kurfürst auf Stettin werfen wolle. Abgesehen von den erwähnten Arbeiten in der brandenburgischen Armee deuteten auch die Unternehmungen des Obersten von Treffenfeld, welche dieser in der Nähe Stettins ausführte, indem er fortwährend die fouragirenden Schweden angriff, auf einen Angriff hin.

Da bei einer etwaigen Belagerung Stettins der Besitz von Wolgast und Usedom den Schweden hochwichtig sein mußte, unternahm Königsmark einen Angriff auf Usedom, den General Grothusen leitete. Er warf Wolgast gegen=
über eine starke Redoute auf und errichtete längs der Swine Bollwerke, um einen Entsatz durch Schwerin abweisen zu können.

Obwol nun auch Königsmark jeden Zugang sperrte und eine ganz regel=
mäßige Belagerung unternahm, wankte der tapfere Hallard doch nicht. Seine Ausfälle fügten den Belagerern vielen Schaden zu, seine Kugeln bohrten die Fahrzeuge in den Grund, welche die Schweden den Fluß entlang führten. Der Kurfürst, welchem Nachricht von der Bedrängniß Hallards zukam, gab Befehl, daß Derfflinger in Mecklenburg die Truppen sammeln, Schwerin aber mit den seinen Wolgast entsetzen solle. Trotz der Einwendungen des Letzteren wurde die Expedition ins Werk gesetzt und fiel schlecht aus. Die Schweden trieben die brandenburgischen Truppen mit einem Verluste von 300 Mann an Todten zurück.

Der Oberst Hallard, welcher von dem mißlungenen Entsatzversuche Kenntniß erhalten hatte, verzagte deswegen nicht. Er war, ebenso seine Mannschaften, entschlossen, sich bis zum letzten Blutstropfen zu wehren, und Königsmark fürchtete eine vollständige Auflösung seiner eigenen Armee, da bereits Meuterei in den schwedischen Regimentern stattgefunden hatte.

So war man bis Anfang Juni 1676 gekommen. Es fand eine Konzentration der Truppen im Mecklenburgischen statt, alle Regimenter aus der Priegnitz, die Garde aus Berlin wurde herbeigezogen. Zu diesen gesellten sich drei dänische Regimenter und die Kaiserlichen unter Kopp, sowie die bisher im Bremischen unter Spaen operirende Abtheilung.

Der Kurfürst, welcher all diese Befehle von Berlin aus ertheilt hatte, reiste von dort am 16. Juni ab. Er hatte während seines Aufenthaltes viel für die inneren Angelegenheiten des Staates gearbeitet, manche Verbesserungen in Gang gebracht und manch unliebsames Geschäft vollendet.*) Er traf am 20. in Plaue ein, brach am folgenden Tage von dort auf und rückte auf Triebsees, nachdem er bei Gubenhagen Musterung gehalten hatte.**) Der Prinz von Homburg ging rechts ab zur Beobachtung von Demmin, das Hauptkorps stand bei Lewezow mit der Avantgarde bei Gnoyen unter Oberst Köller. Triebsees ward zuerst genommen. Ein erster Versuch mißlang. Am 27. Juni morgens begann der Kurfürst die Schanzen zu kanoniren und ließ über die Trebel eine Brücke schlagen. Das mörderische Geschützfeuer der Schweden hinderte jedoch die Brandenburger, Posto zu fassen. Die Aufmerksamkeit der Feinde täuschend, indem er die Kanonade fortsetzte, ließ der Kurfürst den Oberstlieutenant Golz links vom Damme vorrücken, wo derselbe auch, glücklich den Fluß passirend, die Geschütze der Feinde zum Schweigen brachte; zu gleicher Zeit hatte der Kurfürst so heftig feuern lassen, daß auch die gegen ihn gerichteten Batterien der Schweden verstummen mußten. Königsmark zog sich aus Triebsees nach Stralsund zurück.

Sofort besetzten die Brandenburger Triebsees, alle Brücken wurden hergestellt, gegen Demmin ein Beobachtungskorps vorgeschoben und so schleunig als möglich der Entsatz von Wolgast betrieben. Die Schweden, über den Fall von Triebsees bestürzt, räumten alle Positionen, auch Usedom, welches Schwerin besetzte und dann bis Wolgast drang, dessen Belagerung die Schweden ebenfalls aufgegeben hatten. Hallard war vor allen Dingen die Zuführung von Lebensmitteln willkommen, da seine Mannschaft bereits Brot aus Mehl, Häcksel und Baumrinde bestehend essen mußte.

---

*) Zu diesen gehörte die Exekution des ehemaligen Kommandanten von Löcknitz, Oberst von Götze, der am 24. Mai zu Berlin erschossen wurde.

**) Auf diesem Marsche erhielt der Kurfürst Nachricht von der Betheiligung seiner Schiffe an dem Treffen bei Oeland. Die Brandenburger kaperten an der Rügenschen Küste ein Schiff von 16 Kanonen, auf welchem sich der Oberst Wangelin (s. Rathenow) befand, der nun zum zweiten Male in brandenburgische Gefangenschaft gerieth und, da er kein Beglaubigungsschreiben vorweisen konnte, nach Peitz geschafft wurde. Erst im Oktober 1677 ward er gegen den General Lüdike ausgewechselt.

Am 30. Juli lagerte der Kurfürst bei Grimme und empfing in der gnädigsten Weise, dankerfüllt, mit aller ihnen gebührenden Hochachtung, die tapferen Führer Hallard und Schwerin. Das nächste Objekt der Eroberung war die Peenemünder Schanze. Schwerin ging von der Usedomer Landseite dagegen vor, der Kurfürst bombardirte sie vom Peeneufer aus, so daß der schwedische Kommandant Bremer, der mit 200 Mann die Vertheidigung leitete, kapitulirte und freien Abzug nach Stralsund erhielt.

Hierauf rückte der Kurfürst mit seiner Armee vor Anklam. Er hieß Spaen und Kopp mit ihren Truppen ebenfalls dahin kommen, denn hier wartete schwere Arbeit der Belagerer. Der 2000 Schritt lange, durch den Morast führende Damm, welcher an der Peenebrücke endete, sollte auf Anrathen des holländischen Ingenieurs Holstein durch 300 Infanteristen genommen werden, wodurch man die Festung mit einem Schlage zu gewinnen hoffte. Allein wenn die Brandenburger auch bis zur Hälfte vordrangen, so warfen die Schweden sie doch mit großem Verluste zurück. Der Kurfürst sah ein, daß nur durch eine regelmäßige Belagerung der Stadt beizukommen sei. Dies geschah denn auch. Schon am 31. Juli begann das Bombardement. Man warf Brandkugeln in die Stadt, aber die Schweden löschten das Feuer sehr bald. Ihre Löschanstalten waren so trefflich als ihre Artillerie und die Haltung ihres Kommandanten, des Generals Sanitz, der fortwährend Ausfälle machte, brandenburgische Patrouillen aufhob und den Belagerern bedeutenden Schaden zufügte. Es geschahen allerlei kühne Thaten sowol von Seiten der Brandenburger als der Schweden. Bei den Letzteren zeichnete sich namentlich ein Offizier aus. Er war als einer der kühnsten Parteigänger bekannt und hieß Martin Drowing, war in Schlesien geboren und führte den Spitznamen „der einäugige Mäusemerten". Dieser kühne Mann, nebenbei ein fanatischer Katholik, that den Brandenburgern vielen Schaden, so daß der Prinz von Homburg beschloß, einen Handstreich gegen die schwedischen Plänkeleien zu unternehmen. Der Graf Königsmark aber suchte zu gleicher Zeit die Angriffe des Mäusemerten zu unterstützen und rückte zu demselben von Greifswald ab, als Homburg von Anklam aus ihm entgegenzog. Es kam zu einem heftigen Gefechte, wobei die Brandenburger anfangs geworfen, dann aber Meister der Situation wurden und den fliehenden Feind bis unter die Kanonen von Greifswald trieben.

Der Kurfürst hatte den Sturmangriff auf die Festung für den 16. August bestimmt, nachdem das Wasser aus den Gräben abgeleitet und das nothwendige Material an Faschinen und Brückenholz herbeigeschafft war. Die Obersten Fargel und Schöning waren beordert die Sturmkolonnen zu führen, während Götz und Kopp Scheinangriffe auf das Stein= und Peenethor machen sollten. General Dönhof hielt die Sturmkolonnenreserve bei den Windmühlen bereit. Gegen den Willen der Generale unternahm der Kurfürst den Sturm. Es fehlte noch der zur Anhäufung der Materialien nothwendige Waffenplatz und die Sturmbrücken mußten offen vorgeschoben werden, waren also dem feindlichen Feuer ausgesetzt. Allein der Kurfürst hatte sich nun einmal den Sturm vorgesetzt, die Angriffe begannen, aber mit sehr schlechtem Erfolge. Es lagen über 400 Bran=

denburger am Boden. Schöning brachte von den vier Kompagnien kaum 150 Mann zurück.

Indessen entschied dieser Angriff doch das Schicksal der Stadt, denn der feindliche General ließ am 17. abends Chamade schlagen. Die schwedischen Offiziere Heidebreck und Müller kamen aus der Stadt um zu kapituliren. Trotz der Einwendungen der Schweden, die nicht in die ihnen vorgelegten Bedingungen willigen mochten, ward namentlich durch Drängen der Bürger die Kapitulation abgeschlossen und am 19. rückten die Brandenburger in die sehr zerstörte Stadt, welche die Schweden zu derselben Zeit verließen. Am 20. kam der Kurfürst nach Anklam und ließ ein Tedeum singen, worauf Hallard zum Gouverneur ernannt wurde. — Bei der Belagerung war des Kurfürstin Gemahlin Dorothea anwesend. Sie begleitete ihren Gemahl auf allen Feldzügen und wohnte, als muthige Frau, der Anklamer Belagerung bei. Eine Batterie hieß ihr zu Ehren „Dorotheen-Post". Sie war mit dem Kurfürsten nicht selten in den Laufgräben und stand mit der Prinzessin von Homburg in der Batterie, während die Kugeln gegen die Brustwehr schlugen. Ihre Kaltblütigkeit ging soweit, daß sie eine

Die Kurfürstin Dorothea in der Batterie vor Anklam.

Kanone aus der Schießscharte entfernen ließ um besser beobachten zu können. Da sie von einer anderen Stelle beobachten wollte, verließ sie den ersten Platz. Ein Schreiber des Geheimsekretärs Fuchs sah durch die leere Scharte, woselbst die Kurfürstin noch wenige Augenblicke zuvor gestanden hatte, als ein feindliches Geschoß herübergeflogen kam und den Neugierigen tödtlich am Kopfe verwundete. Er verschied zwei Tage darauf.

Nunmehr richtete der Kurfürst sein Augenmerk auf Stettin. Vorher nahm er noch die kleine Feste Löcknitz, welche von dem schwedischen Obersten Bellermann heldenmüthig vertheidigt wurde, so daß man genöthigt war, eine vollständige Belagerung zu unternehmen. Erst am 3. September übergab Bellermann das Schloß unter ehrenvollen Bedingungen. 1676

Während dieser Vorgänge hatte der Herzog von Holstein in Gemeinschaft mit Kopp Demmin belagert. Als die Lüneburger herangekommen waren, begann man die Operationen. Ein gewaltiges Bombardement ward unternommen und setzte die Stadt in Flammen. Gegen die Bitten der Bürger blieb Holstein taub. „Sie sollten den Kommandanten, Obersten von der Nott, nur bitten, daß er kapitulire," lautete seine Antwort. Hierauf schoß er mit 15 schweren Geschützen Bresche und ließ die Brandenburger stürmen. Obwol mit schwerem Verluste, gewannen diese doch das Ravelin und Nott kapitulirte am 30. September. Er erhielt freien Abzug und verließ mit 700 Mann die rauchenden Trümmer.

Nach diesen Vorgängen gingen Kopp und General Ende in die Winterquartiere, der Herzog von Holstein aber zum Kurfürsten, der vor Stettin angekommen war.

Die vorgerückte Jahreszeit gestattete nicht mehr eine Blokade Stettins. Die Versuche des Kurfürsten, durch ein Bombardement die Besatzung zu erschrecken, mißlangen. Die Schweden waren unerschütterlich und ebenso die Bürger, welche mit ihnen fest zusammenhielten, die entstandenen Feuer löschten und die Soldaten mit allen Kräften unterstützten. Wiederholte Ausfälle liefen für die Brandenburger nicht glücklich ab und selbst bis vor des Kurfürsten Hauptquartier drangen die Feinde.

Friedrich Wilhelm traf daher alle Maßregeln zu einer starken Belagerung, dann kehrte er am 9. November nach Berlin zurück. Er hatte wiederum viel erreicht. Nur Stralsund, Greifswald und Stettin waren noch in Feindeshänden.

Uebrigens erlitten die Schweden noch andere herbe Verluste. Am 28. Juli 1676 kapitulirte Horn in Stade. Hunger und Seuchen hatten sein Heer geschwächt. Obwol den Dänen die Landung auf Rügen nicht gelang, erfocht ihr Admiral Niels Juel doch in Verbindung mit der holländischen Flotte unter Tromp einen großen Sieg über die Schweden an der Südseite von Seeland, woran auch die Brandenburger Marine theilnahm.

Hierauf landete Christian bei Helsingborg. Es fielen Landskron, Christianstadt, Christianopel, und in Westgothland Göthaborg und Wernersborg. Nur die Haltung von Malmö und Bahus machte dem Vordringen der Dänen ein Ende und bei Halmstadt warfen die Schweden ihre Gegner zurück, welche sogar das schwere Geschütz im Stiche lassen mußten. Christian besetzte die gewonnenen Plätze und bezog die Winterquartiere auf Seeland.

Schon bei Beginn des Jahres 1674 hatte Karl II. von England den Versuch gemacht, den Frieden herbeizuführen. Allein die Verhandlungen, welche von dem Ministerkongresse begonnen und im Laufe des Monats März 1675 zu Nymwegen fortgesetzt wurden, hatten, wie alle dergleichen Unternehmungen, nur langsamen Fortgang. Auch wollte jede der kriegführenden Mächte je nach

ihren erlittenen Verlusten Schadenersatz haben. Mißtrauen und Argwohn machten
sich unter den Verhandelnden geltend. Des Kurfürsten Gesandte machten Geld=
forderungen und sonstige Entschädigungen geltend. Sie waren übrigens erst im
November 1676 zu Nymwegen eingetroffen, weil dem Kurfürsten vor allen
Dingen daran lag, Stettin vor Abschluß der Friedensverhandlungen zu erobern.
Außerdem hatte Friedrich Wilhelm noch Sorgen aller Art. Es ward ihm
zur Gewißheit, daß man für ihn so gut als nichts thun wolle. Der Kaiser
schien immer taub, wenn es galt bestimmte Erklärungen über die dem Kurfürsten
zu bewilligenden Entschädigungen zu geben. Hinter seinem Rücken paktirten
schon Münster und Lüneburg wegen der Theilung, und die Wegnahme Stades
hatte sich nur verzögert, weil die Habgier der Verbündeten nicht zu einer bal=
digen Entscheidung in Sachen der Entschädigung gelangen ließ.

Bei Gelegenheit der Vertheilung der Winterquartiere war der Kurfürst
stets benachtheiligt worden, selten oder nie ging diese Angelegenheit vorüber,
ohne Streit veranlaßt zu haben, und so eifrig der Kurfürst auch mit allen
Mächten unterhandelte, er kam nicht zum günstigen Resultate. Spanien und
Holland zahlten die Subsidien nicht, in kurzer Frist war Holland allein mit
1 300,000 Thalern im Rückstande.

Zu all diesen Widerwärtigkeiten gesellte sich noch eine, welche für den Kur=
fürsten große und schwere Bedeutung anzunehmen drohte, es war sein Ver=
hältniß zu Polen. Der König Johann Sobieski, dem Kurfürsten ohnehin
wenig geneigt, war von Ludwig XIV. noch besonders aufgewiegelt worden.
Freilich konnte Polen, im Kampfe gegen die Türken begriffen, nicht seine ganze
Macht auf die kriegsgeübten Brandenburger werfen, aber so viel als möglich
suchte Johann dem Kurfürsten Schwierigkeiten zu machen. Dieser bot alles
auf, den König zu gewinnen, aber unglücklicherweise trugen die bereits erwähnten
Händel mit dem Pastor Strauch nur dazu bei, die Stimmung der Polen zu
verschlimmern, und kam der Frieden mit den Türken zu Stande, dann war das
Aeußerste zu fürchten.

Die Kongreßdebatten zu Nymwegen wurden während dessen theils mit, theils
ohne Erfolg geführt. Die Franzosen waren in den Niederlanden sehr glücklich
gewesen, ebenso am Oberrhein gegen die Kaiserlichen unter dem Herzog von
Lothringen.

Der Kurfürst hatte zwar sein Bündniß mit Dänemark noch fester geschlossen,
allein die dänischen Landtruppen erwiesen sich ebenso wenig zuverlässig als die
münsterschen und lüneburgischen. Aber der Kurfürst hatte die Belagerung Stettins
als unverrückbares Ziel im Auge. Wenn ihm die Eroberung gelang, so war
seine Position gesichert, und er rüstete darum mit größtem Eifer, mit Aufbietung
1677 aller seiner Mittel, als das Jahr 1677 herankam.

Auch in diplomatischer Beziehung hatte er sich zu decken gewußt. König
Christian hatte sich in geheimen Artikeln verpflichtet, ihm gegen Polen beizustehen,
wenn dieses angreifen sollte; und wenn auch in Warschau weder der Kaiser
noch Dänemark gegen die französische Partei etwas erreichen konnten, so war
doch Hoverbeck, des Kurfürsten Gesandter, so glücklich, den Polenkönig wenigstens

dahin zu vermögen, daß er die Verträge von Bromberg und Wehlau erneuerte. 20,000 Thaler, welche der Kurfürst an den litthauischen Feldherrn Paz zahlte, bewirkten es, daß dieser den Schweden den Durchmarsch von Liefland durch Litthauen nach Preußen verwehrte.

Mit Münster und Lüneburg erneuerte der Kurfürst ebenfalls die Verträge und dem Kaiser versprach er energischen Beistand, sobald er Stettin erobert haben würde. Nachdem er solchergestalt eine festere Stellung gewonnen, begann der Kurfürst die Truppenbewegungen zu ordnen. Unterdessen war der Krieg mit Dänemark und Schweden ebenfalls im Gange. Niels Juel hatte schon mit Beginn des Sommers einen Sieg über die schwedische Flotte zwischen Laaland und Rostock gewonnen. Zu Lande dagegen wurden Christians Truppen bis Landskron zurückgeschlagen, aber Juel wetzte die Scharte wiederum durch den Sieg bei Bornholm aus, wo er, ohne holländische Hülfe abzuwarten, den Admiral Horn in die Flucht schlug und dreizehn Schiffe eroberte.

Brandenburgisches Kanonenboot.
Von dem die Landung auf Rügen darstellenden Gobelin in Monbijou.

Beschießung von Stettin. 1677.

XXI. Kapitel.

Gänzliche Vertreibung der Schweden aus Pommern und Preußen. 1677—1678.

o sehen wir den Krieg überall toben, als Friedrich Wilhelm sich ebenfalls zu neuem Kampfe rüstete. Gern hätte er sich der Holländer versichert, und schon war Sparr daselbst thätig gewesen, allein es bedurfte einer näheren Verständigung, und so brach der Kurfürst nach Wesel auf, um dort mit dem Prinzen von Oranien zusammenzutreffen, was leider durch einen heftigen Gichtanfall vereitelt ward.*)

Ende April befand er sich in Potsdam. Von hier und von Berlin aus betrieb er die gewaltigen Rüstungen. Was bisher nur aufgespeichert war, wurde nun nach Stettin befördert. Ein großer Theil des Geschützes und der Munition, sowie anderes Material gingen zu Wasser, wobei der neue Friedrich=Wilhelms=Kanal treffliche Dienste leistete.**) Bis Mitte Juni war auch die Armee versammelt. Sie zählte 26,000 Mann brandenburgischer Truppen. In der Folge traten noch münstersche und lüneburgische Truppen hinzu.

---

*) Der Prinz mußte nach Valenciennes abgehen. Oranien soll, wahrscheinlich aus einer Art von Eifersüchtelei, ein heftiger Gegner Derfflingers gewesen sein, dem er jedes höhere kriegerische Talent absprach und dessen Einfluß auf den Kurfürsten er bekämpfte.

**) Aus dem Berliner Zeughause wurden abgeführt: 108 Kanonen, 31 Mörser, 15,000 Centner Pulver, 200,000 Kanonenkugeln, 800 Granaten, 10,000 Bomben. Aus Küstrin: 72 Kanonen, 10 große Mörser, von denen einige für 7 Centner schwere Bomben gebohrt waren. Minden und Lippstadt lieferten ebenfalls Geschütze und auf Abschlag der Subsidien aus Holland bezog der Kurfürst von daher 4000 Centner Pulver. (Archiv des Kriegs=ministeriums.)

Brandenburgische Regimenter waren: 9 Regimenter Reiter: Trabanten, Leibregiment, Kurprinz, Derfflinger, Homburg, Görtzke, Printz, Treffenfeld, du Hanel; 10 Regimenter Infanterie: Garde-Kurfürstin, Kurprinz, Derfflinger, Holstein, Golz, Fargel, Bomsdorff, Dönhof, Schöning; 5 Regimenter Dragoner: Derfflinger, Holstein, Görtzke, Schlieben, Grumbkow. Von den Alliirten waren betheiligt die Regimenter: Ende, Mellin, Jäger, Schack, Mulert, Wreden. Kommandeur war General Ende. Die wahrhaft furchtbare Artillerie kommandirte Oberst Ernst Weiler, ein genialer Mann. Sie bestand aus 206 Kanonen und 40 großen Mortiers.

Friedrich Wilhelm ließ, bevor er ins Feld ging, einen Buß- und Bettag halten, dann brach er mit seiner Reiterei auf (20. Juni), hielt kurze Rast in Schwedt und war am 25. bei der Armee vor Stettin.

So riesigen Anstrengungen gegenüber hatten sich auch die Schweden nicht lässig verhalten. Der Kommandant von Stettin, Generallieutenant Jakob Johann von Wulfen (oder Wolf) galt mit Recht für einen ausgezeichneten Soldaten, der nicht allein sein Handwerk trefflich verstand, sondern auch die Truppen anzufeuern, die Verwundeten zu trösten, alle seine Offiziere wirksam zu belehren wußte. Unter ihm kommandirte Oberst von der Nott als Artilleriechef. Schon während der Anfänge, während der Einschließung, hatte Wulfen die Brandenburger unausgesetzt durch Streifereien und Ueberfälle beunruhigt. Königsmark that von Stralsund aus dasselbe, bis das Herankommen der Belagerungsarmee diesem Treiben ein Ziel setzte.

In der Festung lagen 3000 Mann schwedischer Kerntruppen und die äußerst feindlich gegen Brandenburg gesinnten Bürger scharten sich zu freiwilligen Korps um den Kommandanten. Sie mochten etwa 2000 Mann stark sein. Von der Wasserseite aus konnten die Schweden der Stadt nicht Hülfe bringen, da ihr Mißgeschick die Flotte fern hielt, auch die brandenburgischen Kaper, welche der vom Kurfürsten in Dienst genommene Holländer Raule befehligte, sehr gefährlich wurden. Allein mit Proviant und Munition war die Festung reichlich versehen.

Der Kurfürst, den seine Gemahlin wieder begleitete, ließ, nachdem eine Aufforderung zur Uebergabe von dem Kommandeur abgewiesen war, die Stadt vollends einschließen. Südlich wollte er selbst angreifen, im Norden sollten die Lüneburger attackiren, General Schwerin und Oberst Schöning die Lastadie mit Sturm nehmen. Die Ingenieurarbeiten leitete der treffliche Beesendorf.

Wie durch Zauber stiegen massenhaft Redouten und Schanzen rings um die eng eingeschlossene Stadt aus dem Boden der den Schweden abgenommenen Dörfer und Vorstädte empor, man hatte sogar den am Papenwasser gelegenen Flecken Pölitz verwüstet, und bei Güstrow verband eine Brücke die Ufer der Oder, um die Kommunikation mit dem Schwerinschen Korps zu erhalten. Den Bau hatten die auf der Oder kreuzenden kleinen Fahrzeuge gedeckt. Um einen Weg durch den Morast zu führen, der die Verbindung zwischen der Brücke und dem neuen von Damm nach Stettin führenden Steindamm herstellte, mußten 3000 Mann Tag und Nacht Faschinen arbeiten und 80 Schock große

Bäume wurden verrammt. Am 8. Juli ward dieses Werk vollendet. Sofort griffen die Kurfürstlichen die am Steindamm gelegene Zollschanze an und nahmen sie mit Sturm, worauf Schwerin sich vor die Lastadie legte.

1677 Erst mit dem 13. Juli, als Ende mit seinen Truppen herankam, begann die eigentliche Belagerung, an deren furchtbaren Ernst die Stettiner Besatzung bis dahin noch nicht recht hatte glauben wollen. Sie witzelten beim Ertönen der Kanonenschüsse: „Horch! wo de Kohförst knappt", und machten sich, wie berichtet wird, über Derfflinger lustig, indem sie die alberne Schneidersage wieder gebrauchten. An der Thurmgalerie der Marienkirche erschien eines Tages ein großes, auf ein Segel gemaltes Bild, welches den General als Schneidergesellen, Zwirn und Nadel handhabend, darstellte.

Allein die Zeit für solche Scherze war bald vorüber. Am 25. Juli wurden die Laufgräben eröffnet, die Batterie vor dem Heiligengeistthore, aus 15 Kanonen, 4 Haubitzen und 2 Mörsern bestehend, war fertig und am 4. August morgens donnerte es von fünf Seiten her gegen die unglückliche Stadt. Das Bersten von Granaten, das Anschlagen der Kugeln, feurige Geschosse und Brandkugeln, welche in die Stadt sausten, vereinten sich zu einem schrecklichen Chaos von Lärm, Tosen und wirr durcheinander prasselnden Gegenständen. In zwei Stunden waren die Wälle furchtbar zugerichtet, es brannte an verschiedenen Stellen in der Stadt und deutlich vernahm man im Lager das Wehgeschrei der Einwohner, aber unerbittlich ließ der Kurfürst den eisernen Hagel auf die Festung niederschmettern.

Die Angriffe auf die von Gustav Adolf erbaute Sternschanze gelangen ebenfalls vollkommen und die brandenburgischen Schiffe, obwol eins von ihnen in Brand geschossen ward, trieben doch die Stettiner Fahrzeuge zurück und durchbrachen die Pfahlreihen, um in die freie Oder zu kommen.

Vier Tage lang währte das Feuer. Die meisten Schiffe lagen unter Wasser, die Marien-, Petri- und Jakobikirche waren zum Theil oder ganz eingeäschert, ebenso das Gymnasium mit seiner werthvollen Bibliothek, eine Menge Häuser lagen in Trümmer; am grünen Bollwerk war eine Bresche gelegt, welche zwischen den Gebäuden klaffte und die hier liegenden Häuser waren mit Todten und Verwundeten gefüllt. Auch der Oberst von der Nott und der Bürgermeister lagen unter den Gefallenen.

Der Kurfürst hatte sich viel von der Wirkung dieser schauerlichen Kanonade versprochen, allein der Kommandant dachte nicht an Ergebung, sondern entgegnete dem vom Kurfürsten entsendeten Generaladjutanten Barwald, er werde bis auf den letzten Mann die Festung vertheidigen, sein König habe ihm die Festung überliefert und er werde sie, wenn auch als Trümmerhaufen, abliefern.

Diesen Entgegnungen folgte neues Bombardement. Als man unter dem Feuer mit den Laufgräben gegen die Contreescarpe vorrückte, wurden Steine unter die Belagerer geschleudert, dagegen richteten diese ein ganz gewaltiges Feuer gegen Heiligengeist- und Frauenthor und Schwerin sowol als Schöning beschütteten die Lastadie Tag und Nacht mit Kugeln. Die Belagerten feuerten mit großer Heftigkeit, allein die überlegene brandenburgische Artillerie zerstörte die Schießscharten und zerschmetterte die Laffeten der Geschütze, am Mühlenthore war nur noch eine Kanone brauchbar. Bis zum 31. August wogte das Bombardement. Ein heftiger Regen gebot hier Halt. Auf dem Haff und dem Dammschen See lieferte man sich Gefechte. Während der Tage des Bombardements ward die Güstrower Schiffbrücke wieder stromabwärts geführt, um bei Pommerensdorf durch ein Blockhaus gedeckt wieder aufgeschlagen zu werden.

Hier nahm die Kavallerie Stellung, um den Schweden bei ihren häufigen Ausfällen in die Flanke zu kommen. — Wulfen blieb nicht lange Zeit hinter den Wällen. Er fiel so oft es sich thun ließ aus und sein Kleingewehrfeuer von den Schanzen herab belästigte die Arbeiter an den Laufgräben dergestalt, daß mit verdeckter Sappe gearbeitet werden mußte. Am 6. September fand ein großer Ausfall statt, den die Kavallerie zurückwarf. Die Stadt litt wieder unter dem schrecklichen Feuer.

Ebenso wie über der Erde gearbeitet ward, geschah es auch unter derselben. Man begann den Werken durch Minen beizukommen, die feindlichen Contreminen aufzusuchen und zu entladen. Zu verschiedenen Malen wurden Minen gesprengt, ebenso von Seiten der Feinde, so sprengten diese am 24. September eine solche, die in der brandenburgischen Sappe 40 Mann tödtete und großen Schaden that. An demselben Tage erlitt der Kurfürst einen großen Verlust, eine Kugel tödtete den Ingenieur Beesendorf.

Folgenden Tages sprengte man eine Mine an der Contreescarpe, „wo," nach dem Berichte, „alles was darauf war, in die Luft ging". Obwol man stürmen wollte, fand man heftigen Widerstand. So stritten sich die Gegner wüthend herum. Am 9. Oktober machte Wulfen einen großen Ausfall gegen die Lüneburger, der sehr glücklich verlief, denn diese vermochten nicht Stand zu halten. Die Schweden zerstörten hier die Erdarbeiten, vernagelten mehrere Geschütze und wurden mit großer Mühe in die Festung zurückgeworfen.

Der Kurfürst war unermüdlich thätig. Er zeigte sich an allen Orten, ging in jede Batterie und ließ öfter sogar angreifen, während er bei den Truppen war, um sie zu besichtigen. Er schritt oftmals in dem Eifer, eine günstige Stelle zu erspähen, auf den Erdwerken umher und zwar näherte er sich dem Feinde bis auf Musketenschußweite. „Eines Tages flog (27. Juli) eine Kugel so dicht am Kopfe des Kurfürsten vorüber, daß er sich, was sonst wol nie geschah, bückte, aber der Luftdruck riß ihm den Hut vom Kopfe."*) Von Derfflingers Gefahr ist oben schon erzählt.

Die Kurfürstin war nicht seltener in den Laufgräben mit dem Gemahle, als sie es bei Anklam gewesen, und als dieser, sich wiederum der Gefahr aussetzend, von seiner Gemahlin gebeten ward, sich nicht so zu exponiren, sagte er stolz: „Wann hast du jemals gehört, daß ein Kurfürst von Brandenburg erschossen worden sei?"**) Dagegen blieb am 8. September der Neffe der Kurfürstin, Prinz Philipp Ernst von Holstein, Kapitän im Leibregiment.

---
*) Dies erzählt Herr von Buch. Er giebt mehrere Gelegenheiten an, wo der Kurfürst sich dem Feuer des Feindes unerschrocken aussetzte.

**) Auch dies erzählt Herr von Buch und zwar will er es selbst gewesen sein, der den

Wulfens Hartnäckigkeit schien sich mit der Dauer der Belagerung zu steigern. „So ich keinen anderen Ersatz erwarten kann, werde ich alles thun, was tapferen Soldaten geziemt." Diesen Entschluß theilte Wulfen seinem ehemaligen Kameraden, dem General Ende mit, der übrigens in größter Erregung war und nach dem für die Lüneburger unglücklichen Gefechte vom 9. Oktober alle Gefangenen niederschießen ließ.

Die Verluste der Belagerer waren nicht geringe, das Korps des Herzogs von Holstein litt gewaltig. Am 12. November zählte es nur noch 2000 Mann kriegstüchtige Leute, wogegen seine Sappe und die Minirer große Fortschritte machten. Allein trotz all dieser Erfolge blieb Wulfen unerschüttert und schon war der December herangekommen, dessen schlimme Witterung den Arbeiten der Belagerer doppelt ungünstig sein mußte. Indessen hatte der Kurfürst doch bereits alle zwischen dem Heiligengeist- und Grünen Thore gelegenen Außenwerke in Besitz genommen, daselbst sogleich neue Batterien angelegt sowie die Gegenwerke zerstört. Fortwährend sprengte er durch Minen die Werke der Belagerten, und füllte die Gräben mit Schutt. Es war der Moment gekommen, die Bresche für den Generalsturm zu legen. Wulfen sah nunmehr ein, daß trotz seiner muthigen Gegenwehr der Fall Stettins nicht mehr aufzuhalten sei und wendete sich deshalb wiederum an Ende mit der Anfrage, ob er, im Falle einer Kapitulation, ehrenvolle Bedingungen erhalten werde.

Ende ward vom Kurfürsten beauftragt dem tapferen Kommandeur zu melden, daß er auf solche Bedingungen hoffen könne. Hierauf erließ Wulfen ein Schreiben, in welchem er seine Bereitwilligkeit zu kapituliren aussprach, die Bedingungen dem Kurfürsten anheimstellte, auf dessen Großmuth trauend, „da er (Wulfen) seiner Pflicht zufolge alles gethan, was die ehrbare Welt von rechtschaffenen Leuten erfordere".

Ende antwortete wieder im Auftrage des Kurfürsten, daß man Geißeln schicken möge; da diese aber länger als erwartet ausblieben, sprengte der ungeduldige Kurfürst am 14. Abends wiederum eine Mine unter der großen Courtine, worauf denn auch die Geißeln eintrafen. Es waren die Kapitäne Horn und Besch. Der Kurfürst schickte den Major Lühe und Kapitän Krusemark in die Stadt. Mit den Belagerungsarbeiten ward nun eingehalten, denn bereits waren die schwedischen Kommissarien General Plantin, Oberst Uechteritz, Kriegsrath Albinus, Sekretär Höpfen, sowie Seitens der Bürgerschaft Bürgermeister Schwellgrebel, Syndikus Corswand und Kämmerer Freyburg erschienen, um im Namen Wulfens wegen der Uebergabe zu verhandeln.

Der Kurfürst antwortete auf die von Albinus gehaltene Rede sehr gnädig, lud die Kommissarien zur Tafel und einigte sich mit ihnen dann über die Akkordpunkte, welche am 17. unterschrieben wurden. Man hatte sich bezüglich der Großmuth des Kurfürsten nicht getäuscht. Der Garnison ward freier Abzug

---

Kurfürsten gewarnt und von ihm jene Worte als Entgegnung erhalten hat. Nach Probst war es ein Offizier, welcher den Kurfürsten hinter eine Blendung stellen wollte. Nach Anderen ist diese Aeußerung schon bei einer früheren Gelegenheit gefallen.

Der Kurfürst auf den Wällen vor Stettin.

mit allen Kriegsehren bewilligt. Die schwedischen Soldaten, d. h. eingeborene Schweden, sollten so lange in Hinterpommern kantonniren, bis die Jahreszeit ihnen die Ueberfahrt nach ihrem Vaterlande gestatten würde. Deutsche und brandenburgische Soldaten, welche in schwedischen Diensten standen, sollten entlassen oder in deutsche Armeen aufgenommen werden. Stettin erhielt all seine Rechte und Privilegien gesichert, kein Wort des Vorwurfs fiel von den Lippen des Kurfürsten und selbst die aufhetzenden Reden der Geistlichen wurden von ihm nicht gerügt.

Die Stadt war dergestalt mit Schutt gefüllt, daß erst die Gassen geräumt werden mußten, um den abmarschirenden Schweden und den einrückenden Brandenburgern Platz zu schaffen.*)

Am 22. December verließ Wulfen, dem der Kurfürst seine Hochachtung in jeder Weise bezeugt hatte, unter klingendem Spiele die Stadt und Festung. Er hatte nur noch 300 Mann unter sich und nahm 1 Standarte nebst 21 Fahnen mit. Der Kurfürst hielt am 27. den Einzug in die verwüstete Stadt. Er ritt mit pomphafter Suite durch das Neue Thor. Die Bürgerschaft empfing ihn vor demselben. Zwei schwarzgekleidete Knaben überreichten ihm einen silbernen Schlüssel mit der goldenen Aufschrift: Accipe! serva! conserva! Unter dem

Einzug in Stettin.

Thorbogen standen sechs ebenfalls schwarzgekleidete Jungfrauen, die einen Cypressenkranz darboten, der die Umschrift trug: Victori cruentatam virginitatem! Der Kurfürstin reichte man, ebenso wie den Prinzen Symbole, und durch die Spalier bildenden Bürger — sie waren in Waffen — ging der Zug nach dem Schlosse. Dort wurde der Kurfürst vom Magistrate empfangen, der ihm huldigte.

---

*) Nach den Berichten waren nur noch 20 Häuser unbeschädigt. 2143 Einwohner hatten das Leben verloren.

Berlin empfing am 31. Dezember seinen heimkehrenden Landesherrn, den
Sieger in allen Treffen und Belagerungen mit großem Enthusiasmus. Die
Kunde von dem Falle Stettins war durch Kouriere an alle Höfe berichtet worden
und machte einen ungeheueren Eindruck, steigerte aber auch zugleich den Neid
der regierenden Herren. Es schien ausgemacht, daß der Kurfürst der Vernichter
jener einst so gefürchteten schwedischen Macht werden sollte, und so sehr man
sich auch über den Fall des gefährlichen Feindes freuen mochte, dem Kurfürsten
gönnte niemand seine Triumphe. Schon sahen alle den Bezwinger der bisher
uneroberten Festung mit einer königlichen Krone geschmückt und dem mißgünstigen
kaiserlichen Gesandten kam es nicht darauf an ganz offen zu äußern, „der Kaiser
werde es nicht dulden, daß am baltischen Meere ein neues Königreich der Van=
dalen entstehe". Eine Unzahl von Gedichten, welche den Kurfürsten feierten, Me=
daillen auf die Eroberung Stettins, lobende und preisende Berichte, von allen
Weltgegenden einlaufend, fachten den Neid des Kaisers mächtig an. Er konnte
die Bedeutung Friedrich Wilhelms sich selbst gegenüber nicht hinwegleugnen und
es war ihm unerträglich, daß seit dem Tage von Fehrbellin der Große Kur=
fürst in dem kleinen Brandenburg gebot. Dieses also noch zu vergrößern war
durchaus nicht sein Wille. Er dachte gar nicht daran dem Kurfürsten das
eroberte Schwedisch=Pommern zu überlassen, legte vielmehr allerlei Hindernisse
in den Weg, der zum Frieden von Nymwegen führen sollte. Es kam die
französische Intrigue hinzu, die darauf hinauslief, die Polen gegen den Kur=
fürsten zum Kriege zu reizen, allgemeinen Unfrieden zu nähren, um durch
Friedensschlüsse mit den Einzelstaaten die Verbündeten von einander zu trennen.

Während dessen war man in Nymwegen zu einem Kongresse gelangt, der
sich thatsächlich mit Abschluß des Friedens beschäftigte. Die Zögerungen, welche
hier stattfanden, begünstigte der Kurfürst, der sich den möglichst günstigen Ab=
schluß offen halten wollte, denn Ludwig XIV. hatte bereits erklärt, daß er in
keinen Frieden willigen werde, der den Schweden nicht alle ihnen entrissenen
Länder zurückgebe.

Vielleicht hätten die Dinge sich anders gewendet, wäre Holland nicht zum
Friedensschlusse mit Frankreich bereit gewesen. Am 10. August 1678 schlossen
seine Gesandten den Separatfrieden mit Frankreich. Weder die Bemühungen
des Kurfürsten noch die des Prinzen von Oranien vermochten diesen Abschluß
zu hindern. Die Generalstaaten erhielten alles zurück, was sie vor dem Frieden
besessen, nicht einmal Neutralität für seine cleveschen Lande vermochte der Kur=
fürst zu erhalten. Spanien folgte den Holländern nach und in Köln begannen
die Reichsgesandten schon um die Friedensbedingungen zu handeln, welche
Ludwig XIV. ihnen stellen sollte.

Den kurfürstlichen Ministern Somnitz und Blaspeil, welche erklärten, daß
ihr Gebieter dem Frieden beitreten wolle, wurde darauf entgegnet, man werde
des Kurfürsten Beitritt annehmen, wenn Dänemark und Brandenburg den
Schweden alle ihnen entrissenen Länder herausgeben wollten.

Der Kurfürst hatte schon vor diesen Ereignissen den Entschluß gefaßt, den
1678 Krieg in Pommern fortzusetzen, da mit Beginn des Jahres 1678 die Zustände

auf dem Kriegsschauplatze eine andere Gestalt gewonnen hatten. Königsmark hatte dem General Rumohr die Insel Rügen abgenommen. Rumohr war durch eine Kanonenkugel getödtet worden, die Truppen wurden unsicher in ihren Bewegungen, so tapfer auch die Brandenburger fochten riß die Flucht der Dänen sie dennoch mit fort.

Stadt Wittau ergab sich und Königsmark nahm die Besatzung gefangen, wobei der Kurfürst von Brandenburg 1 Regiment Reiter, 5 Kompagnien Dragoner und 350 Musketiere verlor.

Rügen war wieder in Händen der Schweden. Dem Einbruch derselben in das Mecklenburgische wußte Treffenfeld zwar zu begegnen, aber Königsmark setzte seine Fouragirungen in Mecklenburg dennoch fort. Indessen gelang es auch hier den Feinden Halt zu gebieten und Greifswald zu observiren.

Friedrich Wilhelm war indessen mit seinen Vorbereitungen zum neuen Feldzuge in Pommern fertig geworden. Rügen wieder zu gewinnen mußte sein nächstes Ziel sein, wollte er Stralsund mit Erfolg angreifen. Diese Festung und Greifswald waren die einzigen noch im Besitze Schwedens gebliebenen Plätze. Bereits waren März, April und Mai vorüber. Der Kurfürst hatte schon Gewißheit, daß Spanien und Holland jenen bereits erwähnten Separatfrieden mit Frankreich schließen wollten, demzufolge Schomberg mit 20,000 Franzosen in Westfalen eindringen sollte.

Des Kurfürsten Bemühungen, die Feinde Schwedens zu einem Bunde bewegen und mit ihnen vereint auch Frankreich die Spitze bieten zu können, gelangen nicht. Er war auf ein noch engeres Bündniß mit Dänemark und den Lüneburgern angewiesen. Anfangs hatte er im Sinne, sich gegen den Westfalen bedrohenden Feind zu werfen, allein hier kam ihm eine Zögerung der Schweden zu statten, welche den Waffenstillstand nicht annehmen wollten.

Unwillig darüber unternahmen die Franzosen keinen Angriff gegen den Kurfürsten und diese Pause nützte Friedrich Wilhelm, um Rügen anzugreifen. — Obwol die Schweden ihn von Preußen her bedrohten, war doch eine ernstliche Gefahr nicht zu besorgen, da der König von Polen sich dem Kurfürsten geneigt zeigte. Dieser hatte durch Geld seine Gegner in Warschau vorläufig beschwichtigt. 20,000 Thaler erhielt der Kronfeldherr vom Kaiser, um die Unterstützung der Rebellen in Ungarn von Seiten der Polen zu hintertreiben. Den litthauischen Feldherrn Paz hatte, wie wir wissen, der Kurfürst gewonnen. Strauch ward in Freiheit gesetzt*), der Kämmerer Niemig ward ebenfalls bestochen, er machte beim Könige geltend, wie sehr der Kurfürst für seine Wahl gewesen sei. Ein glücklicher Zufall fügte es, daß Friedrich Wilhelm dem Könige Nachricht von einem Mordanschlage gegen denselben geben konnte. Es wurde daher von Seiten Polens den Schweden der Marsch durch Litthauen

---

*) Der König von Polen ward in seiner Eitelkeit dadurch sehr verletzt, daß man ihm hinterbrachte, der Kurfürst habe die Aeußerung gethan: „Strauch sei nur auf Bitten der Schuster und Schneider von ihm in Freiheit gesetzt worden." Zwar ließ der Kurfürst diese Aeußerung dementiren, allein es ist nicht unwahrscheinlich, daß er sie in seiner Heftigkeit gethan hat.

verweigert und Paz setzte sich in Bereitschaft, einer etwaigen Diversion der Schweden mit Gewalt entgegenzutreten.

Mitte Juni zogen sich die brandenburgischen Scharen bei Anklam zusammen und am 26. verließ der Kurfürst mit seiner Gemahlin und dem Kurprinzen Berlin. Sie reisten über Oranienburg und Stettin. Am 20. Juli defilirten die Truppen bei Stolpen über die Peene.

1678

Von da ab wendete sich die eine Abtheilung gegen Greifswald, die andere vereinte alle Truppen in sich, die zur Expedition nach Rügen bestimmt waren. Der Kurfürst hatte sich voraus nach Wolgast begeben. Dorthin folgten die Truppen, welche bei Peenemünde Halt machten.

Hier fand die Unterredung mit dem Admiral Cornelius Tromp statt, der die Ueberfahrt des kurfürstlichen Heeres nach Rügen leiten sollte. Tromp rieth dem Kurfürsten trotz des Ausbleibens der dänischen Flotte, welche bestimmt war, den Uebergang zu decken, die Expedition zu versuchen. Da dies dem Eifer des Kurfürsten ein sehr willkommner Rath war, drang er auf Beschleunigung. Allein Raule, sein Marinedirektor, konnte die Transportfahrzeuge nicht so schnell zusammen bringen, die Abfahrt verzögerte sich deshalb. Während dieser Zeit fielen vor Stralsund und Greifswald blutige Gefechte zwischen den Brandenburgern und Schweden vor und erstere drangen einmal sogar bis in die Stralsunder Vorstadt.

Endlich traf die dänische Flotte vor Rügen ein und ankerte an der nordöstlichen Spitze von Jasmund. Erst zu gleicher Zeit erschienen auch 1.000 Mann Lüneburger unter dem Obersten Marlotti, und Oberst Pirch kam mit 3 Regimentern aus Preußen herbei — Raule war ebenfalls in Bereitschaft. Er hatte 210 Transportfahrzeuge und 140 Schaluppen ausgerüstet, am Ausfluß der Peene ankerte er.

Die Truppen wurden am 10. September an Bord genommen. Je ein Infanterieregiment hatte ein Bataillon abgegeben, die Kompagnien waren doppelt mit Offizieren versehen. Jedes Kavallerieregiment gab 300 Pferde. Um 4 Uhr Nachmittags desselben Tages gingen der Kurfürst und seine Gemahlin an Bord der Fregatte „Kurprinz" (30 Kanonen).

Am 12. früh stach die Flotte in See und segelte mit gutem Ost-Süd-Ost gegen Rügen. Ihre Ankunft ward durch zwei Kanonenschüsse signalisirt. Zum Transport des schweren Geschützes hatte man zwei ungeheure Prahmen verwendet und die Rohre konnten dicht über dem Wasser gerichtet werden. Hinter diesen Prahmen segelte die Fregatte „Kurprinz" mit den hohen Herrschaften und dem Admiral Tromp an Bord. Die gesammte Flotte folgte in 3 Divisionen, so eingetheilt, wie die Truppen nach ihrer Landung in Schlachtordnung rücken sollten.

Rechter Flügel: Avantgarde. Kommandeur: General v. Schöning mit den Bataillonen: Holstein, Schöning, Barfuß. Die Schwadronen: Kurprinz, Trabanten, Derfflinger, Görtzke, Kürassiere und eine Kompagnie Grumbkowdragoner. Linker Flügel: Generalmajor Hallard mit 4 Schwadronen Leibregiment, Anhalt, Homburg, Treffenfeld, 1 Kompagnie Derfflinger Dragoner, 3 Bataillone Infanterie: Golz, Fargel und Loeben. Corps de Bataille. Generallieute-

Die Ueberfahrtsflottille nach Rügen.

nant von Götze: 3 Infanteriebataillone Garde, Kurprinz, Derfflinger, 2 Bataillone Lüneburger unter Marlotti, die gesammte Artillerie.

Generalkommandirender war Feldmarschall Derfflinger unter dem Kurfürsten. Tromp leitete die Flottenbewegungen.

Der Plan des Kurfürsten war, bei Palmer, Ort auf Rügen, eine Scheinattacke oder Landung zu versuchen, dann aber auf Mönchgut oder Putbus zu landen, ein Plan, den die plötzliche Windstille nicht zur Ausführung kommen ließ. Man mußte bei dem Dorfe Alten=Kanach oberhalb Putbus ankern und wurde hier von dem Feuer der Küstenbatterie empfangen, weshalb die großen Schiffe aus der Schußlinie bugsirt wurden.

Indessen waren die Truppen unter dem Prinzen von Homburg dem Dorfe Strahlbrode gegenüber, der Oberst Printz mit seinen Leuten bei der dänischen Flotte vor Wittow angekommen. Die Dänen faßten Fuß auf der Halbinsel und dies bewog den Kurfürsten, der besorgte, daß Königsmark die Dänen mit überlegener Macht angreifen werde, zu landen. Am 14. September nachmittags geschah dies in kleinen, unter dem Schutze der Artillerie ausgesetzten Booten. Der Eifer der Truppen war bewundernswerth. Sie halfen den Ruderern mit den Stangen ihrer Piken und warfen sich, ungeduldig an das Land zu kommen, bis an die Brust ins Wasser. Jeder wollte zuerst den Boden des Kampfes betreten, keiner zurückbleiben.

Das Geschütz sogar ward durch die Mannschaften fortgeschafft und die Annäherung an den Feind geschah hinter gerollten spanischen Reitern*).

Königsmark, welcher mit Küraßieren und Geschützen herbeieilte, ward von

---

*) Auf zweirädrige Karren gelegte cylindrische, mit Stroh umwickelte Holzstämme, welche lange eiserne Spitzen trugen. Man bediente sich derselben auch zum Schirmen der Breschen. Das Berliner Zeughaus bewahrt ein kleines, sehr schönes Modell.

Ausschiffung auf Rügen.

Derfflinger mit 200 Reitern geworfen und flüchtete mit Verlust von einer Standarte und 200 Gefangenen hinter die Retranchements der alten Fährschanze, um nach Stralsund zu entkommen*). Derfflinger griff am folgenden Tage die Schanze an. Infanterie unter Schöning und die abgesessene Kavallerie, auch Dragoner unterstützten den Angriff und trotz seiner starken Gegenwehr mußte Königsmark weichen. Ein Boot brachte ihn mit genauer Noth nach Stralsund, denn er stürzte bei der Ueberfahrt ins Wasser und ward nur mühsam durch einen seiner Leute gerettet. 700 schwedische Gefangene und 250 Pferde sowie alles Geschütz fiel den Brandenburgern in die Hände; 90 Mann war der Verlust der Kurfürstlichen**) stark.

Die Flotte setzte nun die übrigen Truppen bei Stahlbrode ans Land. Man lagerte bei Brandeshagen. Der Prinz von Homburg traf hier mit dem Kurfürsten zusammen, der ihn nicht besonders freundlich empfing, da er sich auf der pommerschen Seite mit den Feinden, wie dies die Art des Prinzen war, in ein sehr hitziges Gefecht vorschnell eingelassen und dabei 260 Mann nebst dem Hauptmann Hacik und anderen Offizieren als Gefangene verloren hatte. Der Prinz hatte einigermaßen Unglück, auch da, als er seinen Fehler dadurch gut machen wollte, daß er sich erbot, die von Stralsund ausfallende feindliche Kavallerie mit der brandenburgischen zurückzutreiben. Der Feind ließ sich nicht mehr blicken.

---

*) Der Soldat, welcher die Standarte erobert hatte, erhielt 50 Thaler vom Kurfürsten.
**) Die Betheiligung der Reiter bei diesem Sturm ist merkwürdig. Es sind übrigens nicht, wie hie und da angeführt wird, nur Dragoner gewesen, welche stürmen halfen. Buch, auf den man sich dabei beruft, sagt gerade ausdrücklich, „daß Kavallerie abgesessen sei", auch ist von 250 Reitern (am 14.) die Rede. Daß er den Sturm einen „mit Dragonern" vollbrachten nennt, soll wol nur die Betheiligung der Dragoner ausdrücken, die er hier mit der Kavallerie vereint nennt.

Einen ernstlichen Angriff des Kurfürsten gegen die neue Fährschanze wartete der Feind nicht ab. Die unter den Schweden dienenden deutschen Soldaten gingen mit 14 Kanonen zu den Kurfürstlichen über, auch verließen die Schweden die Insel Dänholm, da Schöning mit 2000 Mann heranrückte.

Dies vollendete die Vorbereitungen zum Sturm auf Stralsund, denn vom Dänholm aus konnten Geschütze gegen die Stralsunder Werke gerichtet werden. Diese Festung zu gewinnen war nicht allein nothwendig, es war Ehrensache für den Kurfürsten, den Platz in seine Gewalt zu bekommen, der einst den furchtbaren Angriffen Wallensteins Trotz geboten. Trefflich war die Lage, gesichert durch Moor und Morast, die Werke konnten für ausgezeichnet gelten und von Königsmark und dessen zahlreicher, aus guten Truppen bestehender Vertheidigungsarmee ließ sich ein energischer Widerstand erwarten. Er hatte die Vorstadt Frankenporte bereits niederbrennen lassen.

Transport der Mörser vor Stralsund.

Die sehr nasse Jahreszeit, Herbst, ließ eine Belagerung als äußerst schwierig erscheinen. Der Kurfürst beschloß daher ein Bombardement, da seine Aufforderung an die Bürger, die Festung zu übergeben, wenn sie nicht das Schicksal Stettins erleiden wolle, ohne Antwort geblieben war.

Er nahm sein Hauptquartier in Lüdershagen vor dem Triebseer Thore vor Stralsund. Sein rechter Flügel lehnte an das Meer und der linke (Lüneburger) endete am Galgenberge bei dem Dorfe Grünhof. Vergeblich suchten die Schweden die Anlage einer Batterie auf dem vor dem Frankenthore gelegenen Hügel zu hindern. Eine zweite ward vor dem Triebseer Thore, eine dritte auf dem Dänholm angelegt. Durch die starken Fouragirungen ward das Land so hart mitgenommen, daß die ausfallenden Schweden keinen Proviant mehr fanden. Einmal gelang es diesen, dem Kurfürsten seine und des Prinzen von Homburg Pferde, welche in die Schwemme geritten wurden, wegzunehmen. Zwar sendete Königsmark in sehr chevaleresker Weise diese Beute zurück, aber in dem begleitenden Schreiben war von Uebergabe keine Rede, vielmehr bat der General, der Kurfürst möge bei dem zu erwartenden Bombardement die Kirchen und Häuser schonen. Dasselbe begann denn auch in der Nacht vom 10. zum 11.

Oktober mit furchtbarer Gewalt aus 80 Kanonen, 72 Haubitzen und Mortiers. Weiler ließ ohne Unterbrechung feuern. Durch den dunklen Nachthimmel zogen die Bomben ihre glühenden Schweife und gegen 6 Uhr morgens stand die ganze Stadt in Flammen. Die weiße Fahne ward aufgesteckt, erwies sich aber nur als ein Mittel, Zeit zu gewinnen, um den Brand zu löschen. Man wies den Parlamentär ab, selbst auf Derfflinger drohte man, schießen zu wollen, als dieser am Thore von Triebsee sich zeigte.

Ein neues Bombardement begann. Nachmittags kamen die Syndici Voit und Cardicus aus der Stadt, um Einhalt mit dem Feuer bittend, aber auch dies war wiederum eine List, Zeit zu gewinnen. Es unterlag keinem Zweifel, daß Königsmark auf die Bürger einen Druck ausübte, denn man wußte im brandenburgischen Lager, daß die Einwohner, welche durchaus Kapitulation wollten, nur durch die Soldaten in Schach gehalten wurden. Der Kurfürst ließ ohne Unterbrechung feuern und legte die Jakobikirche in Trümmer, ebenso das Frankenthor. 1500 Häuser waren niedergebrannt und die Stadt glich einem Feuermeer. Endlich zeigte Königsmark sich zur Uebergabe bereit. Um 7 Uhr abends kamen die Generale Buchwald und Möckler heraus, die Geschütze verstummten. Schöning, Marwitz und der Rittmeister Wagenheim wurden in die Stadt gesendet, um die Bedingungen mit dem Kommandeur zu besprechen, dennoch kam erst am 12. Oktober um Mitternacht die Kapitulation zu Stande. Den Abgesandten der Stadt ward völlige Freiheit derselben nebst allen Privilegien und Rechten zugesichert. Königsmarks Bedingungen waren nicht nach dem Sinne des Kurfürsten, allein die auswärtigen Zustände ließen ihm keine große Wahl. Am 15. ward der Vertrag perfekt, und an demselben Abende rückten die Brandenburger unter Derfflinger und Schöning durch das Triebseer Thor in die verwüstete Stadt. Königsmark wurde sehr ehrenvoll in Lüdershagen empfangen und Tags darauf marschirte die schwedische Garnison, nur noch 1048 Mann Infanterie, 924 Kürassiere, 72 Dragoner und 776 unberittene Kavalleristen zählend, an den in Schlachtordnung aufgestellten Brandenburgern vorüber*).

Am 20. huldigten die Bürger dem Kurfürsten, der an der Seite seiner Gemahlin den feierlichen Einzug in die Stadt hielt. Ein Te deum in der Nikolaikirche, dem eine große Tafel folgte, beschloß die Feier.

Während die Lüneburger sich zum Abmarsch rüsteten und die Brandenburger gegen Greifswald rückten, erhielt der Kurfürst Nachricht von dem Einrücken der Schweden in Kurland. Dies hatte keinen andern Zweck, als einen Einfall in Preußen zu unternehmen, denn schon ward für 16,000 Mann Proviant ausgeschrieben, die Polen, so lauteten die Berichte, seien trotz der Zusagen nicht standhaft geblieben. Görtzke erhielt daher Befehl, mit seinen Kürassieren und den Pöllnitz'schen, sowie den Dragonern von Sydow und 1000 Musketieren unter Oberst Huet nach Preußen aufzubrechen. Er hatte unbeschränkte Vollmacht und durfte auf seinem Marsche alle verfügbaren Truppen an sich ziehen.

---

*) Oberst Strauch eskortirte die Abziehenden mit 1000 Kürassieren. Sie sollten von Usedom aus nach Schonen eskortirt werden. Es waren meist Finnländer.

Am 26. rückte der Kurfürst vor Greifswald, inspizirte dort die Belagerungsarbeiten, welche schon bis auf 400 Schritt von dem bedeckten Wege vorgerückt waren und forderte, wiewol vergeblich, den Kommandeur Oberst Bieting zur Uebergabe auf. Bieting feuerte furchtbar, ohne Schaden zu thun, dagegen begannen am 5. November die von Derfflinger aufgeworfenen Batterien ein so wirksames Bombardement, daß nach Verlauf von zwei Stunden 30 Häuser brannten.

Am 7. ward daher Greifswald übergeben. Die Garnison erhielt freien Abzug. Die Nationalschweden wurden von Usedom aus in ihr Vaterland befördert*), die deutschen Soldaten in die brandenburgische Armee aufgenommen.

Pommern war von den Schweden geräumt und befand sich ganz in den Händen des Kurfürsten, der somit seinen glühendsten Wunsch erfüllt sah und seiner Kraft und Ausdauer den großen Erfolg verdankte.

Allein die Kunde von den Vorgängen in Preußen mußte die Freude über diese eminenten Resultate herabstimmen. Durch Geld hatten die Schweden den freien Marsch durch Samogitien und Kurland erkauft. Sie sollten vor Memel stehen, das sie in Brand gesteckt hatten. Die Feuersbrunst trieb den die Stadt vertheidigenden General Dönhof heraus.

Des Kurfürsten Lage war trotz all seiner Siege wiederum eine jener hochgefährlichen, in welcher er sich schon zu verschiedenen Malen befunden hatte. Er schwankte aufs neue. Wohin sollte er seine Macht werfen? Die Franzosen bedrohten Westfalen, die pommerschen Küsten sollten geschützt werden. Die Hülfe der Bundesgenossen war eine äußerst schwache, denn die Lüneburger konnten ihm keinen wirksamen Beistand leisten und Christian von Dänemark war in Schonen, mit Schweden Krieg zu führen, der nicht besonders glücklich für ihn verlaufen wollte. Zwar gelobten sich beide Fürsten zu Dobberan (24. November) noch einmal gegenseitigen Beistand, allein würden sie dies Versprechen halten können? Das war die Frage. Schwerer Sorgen voll reiste Friedrich Wilhelm nach Berlin zurück und traf dort am 2. Dezember ein.

Der Empfang war ein enthusiastischer. Vom Georgenthore an (es stand am Ende der jetzigen Königsstraße) bis zum Schlosse bewegte sich der Zug des Kurfürsten durch Triumphbogen und sonstige Dekorationen. Auf der Spree waren zwei schwimmende Forts errichtet, welche aus den auf künstlichen Mauern postirten Kanonen die Freudenschüsse abgaben.

Wenn dieser Empfang dem Herzen des Kurfürsten wohlthun mochte, so mußte er schon am nächsten Tage den Wermuthstropfen in dem Freudenbecher schmecken. Die verschiedenen Nachrichten, welche er erhielt, waren sämmtlich schlechte. Von Paris aus brachte Meinders die Nachricht, daß der Kaiser auf dem Punkte stehe, mit Frankreich Frieden zu machen.

Diese Wendung des Kaisers war allerdings nicht zu billigen, allein des

---

*) Das Schicksal dieser Unglücklichen war ein höchst beklagenswerthes. Die Garnison von Stralsund ward mit ihnen zugleich befördert, aber an der Küste von Bornholm strandete die Transportflotte. Kaum 2000 Mann vermochten sich zu retten. Alle anderen ertranken, 2111 Leichen spülte die See ans Land.

Kurfürsten Hang zu politischen und diplomatischen Unterhandlungen hatte sie doch zum Theil verschuldet. Freilich trieb ihn dazu die Ungunst der Verhältnisse, die Sorge um die Erhaltung des Gewonnenen. Er hatte durch den Tod des Bischofs von Münster einen harten Verlust erlitten, weil dessen Nachfolger, Graf Fürstenberg, auf Seiten Frankreichs stand. Ludwig XIV. rückte gegen Cleve vor. Der Kurfürst sendete Meinders nach Paris, um Frankreichs Verwendung zu erbitten, daß dem Kriege mit Schweden Einhalt gethan werde, auch dem französischen Gesandten in Nymwegen wurden solche Vorschläge gemacht. Fast zu gleicher Zeit verhandelte er aber auch in Wien mit dem Kaiser, um seine Vermittlung zu erhalten, und versprach dafür ein Heer gegen die Franzosen zu stellen, deren Einfluß er soeben erbeten hatte. Die Unterhandlungen blieben nicht nur erfolglos, sondern die nach verschiedenen Seiten hin angewendete Diplomatie des Kurfürsten erweckte das Mißtrauen aller, auch der deutschen Mächte. Der Kaiser war ohnehin argwöhnisch gegen den emporstrebenden Kurfürsten, mit Ungunst sah er die ungeheuren Erfolge der brandenburgischen Waffen.

Meinders brachte ferner die Nachricht, daß Schomberg nach geschlossenem Frieden nicht zögern werde, seine Truppen sofort nach Cleve zu werfen, wie er es bereits in Jülich gethan.

Das für den Moment Schlimmste waren aber die Rapporte aus Preußen. Der Statthalter Herzog von Croy meldete, daß Johann Sobieski zwar durch Drängen seines Reichstages von dem offenen Losbrechen gegen Brandenburg abgehalten werde, daß er aber dafür im geheimen mit dem französischen Gelde für Schweden werbe, daß 3000 Mann bereit seien, gegen Görtzke zu marschiren, und daß Johann Sobieski es endlich ruhig mit angesehen habe, wie Heinrich Horn an der Spitze von 16,000 Schweden nicht weit vom Amte Kukerneſe die Ruß passirt und sich zum Meister von Ragnit, Tilsit und Insterburg gemacht habe, um bis nach Ermland hinein Kontributionen auszuschreiben.

Des Kurfürsten Ruhe war dahin. Kaum von den Strapazen eines schweren Feldzuges sich ein wenig erholend, mußte er aufs neue das Schwert ziehen; es galt, das so oft bedrohte Preußen, jenes Land zu retten, dessen Besitz der Grundstein für die künftige Macht des Hauses Hohenzollern war.

Wiederum wollte er in eigener Person den Feldzug leiten, der inmitten des strengen Winters sich vollziehen mußte. In Pommern sammelte er seine Truppen, die ermatteten, zum Theil geschwächten Regimenter, die aber alle wie ihr Herr entschlossen waren, zu fechten um der Ehre und des Ruhmes willen, für das bedrohte Recht ihres Gebieters und Kriegsherrn.

Nach Preußen ward die ganze Kavallerie unter Derfflinger, Götz, Promnitz und Schöning mit 34 Kanonen entsendet.

Görtzke war, wie wir wissen, schon voraus nach Königsberg geschickt. Die Reiterei des Prinzen von Hessen=Homburg, die Infanterieregimenter Holstein und Götz waren ihm als Verstärkung nachgesendet. Görtzke fand die Zustände höchst bedenklich; unter den in der Provinz stehenden Truppen herrschte der schlechteste Geist, die Offiziere waren ebenso unzuverlässig, die Landmilizen kaum beisammen zu halten.

Die schwedische Diversion gegen Preußen war das Resultat französischer Politik. Johann Sobieski galt als Unterstützer derselben, der lediglich den Einflüsterungen seiner Gemahlin, einer Französin, Schwester des Marquis de Bethune, gehorchte. Schon Anfang 1678 war jener Plan aufgetaucht. Das Unheil ging an dem Kurfürsten glücklich vorüber, weil der schwedische König Karl XI. nicht Glück in der Wahl seiner Generale hatte. General Fersen starb, als er das Kommando in Liefland übernehmen sollte. Der ihm folgende 70 Jahre alte Bendix Horn, welcher sich nebenbei noch mit Heirathsgedanken trug, über welche er alle Vorbereitungen für den Feldzug versäumte, wurde kurz nach Uebernahme des Kommandos ebenfalls vom Tode ereilt.

Als Heinrich Horn die Generalsstellung erhielt, hatte der Kurfürst bereits seine Bomben nach Stralsund hinein geschleudert. Horn besaß übrigens keine großen militärischen Fähigkeiten, außerdem sah er die Mängel seiner Armee wohl ein. Sie war zwar mit alten gedienten Soldaten versehen, aber die neben diesen befindlichen neuen Söldner konnten als desto schlechtere Truppen gelten. Sie desertirten massenhaft. Blieb nun auch der Rest der Armee nicht als ein imposantes Korps zurück, so flößte er doch den preußischen Milizen Respekt ein. Hohenlohe, der sie kommandirte, sah, wie Horn die oben genannten Städte ohne Anstrengung nahm, und gab jeden Widerstand auf.

Unterdessen hatte Görtzke die Weichsel passirt, die von Bethune geworbenen Polen zurückgeworfen und stand mit 7000 Mann bei Wehlau in einer allerdings sehr exponirten Stellung, welche durch die Verrätherei der Königsberger noch schwieriger ward.

Ueberhaupt trat die Mißstimmung der preußischen Stände gegen brandenburgisches Regiment wieder mehr als je in den Vordergrund. Sie blieben mehr polnisch als brandenburgisch gesinnt und so viel als sie nur vermochten, waren sie auf Minderung der auf sie entfallenden Steuern und Lasten bedacht. Daß sie aus gutem Willen nicht das Geringste thun würden, ließ sich voraussagen, denn sie waren entschieden der Ansicht, daß der Zwist des Kurfürsten mit Schweden sie durchaus nichts angehe.

Aber trotz all dieser gewaltigen Schwierigkeiten war der Kurfürst bereits auf dem Marsche zu seiner Armee, fest entschlossen, das Aeußerste zu wagen. Krank und an seinen Gichtzufällen leidend, von Husten geschüttelt, brach er dennoch inmitten eines besonders strengen Winters auf. Am 30. Dezember 1678 verließ er, wieder von der Kurfürstin, dem Kurprinzen, seiner Schwester und Nichte begleitet, Berlin. Er ging über Rüdersdorf und Küstrin, war am 10. Januar 1679 in Marienwerder, wo er sich mit Derfflinger vereinte, der ihm das pommersche Korps zuführte. Er hatte in 12 Tagen beinahe 80 Meilen zurückgelegt und zählte 4000 Reiter, 1500 Dragoner und 3500 Musketiere. Im ganzen etwa 9000 Mann.

Von welcher großen Bedeutung der Name des Kurfürsten war, das zeigte sich, als die Nachricht von seiner Ankunft in der schwedischen Armee bekannt wurde. Das bloße Gerücht war schon genügend, die Feinde zu verscheuchen, und Horn ließ einen Theil seiner Truppen bis hinter Insterburg zurückgehen.

Er selbst, dessen Armee durch Seuchen geschwächt, andererseits wieder durch ein sehr schwelgerisches Leben, zu welchem die Provinz Preußen die Mittel liefern mußte, verweichlicht war, folgte mit dem Reste nach Tilsit. Görtzke sollte anfangs zum Kurfürsten stoßen, da aber seine Verfolgung Horns einmal im Gange war, sendete man ihm noch Treffenfeld mit 2800 Pferden nach, damit des Feindes Flucht aufgehalten werde.

In Preußisch-Holland erhielt der Kurfürst Nachricht, daß der Graf Gustav Carlsson nebst anderen Offizieren gefangen und daß ihm ein Konvolut von Schriften abgenommen worden sei, aus denen „die Intriguen des französischen Hofes deutlich erkannt werden mochten". Zur Verhinderung der Flucht, welche die schwedische Armee bereits angetreten hatte, mußte der Kurfürst mit den bei ihm befindlichen Truppen so schnell als möglich vorwärts zu kommen suchen. Er hatte bereits aus dem ganzen Landkreise die Schlitten zusammenbringen lassen. Am 16. Januar waren all diese Fuhrwerke bei dem Amte Karben versammelt. Die Infanteristen wurden in die Schlitten geladen, ebenso beförderte man Kanonen und Bagage. Es war dies die berühmte Schlittenfahrt über das „Frische Haff".*) Von Preußisch-Mark und Holland aus ging es nach Heiligenbeil, von hier sieben Meilen der Länge nach über das gefrorene Haff, nach Königsberg.

Die Fahrt über das Frische Haff. Nach den Gobelins in Monbijou.

Voran im Schlitten der Kurfürst und seine Gemahlin mit dem Kurprinzen, dann folgte die Armee in trefflicher Ordnung. Die Tambours wirbelten den Dragonermarsch. Zu Pertenswerth speiste der Kurfürst und abends langte alles in Königsberg an.

---

*) Die Fahrt resp. Verladung wird sehr veranschaulicht durch die im k. Schlosse Monbijou zu Berlin befindlichen Tapeten, welche, wenngleich erst später angefertigt, doch ein sehr deutliches Bild der ganzen, hochinteressanten Expedition geben.

Unterdessen war Görtzke den Schweden auf den Fersen geblieben und hatte sie dergestalt in Athem gehalten, daß bei ihnen die größte Ermattung sich geltend machte. Da sie aber den vorausgeflüchteten Korps bis Tilsit folgen wollten, suchte der Kurfürst die nächste Rückzugslinie zu durchschneiden und ihnen den Weg durch Preußen zu verlegen. Zu dem Ende ließ er wieder eine große Anzahl von Schlitten sammeln und dirigirte die Armee auf Labiau, da Nachricht gekommen war, der Feind setze sich bei Tilsit.

Görtzke und Treffenfeld wurden dem Feinde entgegengeschickt, um, falls es zum Gefecht kommen sollte, die Schweden aufzuhalten, bis der Kurfürst mit seiner ganzen Armee herangekommen sei.

3000 Reiter, die Infanterie und die Geschütze setzten sich unter Kommando des Kurfürsten wieder in Marsch. Man hatte den Plan gefaßt, geraden Weges über das kurische Haff zu gehen und es nicht im Bogen zu umgehen, wodurch viel Zeit verloren worden wäre.*) Man sparte acht Meilen. Der Kurfürst ließ die Armee bis Gilge marschiren und fahren. Die Erscheinung eines Heeres hier auf der eisigen Einöde hatte für die Bewohner der Ortschaften etwas Uebernatürliches an sich. Sie liefen von allen Orten herbei, die seltsamen Leute anzustaunen.

In Gilge übernachtete der Kurfürst, nachdem er seine Truppen vorher, zum Theil noch auf dem Eise, in Schlachtordnung gestellt und sie, die Marschrichtung längs des Gilgeflusses anbefehlend, gegen Tilsit dirigirt hatte. Am folgenden Morgen 5 Uhr früh brach der Kurfürst auf, um seinen Truppen zu folgen. Er holte sie bald ein und marschirte mit ihnen vier Meilen bis Kukernese, drei Meilen unterhalb Tilsit an der Ruß. Hier empfing er die Nachricht, daß Treffenfeld mit der Avantgarde die schwedische Kavallerie eine Viertelmeile diesseits Tilsit bei dem Dorfe Splitter erreicht habe und um Erlaubniß bitte, ein Treffen beginnen zu können. Da der Kurfürst die Genehmigung nicht sofort ertheilte, ließ Treffenfeld zum zweiten Male bitten, worauf denn die Erlaubniß gegeben, dem General Görtzke aber anbefohlen ward, die Bewegungen Treffenfelds zu unterstützen.

Auf der Fahrt nach Kukernese hörte man schon den Kanonendonner und erhielt bald genug Kunde, daß Treffenfeld, ohne den Beistand Görtzkes abzuwarten, den Feind angegriffen und denselben trotz heftiger Gegenwehr geworfen, furchtbar zusammengehauen und ihm eine Anzahl Gefangener abgenommen habe.**)

---

*) Es ist übrigens nicht anzunehmen, daß die gesammte Armee in Schlitten über das kurische Haff geschafft wurde. Ein großer Theil marschirte zu Fuß und zwar nicht über das Haff, sondern an demselben entlang.

**) Treffenfeld zog sich auf Görtzke zurück, als aus Tilsit Verstärkung kam. Er überreichte im Hauptquartier dem Kurfürsten selbst die eroberten Standarten, wobei er sagte, daß er die ganze schwedische Armee zersprengt haben würde, wäre Görtzke ihm zeitig zu Hülfe gekommen. Er wurde vom Kurfürsten sehr gnädig empfangen und zum Generalmajor ernannt, dagegen war der Kurfürst ungnädig gegen Görtzke, einmal, da er Treffenfeld nicht geholfen, dann aber, weil er, statt dem Feind nahe zu bleiben, sich der Hauptarmee genähert habe. Die Sache liegt nicht ganz klar und sieht ein wenig unsauber aus. Mindestens ward es im Hauptquartier allgemein Treffenfeld übel genommen, daß er in Person die Kunde seines Sieges überbrachte und Görtzke gewissermaßen beschuldigte.

Unter diesen Umständen beschloß der Kurfürst, sofort den Angriff auf Tilsit zu unternehmen, allein eine große Zahl seiner Offiziere war dagegen. Während noch über diese Sache berathen wurde, nahm sie plötzlich eine ganz unvermuthete Wendung. Horn hielt es für gerathen, den Angriff nicht abzuwarten, sondern verließ in der Nacht Tilsit, wobei er einen großen Theil seiner Bagage im Stiche ließ. Da er seinen Abmarsch sehr geschickt vollzogen hatte, gewann er einen Vorsprung von fast 1 1/2 Meilen, so daß Görtzke ihn nicht sogleich verfolgen konnte; indessen fügten das entsetzlich schlechte Wetter, die fast grundlosen Wege und namentlich die Ungewißheit über die Wege, welche er zu nehmen hatte, ihm großen Schaden zu. Er rückte auf Coadjuten, nicht wissend, daß der Kurfürst von Kukernese her ihn in der linken Flanke angreifen und von Samogitien abschneiden könne.

Friedrich Wilhelm hatte den letzteren Plan gefaßt. Er sagte sich, daß Horn versuchen werde, von Coadjuten auf Heidekrug zu rücken, und deshalb rückte er am 21. Januar mit der Armee über die Ruß selbst auf Heidekrug. Er empfing während dieses Vormarsches die Botschaft von dem Siege Görtzkes. Dieser war bei seinem Vorrücken auf die Arrieregarde des Feindes, welche Horn in Person kommandirte, gestoßen und hatte sofort angegriffen.

Görtzke nahm 300 Schweden gefangen und hieb über 1000 nieder. Horn war nahe daran, gefangen zu werden. Sein Pferd hatte mehrere Schüsse erhalten und es gelang ihm mühsam, sich unter dem gefallenen Thiere hervorzuarbeiten. Er irrte, von den brandenburgischen Reitern verfolgt, eine lange Zeit umher, bis er in ein von den Seinen befestigtes Dorf kam. Hier stockte auch Treffenfeld in seinem Vordringen, und Horn benutzte dies, um, von der Nacht begünstigt, wenn auch nicht nach Heidekrug, so doch rechts an die samogitische Grenze zu rücken.

Er nahm kaum 3000 kampffähige Leute mit. Das Land, welches er betrat, war ihm unbekannt, nur so viel wußte er, daß überall daselbst ihm feindliches Gebahren entgegentreten werde. So war es auch. Wo nur ein Unglücklicher sich von der Armee trennte, ward er von den erbitterten Einwohnern oft in entsetzlicher Weise getödtet.

Treffenfeld folgte den Schweden mit 1000 Reitern, während Görtzke sich der Hauptarmee anschloß. Diese ging am 22. zur Verfolgung des Feindes vor. Ein polnischer Bauer machte den Führer, leitete aber so ungeschickt, daß die Armee, bei dem Dorfe Zunsche angekommen, nicht mehr weiter konnte. Abscheuliche Wege, die schlechtesten Dämme, abgebrochene Brücken 2c. hatten den Marsch so beschwerlich gemacht, daß man in sieben Stunden kaum zwei Meilen vorwärts gekommen war. Als die samogitische Grenze erreicht war, hüllte bereits die Nacht die ganze Gegend ein. Ein anderer Bauer, der 100 Dukaten erhielt, wollte die Führung übernehmen und einen Paß zeigen, nach dessen Gewinnung die Schweden unfehlbar abgeschnitten sein mußten.

Allein auch dieser Führer erwies sich unzuverlässig. Mit der Kavallerie wendete sich der Kurfürst nach dem Flecken Gerdauen, hier aber sah er sich durch das coupirte Terrain genöthigt, Halt zu machen und in Lausdehnen

Quartier zu nehmen. Der Ort gehörte zu den armseligsten und schlechtesten, dazu stand man viel durch die grimmige Kälte aus.*) Der Feind wurde als bei Weynuti stehend signalisirt und so gern der Kurfürst ihn auch am folgenden Tage erreicht hätte, stand er doch davon ab, weil die treffliche Armee durch die ungeheuren Anstrengungen dergestalt ermattet war, daß ein Vordringen nur von Nachtheil für sie werden konnte. Die am 23. in Lausdehnen ankommenden Regimenter zeugten ihrem Aussehen nach für jene Annahme. Es wurden also in den umliegenden Dörfern Kantonnements genommen. Der Kurfürst ging über Metterqueten nach Kukernese, wo er Quartier nahm. Treffenfeld aber folgte dem Feinde und brachte ihm eine starke Schlappe bei, mußte aber, nachdem er den Kapitän Natzmer durch eine feindliche Kugel verloren hatte, wegen totaler Ermattung seiner Pferde von weiterem Verfolgen abstehen.

Schöning übernahm mit 1600 Reitern und Dragonern die Verfolgung und erhielt vom Kurfürsten eine namhafte Geldsumme ausgehändigt, um in den ausgesaugten Landestheilen all seine Bedürfnisse baar zu bezahlen. Er ging über Swingi, Baltsch, Twergen, und zwar dienten ihm die Trümmer aller Art, welche die fliehende schwedische Armee auf ihrem Marsche zurückgelassen hatte, als Wegweiser. Kanonen, Fuhrwerke, Waffen und Kleider, alles war verstreut und

bedeckte in Fetzen und als Bruchstücke die Landstraßen. Für geringes Geld kaufte Schöning Kanonen und Wagen, die sich in Händen der Bauern befanden. Aber trotz ihres Unglückes, welches der siegende Gegner, der Mangel, die Kälte und die feindlich gesinnte Bevölkerung über sie brachten, bewiesen die Schweden sich dennoch als tapfere Männer, würdig des Rufes, den sie immer noch genossen. Wo sie sich dem Feinde stellen konnten, da geschah es. So fochten sie am 28. Januar bei Teltsche, wo Schöning ihnen auf den Hals kam. 3000 Mann

---

*) Die Häuser glichen wahren Spelunken elendester Art. Sie waren meist aus Lehm gebaut, hatten kleine Löcher statt der Fenster und die Thüren waren so schmal, daß der sehr dicke Hofmarschall von Canitz einmal in einer solchen Pforte stecken blieb und weder vor- noch rückwärts kommen konnte.

standen hier den Brandenburgern gegenüber. Die schwedischen Offiziere fochten gleich den Gemeinen. Jeder Fuß Erde ward wüthend vertheidigt und Schönings Angriff, sowie der des Obersten Dewitz zurückgeschlagen.

Schon gingen die Schweden zum Angriff über, als Schöning mit seiner ganzen Macht auf sie fiel, ohne die Gegner zum Weichen zu bringen. Die Nacht gebot, mit dem Gefechte innezuhalten, da Freund und Feind nicht mehr zu erkennen waren. Am Morgen zogen die Schweden in so guter Ordnung ab, daß Schöning mit seinen erschöpften Leuten ihnen nichts mehr anhaben konnte.

Er brauchte zwei Ruhetage und verfolgte dann weiter bis vor Bauske (nach anderen bis Bützen), acht Meilen von Riga, wohin Horn mit noch 1000 Mann gekommen war. Die Stadt gerieth in große Angst, der gefürchtete Kurfürst werde auch vor ihren Mauern erscheinen und seine Geschosse in die Häuser werfen. Der Schrecken ging bereits vor seinem Namen her.

Schöning, der seinen Zweck erreicht hatte, trat den Rückmarsch über Jungfernhof und Rützkow an und stieß zwischen Memel und Tilsit wieder zur Hauptarmee, welche hier Winterquartiere bezogen hatte.

Am 31. Januar war der Kurfürst von Kukernese über das Haff nach Labiau gekommen, die Kurfürstin abzuholen. Mit ihr vereint traf er am 1. Februar zu Königsberg ein und reiste am 13. März nach Berlin, woselbst 1679 er am 28. eintraf.

Seine Armee folgte und zwar in der Erwartung, daß sie nach kurzer Rast gegen den neuen Feind, die Franzosen, geführt werden solle.

Französische Friedensherolde.

XXII. Kapitel.

Der Friede von St. Germain und seine Folgen.

chtzehn Kriegsjahre hatte Friedrich Wilhelm, der große Kurfürst, hinter sich. Achtzehn ruhmvolle Jahre, in denen er, von Kampf zu Kampf eilend, mit seiner von ihm selbst aus dem Nichts hervorgerufenen Armee die großen und gewaltigen Feinde, welche der Schrecken Deutschlands gewesen waren, niederschlug. Alles was die Kriegsgeschichte preist und verherrlicht, war ihm gelungen. Kühne und anhaltende Märsche gewagte und wohlgeplante Treffen und Schlachten, geistvoll angelegte, mit rühmenswerther Ausdauer durchgeführte Belagerungen, listige und zugleich muthvolle Ueberrumpelungen des Feindes, dabei die genaue und weise Beachtung dessen, was zur Erhaltung und Förderung einer Armee vonnöthen ist: all dies hatte Friedrich Wilhelm in dem Buche der Geschichte seiner Zeit verzeichnen können und es war ihm vergönnt gewesen, die Bewunderung von Freund und Feind zu gewinnen.

Es wäre nur eine Gerechtigkeit gewesen, dem Kurfürsten die Früchte seiner Siege und Anstrengungen zu überlassen, allein das neidische Schicksal wendete sich von ihm, als es galt, das Gewonnene zu behaupten. Die Zaghaftigkeit und Erbärmlichkeit seiner deutschen Bundesgenossen, ja aller Glieder des deutschen Reiches, hatten es dahin gebracht, daß am 5. Februar 1679 der Frieden zu

Nymwegen geschlossen ward. Man schloß ihn auf Grund der Bedingungen des westfälischen Friedens; damit allein war schon ausgesprochen, daß Schweden alles wieder zurückerhalten müsse, was Brandenburg und Dänemark ihm genommen hatten.

Das war französischer Beistand. Des Kaisers Hülfe für Brandenburg war gleich Null zu rechnen. Man darf freilich annehmen, daß er nicht freien Herzens den Frieden schloß, allein einmal blieb er mißtrauisch auf die wachsende Macht Brandenburgs, dann fürchtete er des Kurfürsten Politik. Es war eben so weit im deutschen Reich gekommen, daß einer stets dem anderen mißtraute. Hier erregte die Sendung des Rathes Meinders, den der Kurfürst nach Paris geschickt hatte, um mit dem Könige zu unterhandeln, Verdacht. Man fürchtete zu Wien, der Kurfürst werde hinter des Kaisers Rücken einen vortheilhaften Frieden mit den Franzosen schließen. Als Meinders zum zweiten Male nach Paris ging, beeilte der Kaiser sich mit dem Abschlusse des Friedens.

Einzig und allein zog sich der Abschluß deshalb hin, weil der Kaiser nicht in die ihm vorgeschriebenen Bedingungen willigen mochte. So hatten die Franzosen gefordert, man müsse ihnen, so oft sie zur Vollziehung des Friedens es für nöthig hielten, den freien Durchmarsch gestatten. Allein die Ereignisse drängten. Spanien hatte den Frieden ratifizirt, die Holländer boten alles auf, die Waffen zur Ruhe zu bringen. Frankreich, das furchtbar gerüstet erschien, hatte nach keiner Seite hin mehr Feinde zu bekämpfen, sein Ton war deshalb noch anmaßender und drohender als sonst. Es erklärte dem Kaiser, wenn er in einer bestimmten Zeit den Frieden nicht annehmen wolle, werde man später wol härtere Bedingungen diktiren. Also wurde der Frieden unterzeichnet, vorbehaltlich der Genehmigung des Kaisers. Am 5. Februar vertrug sich auch der Lüneburger Herzog mit Schweden und am 29. März folgte der Bischof von Münster. Sie gaben fast alles heraus, was sie Schweden genommen hatten.

Von allen verlassen standen Dänemark und Brandenburg da. Die von beiden erlassenen Proteste nützten nichts. Friedrich Wilhelm suchte die Genehmigung des Friedens durch den Kaiser zu hindern und in der That schien der Kaiser schwankend. Ein Gedanke, eine Idee von energischem Handeln blitzte in ihm auf, vielleicht konnte er, mit dem kriegsgewandten Brandenburger vereint, den Franzosen die Stirn bieten — aber da kam das liebe heilig=römisch deutsche Reich mit seinen sauberen Ständen. Die Kurfürsten von Mainz und Trier, der Pfalzgraf von Neuburg schrien angstvoll auf bei dem Gedanken an neuen Krieg. Sachsen und Baiern gingen noch weiter. Sie waren nicht allein für den Frieden, sondern wollten im Einverständnisse mit Frankreich sogar den Kaiser zur Ratifikation des Friedens zwingen.

Frankreich handelte lediglich gegen den Kurfürsten, weil ihm dessen Macht unbequem war. Es mochte so selbständige thatkräftige Männer nicht dulden; an Schwedens Wohl lag Ludwig XIV. durchaus nichts, aber er wollte eben gefürchtet sein und drohte aufs neue. Am 20. April 1679 ratificirte der Kaiser den Frieden.

Die brandenburgischen Lande waren den Franzosen offen. Der Kurfürst, dem Meinders die Nachricht aus Paris brachte, daß Ludwig ihn bewundere, daß er aber auf Herausgabe des Gewonnenen bestehen müsse, da er seine Ehre für Schwedens vollständige Herstellung verpfändet habe, begann aufs neue zu unterhandeln, zugleich aber betrieb er seine Rüstungen. Er suchte die bedrängten westfälischen Gebiete zu schützen; Wesel, Lippstadt, Minden wurden verproviantirt. Die brandenburgischen Gesandten arbeiteten unterdessen in Paris und Nymwegen. Sie erreichten nur Geringes. Geld wollte der König geben, aber keine schwedischen Länder. Die Eroberungen müsse der Kurfürst herausgeben, es sei dies Ehrensache; ja Louvois sprach ganz offen aus, daß man auf französischer Seite entschlossen sei bis Berlin vorzurücken.

Diesen Worten gaben die Franzosen Nachdruck durch die That. Am 27. Mai 1679 fiel ein französisches Korps in das Clevesche, begann bei Uerdingen eine Schiffbrücke über den Rhein zu schlagen und schrieb Kontributionen aus.

Im April kam Meinders wieder nach Berlin zurück. Es war mit Mühe ein Waffenstillstand von vier Wochen bewilligt worden, der dann auf 14 Tage gegen Ueberlassung Wesels und Lippstadts verlängert wurde. Mit aller Kraft stemmte der Kurfürst sich gegen die von Frankreich gestellten Bedingungen und wiederum ging der treue Meinders nach Paris mit neuen Anerbietungen, während Blaspeil in Nymwegen unterhandelte. Der Kurfürst wollte viel Land herausgeben, Geldopfer sollten gebracht werden, allein Colbert beharrte bei Frankreichs ersten Forderungen und als Meinders erklärte, er habe weiter keine Vorschläge zu machen, entgegnete Colbert kurz, „wenn bis zum 19. Mai der Friede nicht abgeschlossen sei, habe der Kurfürst die Kriegserklärung Frankreichs zu erwarten, er möge seinen erworbenen Ruhm nicht aufs Spiel setzen". Louvois blieb taub bei den Vorstellungen Meinders' wegen des Unfugs der Franzosen im Cleveschen; des Kurfürsten letzte Forderung, Stettin ihm zu lassen, schlug er ebenfalls ab. Frankreich trifft wegen der Härte dieser Verhandlungen wahrlich weniger Schuld als die Deutschen. Ludwig war der Feind, der Gegner jedes Aufstrebens eines deutschen Fürsten. Es lag in seinem Interesse, die deutschen Fürsten niederzuhalten, niemand kann ihm das vernünftigerweise verdenken. Er besaß die Macht und brauchte sie.

Aber was in der That ein niederschmetterndes Gefühl für die Freunde des Vaterlandes erzeugen mußte, was bis in unsere Zeiten hinein die Geister empört, wenn sie sich in die Tage der Nymwegener Verhandlungen zurückversetzen, das ist die Erinnerung an das Gebahren deutscher Fürsten, welche den einzigen, der für deutsches Recht gefochten, indem er das Seinige vertheidigte, der einen Feind aus dem Lande warf, welcher seit einem Menschenalter jedem deutschen Rechte Hohn gesprochen, nicht nur verließen, sondern ihm den Untergang zu bereiten suchten.

Es erweckt den Widerwillen gegen die eigene Nation, wenn die Geschichtsschreiber jener Zeiten konstatiren, daß Christian von Mecklenburg den Franzosen seine Dienste anbot, falls sie die Elbe überschreiten wollten, um den Kurfürsten von Brandenburg anzufallen, daß er dem schlimmsten Feinde des Vaterlandes dazu seine Festung Dömitz einräumen wollte, daß dieselben Lüneburger, welche noch vor kurzem Theil nahmen an den Siegen Friedrich Wilhelms, dessen Truppen den Durchmarsch durch Westfalen verlegten, als ein brandenburgisches Hülfskorps von Magdeburg heranrückte.

Denn trotz des Waffenstillstandes waren schon am 28. April 15,000 Franzosen wirklich über den Rhein gegangen. Die daselbst kommandirenden brandenburgischen Generale Spaen und Eller waren zu schwach, um den Feinden widerstehen zu können und die treulosen Holländer schützten Wesel nicht. In Xanten wurde durch Blaspeil eine Verlängerung des Waffenstillstandes um 14 Tage festgesetzt; wir haben schon oben von demselben gesprochen.

Der französische General Calvo kehrte sich aber auch daran nicht. Er drückte die Einwohner entsetzlich; mit den von Crequi herbeigezogenen Truppen verstärkten die Franzosen sich bis auf 40,000 Mann. Zwar wichen Spaen und Eller dem Feinde nicht aus, sie lieferten ihm sogar einige für die Brandenburger glückliche Gefechte, aber was konnten sie so ungeheurer Uebermacht entgegen unternehmen? Spaen ging über Bielefeld auf Minden, wo er am 9. Juni hinter der Porta Westfalica ein festes Lager bezog. Am 16. übernahm der Duc de Crequi das Kommando und sendete den Grafen Choiseul gegen Bielefeld, welches diesem freiwillig die Thore öffnete.

Andere Orte vertheidigten sich hartnäckiger. Oft hielten 100 Mann brandenburgischer Truppen gegen 1000 Franzosen Stand. Ein glänzendes Beispiel dafür ist die Blokirung von Schwalenberg. Dafür plünderten die Franzosen das flache Land, die Schlösser und Güter der Edelleute. Crequi hatte durchaus nicht Lust dem Unheil zu steuern, er begünstigte vielmehr die Abscheulichkeiten.

Nachdem er das Land mit seinen Truppen überschwemmt, rückte er nach Minden. Spaen, der ihm nur 6000 Mann entgegenstellen konnte, lieferte ein heftiges Gefecht, allein die Franzosen forcirten die Porta Westfalica, welche die

Angriff Crequis auf die Porta Westfalica.

Brandenburger schrittweise vertheidigten. Sie zogen sich auf Minden zurück, dessen Belagerung Crequi jetzt nicht unternehmen wollte.

Er ging auf Herford zurück, erschien jedoch bald wieder und ließ die Brandenburger durch den General Calvo oberhalb Minden in der Flanke angreifen, während er unterhalb der Stadt eine Schiffbrücke schlug. Zwar zertrümmerten die Geschütze Spaens diese Brücke, allein trotz seiner wackeren Vertheidigung mußte er sich auf Minden zurückziehen. Mit einem Verluste von 600 Mann — seine Infanterie war fast ganz niedergehauen — erreichte Spaen die Festung und rettete seine Geschütze.

Crequi nahm Schloß Bergen ein, nachdem er den dort kommandirenden brandenburgischen Hauptmann zur Kapitulation genöthigt hatte. Die bereits in Angriff genommene Belagerung Mindens wurde jedoch nicht fortgeführt, da am 4. Juli die Nachricht von dem zwischen Frankreich, Schweden und Brandenburg abgeschlossenen Frieden eintraf. Zwar wurden die offenen Feindseligkeiten eingestellt, allein Crequi hielt es für angemessen, seine Truppen noch längere Zeit im Lande zu behalten. Einige Korps gingen bis nach Oldenburg hinein und erst als auch Dänemark mit Frankreich Frieden geschlossen hatte, verließen die schlimmen Gäste das Land.

Friedrich Wilhelm sah ein, daß den Franzosen nichts weiter abgerungen werden könne. Er ließ bereits aus den eroberten Festungen seine Geschütze abführen — aber Stettin! dieser mit so großen Anstrengungen gewonnene, für alle Pläne des Kurfürsten so hochwichtige Platz, sollte er auch diesen aufgeben müssen?

Wenn er den Krieg fortsetzte, geschah es nur, um Stettin behaupten zu können; konnte der Kurfürst es vor sich selber, vor seinen Räthen und dem ganzen Lande verantworten, daß neue blutige Treffen wegen des Besitzes einer Stadt geschlagen wurden? Wie erbärmlich seine deutschen Bundesgenossen, seine Mitfürsten sich gezeigt hatten und zeigten, das lag offen vor ihm. Die Schweden rüsteten aufs neue, sie konnten auf Frankreich rechnen, die Nachbarschaft Polens war eine höchst unsichere, in den rheinisch-westfälischen Provinzen standen bereits die Franzosen. Gab er dagegen Stettin auf, so war die Möglichkeit vorhanden, daß Frankreich sich von Schweden abwende; er wendete sich noch einmal in einem Schreiben an Ludwig XIV., stellte sein gutes Recht in den Vordergrund, beschwor den König, "er möge bedenken, daß die Stimmen der Nachwelt über das gegen Brandenburg beobachtete Verfahren richten werde"; auch dieser letzte Schritt war vergebens, vielmehr bezeigten sich die Franzosen über das lange Hinziehen der Verhandlungen ungeduldig, da dasselbe "ihnen viel Geld koste". Meinders vermochte ungeachtet aller Bemühungen nichts mehr zu erreichen, selbst der Ort, an welchem die Verhandlungen geführt wurden, sollte nicht mehr Nymwegen sein, man wollte auf französischem Boden verhandeln.

Friedrich Wilhelm konnte auf keine Hülfe, außer der dänischen, mehr rechnen. Seine Kassen waren erschöpft, seine Armee war nach den ungeheueren Anstrengungen ermattet, zum Theil von allem Nothwendigen entblößt; daß die auf Brandenburgs wachsende Macht neidischen deutschen Fürsten gegen ihn Partei

ergreifen würden, kam es wieder zum Kriege, darüber täuschte sich der Kurfürst
keinen Augenblick; es blieb ihm daher nichts weiter übrig, als den schwersten
Schritt zu thun, den er in seinem ganzen vielbewegten thatenreichen Leben unter=
nommen hatte, den Frieden mit Frankreich zu unterzeichnen, der zugleich der
Friede mit Schweden und das Zugeständniß war, alle Eroberungen in Pommern
an die Schweden zurückzugeben.

Ludwig XIV. erklärte Eingangs des Friedensinstrumentes, daß er gar keine
Veranlassung habe, gegen den Kurfürsten feindlich aufzutreten, er sei nur ehren=
halber genöthigt für Schweden aufzutreten. Friedrich Wilhelm behielt dem im
Vertrage von 1653 erhaltenen Strich Landes am rechten Oderufer und erhielt
die Seezölle von Kolberg und den hinterpommerschen Häfen, nahm auch alles
Kriegsgeräth aus den Festungen. Ludwig XIV. verpflichtete sich binnen zwei
Jahren dem Kurfürsten 300,000 Kronen wegen des im Cleveschen angerichteten
Schadens zu zahlen, „aus Freude darüber, daß der Kurfürst wieder mit ihm
in Verbindung treten wolle". Alles den Schweden in Pommern Abgewonnene
gab der Kurfürst ihnen zurück.

Mit den Franzosen zürnten die Schweden, da der Frieden hinter ihrem
Rücken abgeschlossen ward; auch Dänemark nahm es dem Kurfürsten übel, daß
er im Geheimen mit Frankreich unterhandelt hatte, allein Friedrich Wilhelm war
weise genug, sein glühendes Verlangen, sich mit dem Schwerte Genugthuung
zu verschaffen, hinter die gebieterische Nothwendigkeit zu stellen, seinem Lande
Frieden zu schaffen, der freilich mit dem schmerzlichsten Opfer erkauft werden
mußte, welches jemals ein sieg= und ruhmreicher Fürst bringen mußte.

1679 Am 29. Juni 1679 ward zu Saint Germain en Laye jener Frieden unter=
zeichnet, der schmachvoll allein für Deutschland war, wenngleich Brandenburg
darunter litt. Verlassen von denen, welche alle Ursache gehabt hätten, sich um
den einzigen zu scharen, dessen Kraft und Klugheit ihnen die sicherste Gewähr
für ein großes Gelingen bot, mußte der Kurfürst den Feinden nachgeben, deren
Gewalt er ohne Bundesgenossen nicht widerstehen konnte. „Es ist nicht der
König von Frankreich, der mich zum Frieden zwingt, sondern der Kaiser, das
Reich und meine eigenen Verwandten und Alliirten. Aber sie werden es der=
einst bereuen und ihr Verlust wird so groß sein als der meinige." Das waren
die Worte, welche er zu seinen Vertrauten äußerte. Er hatte schwere Stunden
durchlebt, bevor er an die Unterzeichnung des Friedensinstrumentes ging, obwol
man ihm von allen Seiten her die bittere Frucht zu versüßen bestrebt war.
Selbst von Paris aus wurden keine Anstrengungen in dieser Beziehung gespart.
Meinders erhielt wegen seiner Bemühungen 50,000 Livres Pension auf Lebenszeit.
Die Kurfürstin, welche für ihre Söhne einen Theil der pommerschen Eroberungen
einbehalten wollte, der ihr Gemahl die Insel Wollin geschenkt hatte, ward von
Frankreich mit 100,000 Thalern und einem prächtigen Diamantschmuck entschädigt.
Sie soll namentlich für Zustandekommen des Friedens gewirkt haben, da sie
von entschiedenem Einflusse auf die Entwürfe ihres Gatten war. Wir werden
bei Erwähnung des Testamentes Friedrich Wilhelms noch einmal auf diesen
Punkt zurückkommen.

Friede war nun endlich im ganzen Lande, die geängstigten Bewohner athmeten auf und das war der einzige Trost für den gebeugten Kurfürsten, der seiner Stimmung Ausdruck dadurch gab, daß er als Text der zur Friedensfeier gehaltenen Predigt befahl, die Stelle aus Psalm 118 zu nehmen: „Es ist gut auf den Herrn vertrauen und sich nicht verlassen auf Menschen"; und als er den Friedenstraktat mit zitternder Hand unterschrieben hatte, warf er zornig die Feder von sich und rief prophetisch die Worte des römischen Dichters: Exoriare aliquis nostris ex ossibus ultor!

———

Hätte Friedrich Wilhelm nach dem Abschlusse des Friedens von Saint Germain auf blühende, von Wohlstand und Gewerbthätigkeit zeugende Länder blicken können, so würde dies seinen Kummer wesentlich gemindert haben. Allein neben all den Verlusten, welche er erlitten, hatte er auch die bittere Erfahrung zu machen, daß seine Gebiete, von den Kriegsereignissen hart mitgenommen, dringend der Hebung, der äußersten Sorgfalt bedurften, wollten sie nur einigermaßen wieder zu früherem Wohlstande gelangen.

Wenn der Reisende durch die verödeten Dörfer zog, mußte das Mitleid sich seiner bemächtigen. Die Anforderungen, welche der Krieg gemacht hatte, waren die Ursache der Verarmung und alles was Friedrich Wilhelm seit dem Antritte seiner Regierung geschaffen, schien umsonst gewesen zu sein.

Die Verhältnisse nach außen hin waren um nichts besser. Wir haben schon erwähnt, daß Dänemark dem Kurfürsten wegen seines Handels mit Frankreich grollte. Der Kaiser war nicht minder ungehalten darüber und die Generalstaaten nahmen eine sehr abweisende, Spanien eine fast drohende Haltung an. Allerdings hatte des Kurfürsten Hang zu diplomatischen Umtrieben auch hier wieder geschadet. Er verhandelte mit Frankreich, während er zu derselben Zeit Dänemark zu einem Bündnisse gegen Ludwig bewegen wollte. Als Christian sich Hamburgs bemächtigen wollte, rieth der Kurfürst ab und vermittelte die Sache, wofür er die Zahlung der ihm noch zukommenden 100,000 Thaler Quartiergelder, dazu aber noch 28,000 Thaler extra erhielt.

Dies machte den Dänenkönig mißtrauisch. Die alte Freundschaft begann zu schwinden. Mit Mühe verhütete Schwerin einen Bruch zwischen dem Kurfürsten und den Holländern, die endlich einen Gesandten nach Berlin schickten, da der Kurfürst die ihm zukommenden Gelder, Schadenersatz wie er es nannte, mit den Waffen in der Hand zu holen drohte.

Die gereizte Stimmung des Kurfürsten, ein Erzeugniß des unseligen Friedensabschlusses, ging so weit in ihren Wirkungen, daß auch mit dem Kaiser der Bruch nahe war. Friedrich Wilhelm beschwerte sich in harten Worten über die Eile, in welcher der Frieden von Nymwegen abgeschlossen worden war, verlangte eine Entschädigung, mußte aber dagegen vom Kaiser den Vorwurf hinnehmen, daß der Kurfürst zunächst einen nicht zu rechtfertigenden Friedensschluß, den von Vossem, mit den Franzosen zu Stande gebracht habe. Sein Verlassen der kaiserlichen Armee habe er damit zu entschuldigen gesucht, daß unter den Generalen Uneinigkeit herrsche, dadurch aber, daß er seine Armee von der kaiserlichen trennte, sei es den Franzosen leicht geworden, aus der gefährlichen Lage im Elsaß zu entkommen.

Alle diese Schwierigkeiten reizten und kränkten den Kurfürsten schwer. In seinem Unmuthe ergriff er gegen Spanien, das eifrig wider die Unternehmungen des Kurfürsten arbeitete, scharfe Repressalien. Er hatte, wie wir bereits wissen, seine Seemacht ansehnlich verstärkt. Raule war der Schöpfer der Marine Brandenburgs geworden. Man hatte mit Glück gegen die Schweden gekreuzt, hatte sich in Westindien sogar an französische Schiffe gewagt. Spanien war nach dem Vertrage vom Jahre 1674 verpflichtet, monatlich 32,000 Thaler Subsidien an den Kurfürsten zu zahlen, hatte aber diese Zahlungen nicht geleistet, sondern blieb dem Kurfürsten zwei Millionen schuldig.

Seinem Zorn machte der Kurfürst nun dadurch Luft, daß er dem spanischen Hofe anzeigen ließ, wie er selbst sich Genugthuung schaffen werde. Durch geschickte diplomatische Wendungen wußte er Ludwig XIV. zu bestimmen, daß dieser ihn vor einem Angriffe der Spanier gegen Cleve sicherte. Dänemark gestattete ihm den Sund zu passiren und so ließ er denn von Pillau sechs Fregatten von 20—40 Kanonen gegen die Spanier auslaufen.

Schon bei Ostende brachte die unter Cornelius von Bevern segelnde brandenburgische Flotille ein spanisches Schiff auf. Dasselbe führte 60 Kanonen und hatte brabanter Spitzen an Bord, welche zu Pillau als gute Prise verkauft wurden. So wüthend man in Madrid über diese Vorgänge auch war und so eifrig man auf einen Angriff Cleves drang, es nützte dies nichts. Dänemark entschuldigte sich, daß die Brandenburger durch den Sund gekommen seien; auch in London und im Haag fanden die Spanier kein Gehör, obwol England Kriegsschiffe aussendete, den nach Belgien reisenden Herzog von Parma zu schützen und den brandenburgischen Schiffen einen Angriff zu wehren.

Es kam nun zwischen Spanien und Brandenburg zu weiteren Erklärungen. Der damals übliche Erlaß von Denkschriften folgte, welche den Kurfürsten beschuldigten, gegen das Völkerrecht verfahren zu haben. Friedrich Wilhelm dagegen drang auf Bezahlung der ihm schuldigen Summe.

Größere Erfolge seiner Marine hatte indessen der Kurfürst nicht aufzuweisen. Obwol die Schiffe vier Monate lang in Westindien kreuzten, vermochten sie doch nur einige kleine Fahrzeuge, welche geringen Werth bargen, aufzubringen, und da sie am Kap St. Vincent kreuzten, um eine spanische Silberflotte zu kapern, sendete die spanische Regierung ihnen 12 Gallioten entgegen. Es kam zu einem heftigen Gefechte, in Folge dessen die brandenburgischen Schiffe sich in den Hafen von Lagos zurückziehen mußten.

Auch die an den flandrischen Küsten kreuzenden Schiffe hatten nicht mit Erfolg eingreifen können, weil die Spanier ihren Handel meist auf neutralen Fahrzeugen trieben und die holländischen Kapitäne, welche die brandenburgischen Schiffe führten, viel mehr auf eigene Hand, als im Interesse der kurfürstlichen Flotte operirten.

Endlich mußte der Kurfürst die Erfahrung machen, daß alle Seemächte seine Unternehmungen gegen Spanien, die allerdings verschiedene bedenkliche Störungen und Hemmnisse im Seehandel erzeugten, äußerst mißliebig betrachteten. Er gab deshalb die Expeditionen auf und konnte froh sein, daß er etwa die Kosten zu decken vermochte, welche diese ganze Einrichtung ihm verursacht hatte. Von seinen weiteren Unternehmungen zur Hebung des Seehandels werden wir noch sprechen.

Das kaiserlich-baierische Bündniß, welches sich inzwischen entwickelt hatte, war namentlich aus der am Hofe zu Wien herrschenden Besorgniß entstanden, der Kurfürst werde auf die seit fünf Jahren durch das Aussterben der Piasten erledigten Herzogthümer Brieg, Liegnitz und Wohlau Ansprüche erheben. Diese Länder hatte der Kaiser als König von Böhmen eingezogen. Bei der offenbaren, keine Hindernisse scheuenden Kühnheit des Kurfürsten zweifelte man in Wien nicht daran, daß Friedrich Wilhelm es wagen werde, gegen den Kaiser die Waffen zu ergreifen, daher jene Sicherung durch ein Bündniß mit Baiern.

Wir sehen also den Kurfürsten in totaler Spannung, in einer mehr oder minder großen Feindschaft mit alle denjenigen, welche er noch vor kurzem seine Verbündeten nannte. Es ist nicht zu leugnen, daß der Kurfürst diesem Zustande durch einige Nachgiebigkeit hätte vorbeugen können, allein des deutschen Reiches oder seiner Fürsten Indifferenz hatte ihn dergestalt unwillig gemacht, daß er sich vorläufig selbst zu einer Art von Unthätigkeit für deutsche Angelegenheiten verurtheilte. Wie bedeutend des Kurfürsten Einfluß aber bereits auf alle jene Angelegenheiten war, das zeigte sich sofort. Keiner der übrigen Machthaber in Deutschland war kräftig und unternehmend genug, den immer mehr wachsenden Ansprüchen Frankreichs entgegen zu treten.

Der Nymwegener Frieden, dieser jämmerliche Beweis der deutschen Lauheit, hatte selbst die Franzosen überrascht. Sie hatten ihn gern unterzeichnet, da sie wohl erkannten, wie durch einen solchen Vergleich die Kraft des Kaisers und des Reiches fast an der Wurzel angegriffen sei. Der Frieden von St. Germain hatte nun auch die Kraft desjenigen gelähmt, der allein noch im Stande gewesen wäre, den Gewaltgriffen Ludwigs ein Halt gebieten zu können.

Allein dies war nicht der einzige Grund gewesen, welcher den König von Frankreich bewogen hatte, den Frieden von St. Germain zu diktiren. Ludwig und seine Minister kannten und beurtheilten den Kurfürsten von Brandenburg sehr wohl und richtig. Sie sagten sich, daß sein so heller Geist, sein bei aller Kühnheit doch berechnender Verstand bald genug erkennen werde, auf welcher Seite der Vortheil für ihn und sein Land zu suchen sei. Der Kurfürst mußte sich sofort darüber klar werden, daß er von Seiten der deutschen Fürsten, vom Kaiser an bis auf den kleinsten Reichsfürsten durchaus keine Hülfe, keine Zuwendungen zu hoffen oder zu erwarten habe. Indem Ludwig seine Anforderungen bis auf das Aeußerste trieb, lieferte er dem Kurfürsten zugleich den Beweis, wie weit er es wagen dürfe, die Rechte des thatkräftigsten deutschen Fürsten zu schmälern und zu vernichten, ohne in diesem gewaltsamen Verfahren durch irgend welchen Einspruch der Herrschergenossen gestört zu werden. Der König sagte sich, daß der ohnehin leidenschaftliche Kurfürst von dieser ganzen that= und kraftlosen fürstlichen Genossenschaft sich bald ab und dem Mächtigen zuwenden werde, von dem er allein hoffen konnte.

Ludwig spekulirte außerdem auf die fast zur Leidenschaft bei Friedrich Wilhelm gewordene diplomatische Aktion. Des Kurfürsten Hang dafür war, nachdem die Waffenruhe eingetreten, noch mehr als ehedem gestiegen. Er hatte auf diplomatischem Gebiete auch während dieser Zeit einige Erfolge errungen. Außerdem ward ihm eine Entschädigung für die Entreißung Pommerns zutheil, denn durch den Tod Herzog Augusts von Sachsen, des bisherigen Administrators von Magdeburg, gelangte Friedrich Wilhelm nach 32 Jahren in den Besitz des ihm schon im westfälischen Frieden zugesicherten Herzogthums. Er hatte, sobald er von dem nahen Ende des Administrators Kunde erhielt, bereits alle Vorkehrungen getroffen, von den ihm zustehenden Gebieten Besitz zu ergreifen. Die Einwohner wurden vorläufig durch Handschlag verpflichtet, die Huldigung verschob man wegen der gerade herrschenden Seuchen bis zum nächsten Jahre. Allerdings ging die Besitznahme wiederum nicht ohne Streit vor sich. Sachsen wollte dem Kurfürsten nicht den Besitz der vier magdeburgischen Aemter zugestehen, Kurpfalz und Neuburg lehnten sich gegen die Stellung Jenas, des brandenburgischen Gesandten, auf, aber am Ende kam es doch zum Ausgleiche.

Wenn nun auch eine Trennung des Kurfürsten von seinen ehemaligen Alliirten, vom Kaiser und also vom Reiche, erfolgt war, so genoß der Kurfürst doch eine so große Achtung, seine stets kampfbereite Armee war infolge ihrer beispiellosen Leistungen und ihrer Siege dergestalt gefürchtet, daß sich jeder Gegner des brandenburgischen Staates wohl hütete, diesen oder dessen Herrscher herauszufordern.

Der Kurfürst war daher äußerlich in vollständiger Ruhe. Allein diese Ruhe konnte eben nur eine scheinbare sein. Friedrich Wilhelm war der Mann dazu, fortwährend in Arbeit und Schaffen zu leben. Er selbst, stets mit Plänen beschäftigt, traute auch anderen die Absicht zu, Projekte für die Zukunft zu entwerfen, und zwar solche, bei deren etwaiger Ausführung Brandenburg möglicherweise nicht besonders gut davonkommen mochte. Solchen Eventualitäten gegenüber hielt der Kurfürst es für dringend geboten, sein Heer auf einem achtunggebietenden Fuße zu erhalten. Das ärgste Hinderniß dieser Bestrebungen war der Geldmangel. Der Kurfürst hatte bereits bedeutende Verminderungen seiner Truppenzahl eintreten lassen, aber das schmerzte ihn tief. Von den Ständen konnte er trotz aller Gewaltmittel keine Zubußen erhalten, das Reich und der Kaiser hätten jede Forderung mit Hohn zurückgewiesen, diese Hindernisse bewogen den Kurfürsten, den ersten Schritt zu einer Annäherung an Frankreich zu thun.

Es erschien freilich unbegreiflich, daß ein Fürst wie Friedrich Wilhelm nach einem Friedensschlusse von St. Germain dem französischen Könige ein Bündniß antrug, allein wir wissen, daß der Kurfürst einmal alles hintansetzte, wenn es das Heil seines Landes galt, dann aber, daß er sich von jeder Rücksicht gegen die deutschen Fürsten entbunden hielt. Aber Frankreich lehnte das angetragene Bündniß ab; der König sah, daß er sich nicht getäuscht hatte. Der

Kurfürst wendete sich ihm zu, Ludwig konnte also abwarten. Da man brandenburgischerseits Subsidien zur Erhaltung der Armee gefordert hatte, entgegnete der König Ludwig, daß er selber sparen müsse, daß er Truppen abgedankt und für Fremde kein Geld habe.

Der Kurfürst trat von seinem Verlangen zurück. Er war überzeugt davon, daß Frankreich seiner bedürfen werde.

Nunmehr von der völligen Ohnmacht aller deutschen Fürsten überzeugt, begann Ludwig XIV., sich mächtiger als je zu regen. Er schien alle Begriffe für Recht und bestehende Verhältnisse verloren zu haben.

Es ist ein neuer Beleg für die Erbärmlichkeit der damaligen deutschen Zustände, daß der König alles wagen, dem Reiche selbst das Unerhörteste bieten konnte.

Zunächst errichtete er in Metz, Breisach und Besançon die abscheulichen Institute der Reunionskammern. Die Schöpfung dieser verrufenen Institute ward um so mehr angefeindet, als sie der offenbaren Gewalt einen Schein des guten Rechtes verleihen sollten. Unter dem Vorwande, daß ihm im westfälischen Frieden die Souveränetät über einige Reichslande zugesprochen sei, dehnte er den Anspruch dieser Souveränetät auf alles aus, was jemals zu Ländern gehört habe, die ihm in Friedensverträgen zugesprochen worden seien. Für dieses Verfahren hatte man das Wort „Reunion", Wiedervereinigung, erfunden und der Entwurf war durch den Parlamentsrath zu Metz, Roland de Racaulx, ausgearbeitet worden. Das Ganze war so ungeheuerlich, daß selbst der Minister Louvois den Herrn de Racaulx für „verrückt" erklärte. Dieser aber ließ sich nicht stören, sondern arbeitete weiter und bewies dem Könige, wie er dadurch ohne Schwertstreich das linke Rheinufer gewinnen könne. Nunmehr erklärte man Herrn Racaulx nicht mehr für verrückt, sondern für sehr verständig. In den oben erwähnten Kammern oder Gerichten ward untersucht, welche deutschen Länder in irgend einer Weise mit den neuerworbenen in Verbindung gestanden hätten. Natürlich sprachen jene Kammern dem Könige das Besitzrecht über alle die ihm konvenirenden Städte oder Ländergebiete zu. Nicht nur einzelne Ortschaften, sondern ganze Grafschaften und Fürstenthümer fielen an Frankreich. Zweibrücken, Saarbrücken, Velden, Sponheim, Mömpelgard, Lauterburg, Germersheim, Bitsch 2c. wurden für französisches Besitzthum erklärt. Dabei herrschte schreiende Gewalt gegen die Personen. Der König verlangte, daß alle, welche auf solche Weise seine Zwangsunterthanen geworden, sich zur Huldigung nach Frankreich zu begeben hätten. Da Viele dies unterließen, zog man wegen Widersetzlichkeit ihre Lehen für die Regierung ein. Gleiches Raubsystem herrschte an der spanisch-niederländischen Grenze, wo es nicht einmal den Schein Rechtens beanspruchen konnte.

Und wie verhielt sich diesem barbarischen Verfahren gegenüber das deutsche Reich? Zuerst staunten alle, der Kaiser und seine Reichsfürsten, dann erkühnte man sich, auf dem Regensburger Reichstage eine Art von Protest, oder vielmehr eine Vorstellung abzufassen. Die ganze Abhandlung strotzte von jener schwülstigen Gelehrsamkeit und langweiligen Deduktion, welche so viele

Schriftstücke der reichsherrlichen Versammlungen charakterisiren, und schloß mit einem Apell an die Gerechtigkeit Ludwigs XIV.

Dieser rechtfertigte seine Reunionen einfach mit der stillschweigenden Einwilligung von Kaiser und Reich. Dieser Antwort stellten die deutschen Reichstagsglieder eine neue entgegen; der Kaiser schickte den Grafen Mansfeld nach Paris, um eine Beilegung des Streites zu versuchen, auf dem Reichstage ward eine Defensionalverfassung in Aussicht genommen, dann eine Verständigung mit Frankreich insofern erzielt, als ein Kongreß zu Frankfurt eingesetzt wurde, aber bei all diesen Verhandlungen oder während derselben blieben die Franzosen in steter Bewegung und ehe noch der besagte Kongreß in Frankfurt zu Stande kam, traf eines schönen Tages die Kunde ein, daß die Franzosen sich der alten deutschen Reichsstadt Straßburg durch Ueberrumpelung bemächtigt hatten. Die Sache war einfach so gekommen:

Seit länger als sechs Monaten hatten die kaiserlichen Minister mit der Stadt Straßburg verhandelt, um in dieselbe eine Besatzung von 6000 Mann zu legen. Allein Frankreich hatte der Stadt mit Verwüstung gedroht, falls dieselbe nur einen Mann aufnehmen werde. Dies genügte vollkommen um die Straßburger von jedem Versuche deutsche Besatzung aufzunehmen abzuschrecken, ja sie dankten alle geworbenen Truppen bis auf 500 Schweizer ab, um sich Sr. allerchristlichsten Majestät von Frankreich gehorsam zu beweisen.

Die Franzosen glaubten nun den Moment gekommen, welcher für die Besitzergreifung der Stadt geeignet sei. Sie hatten bereits nach und nach Truppen in das Elsaß, nach Lothringen und Burgund geschickt. Louvois, der Erfinder des ganzen Planes, dirigirte von Zabern aus den Handstreich, den General 1681 Montclas ausführte. Am 27. September 1681 nahm er die Rhein-, Zoll- und Kehler Schanzen durch plötzlichen Ueberfall und schloß am 29. Straßburg selbst total ein. Zwei Tage später erschien Louvois mit der Hauptarmee und dem Belagerungsgeschütz. Er forderte die Stadt zur Uebergabe auf, bedrohte die Einwohner mit der Strafe der Rebellen und gab ihnen eine Nacht Bedenkzeit. Die Rathsmannen sahen ein, daß an eine wirkliche Vertheidigung nicht zu denken sei. Außerdem befand sich der größte Theil der kriegsfähigen Männer auf der Frankfurter Messe, also kapitulirte man. Zwar behielt die Stadt ihre Privilegien, aber das Münster, das Zeughaus und alle öffentlichen Gebäude wurden dem Könige übergeben, dem alle huldigen mußten und der bald in Person nach Straßburg kam, woselbst ihn der verrätherische Bischof Franz Egon von Fürstenberg an den Pforten des Münsters mit den Worten begrüßte: „Herr, nun lässest Du Deinen Diener in Frieden fahren."

So war eine der wichtigsten Reichsstädte, der Schlüssel zum deutschen Reiche, in französische Hände gefallen. Ohne Schwertstreich hatte man ihn dem Feinde überliefert und der Verrath, die Bestechlichkeit hatten an der Auslieferung ihr gutes Theil Arbeit beigetragen.*) Uebrigens wurde an demselben Tage,

---

*) Nach Pufendorf hätte Ludwig XIV. an den Magistrat von Straßburg 300,000 Thlr. gezahlt, um sich eine französische Partei zu schaffen. Daß der Bischof ganz auf französischer

als Straßburg von den Franzosen besetzt wurde, auch die von dem verschwenderischen Herzoge von Mantua verkaufte Festung Casale von ihnen in Besitz genommen. Deutscherseits begnügte man sich, auf dem Frankfurter Kongresse darüber zu streiten, ob die gegen die Wegnahme Straßburgs zu erhebenden Proteste in deutscher, französischer oder lateinischer Sprache abgefaßt werden sollten, darüber kam man nicht zur Hauptsache und verwies dieselbe an den Regensburger Reichstag.

Daß Friedrich Wilhelm bestrebt war, mit einem Fürsten zu unterhandeln, der sich solche Gewaltthat gegen deutsches Land und Recht erlaubte, mußte äußerst befremdlich erscheinen. Fast der achte Theil deutschen Reiches war es, auf den Ludwig Anspruch machte. Der Kurfürst blieb auch vorläufig in abwartender Haltung. Bereits waren fünf Monate seit der Wegnahme Straßburgs verflossen, als endlich einige deutsche Fürsten auf den Gedanken kamen, eine „Defension" zu schließen, der nach abermals fünf Monaten der Kaiser beitrat. Viel früher aber war Wilhelm von Oranien in ein Bündniß mit Schweden gegen die drohenden Uebergriffe Frankreichs getreten.

Wilhelm von Oranien erschien jetzt als die Seele aller Unternehmungen gegen Frankreich. Er hatte sich bemüht, eine Verbindung aller Mächte Europas gegen Ludwig XIV. einzuleiten. Schweden war gewonnen, denn Karl XI. gerieth in heftigen Zorn, als Frankreich auch des Schwedenkönigs Stammland, Pfalz-Zweibrücken, für sich verlangte. Der Kaiser und Spanien traten dem Bunde bei.

Daß Frankreich emsig bemüht war, diese Bündnisse zu hindern, ist erklärlich. Es intriguirte im Haag gegen den Oranier und jetzt war der vom Kurfürsten erwartete Augenblick gekommen: Ludwig XIV. bewarb sich eifrig um eine Verbindung mit Brandenburg, die er noch vor Kurzem zurückgewiesen hatte. In gleicher Weise aber bemühten sich England, Schweden, Holland, der Kaiser selbst, den Kurfürsten auf ihre Seite zu bringen. Binnen Kurzem war der, welcher unlängst isolirt und von allen verlassen gestanden hatte, wieder der Gesuchteste von allen.

Aber die bitteren Lehren, welche Friedrich Wilhelm empfangen hatte, als er sich im Bunde mit den Mächten befand, die ihn bei jenem traurigen Friedensschlusse ohne Hülfe ließen, waren nicht vergessen.

Er mochte nicht aufs neue mit ihnen Hand in Hand gehen. Seine genaue Kenntniß aller inneren Verhältnisse der europäischen Staaten belehrte ihn, daß im gegenwärtigen Momente das deutsche Reich das ohnmächtigste unter allen sei. Einem Feinde, wie es Ludwig XIV. war, konnte dieses schwache Regiment keinen nachdrücklichen Widerstand leisten, und der Kurfürst erwartete, das Reich werde dem Könige in dessen Forderungen nachgeben, während Ludwig wiederum einige Konzessionen machen würde. Wenn der in Aussicht stehende

---

Seite war, bedarf keiner weiteren Erörterung, außer ihm soll es aber namentlich der Stadtschreiber Günzer gewesen sein, der für Frankreich agitirte. Er erhielt vom König die Stelle des Syndicus und das Gut Plöbelsheim zum Geschenk.

Krieg aber, wie der Kurfürst mit Recht behauptete, unglücklich für Deutschland
ausfiel, dann wurde Brandenburg, falls es zum Reiche stand, in das Verderben
mit hineingerissen und zwar dann um so unrettbarer. Wirksame Hülfe hätte
der Kurfürst dem Reiche doch nicht leisten können, da dessen Ohnmacht nicht
die genügenden Kräfte zu stellen vermochte, um mit einiger Aussicht gegen
Frankreichs geschlossene Macht kämpfen zu können. Dagegen konnte Friedrich
Wilhelm sicher darauf rechnen, von Frankreich größere Vortheile für sich zu erlangen, als von irgend einem jener schwachen und wankelmüthigen Alliirten;
aus dem allgemeinen Schiffbruche vermochte er wenigstens für sein Haus und sein
Land einiges zu retten. Es kam hinzu, daß die nächste Umgebung des Kurfürsten keineswegs deutschgesinnt war. Wir haben schon im Vorhergehenden berichtet, wie man von Frankreich Pensionen und Geschenke annahm. Meinders
sowol als die sehr einflußreiche Kurfürstin waren in das französische Interesse
gezogen und Jena hatte ebenfalls den Anerbietungen des Hofes von Versailles
nicht widerstanden. Er konnte indessen die Gratifikationen, ebenso wie seine
Kollegen, annehmen, da er sich hinlänglich von der Schwäche und der erbärmlichen Unzuverlässigkeit der deutschen Fürsten überzeugt hatte. Ein Anschluß
an diese wäre für Brandenburg verderblich gewesen und man würde sich nicht
gescheut haben, auf Kosten Friedrich Wilhelms mit dem Könige Frieden zu
machen. Der Kurfürst selber stand an der Schwelle des Greisenalters. Einund-
sechzig Jahre alt, von der Gicht arg gequält, nicht glücklich im eigenen Hause,
vielmehr inmitten arger Zänkereien seiner Familienglieder stehend, mißmuthig
durch diese Nergeleien und betrübt über den Verfall des Reiches, mochte es
ihm angenehm, ja erwünscht sein, ohne weitere Schwierigkeiten, ohne neue Berufungen an die Stände und sonstigen Kräfte des Staates, friedlich durch die
Krisis zu kommen.

Andererseits wurde von Frankreich nichts gespart und versäumt, um die so
wichtige Genossenschaft mit Brandenburg sorgfältig zu halten und zu pflegen.
Man lieferte dem Kurfürsten die Mittel, sein Heer in dem von ihm gewünschten
Zustande erhalten zu können, ließ durchblicken, daß man später zur Wieder-
erwerbung von schwedisch Pommern sowie zur Durchführung der Ansprüche auf
Liegnitz, Brieg und Wohlau behülflich sein könne und ging sogar so weit, dem
Kurfürsten zu versprechen, daß man mit den ferneren Reunionen aufhören und
bei Aussicht auf friedlichen Vergleich nicht zu den Waffen greifen wolle.

Dagegen machte sich der Kurfürst verbindlich, eine Vermittlung in dem
Streite zwischen dem Reiche und Ludwig XIV. zu übernehmen, indem er dem
Könige die von diesem in Anspruch genommenen Lande zu verschaffen suche.

Mit Dänemark hatte Frankreich ebenfalls eine Allianz gegen Zahlung von
800,000 Livres jährlich geschlossen und Friedrich Wilhelm erneute das Bündniß
mit dem Dänenkönige zu Itzehoe. Die beiden Fürsten wollten auf Erhaltung
des Friedens zwischen Frankreich und dem Kaiser hinarbeiten, dazu auch
Schweden und die Kurfürsten gewinnen.

Wirklich gelang dies mit dem Bischof von Münster und dem Kurfürsten
von Köln, wogegen Sachsen fest zum Kaiser stand.

Daß der bisher so echtdeutsch gesinnte Kurfürst in dieser Weise zum Reichsfeinde trat, mag unserm heutigen vaterländischen Bewußtsein befremdlich erscheinen, doch hatten es die Fürsten selbst verschuldet. Er säumte auch nicht, in der Ablehnungsschrift, welche als Antwort auf das angetragene Bündniß mit dem Kaiser an die Höfe erlassen wurde, auf die erlittenen Kränkungen hinzuweisen. Sein Hang zu diplomatischen und geheimen Verhandlungen, man darf sie dreist auch Intriguen nennen, zeigte sich aber auch während dieser Zeit aufs neue. Denn er war es, welcher dem König Ludwig XIV. zuerst Nachricht von dem zwischen Holland und Schweden bestehenden geheimen Vertrage gab, und wenn Frankreich sich bemühte, den Kurfürsten gegen den Kaiser zu hetzen, so gab Friedrich Wilhelm sich wiederum alle Mühe, Frankreich zum entschiedenen Bruche mit Schweden zu treiben, weil er aus diesem Zwiespalte den größten Vortheil für sich, die Wiedererwerbung von schwedisch Pommern erwartete.

Frankreich selbst hatte sich nunmehr von der Widerstandsunfähigkeit des deutschen Reiches überzeugt und spielte zu Frankfurt den letzten Trumpf aus, indem es offen seine maßlosen Forderungen darlegte. Vergebens waren die Entgegnungen muthiger Männer, unter denen der kaiserliche Gesandte von Rosenberg in erster Linie stand. Später in Regensburg wiederholten sich dieselben Scenen. Jena warf hier dem Kaiser die zweideutige Haltung im Kriege gegen Frankreich, die Unwürdigkeit des Friedens von Nymwegen vor; die Oesterreicher dienten in ähnlicher Weise, ziehen den Kurfürsten geheimer Intriguen und meinten, Friedrich Wilhelm werde dem Könige von Frankreich wol die Reichskrone offeriren. Es erschienen beleidigende Schriften, die Spannung wurde straffer, Frankreich triumphirte. Der Kurfürst sprach gegen den Beitritt zum Bunde, erklärte, er sei zwar gegen die Reunionen, im übrigen aber für Frankreich. Alles blieb beim Alten und der Kurfürst konnte keinen Ausgleich zwischen Frankreich und Holland herbeiführen.

Mittlerweile waren auch die Türken gegen Deutschland ins Feld gezogen. Zwischen zweien starken Feinden sich befindend konnte der Kaiser nicht an Erfolg denken. Da Friedrich Wilhelm einmal die Rolle des Vermittlers übernommen hatte, nützte er die drohende Türkengefahr, um auf den Kaiser, der in höchster Verlegenheit schwebte, eine Pression auszuüben, indem er ihm Hülfe durch brandenburgische Truppen versprach, falls der Kaiser einen Vertrag mit Frankreich eingehen wolle. Daneben streckte der Kurfürst seine Fühler wegen Liegnitz, Brieg, Wohlau und Jägerndorf aus, allein er war damit nicht glücklich.

Der Kaiser hatte sich bereits an Polen um Hülfe gewendet und diese zugesagt erhalten. Die Einigung mit Frankreich verwarf er ganz, für Jägerndorf bot er dem Kurfürsten Geld, wegen der andern Fürstenthümer erklärte er, Brandenburg habe darauf gar keine Rechte.

Um diese Zeit spielten die französischen Gesandten eine ganz tolle Intrigue, welche in der That vieles änderte. Der Kurfürst hatte sich erboten, dem Kaiser 7500 Mann Hülfstruppen gegen die Türken zu senden, falls auf die französischen Forderungen eingegangen werde. Mit 18,000 Mann sogar wollte er zu Hülfe kommen und sie standen zum Marsche nach Schlesien bereit.

Dabei erließ der Kurfürst an den Kaiser ein Schreiben, man möge von der Verfolgung der Evangelischen in Schlesien ablassen.

Das fortwährende Vermahnen mochte dem Kaiser sehr unangenehm sein, aber die Protektion der Evangelischen durch den Kurfürsten machte ihn obenein argwöhnisch. Er verwarf die 18,000 Mann Brandenburger und forderte nur 6000. Der Kurfürst, der die Maxime Wallensteins zu haben schien, wollte nicht unter 12,000 Mann marschiren lassen, der besseren Ernährung wegen. Endlich sagte der Kaiser zu und bewilligte ihm 300,000 Thaler Subsidien. Allein als bereits die Truppen marschfertig standen, änderte sich das Bild.

Der französische Gesandte in Berlin hatte durchaus kein Gefallen an der vom Kurfürsten dem Kaiser versprochenen Hülfe. Er wollte der Sache mit einem Schlage das Ende bereiten und schrieb an den französischen Gesandten in München, daß der Kaiser sehr im Irrthum sei, wenn er meine, der Kurfürst lasse seine Truppen zur Hülfe gegen die Türken nach Schlesien rücken. Es sei lediglich die Absicht des Kurfürsten, durch Waffengewalt in Besitz der geforderten schlesischen Fürstenthümer zu gelangen.

Dieses Schreiben oder sein Inhalt kam bald an die rechte Adresse. Der Kaiser gerieth über die dem Kurfürsten untergeschobene Absicht in so große Besorgniß, daß er sofort eine Abänderung des zwischen ihm und dem Kurfürsten festgesetzten Vertrages unternahm, die brandenburgischen Truppen fern hielt und sie dadurch von der Mitwirkung an der Wiener Befreiung von den Türken ausschloß.

Friedrich Wilhelm sah sich bald genug durch seine Verbindung mit Frankreich in eine äußerst peinliche Lage versetzt. Die Uebergriffe Ludwigs dauerten fort. Sie mußten den Kurfürsten bald genug überzeugen, daß es mit seiner Würde nicht verträglich sei, Hand in Hand mit Frankreich zu gehen, auch sah er bereits klar genug, um sich sagen zu können, daß die Verheißungen, welche der König ihm gemacht hatte, nicht in Erfüllung gehen würden. Zunächst weigerte er sich, dem von Ludwig gemachten Vorschlage, die Herzöge von Hannover und Lüneburg mit Krieg zu überziehen, zuzustimmen, obwol Dänemark dazu große Lust bezeigte, weil Frankreich die Hülfe Lüneburgs dem Kaiser entziehen wollte.

Dagegen führte Friedrich Wilhelm seine Rolle als Vermittler eifrig fort und seinen Bemühungen war es vorzugsweise zuzuschreiben, daß auf dem Regensburger Reichstage der zwanzigjährige Frieden mit Frankreich abgeschlossen wurde, demzufolge Ludwig Straßburg und alle die Plätze behielt, welche er bis zum April 1681 dem Reiche abgenommen hatte. Der Kurfürst ging bei seinen Bemühungen von der schon erwähnten Ansicht aus, daß das Reich, einerseits noch immer trotz des Entsatzes von Wien durch die Türken bedroht, auf der anderen Seite die stets schlagfertigen Franzosen als Gegner vor sich habend, nicht ohne größte Gefahr zwischen diesen Feinden bleiben könne. Daß Friedrich Wilhelm sich durch dieses Verfahren viele neue Feinde zuzog, ist begreiflich, allein es sollte sich bald zeigen, daß der Kurfürst nur bis zu einem gewissen Grade mit den Franzosen einig war.

Während er so allerlei Widerwärtigkeiten von außen her erfahren mußte, waren die inneren Zustände seines Landes ebenfalls nicht erfreuliche zu nennen. Die Konflikte, welche sich gestalteten, hatten ihren Grund zumeist in den Bestrebungen des Kurfürsten, sich Geldmittel namentlich zur Erhaltung seiner Armee zu verschaffen. Zwar hatte er, wie angeführt worden, dieselbe bedeutend vermindert, vermindern müssen und bei der Nachlässigkeit, mit welcher von französischer Seite die verheißenen Subsidien gezahlt wurden, konnte der Kurfürst nicht große Verbesserungen machen.

Er hatte in Betreff der Steuererhebungen zwar in Preußen den Widerstand der Stände beseitigt, aber dennoch wurde ihm so viel als möglich dort entgegengearbeitet. Selbst im Frieden wollte der Kurfürst die Steuer erheben, welche er für den Krieg angeordnet hatte. Noch 1687 forderte er außer Naturallieferungen für die Armee 30,000 Thaler pro Monat.

Kopf-, Vieh-, Hufen-, Vermögenssteuer ꝛc. waren ausgeschrieben. Die Stände erhielten gewöhnlich nur kurze Bedenkzeit, einzelne Mitglieder wurden durch Drohungen, andere durch Versprechen gewonnen und die Furcht vor militärischer Exekution bewirkte, daß viele Kreise und Städte wider Willen zahlten. Auf Beschwerden der Stände antwortete man nicht, Quittungen über die an die Regierung geleisteten Vorschüsse (Reverse) hatten keinen Werth, und der Landtagsabschied ward den Ständen zugefertigt, ohne daß sie in aller Form entlassen wurden; selbst Anzeige zu machen, wenn es sich um Erhebung neuer Steuern handelte, unterließ die Regierung, sondern schrieb solche durch Anweisungen an die Kriegskommissarien aus; ja in vielen Quartieren erhoben die Soldaten selbst ihren Sold.

Der Adel kam hierbei nicht besser weg, als Bürger und Bauern. Bei Hagelschaden oder Mißwachs erließ die Regierung dem abligen Gutsbesitzer ebensowenig etwas, als dem Bauerngutsinhaber und von jeder Hufe erhob sie monatlich 20 Groschen, quartaliter dabei noch ein Kopfgeld sowie die sogenannte „Hornsteuer".

Infolge dessen wanderten viele Adlige und Bauern nach Polen aus, gegen 12,000 Hufen lagen wüst, leihen wollte niemand mehr und als sich bei solchen Zuständen der Landtag beschwerte, die Adligen Berathungen hielten, dem Kurfürsten vorstellten, wie der Mangel überall im Bauernstande herrsche, ihn darauf hinwiesen, daß er sich verpflichtet habe, ohne Bewilligung der Stände keine Steuern zu erheben und dabei an die Assekuranz vom Jahre 1663 erinnerten, mit totaler Auswanderung drohten, dann erhielten sie als Antwort, daß der Kurfürst es überhaupt nicht mehr nothwendig erachte, die Stände wieder einzuberufen. Was sie bewilligt hätten, nehme er auf Abschlag an. In Preußen waren zwar weniger gefügige Stände als in der Mark, allein der Kurfürst engte ihre Befugnisse dergestalt ein, daß sie zahlen mußten. Alle ihre Vorstellungen blieben fruchtlos.

„Erhaltung des Heeres", das war der Ruf, welcher den Ständen immer entgegentönte, wenn sie sich an den Kurfürsten um Erleichterungen wendeten. Freilich gingen die Zahlungen dafür ins Ungeheuerliche, wenn man die Lage des Landes erwägt. Allein die Stellung, welche Brandenburg nun einmal durch die Gewalt der Verhältnisse einzunehmen gezwungen war, erheischte die Erhaltung und Schlagfertigkeit einer Armee. Der sehr begrenzte Umblick der Provinzbewohner konnte die Nothwendigkeit einer solchen Waffenmacht nicht überschauen. Allerdings mochte das Verfahren des Kurfürsten ungerecht genannt werden können, aber seine und seines Staates Existenz beruhten allein nur auf der Stärke und Bereitschaft seiner Armee, die schon bedeutend genug war, um im Nothfalle allen brandenburgischen Provinzen Schutz verleihen zu können, während die Länder anderer Fürsten jeder beliebigen Heimsuchung durch Soldaten ausgesetzt waren, sobald wieder die Kriegstrompete erschallte.

Der Kurfürst hatte längst das Mittel ersonnen, wie diesem Uebel abzuhelfen sei. Er führte die Accise ein, die, wie schon gesagt, anfangs auf große Schwierigkeiten stieß, nach dem Frieden aber desto eifriger gehandhabt ward. Es erschien eine Steuer- und Acciseordnung. Da nach Annahme des Kurfürsten die Steuern von Grundstücken, Vermögen u. s. w. nicht mehr ganz zu erheben waren, wurde in der Kurmark in Städten und Flecken die Konsumtionsaccise eingeführt. Was bisher noch nicht besteuert war, wurde jetzt herangezogen. Namentlich erhielt Berlin eine ganz besondere Acciseordnung, deren Durchführung dem Obermarschall von Grumbkow und dem Kommissar Willmann übertragen wurde.

Die Accise war ganz geeignet, einen ungeheuren Sturm des Mißfallens zu erregen. Alles lehnte sich dagegen auf, die Berliner besonders zeigten sich als die wüthendsten Gegner der Accise, und die mit Einziehung derselben betrauten Beamten waren ihres Lebens nicht sicher. Was den Ertrag der neuen Abgaben betrifft, so war er bedeutend. Der Kurfürst ließ daher 1684 eine revidirte Acciseordnung erscheinen, aus deren Ertrag er das Heer zu erhalten versprach. Die Accise wurde von allen Consumtionsartikeln, Fleisch, Bier, Getreide, von allen Manufakturwaaren, selbst von lebendem Vieh erhoben. Wenn anfangs über die neue Steuer große Beschwerden erhoben wurden, sah doch bald jedermann ein, daß dadurch jene Gleichmäßigkeit der Abgaben hergestellt wurde, für welche man früher allgemein so sehr gearbeitet hatte. Auch die Erhaltung des Heeres durch die Accise fand mehr Anklang, wenngleich die Vermehrung der Soldaten eine Erhöhung des sogenannten Kontributionsquantums erforderte. Auch in Preußen nahmen die Städte die Accise an, obwol der Adel sich nur gezwungen darin fand.

Während dieser Vorgänge im Innern ward das Verhältniß des Kurfürsten zu Frankreich immer lockerer. Die Verfolgungen der Protestanten in Frankreich gaben dem Kurfürsten zunächst die Veranlassung, sich der Verbindung mit Ludwig zu entziehen. Aber auch persönlich hatte Friedrich Wilhelm von seinem zweideutigen Bundesgenossen zu leiden, da Ludwig das Gebiet von Orange, welches nach Absterben Wilhelms von Oranien an Brandenburg fallen sollte, arg bedrückte. Dazu kam der Streit wegen Pfalz-Neuburg. Dort sollte laut Vertrag mit Philipp Wilhelm nach dessen Tode Karl von der Pfalz Regent werden. Der Kurfürst von Brandenburg war als Testamentsvollstrecker eingesetzt. Den

Besitzantritt wollte Ludwig XIV. dem Pfalzgrafen streitig machen, indem er behauptete, die Schwester Karls, Elisabeth Charlotte, die Gemahlin des Herzogs von Orleans müsse zuvor in ihren Ansprüchen befriedigt werden; da solche über alles Maß ausgedehnt wurden, widersetzte sich Friedrich Wilhelm. Ludwig war darüber sehr ungehalten und stachelte zur Erhebung neuer Unruhe den alten Pfalzgrafen Leopold Ludwig zu Veldenz auf, die Kurwürde in Anspruch zu nehmen, weil er mit dem Verstorbenen näher verwandt sei, allein auch diesen Ansprüchen widersetzte sich der Kurfürst auf das Entschiedenste.

Aber die bald folgenden Ereignisse sollten noch weit bedeutendere und wichtigere werden. Zunächst waren es die Zustände in England, welche alle Welt beschäftigten, da, als Karl II. gestorben, der König Jakob II. als ein entschiedener Feind der Evangelischen auftrat. Hand in Hand mit den Jesuiten des französischen Hofes gehend, bedrohte er die evangelische Lehre in England ebenso heftig, als sie in Frankreich verfolgt ward. Die Zeit der Dragonaden war nahe, vergebens verwandte sich Friedrich Wilhelm bei Ludwig XIV. für die bedrängten Evangelischen; schon begannen Auswanderungen derselben und der eifrig reformirte Präsident Otto von Schwerin stiftete auf seinem Gute Altlandsberg bei Berlin eine Art von Kolonie der ausgewanderten französischen Protestanten.

In Frankreich nahmen die Bedrückungen einen immer grausameren Charakter an. Der Kurfürst empfand es tief schmerzlich. Er, der überall den in ihrem Glauben Bedrohten seine Hülfe lieh, sollte nun ruhig zusehen müssen, wie der Fürst, welcher noch thatsächlich mit ihm verbunden war, seine, des Kurfürsten Glaubensgenossen verfolgte.

Der Kurfürst versuchte um diese Zeit sich dem Kaiser wieder zu nähern; es war lediglich das Gefühl für die Verfolgten, der Abscheu, den er gegen die Uebergriffe des Königs, den Mißbrauch der Gewalt empfand, welche ihn zu Oesterreich sich wenden hießen.

Er begann nach dem Abschlusse des zwanzigjährigen Waffenstillstandes den Kaiser zu mahnen, er möge ein starkes Heer auf die Beine bringen; wenn der Kaiser das nicht wolle, sei der Kurfürst bereit dazu. Friedrich Wilhelm wurde dabei von den reinsten Absichten für Deutschland geleitet. Es war ihm bereits zur Gewißheit geworden, daß Ludwig, falls er am Leben blieb, nach den zwanzig Jahren sicher einen neuen Krieg beginnen werde, wenn er überhaupt den Friedensvertrag inne hielt.

Aber wiederum regte sich des Kaisers Mißtrauen. Er ging auf des Kurfürsten Vorschläge nicht ein, weshalb dieser nun die Hülfe gegen die Türken weigerte. Der Kaiser nahm dagegen wieder des Kurfürsten Gesandtschaft sehr kalt auf, bestätigte nur die Belehnung des Kurfürsten mit Magdeburg und wollte von den schlesischen Fürstenthümern gar nichts mehr hören.

Der treffliche Charakter des Kurfürsten zeigte sich bei dieser Gelegenheit im schönsten Lichte. Obwol es ihm ein Leichtes gewesen wäre, den mächtigen Ludwig sich mehr als je zu verbinden, dessen Gewalt das deutsche Reich im Augenblicke, wie die Dinge einmal lagen, zermalmen, seinen Bundesgenossen

reich entschädigen konnte, obwol der Kurfürst seine weitere Verbindung mit
Frankreich sehr wohl durch des Kaisers Verhalten gegen Brandenburg hätte recht=
fertigen können, stand ihm doch das Interesse der bedrohten Evangelischen höher.
Er wendete sich von Frankreich ab.

Diesen Umschwung benutzte Wilhelm von Oranien geschickt, um sich dem Kur=
fürsten wieder zu nähern, den er für seine Idee eines Bundes gegen Frankreich
so nothwendig brauchte. Mit Hülfe des brandenburgischen Geheimen Rathes
von Fuchs, der den Interessen Wilhelms sehr zugethan war, suchte der Oranier
den Kurfürsten ganz in sein Lager zu ziehen. Eifrig arbeitete man im Haag
und der holländische Gesandte Amerongen ließ es in Berlin nicht an Mah=
nungen fehlen.

Wilhelm von Oranien unterbreitete dem Kurfürsten einen großartig ent=
worfenen Plan zum Bunde gegen Frankreich und der von ihm entsendete fran=
zösisch=reformirte Prediger Gaultier aus Montpellier wußte dem Kurfürsten in
eindringlichster Weise die Leiden und Bedrohungen der Evangelischen zu schildern;
in aller Demuth forderte er Friedrich Wilhelm auf, einen Bund aller evange=
lischen Fürsten zu gründen. Oranien ließ es nicht an Bitten fehlen, der Kur=
fürst sollte der Leiter des Ganzen werden, die Fürsten sollten Vortheile aller
Art erhalten und allen Evangelischen solle gleiche Hülfe geleistet werden. Der
Kurfürst ging auf die Vorschläge ein, namentlich trieben ihn die vorerwähnten
Zustände in England. Er ließ die Engländer seinen Beistand hoffen, dazu
kamen die um jene Zeit schon spukenden Pläne von einer Invasion des
Oraniers in England, und Fuchs sowol als General Spaen verhandelten im
1685 Haag, wo denn im August 1685 zwischen Brandenburg und den Generalstaaten
ein Vertrag bis zum Jahre 1700 abgeschlossen ward.*)

Ludwig XIV. gerieth, als er von diesem Ereignisse Kunde erhielt, in Be=
sorgniß. Er ließ dem Kurfürsten seine Mißbilligung ausdrücken und der fran=
zösische Gesandte Rebenac erklärte in Berlin, der Kurfürst müsse eine schriftliche
Erklärung geben, daß er all seinen Verpflichtungen gegen Frankreich nachkommen
wolle, ohne Rücksicht auf neuere Bündnisse. Wenn dies nicht geschehe, so sei
Frankreich entschlossen, keine Subsidien mehr zu zahlen. Diese Verpflichtung
des Kurfürsten könne geheim bleiben. Allein Friedrich Wilhelm lehnte diese
Zumuthung ab. Er hielt es jedoch nicht für rathsam, schon jetzt offen mit
Ludwig zu brechen, sondern spielte vielmehr den Beleidigten, daß der König
Argwohn gegen ihn hege. Ludwig ließ sich täuschen. Er bedurfte des Kur=
fürsten noch und lenkte ein; vorläufig schien alles beigelegt, als plötzlich ein
furchtbares Ereigniß die Mine zum Springen brachte.

Am 18. Oktober 1685 hob Ludwig XIV. das Edikt von Nantes auf.
Dieser scheußliche, in seinen abscheulichen Folgen unberechenbare Gewaltakt er=
schütterte einen Moment lang ganz Europa. Was war noch sicher, wenn der

---

*) Der Kurfürst erhielt allerlei Entschädigungen auch an Geld. Nach Angabe des
französischen Gesandten d'Avaux soll die Kurfürstin auch hier wieder Gelder erhalten haben
und zwar 75,000 Thlr.

Monarch, welcher die größte Macht in seiner Hand hielt, die Treibjagd auf die eigenen Unterthanen eröffnete, etwa in der Weise, wie sein elender Vorfahr Karl IX., welcher in der Schreckensnacht von St. Bartholomäus auf die Hugenotten schoß?

Thatsächlich war es so, denn die Bekehrungsgeschäfte in Frankreich, wo Ludwig mit seiner gewohnten Schnelligkeit verfuhr, wurden in grausamster Weise durchgeführt. Die Evangelischen glichen dem gehetzten Wilde. Man ließ vielen die Wahl: „todt oder katholisch". Auswandern ward mit Galeere bestraft, die scheußlichsten Scenen des Mittelalters wiederholten sich und die fanatischen Priester, die Vasallen des Jesuiten la Chaise feierten Triumphe durch die Hetze der Hugenotten, während Ludwig die Lobesspenden der Maintenon vernahm und den Dank seines Beichtvaters erntete.

Allein trotz der furchtbaren Strafen wagten die beharrlichen Hugenotten dennoch die Flucht. Fest entschlossen dem Glauben nicht untreu zu werden, kehrten sie ihrem Vaterlande den Rücken, und wenn die Dragoner des Königs ihre rohen Einbrüche in die verschlossenen Häuser der Hugenotten wagten, fanden sie häufig menschenleere Räume: sie konnten ihre Wuth an dem zurückgebliebenen

Flüchtende Hugenotten.

Geräthe auslassen, die Eigenthümer waren auf der Flucht.

In der ohnehin mächtig erregten Zeit mußten diese Vorgänge die größte Besorgniß, das furchtsamste Staunen erregen. Wohin sollten die Emigranten sich wenden? Der Kaiser verfuhr in lieblosester Weise gegen seine eigenen evangelischen Unterthanen, in England war Jakob II. ein ebenso harter Feind als Ludwig XIV., und Schweden — wie weit lag es entfernt! Wer endlich hatte den Muth, die mit offenen Armen aufzunehmen, welche der mächtigste König Europas als Feinde verfolgte, deren Flucht ihnen als schweres Verbrechen angerechnet ward? Gegen 50,000 Evangelische hatten sich auf die Gefahr hin ergriffen zu werden, nach Deutschland und den übrigen Ländern, wo sie Hülfe erwarteten, aufgemacht.

Der Mann, welcher den Muth hatte, jenem Gewalthaber zu trotzen, war Friedrich Wilhelm, der große Kurfürst von Brandenburg. Er erließ am 9. November 1685 eine Bekanntmachung, „daß alle Familien, welche um der Religion willen ihr Vaterland Frankreich verlassen müßten, in seinen Staaten Schutz und Sicherheit finden sollten". Er wies alle seine Gesandten an, die Auswanderer zu unterstützen und verhandelte mit allen Fürsten wegen des freien Durchzuges der Auswanderer.

Wenn Friedrich Wilhelm nur diese großartige That vollführt hätte, es würde allein genügen seinen Namen unsterblich zu machen. Wie klein und erbärmlich erschienen dem brandenburgischen Kurfürsten gegenüber alle die großen Herren im Purpur, welche die Furcht vor der Ungnade Ludwigs abhielt, den Unglücklichen Obdach zu geben.

Die „Refugiés", so nannte man die Geflüchteten, erhielten Plätze angewiesen, um sich anbauen zu können; die Baumaterialien lieferte der Kurfürst unentgeltlich, alle Abgaben wurden ihnen auf sechs Jahre erlassen. Die unter ihnen befindlichen Künstler, Fabrikanten und Handwerker erfreuten sich jeder Unterstützung, selbst an Geld. Von allen Abgaben wurden sie auf 10 Jahre lang befreit. Prediger machten ihr Glück bei Hofe, sie erhielten dort Anstellungen; andere Geistliche wurden mit verhältnißmäßig gutem Gehalte bei den französischen Gemeinden angestellt.

Für die Bedürftigen stiftete der Kurfürst einen Fonds von 40,000 Thalern, aus dessen Zinsen ihnen Almosen zu Theil wurden. Von diesen Anstalten ist der Fonds noch geblieben. Die französische Kolonie, welche heutzutage noch in Berlin sich einer höchst günstigen Lage erfreut, setzt sich aus den Nachkommen jener Refugiés zusammen.

Da sich unter den Flüchtigen Persönlichkeiten befanden, welche alten vornehmen Familien angehörten, ward diesen der Zutritt bei Hofe sehr leicht gemacht. Stellen in der Armee und bei Hofe fielen ihnen zu. Aemter wurden ihnen übertragen. Namen wie Beauveau, d'Espeuve, Birquemault und Andere gehörten bald zu den Geachtetsten und der Kammerherr du Bellay d'Auché ward Erzieher der Söhne aus des Kurfürsten zweiter Ehe.

Da schon aus früherer Zeit her sich französische Ansiedler in Brandenburg befanden, z. B. die Generale la Cave, du Plessis, Gouret, du Hamel, der bekannte Chiése und verschiedene Künstler, so war sehr bald eine Verbindung aller Refugiés hergestellt. Der Kurfürst begünstigte die Aufgenommenen in jeder Weise und zwar in der Folge oftmals zum Nachtheile der Eingeborenen.

Er erfreute sich z. B. an den beiden Mousquetairkompagnien und der Grenadierkompagnie zu Pferde, deren Offiziere ohne Ausnahme, deren Mannschaften größtentheils aus Refugiés bestanden. — Man hat die Frage oftmals aufgeworfen und zu erörtern versucht, ob und inwiefern die Eingewanderten dem brandenburgischen Lande den Nutzen gebracht haben, den sich offenbar der Kurfürst davon versprochen hatte? Allein zunächst hielt derselbe sich für verpflichtet, den Bedrängten zu helfen und setzte alle anderen Rücksichten bei Seite. Dann, als er die erste Hülfe geleistet hatte, erwog er wol, daß die neuen Unterthanen durch ihren bekannten Fleiß, ihre Kenntnisse in der Herstellung von Manufakturwaaren und sonstigen Erzeugnissen einer Industrie, in welcher die Brandenburger sowol als die meisten anderen Bewohner deutscher Länder gegen Frankreich noch sehr weit zurück waren, dem Handel und Wandel einen bedeutenden Aufschwung geben konnten.

In dieser Beziehung war es für Brandenburg wol ein besonderer Vortheil, daß der Theil der Geflüchteten, welcher eben aus gebildeten Leuten des Mittelstandes, aus Industriellen bestand, sich nach den Marken und Berlin zog, während von den Adeligen viele nach London und dem Haag gingen, nachdem sie eine Zeit lang in Berlin Halt gemacht hatten.

In der That war die Zahl der französischen Aristokraten-Refugiés, welche in Berlin blieben, nicht so bedeutend als die der bürgerlichen, und deshalb entwickelte sich auch bald jene Thätigkeit, in deren Betrieb die Refugiés Meister waren.

Ebenso unverkennbar war in der Folge der Einfluß der Refugiés auf den gesellschaftlichen Ton, auf eine Verfeinerung der Sitten. Ihre unleugbare Geschicklichkeit in so manchen Zweigen des Handwerks und der Künste, ihre liebenswürdigen Umgangsformen, die Feinheit des Geschmackes, welche sie bei jeder Gelegenheit bekundeten, ließen sie überall in einem Lande Zutritt finden, dessen Bewohner in diesen beneideten Dingen sehr hinter den Fremdlingen zurückstanden. Man darf nicht vergessen, daß die allgemeine Richtung der Gesellschaft nach Frankreich zuging, wo ein König regierte, der trotz aller großen Fehler und Schwächen unbedingt als der Bedeutendste unter den Monarchen neben Friedrich Wilhelm gelten mußte. Der große Kurfürst und Ludwig XIV. sind in der Zeit ihres Wirkens die beiden hervorragendsten Erscheinungen gewesen, da aber Ludwig der mächtigere Fürst war, hatte er bald genug eine Unzahl von Nachahmern gefunden, deren Götze er wurde, und die von ihm diktirten und gestalteten Sitten seiner Nation nahm das übrige Europa willig an. Schon 1636 waren in Berlin französische Hofschneider angestellt, selbstverständlich war es, französische Köche an den Höfen zu halten. 1646 hatten die kurfürstlichen Prinzen den Monsieur Abraham Bergeron als Lehrer und 1657 war die Französin Berchet, genannt France-Madam, als Gesellschaftsdame in der unmittelbaren Umgebung der Kurfürstin. Die Herren de Rocoles und Samuel Chapugeau standen als Geschichtsschreiber in Diensten des Kurfürsten. Anderer Personen haben wir schon gedacht, französischer Künstler ebenfalls und dazu kam ein ziemlich großes Kontingent von französischen Kammerdienern, Perrückenmachern und Friseuren, Parfümiers und Handschuhmachern.

Die neuen Eingewanderten brachten also eigentlich nichts neues, aber das von ihren Landsleuten bereits Eingeführte verstanden sie trefflich zu mehren, und da sie an Zahl bedeutend waren, gewannen sie bald an Einfluß; die Repräsentanten französischen Geistes und französischer Sitte mehrten sich und dadurch ward, man kann es nicht leugnen, bald ein merklicher Umschwung der Lebensweise, der Ansprüche und Gebräuche bemerkbar. Das Französische begann sich in den Vordergrund zu drängen. Das war nicht in jeder Beziehung erfreulich. Die Bescheidenheit in Tracht und Mode ward nicht mehr beachtet, die Sprache wurde mit gewissen Brocken verunziert und die einfachen Genüsse von vielen verschmäht, seitdem die interessanten Fremdlinge, sobald sie wieder einigermaßen zu Kräften gekommen waren, ihren Kaffee, Thee, ihre Chokolade, die feinen Weine und Liköre ihres Vaterlandes genossen, dessen Gewohnheiten sie in ihre neue Heimath einführten.

Aber wenn auch manches in Deutschland und namentlich in den Marken durch die Refugiés verbreitet ward, was besser unbekannt geblieben wäre, so läßt sich doch nicht bestreiten, daß die französischen Eingewanderten einmal in der dankbarsten Weise ihrem neuen Vaterlande anhingen und alles aufboten durch Eifer, Fleiß und Treue ihrem fürstlichen Wohlthäter seine Güte zu vergelten, daß sie aber auch wesentlich zur Hebung der Industrie und Kunst beitrugen und Etablissements schufen, welche von hoher Bedeutung für Brandenburgs gewerblichen Aufschwung waren. Seiden= und Sammetmanufakturen entstanden durch sie, die Tapetenmanufaktur ward ausgebildet, denn neben ihrer großen technischen Fertigkeit besaßen die Fremdlinge auch den nöthigen Geschmack für Formen, Farben und Zusammenstellung, welcher den Brandenburgern zu jener Zeit total fehlte und den die Franzosen trefflich zu lehren wußten. Daß bei solchen Vorzügen und Erfolgen die Refugiés ihre massenhaften Anbeter fanden, ist ebenso begreiflich, als daß sie bei dem bekannten Hang sich stets in den Vorgrund zu setzen, alles aufboten, um als die etsten gelten zu wollen, was ihnen auch häufig genug vollkommen gelang. Ein höchst wichtiges Mittel dazu bot ihre für den Umgang so bequeme Sprache, die schnell in allen einigermaßen bemittelten Familien Eingang fand. Ein französischer Sprachmeister schien bald zu den Unentbehrlichkeiten zu gehören und viele rühmten sich des Unterrichtes durch einen Mann, der von dem Herzoge von So und So oder von der Familie irgend eines ehemaligen Ministers abstammte; allein selbst die Gegner der Franzosen konnten nicht in Abrede stellen, daß sie verfeinernd wirkten, und wollte man am Ende den Leuten zürnen, die gegen das bisher plumpe Gebahren der Berliner Bürger durch gesittetes Beispiel wirkten?

Des Kurfürsten Wohlwollen für die Geretteten trug viel zu deren günstiger Situirung in der Gesellschaft bei. Er empfing jedes Mal die Neuankommenden und gab ihnen Audienz. Bei solchen Gelegenheiten erfuhren denn auch die Berliner von den Greueln, welche die Schergen des französischen Königs gegen die Flüchtenden verübten und wegen dieser harten Verfolgungen gerieth eines Tages der Kurfürst, nachdem er wiederum die Berichte eines neuangelangten Trupps vernommen, in so heftigen Streit mit dem französischen Gesandten Herrn von Rebenac, daß es nur der Besonnenheit des letzteren zuzuschreiben war, daß die ganze Sache nicht zu den schlimmsten Folgen führte. Denn der Kurfürst hatte gegen Ludwig XIV. harte Beleidigungen ausgesprochen und dem Gesandten den Auftrag gegeben, „jene seine Worte dem Könige von Frankreich zu melden". Rebenac aber, der des Kurfürsten Heftigkeit kannte, erwiderte, „er wolle noch 24 Stunden warten". Nach Verlauf einer halben Stunde kam der

Kurfürst beruhigter zu dem Gesandten, reichte ihm die Hand und sagte: „Ich danke Ihnen für Ihre Gelassenheit. Sie sind viel gemäßigter als ich. Halten Sie meiner Lebhaftigkeit etwas zu gute."

Den ersten Gottesdienst hielten die Refugiés in den Vorzimmern des Oberstallmeisters von Pöllnitz ab, der, damals noch Minister, das französische Departement unter sich hatte. Später erhielten sie die Schloßkapelle angewiesen, durften dann nach Beendigung des deutschen Gottesdienstes im Dome Kirche halten und wurden später, unter Friedrich I., mit verschiedenen Kirchen beschenkt.

Daß Ludwig XIV. über diese Aufnahme und Begünstigung seiner flüchtigen Unterthanen, welche er obenein für seine Feinde hielt, sehr ungehalten war und bald in den bekannten „königlichen Zorn" gerieth, bedarf keiner Versicherung. Er erließ ein Schreiben an den Kurfürsten, in welchem er sagte, daß bei fortdauernder Begünstigung der Refugiés Frankreich aufhören werde, die Subsidien zu zahlen, und betonte, daß er selbst sich niemals um die Angelegenheiten der Katholiken in Brandenburg gekümmert, der Kurfürst möge sich deshalb nicht als einen Protektor der Protestanten anderer Länder betrachten. Der König habe mit Unwillen in dem vom Kurfürsten erlassenen Edikte das Wort „Verfolgung" gelesen, es scheine, als wenn der Kurfürst einen Versuch machen wolle, das französische Bündniß zu brechen um auf Seite des Kaisers zu treten, er werde aber alle Ursache haben, dergleichen Schritte zu bereuen.

Hierauf erwiderte Friedrich Wilhelm in sehr würdigem Tone, daß kein auswärtiges Verhältniß ihn hindern könne, in seinen Staaten zu verfügen, was er für gut halte. Was den Ausdruck „Verfolgung" anbetreffe, so wisse er nicht, wie man jene „Dragonaden" anders nennen solle, den Raub der Kinder von ihren Eltern, Galeerenstrafen, Morde und selbst Gräberentweihungen. Uebrigens habe sein Edikt keineswegs die Absicht, die Bürger Frankreichs von dem Gehorsam zu entbinden, den sie dem Könige schuldig seien, sondern lediglich denen, welche bereits die Grenzen des Reiches überschritten, eine Freistätte in seinen Staaten anzubieten. Bezüglich der Subsidien sei ihm keineswegs das zu Theil geworden, was man ihm versprochen, und er sei nicht gewillt, „Ehre und Reputation sowie die ihm zukommende Staatsraison für Geld zu verkaufen."

Ludwig hielt es ebenso wenig als der Kurfürst für gerathen, das Bündniß offen zu brechen, aber die herrschende Mißstimmung machte sich durch allerlei Verfügungen Luft. So wurde in Paris verboten, dem protestantischen Gottesdienste selbst im Hotel des brandenburgischen Gesandten beizuwohnen, wogegen der Kurfürst wiederum verbot, den katholischen Gottesdienst in Berlin beim französischen Gesandten zu besuchen.

Daß diese Zustände nicht lange währen konnten, sah jedermann ein, zumal da Friedrich Wilhelm sich jetzt entschieden auf die Seite des Kaisers neigte. Der Kurfürst konnte dies um so leichter thun, als der Kaiser ihm auf halbem Wege entgegenkam. Wir haben bereits der Angelegenheit gedacht, welche zwischen dem Kaiser und Friedrich Wilhelm wegen der zu leistenden Hülfe gegen die Türken schwebte, sowie der Intrigue, durch welche der Sukkurs der brandenburgischen Truppen von dem Kaiser abgelehnt wurde. Es lag also für Friedrich

Wilhelm keine direkte Veranlassung vor, dem Kaiser die Hand zu bieten, denn vor Deutschland und den übrigen europäischen Mächten stand der Kurfürst vollkommen gerechtfertigt da. Dennoch schloß er am 8. April 1686 zu Berlin einen Vertrag mit dem Kaiser, welcher das Erstaunen aller Kabinete durch seine über alle Maßen große Uneigennützigkeit erregte. Man konnte nicht begreifen, wie ein Fürst in der achtunggebietenden Stellung Friedrich Wilhelms, ein Mann, dessen Bedeutung Freund und Feind anerkannten, dessen militärische Macht gefürchtet und begehrt war, einem Vertrage seine Zustimmung zu geben vermochte, in welchem die Vortheile für ihn sehr gering, die Nachtheile offenbar größer waren, und dennoch kannte man nur einen Theil des Vertrages, weil die Hauptparagraphen geheim gehalten wurden.

Um zu erläutern, wie dieser Vertrag zu Stande gekommen und überhaupt möglich geworden war, ist es nothwendig, auf einige Zeit sich von den großen politischen Verhältnissen ab und den inneren, den Familienangelegenheiten des Kurfürsten sich zuzuwenden.

Audienz französischer Refugiés vor Friedrich Wilhelm.

Der Große Kurfürst im späteren Lebensalter.
Nach dem gleichzeitigen holländischen Schabkunstblatte von J. Gole.

Friedrich, 10 Jahr alt,   Ludwig, 1 Jahr alt,   Karl Emil, 12 Jahr alt,
(erster König v. Pr.)   † 1687.   † 1614.

Luise Henriette in ihrem letzten Lebensjahre mit ihren Kindern.
Nach einem gleichzeitigen Bilde im königl. Schlosse zu Berlin.

XXIII. Kapitel.

Familienverhältnisse des Großen Kurfürsten.

enn trotz aller Mühen, Sorgen, vielfachen Anfeindungen und
Intriguen seiner Gegner, trotz harter und blutiger Kriege
Friedrich Wilhelm dennoch groß und erhaben dastand und
seine Unternehmungen glückliche genannt werden konnten, so
fehlte dieses Glück seiner Häuslichkeit leider ganz und gar.
Er hatte es vermocht, seinem Lande den Frieden zu geben,
im eigenen Hause gelang es ihm nicht.

Greifen wir zurück bis zum Jahre 1646. Die Ehe, welche Friedrich
Wilhelm mit Luise Henriette von Oranien geschlossen hatte, war eine sehr glück=
liche. Wir haben schon von dieser reizvollen, durch Schönheit, Geist und echt
weibliche Sanftmuth ausgezeichneten Fürstin gesprochen. Sie ward von ihrer
Umgebung ebenso verehrt, als von der gesammten Bevölkerung, die sich Glück
wünschte, eine solche Landesmutter zu besitzen. Sie war es namentlich, welche
den oft jähzornigen Gemahl zu besänftigen wußte, seine im Feuer erster Auf=
wallung nicht selten harten Beschlüsse zu mildern verstand, indem sie mit ihrem
klaren, vorurtheilsfreien Verstande des Kurfürsten Ansichten in bescheidener und
doch bestimmter Weise widerlegte. Dadurch ward sie dem Gatten unentbehrlich.

Sie begleitete ihn auf allen Reisen, selbst auf den Feldzügen nach Polen und Holstein. Es darf indessen nicht unerwähnt bleiben, daß trotz des sehr glücklichen Beisammenlebens zuweilen dennoch eine kleine Wolke den heiteren Ehehimmel trübte. Es mag dies durch eine vielleicht übergroße Sorgfalt der Kurfürstin entstanden sein, den Gemahl vor Ausschreitungen zu bewahren. Einmal daran gewöhnt, in den meisten zweifelhaften Fällen um Rath gefragt zu werden, war sie mit diesem zuweilen bei der Hand, ohne von dem leidenschaftlichen Kurfürsten darum ersucht worden zu sein. Besonders traten dergleichen Momente ein, wenn die Entscheidung über religiöse Dinge vorlag, und so geschah es denn, daß der Kurfürst einst bei einem solchen Dazwischentreten der Gattin seinen Hut auf den Tisch warf und in gereiztem Tone die Kurfürstin bat, sie möge den Hut nehmen, ihm, dem Gemahl, aber ihre Nachthaube überlassen. Indessen waren diese Störungen des Friedens stets nur von kurzer Dauer. Friedrich Wilhelm war sich viel zu sehr bewußt, welch heilsamen Einfluß die Rathschläge der Gattin auf sein Thun und Lassen ausübten, als daß er sich demselben entzogen hätte.

Aus der Ehe waren entsprossen: Wilhelm Heinrich, geboren 1648, gestorben 1649, Karl Emil, geboren 1655, gestorben 1674, Friedrich, geboren 1657, nachmals Kurfürst und später erster König von Preußen, dann die Zwillinge Heinrich und Amalie, geboren und gestorben 1664, zuletzt Ludwig, geboren 1666 und gestorben 1687.

Die vielen Reisen, auf denen sie ihren Gemahl begleitete, die innige Theilnahme, welche Luise Henriette ihrem Gatten widmete, weshalb sie all seine Sorgen lebhaft mit empfand, mochten den ersten Keim zu der Krankheit gelegt haben, der sie später erlag. Nach dem Tode des Erstgeborenen zweifelte man daran, daß Luise dem Gatten einen Thronerben schenken werde, und die Aeußerungen, welche im Volke darüber gemacht wurden, kamen der Kurfürstin zu Ohren. Sie empfand den Verlust des Erstgeborenen nun doppelt schmerzhaft und soll sogar dem Gemahl den Vorschlag gemacht haben, sich von ihr scheiden zu lassen, was der sehr religiöse Kurfürst mit Entschiedenheit abwies. Um so größer war die Freude beider Gatten und des Landes, als am 16. Februar 1655 der präsumtive Thronerbe Karl Emil geboren ward. Der Schmerz, auch ihn sterben zu sehen, blieb der fürstlichen Mutter erspart, die ihrem reichbegabten Sohne vorausging. Die Geburt des Prinzen feierte Luise durch die Stiftung des Waisenhauses zu Oranienburg. Sie hatte die Freude, ihre Ehe noch durch die Geburt der oben angeführten Kinder gesegnet zu sehen. Als Friedrich das Licht der Welt erblickte, ward ein Gedicht überreicht, welches in prophetischer Weise die Erhebung Friedrichs zum Könige voraussagte.

Bei der schon erwähnten Vorliebe der Kurfürstin und ihres Gatten für Blumen und Gartenanlagen war ihr das Geschenk, welches Friedrich Wilhelm der Gattin mit dem alten Jagdschlosse Bölzow machte, besonders willkommen. Sie hatte bei einem Ausfluge dahin mit Entzücken die herrlichen, wenn auch vernachlässigten Umgebungen von Wald, üppigen Wiesen und den Gewässern der Havel betrachtet; hier wollte sie sich einen jener Plätze gründen, welche sich diejenigen erwählen, die aus dem Treiben eines geräuschvollen Lebens zur Einsamkeit und Ruhe flüchten. Bölzow war schon im Jahre 1590 als kurfürstliches Jagdschloß von Sala unter Leitung des Grafen Lynar ausgebaut worden. Nachdem der Kurfürst es seiner Gemahlin überwiesen hatte, ließ diese es von Memhardt wohnlich einrichten. Die ganze Gegend, der Charakter der Umgebung mahnte sie an ihr Vaterland, und sie taufte den Ort Oranienburg, richtete eine sogenannte „Holländerei" ein, legte Park und Gemüsegarten an, zu welchem Behufe sie die Arbeiter aus Holland kommen ließ, und verschrieb auch von dort eine große Anzahl Obstbäume.

Der schnell aufblühende Ort blieb ein Lieblingsplatz der Kurfürstin. In ihren Briefen gedenkt sie stets desselben und widmet ihm alle Sorgfalt. Auch für die innere Ausschmückung ward gesorgt. Die Zimmer waren sehr behaglich, zum Theil sogar prunkvoll möblirt und enthielten vielerlei Silberzeug, sowie das sehr kostbare japanische Porzellankabinet. Es konnte in jener Zeit für einen der größten Luxusgegenstände gelten.*) Die Vorliebe der Kurfürstin für Oranienburg ging so weit, daß sie sich sogar ein Bild malen ließ, welches die während ihrer Abwesenheit vorgenommenen baulichen Aenderungen darstellte und ihr nach Preußen geschickt werden mußte. In echt weiblicher Weise kümmerte sie sich um jede Wirthschaftsangelegenheit; weder der Brunnen in der Küche, noch das Pflaster des Hofes und die Karpfenteiche im Parke entgingen ihrer sorgfältigen Prüfung.

In Pommern machte die Kurfürstin ebenfalls ihre Kenntnisse in der Bewirthschaftung geltend. Der Kurfürst hatte ihr das Amt Treptow geschenkt und sie ließ es trefflich einrichten, auch legte sie das Dorf Neuholland an und hat sich das hohe Verdienst erworben, zuerst die Kartoffeln in die Mark gebracht zu haben. Bei Anpflanzung dieser hochwichtigen Frucht war auch der Kurfürst selbst thätig. Es geschah dies in Oranienburg. Die Kurfürstin wirkte übrigens nach allen Richtungen hin wohlthuend und aufmunternd. Sie gab reichlich für Arme und Nothleidende, förderte den Schulunterricht und stand oft an dem Sterbebette eines einfachen Bürgers, der im Spitale zu Berlin dem letzten Augenblick entgegenharrte. Schlicht in ihrem ganzen Wesen, war sie doch eine Fürstin im wahren Sinne des Wortes wenn es galt, jenen Prunk zu zeigen, der nun einmal vom kurfürstlichen Hofe nicht mehr getrennt werden konnte. Man hat es der Kurfürstin hoch angerechnet, daß sie die bereits Eingang findenden französischen Moden nicht entschieden begünstigte, allein die holländische Tracht, deren sie sich bediente, war nicht minder kostbar, und in dem reichen Kleide, das brabanter Spitzen umsäumten, nahm sich die schöne und liebenswürdige Kurfürstin nur um so reizvoller aus. Der Kurfürst brachte in ihrer

---

*) Die Porzellane standen auf kleinen Tragsteinen. Es enthielt die große Porzellangalerie auch sonstige werthvolle Stücke. So Pokale aus Kristall und Topasfluß. Ein besonders interessantes Machwerk für jene Zeit, ein Meisterstück, war ein Automat, die Figur eines Schweden, welcher die Trommel schlug. In der Küche war alles aus Silber.

Nähe die glücklichsten Stunden zu, nach schwerer Arbeit genoß er der behaglichen Ruhe in der Gesellschaft seiner Gattin.

Die Lebensweise am Hofe des Kurfürsten war zu jener Zeit sehr prächtig. Allein wenn die fürstlichen Herrschaften die gesellschaftlichen Pflichten erfüllt hatten und in ihrer Häuslichkeit blieben, gestaltete sich ihr Leben einfach. Friedrich Wilhelm war an große Thätigkeit gewöhnt, Arbeit erschien ihm als Bedürfniß. Sommer= und Wintermorgen fanden ihn schon vor sechs Uhr außerhalb des Bettes. Sein Morgengebet hielt er noch vor dem Frühstücke, welches in den jüngeren Jahren aus Biersuppe bestand. Erst später genoß er Kaffee oder Thee. Nach dem Frühstücke begannen die Arbeiten mit den Räthen, welche an Posttagen oder wenn wichtige Ereignisse in Aussicht waren, stets in seiner Nähe bleiben mußten. Er pflegte Briefe und Abhandlungen, wenn sie wichtige Gegenstände betrafen, selbst zu diktiren und bei der Unterhaltung über die Angelegenheiten des Staates, während der Verhandlungen und Dispute darüber, redete er jeden, auch die Minister, mit Du an. Es ist vorgekommen, daß der Kurfürst die Sitzungen verließ, um mit seiner Gemahlin schnell eine Rücksprache zu nehmen, ehe er seine Meinung im Rathe äußerte, so hoch schätzte er die Ansicht Luisens.

Wenn die Stunde zur Tafel schlug, elf Uhr Vormittags, ging er die Gattin aus ihren Gemächern abzuholen und speiste für gewöhnlich allein mit ihr. Wenn die Arbeiten vorüber waren, plauderte er gern in Gesellschaft und veranstaltete gemeinschaftliche Fahrten oder Ritte. Der Abend fand ihn stets in Gesellschaft der Kurfürstin.

Leider wurde dieses innige Zusammenleben durch die Kränklichkeit Luise Henriettes gestört. Sie hatte ihren Haushalt so weislich geordnet, sie fühlte mit tiefem Kummer, wie sie, von der Macht eines inneren Leidens überwältigt, fremden Händen schon so manches überlassen mußte.

Sie hatte die Erziehung der kurfürstlichen Kinder geregelt. Karl Emil erhielt in seinem siebenten Jahre Schwerin zum Erzieher, dem der Kurfürst eine Instruktion gegeben hatte, welche in mancher Beziehung wol peinlich sein mochte, aber dem Sinne des Kurfürsten vollkommen entsprach. So mußte der Oberpräsident, „um den Kurprinzen an Gottesfurcht und Demuth zu gewöhnen," mit ihm und den Bedienten „morgens und abends auf den Knien liegend beten". Geschichte, Geographie und vor allem die Beredtsamkeit, „ein guter Schmuck des Menschen," wurden sehr eifrig gelehrt. Französisch eignete der Prinz sich durch die Konversation an, woraus man ersieht, daß am Hofe schon um jene Zeit viel französisch gesprochen wurde.

Schwerin war bei den kurfürstlichen Herrschaften sehr beliebt. Bei ihrer Abreise nach Preußen besuchten sie ihn an seinem Krankenbette, aber der Erzieher verdiente auch diesen Dank, diese Zuneigung, denn er war in der treuesten Weise für die Ausbildung seiner Zöglinge besorgt. Es währte lange, bevor er einen Lehrer anstellte. Ein solcher mußte erst hinreichende Beweise seiner Fähigkeiten und seines bürgerlich tadellosen Lebens gegeben haben, ehe er sein Amt antreten konnte. Der Lehrer des Kurprinzen wurde Daniel Stephani;

LOISA A NASSAV, VXOR MARCH. BRANDENBVRGICI. Elect.S.R.Imp.

Luise Henriette, erste Gemahlin des Großen Kurfürsten.
Nach einem Amsterdamer Stich aus den letzten Jahren ihres Lebens.

Ger. van Hondthorst pinxit.   J. Brouwer sculp.

der zweite Prinz Friedrich erhielt den nachmals so berühmten Danckelmann zum
Lehrer. Um sechs Uhr mußten die Prinzen aufstehen und ihren Anzug selbst
und schnell vollenden. Dann folgte das Gebet. Um sieben Uhr Lesen und
Katechismus, dann Schreiben, bis zur Essenszeit Tanzunterricht (!). Nach
Tische Spielpause bis zwei Uhr. Von zwei bis drei Uhr Schreiben. Bis
vier Uhr Gedächtnißübungen, dann volle Freiheit bis neun Uhr, zu welcher Zeit
die Prinzen zu Bette gingen.

Karl Emil hatte bei großen geistigen Anlagen die Lebhaftigkeit und den
Jähzorn seines Vaters geerbt. Er war stets zum Widerspruche geneigt und
dem strengen, gewissenhaften Lernen abhold, dagegen mit entschiedener Vorliebe
dem Soldatenstande zugethan. Er ging schon als kleiner Knabe nie ohne den
Degen, verschmähte bei der Weihnachtsbescheerung jede andere Gabe als die
eines neuen Degens und interessirte sich überhaupt nur für Soldaten. Seine
Strafen durften nur in einer Vorhaltung seiner Fehler bestehen, Züchtigungen
fruchteten nie, machten ihn vielmehr nur noch wilder. Dagegen konnte Schwerin
ihn nicht bitterer strafen, als durch Abnahme des kleinen Degens. Sein Herz
war trefflich, leutselig und freundlich gegen alle, und sein Tod wurde auf das
schmerzlichste empfunden; allein es unterliegt keinem Zweifel, daß er, wenn es
ihm beschieden gewesen wäre, den kurfürstlichen Thron einzunehmen, sehr bald
seinen Hang zum Soldatenthum durch einen Krieg bethätigt haben würde.
Mindestens hätte Brandenburg schon im Jahre 1688 ein vollständiges Soldaten=
regiment erstehen sehen. Buch schildert ihn als einen mit den schönsten Eigen=
schaften des Körpers und der Seele begabten Prinzen, „wie man es nur wünschen
kann". Der Kurfürst behandelte ihn streng.

Der zweite Sohn, Friedrich, war leichter zu ziehen und sanfter von
Charakter. Die Kurfürstin trug dieser Eigenschaft vollkommen Rechnung und
war sogar ungehalten über Danckelmann, der, wie sie erfahren habe, „Fritzchen
beim Unterrichte so hart anfahren solle, was auf ein gutes und schüchternes
Kind keinen guten Eindruck mache".

Die liebende und sorgsame Mutter, welche auch dem Jüngstgeborenen ihre
ganze Zärtlichkeit angedeihen ließ, ward nach dessen Geburt so hinfällig, daß
sie selbst von der Nähe ihres Endes überzeugt war und mit jener Ruhe die
Auflösung erwartete, welche ein so wahrhaft frommes Gemüth, wie es die Kur=
fürstin besaß, überkommt, wenn menschliche Hülfe als nutzlos erkannt wird.
Luise Henriette war in der That ein wahrhaft frommes Wesen. Sie fand in
der Unterhaltung mit Gott und dessen Dienern einen Genuß, ohne darum gegen
weltliche Freuden sich abzuschließen. Auch als Dichterin geistlicher Lieder ist
sie aufgetreten. Vier derselben erschienen abgedruckt in dem von Christoph Runge
in Berlin 1653 herausgegebenen Lieder= und Psalmenbuche. Es sind:

„Ein ander stelle sein Vertrauen
Auf die Gewalt und Herrlichkeit."

―――――

„Gott der Reichthum deiner Güter
Dem ich alles schuldig bin ıc."

―――――

und das schönste:

„Ich will von meiner Missethat
Zum Herren mich bekehren 2c."

„Jesus meine Zuversicht
Und mein Heiland ist im Leben 2c."

Ihre Autorschaft ist oft angezweifelt worden, scheint aber durch die neuerdings geschehene Wiederherausgabe des ältesten ihr gewidmeten Druckes jenes Buches, in dessen Widmung sie ausdrücklich als Verfasserin angeredet wird, sichergestellt zu sein. Die Gegner ihrer Autorschaft stützen sich besonders darauf, daß die Kurfürstin nicht korrekt und fließend deutsch gesprochen habe. Allerdings sind ihre Unterschriften meist holländisch; allein dies beweist noch nicht,

E L
Dienstwillige
Muhme
Louise Corvorstin

Unterschrift Luise Henriettens von einem Neujahrsbriefe an Herzog Ernst zu Sachsen v. J. 1666.

daß sie im täglichen Leben nicht ein genügendes Deutsch gesprochen habe und wenn sie eine Dichterin war, so ersetzte ihr das dichterische Ingenium eben manches. Außerdem bleibt sprachliche Hülfe ihrer Freunde nicht ausgeschlossen, wie denn eine Annahme die ist, die Kurfürstin habe ihre Lieder holländisch gedichtet und Otto von Schwerin, ihr Freund und der Erzieher ihrer Kinder, habe sie übersetzt.

Der Kantor an der Nikolaikirche, Crüger, hat einige davon in Musik gesetzt.

1667 Die Krankheit, an welcher Luise sterben sollte, überfiel sie in Cleve. Von diesem Augenblicke an beschäftigte sich die Kurfürstin mit Vorbereitungen auf das Jenseits, welche allerdings nicht geeignet waren, dem Vordringen des Leidens ein Halt zu gebieten. So fastete sie an jedem Dienstage. Das Brustübel machte Fortschritte, man rieth ihr, sich nach dem Haag zu begeben, aber auch dort fand sie keine Linderung. Sie sehnte sich nach Berlin und brach mit Beginn des Frühjahrs dahin auf. Schon in Wesel verschlimmerte sich ihr Zustand. Sie konnte den Weg nicht fortsetzen. Der Kurfürst reiste ihr eilig entgegen, sie hatte aber bereits wieder die Reise angetreten und traf mit dem Gatten in Halberstadt zusammen, von wo aus sie in einer Sänfte nach Berlin geschafft wurde. Obwol sie still und ergeben duldete, traten doch Momente ein, wo sie es mit Gram und Schmerz empfand, aus dem Leben scheiden zu

221

Vorrede.

ertheilen/ und solches Buch noch mit dero eigenen Liedern/ als

Ein anders theils sein Vertrauen auf die Gewalt und Herrlichkeit/ ꝛc.
GOtt der Reichthumb deiner Güter/ Dem ich alles schuldig halt/ ꝛc.
JEsus meine Zuversicht und mein Heyland ist im Leben/ ꝛc.
Ich wil von meiner Missethat Zum HErrn mich bekehren ꝛc.

vermehren und zieren wollen.

Es haben S. Churfl. Durchl. nicht nur in den itztgemeldten geistreichen Ihren eigenen Liedern dero Christliches Gemüth: wie Sie allein ihr Vertrauen auff GOTT gerichtet: wie Sie dem alle Wolthaten mit danckbarem Hertzen zuschreiben: und wie Sie die Hoffnung dero künf-

tigen

Erster Druck des Liedes „Jesus meine Zuversicht" der Kurfürstin Luise Henriette. Getreue Nachbildung aus Christoph Runges Berliner Gesangbuch v. J. 1653, nach dem für Otto von Schwerin auf Pergament gedruckten Exemplar, seit 1754 in der Gräflich Stolbergischen Bibliothek zu Wernigerode. Eins der drei allein erhaltenen Exemplare.

Jesu Christi.

13. L. Sehts an das tuch nach/darinn er lag/All. Gewickelt biß an den dritten tag. Alleluja.
14. M. Wir sehns wol zu dieser frist/All. Weil uns den HErren JEsum Christ. Allel.
15. L. Geht hin ins Galiläisch land/Allel. Da findt ihr ihn/sagt er zuhand. Alleluja.
16. M. Habt danck/ihr lieben engelein/All. Nu wolln wir alle frölich seyn. Alleluja.
17. L. Geht hin/sagt das St. Petro an/ All. und seinen Jüngern losesan. All.
18. M. Nun singet all zu dieser frist/All. Erstanden ist der heilge Christ. All.
19. Deß solln wir alle frölich seyn/Alleluja. Und Christ wil unser tröster seyn. All.

CXL.

Jesus meine Zuversicht.

JEsus meine zuversicht Und mein heyland ist im leben/Dieses weiß ich/sol ich nicht Darumb mich zu friede geben/Was die lange todesnacht/Mir auch für gedancke macht.

2. Jesus/ er mein heyland lebt/Ich werd auch das leben schauen/Seyn/wo mein erlöser schwebt/Warumb solte mir denn grauen? Lässet auch ein haupt sein glied Welches es nicht nach sich zieht?

3. Ich

Die Melodie und die beiden ersten Verse des Liedes.

müssen. Sie rief dann: „Erst neunundreißig Jahre alt! der Tod ist bitter, vor ihm schrickt Fleisch und Blut."

Der Kurfürst war trostlos. Er wußte, welcher Verlust ihm bevorstand. Er war bei der Abfassung des Testamentes zugegen und führte die Dienerschaft selbst an das Lager der sterbenden Gattin, welche Allen in rührender Weise dankte. Ergreifend war der Abschied von ihren Kindern. Die ältesten Söhne konnten ebenfalls schon begreifen, wie viel ihnen entrissen ward, obwol sie nicht ahnten, daß ihre Jugend dergestalt verbittert werden sollte, wie dies infolge der zweiten Heirath des Kurfürsten geschah.

Am 17. Juni 1667 mittags 3 Uhr ward der Kurfürst aus dem Garten an das Sterbelager gerufen. Er fand die Gattin bereits im Todeskampfe, erfaßte,

Luise Henriettes Tod.

vor dem Bette knieend, ihre Hände und fühlte, wie sie dreimal die seinigen drückte. Es war das letzte Lebenszeichen, gleich darauf hatte diese ausgezeichnete edle Frau geendet. Das ganze Land trauerte mit dem Kurfürsten. Er lebte im Geiste eine Zeitlang mit der Entschlafenen fort, der er ein prächtiges Leichen= begängniß veranstaltet hatte. So pflegte er oft, wenn er sich unbelauscht glaubte, vor die beiden in Lebensgröße ausgeführten Portraits seiner Person und der entschlafenen Kurfürstin hinzutreten und, das letztere mit thränenvollen Augen be= trachtend, zu flüstern: „Luise! Luise! wärest Du doch mit Deinem Rathe bei mir."

Die weibliche Pflege und Theilnahme, welche Friedrich Wilhelm durch seine edle Gattin genossen hatte, war eine Nothwendigkeit für ihn geworden; auch be= durfte der kurfürstliche Hof einer weiblichen Repräsentation. Der Kurfürst hatte lange gezögert, ehe er sich zu einer zweiten Heirath entschloß. Er hatte sein Auge auf die Prinzessin Elisabeth Charlotte von der Pfalz geworfen. Allein die sehr treuherzige und wackere Prinzessin lehnte den Antrag mit den Worten ab, daß sie nicht Stiefmutter erwachsener Prinzen werden möge. Wer die Prinzessin näher kannte, vermochte nur zu bedauern, daß der Kurfürst sie nicht als Gattin heimführte, denn ebenso klug als gut, galt sie für eine der interessantesten und trefflichsten Damen ihrer Zeit. Sie heirathete später den Bruder Ludwig XIV., den Herzog von Orleans, und ist die Mutter des Regenten geworden, bekannt auch durch ihre zwar rücksichtslos geschriebenen, aber doch höchst merkwürdigen Memoiren über den französischen Hof. Vertraulich hieß sie die „Liselotte".

Die Wahl, welche nun der Kurfürst traf, war keine glückliche. Er heirathete 1668 im Juni des Jahres 1668 Dorothea, die Wittwe des Herzogs von Braunschweig-Celle, Tochter des Herzogs Philipp von Holstein-Sonderburg-Glücksburg. Die Hochzeit ward zu Grüningen bei Halberstadt gefeiert.

Denkmünze auf die zweite Vermählung des Großen Kurfürsten mit Dorothea von Holstein-Sonderburg-Glücksburg.

Ueber diese Fürstin sind eine Unzahl verschiedener Urtheile abgegeben worden, aber der bei weitem größere Theil derselben ist absprechend und feindlicher Art. Dorothea erscheint als eine jener Personen, welche finsteren Schatten gleich durch die Räume fürstlicher Paläste schweben und deren Erwähnung dunkle Punkte in den Geschichtsbüchern jener Familie bilden. Diese Abneigung gegen die Kurfürstin, eine Abneigung, welche nicht nur der größte Theil aller am kurfürstlichen Hofe befindlichen Personen, sondern überhaupt das ganze Volk empfand, war nicht ohne allen Grund.

Indessen verlangt es die Gerechtigkeit, welche bei der Geschichte stehen soll, von vornherein zu sagen, daß die empörenden Beschuldigungen, welche, anfangs als infame Klatschereien auftauchend, später in das Gewand der Wahrheit gekleidet, von theilweis heuchlerischen Anhängern des Kurprinzen verbreitet, jedes Anhaltes entbehren, daß sie zum Theil aus der Luft gegriffen wurden, anderntheils aber auch leider durch eine Verkettung unseliger Zufälligkeiten mit einem Schimmer von Wahrscheinlichkeit umgeben, den Boshaften als willkommene Waffe gegen eine Frau in die Hände geriethen.

Dennoch bleibt, wenn man auch das Ungeheuerliche entschieden in Abrede stellen muß, genug übrig, was die Kurfürstin Dorothea unliebenswürdig und selbst strafbar erscheinen läßt. Freilich hatte die Nachfolgerin einer Luise Henriette kein leichtes Spiel. Es gehörte ein großer Theil persönlicher Vorzüge dazu, für die Entschlafene nur einigermaßen Ersatz zu bieten, und dazu war die neue Gemahlin durchaus nicht geeignet. Schon die äußere Erscheinung Dorotheas vermochte nicht einen günstigen Eindruck hervorzubringen. Wenngleich mit imponirender Gestalt und keineswegs häßlichen Gesichtszügen begabt — eine häßliche Gattin hätte der Kurfürst sicher nicht gewählt — trugen jene Züge doch das Gepräge des Melancholischen, Finsteren, ja Unheimlichen. Man las aus diesem Antlitz, dessen dunkle Augen von starken, fest zusammengezogenen Brauen beschattet waren, nichts Erfreuliches, man fand nicht den herzgewinnenden Zug, mit dessen lieblicher Gewalt Luise alle ihr Nahenden bezauberte.

Dennoch vermochte Dorothea freundlich zu blicken und derjenige, dem ihre liebenden Blicke einzig und allein galten, war ihr Gemahl, der Kurfürst, den sie wahrhaft innig und bis zur höchsten Selbstaufopferung liebte. Diese starke und feste Liebe zeigte sich bis an ihr Ende. Die Kurfürstin ertrug keine Trennung von dem Gemahl. Wir haben bereits gesehen, wie sie ihn auf allen Feldzügen begleitete, selbst keine Gefahr und Entbehrung scheuend. Wie sie ihn treu und unverdrossen pflegte, das erweckte selbst die Anerkennung ihrer zahlreichen Feinde. Unermüdet thätig für die Verbesserung des Landes, legte sie zu Berlin die nach ihr benannte Dorotheenstadt an und den ersten Baum zu jener Promenade inmitten der mächtigen Stadt, welche noch heute die Bewohner derselben und die Fremden erfreut, pflanzte die Kurfürstin mit eigner Hand. Der Ruhm Brandenburgs und ihres Gatten stand ihr keineswegs so niedrig als man sagte, und sie empfand es mit Stolz, daß der Kurfürst ihre Begleitung ins Feld nicht entbehren mochte.

Neben diesen guten Eigenschaften und dem Sinne für das Schöne besaß die Kurfürstin leider einen ihr angebornen Hochmuth, den sie nicht durch persönliche Liebenswürdigkeit zu mildern vermochte. Sie stand ferner in dem Rufe, eine hartnäckige Feindin zu sein, das heißt, einmal empfangene Beleidigungen nicht wieder zu vergessen, viel weniger noch zu verzeihen. Wer diese Meinungen in das Publikum gebracht, wie sie überhaupt entstanden, wie viel an ihnen wahr oder erfunden sein mochte? — das wußte niemand zu sagen. Dergleichen böser Leumund schießt auf wie das Unkraut, dessen Samen der Wind in alle Richtungen entführt. Gegründet ist es wol, daß Dorothea eine entschiedene Kälte, eine stolze Haltung besaß, welche wahrscheinlich noch dadurch starrer wurde, daß sie genau wußte, wie man über sie urtheilte. Diesem feindlichen Urtheile, das vielfach ungerecht und übertrieben gewesen sein mag, setzte sie die Verachtung entgegen und der ihr eigne Trotz, ihre nicht zu verkennende Energie verboten ihr, den Gegnern mit Freundlichkeit zu nahen, welche jene leicht für Nachgiebigkeit oder Heuchelei hätten halten können. Da sie wußte, daß die große Menge der Hofpersonen sie nicht liebte, schloß sie sich desto inniger an den an, dessen Neigung sie in der That besaß, an den Kurfürsten, und als in der Folge die Abneigung gegen sie bei den Mitgliedern der kurfürstlichen Familie, dem Hofe und dem Volke ganz offen hervortrat, hielt sie sich gar nicht mehr an irgend welche Rücksicht gebunden, sondern arbeitete, ihres Einflusses auf Friedrich Wilhelm sich wohl bewußt, immer verbitterter in ihrem Interesse, vor allem aber in dem ihrer eigenen Kinder, welche sie dem Kurfürsten in zweiter Ehe gebar. Sie opferte dabei oder wollte mindestens opfern das Heil des Staates Brandenburg, und so war sie immerhin verhängnißvoll für das Land geworden, wenn auch der Haß sie mit Anschuldigungen belud, welche sie nicht verdiente, die aber schwer auf ihr lasteten und von der geringen Zahl ihrer Freunde nicht entkräftet werden konnten.

Schon längere Zeit vor dem Erscheinen der Kurfürstin in der Hauptstadt hatte das Gerücht allerlei Nachtheiliges über sie verbreitet. Aus dem Gerede entstand bald die Anklage. Die Bewohner der Hauptstadt Berlin waren schon damals äußerst geschäftig, schlimme Neuigkeiten über die zukünftige Landesmutter zu verbreiten. So hatte man ihr auch eine übertriebene Geldgier nachgesagt, sie sollte die Grenzen der Sparsamkeit weit überschreiten, geizig sein und zwar die Kassen des Landes nicht schonen, wenn es galt, Prunk des Hofes zu zeigen, dabei aber im Stillen sich selbst bereichern. Von der Unliebenswürdigkeit ihres Wesens war man vollkommen überzeugt und das große Publikum trat daher sogleich der Kurfürstin ablehnend entgegen, als sie ihren Einzug in Berlin hielt. Selten hatte man wol einen kühleren Empfang gesehen, was um so auffälliger sein mußte, als es bekannt war, welchen überschwänglichen Enthusiasmus die Berliner sonst bei dergleichen Festlichkeiten zu zeigen pflegten. Ein weniger starrer Charakter als ihn die Kurfürstin besaß, hätte die Gleichgültigen zu gewinnen gesucht, aber solch Entgegenkommen war bei Dorothea nicht zu hoffen. Sie empfand vielmehr von jenem Augenblick an einen entschiedenen Widerwillen gegen die Berliner. Menschlich war diese Empfindung. Man gab ihr durch ein wahrhaft „leichenartiges Gepränge", das jeder Fröhlichkeit, jedes Zurufes der Theilnahme oder des Willkommens entbehrte, zu verstehen, daß man sie nicht als Fürstin haben mochte und sie sollte diese Massen lieb gewinnen, welche mit finstern Gesichtern sie anstarrten?

Daß die Kurfürstin von der lutherischen Kirche zur reformirten übertrat, trug nicht dazu bei, die Liebe der Berliner und Märker zu erhöhen, denn man hatte allgemein erwartet, daß die streng lutherisch erzogene Fürstin für die Glaubensgenossen ein fester Halt sein werde, da viele Eifrige sogar die Behauptung aufstellten, die sonst so liebenswürdige Oranierin habe im Punkt religiöser Duldung gefehlt, indem sie ihrem Gatten verschiedene, den Lutheranern nicht günstige Rathschläge ertheilt habe. Dorotheens Uebertritt, den sie in der That aus Liebe für den Gemahl unternommen hatte, galt als Charakterlosigkeit und machte ihr viele neue Feinde. Sie dagegen suchte sich für die erlittene Niederlage bei dem Einzuge dadurch zu rächen, daß sie den Kurfürsten bewog, nicht für immer in Berlin, sondern auch möglichst oft in dem neu ausgebauten Potsdamer Schlosse zu residiren.

Da die Kurfürstin verschiedene Stellen in und außerhalb der Stadt zum

Geschenk erhielt, legte sie daselbst Wirthschaftsgebäude an. So z. B. ein Vorwerk und eine Meierei und zwar da, wo heute das Schloß Monbijou steht. Vor dem Spandauer Thore besaß sie viel Ackerland, welches sie zum Theil als Baustellen verkaufte. Sie ließ es sich sehr angelegen sein, von ihrer Meierei aus eine Straße zu ziehen, welche mit der alten Hamburgerstraße parallel laufen sollte. Dies geschah, so kalkulirten die Berliner, aus keinem anderen Grunde, als um die Landstraße nach Hamburg dorthin zu verlegen, weil an jener Straße der ihr gehörige Schankkrug lag, dem sie möglichst großen Zuspruch verschaffen wollte*). Indessen kam dieser Plan der Kurfürstin nicht zu Stande, da die Eigenthümer der in jener Gegend liegenden Gärten sich widersetzten.

Dergleichen Spekulationen mehrten die Abneigung der Berliner, die Kurfürstin galt als geizig und eigennützig.

Die kurfürstlichen Kinder erster Ehe bezeigten der Stiefmutter ebenfalls wenig Zuneigung. Einmal wol aus dem so oft bei Stiefkindern erwachenden instinktiven Widerwillen gegen die neue Mutter, dann aber, weil Dorothea auch in diesem Falle nichts that, die Liebe ihrer Stiefkinder zu gewinnen. So lange die zweite Ehe des Kurfürsten kinderlos blieb, gingen die Sachen am kurfürstlichen Hofe noch in ziemlich glatter Weise. Man bezeigte der Stiefmutter die ihr persönlich gebührende Hochachtung und es fanden mindestens keine offenbaren Zerwürfnisse statt.

Dies änderte sich jedoch, als die zweite Ehe mit Kindern gesegnet ward. Die Kurfürstin suchte als Mutter zu handeln. Sie sagte sich, daß bei dem Tode des bereits auffällig alternden und vielfach durch Krankheit geplagten Kurfürsten ihre Kinder der Gnade des Kurprinzen anheim gegeben seien und sie suchte alles daran zu setzen, ihren Kindern unabhängige Stellungen zu verschaffen. Offenbar ging die Kurfürstin bei ihren Bestrebungen sehr unvorsichtig zu Werke. Ihre Versuche wurden bemerkt, sie kamen den Betheiligten zu Ohren, die üblen Gerüchte ließen sich nicht mehr zurückhalten. Sie fanden eine furchtbare Nahrung, als im Jahre 1674 der Kurprinz Karl Emil zu Straßburg starb.

Man war mit den Verleumdungen schnell bei der Hand und die leicht erregbare Masse nahm keinen Anstand, die Kurfürstin zu beschuldigen, sie habe den Kurprinzen Karl Emil durch Gift aus dem Wege räumen lassen, um ihrem Erstgebornen dadurch Vortheil zu schaffen. Die Abscheulichkeit dieses Geredes schreckte dessen Verbreiter nicht ab und bald war in der ganzen Armee die Rede von der Vergiftung des sehr beliebten Kurprinzen durch dessen Stiefmutter. Die Sache war bereits so weit gediehen, daß, als die Kurfürstin mit ihrem Gemahl durch das Lager fuhr, die Soldaten jene gräßliche Beschuldigung ganz laut und den beiden Gatten vernehmbar in den Wagen riefen und die Kurfürstin „Eine Locusta" nannten.**)

Allmählich wurde man wieder ruhiger. Die Angelegenheiten schienen ge-

---

*) Dieser Krug stand auf derselben Stelle am jetzigen Monbijouplatze, wo nachmals das von dem Pantomimen Berge 1760 erbaute „Komödienhaus" seinen Platz hatte.

**) Einer Widerlegung der scheußlichen Beschuldigung bedarf es heute wol nicht mehr. Der Leichenbefund ist handschriftlich, amtlich besiegelt, auf der königl. Bibliothek vorhanden.

ordnet zu sein, aber die Kurfürstin gab ihre Pläne nicht auf. Sie war entschieden darauf bedacht, ihren Kindern Souveränetätsrechte zu verschaffen und begann nun in den Kurfürsten zu dringen, sein Testament und zwar zu Gunsten der Stiefkinder umzuwerfen. Dieses Testament, das erste, hatte der Kurfürst im Jahre 1664 (23. März) entworfen und darin seinen ältesten Sohn zum Erben des Reiches eingesetzt. Der Prinz Friedrich sollte das Fürstenthum Halberstadt und das Amt Egeln erhalten.

Nach dem Tode Karl Emils trat die Kurfürstin nun um so eifriger jenem Testamente entgegen, als sie bei dem neuen Thronfolger die Spuren gewaltigen Ehrgeizes zu entdecken glaubte. Gewisse, mit den geheimen Vorgängen am Hofe sehr vertraute Personen hinterbrachten dem nunmehrigen Kurprinzen Friedrich jene Intriguen der Kurfürstin. Die Gerüchte von dem jähen Tode Karl Emils wurden wiederum hervorgeholt und trugen viel dazu bei, den Kurprinzen aufzureizen. Es fand zwischen ihm und der Stiefmutter eine äußerst heftige Scene statt, in welcher Friedrich die Kurfürstin geradezu eine Intriguantin nannte, ihr wegen des Unfriedens, den sie zwischen Vater und Sohn stiftete, harte Vorwürfe machte und ihr drohte, daß es einen Tag der Vergeltung geben werde.

Diese Drohung erwiderte die Kurfürstin damit, daß sie schwur, sie werde es dahin zu bringen wissen, daß den Kurprinzen sein unehrerbietiges Wesen schwer reuen solle. Ob noch weitere Auftritte folgten, bleibe dahingestellt, ebenso, ob dem Kurprinzen wirklich so wahrscheinlich klingende Gerüchte, seine Stiefmutter wolle an ihm Rache nehmen, hinterbracht wurden, genug, es überfiel ihn plötzlich eine gewaltige Angst. Er hielt sich nicht mehr für sicher in Berlin, sondern flüchtete nach Kassel zu seiner Tante, der verwittweten Landgräfin von Hessen, mit deren Tochter Elisabeth Henriette er verlobt war. Ueber diese Flucht, welche natürlich eine Fluth von Gerüchten und Verdacht erzeugte, war der Kurfürst außer sich vor Zorn.

Vergebens suchte der Kurprinz ihn durch Briefe und Vermittler zu besänftigen. Friedrich Wilhelm betrachtete, wie später der Vater Friedrichs des Großen, die Flucht des Sohnes als eine Desertion und schickte den General von Perband nach Kassel mit der Ordre, den Kurprinzen zu arretiren. Allein die Landgräfin verweigerte die Auslieferung ihres zukünftigen Schwiegersohnes, was den Kurfürsten so in Harnisch brachte, daß er erklärte, er werde den Sohn enterben.

Während Friedrichs Abwesenheit von Berlin war die Kurfürstin in ihrer Testamentsangelegenheit nicht unthätig geblieben, sondern hatte vielmehr den Gatten zur Aenderung des alten Entwurfes gedrängt. Gegen die projektirte Enterbung sprachen alle Räthe des Kurfürsten, dieser beschloß daher, dem Sohne so viel als möglich zu entziehen, was ohne Zweifel auf Rath der Stiefmutter geschah, und entwarf ein Testament, kraft dessen die Länder unter seine Söhne aus beiden Ehen vertheilt werden sollten. Schon bei dem Bekanntwerden dieses Testamentsentwurfes konnte der Kurfürst erkennen, daß nach seinem Ableben großes Unheil entstehen werde, denn der jüngere leibliche Bruder des Kurprinzen, Ludwig, weigerte sich entschieden das Testament anzuerkennen. Er erklärte, nichts von der Theilung wissen zu wollen, da ihm des Hauses Größe mehr am Herzen liege als sein eigener Vortheil. Er begehre nur der erste Unterthan seines Bruders zu sein und sei bereit, dessen Rechte gegen jeden zu vertheidigen.

Unterdessen wendeten die Freunde des Hauses alles an, den Kurprinzen zur Heimkehr zu bewegen. Mit Hülfe seines ehemaligen Lehrers, nunmehrigen Sekretärs Danckelmann und des Kammerdieners Kornmesser, welche beide Personen mit ihm nach Kassel geflüchtet waren, gelang es dem Fürsten Johann Georg von Dessau, den Kurprinzen zu einer Erklärung zu veranlassen, daß er die dem Vater schuldige Ehrfurcht verletzt habe, daß er sich nicht mehr ohne Erlaubniß aus den brandenburgischen Landen entfernen werde, daß er sich nicht in Regierungsangelegenheiten mischen, mit seiner Stiefmutter aber in Frieden leben wolle. Diese Erklärung unterzeichnete der Kurprinz in Gegenwart des Fürsten von Dessau und des Herzogs von Braunschweig. — Der Kurfürst dagegen gelobte das Geschehene zu vergessen, dem Kurprinzen die Vermählung mit der hessischen Prinzessin zu gestatten, ihm ein anständiges Einkommen sowie das Schloß zu Köpnick als Wohnsitz zu sichern, wenn er nicht im Schlosse zu Berlin Wohnung nehmen wolle.

Am 23. August 1679 vollzog Friedrich seine Vermählung zu Kassel und kehrte dann nach Berlin zurück. Mit ihm begannen bei Hofe die Lustbarkeiten, welche lange geruht hatten. Es schien, als solle das Verhältniß zwischen den Stiefsöhnen und der Stiefmutter ein besseres werden, allein die Ruhe war nun einmal aus der Familie des Kurfürsten verbannt. Die Kurfürstin vermochte nicht ihre Pläne aufzugeben. Sie verhinderte zwar eine Abänderung des neuen Testamentes, aber sie sah mit großer Unruhe, daß die Ehe des scheinbar schwächlichen Kurprinzen mit Nachkommenschaft gesegnet werden sollte. Das zerstörte die Hoffnungen der Kurfürstin. Sie hatte darauf gerechnet, daß der körperlich schwach aussehende Kurprinz ohne Nachkommen bleiben, der Prinz Ludwig aber, welcher wenig Neigung zum weiblichen Geschlechte zeigte, unvermählt bleiben werde. Auf solche Weise würde einmal die Kurwürde an ihren Sohn Philipp gekommen sein. Nun aber hatte sie schon die erste Erwartung getäuscht und auch Prinz Ludwig vermählte sich im Jahre 1681 mit der schönen und reichen Prinzessin Luise von Radziwill. Jene zerstörten Hoffnungen mögen die Kurfürstin wol zu unbedachten Aeußerungen verleitet haben, welche dem Kurprinzen hinterbracht wurden, mehr noch aber verletzten ihn die von seiner Stiefmutter erneuten Versuche, den Bruder Ludwig zur Einwilligung in die Theilung des Reiches zu bewegen, zu welchem Zwecke die Braut desselben, Luise Radziwill, ihren Einfluß aufbieten mußte. Allein es gelang ihr nicht. Ludwig wies standhaft jedes Anerbieten ab.

Des Kurprinzen Widerwille gegen seine Stiefmutter wurde durch diese Entdeckungen noch vermehrt. Ein Verhängniß schien auf der verhaßten Frau zu ruhen. Aeußerlich war das Vernehmen zwischen Friedrich und ihr ein ganz freundliches, die Furcht vor ihr aber hatte sich nicht vermindert. Daß damals der Kurprinz an die Absicht der Stiefmutter, Gifte gegen ihn zu gebrauchen, glaubte, geht daraus hervor, daß er sich von seiner Schwiegermutter, der Landgräfin von Hessen, ein Pulver hatte geben lassen, welches von besonderer Heilkraft gegen Vergiftung sein sollte. Als er am 14. August 1680 bei der Kurfürstin speiste, überfiel ihn plötzlich ein heftiges Unwohlsein. Wie es heißt, wurde ihm nach dem Genusse einer Tasse Kaffee so übel, daß er einer Ohnmacht nahe war und als man ihn fortgeschafft hatte, die Befürchtung aussprach, „seine Stiefmutter habe ihn in dem Kaffee vergeben".

Danckelmann gab ihm sofort von dem Pulver der Landgräfin ein (anderen Berichten zu Folge soll der Sekretär ihm ein einfaches Brechmittel gegeben haben), und dies bewirkte eine schnelle Besserung, aber der Verdacht, Gift empfangen zu haben, stand nun einmal bei dem Kurprinzen fest. Er fuhr sogleich nach Köpnick und schrieb von da an den Kurfürsten, dieser möge ihm gestatten dort zu bleiben, „da er sich bei Hofe nicht sicher fühle". Daß dieser Vorfall die Spannung nur verschärfte, bedarf keiner Erwähnung. Aber auch die Kurfürstin gerieth in Besorgniß und brachte den Kurfürsten dahin, sein Testament dem französischen Kabinet in Verwahrung zu geben.

Der Kurprinz, der dasselbe im Jahre 1681 unterschreiben sollte, aber seine Unterschrift verweigerte, suchte nun sich dem Kaiser zu nähern. Er fand an ihm die beste Stütze. Freilich sah er wohl, daß die Hülfe des Kaisers nicht ohne Opfer zu gewinnen sein werde. Jedoch schien ihm dieser Schritt noch mehr geboten, als die Kurprinzessin im fünften Monate ihrer zweiten Schwangerschaft unter den seltsamsten Symptomen erkrankte und am dritten Tage starb.

Man warf wiederum einen schrecklichen Verdacht auf die Kurfürstin. Sie sollte beschlossen haben, die Kinder und Nachkommen aus der ersten Ehe des Kurfürsten zu vertilgen. Auf eine ruhige und leidenschaftslose Prüfung ließ sich niemand ein. Niemand schenkte dem ärztlichen Gutachten Glauben, daß die Prinzessin am Fleckfieber gestorben sei.

Nach Ablauf des Trauerjahres schloß der Kurprinz eine zweite Ehe mit der schönen und geistvollen Sophie Charlotte, der Tochter Ernst Augusts von Hannover und der Pfalzgräfin Sophie.

Die neue Kurprinzessin war in allen in Deutschland herrschenden drei Religionen unterrichtet worden, bekannte sich aber bei ihrer Vermählung zur reformirten Kirche, der ja auch ihr Gemahl angehörte. Es war auf Wunsch ihrer Eltern geschehen, daß sie sich erst entscheiden solle, wenn sie den Gatten gewählt habe.

Von den Berlinern wurde diese Prinzessin, der mit Recht ein höchst günstiger Ruf vorausging, auf das prachtvollste empfangen. Die Feste und Lustbarkeiten am Hofe wollten kein Ende nehmen. Die äußerst kluge Kurprinzessin wußte sich in die Launen der Stiefmutter dergestalt zu schicken, daß ein gutes Vernehmen zwischen beiden bestand, allein die stets geschäftigen Zwischenträger scheinen dennoch mit Erfolg gewirkt zu haben, denn dem Kurprinzen ward es plötzlich seiner Stiefmutter wegen so unheimlich zu Muthe, daß er mit der hochschwangeren Prinzessin nach Hannover flüchtete, aber nicht bis dahin kam, sondern in einem Dorfe bleiben mußte, woselbst die Prinzessin im Hause des Schulmeisters entbunden ward.

Dieses Mal ward die Versöhnung durch des Kurprinzen Schwiegervater und den Landgrafen von Hessen zu Stande gebracht. Der Kurprinz und seine Gemahlin kehrten nach Köpnick zurück.

Während dieser Vorgänge hatte sich die Trennung des Kurfürsten von Frankreich und sein näherer Anschluß an den Kaiser vollzogen, was unstreitig durch Einfluß der Kurfürstin bewirkt und infolge der Aufhebung des Ediktes von Nantes sehr erleichtert wurde. Dorothea betrieb das Bündniß mit dem Kaiser um so eifriger, als dieser die Garantie des berüchtigten Testamentes übernehmen, dasselbe bestätigen sollte.

Dem Kurfürsten mußten die Drohungen Frankreichs noch mehr Veranlassung geben sich dem Kaiser zu nähern und auch ein Bündniß mit Schweden zu suchen. Um diese Zeit erschienen zwei Personen in Berlin, welche für die Kurfürstin von hoher Wichtigkeit waren, der kaiserliche Emissär Baron Freitag (eigentlich Freydag) und dessen Kaplan, der Jesuitenpater Wolff. Letzterer, ein sehr geistvoller und witziger Mann, gewann die Zuneigung des bereits sehr grämlichen Kurfürsten durch seine geist= und witzreiche Unterhaltung. In wie weit sich die Kurfürstin des Paters bediente, ist nicht zu entdecken, daß derselbe aber bei der Abfassung des dritten Testamentes, eigentlich des neunten, stark betheiligt war, mindestens die Paragraphen dirigirte, ist mit Gewißheit anzunehmen und ein sehr merk= würdiges, später zum Vorschein gekommenes Testament, welches wahrscheinlich untergeschoben wurde, ist wol ebenfalls das Werk des Paters, dessen Einfluß in der Folge so entscheidend für das Haus Hohenzollern werden sollte.*) Zunächst schloß Freitag mit dem Kurfürsten ein geheimes Bündniß, nach welchem dem Kaiser 8000 Mann Hülfstruppen gestellt, 300,000 Thaler spanische Sub= sidienforderungen überwiesen, dem Kurfürsten 150,000 Thaler Ausrüstungs= gelder bezahlt werden sollten.

Von diesem Momente ab, 4. Januar 1686, betrieb die Kurfürstin mit aller Kraft die Testamentsangelegenheit. Das obenerwähnte Dokument ward abgefaßt und dem Kaiser zur Genehmigung gesendet. Der Inhalt war ein für Brandenburg und sein Fürstenhaus geradezu verderblicher. Der Kurfürst hatte nicht allein alle früheren Bestimmungen umgestoßen, sondern alles das zerstört, was er selber durch Kraft und Ausdauer, mit ungeheueren Opfern seit 45 Jahren geschaffen hatte, denn den von verschiedenen Seiten geförderten Einflüssen der Kurfürstin war es gelungen eine vollständige Theilung des Landes zu bewirken. Ludwig erhielt Minden; Philipp Wilhelm Halberstadt; Albrecht Friedrich Ra= vensberg; sämmtlich als regierende Fürsten; Karl Philipp Naugard, Massow, Lauenburg, Bütow und Draheim, sowie die Dompropstei Magdeburg; Christian Ludwig Amt Egeln, das Herrenmeisterthum Sonnenburg und die Probstei Halber= stadt. Dorothea erhielt außer den ihr in den Eheverträgen zugesicherten Aemtern noch bedeutende Geldsummen.

Damit war das Unheil entschieden. Was den Kurfürsten bewog das ganze

---

*) Meiner Ansicht nach ist der von Guhrauer geführte Beweis, daß Wolff der Ver= fertiger der berüchtigten Lehninschen Weissagung sei, der zutreffende.

durch mühevolle Kämpfe gewonnene Resultat seines Wirkens mit einem Feder=
zuge zu vernichten, ist nicht zu begreifen. Es könnte Mißtrauen in die Kraft
des Kurprinzen ihn bewogen haben, aber wie durfte er, um des Zweifels willen,
den er in Betreff der körperlichen Stärke des Kurprinzen hegte, eine so unge=
heuere Gefahr der Zerstückelung heraufbeschwören? War sein Verstand schwächer
geworden? Auch das ist nicht zu behaupten, denn wenn auch zeitweise ihn
körperliches Leiden quälte, blieb er doch lange noch nach der Testirung mit
großer geistiger Kraft den europäischen Händeln zugewendet. Es kann also nur
die Kurfürstin gewesen sein, deren treue Pflege und sorgsame, stets bereite An=
hänglichkeit der schwache Gatte durch die Zerstückelung seines Landes belohnte.

Mit dem Abschlusse des Vertrages vom 4. Januar ging auch der eines
zwanzigjährigen Bündnisses mit dem Kaiser Hand in Hand, und hier war es,
wo der Kurfürst wieder seine Ansprüche auf die schlesischen Fürstenthümer geltend
zu machen suchte; allein Freitag bewog ihn durch geschicktes Zureden, den Kreis
von Schwiebus und einige andere Vergünstigungen zu nehmen, dagegen auf die
Fürstenthümer ein für allemal zu verzichten.

Der Kurfürst war nicht abgeneigt, allein der Kaiser erklärte, er könne
wegen seines bei der böhmischen Krönung geleisteten Eides nichts abtreten und
Freitag hielt nun den Moment für gekommen, eine Doppelrolle zu spielen. Er
wußte, daß der Kurprinz sich in einer sehr schlimmen Lage befand. Mit den
inneren Verhältnissen war derselbe ganz unbekannt, denn man hatte sorgfältig
darauf geachtet, ihn von allen Regierungsangelegenheiten, allen Sitzungen und
Berathungen fern zu halten.

Er konnte daher von der österreichischen Verhandlung noch keine Kenntniß
haben. Mit ihm hoffte der gewandte Freitag bald im Reinen zu sein. Anderer=
seits durfte der Kaiser auch nicht allen Wünschen des Kurfürsten entgegen sein,
weil er denselben nothwendig brauchte. Freitag arbeitete daher nach zwei Seiten
hin und bewog den Kaiser, dem Kurfürsten den Kreis Schwiebus abzutreten.
Allein diese Abtretung sollte nur eine formelle, vorübergehende sein. Freitag
wußte, daß dem Kurprinzen sehr viel an dem Bündnisse mit dem Kaiser gelegen
sei und bediente sich des Fürsten Johann Georg von Dessau, um dem Thron=
erben Folgendes mittheilen zu lassen:

Es müsse der Kurprinz die Gefahr erkennen, in welcher er und sein Land
schweben würden, wenn der Kaiser das Testament des Kurfürsten bestätigen und
durchsetzen wolle. Allein dies könne der Kurprinz leicht verhindern, wolle er
einmal das zwischen dem Kurfürsten und dem Kaiser geschlossene Bündniß be=
stätigen, zweitens auf die schlesischen Fürstenthümer verzichten, drittens einen
geheimen Revers ausstellen, nach welchem er sich verpflichte, den Kreis von
Schwiebus nach seines Vaters Tode gegen zwei kleinere Herrschaften oder
Zahlung von 100,000 Thalern dem Kaiser zurückzugeben. Der Kurprinz, der
nichts mehr fürchtete, als die Zerstückelung des Landes, sank fast ohnmächtig
nieder, als Freitag ihm den Inhalt des Testamentes mittheilte.*) Er hielt

---

*) Der Kurprinz soll das Testament ungelesen unterschrieben und den Inhalt erst in

es für ein Glück, um den bedungenen Preis von dem gefährlichen Handel loszukommen und unterzeichnete am 28. Februar den Revers, welchen Freitag ihm vorlegte.

Am 22. März unterzeichnete nun der Kurfürst das zwanzigjährige Bündniß mit dem Kaiser. Schutz gegen äußere Feinde, festes Zusammenhalten, Stellung von 8000 Mann seitens des Kurfürsten, von 12,000 seitens des Kaisers, Geld=

Unterschrift Dorotheas vom Jahre 1684.

entschädigungen, endlich die Verzichtleistung des Kurfürsten auf Brieg, Liegnitz, Wohlau, Jägerndorf, Beuthen: das waren die Hauptbedingungen des Bündnisses; auch versprach der Kurfürst dem Erzherzog Joseph seine Stimme zur römischen Königswahl zu geben.

Dieser Vertrag blieb geheim. Ein anderer öffentlicher, aber Scheinvertrag

---

jenem Augenblicke kennen gelernt haben. Der Kurfürst hatte die Theilung damit entschuldigt, daß er seinen Söhnen große Einkünfte schaffen wolle, damit sie nicht aus Mangel gezwungen würden, gegen große Geldspenden in den Schooß der katholischen Kirche sich zu flüchten.

bestätigte den Verzicht auf die schlesischen Fürstenthümer, enthielt dagegen die Abtretung des Kreises Schwiebus an den Kurfürsten. Von dem Vertrage seines Sohnes erfuhr der Kurfürst nichts.

Da nunmehr die Bündnißfrage entschieden war, und der Kurprinz einen Vertrag in der Hand hatte, welcher ihn vor den Absichten seiner Stiefmutter schützte, trat in der kurfürstlichen Familie Ruhe ein. Die Wogen des Familienzwistes glätteten sich, aber es war einmal der Argwohn vorhanden, der die unglückliche Dorothea jeder schlimmen That fähig erklärte und so hatte denn der plötzliche Tod des Prinzen Ludwig die traurigsten Folgen für die Kurfürstin und die mühsam gewonnene Ruhe der kurfürstlichen Familie. Der Prinz war am 24. März auf einem Balle bei der Kurfürstin, woselbst ihm die Kousine Dorotheas, die Prinzessin von Holstein=Sonderburg, eine Orange oder Pomeranze reichte, nach deren Genuß ihm sofort übel wurde. Während der Nacht nahmen die Schmerzen, welche er empfand, zu, und kurze Zeit darauf war der Prinz eine Leiche. Dieser unselige Zufall erweckte alle leise schlummernden Feinde der Kurfürstin, welche nunmehr ganz offen, auf den Straßen sogar, als Giftmischerin verdammt wurde, wobei die Prinzessin von Sonderburg als ihre Helferin angesehen ward. Dorothea trug diese Angriffe mit großer Ergebung, obwol sie immer mehr von den Menschen sich zurückzog. Eine Untersuchung ließ der Kurfürst gar nicht anstellen, aber er verfiel in tiefe Schwermuth.

Kurfürstin Dorothea.
Nach einem gleichzeitigen Bildniß im königl. Schloß zu Berlin.

Letzte Heerschau des Großen Kurfürsten über die in den Türkenkrieg ziehenden Truppen bei Krossen.
17. April 1686.

XXIV. Kapitel.

Letzte Unternehmungen des Großen Kurfürsten. Das brandenburgische Heer.

Wir haben mit Erzählung dieser Familienereignisse, die auch auf das Gebiet der Politik hinüber spielten, zum Theil vorgegriffen. Der Kurfürst hatte mit Schweden ein geheimes Bündniß geschlossen und dasselbe wie das kaiserliche vor den Franzosen geheim gehalten, deren Subsidien ihm noch nothwendig sein mochten. Unterdessen aber zog er bei Krossen 8000 Mann zusammen, welche unter Schöning (Johann Adam) dem Kaiser zu Hülfe kommen sollten, der gegen die Türken im Felde lag. Die brandenburgischen Truppen waren sämmtlich auserlesene Leute, welche mit trefflicher Ausrüstung versehen waren. Da die sächsischen Fürsten nicht den Marsch durch ihre Länder gestatten wollten, zogen die Brandenburger durch Schlesien.

Der Kurfürst musterte seine abziehenden Truppen persönlich bei Krossen. 1686 Obwol er sich noch stattlich genug in seinem Sattel hielt, wollten doch schon Viele eine seltsame Veränderung in seinen Zügen bemerken. Seine Stimmung war eine tiefernste, gerührte. Einmal erfüllte ihn der Abmarsch so vieler braver Männer, von denen mancher die Heimath nicht wieder sehen sollte, mit Schmerz, dann aber mag es wol jenes sich so häufig einstellende schwere Gefühl, eine Ahnung gewesen sein, daß er selbst zum letzten Male unter seinen Truppen weile, die ihn wie einen Vater liebten.

Die Brandenburger zeichneten sich im Kriege gegen die Türken, namentlich bei der Belagerung von Ofen, sehr aus. Sie büßten hier viele Leute ein, wurden aber vor der ganzen kaiserlichen Armee von dem Generale des Kaisers wegen ihrer Trefflichkeit belobt und als diejenige Abtheilung des Heeres bezeichnet, welche wesentlich zum Gelingen des Sturmes beigetragen habe. Sie brachten als Beute eine 20pfündige Kanone mit, welche, in Ofen genommen, das Wappen von Brandenburg zeigte. Der Kaiser ließ mit einer gewissen Aengstlichkeit die brandenburgischen Truppen ihre Winterquartiere in ihren eigenen Landen nehmen. Er wollte, so hieß es, Schlesien nicht belasten, im Grunde aber fürchtete er immer noch, der Kurfürst werde sich in den Herzogthümern festsetzen.*) Schöning, der nach Wien kam, wurde mit großer Werthschätzung empfangen, allein man war taktlos genug ihm 3000 Dukaten als Geschenk auszahlen zu lassen, worauf Schöning sehr verletzt erwiderte: „daß ein Offizier wie er keine Bezahlung annehme, die von der Höhe eines Trinkgeldes sei." Hierauf schickte der Kaiser ihm einen mit Diamanten besetzten Degen, der etwa 12,000 Thaler werth sein mochte.

Alles Sinnen Friedrich Wilhelms war von jetzt ab nur darauf gerichtet, den Frieden zu sichern; diese Bestrebungen schienen ihm um so nothwendiger, als überall sich Gewitterwolken zusammen zogen. Aber inmitten dieser Gefahren zauderte der Kurfürst nicht, sich jedes Bedrängten anzunehmen. Wie er den aus Frankreich vertriebenen Protestanten die Hand zur Hülfe gereicht hatte, so nahm er sich auch der schwer verfolgten Waldenser an. Diese Unglücklichen erlitten den heftigsten Druck durch die Wühlereien Ludwigs XIV., der den Herzog von Savoyen zu Gewaltthaten gegen die Waldenser trieb.

Der Kurfürst trat sofort den Verfolgten bei. Er stellte dem Herzoge von Savoyen vor, wie es nicht seine, sondern Gottes Sache sei, wo es sich um Gewissensfragen handle und gab ihm auf, die Verfolgungen fallen zu lassen; wenn er aber durchaus die Waldenser nicht als getreue Unterthanen anerkenne, so möge er ihnen gestatten, Savoyen verlassen zu dürfen. Er, der Kurfürst, sei bereit, einem großen Theile der Bedrängten seine Staaten zu öffnen. In der That wanderten über tausend Waldenser aus und ließen sich in brandenburgischen Städten und Dörfern nieder, wo des Kurfürsten Huld ihnen ihre Kirche, ihre Gemeindeordnungen und alle Rechte freier Bürger schaffte.

Durch seine in dem letzten Jahre sehr eng gewordene Verbindung mit dem Kaiser wirkte der Kurfürst namentlich darauf hin, daß die neuerhobenen Ansprüche der Franzosen keine weiteren Berücksichtigungen erfuhren. Offen und entschieden trat er gegen diese Anmaßungen auf, denn als auf dem Regens-

---

*) Schöning, der ein ausgezeichneter Mann war, benahm sich aber in Schlesien auf dem Marsche zum Jablunkapasse so selbständig, daß er mit seinen Truppen wie im Eigenthum hauste. Daher mag wol der Wunsch entstanden sein, ihn und die Seinen bald los zu werden.

burger Reichstage die französischen Gesandten erklärten: „der König von Frankreich sei zwar gewillt, die Forderungen wegen Kurpfalz herabzustimmen, verlange aber alles, was ihm durch den Waffenstillstand überlassen sei, durch einen Friedensschluß gesichert", protestirte der Kurfürst dagegen und gab dem Kaiser seinen Beifall zu erkennen, daß dieser die Grenzen deutschen Gebietes nicht einengen lassen wollte, versicherte ihn auch seiner treuesten Hingebung und wies darauf hin, wie nothwendig es sei, daß Katholiken und Protestanten treulich zusammenhielten, um eine Zerreißung des Vaterlandes zu hindern.

Unterdessen war der große **Augsburger Bund** zu Stande gekommen, dem der Kaiser, das gesammte Haus Oesterreich, Spanien wegen des burgundischen Kreises, Schweden wegen seiner deutschen Lande, der Kurfürst von Baiern, die fränkischen Kreise, die sächsischen Fürsten und Stände auf drei Jahre beigetreten waren. Wenn Friedrich Wilhelm diesem Bunde nicht sofort beitrat, so geschah es, um Ludwig XIV. nicht zum Losbrechen zu reizen, dagegen that er einen Schritt, welcher den König sehr reizen mußte.

Ludwig hatte, wie gesagt, seine Ansprüche auf dem Regensburger Reichstage durchsetzen wollen und begehrte unter anderem verschiedene deutsche Festungen. Der brandenburgische Gesandte, Herr von Jena, stimmte für die Forderungen der Franzosen, worauf der Kurfürst ihn sofort abberief, indem er das Verfahren offen mißbilligte.

Ludwig gerieth darüber in Zorn und verlangte, der Kurfürst solle Jena sogleich wieder als Gesandten nach Regensburg senden. Aber die Antwort Friedrich Wilhelms lautete: „Es sei jedem Fürsten gestattet, sich seine Diener frei zu wählen und er wundre sich über des Königs Drohungen, durch welche Jena in argen Verdacht gerathe. Der König habe ihm mit Entziehung der Subsidien gedroht, dies sei unanständig. Es werde der Kurfürst sich wegen der Geldsumme nicht von seinen Pflichten gegen das deutsche Land abbringen lassen."

Offen schloß er sich jetzt dem Widerstande gegen Frankreich an und es lag nicht an ihm, daß die Franzosen dennoch die Wahl des Prinzen Wilhelm von Fürstenberg zum Coadjutor des Kurfürsten von Köln durchsetzten.

Dieses Verhalten Friedrich Wilhelms machte den König von Frankreich bedenklich, aber noch größere Unruhe schaffte ihm die neue Annäherung des Kurfürsten an Wilhelm von Oranien. Friedrich Wilhelm war nach Cleve gereist um sich dort mit dem Oranier zu besprechen. Er hatte mit dem jesuitischen Könige von England, Jakob II. schon lange wegen der in England bedrängten Sache der Protestanten Verhandlungen, natürlich vergebliche, geflogen. Dieses Scheitern hatte aber nur eine desto eifrigere Aufnahme der Verbindungen mit Oranien zur Folge.

Jakobs II. Verfahren, seine Unduldsamkeit, seine Parteilichkeit für die Katholiken hatten den Unwillen der Engländer in hohem Grade erweckt. Daß der König im engen Bunde mit Ludwig XIV. stand, unterlag keinem Zweifel mehr. Die Unzufriedenheit wuchs, das englische Volk stand auf dem Punkte, sich Hülfe zu suchen und nur eine Hoffnung hielt den Ausbruch der Revolution zurück:

Jakob war kinderlos. Nach seinem Tode mußte Wilhelm von Oranien, der Schwiegersohn Jakobs, den Thron erhalten, da der einzige Prätendent, Herzog von Monmouth, auf Jakobs Befehl durch das Beil geendet hatte.

Diese Hoffnungen machte die Geburt des Prinzen von Wales, Jakob Stuart, später unter dem Namen „der Prätendent" bekannt, zu Schanden. Daß man ihn für ein untergeschobenes Kind erklärte, änderte vorläufig nichts. Die katholische Partei, noch übermüthiger gemacht durch die Geburt dieses Kindes, trat, an ihrer Spitze der König, desto gewaltsamer gegen die Protestanten auf. Die Engländer mußten sich entschließen. Das Haus Stuart mußte fallen und der Retter des Landes sollte Wilhelm von Oranien sein.

Der Kurfürst Friedrich Wilhelm schloß sich den Plänen der Engländer und Wilhelms von Oranien eng an. Zu Cleve ward eine Verbindung beider Fürsten beschlossen um die Freiheit des Glaubens zu retten, der in England stets seinen besten Hort gefunden hatte. Allerdings rieth der Kurfürst dem Oranier so lange als nur möglich mit dem kriegerischen Vorgehen zu warten; da er aber bald einsah, daß die Dinge nicht mehr auf gütlichem Wege geordnet werden konnten, sagte er dem Prinzen seine Unterstützung zu, bestimmte die Zahl der Truppen, welche er dem Oranier als Hülfsheer senden sollte und setzte fest, daß der ausgezeichnete Marschall von Schomberg das Kommando in England führe. Um denselben gleich bei der Hand zu haben, ernannte er ihn zum General en chef der brandenburgischen Truppen, und um nicht Argwohn zu erregen gleichzeitig zum geheimen Staats- und Kriegsrath mit einem Jahrgehalte von 30,000 Thalern. Schomberg, der sehr eifrig für die Sache Oraniens wirkte, konnte daher im Geheimen alles vorbereiten. Die Siege des Oraniers erlebte Friedrich Wilhelm nicht mehr.*)

Daß der Kurfürst trotz seiner immer stärker hervortretenden Leibesschwachheit dennoch vor keinem kriegerischen Zwischenfall zurückschreckte, bewies sein Verhalten in Sachen der Stadt Hamburg. Der König von Dänemark nahm seinem Vetter, dem Herzog von Holstein-Gottorp, das Herzogthum Schleswig mit Gewalt. Bei dieser Gelegenheit hatte er auch starke Gelüste sich Hamburgs zu bemächtigen, sowie Absichten auf Bremen. Die in Hamburg durch Jastram und Snitger erzeugten Unruhen gaben den Dänen einen erwünschten Vorwand sich die alte reiche Stadt anzueignen; sie war in der That von allen verlassen, da der Kaiser, der mit der Türkengefahr und deren Abwendung zu schaffen hatte, die Beilegung des Streites dem ziemlich indifferenten Herzoge Georg Wilhelm von Zelle übertrug.

Schon hatten die Dänen bei Croppe ein Lager mit 17,000 Mann bezogen, ihre Armee näherte sich der Stadt. Jastram und Snitger wurden von den Hamburgern festgenommen und es ergab sich dadurch, daß die Stadt am

---

*) Die Ernennung Schombergs, der, wie angeführt, als Refugié aus Frankreich nach Berlin gekommen war, kränkte den alten Derfflinger sehr. Schomberg gelangte in der Folge in England zur Würde eines Herzogs und Pairs, und wurde Ritter des Hosenbandordens. Spaen hatte im Auftrage des Kurfürsten einen Kontrakt mit Oranien geschlossen, nach welchem 9000 Brandenburger zunächst ins Clevesche rückten.

25. August überliefert werden sollte. Nunmehr trat der Kurfürst auf. Bei Lenzen zog er eine Armee zusammen — die Obersten Micrander und Dewitz erhielten Befehl sich marschbereit zu halten — und erklärte durch Schwerin: „daß er Hamburg nicht ohne Schutz lassen werde, denn Hamburg sei seines Schutzes ebenso bedürftig als Berlin." Die Dänen wurden durch dieses energische Auftreten von entscheidenden Schritten abgehalten und der bald darauf zu Stande kommende Vergleich rettete Hamburgs Selbständigkeit.

Zu den vielen unerfreulichen Geschäften, welche der Kurfürst bis gegen Ende seines Lebens abthun mußte, gehörten die sich fast stets wiederholenden Händel mit Polen. Allerdings war nach dem Frieden von St. Germain der König Johann Sobieski in ein freundschaftliches Verhältniß zu dem Kurfürsten getreten, aber bei dem unzuverlässigen Charakter der Polen dauerte diese gute Stimmung nicht allzulange.

Der Fürst Bogislav Radziwill hatte sterbend seine schöne Tochter dem Kurfürsten anvertraut und ihn gebeten, da er selbst protestantisch war, die Tochter in dieser Religion erziehen zu lassen. Es war ferner des sterbenden Fürsten, des Statthalters im Herzogthum Preußen Lieblingswunsch, seine Tochter dereinst mit des Kurfürsten Sohne, dem Prinzen Ludwig, verheirathet zu sehen. Diese Zusage hatte Friedrich Wilhelm dem Sterbenden gemacht und die Prinzessin wurde daher in Königsberg mit dem Prinzen getraut, vorläufig nur ceremoniell, da sie erst vierzehn Jahr alt war, aber die Trauung fand deshalb so früh statt, weil die katholischen Anverwandten der schönen Luise alles aufboten, sie in den Schoß der alleinseligmachenden Kirche zurückzuführen.

Johann Sobieski war sehr ungehalten über diese Verbindung, denn die Mitgift der Prinzessin war eine ganz ungeheuere, namentlich für jene Zeit. Johann Sobieski betrachtete nun die Prinzessin als ein Mittel um seinen eigenen Besitz noch zu vermehren. Nicht etwa, als ob er Absichten gehabt hätte, die Prinzessin zu ehelichen, er wollte sie verschachern, das heißt dem Meistbietenden zur Gattin geben. So hatte ihm in der That schon ein Woiwode von Cracow eine halbe Million Gulden geboten, wenn der König dem Sohne des Bietenden die Prinzessin verschaffen wolle.

Der König erklärte, die Prinzessin dürfe keinen Ausländer heirathen. Daran kehrte sich nun allerdings der Kurfürst nicht, bot aber dem Könige, um den allgemeinen Frieden nicht zu stören, 40,000 Thaler, wenn auch Johann die Rechtmäßigkeit der Ehe anerkennen wolle. Es wirft ein seltsames Licht auf die Heldengestalt des Retters von Wien, des Türkenbesiegers, wenn man erfährt, daß Sobieski wirklich mit jenen 40,000 Thalern sich seine Unterschrift bezahlen ließ. Der Kurfürst trug ihm die Nergelei nicht nach, sondern sendete dem Könige 1200—2000 Mann Soldaten gegen die Türken zu Hülfe. Beide Fürsten achteten sich übrigens sehr hoch und seit dem Entsatze Wiens hegte der Kurfürst eigentlich für Johann Sobieski eine fast schwärmerische Freundschaft, welche aus der Verehrung der romantisch ritterlichen Thaten des Königs entsprungen war. Wir kommen auf die Prinzessin Radziwill und die Bemühungen des Sohnes Sobieskis um dieselbe noch zurück.

Die Verwendung für Hamburg und die englisch-oranische Angelegenheit waren die letzten auswärtigen Begebenheiten, an welchen Friedrich Wilhelm persönlich mit Einsetzung seiner Kraft und seines Namens Theil nahm. Sein Tagewerk sollte bald vollendet sein und es war ein großes, gewaltiges. Der Kurfürst konnte sich sagen, daß er einen Grund gelegt habe, auf welchem die ungeheure Last eines sich immer mehr entfaltenden mächtigen Reiches sicher ruhen könne, es bedurfte nur geistvoller und ausdauernder Baumeister um das begonnene Werk zu vollenden.

Der Kurfürst blickte mit Befriedigung auf das, was er geschaffen. Trotz der vielen Kriege und sonstiger Verwickelungen hatte die innere Staatsverwaltung doch nie eine wesentliche Beeinträchtigung erfahren, stets war sie durch weise Vorsicht und Ueberwachung des Kurfürsten in regelmäßigem Gange erhalten worden. Das Heer, der erste Faktor, mit welchem der Kurfürst bei seinen Unternehmungen rechnen mußte, hatte er auf eine Stufe erhoben, von welcher herab dasselbe auf die meisten Armeen Europas mit dem Bewußtsein der Ueberlegenheit blicken konnte. Nicht allein die erfochtenen Siege, die ganze Verfassung der Armee trug dazu bei, ihr die allgemeine Anerkennung und Hochachtung zu verschaffen.

Die Gattungen der Truppen waren: Infanterie oder „Truppen zu Fuß", Kavallerie oder „Truppen zu Pferde", die Dragoner und die Artillerie. Nach der von Moritz von Nassau bei Beginn des 17. Jahrhunderts eingeführten Methode, welche in gewisser Beziehung fast während des ganzen Jahrhunderts beibehalten wurde, setzten sich die Fußtruppen aus Pikenieren und Musketieren, sowie Arquebusieren zusammen. Die Brandenburger hatten letztere Gattung nicht oder doch nur schwach vertreten. Dagegen waren Pikeniere und Musketiere in jeder Kompagnie zu finden. Pikeniere ein Drittheil, Musketiere zwei Drittheile.

Pikeniere. Bewaffnung: eiserne Haube, das Kaskett genannt, anfangs dem Birnenhelm ähnlich, später mit aufstehendem Rande versehen; Brustharnisch, anfangs mit Schosseln (die Lendenbewaffnung), Ringkragen und Handschuhe; 15 Fuß lange Pike. Die Offiziere Partisanen, langer Stoßdegen am Riemen, zwei Pistolen im Gürtel. Mit dem Verschwinden der Eisenhauben kommt der Filzhut in Aufnahme, er ist links aufgeschlagen mit kupfernem Kampf- oder Feldzeichen.

Musketiere. Breitkrämpiger Hut mit leichter Feder. Die Ladungen für die Muskete*) hingen in hölzernen, gewöhnlich mit Leder bezogenen Hülsen, die wie das Pennal eines Schulknaben geöffnet werden konnten, an einem Bandelier, welches wie ein Wehrgehenk über Brust und Schulter getragen ward, herab. Die Pulverbirnen oder Flaschen und die Kugeltasche waren mit Riemen und Schnüren versehen. Aus ersterer füllte man die leeren Hülsen. Der Mann trug einige Ellen Luntenstricke und jenes lange röhrenartige Instrument, Lunten-

---

*) Die Musketen schossen anfangs vierlöthige Kugeln, 6—8 auf ein Pfund. Gustav Adolf führte schon zweilöthige ein. Die kurfürstliche Armee war mit leichten Musketen bewaffnet. Der Unterschied zwischen Muskete und Arkebuse bestand im Kaliber.

Brandenburgische Musketiere vom Jahre 1678. Nach einer gleichzeitigen Abbildung.

decker oder Berger genannt, in welchem mittels eines festschließenden Deckels die brennende Lunte gelöscht ward. Die Musketiere führten ein leichtes Seitengewehr, das Feuerrohr „Ganze Muskete" und die Gabel, später die Schweinsfeder, eine kurze spießartige Waffe, welche eine Klinge und einen Haken besaß, auf dessen Krümmung der Soldat die Muskete legte, während der Spieß mit seiner scharfen Klinge mittels eines spitzen Eisenendes am unteren Schaftende (Schuh) in den Erdboden gestoßen ward, um die Feuernden gegen Reiterei zu schützen. Die aus dunkelbraunem Tuch gefertigten Röcke der Pikeniere und Musketiere gingen bis zum Knie. Ueber dem Rocke ward ein aus Leder gefertigtes ärmelloses Koller getragen. In späterer Zeit waren die Kanten dieser Koller mit Litzen oder Borten besetzt. Die Hosen waren weit, die Strümpfe gingen über die Knie, wo sie mit Riemen geschnallt wurden. Breite Halstücher und starke hochhinaufgehende Schuhe vervollständigten den Anzug. Die Offiziere trugen Tressen an den Hüten, ihre Kleider, Koller, Schärpen ꝛc. waren reich gestickt, in der Folge kamen Nesteln dazu mit schwarz und silbernen Bandschleifen. Die Degen waren verschiedenartig geformt. Grenadiere erscheinen in dem letzten Viertel des 17. Jahrhunderts in der brandenburgischen Armee 20 bei der Kompagnie. Sie trugen eine dicke Ledertasche, welche die Hand-Granaden oder Granaten barg. Mitte der achtziger Jahre wurden sie in Kompagnien zusammengezogen, wenn das Gefecht begann.

Truppen zu Pferde — die „Reuter" genannt. Die Bekleidung derselben war der der Fußtruppen nicht unähnlich. Das lederne Koller ward unter dem Harnisch getragen, ein weiterer Tuchrock darüber. Die Beinkleider waren wie das Koller aus Leder gefertigt und die Strümpfe gingen bis über das Knie. An den Füßen trugen die Reiter Schuhe, denn die zu beiden Seiten des Pferdes hängenden Stiefel waren so weit, daß die Reiter schnell mit ihren Füßen hineinschlüpfen konnten. Diese Stiefel, „brandenburgische Stiefel" genannt — woher dieser Name kommt habe ich nicht ergründen können — waren von außerordentlicher Stärke und Dicke. Die Stulpe in Form eines Trichter ausgearbeitet, die Näthe zuweilen mit kupfernen Nägeln beschlagen, die Hacken und Sohlen sehr stark und die eisernen Schnallsporen mit großen oft übertrieben umfangreichen Vorsteckern versehen. In den letzten Regierungsjahren des großen Kurfürsten war der Filzhut schon allgemeine Tracht. Vorher bedeckte das Haupt des Reiters eine Helmkappe mit beweglichen Ohrenklappen und Nackenschutz. Durch die weitvorstehende Stirnstulpe ging ein Gesichtsschutz, der mittels einer Schraube gestellt werden konnte und in einem sanft gebogenen verschiebbaren Eisenbügel bestand. Zu diesem Helm trug der Mann Harnisch, Ringkragen, eisenbeschlagene und Lederhandschuhe mit langen Stulpen. Ihre Bewaffnung waren der Karabiner, den der Mann am Leibe trug. Das Bandelier mit den Patronenhülsen und der Pulverflasche, ein starkes pallaschartiges Seitengewehr an der Leibkoppel, zwei Pistolen in der Halfter vollendeten diese Armirung, zu welcher noch in dem Türkenkriege die brandenburgischen Reiter lange Dolche in den Koppeln trugen.

Sie ritten große und starke Pferde, zäumten mit Kandare ohne Trense und führten deutsche Sättel, wozu bei den Offizieren die Schabracke kam. Bei Einführung des Filzhutes trugen die Reiter unter demselben eine eiserne geschlossene, oder oben offene in Kreuzesform durchbrochene Haube, von der wir schon gesprochen haben.

Eine die Mitte zwischen Kavallerie und Infanterie haltende Truppengattung bildeten die Dragoner. Schon Alba hatte Büchsenschützen zu Pferde eingeführt, die Schweizer sollen sie noch früher gehabt haben. 1611 richtete Mansfeld berittene Infanterie ein und Heinrich IV. von Frankreich besaß bei jeder Kompagnie leichter Reiter 50 Karabiniers, welche Dienst zu Fuß thun mußten. Man nannte diese Truppen „Dragoner", über den Ursprung des Namens ist schon oben gesprochen worden. Der Stadthauptmann Jakob Wallhausen unterschied bereits Dragoner-Musketiere und Dragoner-Pikeniere. Erstere trugen Karabiner am Bandelier oder Riemen, die anderen lange Piken, keine Pistolen im Sattel. In Brandenburg erschienen schon 1552 „Arkebusir- oder Bandelierrohr-Reuter", bis nach dem dreißigjährigen Kriege die Dragoner durch ihre Brauchbarkeit als Reiter und Fußvolk alle Nebengattungen verdrängten.

Friedrich Wilhelm widmete dieser Truppe seine besondere Aufmerksamkeit und hatte sie bald zu einer Elitetruppe herangebildet. Wenn in anderen Ländern die Dragoner nur als berittene Infanterie galten, so war dies in Brandenburg durchaus nicht der Fall. Allerdings waren die Dragoner aus dem Fußvolk hervorgegangen, sie wurden sogar in früherer Zeit nur auf Zeit aus den Reihen der Infanteristen genommen und beritten gemacht, dann wieder eingestellt. Allein der große Kurfürst hatte sehr wohl erkannt, welchen Vortheil eine Truppengattung bieten mußte, welche zu Pferde und zu Fuß gleich gut eingeübt, gleich tüchtig war, und auf solche Stufe hob er die Dragoner. Ihre Mitwirkung in den Treffen ist stets eine hervorragende, wenn nicht sogar entscheidende. Sie wußten mit dem Feuergewehr und dem Degen ebensogut als mit der Führung des Rosses Bescheid und sochten in geschlossenen Abtheilungen sowol zu Pferde als zu Fuß. Ihre Tracht war der des Fußvolks vollkommen gleich, nur trugen sie hohe Stiefel, den Hut mit Eisen gefüttert und die Muskete am Riemen über die Schulter gehängt. Auch sie führten in den Türkenkriegen Dolche sowie zwei Pistolen.

In anderen Armeen, so z. B. in der englischen und spanischen, waren, wie auch Wallhausen von der deutschen berichtet, die Dragoner schlecht beritten, damit, wenn die zu Fuß kämpfenden Dragoner von den Pferden getrennt oder diese ihnen getödtet wurden, der Verlust nicht groß war. Bei der brandenburgischen Armee dagegen war der Kurfürst, als er einmal die Dragoner zu einer selbständigen Truppe erhoben hatte, vielmehr darauf bedacht, die Pferde seiner Doppelkrieger besonders zu wählen. Da die Dragoner leicht beritten sein mußten, kaufte man für sie ungarische, tatarische und polnische Pferde. Daß dieselben in gutem Stande gewesen sein müssen, bezeugt wol schon der Ritt vom „Rhein an den Rhin", die Dragonerpferde können denen der Reiter nicht nachgestanden haben; endlich beschaffte der Kurfürst vielfach die Pferde für die Dragoner selbst, während sonst die Kavalleristen sich selbst beritten machen mußten; Beweis genug, daß er wirkliche Reiter schaffen wollte. Und es gelang ihm auch die Dragoner zu einer Truppe heranzubilden, welche nach beiden Seiten hin Vorzügliches leistete.

Waren sie abgesessen, so bildeten sie eine gewandte Fußtruppe, saßen sie im Sattel, dann konnten sie mit Recht als eine gefürchtete Kavallerie gelten, und die Aeußerung des kaiserlichen Generals von Dünewald zum Kurfürsten: „Mit Ihren Dragonern jage ich den Teufel aus der Hölle", spricht für die eminente Brauchbarkeit dieser Truppe.

Zum kurfürstlichen Dienste gehörten ferner noch die sogenannten Hofstaatsdragoner. Sie waren ursprünglich für Ordonanzdienste bestimmt. Eine andere Abart waren die Küchen= und Taschendragoner. Als Küchendragoner waren sie verpflichtet, die wöchentlich einmal von Berlin nach Hamburg gehende Hofküchenpost zu eskortiren, die Benennung „Taschendragoner" scheint entweder von einer neben dem Pallasch befindlichen Tasche oder von den ledernen Kuriertaschen, in welchen die Reiter Depeschen oder andere vom Hofe kommende Briefschaften zu verwahren pflegten, herzustammen.

Die Artillerie war gleich den Dragonern eine Lieblingswaffe des Großen Kurfürsten. Er fand das Geschützwesen bei seinem Regierungsantritte als ein zunftmäßig betriebenes Handwerk vor, bei welchem sich die Kanoniere und die Feuerwerker in die Arbeit theilten. Die Feuerwerker fertigten Munition, bedienten die Geschütze, und die Kanoniere leiteten das, was wir heute Geniewesen nennen. Der Kurfürst interessirte sich für alles was zur Artillerie gehörte außerordentlich. Er war meist zugegen, wenn geübt wurde und richtete häufig die Geschütze mit eigener Hand. Mit Hülfe Sparrs hatte er sehr bald ein vollkommen soldatisches Wesen bei der Artillerie eingeführt, welches den Zunftzopf schnell verdrängte. Er schuf ein Offizierkorps für das Geschützwesen, ließ Mannschaften ausbilden und eignete sich jede Verbesserung an, welche in den verschiedenen Kriegen namentlich durch Vauban und Coehorn entstanden. Seine sämmtlichen Geschützrohre zeigten kein übereinstimmendes Kaliber, indessen nahm er meist drei- und zwölfpfündige Geschütze mit in das Feld, auch schuf er einen stehenden Artillerietrain. Die noch nicht vorhandenen Munitionskasten an den Protzen ersetzte er durch besondere Wagen, und leichtere Geschütze wurden oft von Menschen gezogen. Die Geschütze fanden theils im Berliner Zeughause, theils in den verschiedenen Festungen Aufbewahrung. Die Trefffähigkeit seiner Artilleristen hatte er sehr herausgebildet. Ein Beispiel davon statt vieler sei hier angeführt. In den Manuscr. Boruss. fol 310 heißt es im Artikel Artillerie: „den 10. April 1682 wollte ein Franzose ein groß Blockhaus von 48 Stücken Holtz gemacht mit einem Schuß auß einer halben Carthaunen in Brandt stecken und zersprengen; allein es war vergeblich, denn der Schuß thätt keinen Effekt und hätte beynahe gar gefehlet. Den 15. versuchte er es noch ein Mal, aber auch umsonst. Den 23. steckten es unsre Feuerwerker mit dem ersten Schuß in Brandt." Die Wirkung der kurfürstlichen Artillerie vor Stettin haben wir bereits besprochen.

Mit der Geschichte der Artillerie Brandenburgs und Preußens sind die Namen: Schörb, Weiler (Vater und Sohn), Ebersbach, Dechen, Ratelow, Boye, Steubner, Meschede, Wernecke, Hille, Bertram, Cronenfels eng verknüpft und Beesendorf ist einer der gefeiertsten Ingenieure seiner Zeit, der selbst neben Memhardt sich behaupten kann.

Die ganze Ausrüstung vollzog sich selbstverständlich erst im Laufe der Jahre, stets verbessert und vervollkommnet durch den Großen Kurfürsten. In gleicher Weise war die Uniformirung nicht sofort durchgeführt, vielmehr boten die Regimenter in den ersten Jahren der Regierung Friedrich Wilhelms einen sehr bunten Anblick dar. Erst in den siebenziger Jahren war die Gleichmäßigkeit bei den meisten Regimentern vorherrschend, und vollendet ward sie erst in den achtziger Jahren. Daß einzelne Truppenkörper bevorzugt waren, ist erklärlich. So gewährte das Leibregiment des Kurfürsten, nach dem Musterungsberichte vom 28. September 1683 (d. d. Neubrandenburg), einen sehr glänzenden Anblick. Mit der Vollendung der Uniformirung war aber auch jede Aermlichkeit oder Knappheit verschwunden und die kurfürstliche Armee jener Tage genoß bezüglich der Trefflichkeit ihrer Ausrüstung denselben Ruf, dessen die preußische Armee sich heute noch erfreut.

So wurden zu Röcken für Leibgardisten pro Rock 6 Ellen Tuch und 6 Ellen Boy zum Füttern verwendet. Jede Uniform hatte drei Dutzend große und anderthalb Dutzend kleine zinnerne Knöpfe. Ein in alten Rechnungen vorkommendes Zeug, „Prahlsucht" genannt, scheint für Aufschläge verwendet worden zu sein. Die Elle davon kostete 3 Groschen 8 Pfennige. Offiziere sah man in Federhüten, mit silbernen Degengriffen, gestickten Wehrgehenken und silbernen Ringkragen einherschreiten.

Die soldatische Ausbildung regelte sich ebenfalls erst allmählich. Wie zu allen Zeiten wurden Uebungen im Gebrauche der verschiedenen Waffen, in der Führung der Pferde, im genauen Durchführen der Bewegungen gemacht. Noch in den neunziger Jahren des 17. Jahrhunderts hatte der Pikenier 46, der Musketier 88, der Grenadier 78 Griffe zu lernen.

Die Infanterie bildete sechs Glieder hintereinander mit sechs Fuß Gliederabstand, jedem Manne waren drei Fuß Frontraum berechnet. In den ersten Zeiten nach dem dreißigjährigen Kriege nahm man 100—110 Mann in der Front eines Bataillons an. Das „Regiment zu Fuß" in der kurfürstlichen Armee hielt acht Kompagnien, jede zu 180 Mann. Die Musketiere standen auf den Flügeln der Bataillone, die Pikeniere in der Mitte zu je vier Kompagnien vertheilt. Die Fahnen befanden sich im ersten Gliede der Pikeniere. Die Fußtruppen unterhielten vornehmlich Feuergefecht. Die fünf vordersten Glieder fielen auf die Knie, das sechste feuerte. Dann erhob sich das fünfte, gab seine Salve ab und in dieser Weise ging es fort, bis auch das erste Glied gefeuert hatte. Hierauf eilte das sechste Glied zwischen den fünf anderen hindurch, gab seine inzwischen wieder geladenen Schüsse ab und ließ das fünfte an sich vorüber, welches nun eine Salve gab und sofort bis alle sechs Glieder gefeuert hatten.

Bei einem Angriffe des Feindes gingen die Musketiere hinter die mit ihrem ersten Gliede stets in gleicher Linie mit dem letzten der Musketiere gebliebenen Pikeniere. Diese stemmten, der alten noch von Moritz von Nassau stammenden Fechtweise gemäß, die Fußenden der Piken in die Erde und neigten die Spitzen gegen den Angreifer, wobei sie den Degen zogen. Die brandenburgischen Pikeniere bildeten meist undurchdringliche Wälle. Wenn der Gegner wich, so feuerten die Musketiere wiederum.

Die Reiter oder die „Reuter" hatten 64 Mann per Kompagnie. Auf den Mann wurden vier Fuß Frontraum gerechnet. Wenn attackirt wurde, so ritt die Kompagnie an den Feind heran, gab eine Salve ab und ließ die hinteren Glieder rechts und links ablaufen; um beide Flanken des ersten galoppirend suchten sie dann dem Gegner in beide Flügel zu kommen. Nur wenn es zum Handgemenge kam brauchte man den Degen. Als Gefechtsgliederung hielt man die „Schwadron" inne und die ganze Schlachtordnung war gemeinhin in zwei gewöhnlich gleich starke Treffen gegliedert. Die Mitte jedes dieser Treffen hielten die Bataillone des Fußvolks — die Reiterei war auf den Flügeln vertheilt.

Dragoner zog man für gewöhnlich nicht in die Schlachtlinie. Sie bildeten mit der Reiterei verbunden die Avantgarden, dienten als Bedeckung der Flanken oder griffen die Flügel des Feindes an, wenn sie nicht, wie z. B. bei Fehrbellin, zur Deckung der Batterien verwendet wurden.

Die Geschütze wurden, die schweren namentlich, zu Batterien vereinigt, die leichteren feuerten durch die Intervalle der Bataillone hindurch.

Wenn der gemeine Mann in der kurfürstlichen Armee seiner Stellung vollkommen gewachsen erschien, so hatte Friedrich Wilhelm nicht minder für geistige und sittliche Ausbildung seines Offizierkorps Sorge getragen. Die früher bestandene Zügellosigkeit, welche der für Geld in den Dienst getretene Führer mitbrachte, die ihn von Heer zu Heer, von Land zu Lande wandern ließ, begann zu schwinden, nachdem der Kurfürst seinen einheimischen Adel für die Kriegs=

dienste wiedergewonnen hatte. Die wissenschaftliche Bildung suchte der Kurfürst zu fördern und namentlich die Duellwirthschaft zu beseitigen, was ihm freilich trotz der Todesandrohung für die Zuwiderhandelnden nicht gelang. Die Frömmigkeit des Kurfürsten ließ es nicht zu, daß im Lager oder in der Garnison nicht zweimal täglich Gottesdienst gehalten werde; ein Priester, welcher der Abendandacht nicht pünktlich vorstand, verfiel in Geldstrafe; der Soldat, welcher die Andacht versäumte, ward in das Halseisen gesteckt.

Bot also die Armee des Kurfürsten in ihrer ganzen Ausrüstung und in ihrem inneren Zusammenhange ein sehr erfreuliches Bild, so war es auch nicht minder bewundernswerth zu sehen, wie der numerische Bestand dieser Armee gewachsen war. Wenn man bedenkt, daß Friedrich Wilhelm bei seinem Regierungsantritte gar kein Heer, sondern eigentlich nur eine zusammengelaufene Menge bewaffneter Menschen vorfand, so verdient der Mann unsere Bewunderung, der aus dem Nichts, von widerstrebenden Menschen fortwährend in seinen Planen gehemmt, vor Abschluß des Friedens von St. Germain eine Armee zusammenbringen konnte, welche ohne ihre Offiziere 38,897 Mann mit 105 Feld- und 139 schweren Belagerungsgeschützen zählte. Im Todesjahr des großen Kurfürsten zählte dessen Armee 27,392 Mann ohne Offiziere.

Diese gegen früher geringere Zahl ergiebt sich durch vielfache Verminderungen, welche infolge der weniger kriegerischen Aussichten eintraten. Außerdem war aber auch die Armee des Jahres 1688 eine weit fester gegliederte und in allen ihren Organisationen fertigere als die der vergangenen Zeiten.

Kurprinz Friedrich in der Uniform der Leibgardisten. (Porträt.)

Bildniß des Großen Kurfürsten in seinen letzten Lebensjahren.
Nach dem außerordentlich seltenen deutschen Schabkunstblatte von Benjamin Block.
Unterschrift des Blattes: Hanc Serenit: Suae effigiem ad vivum expressam *alla maniera nuova*
Humillime offert et consecrat
Seren. s.
Devotissimus
Benjamin Block
(geb. Lübeck 1631, † Regensburg 1690).

Der Große Kurfürst bei der Arbeit in seinen letzten Lebensjahren.

XXV. Kapitel.

Des Kurfürsten Thätigkeit im Frieden, Persönlichkeit und Tod.

In wie hohem Ansehen Wissenschaften und Künste bei Friedrich Wilhelm standen, haben wir schon im Vorhergehenden gesagt. Mit der allmählichen Beendigung der kriegerischen Angelegenheiten konnte der Kurfürst sich der Förderung der Erzeugnisse des Friedens mit größerer Muße hingeben, die er sogar inmitten des Krieges nie ganz vernachlässigt hatte. Die Hebung des Schulwesens ließ er sich besonders angelegen sein, da der Mittelstand und die ärmeren Klassen noch in einer sehr beklagenswerthen Unwissenheit dahinlebten. 1654 reichte bereits Raue seinen Entwurf zur Verbesserung des Schulwesens ein und die aufgelöste Fürstenschule zu Joachimsthal ward fast um dieselbe Zeit in Berlin wieder eingerichtet.

In derselben Weise sorgte der Kurfürst für die Schule zum grauen Kloster, wo 1645 der Rektor Spengler bei einem öffentlichen Schulakte in den Reden die Edelsteine sprechend auftreten ließ und wo ein Jahr später die Zöglinge ein Drama: der Fall Adams aufführten. Schon 1674 feierte die graue Klosterkirche ihr erstes 100jähriges Stiftungsfest, die Schüler führten dazu „den Sieg und die Unschuld Bellerophons" auf. Auch die Stiftung der Stadtschule auf dem Friedrichswerder ist das Werk des Großen Kurfürsten.

Lehrer munterte er in jeder Weise auf und unterstützte sie durch Erlaß der Accise ꝛc. Lehrer des Rechts von Bedeutung waren Brunnemann, Friedrich und Gottfried von Jena, Rhetius, Strych. Theologie lehrten: Pelargus, Bekmann, Riesselmann. Medizin wurde von Albinus vertreten und die lateinische Literatur zählte von der Sith zu ihren glänzendsten Vertretern, während J. C. Bekmann Bedeutendes in der Geschichte leistete.

Die Meisten der Genannten lehrten an den Universitäten zu Königsberg und Frankfurt a. d. O. Die Studenten der letzgenannten Hochschule standen jedoch in keinem besonderen moralischen Rufe.

Die Bildung der dritten Universität, Halle, blieb erst dem Sohne Friedrich Wilhelms vorbehalten, obgleich dieser schon das Werk begonnen hatte. So war er schon in seiner Jugend (vor 1647) einer literarischen Verbindung beigetreten, „die fruchtbringende Gesellschaft" genannt. Diese Verbindung, von Kaspar von Teutleben 1617 gestiftet, hatte den Zweck, deutsche Sprache zu üben und zu fördern.

Der Große Kurfürst als Mitglied der Fruchtbringenden Gesellschaft. Aus „Der Teutsche Palmenbaum. Das ist Lobschrift von der hochlöblichen Fruchtbringenden Gesellschaft" Nürnberg 1647.

Die beiden Gattinnen des Kurfürsten haben für die Förderung des Unterrichtswesens ebenfalls viel geleistet. Ebenso ist durch sie wesentlich die öffentliche Wohlthätigkeit durch Errichtung von Waisenhäusern, Armenanstalten und Hospitälern angeregt und gehoben worden.

Der Kurfürst als Freund der Geschichte förderte diese Wissenschaft sehr. Allerdings wurde dabei manche schwülstige und in ihrer Auffassung fast abenteuerliche Darstellung protegirt, allein der Nutzen blieb doch nicht aus. Der Historiograph Hübner ward schon 1653 nach Berlin berufen, eine brandenburgische Geschichte zu schreiben.*) Diese Historiographen wurden nicht selten

---

*) Hübner wurde aber sehr bald wieder entlassen. Seine religiösen Ansichten behagten dem Kurfürsten nicht, da er erfahren hatte, daß Hübner grundsätzlich keine Kirche besuche.

hoch besoldet oder remunerirt. Auch den Bücherdruck und Buchhandel förderte der Große Kurfürst. So erhielt Kirchner, um die Bibel des Montanus verlegen zu können, 1000 Thaler Vorschuß, Schmettau für die Ausgabe des dritten Theiles der biblischen Geschichte 200 Thaler geschenkt und dem Italiener Gregor Seti, der sich an allen Höfen Europas umhertrieb und ein Speichellecker und mittelmäßiger Skribent war*), schenkte der Kurfürst eine Medaille von 100 Dukaten Werth und 500 Thaler baar, als Seti ihm sein Werk über den Hof und das Haus Brandenburg überreichte.

Schokius und Hendreich, Rocoles und Magirus, endlich Samuel von Pufendorf — dieser bei manchen Fehlern und Irrthümern doch eine bedeutende Autorität — bearbeiteten das geschichtliche Terrain vergangener Zeiten und der Gegenwart.

Selbst das Studium der persischen und chinesischen Sprache fand in Branden-

Vber Churfürstl. Durchl. zu Brandenburg Bildniß.

At des Midas Vnverstand / durch das rohe Sündenleben
An so manchem Fürstenhof / unsern Musen Vrlaub geben /
So rufft ihnen doch zurükke / dieses Herren hehre Stimm /
Vnd schützt solches Jungfernvolk / vor der Waffen Mörder-
  grimm.
Sein von **Gott erleuchter Geist** / ist den Jahren nicht verbunden /
Weil er **aller Tugend Schätz**' in der Jugend hat gefunden.
Was das Alter sonst erfahren / leistet er mit Heldenmut
Vnd das nicht begraute Haubt / weist der grauen Weißheit Gut.
Vnsrer **Sprache** guldne Zier / hat verewigt seinen Namen:
Er bringt süss' und reife **Frucht** / aus der Friedenskünste Samen.
Wir auch wissen nichts zu wünschen dem / der alles hat zuvor;
Als daß des **Gerüchts Trompeten** / seine **Thaten** schwing'
  empor.)(v Vber

Aus demselben Werke. Lobspruch zum Bildniß des Großen Kurfürsten von Brandenburg.

burg und Berlin seine Anhänger und seine Förderung durch den Kurfürsten. Für die letztgenannte Sprache hatte der Probst Müller sich aus missionarischem Eifer begeistert. Dem Kurfürsten schwebten immer Handelsverbindungen mit Ostindien und China vor und da Müller außerdem viel von der in den chinesischen Schriften verborgenen Weisheit erzählte, selbst einen Sprachschlüssel erfunden haben wollte, zu dessen Fertigstellung er große Summen forderte, begünstigte ihn der Kurfürst auf alle Weise, kaufte Handschriften an, zeichnete den Probst

---

*) Dies gilt mit Bezug auf Seti von dessen Darstellung und historischem Quellenstudium. Nichtsdestoweniger sind die Nachrichten über zeitgenössische Personen, Sitten und Zustände, welche er giebt, immerhin von Werth. Er schrieb: Chronologici della Casa Ellettorale di Brandenburgo. 2 Vol. Amsterdam. 1687 erschien eine französische Uebersetzung.

persönlich aus und ließ ihn nach Wien reisen, wo der Kaiser von Müller einige Uebersetzungen chinesischer Handschriften begehrte.*)

Der Leibarzt Mentzel, der Franzose Couplet, später Picques, beschäftigten sich mit Erlernung des Chinesischen und durch die Anwendung des in den Schriften so hochgerühmten Thees kurirte der Holländer Bontekoe den Kurfürsten für einige Zeit von den Schmerzen des Podagras. Dadurch kam die chinesische Sprache in Gunst und man bedauerte nur, daß sie so ungeheuer schwierig zu erlernen sei. Mentzel gab auch große Sammlungen zur Benutzung her und hinterließ ein berühmtes Werk über Pflanzen, Vögel 2c.

Diese Art der Sammlungen wurde von dem Fürsten Moritz von Nassau sehr bereichert, der während der Zeit seines Gouvernements in Brasilien viel Merkwürdiges zusammengebracht hatte.

Zur Hebung des Arzneiwesens mahnte alles den Kurfürsten. Die Pfuscherei war zur gefährlichsten Entwickelung gelangt. Diesem Unwesen wollte der Kurfürst durch Errichtung des Collegium medicum steuern, auch sollten alle Zahnbrecher, Quacksalber 2c. ein Examen bestehen.**) In der Medizin glänzten die Namen Weiße, Bonnet, Garlieb von der Mühlen, Güldenklee und Seydel. Die Arbeiten mancher verdienstvollen Männer würdigte der Kurfürst durch gnädige Annahme der Schriften oder sonstige Auszeichnungen. Der allumfassende Geist Friedrich Wilhelms ließ selten eine Idee unbetrachtet, ungeprüft. Die Behauptungen eines Martin Linke, der alle Leibesschmerzen durch ein Universalmittel heilen wollte, wurden ebenso gut von dem Kurfürsten in Erwägung gezogen, als das vorgeblich entdeckte Geheimniß des Johann Daniel Kraft, der auf besondere Weise Stahl erzeugen wollte.

Dieses willige Anhören und selbst bis zu einem gewissen Grade Fördern der verschiedensten Projekte, oft abenteuerlichster Art, hatte seinen Grund in der zur Zeit allgemein herrschenden Vorliebe für das Wunderbare, das Uebernatürliche. Der Kurfürst war nicht frei davon. Aber seine Neigung dafür entsprang aus der Hoffnung, dem Lande, welches ihm zur Pflege und Hebung übergeben war, wesentlichen Nutzen schaffen zu können. Daß er für seine Privatzwecke gleichfalls Nutzen aus der geheimen Kunst der Alchymie zu ziehen wünschte, kann ihm wol nicht verdacht werden. Die Goldkocherei, Sterndeuterei, mit einem Worte die Auffindung des Steins der Weisen war eine Art von Manie, welche sich der Fürsten namentlich bemächtigt hatte, die vermöge ihrer pekuniären Mittel diejenigen Persönlichkeiten an ihren Höfen beschäftigen konnten, welche sich mit der Erzeugung des Goldes beschäftigten. Die Zahl derselben war fast ebenso groß als die ihrer Anhänger, zu denen auch Friedrich Wilhelm gehörte.

Die Anforderungen, welche man an die Chemie stellte, waren ganz übermäßige. Wenn nun auch viel des Nutzlosen und Betrügerischen mit unterlief,

---

*) Müller arbeitete sehr verdienstliche Werke über Sprachen. Er verbrannte später aus Unmuth einen Theil seiner Manuskripte.
**) Die Chirurgie handhabten die Barbiere, obwol sich seltsame, durch Aerzte gemachte Operationen genug vorfinden. So z. B. die an einem Bauer vollzogene, der ein Messer verschluckt hatte, welches nun die Aerzte in Königsberg aus dem Magen schnitten.

so kann andererseits nicht geleugnet werden, daß die Bemühungen, mit den überirdischen Kräften in Verbindung zu treten, manches wahrhaft Nützliche und Werthvolle zu Tage förderten.

Friedrich Wilhelms Vorliebe für Chemie hatte schon 1658 zur Anlage eines Laboratoriums in Köpnick geführt, welches unter Aufsicht eines gewissen Eberhardt stand. Später wurde der Geheime Kammerdiener Kunckel angestellt. Dieser war von Dresden nach Berlin berufen worden. Er hatte am Hofe des Kurfürsten Johann Georg als Alchymist laborirt und ward von Friedrich Wilhelm in Dienst genommen. Kunckel, ein sehr intelligenter Mensch, erhielt erst ein Haus in Berlin, dann aber den Pfauenwerder (später Pfaueninsel) zum Geschenk, woselbst er seine Arbeiten betrieb. Wenn er nur Gold gesucht hätte, so würde seine Rolle bald ausgespielt gewesen sein, allein Kunckel hatte bei seinen Arbeiten die schönen Glasflüsse entdeckt und kann unstreitig als Erfinder des Rubinglases gelten. In seiner Eigenschaft als Glasfabrikant machte er großes Aufsehen und erhielt sich die Gunst des Kurfürsten. Seine Glashütten lieferten ausgezeichnete Resultate und der Kurfürst hielt ihn vornehmlich, um dem böhmischen Glase Konkurrenz zu machen. In der Folge kam Kunckel noch in Untersuchung, die aber nicht ungünstig für ihn ausfiel. Er ging nach Schweden zu Karl XI. und starb dort, wahrscheinlich 1702, als Bergrath und Baron Kunckel von Löwenstern.*)

Die so wichtige Buchdruckerkunst begünstigte Friedrich Wilhelm ebenso wie den Buchhandel. Volcker, Kallen und Martin Guthen sind als Buchhändler, Christoph Runge**) als Drucker zu erwähnen und 1669 muß der Buchhandel schon eine gewisse Bedeutung erlangt haben, denn in dem genannten Jahre schwebte wegen Beeinträchtigung desselben bereits ein Prozeß zwischen Buchhändlern, Buchdruckern und Buchbindern.

Mit dieser Berücksichtigung der Literatur hing die Vermehrung der Bibliothek des Kurfürsten zusammen, die in sehr freisinniger Weise dem öffentlichen Gebrauche übergeben ward. Bibliothekare waren Hendreich, dann Rauen, der die Bücher in einem 150 Fuß langen und 40 Fuß breiten Saal aufstellte. Die Ankäufe der Groebenschen und Vorstschen Bibliotheken vermehrten die Sammlung und nachdem noch die Münchhausensche, Rusdorfsche und die Blumenthalsche hinzugekommen waren, der sich die des Herzogs von Croy zugesellte, war 1687 die Zahl des Vorhandenen auf 1680 Handschriften und 20,600 gedruckte Bücher gestiegen. Als Bibliothekar war Beger für 2000 Thaler angestellt. Die Erbauung eines größeren Bibliothekgebäudes verhinderte der Tod des Kurfürsten.

---

*) Kunckel besaß ein Haus in der Klosterstraße. Es stand auf dem Platze, den jetzt die Parochialkirche einnimmt. Seine Arbeiten auf der Pfaueninsel hatten ihn in den Ruf eines Schwarzkünstlers gebracht und man erzählte Schauerdinge von den nächtlichen Erscheinungen, die dort sich zeigen sollten. Namentlich ward der große Hund Kunckels für einen Dämon gehalten und noch heute laufen viele Sagen über den Alchymisten in der Gegend von Potsdam um. Kunckel behauptete auch, den Harnphosphor wieder entdeckt zu haben. Das Museum zu Berlin bewahrt einen wahren Schatz Kunckelscher Gläser.

**) Druckte 1653 das Gesangbuch mit den Liedern der Kurfürstin Luise Henriette, welches ihr gewidmet und in einem Exemplare auf Pergament überreicht wurde.

Wie eifrig der Kurfürst Malerei, Bildhauerei, Goldschmiedekunst 2c. zu fördern wußte, ist schon oben gesagt worden. 45 Maler wurden durch ihn beschäftigt. Roye, Willmann, Hirdt, Fromantion 2c. hatten sogar feste Anstellungen. Die Stecher Leonhardt, Bartsch arbeiteten auf Bestellung. In den Galerien Friedrich Wilhelms waren die größten Meister, Titian, Veronese, Bassano, u. A. durch ihre Werke vertreten. Die Bildhauer Dussand, Däbler, Guellinus und andere schmückten die Gärten, die Bauwerke und Säle mit ihren Werken und in des Kurfürsten Hand lag in den Gefechten ein Degen, dessen Griff der berühmte Leygebe in Eisen geschnitten hatte.

Wie Malerei und Bildhauerei ihre Werke, so lieferte sie auch die Baukunst, deren Meister Beesendorf, Chieze, Smids, Michael, Nering die Residenzen verschönerten, während es Memhardt war, dessen Genie die Schloßbauten wesentlich förderte und die Befestigung Berlins durchführte, nebenbei eine große Zahl anderer Bauten vollendend.

Eines sehr wunderlichen Projektes muß noch Erwähnung geschehen. Es ist dies der Plan des schwedischen Reichsraths Benedikt Skytte. Derselbe wollte in einer neu zu erbauenden, von mächtigen Festungswerken umgebenen Stadt eine gelehrte Republik gründen. Die gelehrtesten Männer aus allen Fächern der Künste und Wissenschaften, aus allen Völkern, von allen Religionen, sollten dahin zusammenberufen werden. Anfangs war der Kurfürst dem seltsamen Unternehmen nicht abgeneigt. Skytte verstand es außerdem, seinen Ansichten durch sehr gewandte Reden Werth zu geben und Vertrauen zu erwecken. Er wollte bereits von vielen reichen und angesehenen Personen Zusagen haben. „Man warte," sagte er, „nur auf Anlegung der Stadt, die Bevölkerung werde schnell beisammen sein." Es ist erwiesen, daß der Kurfürst bereits 15,000 Thaler zur Erbauung von Häusern bestimmt und den Rath von Bonnet mit einer Ausfertigung des Gutachtens betraut hatte, ebenso wurde schon am 12. April 1667 dem Skytte, welcher erster Direktor werden sollte, der Stiftungsbrief vorgelegt. Bonnin, dem die zweite Direktorstelle zugedacht war, wurde jedoch nachdenklich, besonders deshalb, weil die angepriesenen vornehmen Familien nicht eintrafen. Auch der Kurfürst überlegte die Sache mit kälterem Blute und das Unternehmen mußte daher fallen, doch ward Skytte mit Wohlwollen und einem „Präsent" entlassen.

Diese häufigen Enttäuschungen hielten aber den Kurfürsten nicht ab, allen ungewöhnlichen Erscheinungen seine Aufmerksamkeit zu schenken, und das Originelle, Seltsame fand an ihm mindestens einen willigen Hörer. So hatte er auch die Kunstkammer durch viele Raritäten vermehrt. Daß darunter sich mancherlei befand, welches eine wissenschaftliche oder die Prüfung des Praktikers nicht aushalten konnte, bedarf keines besonderen Beweises. Aber wie bei den alchymistischen Versuchen sich Nützliches ergab, so auch bei diesem Ansammeln vieler verschiedenen Gegenstände. Des Kurfürsten Liebe zur Antike führte der Kammer eine Zahl werthvoller Gräber- und Erdfunde aus der Xantener Gegend zu und die von Seidel gesammelten Dinge dieser Art fanden ebenso wie die Kollektionen des Weseler Predigers Ewich ihre Plätze in der Kunstkammer.

Die ethnographische Abtheilung bereicherte der Kurfürst ansehnlich durch die von Batavia bezogenen Sammlungen von Kleidungsstücken, Geräthen, Waffen aus Japan, Tunkin, den Molukken ꝛc., welche ihm der Major Polemann, der in holländischen Diensten stand, sendete.

1671 trafen Seegewächse, Muscheln ꝛc. ein, die man zum Theil zur Ausschmückung der Grotten verwendete, welche der Italiener Johann Barotta im Lustgarten erbaute.*)

Da wir von den Verbindungen mit überseeischen Besitzungen der Holländer gesprochen haben, wollen wir hier des Kurfürsten Schöpfungen und Bestrebungen nach jener Richtung hin gedenken. Für die Folge waren diese, auf Hebung des Seehandels zielenden Bemühungen allerdings resultatlos. Aber sie verdienen dessenungeachtet die höchste Anerkennung, da sie einen neuen Beweis für die allumfassende Thätigkeit und die weitgreifenden Pläne des großen Mannes geben. Er hatte, wie wir wissen, im Kriege gegen Schweden eine unter Direktion des Holländers Raule stehende kleine Flotte zusammengebracht. Nach dem Frieden von St. Germain mußte er zwar seinen Kommerzkollegiumssitz aufgeben, aber zu Pillau, dessen Hafen gereinigt ward, ließ er von Holländern Schiffe bauen, die er mit brandenburgischen Soldaten und holländischen Matrosen bemannte. Eine Admiralität hatte ihren Sitz in Pillau, ein Kommerz=

Kriegsschiffe des Großen Kurfürsten. Nach gleichzeitigen Abbildungen.

kollegium in Königsberg seine Stelle. Raule, zum Direktor des Seewesens ernannt, ließ den Kapitän Black mit zwei Schiffen auslaufen. Black landete

---

*) Diese Art, die Gärten durch Grotten zu verzieren, war damals allgemein in Schwung und es finden sich heute noch dergleichen Zierbauten massenhaft. Die oben erwähnte stand auf der Stelle im Lustgarten, wo heute sich die alte Kirche befindet. Der Agent des Kurfürsten für Seltenheiten aus Indien ꝛc. war der Amsterdamer Faktor Tiberius Matros.

an der Küste von Guinea, wo er mit drei Negerhäuptlingen Verträge schloß, nach denen sie den Kurfürsten von Brandenburg als ihren Oberherrn anerkannten; sie gelobten, nur mit ihm zu handeln, und gewährten die Erbauung eines Forts. So wunderlich das Ganze sich anschauen ließ, brachte es doch auf den Kurfürsten einen sehr freudigen Eindruck hervor und ermunterte ihn sowol als seine handelslustig gewordenen Brandenburger.

Man schritt 1682 zur Errichtung der „Afrikanischen Handelsgesellschaft". Es betheiligten sich daran einige Berliner Kaufleute mit etwa 24,000 Thalern, auch holländische Handelsleute traten mit 20,000 Thalern bei und der Kurfürst schoß 8000 Thaler hinzu, sicherte der Kompagnie seinen Schutz auf 30 Jahre zu und verschaffte ihr die Unterstützung Frankreichs.

Das an der Küste von Guinea zu erbauende Fort sollte auf Kosten des Kurfürsten hergestellt und die dazu nothwendige Besatzung mit jährlich 6000 Thalern unterhalten werden.

Der Major Otto Friedrich Freiherr von der Gröben, ein energischer und unternehmender Mann, der später seine Abenteuer auf dieser Reise in seiner „Guineischen Reisebeschreibung" auf eine für heute höchst ergötzliche Weise beschrieben hat, stach 1682 von Glückstadt aus mit zwei Fregatten, dem „Kurprinz" von 32, dem „Morian" von 12 Geschützen, und 100 Mann Soldaten in See. Er hatte Befehl, das Fort an der Küste zu erbauen. Am 1. Januar 1683 nahm er mit Bewilligung der Neger von dem Berge Mamfort Besitz. Aus der zwischen Axim und dem Kap der drei Spitzen errichteten Schanze mit Kastell ward das Fort „Friedrichsburg", welches durch 20 Kanonen vertheidigt wurde und Black zum Kommandanten erhielt.

„Am 1. Januar 1683 brachte Kapitän Voß vom „Churprintz", erzählt Gröben, „die große kurfürstlich brandenburgische Flagge vom Schiffe. Sie

Morian. Kurprinz.
Aufhissen der kurfürstlichen Flagge an der Guineaküste.

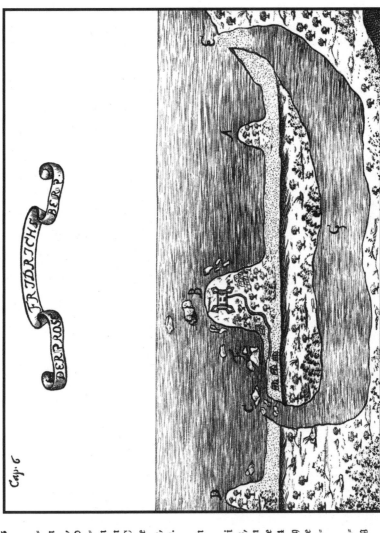

„Bezeichnung des Berges und des Forts."

Cap. 6

"B Ist der Große Fridrichs-
"Berg, lieget 4. Ruten
"hoch, ist lang 30. Ruten,
"Breite 12., der Grund
"ist ganz Leimicht, er-
"strecket sich bey 5. Ruten
"in die See, lieget vom
"Munde des Flusses C
"1000. Schritt, vom Berge

"D eine starke halbe Meile,
"vom Berge A aber, 2030.
"Schritt.

"F Sind die Klippen so beym
"Berge liegen.

"E und C sind die zwei
"Mündungen des Flusses,
"E ist zu Sommers-Zeiten
"stets trucken, C hat die
"Ebbe und Fluht, ist 4
"Ruten breit, und bey
"hohem Wasser 6 Schue
"tieff, dabey ganz Klip-
"picht.

"G Ist der Fluß so zu Win-
"ters-Zeiten den Berg
"zur Insel macht."

Der „große Fridrichsberg", brandenburgisches Fort an der Küste von Guinea. Genaue Nachbildung des Kupfers aus Otto Friedrich von der Gröbens "Guineische Reisebeschreibung. Marienwerder, Gedruckt durch Simon Reiniger. Anno 1694."

wurde mit Pauken und Schallmeyen aufgeholt, mit allen im Gewehr stehenden Soldaten empfangen und an einem hohen Flaggenstock aufgezogen, dabei mit fünf scharf geladenen Stücken das neue Jahr geschossen, denen jedes Schiff mit fünf geantwortet und wieder mit drei bedanket.

Und weyl Sr. Churf. Durchlaucht Nahmen in aller Welt Groß ist, also nannte ich auch den Berg den Großen Friedrichs Berg."

Die Neger von Accada unterwarfen sich dem Kurfürsten und gaben sich in seinen Schutz, kurz alles hatte ein so großartiges Aussehen, daß die Holländer, Engländer und Franzosen das junge Unternehmen mit neidischen Blicken betrachteten.*) Wirklich ließen sich die Geschäfte gut an, allein die Vortheile wurden bald geringer. Die Kompagnie gerieth in Verlegenheiten, aus welchen sie aber vorläufig durch einen glücklichen Zufall befreit wurde. Da nämlich die Regierung von Ostfriesland sich mit ihren Ständen überworfen hatte, so trug der Kaiser dem Kurfürsten die Vermittelung auf. Der Kurfürst besetzte Gretsyl und ließ seine Truppen im Lande. Infolge dessen traten die vom Kurfürsten vertheidigten Stände, sowie Emden der afrikanischen Handelsgesellschaft bei und schossen ihr 42,000 Thaler vor, wofür Emden Sitz der Gesellschaft und zugleich das Centrum alles brandenburgischen Seewesens wurde. Es lagen dort zehn Schiffe von 20—40 Kanonen im Hafen.

Aber dessenungeachtet hob sich die Handelsgesellschaft nicht mehr. Sie vermochte bald nicht mehr die Zinsen zu zahlen, ihre Schulden mehrten sich und der Kurfürst übernahm den Handel auf eigene Kosten und Gefahr. Er setzte ihn ohne Vortheil bis ans Ende seiner Regierung fort, gestand aber selbst zu, daß „ihm jeder aus dem Goldlande von Guinea geschlagene Dukaten zwei andere koste". Die Bemühungen, den Handel zu heben, setzte er ebenfalls getreulich fort und das Oberkommerzkollegium sollte alle Angelegenheiten regeln. Raule kam später noch in schwere Untersuchung, da ihm Unterschleife zur Last gelegt wurden.

Der Handel und die Industrie im Innern des Landes mehrten sich durch die Duldsamkeit der kurfürstlichen Regierung sehr schnell, wozu auch die Refugiés das Ihrige beitrugen. Es gab Seiden-, Hut-, Strumpfmanufakturen in Brandenburg. Zuckersiedereien und Seifenfabriken entstanden. Die Tuchfabrikation hob sich trotz des Verbotes der Einfuhr fremder Tuche, von denen die Elle weniger als $1\frac{1}{2}$ Thaler kostete, nicht eher, als bis die eingewanderten Franzosen diesen Zweig der Industrie vervollkommneten.

Eine Fabrik von gewirkten Tapeten, wie solche in Brabant gefertigt wurden, legte man 1680 in Berlin an und durch die Kunckelschen Unternehmungen wurde der böhmischen Glaseinfuhr bedeutende Konkurrenz gemacht.

Durch die stete Verbindung mit den Holländern lernten die Brandenburger

---

*) Die Holländer sowol als die Franzosen und Engländer haben durch ihre Intriguen viel zum Falle des Unternehmens beigetragen, das bei einiger Unterstützung Seitens der Seemächte zu einer Bedeutung gelangt sein würde, aber der Neid jener Nationen war schon ohnehin groß genug gegen den Kurfürsten, dessen Hülfe den Holländern namentlich stets nahe war. Von der Guineaküste kam übrigens ein Häuptling der Neger als Gesandter nach Berlin.

Rauch= und Schnupftabake als einen ganz besonderen Handelsartikel hochschätzen. Anfangs nannte man das Schnupfen „Tabaktrinken" und es wollte sich nicht recht verbreiten, allein mit der Zeit ward es ein so allgemeines Bedürfniß, daß die Holländer von der Einfuhr großen Gewinn zogen, bis der Kurfürst dem Christian Martin Böckel das Privilegium ertheilte, eine Tabakfabrik in Berlin anzulegen, für welche er die Blätter außerhalb ankaufen konnte.

Wie schnell das Bedürfniß nach Tabak sich verbreitete, geht daraus hervor, daß die Fabrik schon nach einem Jahre für 1000 Thaler Papier brauchte und 18000 Thaler Arbeitslohn zahlte. Die Bauern hielten sich noch von dem Genusse des Tabakrauchens zurück.*) Eine Folge dieses neuen Luxusbedürfnisses war die durch mehrere französische Einwanderer bewirkte Urbarmachung des Bodens bei Werben, Rathenow, Spandau 2c., um dort die Tabakspflanze anzubauen.

Für die Verbreitung der Landesprodukte sorgte der Kurfürst durch allerlei Verbindungsmittel. Von dem Friedrich=Wilhelms=Graben ist schon die Rede gewesen. Seine Verbindung der Oder mit der Spree brachte auch deren Verbindung mit Havel und Elbe zu Stande.

Die Einführung der Post ist ebenfalls schon besprochen worden. Der Kurfürst emanzipirte sich hier vollständig von dem alten Reichszopfe, indem er sich nicht um das der Familie Taxis erbeigene Privilegium kümmerte. Der Enkel eines Berlinischen Bürgermeisters, Mathias, ward der erste brandenburgische Postdirektor.**)

Die Stadt Berlin hat unter der Regierung des Großen Kurfürsten so viel wesentliche Verbesserungen und Verschönerungen erfahren, daß sie schon aus diesem Grunde dem ruhmvollen Namen Friedrich Wilhelms den Zoll des Dankes darbringen muß. Von einzelnen Verbesserungen und Neuerungen haben wir zwar schon gesprochen, allein sie mögen in einer Rekapitulation hier immer noch einmal Platz finden. Wenn man bedenkt, in welchem Zustande der Kurfürst seine Hauptstadt 1640 übernahm, so ist die durch ihn bewirkte, trotz aller Kriege und Unruhen durchgeführte Verbesserung wahrhaft anstaunenswürdig. Man braucht nur ein allgemeines Verzeichniß von dem zu geben, was der Kurfürst ins Werk setzte, um seine Schöpfungskraft zu bewundern. Wüste Stellen ließ er binnen Jahresfrist bebauen, 1661 ward die „lange Brücke" hergerichtet, die Reinlichhaltung der Straßen anbefohlen und Wachen zur Sicherheit bestellt. Die Reinigung der Gassen hielt der Kurfürst für eines der wichtigsten Mittel zur Hebung des Wohlstandes. Er behauptete mit Recht, „daß unsaubere Leute keinen Sinn für Höheres und Besseres hegen könnten." Die vor den Häusern laufenden Rinnsteine wurden mit dem Pflaster gleich gelegt und wo vor den

---

*) Hierher gehört die bekannte Anekdote von dem Mohren im Dienste des Kurfürsten, der bei einem Halt auf der Reise rauchend, von den neugierigen Dorfbewohnern umringt, einem derselben seine brennende Tabackspfeife anbietet, von dem Bauer aber die Antwort erhält: „Nee, gnädiger Herr Düwel, ick frete keen Füer."

**) Zu den Dienstleistungen bei der Post verwendete man auch Dragoner. Sie mögen wol mit den angeführten Küchen= und Taschendragonern identisch sein.

Thüren dasselbe fehlte, mußten die Eigenthümer pflastern. Wenn dies nicht in der ganzen Stadt durchgeführt werden konnte, so erschien doch bald der neue Markt und die ganze Gegend von der Brüderstraße bis zum Ende der Schloß=freiheit mit Pflaster versehen. 1679 beginnen die Versuche mit der Straßen=beleuchtung. Aus jedem dritten Hause mußte eine mit brennendem Lichte ver=sehene Laterne gehängt werden, und es mußten hierbei die Nachbarn abwechseln; die Laternen auf Pfählen kamen erst 1682 auf. Mit Sorgfalt wurden die feuergefährlichen Theile der Gebäude, hölzerne Schornsteine ꝛc., entfernt. Die neue Feuerordnung erschien 1672. Wie für Anlegung von Armenhäusern, Hospi=tälern und ähnlichen Anstalten gesorgt ward, ist bereits berichtet, damit aber auch die Bettelei vermindert werde, wenigstens den Bettelnden die bekannten Scheingründe, „nicht Arbeit haben und gern arbeiten mögen" ꝛc., genommen werden konnten, ließ der Kurfürst auf der Insel hinter der Brücke ein Manu=fakturspinnhaus anlegen. Die erste Zuckersiederei ward 1683 errichtet. Das Schloß erhielt eine Menge Verschönerungen und konnte für eines der groß=artigsten Gebäude gelten, dem es nur an der freilich so nothwendigen Harmonie gebrach. Es war nur in seinen einzelnen Theilen imposant. Die Anlage des Lustgartens mit den Fontänen, Grotten und Anpflanzungen trug viel zur Ver=

Der Lustgarten gegen Ende des XVII. Jahrhunderts. Nach gleichzeitigen Abbildungen.

schönerung dieses Theiles der Stadt bei und ebenso zierte die Lindenallee die ganze Länge der neuen Dorotheenstadt. Zu diesem schönen Baumgange pflanzte die Kurfürstin Dorothea die erste Linde. Die erste Anlage war vierfach, aber 1699 wurde sie sechsfach hergestellt.

Nach der Kurfürstin wurde die erwähnte Vorstadt im Jahre 1676 benannt, vorher hieß sie „die neue Vorstadt vor dem Thore des Friedrichswerder". Beim Tode des Kurfürsten waren hier die Straßen schon zum Theil mit Häusern bebaut, welche innerhalb der Gärten lagen. Die dorotheenstädtische Kirche, die Artilleriegebäude und die Schiffbauhäuser machten die größten Baulichkeiten dieses Stadttheiles aus und von der sogenannten „neuen Auslage" führte eine Brücke

Die Lindenallee zu derselben Zeit. Nach gleichzeitigen Abbildungen.

über den Spreearm. Vor derselben begannen die Vorstädte, die sich im Bogen von hier aus um die Stadt bis zum Stralower Thore zogen.

Berlin und Köln konnten als wohlgeordnete Städte gelten. Neuköln war erst seit 1681 auf Befehl des Kurfürsten mit Häusern bebaut. Der Friedrichs= werder war zwar schon einigermaßen bebaut, als der Kurfürst die Regierung antrat, erhielt jedoch wesentliche Verbesserungen und wurde bei der 1658 be= gonnenen Befestigung fast ganz mit in die Werke gezogen und von da an mit dem Namen „Friedrichswerder" belegt, während er früher „Werder" und „Gänse= werder" hieß. Der Stadttheil erhielt sein Privilegium am 9. November 1660. Da die Gegend eine sehr sumpfige war, mußte hier alles auf Pfählen erbaut werden. Der Anbau der Schloßfreiheit und der Kais an der Schleuse begann im Jahre 1672, die Heiligegeiststraße wurde fast ganz fertig gebaut und im Jahre 1687 verordnete der Kurfürst die Abtragung der hölzernen Läden auf dem Mühlendamme und die Erbauung derselben aus Stein.

Was die Vorstädte anbetrifft, so suchte man für Bebauung derselben da= durch zu wirken, daß z. B. der Viehmarkt dorthin verlegt und in der Nähe des Stelzenkruges abgehalten ward. Auch die Erbauung des Schützenhauses, sowie die Anlage des Meinders'schen Gartens trugen viel dazu bei, dieser seit dem dreißigjährigen Kriege äußerst verwilderten Gegend Bewohner und Ansiedler zu schaffen.

Der Thiergarten verdankte seine wichtigen Verbesserungen ebenfalls dem Kurfürsten. Das Laubholz war hier so verwildert, daß 1657 die „Allee" oder Landstraße nach Spandau ausgehauen und gereinigt werden mußte, auch ward sie verbreitert. Der Kurfürst ließ auch den Park mit Wild besetzen, wozu Hirsche aus Zossen und Auerhähne aus der Neumark geliefert wurden. Das sehr spärlich vorhandene Gras wurde durch neue Aussaat vermehrt. Bei der Anlage des Werders und der kölnischen Vorstädte ward ein Theil des Thier= gartens dazu genommen, der ehemals bis in die Gegend des heutigen Dönhofs= platzes ging, von da, am Spreeufer entlang sich ziehend, an dem Zeughause etwa endete, indem er noch mit einem kleinen Ausläufer bis zur Schloßbrücke, früher Hundebrücke, vorsprang.

Auch vor dem Potsdamer Thore hatte der Kurfürst verschiedene Anlagen

gemacht und den „Hopfengarten" angelegt, der heute als „botanischer Garten"
noch besteht. Das Vorwerk der Kurfürstin lag in der Spandauer Vorstadt.

Zum Theil verdankten die wüsten Plätze ihre Bebauung der vom Kurfürsten
projektirten und ausgeführten Befestigung der Stadt Berlin. Dieser riesige Plan
war von dem Kurfürsten seit 1657 erwogen worden. Er gab die Grundzüge
selbst an und bediente sich dabei des Rathes des Feldmarschalls von Sparr;
die Zeichnungen wurden von Memhardt geliefert. Bei der Ungunst der Zeiten
konnte natürlich nicht an eine schnelle Fertigstellung der ungeheuren Fortifikation
gedacht werden, deren Nothwendigkeit dem Kurfürsten einleuchtete, denn die vorhandenen Befestigungen bildeten nur ein buntes Durcheinander von Schanzen,
Mauern und allerlei Zwischenbauten.

Daß die Stände und die Berliner Bürger Opposition machten, bedarf
keiner weiteren Versicherung, allein der Kurfürst griff durch und theilte im März
1658 der Bürgerschaft seinen Entschluß und ihren Antheil an der Arbeit mit.
Dies gab zu Reklamationen Veranlassung, da verschiedene Handwerker zum
Schanzen angehalten werden sollten. Allein der Kurfürst ließ sich nicht irre
machen und im August wurde auf der kölnischen Seite sofort angefangen, der
erste Spatenstich an einem vom Kurfürsten bezeichneten Punkte gethan. Friedrich

Besichtigung der Befestigungsarbeiten vor Berlin.

Wilhelm war in Person zugegen, die Stelle befand sich in der Nähe des Stralauer Thores.

Memhardt führte die Oberleitung. Unter ihm arbeiteten als Ingenieure
Jungblut, Verhuys, Ruse, Wallmann und der Wasserbaumeister Smids. Soldaten, Bürger und Bauern, selbst die Diener des Kurfürsten mußten an der
Arbeit, täglich 4000 Mann, helfen. Wenn der Kurfürst in Berlin war, so ritt
er täglich hinaus die Arbeiten zu besichtigen die abwechselnd, bald schneller,

bald langsamer vorrückten; aber 1660 konnte der Kurfürst schon seinen Gast Johann Georg von Sachsen zur Beschauung der Arbeiten führen. In demselben Jahre ward am Stralauer Thore die Fortifikation vollendet und zum Friedensfest wurden von den neuen Wällen die Stücke gelöst. 1672 begann die Verpallisadirung, wozu die gesammte Mark das Holz lieferte, und 1674 konnte die Stadt-Festung Berlin schon einen zu jener Zeit gefürchteten Angriff der Schweden erwarten. An dem Wasserbollwerk, es lag hinter dem heutigen Museum, ward stark gearbeitet, aber die Schweden kamen nicht, da Berlin schon nicht mehr ohne Belagerung zu nehmen war. Im Jahre 1675 konnte die Fortifikation als vollendet angesehen werden und mit dem im Jahre 1683 hergestellten Ausbau des Leipziger Thores war der ganze Vertheidigungskreis geschlossen.

Das befestigte Leipziger Thor 1683. Nach gleichzeitigen Darstellungen.

Die Einwohnerzahl Berlins betrug beim Tode des großen Kurfürsten etwa 24,000 Seelen und dieses Anwachsen muß bedeutend genannt werden, wenn man bedenkt, daß der Kurfürst bei seinem Regierungsantritte kaum 6000 Einwohner vorfand.

Die Berliner und die Brandenburger im Allgemeinen hatten sich durch die rohen Beispiele, welche die Völker des dreißigjährigen Krieges in der Mark bei ihren Durchmärschen und Aufenthalten gaben, in einen Zustand von Wildheit hineingefunden, aus welchem sie erst allmählich wieder durch die Segnungen des Friedens geführt werden konnten. Die Mängel, welche der traurige Zustand überall erweckte, klebten der Bevölkerung an und es ist immerhin anzuerkennen, daß sie trotz dessen ihren treuherzigen Sinn nicht verlor; daß sie, als die Verfeinerungen der Lebensmittel, der Wohnungen und der Kleider begannen, nicht sofort umschlug, sondern mäßig in ihren Genüssen blieb. In der That erhöhten sich die Ansprüche erst viel später, und da man genügsam war, hatten die meisten Brot, weil auch im Handwerk durch genaue Vorschriften dafür gesorgt war, daß Jedem das Seine zukam.

Die Vergnügungen der Märker, besonders der Berliner waren demgemäß auch einfacher Art. Die Biergärten und Bierstuben, ein Schützenfest, Landpartien in die Umgegend der Residenz, Jahrmärkte, Schau= und Thierbuden, das waren die hauptsächlichsten Unterhaltungen. Das gesellschaftliche Leben war ziemlich bewegt. Man veranstaltete „Traktirungen", die Familien verkehrten unter ein= ander in den Häusern sowol als in den Tabagien. Wenn auch hier und anders= wo kannegießert ward, so blieben die Köpfe der Bürger doch nicht mit allzu= vielen politischen Dingen gefüllt, da man die Zeitungen noch nicht so massenhaft kannte, und das, was in den erscheinenden Amts= und Regierungsblättern ge= druckt stand, meist nur von Gelehrten, Schriftstellern und Honoratioren gelesen wurde. Die Inbegriffe alles Schlimmen waren zu jener Zeit der Papst, der Türke und Ludwig XIV.

Die Poesie konnte auf die Märker und Berliner nicht besonders einwirken. Das Theater stand auf sehr niedriger Stufe. Der Junker von Stockfisch, den George Wilhelm als Theaterdirektor protegirt hatte, war zwar glücklich gewesen. Inmitten der traurigen Zeiten des dreißigjährigen Krieges waren die Berliner dergestalt für das Theater eingenommen gewesen, daß der Kanzler von dem Borne bitter darüber klagte. Ueberhaupt zog die Komödie auch in der Folge die Leute an, denn man brachte sogar theologische Streitigkeiten auf die Bühne, und die Schüler der Gymnasien wurden nicht selten die Interpreten geistlicher Skandale, was den Rektoren Hellwig und Börner z. B. schwere Ahndung zuzog.

Im großen und ganzen konnten die Berliner nur Gaukler, Possenreißer und den Hanswurst auf der Bühne erscheinen sehen. Von einem etwas höheren dramatischen Genusse war selten oder nie die Rede, auch that der Kurfürst und sein Hof nichts für eine Verbesserung des Theaters, da bei Hofe die Musik, und zwar die kirchliche, allein in Ansehen stand. Indessen führte man bei Hofe doch an festlichen Tagen Stücke, namentlich aber Ballets auf. So z. B. am Geburtstage des Kurprinzen Karl Emil, bei der Vermählung des Kur= prinzen Friedrich 2c.

Auch die Dichter wendeten sich in dieser Zeit meistens der geistlichen Poesie zu und Poeten wie Schwerin, Paul Gerhard, Simon Dach sind mit Auszeichnung zu nennen. Als Ausnahme von der Menge geistlicher Lieder= dichter erscheint der bekannte Kammergerichtsadvokat Nikolaus Peuker, dessen gesammelte Gedichte unter dem Titel „Nikolaus Peukers, des berühmten köll= nischen Poeten Pauke von 100 sinnreichen Scherzgedichten" 1702 im Druck er= schienen.

Wenn nun auch der Mangel an Zeitungen und Büchern die Leute vor allzuvielem Beschäftigen mit Politik und Regierungsangelegenheiten bewahrte, so gab es doch eine gewisse Literatur für das Volk und zwar waren es aber= gläubische und wunderbare Dinge, Erscheinungen 2c., welche durch den Druck ver= breitet in die Hände der Unwissenden kamen.

Die Erscheinungen von Schwanzsternen (Kometen), himmlischen Feuern, von Mißgeburten, Wehrwölfen, Hexen, von Unholden und Gespenstern wurden massen= weis beschrieben und mit Begier gelesen.

Schatzgräber, Wahrsager, Teufelsbanner machten gute Geschäfte, wenngleich sie auch dem Arme der Gerechtigkeit nicht entgingen. So ward noch im Jahre 1653 der alte Haideläufer Clauß enthauptet, weil er einen Geist besitzen sollte (er sollte ihn in einer Flasche halten), der ihm bei Diebstählen den Thäter und den Ort, wo die gestohlenen Sachen verborgen waren, anzeigen konnte.

Die religiösen Streitigkeiten übten keinen bessernden Einfluß auf die Sitten. Lutheraner und Reformirte standen im alten Haß einander gegenüber, was dem Kurfürsten wahrhaften Schmerz verursachte, da er bis an sein Lebensende bemüht war, die streitenden Parteien zu vereinigen. Er ließ scharfe Edikte gegen das Eifern von den Kanzeln ergehen, befahl auch, daß man nicht gegen die Theologen predigen solle, welche für Vereinigung beider Religionen sprächen.

Das erregte einen so ungeheuren Sturm von Worten, Schriften und Predigten, daß der Kurfürst den Befehl an die Prediger erließ, einen Revers zu unterzeichnen, daß sie seinem Edikte gehorchen wollten. Obwol 200 Prediger unterzeichneten, blieben doch viele in der Opposition und der Kurfürst sah sich genöthigt, zwei Berliner Pröbste, Lilius und Reinhardt ihrer Aemter zu entsetzen. Gleiches Loos traf auch Paul Gerhard, den Dichter geistlicher Lieder, der das Edikt nicht unterzeichnen wollte. Der Kurfürst entsetzte ihn seines Amtes, erhielt aber eine solche Flut von Verwendungen und Bitten für den entsetzten Geistlichen, daß er nachgab und Gerhard wieder ins Amt rief. Dieser ging aber mit gnädiger Entlassung nach Lübben in der Lausitz.

Mit der Wiederkehr wohlhabenderer Verhältnisse änderte sich auch die Kleidung merklich. Sie nahm, im Anfange der Regierung Friedrich Wilhelms noch einfach und sehr decent, in der Folge die Ausschreitungen an, welche von Fremden eingeführt wurden. In der ersten Hälfte des Jahrhunderts regierte noch die einfache Farbe, die schwarze, die braune. Der Schnitt der Kleider war so gehalten, daß niemand Anstoß daran nehmen konnte.

Die Trauerkleidung der Zeit ward für die Frauen in weißer Farbe gehalten, der Putz bestand in wirklich werthvollen Dingen, schwerem Schmuck und Ketten aller Art, in Spitzen und Seide.

Es ist nicht zu läugnen, daß mit den Eingewanderten, den Refugies die Modesucht nach Deutschland und der Mark kam. Bald genug gaben die für die Begriffe der Norddeutschen unanständigen Kleidertrachten den Eiferern Gelegenheit, furchtbar gegen diesen Mißbrauch zu Felde zu ziehen. Allerdings blieben die Flüche ohne Wirkung. Auch das berühmte Buch: „Gedoppelter Blasbalg üppiger Wollust, nehmlich die erhöhte Fontange und die bloße Brust, mit welchen das alamodische und die Eitelkeit liebende Frauenzimmer in ihrem eignen und vieler unvorsichtigen Mannspersonen, sich darin vergaffenden Herzen ein verbotnes Liebesfeuer angezündet 2c. 2c." fruchtete nichts. Das in demselben befindliche Kupfer: Eine mit Fontange bekleidete Dame, welche auf Knochen ruht, wobei der Teufel die Frisur macht, ward nur belacht. Die Perrücken waren es namentlich, welche trotz aller Angriffe in Aufnahme kamen. Das eigne Haar ward abgeschnitten um durch fremdes ersetzt zu werden. Die Geistlichen eiferten heftig gegen die Perrücken, entschädigten sich aber nachmals dafür, daß sie dieselben am spätesten anlegten, dadurch, daß sie sie am längsten trugen.

Die französische, allgemein angenommene Tracht war: lange, bis ans Knie reichende Weste, sammtne oder Tuchröcke, vorne ganz geschlossen, mit vielen Knöpfen und Litzen verziert, weite mit Spitzen besetzte Aermel, seidne Strümpfe.

Der Hof steuerte mindestens dem Luxus durch sein Beispiel nicht. Wir haben schon von der Prachtliebe Friedrich Wilhelms gesprochen. Seine Hofhaltung war eine glänzende, zu allen Zeiten. Schon in den siebenziger Jahren waren die Kosten zur Unterhaltung des Hofes auf 150,000 Thaler gestiegen und die Summe verdoppelte sich fast gegen Ende der Regierung Friedrich Wilhelms. Die Versorgung und Bezahlung von Pagen, Kammerherren, Damen der Kurfürstin und der Prinzessinnen, Küchenbeamten, Reit= und Jagdknechten, Wäscherinnen, Lakaien ꝛc. nimmt bedeutende Summen in Anspruch und erregt Staunen, wenn man den Werth des Geldes in jener Zeit berechnen will. Bei großen Festen fungirten 6—8 Tanzmeister, und die Vermählungsfeier Friedrichs, des Kurprinzen, kostete 9100 Thaler.

Der Kurfürst selbst war allerdings in seinen Bedürfnissen einfach, wie wir schon berichtet haben, allein wenn es galt aufzutreten, erschien er immer prächtig. Wo wir Beschreibungen eines Festes, eines Einzuges lesen, da tritt der Kurfürst mit besonderem Pompe auf. Er hielt viel auf elegante Kleidung und trug sich dem Geschmacke seiner Zeit gemäß. Wenn man nichts Zuverlässiges über die Tracht beibringen kann, deren er sich bediente, so ist es wol keinem Zweifel unterworfen, daß er sich der herrschenden Mode gemäß, wenn auch fern von Uebertreibungen, kleidete. Es that das jeder Fürst und Friedrich Wilhelm, der entschieden auf äußere Erscheinung gab, wird sicherlich den Ansprüchen, welche die gute Gesellschaft zu machen berechtigt war, genügt haben. Von seiner Tracht im Felde haben wir schon gesprochen. Die Haus= oder Palasttracht, nennen wir es Civiltracht, war, wie wol ganz richtig angegeben wird, je nach den Bedürfnissen verschieden, holländisch, spanisch, zu Zeiten auch polnisch. Namentlich scheint er sich des langen, weiten Oberkleides bedient zu haben, wie es polnische Edelleute trugen. Im Hause ging er dem Geschmacke der Zeit folgend gekleidet. Es ist gar kein Grund vorhanden, anzunehmen, daß es anders gewesen sei. Die Trachten, ob holländisch, englisch, französisch, waren zu jener Zeit überhaupt nicht sehr verschieden. Für Stickereien scheint er besondere Vorliebe gezeigt zu haben.

Des Kurfürsten äußere Erscheinung war eine imponirende. Er war nicht über Mittelgröße hinaus, allein er wußte seinen Geberden so viel Majestät zu verleihen, daß er zu wachsen schien, wenn er sich bewegte. Die mächtige, über den scharf geschnittenen Mund ragende Adlernase, die feurigen Augen, die hohe Stirn ließen sofort den außerordentlichen Menschen erkennen. Die Perrücke, welche er im späteren Alter trug — sie war nach französischer Mode gearbeitet — erhöhte das Imposante seiner Erscheinung. Wir haben viele schöne Bildnisse von ihm, Gemälde und Stiche, alle zeigen dasselbe charakteristische Antlitz. Besonders oft haben ihn Holländer gemalt und gestochen. Seine Geberden waren schnell, seine Sprache bestimmt. Er war der französischen, polnischen und holländischen Sprache vollkommen mächtig und ein guter Lateiner. In der Geschichte, den Staatswissenschaften, selbst in der Chemie, dem Münzwesen war er zu Hause, und seine trefflichen Urtheile über Erzeugnisse der Künste sind allgemein bekannt.

Bewundernswerth war seine Thätigkeit. Es ist staunenswerth, fast unbegreiflich, wie er im Stande gewesen, das alles zu bewältigen, was man als von seiner Hand vollzogen in den Archiven 2c. erblickt und nun die Arbeiten nach außen hin, die, welche seine persönliche Mitwirkung erforderten.

Allein über der Durchsicht der eingelaufenen Briefe verbrachte er täglich einige Stunden, da er alles selbst las. Von keiner Untersuchung, wenn solche durch ihn selbst vorgenommen werden mußte, ließ er sich abschrecken. Selbst das nahende Alter schwächte seinen Fleiß nicht ab, noch kurz vor seinem Tode ließ er sich Vortrag halten.

Dieser Arbeit gemäß richtete er auch seine Genüsse ein. Sie waren sehr einfacher Art. Die Tafel war reichlich besetzt, aber der Kurfürst genoß, ausgenommen bei Festlichkeiten, keine sogenannte „feine" Speise. Im Trinken bewies er stets große Mäßigung.

Was seinen Lebenswandel im übrigen anbetrifft, so hat es wol kaum einen zweiten Fürsten gegeben, dem mit so voller Ueberzeugung das Prädikat: Keusch und Ehrbar beigelegt werden kann. Weder im ledigen, geschweige denn im verheiratheten Stande, verletzte er die Sitte, brach er die Treue. Seine persönliche Bescheidenheit war ebenso groß. Er stellte sich fast immer in den Hintergrund, wenn von seinen Erfolgen die Rede war.

Seine Frömmigkeit war eine ungeheuchelte, unerkünstelte. Er stand in einem durchaus persönlichen Verhältnisse zu seinem Gott. Für die Erfolge dankte er eben so kindlich und aufrichtig, wie er die Verluste demüthig hinahm. Er trug Gebetbuch und das neue Testament bei sich, hielt aufs strengste darauf, daß seine Soldaten den Gottesdienst besuchten und genoß an Buß- und Bettagen niemals etwas vor einbrechender Dunkelheit. Murren über die Verhängnisse des Krieges war ihm sehr zuwider. „Man solle über eigene Sünde murren", sagte er, „nicht über deren Strafe."

Sein festes Vertrauen auf die göttliche Macht zeigte sich bei aller Gelegenheit. Am Morgen vor dem Rathenower Angriff sagte er: „Ich habe nicht viel geruht, bin aber durch Gott eines guten Successes gewiß", und bei dem Angriffe, den er in der Schlacht von Fehrbellin persönlich leitete, rief er: „Die Kraft des Herrn machet sieghaft durch Jesum Christum." Die Texte, welche er den Feldpredigern gab, zeugen ebenfalls von jenem Glauben an sichere Hülfe. So z. B. der am Bußtage zu Staßfurt gegebene: Jerem. 20. V. 11. 12, der nach dem Falle von Rathenow: Ps. 28, V. 8.

Er betete mit seiner sterbenden Gemahlin, konnte niemanden um sich leiden, der nicht als religiös bekannt war und hat die polnische Krone entschieden deshalb nicht genommen, weil er um keinen Preis seine Religion verläugnen wollte.

Diese Religiosität war aber darum so hoch zu achten, weil sie, wie gesagt, aus dem Herzen kam. Der Kurfürst war der duldsamste Mann, wenn es sich um den Glauben anderer handelte. Er nahm Katholiken in seine Dienste, und wenn er auch als Personen für seine nächste Umgebung fast ausschließlich Reformirte wählte, so ließ er doch keinen der Lutheraner das Bekenntniß entgelten und trug auch hier die größte Unparteilichkeit zur Schau. Seine große, vorurtheilsfreie Handlungsweise gegen die Juden, die er sogar, als sie aus kaiserlichen Landen verbannt wurden, aufnahm, ward ihm hoch angerechnet. Dem Geiste der Zeit gemäß liebte er dogmatische Unterhaltungen und Fragen. In einem nur aus jener Zeit heraus zu erklärenden Widerstreite stand seine Politik mit seiner Frömmigkeit. Freilich erklärte der Kurfürst: „Es müssen die Theile sich unterordnen, auf daß das Ganze gewinne", allein die Art, in welcher er seine Pläne durchführte, die schreiende Gewalt auf der einen, die oft schlimme List, welche nicht selten geradezu ränkevoll genannt werden kann, auf der andern Seite, die Unerbittlichkeit, mit welcher er Rechte anderer vernichtete und zertrat, läßt sich nicht immer leicht mit den strengen Grundsätzen einer Moral, welche er selbst predigte, vereinen. Aber wenn man auch zugeben muß, daß die Mittel, deren Friedrich Wilhelm sich bediente, nicht immer in Einklang mit seinen religiösen Grundsätzen zu bringen waren, so muß man doch zugestehen, daß er einmal gezwungen handelte, um die ersehnte Ordnung herbeizuführen, dann, daß er stets nach hohen und edlen Zielen strebte, daß, um mit dem Dichter zu reden, „das Gemeine und Erbärmliche hinter ihm im wesenlosen Scheine lag". Er rang stets nur um erhabene Preise. In der Wahl der Mittel war er ein Kind seiner Zeit, einer gewaltthätigen, oft gewissenlosen Zeit.

Die Gerechtigkeit, welche er bei jeder Veranlassung zeigte, verdient die höchste Anerkennung aller Zeiten. Nichts war ihm entsetzlicher und peinlicher, als ein ungerechter Richterspruch. Schon allein diese Eigenschaft würde hinreichen, Friedrich Wilhelms Namen unsterblich zu machen und alles, was sonst mit Recht getadelt werden muß, seine Gewaltthätigkeit, seine Wankelmüthigkeit in Bündnissen, seine Heftigkeit, in den Hintergrund zu schieben.

Die Heftigkeit, welche ihm angeboren war, machte dem Kurfürsten selbst viel zu schaffen. Er war sichtlich bemüht, diesen Fehler abzulegen, allein es war vergebliches Streben. Diese Hitze des Blutes hatte ihm große Striche durch die oft schon sicher geschlossenen Rechnungen gezogen, hatte ihn um Freundschaften gebracht, die von hoher Wichtigkeit sein mußten, und ganze Epochen geändert, in denen der Kurfürst Großes hätte schaffen können, wäre nicht durch ein böses Wort, das er im nächsten Momente bereute, die Sachlage plötzlich eine ganz andere geworden.

Unter den Vergnügungen, welche der Kurfürst genoß, steht die Jagd obenan. Er gab sich ihr mit Eifer und Ausdauer hin. Sie war für ihn Lebensbedürfniß geworden und er hatte bei der Verfolgung dieser Leidenschaft nur den Fehler begangen, daß er die Ausdehnung des Wildstandes zum Schaden vieler Landleute geschehen ließ. Die Ansichten über Jagdrecht waren zu jener Zeit aber so wunderlicher Art, die Begriffe von Recht überhaupt so seltsame, daß auch hier der Kurfürst zu entschuldigen ist, wenn er zuweilen übergriff.

Vielleicht aber hat diese Leidenschaft zur Förderung der Krankheit bei=

Gebet des Großen Kurfürsten,

eigenhändig von ihm niedergeschrieben. Das Original im Hohenzollernmuseum zu Berlin.

Dem Charakter der Schrift nach aus der Zeit vor 1670.

„O Almechtiger Herr Herr, Alle Deine straffen undt Zügtigungen so ich von Deiner Vatterlichen handt empfange, seindt nur alle Zeichen Deiner gnaden, gegen mich, den (denn) ein Vatter so sein Kindt liebet, züchtiget selbiges, Verlei mir die gnadt da (daß) ich sie auch also erkenne undt aufnehme, das Du dadurch recht Dein Vatterliches hertze gegen mich erweißet undt mich prüffest, auf das ich mich ahn Dich desto fester in inbrünstiger liebe Vertrauen und Hoffnung zu Volführung Deines heiligen Willens halte, undt gewis des Ewigen lebens undt Seligkeitt versichert sein, undt in Ewigkeitt geni(e)ßen mo(ö)ge. Amen."

getragen, welche ihn schon seit Jahren zu plagen begonnen hatte, die Gicht, aus der 1687 schon die Wassersucht entstand, der der große Fürst erliegen sollte. 1687
Es ist stets schmerzlich und peinlich, die Leidensgeschichte eines großen Mannes zu verfolgen, zu sehen, wie die Gewalt der Krankheit über den mächtigsten Geist, über die größte Willenskraft triumphirt. Darum wollen wir die letzten Tage des verehrungswürdigen Fürsten in aller Kürze beschreiben.

Die Stadt Potsdam, welche er ebenfalls bedeutend gehoben und verschönert hatte, war des Kurfürsten letzter Aufenthalt. Schon zu Anfang März 1688 1688 hatte sich eine gichtische Geschwulst gezeigt, auf welche nicht viel geachtet ward. Da aber mit Beginn des April das Leiden zunahm, unterwarf sich der Kurfürst der ärztlichen Behandlung, die auch bald konstatirte, daß die Wassersucht im Anzuge sei.

Den Ansichten seiner Kollegen entgegen behauptete der Dr. Weiß, daß dem Kurfürsten das Wasser bereits in den Leib getreten sei.

Ein Geheimmittel, welches Dr. Marenholtz besitzen sollte, wendete dieser selbst nicht an. Der Kurfürst, der von der Unheilbarkeit seiner Krankheit vollkommen überzeugt war, ging an das Ordnen seiner Geschäfte. Er verfaßte für seinen Nachfolger eine vollständige Instruktion, zeichnete ihm genau den Weg vor, den er einschlagen solle, und empfahl vor allem dem Kurprinzen, die Bestrebungen des Oraniers gegen Jakob II. zu unterstützen, sowie den französischen Ausgewanderten ein treuer Hort zu bleiben.

Noch am 6. April hielt er eine Rathssitzung, in welcher er den Räthen versicherte, daß alles bald mit ihm vorüber sein werde. „Auch hat er nach dem Berichte des Otto von Schwerin öfters erklärt, am 27. oder 28. April werde wol alles vorüber sein."

Die Schmerzen nahmen so überhand, daß der Kurfürst nicht mehr sitzen und liegen konnte, sondern oft sein Lager wechseln mußte. Am 27. früh ließ er die Räthe und einige Generale sowie den Kurprinzen versammeln. Dieser, Schomberg, Schwerin, Grumbkow, Knyphausen, Fuchs und von Reez waren im Zimmer. Der Kurfürst ließ sich hineintragen, setzte sich aufrecht und begann von allen Abschied zu nehmen. Er redete den Kurprinzen mit den Worten an: „Ich halte dafür, mein Prinz, daß dieses der letzte Rathstag sein werde, den ich halte." Er dankte allen, die ihm geholfen, erkannte mit Freuden an, daß er aus den wüsten Ländern blühende gemacht, daß er seine Feinde geschreckt, seine Freunde ermuthigt habe. Er bat den Kurprinzen in seine Fußstapfen zu treten, mit treuen Räthen sich zu umgeben und bedauerte, daß er seinen Unterthanen so schwere Bürden habe auferlegen müssen.

Der Kurprinz antwortete tief bewegt und seine Worte machten sichtlichen Eindruck auf den Vater. Nachdem alle Geschäfte abgethan waren, ließ dieser sich in sein Schlafzimmer zurückbringen, tröstete alle weinenden Diener und hatte am 27. April um 11 Uhr eine Unterredung mit den Predigern Cochius und Brusenius. Am Abend gab er die letzte Parole aus. Sie lautete „London und Amsterdam". Beweis genug, wohin die Gedanken des Sterbenden gerichtet waren.

Er hatte eine Unterredung mit seinen Kindern und dankte in ihrer Gegenwart der Kurfürstin herzlich für die Beweise der Liebe und Treue, die sie ihm gegeben. Er litt nicht. daß ihn einer seiner Angehörigen küsse „bis der Todesschweiß von ihm gewischt worden sei".

Am 28. Nachmittags verfiel er in Bewußtlosigkeit, aus welcher er sich nur langsam erholte. Er soll auf eine Uhr, auf welcher der Zeitgott die Stunde wies, gedeutet und gesagt haben: „Die Uhr ist zu Ende — meine Zeit ist hin."

Es ist schwer zu sagen, in welchem Zimmer der Kurfürst starb; wenn jedoch die Uhr dafür einen Fingerzeig geben sollte, so müßte es das nach dem Lustgarten gehende, zweifensterige Schlafzimmer gewesen sein, in welchem eine künstlich mit Elfenbein ausgelegte Uhr stand.

Die Nacht vom 28. zum 29. war eine sehr schwere. Der Kurfürst ließ sich fortwährend umhertragen, die Angst übermannte ihn, das Wasser trat zum Herzen. Alle Mitglieder der kurfürstlichen Familie versammelten sich nach 6 Uhr im Zimmer. Der Kurfürst sprach leise sein Morgengebet, dann winkte er alle heran und begann ihnen zuzureden. Nach diesem Gespräche wurde er schwächer und sagte leise: „Wie der Vogel in den hohlen Baum, birgt meine Seele sich in Jesu Wunden."

Einige Zeit nachher ertheilte er allen den Segen. Hierauf trat tiefe Stille ein, welche der Kurfürst mit den Worten unterbrach: „Es wird bald gethan sein, denn ich fühle, daß sich etwas löset."

29. Apr. 1688

Fünf Minuten vor 9 Uhr am 29. April 1688 hörte dieses große Herz auf zu schlagen. Der gewaltige Geist hatte die irdische Hülle verlassen.

Sarkophag des Großen Kurfürsten im Dom zu Berlin.